D1666794

SV

MARKUS GABRIEL
FIKTIONEN

Suhrkamp

Diese Publikation wurde durch die Alexander von Humboldt Stiftung und den Centre national de recherche scientifique (LIA CRNR – UMR 8103) gefördert.

Bibliografische Information der Deutschen Nationalbibliothek
Die Deutsche Nationalbibliothek verzeichnet diese Publikation
in der Deutschen Nationalbibliografie;
detaillierte bibliografische Daten sind im Internet
über http://dnb.d-nb.de abrufbar.

2. Auflage 2020

Erste Auflage 2020
© Suhrkamp Verlag Berlin 2020
Satz: Satz-Offizin Hümmer GmbH, Waldbüttelbrunn
Druck: GGP Media GmbH, Pößneck
Printed in Germany
ISBN 978-3-518-58748-5

Jocelyn Benoist in Freundschaft zugeeignet

New York City, 31.10.2019

Ist *Mein Name sei Niemand* ein fröhliches Experiment und damit das zweckfreie Produkt eines spielenden Geistes, oder ist es ein böswilliger Angriff auf die Seele jedes Menschen, der es liest? Niemand weiß es so recht, vielleicht stimmt ja beides zugleich.

Daniel Kehlmann, *F. Roman*

INHALT

VORWORT

Dieses Buch verdankt seine Entstehung sowie die vorliegende Form einer Vielzahl von Institutionen und Personen. An erster Stelle ist die Alexander-von-Humboldt-Stiftung zu nennen, die mein Projekt über fiktionale Gegenstände im Rahmen des Feodor-Lynen-Forschungsstipendiums für erfahrene Wissenschaftler gefördert hat. Dieses wurde in mehreren Forschungsaufenthalten von 2017-2019 an der Université Paris 1-Panthéon Sorbonne auf Einladung meines Gastgebers Jocelyn Benoist durchgeführt. In diesem Zusammenhang gilt Jocelyn als Erstem mein herzlicher Dank für seine philosophische und persönliche Gastfreundschaft. Viele der Gedanken, die in dieses Buch eingeflossen sind, sind im Rahmen von Jocelyns Forschungsseminaren über intentionale Gegenstände und Sozialontologie sowie anlässlich von Vorträgen an verschiedenen Pariser Universitäten zum ersten Mal vorgestellt worden.[1] Es führte zu weit, hier alle begrifflichen Details anzuführen, die der wunderbaren Pariser Dialogsituation entsprungen sind; einiges dokumentiert der Fußnotenapparat. Um dem Umstand Rechnung zu tragen, dass unser Dialog maßgeblich in die begriffliche Tiefendimension der hiermit publizierten Überlegungen eingeschrieben ist, ist ihm dieses Buch freundschaftlich zugeeignet.

---

1 Vgl. dazu mit genaueren Angaben des jeweiligen Kontexts Markus Gabriel, *Propos réalistes*, Paris 2019. Zum Diskussionsstand des Neuen Realismus im Vergleich von Sinnfeldontologie und Benoists Variante eines realistischen radikalen Kontextualismus vgl. Jocelyn Benoist, *L'Adresse du Réel*, Paris 2017, sowie Markus Gabriel, »Être vrai«, in: *Philosophiques* 45/1 (2018), S. 239-247, und die Jocelyn Benoist gewidmete Ausgabe von *Critique. Revue générale des publications françaises et étrangères*, 72/862 (2019), darin meine Stellungnahme »Concepts et objets dans les ›nouveaux réalismes‹«, S. 202-214.

Neben der Humboldt-Stiftung bin ich auch dem CNRS, der
Maison Suger sowie dem Collège d'études mondiales (und da-
mit dem FMSH) zu Dank verpflichtet. Seit 2017 fördert der
CNRS das Bonn-Pariser Forschungszentrum Centre de re-
cherches sur les nouveaux réalismes (CRNR) im Rahmen der
Förderlinie LIA (»Laboratoire international associé«). Dieses
Forschungszentrum wird gleichzeitig von den Universitäten Bonn
und Paris 1-Panthéon Sorbonne, repräsentiert durch die beiden
Hochschulleitungen, gefördert. Die feierliche Eröffnung fand
am 25. September 2017 in den Räumen der Sorbonne statt.
Für ihre großzügige Unterstützung danke ich Prof. Dr. Dr.
h. c. Michael Hoch, dem Rektor der Universität Bonn, sowie
Prof. George Haddad, dem Präsidenten von Paris 1.

Die gemeinsamen Tagungen des CRNR in den vergangenen
Jahren haben sich unter anderem der Ontologie von Einhörnern, der Wirklichkeit der Normen (beide mit denkwürdigen Postern angekündigt ...) sowie dem Verhältnis von Wahrnehmung
und Wirklichkeit gewidmet – womit die drei Säulen der vorliegenden Studie abgedeckt waren. In diesem Zusammenhang gilt
mein herzlicher Dank den Bonner und Pariser Kolleg*innen,[2]
die Mitglieder des Forschungszentrums sind, ganz besonders
Sandra Laugier, die philosophisch, institutionell und persönlich
tatkräftig für den Ausbau des LIA sorgt.

Der Universität Bonn danke ich für ihre großzügige Gewäh-
rung freier Forschungszeit für meine Pariser Aufenthalte sowie
für die äußerst günstigen Bedingungen am Internationalen Zentrum für Philosophie NRW und am Center for Science and
Thought. Ebenfalls danke ich der Universität Bonn für die Ge-
währung von Forschungssemestern, wozu auch dasjenige zählt,
das ich gerade in New York City als Inhaber des Eberhard Be-
rent Goethe Chairs an der New York University in Anspruch
nehmen darf. Ich danke hierbei insbesondere den Kollegen des
Department of German für ihre Gastfreundschaft und für die

---

[2] Der typographischen Einfachheit halber verwende ich im Folgenden
durchweg das generische Maskulinum.

ehrenvolle Nominierung für diese Gastprofessur. Ebenso danke ich den Teilnehmern an meinem Graduate Course zum Thema »Fiction and Reality«, das den letzten Testlauf der nun publizierten Studie darstellte, sowie den vielen New Yorker Gesprächspartnern, die mich mit kritischen Nachfragen und Hinweisen versorgt haben.

Neben den Vorträgen zu Themen des Buchs, die ich in den letzten Jahren auf Vortragsreisen in den USA, Japan, China, Portugal, England, Brasilien, Portugal, Spanien und Chile gehalten habe, habe ich im März 2019 besonders tiefgreifende Anregungen von den Philosophen, Literaturwissenschaftlern, Ethnologen und Historikern erhalten, die mich freundlicherweise als Walker Ames Lecturer zu Seminaren und Vorträgen an die University of Washington in Seattle und Tacoma eingeladen haben. Hierbei ist Monika Kaup hervorzuheben, mit der ich intensive Gespräche über den Neuen Realismus in Philosophie und Literaturwissenschaft führen konnte.

Für die Überlegungen, die im zweiten Teil in der Skizze einer objektiven Phänomenologie kulminieren, schulde ich intellektuell wohl niemandem so viel wie Thomas Nagel, mit dem ich seit meiner Postdoc-Zeit an der NYU (2005-2006) bis in die Gegenwart regelmäßig bei unseren Zusammenkünften in New York die zentrale Frage debattiert habe, welche Form eine Naturphilosophie haben müsste, die es erlaubt, den Geist als irreduzible Manifestation des Universums aufzufassen. Aufgrund seiner monistischen Grundhaltung wird er dem vorliegenden Vorschlag vermutlich nicht zustimmen, wofür ich meinerseits im Haupttext eine Diagnose anbiete, um den Dialog fortzusetzen. Wegen dieser für meine philosophische Entwicklung besonders wichtigen Begegnung freut es mich umso mehr, dass ich dieses Buch an der NYU abschließen konnte.

Ein geradezu augenöffnender Schock waren die Begegnungen mit Giulio Tononi, die in den Zeitraum der Abfassung des zweiten Teils fielen. Deswegen danke ich der damaligen chilenischen Regierung, vor allem dem Senat (vertreten durch den Senator Guido Girardi) für die ehrenvolle Einladung zum Congreso Futuro 2018, wo ich Giulio zum ersten Mal (und zwar in der Antarktis) treffen konnte, um mit ihm dann auf einer denkwürdigen Reise von Santiago de Chile nach Valparaíso die Integrated Information Theory (IIT) und ihre Beziehung zum Neuen Realismus in stundenlangem Gespräch ausloten zu können. Darauf folgten wechselseitige Besuche in Wisconsin und Bonn. Damit verbunden ist natürlich Christof Koch, mit dem ich einige Themen des Buchs in Wisconsin und Seattle besprechen konnte.

Im Mai 2019 fragte Giulio in Bonn bei der x-ten Runde Spargel, welches philosophische Projekt der Gegenwart die größte Herausforderung für den Neuen Realismus darstelle. Die Antwort lautet: IIT. Eine detaillierte Auseinandersetzung mit seiner empirisch informierten Ontologie des Bewusstseins, aus der er eine Naturphilosophie ableitet, die in der Gegenwart ihresgleichen sucht, konnte in diesem Buch nicht vorgenommen werden und muss daher auf eine andere Gelegenheit verschoben werden.[3]

Drei weitere Personen haben durch ihre Einwände gegen spezifische Aspekte der Sinnfeldontologie maßgeblich zur Ausrichtung der Fortsetzung von *Sinn und Existenz* als *Fiktionen* beigetragen: Anton Friedrich Koch, Julia Mehlich und Graham Priest. Alle drei haben jeweils anders gelagerte scharfsinnige Varianten eines Einwands vorgetragen, der im Erfolgsfall demonstrierte, dass die Sinnfeldontologie mit einem metaphysischen Fiktionalismus vereinbar ist, dem zufolge die Welt im Sinnfeld der Einbildungskraft existiert. Priest hat überdies ein mereologisches Modell vorgeschlagen, das unter naheliegender Preisgabe von Wohlfundiertheit die Welt als Gegenstand in der Welt erscheinen lässt, wofür auch er sich unter anderem auf Fiktionen, genaugenommen auf Borges' *Fiktionen*, stützt.

Jens Rometsch hat mich gegen Ende der Fertigstellung des Manuskripts darauf gestoßen, dass ich über weite Strecken An-

---

3 Ein erster Aufschlag wird sich finden in Markus Gabriel, *Die Wirklichkeit des Universums*, Berlin (in Vorbereitung).

ton Friedrich Koch als Modellleser vor Augen gehabt haben dürfte, was ich sogleich eingesehen habe, wenn es mir auch nicht durchgängig bewusst gewesen ist. Tatsächlich ist meine methodologische Sensibilität – Motive des Deutschen Idealismus *more analytico* mit einem hinreichend robusten (wenn auch nichtmetaphysischen) Realismus zu kombinieren – maßgeblich durch unser inzwischen sehr langes Gespräch geformt worden, das während des beinahe unüberhörbaren WM-Halbfinales Deutschland-Italien am 4. 7. 2006 in den Räumen der Burse in Tübingen seinen Lauf nahm, als er sich meine Formulierung einer generalisierbaren skeptischen Paradoxie in seinem Tübinger Forschungskolloquium zur Ersten Philosophie zur Brust nahm. Der Gesprächsfaden ist seitdem nicht abgerissen. Ich danke Toni für die unermüdlichen scharfsinnigen Einwände, die mindestens zu Reformulierungen, wenn auch (noch nicht) zur Reformation meines Pluralismus geführt haben.

Wie immer wäre dieses Buch ohne mein vorzügliches Team am Lehrstuhl niemals fertig geworden, die allesamt jede einzelne Zeile des Buchs gelesen, kommentiert und verbessert sowie in Fleißarbeit die Fußnoten vervollständigt haben. Ich danke in diesem Zusammenhang Philipp Bohlen, Alex Englander, Marin Geier, Mariya Halvadzhieva, Diana Khamis, Georg Oswald, Jens Rometsch, Guofeng Su und Jan Voosholz.

Jens Rometsch hat (*comme d'habitude* seit inzwischen beinahe zwanzig Jahren) unermüdlich und manchmal täglich Vorschläge zur Kurskorrektur gemacht und im Übrigen durch seine vorzügliche Habilitationsschrift *Freiheit zur Wahrheit* nicht nur mein Descartes-Bild korrigiert, sondern mir den (von ihm selbst nicht akzeptierten) Begriff eines »mentalen Gesamtzustands« geliefert, worunter ich eine faktische Instanz des plurimodalen Cogito verstehe, wie im Text ausgeführt wird.

Das gesamte Manuskript haben außerdem Wolfram Hogrebe und Tobias Keiling gelesen und mit kritischen Kommentaren versehen, die mich hoffentlich vor schlimmen Irrtümern bewahrt haben.

Es ist zwar nicht möglich, mit Sicherheit alle schriftlich und

mündlich vorgetragenen Einflüsse auf meine Gedankenent-
wicklung zu rekonstruieren, die sich in diesem *Sequel* zu *Sinn
und Existenz* nachweisen lassen. Dennoch möchte ich zumindest eine unvollständige alphabetische Auflistung der bisher
nicht erwähnten prägenden Gesprächspartner wagen, um zu
dokumentieren, welche Gesprächsführungen der letzten Jahre
sich in der Argumentation niedergeschlagen haben: Clemens
Albrecht, Ned Block, Paul Boghossian, Thomas Buchheim,
Otávio Bueno, Tyler Burge, Massimo Cacciari, Taylor Carman,
Stephen Cave, David Chalmers, James Ferguson Conant, Paulo
Cesar Duque Estrada, George Ellis, David Espinet, Armin Falk,
Maurizio Ferraris, Günter Figal, Dominik Finkelde, Michael
Forster, Manfred Frank, Marcela García, Tristan Garcia, Wer-
ner Gephart, Sacha Golob, Wouter Goris, Iain Hamilton Grant,
Hans Ulrich Gumbrecht, Jens Halfwassen, Marta Halina, Gra-
ham Harman, David Held, Christoph Horn, Axel Hutter, Ad-
rian Johnston, Alexander Kanev, Daniel Kehlmann, Tobias
Keiling, Andrea Kern, Paul Kottman, Johannes F. Lehmann,
Andrea Le Moli, Jocelyn Maclure, Quentin Meillassoux, Ulf-
G. Meißner, Raoul Moati, Hans-Peter Nilles, Yasunori Nomu-
ra, Huw Price, Sebastian Rödl, Michael Rosenthal, Karl Scha-
fer, Rainer Schäfer, Gert Scobel, John R. Searle, Umrao Sethi,
Paul Snowdon, Nick Stang, Pirmin Stekeler-Weithofer, Dieter
Sturma, Raymond Tallis, Amie Thomasson, Clinton Tolley,
Charles Travis, Florencia Di Rocco Valdecantos, Eduardo
Viveiros de Castro, Peter Weibel, Elwood Wiggins, David Zape-
ro, Slavoj Žižek.

Ich danke Philipp Hölzing für sein gründliches und klären-
des Lektorat sowie natürlich Eva Gilmer für die Aufnahme dieses Buchs in das Wissenschaftliche Hauptprogramm des Suhrkamp Verlags.

Die wichtigste Danksagung zuletzt: Jedes Buchprojekt wird
durch die Unterstützung durch meine Kleinfamilie getragen.
Ohne Stefanie, Marisa Lux und Leona Maya wären die Dinge
nicht mehr bunt.

EINLEITUNG

Der Schein ist Sein. Wir entrinnen der Wirklichkeit nicht dadurch, dass wir uns täuschen oder getäuscht werden. Denn das Wirkliche ist dasjenige, zu dem wir nicht erfolgreich auf Abstand gehen können. Jeder Fluchtversuch scheitert hier daran, dass wir uns mitnehmen, dass also dasjenige, dem wir zu entkommen suchen – die Wirklichkeit – durch unsere Einbildung allenfalls verändert wird. Kein Gedanke und keine Tätigkeit bringen sie zum Verschwinden.

Zeitgeist ist die jeweils geltende Konstellation eines Scheins, der gewisse Fehlschlüsse und Ungereimtheiten legitimiert, die sich bei genauerem philosophischem Hinsehen auflösen. Eine wesentliche Aufgabe der Philosophie besteht darin, den Zeitgeist zu erfassen, um ihn zu kritisieren.

Die im vorliegenden Buch ausgedrückten Gedanken basieren auf der Annahme, dass der Zeitgeist, gegen den es sich wendet, auf einer verdrehten Differenz von Sein und Schein beruht: Der Schein wird zu Unrecht gänzlich auf die Ebene der Nicht-Existenz verschoben und damit in seiner eigentümlichen Wirksamkeit unsichtbar gemacht. Indem der Schein so einerseits in seiner Existenz (*als* Schein) anerkannt wird, wird andererseits der vergebliche Versuch unternommen, die Existenz von allem vermeintlich Scheinhaften freizuhalten und eine Grundschicht der Wirklichkeit zu identifizieren, die frei von allem Schein ist. Doch genau dieses Manöver ist Quelle eines neuen Scheins, die es zu durchschauen und im Folgenden zum Versiegen zu bringen gilt. Durch einen solchen Akt der philosophisch begründeten Besinnung eröffnet sich die Hoffnung eines Fortschritts.

Eine vertraute Variante des zu bewältigenden Problems dreht sich um die sogenannten »fiktionalen Gegenstände«, wozu paradigmatisch *dramatis personae* unserer ästhetischen Vorstellungen

wie Gretchen, Mephistopheles, Macbeth, Anna Karenina und
Jed Martin (der Protagonist aus Houellebecqs *Karte und Gebiet*)
zählen. Fiktive Orte wie Mittelerde und fiktive Zeiten wie die
imaginierten Vergangenheiten und Zukünfte der Science-Fiction gehören ebenfalls in diese ontologisch schwierige Kategorie. Sofern ihrer Existenz irgendein Raum gegeben wird, scheint
dieser darauf beschränkt werden zu müssen, dass sie in unserer
Einbildungskraft bzw. in bestimmten ästhetischen Praktiken
existieren, auf die sie reduziert werden können.

Doch damit nicht genug, verlangt der naturalistische Druck
des gegenwärtigen Weltbildes mindestens noch eine weitere Reduktion: Wenn nämlich unsere Einbildungskraft oder unsere ästhetischen Praktiken im Vollsinne existieren, bleibt immer noch
eine Kluft zwischen der naturwissenschaftlich eindeutig be-
schreib- und erklärbaren Wirklichkeit des Universums und unserer Subjektivität bestehen. Deswegen erfolgt in der Regel eine
weitere Operation der metaphysischen Vereinfachung unserer
Lage. Die Fiktionsquelle namens »Geist«, »Bewusstsein«, »Intentionalität« oder »Subjektivität« gerät ihrerseits unter Verdacht,
eine Illusion zu sein. An deren Stelle soll die Einsicht treten, dass
nur dasjenige wirklich existiert, was eindeutig Gegenstand einer
kausalen, experimentellen Intervention ist. Dass sich etwas naturwissenschaftlich nachweisbar messen lässt, wird zum metaphysischen Kriterium seiner Wirklichkeit. Was dieses Merkmal
nicht erfüllt, wird in die wenig sorgfältig beschriebene Kategorie der Fiktionen gesteckt, für die *ex hypothesi* niemand mehr
wissenschaftlich zuständig ist.

Um nicht die Erinnerung daran aufkommen zu lassen, dass es
neben den Natur- und Technowissenschaften auch noch die Geis-
tes- und Sozialwissenschaften oder gar die Philosophie gibt, deren Gegenstand seit den vorsokratischen Philosophen die Entwicklung des Verhältnisses von Sein und Schein ist, wird im
Zeitalter der immer wieder aufs Neue inszenierten Unterfinan-
zierung des akademischen Betriebs mit den einschlägigen Methoden für die Marginalisierung der humanistischen Selbsterkenntnis des Scheins gesorgt. Angeblich ist sie zu nichts nütze,

weil sie selbst im Erfolgsfall keinen unmittelbaren Beitrag zur
von allen relevanten Entscheidungsträgern beförderten und beklatschten Ökonomisierung und Digitalisierung der Lebenswelt leistet.[1]
Freilich sind am gegenwärtigen Krisenzustand des nicht-na-
turwissenschaftlichen Wissens keineswegs ausschließlich die
Apparatschiks der Forschungssteuerung schuld. Vielmehr trägt
die überzogene – im kurzen historischen Zeitfenster der sogenannten »Postmoderne« praktizierte – Selbstanwendung der
Ideologiekritik auf die in ihr geübten Disziplinen eine nicht unerhebliche Verantwortung dafür, dass das geistes- und sozialwissenschaftliche Wissen unter zunächst fachintern *epistemologischen*
und dann öffentlichkeitswirksamen *sozioökonomischen* Druck
gerät.[2]

1   Ob diese überhaupt wünschenswert ist, ob wir also wirklich alles und je-
    des »digitalisieren« und zum Gegenstand einer futuristischen Künstlichen
    Intelligenz machen sollen, wird in der Regel mit dem schlechten Argu-
    ment ausgeklammert, die »Digitalisierung« sei nicht nur ein Vorgang
    der Automatisierung sozioökonomischer Produktionsprozesse von Mehr-
    wert, sondern ein Prozess, der sich automatisch aus der Logik des globalen
    kapitalistischen Wettbewerbs ergibt. Wer nicht schwungvoll mitdigitali-
    siert (obwohl keiner genau weiß, was das eigentlich bedeutet), gerät die-
    sem verbreiteten geschichts- und technikphilosophischen Fatalismus zu-
    folge unter die Räder des angeblich nicht aufzuhaltenden ›Fortschritts‹.
2   Vgl. dazu die wegweisende Rekonstruktion bei Bruno Latour, »Why Has
    Critique Run out of Steam. From Matters of Fact to Matters of Concern«,
    in: *Critical Inquiry* 30/2 (2004), S. 225-248. Latours dort (S. 231f.) dekla-
    rierte Rückkehr zum Realismus scheitert allerdings daran, dass er die »mat-
    ters of fact« weiterhin für konstruiert hält, hingegen auf eine unbedingte
    Verpflichtung auf »matters of concern« setzt, was auf eine Variante der von
    Rorty vertretenen Auffassung hinausläuft, dass Wissensansprüche letzt-
    lich Ansprüche auf Gemeinschaft und nicht auf Wahrheit sind. Im Einzel-
    nen folge ich Latour also ganz und gar nicht, weil er immer noch versucht,
    die Moderne zu überschreiten, und an die Stelle der Moderne irgendeine
    Nicht-Moderne setzt, da er ganz im Stil der von ihm selbst attackierten
    ›Dekonstruktion‹ einerseits daran zweifelt, dass es die Moderne wirklich
    gegeben hat, und andererseits moniert, dass man nach dem Scheitern

Wenn im Wesentlichen jeder Wissensanspruch unter einen
theoretisch nicht überzeugend artikulierten Ideologieverdacht
gestellt wird, fällt es leicht, sich auf den technischen Fortschritt
zu stützen, um wenigstens die naturwissenschaftliche Erkenntnis mit dem Respektstitel der Objektivität auszuzeichnen. Es
hilft dann der Ideologiekritik nicht weiter, diese Objektivität
noch einmal wissenschaftshistorisch einschränken zu können.[3]
Denn der Hinweis, die gegenwärtigen Objektivitätsbedingun-
gen unseres Wissenschafts- und Technologiebetriebs hätten eine Genealogie, führt tatsächlich in keiner rational akzeptablen
Weise dazu, ihre Objektivität zu unterminieren. Wenn ein Apparat funktioniert, spielt es nur mehr eine untergeordnete Rolle,
welche Formate der Selbstdisziplinierung seine Erfinder ein-
üben mussten, um den Apparat auf den Markt zu bringen.

Aus diesem Grund ist es dringend geboten, an die diskursive
Formation anzuknüpfen, welche die Philosophie mit den Geis-
tes- und Sozialwissenschaften bis vor kurzem einte und dazu
aufforderte, die Fehlerquellen des Zeitgeistes aufzuspüren, sie
mit den dafür zur Verfügung stehenden Methoden zu beschreiben und zu erklären. Denn der entfesselte natur- und technowis-
senschaftliche Fortschritt führt ohne diese Form der Reflexion
nicht zu irgendeiner automatisch sich einstellenden, angemessenen Haltung im Umgang mit den innovativen sozio-ökonomischen Mitteln.

Die inzwischen klassische Diskussion um den Zusammenhang von Physik und Atombombe hat dies im letzten Jahrhundert illustriert. Angesichts dessen, was im Volksmund als »digitale Revolution« bezeichnet wird, stellt sich heute erneut die
Frage nach der Legitimität derjenigen Transformationen, die im
Zeitgeist als unvermeidlich – wie ein Schicksal – über uns her-

der Postmoderne auf diese rekurriert. Vgl. die zwiespältige Haltung in
Bruno Latour, *Wir sind nie modern gewesen. Versuch einer symmetrischen
Anthropologie*, Frankfurt/M. 2008.
3 Wie einflussreich durchgeführt bei Lorraine Daston, Peter Galison, *Objektivität*, Berlin 2017.

[handwritten: nicht die Subjektivität! Der Individualismus !!]

einbrechende Prozesse der Automatisierung inszeniert werden. Doch der technologische Fortschritt ist kein Schicksal, sondern Konsequenz einer Vielzahl von Entscheidungen und Strategien, die sich hinter der heute verbreiteten Mythologie der sich selbst vorantreibenden Digitalisierung verstecken. *Die sowohl naturalistische als auch postmoderne Selbstbeschädigung der modernen Subjektivität muss überwunden werden.* Entgegen ihrem schlechten Ruf ist diese nämlich keineswegs die metaphysische Triebkraft der ökologischen Krise, wie besonders Heideggers einflussreiche Kritik des Cartesianismus geltend gemacht hat. Das Problem ist nicht die Unterscheidung von Subjekt und Objekt, Geist und Natur, sondern die Elimination des Subjekts bzw. des Geistpols aus dieser Korrelation, ohne dass die Korrelation als solche vor dieser Elimination grundsätzlich überarbeitet worden wäre.[4]

An die Stelle einer Unterteilung einer vermeintlichen Gesamtwirklichkeit in Geist und Welt, Repräsentation und Verursachung, Sein und Sollen, Kultur und Natur, System und Umwelt usw. tritt in diesem Buch eine *humanistische Unhintergehbarkeitsthese.* Dieser zufolge ist der Mensch als geistiges Lebewesen die unhintergehbare Ausgangslage jeder ontologischen Untersuchung. Wir gehen in jeder Theoriebildung von unserer prä-ontologischen, vor-wissenschaftlichen Erfahrung aus, die etwas Wirkliches ist, das mit anderem Wirklichen in Kontakt

4 Dieser Vorwurf betrifft auch die Korrelationismuskritik Quentin Meillassoux' in *Nach der Endlichkeit. Versuch über die Notwendigkeit der Kontingenz,* Zürich, Berlin 2008. *Mutatis mutandis* scheitern die Entwürfe des sogenannten »spekulativen Realismus« an ihrem Versuch, den Standpunkt des Menschen in einem ontologischen wie epistemologischen Gewaltstreich zu überspringen, um ohne Ausweis der Rechtmäßigkeit ihrer Theoriekonstruktion im vermeintlichen »großen Außerhalb« der von Menschen unberührten Natur metaphysisch wildern zu gehen. Vgl. Markus Gabriel, »Tatsachen statt Fossilien – Neuer vs. Spekulativer Realismus«, in: *Zeitschrift für Medien- und Kulturforschung* 7/2 (2016), S. 187-204 sowie die Harman-Kritik bei Stephen Mulhall, »How Complex is a Lemon?«, in: *London Review of Books* 40/18 (2018), S. 27-30.

tritt. Prä-ontologisch zeigt sich uns das Wirkliche im Modus der Wahrnehmung, und zwar: weil Wahrnehmung selbst etwas Wirkliches ist. Ich werde dafür argumentieren, dass der Wahrnehmung gleichwohl stets ein Element der Illusion beiwohnt, dank dessen sie objektiv, d. h. wahrheitsfähig ist. Nur wer sich täuschen kann, kann die Wahrheit erfassen. Ohne Fehlerquelle gibt es keine Objektivität, was deren Ansprüche nicht unterminiert.

Auf dem Weg zum Sein (zu den Tatsachen) kommen wir am Schein nicht vorbei. Ein Neurowissenschaftler, der ein Experiment aufbaut, vertraut dabei seiner Sinneswahrnehmung ebenso wie der Physiker, der Daten eines Teilchenbeschleunigers zusammenträgt und diese auf einem Fachkongress vorstellt. Er wird dabei kaum die Existenz seines Publikums oder der anstehenden Kaffeepause bestreiten.

Die Geistes- und Sozialwissenschaften werden im Folgenden in ihrer ontologischen Dignität gewürdigt. Was sie erforschen, ist der hier vorgeschlagenen Bestimmung zufolge die Art und Weise, wie Menschen ihr eigener Standpunkt erscheint. Gegenstand der Geistes- und Sozialwissenschaften ist der Mensch in seiner historisch variablen, synchron und diachron ungeheuer ausdifferenzierten Selbstbildfindung.

Eine wesentliche Aufgabe der gegenwärtigen Philosophie ist die systematische Überwindung des handelsüblichen Naturalismus, dem sich leider viele Fachvertreter verschrieben haben. Das hat im Ausgang von wissenschaftspolitischen Entwicklungen im anglophonen Bereich nicht nur hierzulande in den letzten Jahrzehnten zu einer Entkoppelung der Philosophie von den geistes- und sozialwissenschaftlichen Diskursen geführt, was für beide methodologisch fatal war.

Die Versuche mancher philosophischen Projekte, sich – durch szientoide Publikationsformate, mehr oder weniger ausgearbeitete Formalisierungen von Argumenten oder gar experimentelle ›Methoden‹ – den Anstrich naturwissenschaftlicher Forschung zu geben, scheitern in dem Maße, in dem sie niemand außer denjenigen zur Kenntnis nimmt, die von diesen Forschungsprojekten profitieren. Geisteswissenschaftliche Versuche wie die narratologische Anknüpfung an die Neuro- oder Kognitionsforschung entpuppen sich in der Sache rasch als Eintagsfliegen, sofern sie nicht über den Nachweis hinauskommen, dass wir für die Rezeption von Erzählmustern über geeignete psychologische Dispositionen verfügen müssen, die wir wohl ohne den Einsatz irgendwelcher neuronaler Strukturen nicht realisieren könnten.

Dabei mangelt es nicht an einem echten Bedürfnis, alle wissenschaftlichen Disziplinen im Gefüge der Idee einer Universität in ein gemeinsames Gespräch zu bringen, um der Verfransung der wissenschaftlichen Tätigkeit entgegenzuwirken.[5] Genuine transdisziplinäre Kooperation über alle Fakultäten hinweg setzt einen gemeinsamen Gegenstand der Untersuchung voraus. Derjenige Gegenstand, der allen Disziplinen gemeinsam ist, ist der Standpunkt des Menschen, von dem aus wir alle anderen Gegenstände untersuchen. Etwaige menschlich-allzumenschliche Interferenzeffekte werden dank fortgeschrittener Methoden der Einzeldisziplinen aus einem gegebenen Forschungsprojekt herausgerechnet, was allerdings nicht zu der unsinnigen Vorstellung verführen sollte, wir könnten den Menschen als Ziel und Ausgangspunkt der Untersuchung der Wirklichkeit hinter uns lassen.

Um eine gemeinsame Basis aller wissenschaftlichen, methodisch geleiteten Wahrheitsansprüche zu erarbeiten, bedarf es einer kohärenten Ontologie und Erkenntnistheorie, die einer entsprechenden Anthropologie und Philosophie des Geistes zugrunde liegt. Nur auf einer solchen Grundlage lässt sich ein transdisziplinäres Format legitimieren, dem es nicht nur um den Transfer der Grundlagenforschung in die Wirtschaft geht, sondern dessen Ziel Selbsterkenntnis und damit der potenzielle moralische

---

5 Vgl. dazu zuletzt Jacques Derrida, *Die unbedingte Universität*, Frankfurt/ M. 2001. Ausführlicher zur Architektur des universitären Wissens und seiner Beziehung zur soziopolitischen Selbstbestimmung des Menschen: Markus Gabriel, *Wer wir sind und wer wir sein wollen*, Berlin 2020 (i. Ersch.).

Fortschritt der Menschheit ist, dem aller naturwissenschaftlich-
technische Fortschritt untergeordnet werden muss, wenn er nicht
auf kurz oder lang zur vollständigen Selbstvernichtung unserer
Lebensform führen soll.

Eine ontologische Untersuchung beschäftigt sich im Allgemeinen mit der Frage, worin Existenz besteht, und im Besonderen damit, ob eine bestimmte, unter begrifflichem Druck geratene Art von Gegenständen existiert. Ein wichtiger Prüfstein
jeder gegebenen Ontologie ist ihre *Meontologie*, d. h. ihre Theorie der Nicht-Existenz (des μὴ ὄν). Erst wenn ein begrifflicher
Rahmen feststeht, der erlaubt, ein nachvollziehbares Modell
zur Entscheidung von Existenzfragen vorzulegen, kann der ontologische Status des Scheins in seiner Beziehung zur Nicht-
Existenz bestimmt werden.

Dafür wird im Folgenden der Begriff der Fiktionen mobili-
siert. Wir bedürfen einer ontologisch verbesserten Fiktionalitätstheorie, um dem Umstand Rechnung zu tragen, dass sich das
geistige Leben des Menschen in Dimensionen vollzieht, die weit
über unsere Anwesenheit in sensorischen Reizszenen hinausreichen. Fiktionen sind Vollzüge im Raum dieser Transzendenz.[6]

Genauer sind *Fiktionen* mentale Ereignisse in den Zwischen-
räumen unserer Bezugnahme auf Gegenstände in Szenen unseres Lebens. Wir setzen uns in jedem Augenblick unseres bewussten Lebens in Szene.[7] Unsere bewusst erlebte sensorische
Umgebung durchsuchen wir dabei ständig im Hinblick auf Gegenstände, die unter Relevanzbedingungen in Erscheinung treten. Die von uns wahrgenommene Wirklichkeit trägt in dieser

---

6   Für diesen Raum hat Wolfram Hogrebe in einer Reihe von Büchern eine
    Anthropologie und Metaphysik des Surrealen ausgearbeitet. Vgl. Wolfram
    Hogrebe, *Der implizite Mensch*, Berlin 2013; ders., *Philosophischer Surrea-
    lismus*, Berlin 2014; ders., *Metaphysische Einflüsterungen*, Frankfurt/M.
    2017; ders., *Duplex. Strukturen der Intelligibilität*, Frankfurt/M. 2018;
    ders., *Szenische Metaphysik*, Frankfurt/M. 2019.
7   Vgl. dazu wiederum Wolfram Hogrebe, *Riskante Lebensnähe. Die szenische
    Existenz des Menschen*, Berlin 2009.

Hinsicht jeweils unsere Signatur. In jedem Augenblick geschieht ein Szenenwechsel; das subjektive und objektive Wahrnehmungsfeld verändert sich ständig. Gleichwohl sind wir berechtigt, von stabilen Gegenständen auszugehen (was auch immer diese im Einzelfall sein mögen). Was die indefinit vielen Szenen zusammenhält, sind Fiktionen, d. h. partiell explizierbare Annahmen darüber, wie die jeweils nicht erlebte Umgebung unseres Wahrnehmungsfelds ausstaffiert ist.[8] Wie wir unser jeweiliges Wahrnehmungsfeld durchsuchen und damit modifizieren, hängt davon ab, wie wir uns die Anschlüsse (retentional und protential) ausmalen. Diese Transzendenz über das Gegebene ermöglicht es allererst, dass wir das Gegebene als wirklich einstufen. Stanley Cavell bringt diese Sachlage auf den Punkt, wenn er schreibt:

> Es ist eine sehr dürftige Auffassung von Phantasie, die sie als eine von der Wirklichkeit gesonderte Welt begreift, eine Welt, die offensichtlich ihre Unwirklichkeit zeigt. Phantasie ist genau dasjenige, womit die Wirklichkeit verwechselt werden kann. Durch Phantasie wird unsere Überzeugung vom Wert der Wirklichkeit gebildet; auf unsere Phantasien zu verzichten bedeutete, auf unseren Kontakt mit der Welt zu verzichten.[9]

Fiktionale Gegenstände sind im Allgemeinen Gegenstände, auf die wir uns im Modus ihrer Abwesenheit beziehen. Sie sind gegenwärtig präsent, weil wir unsere Wahrnehmungsepisoden nicht nur als mentalen Fluss, sondern als mehr oder weniger stabil eingerichtet erleben, was bedeutet, dass wir über dasjenige hinausgehen, was uns jeweils direkt im Modus der Anschauung

---

8 Vgl. zur Herleitung dieses Begriffs von Fiktionen aus einer epistemologischen Übung Markus Gabriel, »The Art of Skepticism and the Skepticism of Art«, in: *Philosophy Today* 53/1 (2009), S. 58-59.

9 Meine Übersetzung von Stanley Cavell, *The World Viewed. Reflections on the Ontology of Film.* Cambridge/MA. 1979, S. 85: »It is a poor idea of fantasy which takes it to be a world apart from reality, a world clearly showing its unreality. Fantasy is precisely what reality can be confused with. It is through fantasy that our conviction of the worth of reality is established; to forgo our fantasies would be to forgo our touch with the world.«

als Wirkliches zugänglich ist. Nicht alle fiktionalen Gegenstände sind auch fiktiv, d. h. Gegenstände ästhetischer Erfahrung, die wesentlich im Modus der Interpretation existieren.

Fiktive Gegenstände sind aufführungsabhängig: Wie sie sind, hängt wesentlich davon ab, wie wir sie uns vorstellen, was allerdings, wie wir noch sehen werden, nicht bedeutet, dass es keine objektiven Kriterien dafür gibt, wie wir sie uns vorstellen sollen. Der relevante Kontrast von Fiktion und Wirklichkeit besteht darin, dass fiktive Gegenstände im Unterschied zu den nicht-fiktiven fiktionalen Gegenständen die Lücken unserer Wahrnehmung sozusagen nicht von selbst ausfüllen. Was beispielsweise zwischen zwei Szenen eines Films, in denen uns Handlungen einer Filmfigur gezeigt werden, geschieht, wird durch die ästhetische Erfahrung ausgefüllt, d. h. durch Ausübungen unserer Einbildungskraft.

Fiktive Gegenstände sind deswegen nicht unvollständig, allerdings existieren sie wesentlich in Interpretationen, wodurch sie sich von nicht-fiktiven fiktionalen Gegenständen unterscheiden. Unsere Wahrnehmungswirklichkeit ist von fiktionalen, d. h. spezifisch: imaginären Gegenständen bevölkert, die allerdings denjenigen Gegenständen in für unser Überleben und Erkennen relevanten Hinsichten hinreichend ähneln müssen, damit sie die Lücken unserer direkten Wahrnehmungen ausfüllen können. Was die Wahrnehmungslücken derart erfolgreich ausfüllt, ist in der Regel nicht davon abhängig, wie wir es interpretieren. Dass mein Laptop immer noch vor mir steht, auch wenn ich kurz die Augen schließe und es mir dabei vorstelle, bedeutet, dass es nicht etwa deswegen noch vor mir steht, weil ich es mir so vorstelle. Dass hingegen Gretchen bestimmte Eigenschaften hat, die ihr vom *Faust*-Text nicht explizit zugeschrieben werden, liegt unter anderem daran, wie ich mir Gretchen vorstelle. Hätte ich mir Gretchen anders vorgestellt, hätte sie andere Eigenschaften gehabt.

Fiktive Gegenstände sind eine Unterart fiktionaler Gegenstände. Diese spalten sich in fiktive und imaginäre auf. Wohlgemerkt sind nicht alle intentionalen Gegenstände, d. h. nicht alle

Gegenstände einer wahrheitsfähigen Bezugnahme, fiktional. Die Gegenstände der direkten Wahrnehmung sind zwar intentional (sie sind uns auf eine bestimmte Art und Weise, sinnesspezifisch gegeben), aber nicht fiktional, wenn wir sie ohne fiktionale Anteile unseres mentalen Lebens auch nicht wahrnehmen könnten. Zu jeder Wahrnehmungsszene gehört ein Überschuss, der nicht seinerseits direkt wahrgenommen wird, sondern der uns vielmehr mit vielfältigen fiktionalen Gegenständen in Verbindung setzt. Wir sind unter den als normal erlebten Bedingungen unseres bewussten Wahrnehmens nicht in isolierte Wahrnehmungsepisoden eingekapselt.

Was das Auftauchen des Scheins betrifft, ist die Signatur des Menschen insofern zentral, als wir über jede sensorische Episode hinausgehen. Wir führen unser Leben niemals nur in einem eng gezogenen Hier und Jetzt, in dem wir das Problem des Überlebens lösen oder wie das vom Jagen müde Raubtier eine Ruhepause einlegen. Vielmehr verfügen wir alle über ein jeweils mehr oder weniger individuell ausgemaltes Bild unserer Gesamtlage als Menschen, mittels dessen wir die Episoden unserer prä-ontologischen Erfahrung einordnen. Was uns hier und jetzt widerfährt, gehört für jeden von uns in eine Autobiographie, an deren narrativer und damit fiktionaler Ausgestaltung wir tagtäglich arbeiten.

Diese Situation lässt sich weder umgehen noch durch irgendeine szientistisch optimierte Umprogrammierung des Menschentiers beheben. Die Vorstellung, wir könnten etwa durch neurowissenschaftliche Fortschritte dafür sorgen, dass wir unsere Transzendenz transzendieren, um dann endlich das leidige Bewusstsein mit seinen ›vorwissenschaftlichen‹ Vorstellungen loszuwerden, ist nur eine besonders inkohärente Instanz menschlicher Selbstobjektivation. Unsere Sachlage ändert sich um keinen Deut, wenn wir anstatt von Erkenntnis von Kognition, anstatt von Wahrnehmung von Informationsverarbeitung usw. sprechen und die Elemente unseres geistigen Lebens in einem anderen Code als etwa in demjenigen der dafür bestens geeigneten natürlichen Sprachen artikulieren.

Die Einbildungskraft ist für unsere Selbstbestimmung un-
überschreitbar zentral. Denn wer oder was der Mensch ist, wird
nicht durch Fingerzeig auf irgendeine, allen Menschen eignen-
de sichtbare oder mittels naturwissenschaftlicher Objektivierung technologisch sichtbar zu machende Eigenschaft geklärt.
Wer wir sind und wer wir sein wollen, ergibt sich ausschließlich
im historisch, synchron und diachron prinzipiell extrem variablen Konzert unserer Selbstvorstellungen.

Auch im Zeitalter der letztlich unkontrolliert zunehmenden
Herrschaft digitaler Medien über unser Selbstporträt hat sich
nichts daran geändert, dass wir uns über Fiktionen ohnehin
selbst objektivieren. Die Innovation der sozialen Netzwerke besteht vielmehr darin, dass sie Geschäftsmodelle der Veröffentlichung und Ausbeutung unserer Selbstbildfähigkeit in der Form
einer Plattformökonomie entwickelt haben. Diese Selbstobjektivation untersuche ich in Gestalt der These von der Öffentlichkeit des Geistes, die erlaubt, die paradigmatisch von Jürgen Habermas diagnostizierte Dialektik der Öffentlichkeit in Erinnerung
zu rufen, um so das emanzipatorische Potenzial einer Widerre-
de gegen die Digitalisierung unserer selbst freizulegen.[10]

Das begriffliche Epizentrum dieser Studie ist *das eleatische
Rätsel der Nicht-Existenz*, das Auslöser der Distinktion von Sein
und Schein und damit der Philosophie als Wissenschaft dieser
Unterscheidung ist. Dieses Rätsel ergibt sich daraus, dass wir
imstande sind, wahrheitsfähige (also wahre *oder* falsche) Aussagen über Gegenstände zu treffen, von denen wir gleichzeitig glauben, dass sie nicht existieren. Wir können demnach Wahres über
solches konstatieren, was nicht existiert.

Diese Fähigkeit sollten wir uns freilich schon deswegen vin-

---

10 Vgl. natürlich Jürgen Habermas, *Strukturwandel der Öffentlichkeit. Untersuchungen zu einer Kategorie der bürgerlichen Gesellschaft*, Frankfurt/M.
1990. Zum jüngeren Diskussionsstand aus soziologischer Perspektive
vgl. Dirk Baecker, *4.0 oder Die Lücke die der Rechner lässt*, Leipzig 2018,
sowie Armin Nassehi, *Muster. Theorie der digitalen Gesellschaft*, München
2019.

dizieren, weil wir ansonsten nichts Wahres sagten, wenn wir von einem gegebenen Gegenstand (sei es der gegenwärtige König von Frankreich, Zeus, Minerva, Zahlen, ewige moralische Werte, Qualia, mesoskopische Alltagsgegenstände wie Tische oder was auch immer man für ontologisch fragwürdig hält) urteilten, er existiere nicht. Sagt man bezüglich eines Gegenstandes G die Wahrheit, wenn man urteilt, er existiere nicht, ist es über G wahr, dass er nicht existiert. Wenn aber etwas über G wahr ist, wie kann er dann nicht existieren?

Hierbei ist es fragwürdig, ob man jemals Anlass hat, über ein G nur aussagen zu können, dass es nicht existiert, ohne dass man gleichzeitig viele weitere G-bezügliche Aussagen für wahr hält wie diejenige, dass G eine bestimmte Stellung im griechischen Pantheon hat, dass Homer einschlägige Beschreibungen Gs geliefert hat und vieles mehr. Wenn man G aber nur dann die Existenz wahrerweise absprechen kann, wenn man G sonstige, charakterisierende Eigenschaften zuspricht, wie kann man dann vermeiden, einen Gegenstand namens Faust, der ein Mensch zu sein scheint, nicht zugleich für existent und nicht-existent zu halten?

Ein Ausweg aus dem Labyrinth des eleatischen Rätsels besteht darin, diejenigen Gegenstände, die nicht existieren, mit den Gegenständen, die existieren, in einem Gesamtbereich unterzubringen, den man als »das Sein« bezeichnen könnte. Dann gehörten zum Sein sowohl die existierenden als auch die nicht-existierenden Gegenstände. Die nicht-existierenden Gegenstände *sind* dann (etwas), ohne zu *existieren*. Diese Variante leitet sich von Alexius Meinongs vieldiskutierter und meistens zurückgewiesener Ontologie ab, die heute in der Gestalt des Neo-Meinongianismus freilich wieder scharfsinnige Verteidiger hat, allen voran Graham Priest.[11]

---

11 Besonders prägnant vgl. Graham Priest, *Towards Non-Being. The Logic and Metaphysics of Intentionality*, Oxford ²2016. Vgl. auch Francesco Berto, *Existence as a Real Property*, Dordrecht 2013, sowie Richard Routley, *Exploring Meinong's Jungle and Beyond*, Canberra 1980, die Vorlage Priests.

Allerdings habe ich in *Sinn und Existenz* bereits ausführlich dafür argumentiert, dass es keinen solchen metaphysischen Gesamtbereich aller Gegenstände gibt, den man im zweiten Akt in einen Existenzbereich einerseits und einen Nicht-Existenzbereich andererseits spalten könnte.[12] *Das Sein gibt es nicht.* An die Stelle einer metaphysischen Gesamtschau des Wirklichen ist dort die Sinnfeldontologie (im Folgenden = SFO) getreten. Diese ordnet Gegenstände Sinnfeldern zu, wobei ein Sinnfeld eine Anordnung von Gegenständen ist, die einem Regelsystem untersteht. Sinnfelder schließen stets einige Gegenstände ein und andere Gegenstände aus, die in ihrer näheren oder ferneren Umgebung auftauchen. Da es kein allumfassendes Sinnfeld gibt, sind sowohl der Einzugsbereich als auch der Vorhof eines Sinnfelds beschränkt.

In diesem Rahmen ergibt sich eine naheliegende Meontologie: Was nicht existiert, existiert an anderer Stelle, indem es aus einem Sinnfeld ausgeschlossen und einem anderen zugewiesen wird. Dabei entsteht allerdings kein Sinnfeld all dessen, was nicht existiert, sodass man wiederum zwei Klassen von Gegenständen – die existierenden und die nicht-existierenden – in einem Gesamtbild unterbringen könnte. Denn was nicht existiert, wird unter jeweils spezifischen Bedingungen aus einem Sinnfeld ausgeschlossen. Gegenstände, die in einem Sinnfeld unmöglich sind (etwa runde Vierecke in einer euklidischen Geometrie oder widersprüchliche Gegenstände, denen Prädikate zugeschrieben werden, die in einer gegebenen inferentiellen Ordnung miteinander unverträglich sind), weisen eine ganz andere Art der Nicht-Existenz auf als etwa fiktive Gegenstände wie Mephistopheles, die in dem Sinne nicht existieren, dass sie in unserem Bereich des Wirklichen nur indirekt, d. h. nur in einem fiktionalen Sinnfeld eingebettet erscheinen, das sie nicht verlassen können. Auf wieder andere Weise existieren halluzinierte Gegenstände oder Produkte sozialer Imagination (wie schein-

---

12 Markus Gabriel, *Sinn und Existenz. Eine realistische Ontologie*, Berlin 2016. Zum Problemfeld des Meinongianismus vgl. bes. S. 212-220.

bar gut umgrenzte soziale Identitäten vom Typ »Rasse« und »Volkskörper« oder weniger greifbare Vorstellungen von »*der* Gesellschaft«, »*dem* Neoliberalismus«, »*dem* Kapitalismus« usw.) nicht.[13]

Fiktionen lassen sich nicht endgültig einhegen, weil sie Ausdruck unseres geistigen, freien Lebens sind, dessen historische, variable Selbstbestimmung niemals ein für alle Mal überblickt werden kann. Die formale, nicht ihrerseits historisierbare Invariante der Genese von Fiktionen ist der *Geist* als das menschliche Vermögen der Selbstbildfähigkeit.[14] Der Mensch lebt sein Leben im Licht einer Vorstellung davon, wer oder was er ist.

Heidegger drückt diesen Gedanken in den *Beiträgen zur Phi-*

---

13 Vgl. zur analytischen Aufhellung dieser verschachtelten Diskussion paradigmatisch Kwame Anthony Appiah, *The Lies That Bind. Rethinking Identity*, London 2018.

14 Vgl. dazu bereits Markus Gabriel, *Ich ist nicht Gehirn. Philosophie des Geistes für das 21. Jahrhundert*, Berlin ²2016, sowie die Erläuterung und Verteidigung des neoexistenzialistischen Paradigmas in: ders., *Neo-Existentialism. How to Conceive of the Human Mind after Naturalism's Failure*, Cambridge 2018. Vgl. ähnlich Georg W. Bertram, *Was ist der Mensch? Warum wir nach uns fragen*, Stuttgart 2018. Allerdings bin ich mir wohl sicher, dass Bertram nicht zu weit geht, wenn er etwa an anderer Stelle behauptet: »Menschen sind das, was sie sind, nicht von Natur aus. Sie sind auch nicht schlicht aus einer Tradition heraus in dem bestimmt, was sie ausmacht. Menschen haben das, was sie sind, vielmehr auch immer wieder neu zu bestimmen. Was der Mensch ist, ist er immer auch dadurch, dass er Stellung nimmt, und zwar zu sich, und dieses Stellungnehmen ist als ein praktisches Geschehen zu begreifen. Das heißt: Die kontinuierliche Neubestimmung des Menschen geht wesentlich von Praktiken aus, die zur Gattung der reflexiven Praxisformen gehören.« (*Kunst als menschliche Praxis. Eine Ästhetik*, Berlin 2014, S. 13) Dagegen halte ich den Menschen in seiner Selbstbestimmung für durchaus bestimmt: Unsere Selbstbildfähigkeit ist unser historisch invariantes Wesen, das wir in der reflexiven Praxis der Philosophie erfassen. Wir sind also durchaus in einem bestimmten Sinne das, was wir sind (nämlich Menschen), von Natur aus. Menschen müssen nicht erst zu Menschen werden, sondern sind es schon die ganze Zeit (weil wesentlich). Man wird nicht Mensch, sondern ist es.

losophie prägnant so aus: »Das Selbst-Sein ist der schon *im* Suchen liegende Fund.«[15] Jemand zu sein, bedeutet paradigmatisch, sich ein variables Bild davon zu machen, wer man ist und
wer man sein will. Wir realisieren im Handeln Selbstbilder, die
unter anderem dadurch modifiziert werden, dass andere diesen
Vorgang kommentieren. Das in Ausübungen der Einbildungskraft gründende Gefüge der Subjektivität und Intersubjektivität ist der nicht mehr sinnvoll bestreitbare Ausgangspunkt unserer Verortung, den ich deswegen – im entfernten Anklang an
Rilke – als *Hiersein* bezeichne.[16] Jedes epistemologische und ontologische Koordinatensystem, das wir verwenden, um Entitäten Existenz zu- oder abzusprechen, ist im Hiersein verwurzelt –
ein Umstand, den man aus dem Blick verliert, wenn man sich
über den Umweg einer vermeintlich naturwissenschaftlich ver-
brieften Exkursion ins »kosmische Exil« selbst bestimmt.[17]

Es liegt im Zeitalter eines weltanschaulichen Naturalismus
nahe, den Standort des Menschen unter Rekurs auf eine weit-
gehende Distanzierung von seiner Subjektivität zu bestimmen,
indem wir uns als ›Erdlinge‹ betrachten, in denen für einen Augenblick die Einsicht ihrer Unbedeutendheit angesichts minimaler und maximaler kosmologischer Skalen emergiert. Doch
übersieht dieses Szenario, dass es selbst eine Ausübung der Einbildungskraft ist, die man auch und gerade in der avancierten
gegenwärtigen physikalischen Kosmologie nicht hinter sich lässt,

---

15 Martin Heidegger, *Beiträge zur Philosophie (Vom Ereignis)*, Gesamtausgabe
Band 65, Frankfurt/M. ³2003, S. 398. Vgl. dazu Wolfram Hogrebe, »Riskante Lebensnähe«, in: Carl Friedrich Gethmann (Hg.), *Lebenswelt und
Wissenschaft. XXI. Deutscher Kongress für Philosophie 15.-19. September
2008 an der Universität Duisburg-Essen*, Hamburg 2011, S. 40-62, v. a.,
S. 52-55, sowie ausführlich Jaroslaw Bledowski, *Zugang und Fraktur. Hei-
deggers Subjektivitätstheorie in* Sein und Zeit, Tübingen (i. Ersch.).
16 So schon Markus Gabriel, »The Mythological Being of Reflection – An
Essay on Hegel, Schelling, and the Contingency of Necessity«, in: ders.,
Slavoj Žižek, *Mythology, Madness and Laughter. Subjectivity in German
Idealism*, New York, London 2009, S. 15-94.
17 Willard Van Orman Quine, *Wort und Gegenstand*, Stuttgart 1980, S. 474.

weil der Physikalismus keineswegs eine bloße Datensammlung, sondern vielmehr massive Weltbildkonstruktion ist, die erst dann in die Gänge kommt, wenn von uns selbst zugunsten des Universums abstrahiert wird.[18] Allerdings kann die Physik nicht angemessen Rechenschaft davon ablegen, dass Physiker – und damit, soweit wir wissen, bestimmte Menschen – existieren, die ihre eigene Stellung im Kosmos in Anschlag bringen, um eine Skala zu entwickeln, die es ihnen erlaubt, die mesoskopischen Alltagsverhältnisse in Bezüge einzubetten, die nur indirekt beobachtbar sind (durch Experiment, Theoriebildung und aus diesen resultierender kognitiver Erweiterung durch Technik). Weder das Messproblem der Quantenphysik noch die Selbsterkenntnis des Bewusstseins können bisher mit Gewissheit als im engeren Sinne *physikalisch* gelöst gelten.[19] Die metaphysischen

18 Markus Gabriel, »Cosmological Idealism«, in: Joshua R. Farris, Benedikt P. Göcke (Hg.), *Rethinking Idealism and Immaterialism*, London (i. Ersch.) sowie ausführlich Gabriel, *Die Wirklichkeit des Universums*. Vgl. auch Thomas Nagels jüngeren Versuch einer Aneignung des objektiven Idealismus in Thomas Nagel, *Geist und Kosmos. Warum die materialistische neodarwinistische Konzeption der Natur so gut wie sicher falsch ist*, Berlin 2013. Nagel bleibt leider seinem eigenen Phantasiebild eines anzustrebenden, aber nicht zu erreichenden Blicks von Nirgendwo verhaftet, dessen Paradoxien er in *Der Blick von Nirgendwo*, Frankfurt/M. 2012, entfaltet hat. Vgl. dagegen die Zurückweisung von Nagels Auffassung von Objektivität bei Sebastian Rödl, *Selbstbewußtsein und Objektivität*, Berlin 2019, S. 89-115.

19 Ein Ausweg aus dieser Sackgasse ist die Anerkennung der unhintergehbaren Existenz eines menschlichen Kontexts, von dem aus sich mittels des Begriffs der *top-down-causation* unter anderem eine Lösung des Messproblems und des Verhältnisses von Geist und Natur im Universum ergeben. Vgl. dazu George Ellis, *How Can Physics Underlie The Mind. Top-Down Causation in the Human Context*, Berlin, Heidelberg 2016; Barbara Drossel, George Ellis, »Contextual Wavefunction Collapse: An Integrated Theory of Quantum Measurement«, in: *New Journal of Physics* 20 (2018), S. 1-35; George Ellis, Markus Gabriel: »Physical, Logical, and Mental Top-Down Effects«, in: Markus Gabriel, Jan Voosholz (Hg.), *Top-Down Causation and Emergence*, Dordrecht (i. Ersch.).

Hauruckverfahren der ontologischen Reduktion oder Elimination derjenigen menschlichen Verhältnisse, die dem Wunsch einer Selbstbeseitigung der Subjektivität im Wege stehen, sollten deswegen als dasjenige durchschaut werden, was sie sind: schlechte Fiktionen.

Dieses Buch durchmisst die Dimensionen menschlicher Fiktionen in drei Teilen, ohne damit einen Anspruch auf Vollständigkeit zu erheben. Der Anlass, genau diese Dimensionen zu thematisieren, ist selbst historisch, d. h. der Zeit der Abfassung geschuldet, in der sich die Frage nach der Nicht-Existenz auf eine spezifische Weise stellt. In dem Maße, in dem die systematischen Antworten, die gegeben werden, wahr sind, gelingt freilich die »Transzendenz«, d. h. die Einsicht in historisch invariante Tatsachen.

Der erste Teil entwickelt einen *fiktionalen Realismus*. Dieser ist nicht ohne weiteres auf der Landkarte der zurzeit handelsüblichen Positionen bezüglich der sogenannten »fiktionalen Gegenstände« zu verzeichnen. Die Grundidee dieses Teils lautet vielmehr, dass die Fragestellung, ob »fiktionale Gegenstände« existieren, weitgehend verfehlt ist, weil mindestens zwei Arten von Gegenständen in der Regel verwechselt und damit in den äquivoken ›Begriff‹[20] der »fiktionalen Gegenstände« eingeschmolzen werden. Diese beiden Gegenstandsarten bezeichne ich als *hermeneutisch* bzw. *meta-hermeneutisch*. Hermeneutische Gegenstände sind solche, die wesentlich interpretationsabhängig sind. Sie existieren nur dadurch in denjenigen Sinnfeldern, in denen wir über sie reden und nachdenken, weil wir sie uns aufgrund eines spezifischen Phantasieanlasses (eines Kunstwerkes) einbilden (§§ 1-2).

Diese Einbildung besteht darin, dass wir auf Grundlage unserer faktischen Situation ein Sinnfeld aufbauen, in dem die hermeneutischen Gegenstände (die ich auch als »fiktiv« ansprechen

---

20 Die einfachen Anführungszeichen zeigen im Folgenden an, dass dem durch sie markierten Ausdruck gerade kein hinreichend präziser Begriff entspricht.

werde) auftauchen. Unter einer »Interpretation« wird dabei nicht die etwa literaturwissenschaftlich geschulte Analyse eines Texts, sondern die Aufführung eines Sinnfelds und darin vorkommender Gegenstände auf der mentalen »Bühne« der Rezipienten verstanden.

Dieser Vorgang kann daraufhin zum Gegenstand dessen werden, was ich als »Deutung« anspreche. Die Deutung ist das Ensemble geistes- und sozialwissenschaftlicher Untersuchungen der ästhetischen Erfahrung und ihrer zugrunde liegenden Materialität, wozu Texte, Skulpturen, Tonbandaufzeichnungen, Digitalisate, aber auch psychologisch und soziologisch erforschbare Typen ästhetischer Erfahrung zählen, die bei Rezipienten an einer bestimmbaren historischen und sozialen Stelle zu erwarten sind. Wie man sich Gretchen vorstellt, ist nicht metaphysische Privatsache, sondern ein Vorgang, der sich aus der Innen- und Außenperspektive erforschen lässt.

Ein wichtiges Manöver im ersten Teil ist der *meontologische Isolationismus*. Diesem zufolge sind wir von fiktiven Gegenständen dadurch abgeschirmt, dass sie in Sinnfeldern existieren, in denen wir prinzipiell nicht existieren können und vice versa.[21] Gretchen existiert in denjenigen Sinnfeldern, die durch die Texte und Interpretationen von *Faust* (*Urfaust* + *Faust I* + *Faust II*) eröffnet werden. Genaugenommen sind dies indefinit viele, weil

---

21 In der Kartographie von Sainsbury gilt die hier eingenommene Position demnach scheinbar nicht als fiktionaler Realismus, da er darunter den »controversial claim« versteht: »that reality (*our* reality) contains such things as Kilgore Trout and Sherlock Holmes. It argues for what I call *robust* fictional characters, by which I mean that it claims that fictional characters belong to our reality, and not just to some fictional world.« (Richard Mark Sainsbury, *Fiction and Fictionalism*, New York, Oxford 2010, S. 32) Wie wir noch sehen werden, trifft dies nicht zu, zumal Sainsbury ein Realismus-Kriterium verwendet, das »reality« als Teilhabe an »our world, the one and only real and actual world« (ebd.) versteht, was der hier zur Anwendung kommenden Keine-Welt-Anschauung widerstreitet. Die Alternative von (robustem) fiktionalem Realismus und fiktionalem Irrealismus ist damit unvollständig.

alle legitimen Interpretationen (alle faktischen und noch möglichen Rezeptionen) Sinnfelder darstellen, in denen Gretchen
existiert. Was über Gretchen wahr ist, kann nur dadurch festge-
stellt werden, dass man sie sich vorstellt, indem man eine *Faust*-
Partitur interpretiert.

Die Materialität des Kunstwerks bestimmt Phantasieschranken: Nicht alles und jedes, was irgendjemand mit »Gretchen«
verbindet, ist eine legitime Interpretation. Was eine legitime Interpretation ist, ergibt sich aus dem Zusammenspiel von Interpretation und Deutung, weil selbst der nüchternste Goethe-For-
scher sich Gretchen einbilden muss, um zu verstehen, wessen
Rezeptionsgeschichte er etwa zu schreiben beabsichtigt.

Wir sind von fiktiven Gegenständen ontologisch isoliert (und
vice versa), die nur in Sinnfeldern erscheinen, an deren Produktion wir durch Ausübung unserer Einbildungskraft beteiligt
sind, die durch das Vorliegen des Materials von Kunstwerken
ausgelöst wird. Diese Sinnfelder sind *fiktional* im Unterschied
zu *fiktiv*, weil sie hier, bei uns, als Ausübungen unserer Einbildungskraft anlässlich eines Phantasieschranken auferlegenden
Anlasses einer ästhetischen Erfahrung existieren.

Fiktive Gegenstände sind in Tatsachen eingebettet: Einiges
ist wahr, anderes ist falsch über sie. Diese Tatsachen sind relatio-
nal, sodass daraus, dass in *Faust* etwas über Gretchen wahr ist,
nicht folgt, dass es andernorts ebenfalls über Gretchen wahr
ist. Aus »In *Fiktion F* ist es wahr, dass *p*« folgt nicht, dass es *tout
court* wahr ist, dass *p*. Gretchen ist in *Faust* ein Mensch, aber
nicht in Leipzig. Weil Tatsachen Gegenstände betreffen, die
stets nur in Sinnfeldern existieren können, gibt es ebenso wenig
eine metaphysische Gesamtheit der Tatsachen wie eine Welt als
Gesamtheit der Dinge.[22] Es hängt schlicht nicht alles mit allem

---

22 Wofür ich ausführlich argumentiert habe in Gabriel, *Sinn und Existenz*.
    Zur Diskussion und Verteidigung vgl. Thomas Buchheim (Hg.), *Jahrbuch-
    kontroversen 2. Markus Gabriel: Neutraler Realismus*, Freiburg/Br.,
    München 2016; Peter Gaitsch u. a. (Hg.), *Eine Diskussion mit Markus Ga-
    briel. Phänomenologische Positionen zum Neuen Realismus*, Wien, Berlin

zusammen; es gibt keinen Allzusammenhang derart, dass eine Tatsache in einem Sinnfeld automatisch mit einer anderen konfligiert, wenn diese (scheinbar) in kontradiktorischen Propositionen ausdrückbar sind.

Insbesondere wird dies in § 3 in der Form einer meontologischen Position ausbuchstabiert, der zufolge etwas sowohl existieren als auch nicht-existieren kann. Was existiert, erscheint nämlich in (mindestens) einem Sinnfeld und wird damit von anderen Sinnfeldern ausgeschlossen, in denen es folglich nicht existiert. Gretchen existiert$_{\text{in-}Faust\text{-Aufführungen}}$ und Gretchen existiert$_{\text{in-Bonn}}$ nicht. Natürlich existieren *Faust*-Aufführungen in Bonn, doch erhält Gretchen selbst damit kein ontologisches Bürgerrecht in meinem Sinnfeld.[23]

Sowohl Existenz als auch Nicht-Existenz sind in der Form

2017; Otávio Bueno, Jan Voosholz (Hg.), *Gabriel's New Realism*, Dordrecht (in Vorbereitung).

23 Kurzum: Die Relation des Erscheinens-in-einem-Sinnfeld ist nicht in allen Fällen transitiv, da etwas im Sinnfeld S^2 eines Sinnfelds S^1 erscheinen kann, ohne deswegen in S^1 zu erscheinen. Vgl. bereits Markus Gabriel, *Warum es die Welt nicht gibt*, Berlin ^{8}2013, S. 114, sowie Romain Leick, »»Eine Reise durch das Unendliche«. SPIEGEL-Gespräch mit Markus Gabriel über die Grenzen der naturwissenschaftlichen Erkenntnis und die Frage nach dem Sinn«, in: *Der Spiegel* 27 (2013), S. 122-124. Wohlgemerkt gibt es transitive und intransitive Fälle. Das Sinnfeld eines Viertels einer Großstadt erscheint in einer Großstadt, die ein Sinnfeld ist. Die Gegenstände des Viertels sind auch Gegenstände der Großstadt. Es lassen sich beliebig viele transitive und intransitive Fälle anführen. Beiläufig gesagt folgt aus der Keine-Welt-Anschauung, dass es keine vollständige Axiomatik der SFO geben kann. Neben allgemeinen, (meta-)mathematischen und (meta-)logischen Unvollständigkeitssätzen folgt dies daraus, dass der Bereich der empirischen Wahrheiten nicht *a priori* dergestalt beschränkt werden kann, dass es einen erkennbaren Grund gäbe, keine weitere, noch nicht registrierte empirische Wahrheit zu erwarten. Eine Ontologie, die diesem Umstand nicht Rechnung trägt, also eine (unmöglich auszuführende) ›rein formale‹ Ontologie ist Unsinn. Vgl. dazu im Anschluss an eine Überlegung Husserls: Gabriel, *Sinn und Existenz*, S. 172-174; 268-270; 297f.

von Relationen instanziiert. Die Existenzrelation ist der SFO zufolge eine Einrichtungsfunktion (Sinn) eines Gegenstandsbereichs. Ein faktisch soundso eingerichteter Gegenstandsbereich ist ein Sinnfeld.[24] Die Eigenschaft, zu existieren, besteht also darin, dass einem gegebenen Sinnfeld ein bestimmter Gegenstand bzw. bestimmte Gegenstände zugeordnet sind. Unter dem Vorzeichen der Negation gilt das auch für Nicht-Existenz. Was in einem Sinnfeld nicht existiert, wird in vielen Fällen an eine andere Stelle verwiesen, existiert demnach in einem anderen Sinnfeld.

Bestreitet man beispielsweise die Existenz von Einhörnern, ist davon der Film *Das letzte Einhorn* nicht betroffen, dessen Interpretationen ein Sinnfeld zur Erscheinung bringen, in dem es Einhörner gibt. Von Einhörnern, die uns in Kunstwerken entgegentreten, zu sagen, sie existierten nicht, ist der sinnfeldontologischen Meontologie zufolge eine Behauptung dahingehend, dass Einhörner *woanders*, aber nicht *hier* (z. B. im Zuschauerraum oder im Universum) existieren. Die uns im Medium ästhetischer Erfahrung erscheinenden Einhörner existieren folglich an einer Stelle, an anderer nicht.

Nicht-Existenz *tout court*, d. h. als eine Eigenschaft, die einem (durch sie) bestimmten Gegenstand unabhängig von seiner Zugehörigkeit zu einem Sinnfeld zukommt, gibt es ebenso wenig wie Existenz *tout court*. Auf diese Weise löst sich das eleatische Rätsel auf, weil die Aussage, ein bestimmter Gegenstand G oder eine Art von Gegenständen A^G existiere nicht, G bzw. A^G keine Eigenschaft zuspricht, die nur instanziiert sein kann, wenn der Gegenstand in dem Sinnfeld existiert, in dem man seine Abwesenheit zu konstatieren beabsichtigt.

Dieses Modell läuft Gefahr, die Keine-Welt-Anschauung der

---

24 Zu den Details vgl. neben *Sinn und Existenz* insbesondere Markus Gabriel, »Der Neue Realismus zwischen Konstruktion und Wirklichkeit«, in: Ekkehard Felder, Andreas Gardt (Hg.), *Wirklichkeit oder Konstruktion? Sprachtheoretische und interdisziplinäre Aspekte einer brisanten Alternative*, Berlin, New York 2018, S. 45-65.

SFO zu unterminieren. Diese wird schließlich in dem Slogan ausgedrückt, die Welt existiere nicht, was die Frage aufwirft, ob die Welt damit nicht andernorts, z. B. in unserer Einbildungskraft, existiert. Dies wird in § 4 unter der Rubrik des Mehlich-Koch-Einwands diskutiert und um einen Vorschlag Graham Priests ergänzt, der neben dem Rekurs auf Jorge Luis Borges' *Aleph* (in dem die Welt in eine Fiktion eingebettet zu existieren scheint) die (heterodoxe) logische Form einer nicht-wohlfundierten Mereologie geltend macht, die Raum dafür hätte, die Welt als echten Teil ihrer selbst erscheinen zu lassen. Träfe die Kombination des Mehlich-Koch-Einwands mit Priests logischem Vorschlag zu, wäre die SFO in eine heterodoxe Metaphysik überführt. Ihre antinaturalistische Stoßrichtung sowie der ontologische Pluralismus blieben bewahrt.

Allerdings ist diese Kombination mit dem spezifischen, neutralen Realismus der SFO unvereinbar, der sich gegen den (Neo-)Meinongianismus wendet (§ 5). Dieser beruht auf einer Gegenstandstheorie, die annimmt, ein Gegenstand sei etwas, was man überhaupt sprachlich bezeichnen bzw. erwähnen kann. Es gibt diesem Modell zufolge nichts, was kein Gegenstand ist (mit der paradoxen Ausnahme des Nichts, wie Priest ausführt).[25] Dies verpflichtet den Neo-Meinongianismus auf einen ontologischen Idealismus bzw. Antirealismus, sofern jedenfalls die von ihm beanspruchte Kategorie »Gegenstand« davon abhängt, dass sprachliche Bezugnahme existiert. Wenn der Gegenstandsbegriff an Sprache gebunden wird, wären Gegenstände ohne Sprache keine Gegenstände. Die Fallstricke dieses Manövers lassen sich zwar umgehen, allerdings um den metaphysischen Preis einer idealistischen Intentionalitätstheorie, sodass es in der Sachlogik liegt, dass Husserls transzendentaler Idealismus aus seinem Versuch resultiert, die unbequemen Konsequenzen des Meinongianismus einzuhegen.

Dieses Thema wird im zweiten Teil aufgegriffen, in dem ein

---

25 Vgl. zu dieser Angelegenheit ausführlich Markus Gabriel, Graham Priest, *Everything and Nothing*, Cambridge 2021 (i. Ersch.).

mentaler Realismus verteidigt wird. Im Allgemeinen ist der mentale Realismus eine Verpflichtung auf die irreduzible Existenz des Geistes mitsamt einigen seiner Module. Unter einem *Modul des Geistes* wird ein Vermögen (etwa eine Sinnesmodalität wie das Hören von Tönen, das phänomenale Bewusstsein im Allgemeinen, das Selbstbewusstsein, der Verstand, die Intelligenz usw.) verstanden, das wir uns und anderen im Zusammenhang von Handlungserklärungen zuschreiben. Wir erklären unser eigenes Verhalten und das Verhalten anderer, indem wir ein Portfolio mentaler Zustände erstellen, dessen Gesamtstruktur uns wohlgemerkt in keiner einzigen Einstellungsform wissenschaftlich objektiviert verfügbar ist. Unser mentalistisches Vokabular, mittels dessen wir unsere geistigen Vermögen spezifizieren, ist konstitutiv geschichtlich, es variiert also sowohl diachron als auch synchron, ohne dass sich jemals ein ahistorisches Kriterium abzeichnen könnte, mittels dessen wir einen vollständigen Katalog unserer Geistigkeit erstellen könnten.

Dieser Umstand impliziert gerade nicht, dass wir das Ziel einer vollständigen Selbsterkenntnis durch Elimination des Geistes oder heutzutage für zentral gehaltener Module (Bewusstsein, Intentionalität) erreichen könnten. Deswegen wird zunächst gezeigt, dass sowohl der naive Realismus als auch der Illusionismus scheitern (§ 6). Weder ist Geist als Erfassung des Wirklichen ahistorisch vorhanden, sodass wir uns auf ein maximal sich selbst transparentes *Cogito* zurückziehen könnten, noch ist Geist aus diesem Grund eine Illusion, wie der ebenso falsche Illusionismus behauptet.

Gegen diese Konstellation extremer Positionen wird in §§ 7-8 die Unhintergehbarkeitsthese weiter entfaltet, die, wie gesagt, behauptet, dass der menschliche Standpunkt eine Invariante (*die* anthropologische Konstante) enthält. Ihr Kern ist unsere Selbstbildfähigkeit, d. h. der Umstand, dass wir uns mittels der Ausarbeitung eines Selbstporträts in Zusammenhängen verorten, die jede sensorische Episode überschreiten. Dieser Kern heißt »Geist«. Geist ist mit einem Illusionspotenzial verbunden, wozu die Grundillusion der Metaphysik gehört, es gebe ein allumfassendes Ganzes, zu dem wir gehören: Weil wir uns zu Recht in Zusammenhängen verorten, die alles sensorisch Gegebene indefinit weit überschreiten, entsteht der falsche Eindruck, es gäbe ein allumfassendes Ganzes (*die* Welt, *die* Wirklichkeit), in dem wir verortet sind.

Es verhält sich vielmehr so, dass Geist dasjenige Ganze ist, in dem wir alles verorten, was wir erkennen, sodass sich ergibt, dass die notwendigen natürlichen Bedingungen unserer Existenz (wozu unser zentrales Nervensystem zählt, das wesentlich in einen Organismus eingebettet ist und Erkenntnis ermöglicht) Teile des Geistes sind und nicht umgekehrt.[26] Das Gehirn (das es in diesem Singular ohnehin nicht gibt) ist Teil des Geistes; nicht aber ist der Geist Teil des Gehirns. Dieser Umstand ist *trivialiter* mit Supervenienz insofern vereinbar, als Raum für die (empirisch wohlgemerkt keineswegs abgesicherte!) Annahme besteht, immer dann, wenn es Variationen im Geist gibt, gebe es auch entsprechende Variationen im Gehirn. Ausgeschlossen ist allerdings eine Identitätstheorie (irgendeiner Form), der zufolge alle mentalen Zustände (oder Zustandstypen) mit irgendetwas Neuronalem identisch sind.

In § 8 wird der Geistbegriff eingeführt, um die Schwierigkeit einer Hypostasierung der Lebenswelt zu einem kulturell spezifischen Lebensraum zu vermeiden, die Husserl in der *Krisis*-Schrift und an anderen Stellen dazu führt, in eine ethisch ungünstige Einstellung zur Frage zu geraten, was es bedeuten würde, eine Vielzahl von Lebenswelten anzuerkennen. Die Lebenswelt ist gemäß der SFO ontologisch indefinit ausdifferenziert, sodass

26 Mereologische Strukturen sind nicht auf materiell-energetische Systeme (›Körper‹) beschränkt. Gedanken können ebenso Teile haben wie Mengen, Großstädte, mentale Zustände usw. Für welches System von Elementen genau welche mereologische Axiomatik in Anschlag gebracht werden muss, lässt sich freilich nicht *a priori* entscheiden, weshalb ich die Mereologie nicht als eine Form von Metaphysik – d. h. hier: eine einerseits formal-logische, andererseits substantielle Einsichten in die empirische Wirklichkeit vermittelnde Wissensform – verstehe. Vgl. dazu schon Gabriel, *Warum es die Welt nicht gibt*, S. 76-81.

es auch auf dieser Ebene nicht zu einer allumfassenden Einheit
der Art »Kulturkreis« oder »die Gesellschaft« kommt.

In § 9 wird eine Wahrnehmungstheorie entwickelt, die den
phänomenologischen Urbegriff der Abschattung durch denjenigen der *Abstrahlung* ersetzt, was auf eine sinnfeldontologische
Spielart des direkten Realismus hinausläuft. Die Wahrnehmung
ist als etwas selbst Wirkliches eine Feldüberlappung, deren mediale Natur uns erlaubt, Wirkliches direkt zu erfassen, ohne dass
es durch irgendetwas Unwirkliches (wie epiphänomenale mentale Repräsentationen) vermittelt wird, das zwischen uns und
die Dinge tritt.

Um den Rückfall in eine schroff naturalistische Lesart dieses
Umstands zu unterbinden, wird eine objektive Phänomenologie entwickelt, die unsere mentalen Gesamtzustände im Wahrnehmungsfall als irreduzibel kausal, ja: als Paradigma der Kausalität darstellt. Der Begriff der Ursache entspringt unserer
Wahrnehmung, die damit nicht nur ein Fall von Verursachung
im Allgemeinen, sondern der Grund dafür ist, dass wir über
einen Ursachenbegriff verfügen, den wir mit Fug und Recht über
die Horizonte unserer Wahrnehmung hinaus auf das Universum als dasjenige ausdehnen, was wir naturwissenschaftlich erforschen können.

In § 10 komme ich auf den Einwand zurück, die Einbildungskraft habe das Potenzial, die Welt zur Erscheinung zu bringen,
und kontere ihn an dieser Stelle auf der Grundlage einer dann
weiter entwickelten Ontologie des Geistes (des Mentalen), welche die entscheidenden Gründe liefert, um die (Neo-)Meinon-
gianische Gegenstandstheorie zu vermeiden.

Der Kreis dieser Diskussion schließt sich mit § 11, der fiktive,
imaginäre und intentionale Gegenstände unterscheidet, um dann
im Einzelnen darzulegen, warum die Welt als Gesamtheit der
Gegenstände in keiner dieser drei Kategorien sinnvoll abgebildet werden kann, sodass der Versuch, die Welt ins Mentale einzuholen, aus jeweils spezifischen Gründen drei Mal scheitert.

Der dritte, abschließende Teil widmet sich den konstruktivis-
tischen Restbeständen in der Diskussionslandschaft des Neuen

Realismus, die im Bereich der Sozialontologie zu Buche schlagen. Die prominent von John R. Searle und Maurizio Ferraris aufrechterhaltene Idee, das Soziale sei konstruiert, während der Rest des Universums (die Natur) davon unberührt bleiben könne, wird zurückgewiesen. Gegen diese Konstellation eines analytisch verbesserten Sozialkonstruktivismus, der sich zurzeit nicht zuletzt aufgrund der Interventionen Sally Haslangers und anderer zunehmender Beliebtheit erfreut, argumentiert § 12 für die Inkohärenz des Konstruktivismus insgesamt. Die Natur spezifisch menschlicher sozialer Tatsachen, d. h. ihre Ontologie, wird darin gesehen, dass geistige Lebewesen erstens *qua* Lebewesen einer bestimmten Art sozial *produziert* sind und dadurch zweitens über mentale Zustände verfügen, die wesentlich einer Korrektur bedürftig sind. Menschen entstehen nicht zufällig unter bereits sozialen Reproduktionsbedingungen, vermittels derer ihren Leibern ein Habitus eingeschrieben ist, der schon im Mutterleib ausgebildet wird. Menschen wachsen nicht an Bäumen, sondern kommen durch menschliche Handlungskoordination zustande. Menschen sind also soziale Produkte, wobei der Vorgang der sozialen Produktion in jedem erdenklichen Sinne »real« und Gegenstand realistischer Theorieformate ist. Die soziale Produktion von Lebewesen ist in keinem relevanten Sinne »im Auge des Betrachters« und damit nicht an Parameter gebunden, für die sich die (fragwürdige) Analysekategorie der »sozialen Konstruktion« überhaupt empfehlen würde.

Doch damit nicht genug, erweist sich auch diejenige Dimension, die häufig im Rahmen von Anerkennungstheorien des Sozialen betont wird, als realistisch verfasst. Das menschliche Grundbedürfnis der Anerkennung ist tatsächlich sozialontologisch verankert: Indem wir etwas für wahr halten, was andere für falsch halten, sind wir mit unserer Fallibilität konfrontiert. Fallibilität tritt als solche nur im faktischen Dissens in Erscheinung. Um faktischen Dissens auszugleichen, reicht es nicht hin, intrinsische Glaubensmechanismen zu etablieren, welche die künftigen Diskursteilnehmer auf eine bestimmte Weise abrichten. Denn Dissens ist eine Eigenschaft geteilten Fürwahrhaltens

und damit an Wahrheit und Freiheit gebunden.[27] Die soziale
Teilhabe am Fürwahrhalten besteht darin, dass andere unseren
Kurs korrigieren, indem sie Sachverhalte namhaft machen, die
wir bisher nicht berücksichtigt haben. Ob diese Sachverhalte bestehen, entscheidet über die Art unseres Fürwahrhaltens. Im paradigmatischen Erfolgsfall des Wissens halten wir etwas deswegen für wahr, weil es sowohl wahr als auch nicht-zufällig
gerechtfertigt *ist*.[28] Da man nicht notwendig weiß, dass man etwas weiß, sind andere imstande, selbst unsere epistemischen Er-
folge zu irritieren.

Institutionen lassen sich sozialontologisch sodann als Ausgleichssysteme verstehen, die faktischen Dissens neutralisieren,
indem sie urteilen, ohne alle Tatsachen in Rechnung stellen zu

27 Vgl. dazu die beeindruckende, zu Unrecht in Vergessenheit geratene Arbeit von Josef Simon, *Wahrheit als Freiheit. Zur Entwicklung der Wahrheitsfrage in der neueren Philosophie*, Berlin 1978, sowie neuerdings Jens Rometsch, *Freiheit zur Wahrheit. Grundlagen der Erkenntnis am Beispiel
von Descartes und Locke*, Frankfurt/M. 2018. Vgl. ebenfalls meine Vorarbeit Markus Gabriel, »Dissens und Gegenstand. Vom Außenwelt- zum
Weltproblem«, in: Markus Gabriel (Hg.), *Skeptizismus und Metaphysik*,
Berlin 2012, S. 73-92. Zur Kritik einiger Varianten des Anerkennungsmo-
dells vgl. Jens Rometsch, »Why there is no ›recognition theory‹ in Hegel's
›struggle of recognition‹. Towards an epistemological reading of the Lord-
Servant-relationship«, in: Markus Gabriel, Anders Moe Rasmussen (Hg.),
German Idealism Today, Berlin 2017, S. 159-185, sowie Markus Gabriel, »A
Very Heterodox Reading of the Lord-Servant-Allegory in Hegel's *Phenomenology of Spirit*«, in: ders., Rasmussen (Hg.), *German Idealism Today*,
S. 95-120.
28 Zur Verteidigung des Wissensbegriffs im Kontext der Frage nach der Architektur des Wahrnehmungswissens vgl. Andrea Kern, *Quellen des Wissens. Zum Begriff vernünftiger Erkenntnisfähigkeiten*, Frankfurt/M. 2006,
sowie meine Rezension Markus Gabriel, »Die Wiederkehr des Nichtwissens. Perspektiven der zeitgenössischen Skeptizismus-Debatte«, in: *Philosophische Rundschau* 54/1 (2007), S. 149-178, und die ausgearbeitete Reaktion auf Kern in: ders., *An den Grenzen der Erkenntnistheorie. Die Notwendige Endlichkeit des objektiven Wissens als Lektion des Skeptizismus*, Freiburg/
Br., München ²2014.

können. Die paradigmatisch sozialen Tatsachen, die in der Sozialontologie der menschlichen Gemeinschaft diskutiert werden, sind vor diesem Hintergrund schon soziale Produkte eines
Ausgleichs, dessen Grundlage das Soziale ist.

In § 13 halte ich dafür, dass Soziales aufgrund seiner Ontologie Zonen der Intransparenz aufweist. Es ist prinzipiell unmöglich, dass etwas sozial und vollständig explizit ist. Die Intransparenz ist also nicht kontingent und durch irgendein Ideal
vollständiger Explikation zu überholen, sodass auch kein utopi-
scher Konsens als Zielvorstellung einer rationalen Gesellschaft
kohärent denkbar ist. Die vollständige Einigkeit im Urteilen, im
Fürwahrhalten aller Akteure, die einem sozialen System angehören, führte zur Aufhebung ihrer Sozialität. Einigkeit verein-
zelt, weshalb diejenigen, die sich einig sein wollen, ihre eigene
faktische Intransparenz konstitutiv nach außen verlagern, um
damit eine ihrem Fürwahrhalten entsprechende Fiktion des Anderen (des Fremden) zu generieren.[29]

Die Anderen sind demnach ein soziales Produkt des Konsens-
willens einer Gruppe, die ihre Handlungen im Hinblick auf die
falsche Utopie der völligen Verschmelzung von Fürwahrhalten
und Wahrheit koordinieren. Dagegen gilt es, die unüberwind-
bare Fremdheit des Sozialen anzuerkennen, die jeder Gruppen-
bildung dadurch eingebaut ist, dass wir etwas für wahr halten,
was andere für falsch halten. Die Anderen gehören als Fremde demselben sozialen System an, das versucht, sie auszugren-
zen.

Deswegen sind die Anderen Bestandteil einer Fiktion. Weil
sie allerdings keine fiktiven Gegenstände sind, ist ihre Behandlung im Modus des Fiktionalen buchstäblich lebensbedrohlich,
weil die Art und Weise, wie man sich ihr Fürwahrhalten ausmalt, sozioökonomische Konsequenzen hat, die sich auf der Ebene von Institutionen realisieren, die nach Ausgleich suchen. Sofern diese Institutionen von der Fiktion des Fremden gesteuert

---

29 Vgl. dazu wiederum das Spätwerk Josef Simons, *Kant. Die fremde Vernunft
und die Sprache der Philosophie*, Berlin, New York 2003.

und demnach wider Willen nicht neutral sind, handelt es sich um schlechte, diskriminierende Institutionen.

In diesem Zusammenhang wird das klassische Thema des Regelfolgens in § 14 realistisch rekonstruiert. Regelfolgen ist demnach weder ein Vorgang, der auf mentale Zustände eines isolierten Individuums reduziert werden kann (hier kann man *cum grano salis* der Kripke-Linie folgen), noch ist es ein freischwebender Vorgang, dem keine Tatsachen entsprechen (die realistische Lösung ist also anders als die von Kripke angedachte antiskeptisch). Die Alternative zur dialektischen Sackgasse ist eine realistische Sozialontologie, die Raum für soziale Tatsachen hat, die festlegen, welcher Regel jemand folgt.

Es gibt Tatsachen darüber, was wir tun sollen. Diese Tatsachen sind normativ, weil sie zwischen korrektem und inkorrektem Verhalten unterscheiden. Die Korrektheitsbedingungen stehen nicht in der Verfügungsgewalt der Akteure, weil diese aufgrund ihrer Überlebensform als Lebewesen einer bestimmten Art nur in einem ihnen niemals gänzlich bekannten Spielraum überleben können. Grundlegende Normativität ergibt sich also tatsächlich unter anderem aus Naturtatsachen, sodass keine prinzipielle Kluft zwischen Sein und Sollen, Natur und Geist/Kultur besteht.

Da es nicht im Wesen von Institutionen liegt, auf diese Weise diskriminierend zu sein, ist es möglich, anhand des Maßstabes der Unvermeidbarkeit des Dissenses die Idee einer Gemeinschaft Dissentierender zu entwickeln, die unter Bedingungen der sozialen Ungerechtigkeit aus Dissentierenden verfolgbare Dissidenten macht. Gelingende Sozialität basiert auf einer Dissenskultur, die damit rechnet, dass sich die Zonen der Intransparenz zwar nicht beheben lassen, dass sie aber keineswegs empfehlenswert in dem Sinne sind, dass wesentliche Entscheidungen sozusagen im sozialontologischen Untergrund zu fällen sind. Denn dieser ist aufgrund seiner Intransparenz nicht geeignet, Leitlinien institutioneller Gestaltung an die Hand zu geben.

Auf diese Weise ergibt sich in § 15 die Idee einer sowohl kritischen als auch realistischen Sozialphilosophie, die zwischen My-

thologie, Ideologie und Fiktion unterscheidet.[30] Dabei folge ich
einer Bemerkung Bourdieus: »Jedenfalls darf man an der Realität eines Widerstands zweifeln, der vom Widerstand der ›Realität‹ abstrahiert.«[31] Der Sozialkonstruktivismus leistet auf der
Ebene der Begründung einer kritischen Instanz nicht, was er
gerne hätte, weil daraus, dass irgendetwas sozial konstruiert ist
(etwa eine Geschlechterrolle, die denjenigen, denen sie zugeschrieben wird bzw. die sie selbst akzeptieren, nicht schadet),
nicht folgt, dass man es ändern soll. Wenn der kritische Anspruch
lediglich darauf setzt, dass man ein soziales System auch anders
gestalten könnte, folgt daraus gar nichts, solange nicht gezeigt
wird, dass es objektiv besser wäre, das soziale System anders zu
gestalten. Der Sozialkonstruktivismus kollabiert auf ontologischer Ebene in der Vorstellung von Kritik als Kampf, was das eigentliche kritische Geschäft gänzlich vom wissenschaftlichen
Diskurs auf die Straße, in die Parlamente und Petitionen verla-
gerte. Welches soziale System wie gebaut existiert, wäre lediglich
Ausdruck von Machtverhältnissen, was in der Sache zur Paradoxie ungerechtfertigter Tathandlungen führt: Jeder Widerstand
wäre nur ein nicht den Tatsachen entsprechendes Aufbegehren
der bisher Unterlegenen.

Doch es liegt nicht im Wesen sozialer Kritik, dass sie nur von
der Opposition geäußert werden kann, die sich als Stimme derjenigen inszeniert, die (angeblich) keine eigene Stimme haben.[32]

---

30 Ähnliches wird freilich im Kontext des sogenannten »kritischen Realismus« vorgetragen, besonders klar artikuliert bei Dave Elder-Vass, *The Reality of Social Construction*, Cambridge 2012, sowie schon Dave Elder-Vass,
   The Causal Powers of Social Structures. Emergence, Structure and Agency,
   New York 2010. Vgl. auch neuerdings den Vorstoß für einen ebenfalls realistischen »general ontological turn« (S. xii) in den Sozialwissenschaften
   bei Tony Lawson, *The Nature of Social Reality. Issues in Social Ontology*,
   London, New York 2019.
31 Pierre Bourdieu, *Meditationen. Zur Kritik der scholastischen Vernunft*, Frank-
   furt/M. 2001, S. 138.
32 Wie bekanntlich Jacques Rancière meint in *Das Unvernehmen. Politik und
   Philosophie*, Frankfurt/M. 2002. Ich folge Rancière in dem Maße, in dem

Für diejenigen einzutreten, die strukturell benachteiligt werden, kann nicht zur Voraussetzung haben, dass man dies aus grundlosem Widerstandswillen oder aus herzlicher Sympathie tut. Stattdessen muss Raum für den Rekurs auf soziale Tatsachen und deren soziale Produktionsbedingungen geschaffen werden, damit Institutionen die Gelegenheit haben, ihre Ausgleichssysteme zu überprüfen und zu verbessern. Die Möglichkeit moralischen Fortschritts muss *institutionell* berücksichtigt werden können, was offene Sozialsysteme erforderlich macht, die auch durch Verfahren kritischer Theoriebildung korrigierbar sind, von denen sie sich bereitwillig beraten lassen.[33] Ohne wechsel-

er die Einbeziehung des Dissenses in den Politikbegriff reklamiert, teile aber nicht die Vorstellung einer Opposition der Idee der Gerechtigkeit und der Präsenz von Polizei. Die Idee, das Vorhandensein von Institutionen sei schon als solches eine ungerechte Lösung einer Paradoxie, halte ich für ein Indiz sozialontologischer Fehlkonstruktion.

33 Mit der zu diesem Genre anscheinend gehörigen Ironie bezeichnet Gregor Dotzauer in einer Rezension von *Warum es die Welt nicht gibt* den Neuen Realismus als eine Position der »radikalen Mitte« (Gregor Dotzauer, »Radikale Mitte. Der Philosoph Markus Gabriel erklärt, warum es die Welt nicht gibt«, in: *Die Zeit* 34 (2013), S. 48). Dies trifft durchaus auf die kritische Sozialontologie zu, die hier entwickelt wird. Es gilt, den Modus der Kritik in die Mitte der Gesellschaft zu rücken und damit die stets falsche Solidarität mit den Benachteiligten zu vermeiden, die bei akademisch gut ausgebildeten und versorgten Theoretikern den Anschein vermittelt, irgendwie doch noch auf der Seite von Karl Marx zu stehen. Wir sollten nicht vergessen, dass Marx aus guten Gründen als Antiphilosoph aufgetreten ist, der (seinerseits gut bürgerlich situiert) darauf setzte, dass andere die Welt verändern. Sozialontologischer Realismus ist dabei keine Rechtfertigung eines ungerechten Status quo, sondern der Modus einer über sich selbst aufgeklärten kritischen Position, die ihre faktische Beteiligung an sozialen Systemen nicht bestreitet. Daraus, dass sozialontologische Theoriebildungen unter historisch spezifischen Produktionsbedingungen entstehen, folgt nicht, dass es keine sozialen Tatsachen gibt, von denen einige objektiv ungerecht sind und deswegen verändert werden sollen. Vgl. dazu ausführlicher meine Stellungnahme in: Gabriel, *Wer wir sind und wer wir sein wollen.*

seitige, niemals endgültig abschließbare Abstimmung von Institution und Institutionenkritik gelingt kein moralischer Fortschritt.

Dabei stellt § 15 ein Instrumentarium der Metaphysikkritik zur Verfügung, das insbesondere die Mythologie des Naturalismus als solche durchsichtig macht und die entsprechenden wissenschaftlichen Auswüchse des Neurozentrismus (der Mensch- und Gehirnsein verwechselt) als ideologischen Apparat dekuvriert, der ein buchstäblich falsches Bewusstsein (d. h. ein falsches Bild von Bewusstsein) propagiert.

Anschließend wird dieses Werkzeug in § 16 anhand des Begriffs der sozialen Netzwerke erprobt. Die Grundidee lautet, dass die Ontologie sozialer Netzwerke darin besteht, soziale Intensität zu vermarkten und das Soziale demnach von Wahrheit und Freiheit abzukoppeln, wodurch Sozialität im Grenzfall kollabiert. Soziale Netzwerke produzieren Verhaltensmuster, die sie anschließend mittels psychometrischer Verfahren auslesen können. Sobald der Kreislauf von medialer Form und angepasstem Nutzungsverhalten etabliert ist, können die Eigentümer der Produktionsmittel sozialer Netzwerke diejenigen Bedingungen gezielt reproduzieren, die das Verhalten ihrer Nutzer hinreichend vorhersagbar machen, um in ihre freie Selbstbestimmung einzugreifen.

So entstand in unseren Tagen ein globales digitales Proletariat, das sich auch aus bürgerlichen Schichten reicher Industrienationen rekrutiert. Ohne irgendeine Entlohnung auf dem Niveau eines Mindestlohns produzieren die Nutzer diejenigen Daten, von deren Lesbarkeit die Unternehmer profitieren. Daraus folgt, dass wir einer digitalen Revolution bedürfen, die noch gar nicht stattgefunden hat.[34] Was heute so heißt, ist das Gegenteil, nämlich die Herstellung von Produktionsverhältnissen zur Etablierung einer neuen Arbeiterklasse, die zusätzlich zu ihrer

---

34 Vgl. mein Interview mit *El País* vom 1. Mai 2019 mit Ana Carbajosa, »Silicon Valley y las redes sociales son unos grandes criminales«, in: *El País* 15266 (2019), S. 35-36.

Lohnarbeit viele Arbeitsstunden damit zubringt, Datensätze und kulturelles Kapital zu generieren, was den »Angestellte[n] des Bestellens«[35] das Vermögen vorgaukelt, sich auf Plattformen unbefangener Expressivität außerhalb der Zwänge von Nationalstaaten selbst zu gestalten.[36]

Diejenige metaphysische Formation, die den Menschen naturalistisch mit einer messbaren, intellektuell hochgerüsteten »Freß- und Fluchtmaschine« identifiziert, dient in dieser Optik der ideologischen Rechtfertigung sozialer Netzwerke, die nicht zufällig mit hausinternen Ethikkommissionen hausieren gehen. Diese sollen offiziell eine Ethik der KI entwickeln, obwohl die eigentliche Intelligenz, die auf dem Spiel steht, diejenige der Softwareentwickler ist, deren Eigennamen die Antwort auf die entscheidende Frage (*cui bono?*) ist.[37] Deswegen bedürfen wir in der Tat einer über sich selbst aufgeklärten Ethik der KI, die im Konzert mit den Entscheidungsträgern der Digitalisierung entwickelt werden muss.

Der abschließende § 17 spricht sich für eine Wiederaneignung der Theorie der Öffentlichkeit aus, welche den Struktur-

---

35 Martin Heidegger, *Einblick in das was ist. Bremer Vorträge 1949*, Frankfurt/M. 1994 (= GA 79), S. 30.

36 Wenn auch mit einem unüberhörbar nostalgischen Ton, trifft Bubner die derzeitigen Verhältnisse mit seiner Formulierung in Rüdiger Bubner, *Ästhetische Erfahrung*, Frankfurt/M. 1989, S. 150: »Im Medienzeitalter triumphiert die Neigung, jeglichen Inhalt in Bilder vor großem Publikum zu verwandeln und das Publikum seinerseits zum Mitakteur zu rekrutieren. Gesellschaftliches Handeln wird vorgeführtes Handeln, Subjekte stilisieren ihre Wünsche und Interessen zu Posen. Die Wirklichkeit gibt ihre ontologische Dignität zugunsten des allgemein beklatschten Scheins auf.«

37 Diese ideologische Architektur ist veränderbar. Ihre Modifikation sollte sich an der Zielsetzung einer humanistisch aufgeklärten digitalen Infrastruktur für den demokratischen Rechtsstaat orientieren. Eine echte Ethik der Digitalisierung drängt auf diesen Punkt. Vgl. Markus Gabriel, *Der Sinn des Denkens*, Berlin ³2019, und zeitgleich mit ähnlichen Prämissen und Ergebnissen Julian Nida-Rümelin, Nathalie Weidenfeld, *Digitaler Humanismus. Eine Ethik für das Zeitalter der Künstlichen Intelligenz*, München 2018.

wandel der Massenmedien untersucht. Dabei wird zur Vermeidung der in § 15 diagnostizierten Pathologien auf einen unreduzierten Geistbegriff rekurriert, der die Grundlage der Öffentlichkeit bildet. Als geistige Lebewesen sind wir am Austausch von Selbstporträts und an einer Kooperation interessiert, welche die sozialen Reproduktionsbedingungen des Menschen und seiner Überlebensform nach Maßstäben des moralischen Fortschritts gestaltet. Die dafür geeigneten Institutionen ergeben sich nur durch die Artikulation von Dissens, dessen diskursive Verlaufsform an Wahrheit und Freiheit ausgerichtet ist.

Die Tatsachen – die moralischen eingeschlossen – entscheiden darüber mit, welche sozialen Systeme des Ausgleichs in welcher Weise aufrechterhalten oder neu generiert werden sollten. Ziel und Zweck dieses Unternehmens sind Menschen als Träger von Verantwortung gegenüber anderen Menschen und unserer nicht-menschlichen Umgebung. Die menschliche Sozialität ist kein freischwebendes Ereignis, sondern Eingriff in die Struktur des bisher einzig bekannten Planeten, auf dem gerechtere Verhältnisse für uns und andere Lebewesen möglich sind. Diese Tatsache sollte die Grundlage einer Öffentlichkeit des Geistes sein, die kein Kampfplatz, sondern eine Plattform des Meinungsaustauschs zur epistemischen und folglich moralischen Verbesserung der *conditio humana* ist. Dieses Ideal ist sozialontologisch begründet, was eine Einsicht in das stets für Dialektik anfällige Verhältnis von Sein und Schein voraussetzt.

Ausgangs- und Zielpunkt der Untersuchung sind Fiktionen. Denn das Soziale findet immer auch deswegen statt, weil wir unsere Stellung in einem Verteilungsgefüge imaginär, also fiktional vergegenwärtigen.[38] Weil unser mentalistisches Selbstporträt immer auch sozial produziert ist, sind unsere Vorstellungen davon, wie es insgesamt um uns und unsere Stellung im

---

38 Diesem Umstand widmet sich das *opus magnum* von Cornelius Castoriadis, *Gesellschaft als imaginäre Institution. Entwurf einer politischen Philosophie*, Frankfurt/M. 1984. Vgl. auch Jens Beckert, *Imaginierte Zukunft. Fiktionale Erwartungen und die Dynamik des Kapitalismus*, Berlin 2018.

Kosmos bestellt ist, sozial wirksam. Folglich ist es eine unvermeidliche Aufgabe gegenwärtiger Anthropologie, eine ontologisch belastbare Auffassung von Fiktionen vorzulegen, ohne die wir zum Opfer einer Mythologie werden, die fiktive Gegenstände vorschnell loswerden will und dafür den Preis bezahlt, ästhetische Erfahrung auf den Modus transhumanistischer Science-Fiction zu reduzieren. Naturalismus und Science-Fiction entpuppen sich als zwei Gesichter ein und desselben metaphysischen Januskopfs, der einerseits auf die Fiktion einer bloßen Natur (frei vom Menschen und seinem Bewusstsein) und andererseits auf die Fiktion eines von aller Natur losgelösten sozialen Konstruktionsgeschehens blickt. Es kommt im Folgenden darauf an, sich mit philosophischen Mitteln aus den Fangarmen dieses Weltbilds zu befreien.

ERSTER TEIL: FIKTIONALER REALISMUS

Einige Gegenstände unseres Nachdenkens sind fiktiv. Sie existieren, wenn überhaupt, dann nur deswegen, weil wir ihnen durch unsere (diskursiven) Praktiken die Existenz gewissermaßen ›leihen‹. Sie existieren nicht unabhängig von uns. Eine Möglichkeit, diese geläufige Vorstellung näher zu bestimmen, besteht darin, fiktive Gegenstände an Fiktionen zu binden, sie also nicht nur als *fiktiv*, sondern überdies als *fiktional* zu betrachten.[1] »Fiktional« wären dann diejenigen Gegenstände, von denen Fiktionen handeln, also literarische oder allgemeiner ästhetische Darstellungsformen in allen Kunstgattungen, sofern in ihnen Gegenstände (Figuren, Ereignisse, Sachverhalte) zur Darstellung gelangen, von denen wir gemeinhin, d. h. außerhalb eines Fiktionalitätsvertrags, urteilen würden, sie existierten nicht.

Doch dies wirft umgehend eine doppelte begriffliche und somit philosophische Schwierigkeit auf, um deren Auflösung es im Folgenden gehen wird.

Die erste Facette des zu behandelnden Problems besteht dar-

---

1 So etwa der Vorschlag in Tilmann Köppe, Tom Kindt, *Erzähltheorie. Eine Einführung*, Stuttgart 2014, S. 81. Ich stimme in gewisser Weise der These zu: »Fiktive Entitäten haben keine von Texten und den regelgeleiteten Vorstellungsaktivitäten von Personen unabhängige Existenz«, eine These, die man allerdings stark modifizieren muss, da es unter anderem natürlich in *Faust* falsch ist, dass etwa Gretchen von Texten oder Vorstellungsaktivitäten abhängig ist. Hoffnungslos zirkulär ist hingegen der Definitionsversuch von Sainsbury, *Fiction and Fictionalism*, S. 7: »a work is fictional if and only if it results from some interconnected utterances, a reasonable number of which count as ›fictive‹, that is, produced with distinctively fictive intentions.« Diese Wortfolge dient nicht einmal als sinnvolle Erläuterung und verstrickt Sainsbury überdies umgehend in absurde Annahmen, da er etwa Mythen nicht als Fiktionen handhaben kann.

in, dass dieselben Gegenstände Widersprüche generieren, wenn
wir ihre fiktiven und fiktionalen Eigenschaften zusammenstellen. Gretchen hat in *Faust* die Eigenschaft, in einer erotischen
Beziehung zu Faust zu stehen. In *Faust* hat Gretchen überdies
eine Mutter (die Faust freilich vergiftet), sie ist also vermutlich
eine junge Frau aus Fleisch und Blut. Der fiktive Gegenstand
Gretchen ist also eine mehr oder weniger gewöhnliche, durchaus menschliche *dramatis persona*.

Als fiktionaler Gegenstand existiert sie dabei anscheinend
nicht unabhängig davon, dass wir sie uns in dieser Weise vorstellen. Denn außerhalb von *Faust* (wie auch immer genau man diesen Gegenstandsbereich demarkiert) findet man sie nicht unter
uns Sterblichen vor. Wie kann also derselbe Gegenstand unseres
Nachdenkens, in diesem Fall: Gretchen, sowohl als Person als
auch als reine Einbildung existieren? In der Regel gilt, dass diejenigen Gegenstände, die wir uns bloß einbilden (eine Wasser-
stelle als Teil einer Fata Morgana etwa), die intendierten wirklichen Eigenschaften (z.B. unseren akuten Durst zu stillen) nicht
haben. Wenn wir uns Gretchen also in diesem Sinn ›bloß einbilden‹, kann sie keine junge Frau aus Fleisch und Blut sein.

Doch dann sind viele Aussagen, die man im Text von *Faust*
findet, anscheinend falsch, da sie entweder geradewegs behaupten oder implizieren, dass Gretchen diese Eigenschaften hat. Der
fiktionale Gegenstand, der immerhin existiert, solange wir ihn
uns im Medium von Fiktionen einbilden, und der fiktive Gegenstand, den wir uns dabei einbilden, haben also anscheinend
Eigenschaften, die einander widersprechen. Können wir uns Gretchen dann aber überhaupt vorstellen, wenn wir uns in diesem
geistigen *salto mortale* einen extrem widersprüchlichen Gegenstand vergegenwärtigen, der, insofern er widersprüchlich ist, prinzipiell nicht existieren kann, mithin also unmöglich ist?

Die zweite, damit zusammenhängende Schwierigkeit besteht
darin, dass fiktionale Kontexte (wie Romantexte des eindeutig
realistischen Genres) nicht nur Gegenstände zu beinhalten scheinen, die fiktiv sind. In Houellebecqs Romanen geht es häufig
um Paris. Paris ist kein fiktiver Gegenstand (jedenfalls nicht

in derselben Weise wie Jed Martin, der Protagonist von *Karte und Gebiet*).[2] Dies scheint zu bedeuten, dass einige fiktionale Gegenstände existieren, andere hingegen nicht, weil einige fiktionale Gegenstände (die fiktiven wie Jed Martin) massiv widersprüchlich sind, während andere wirklich existieren (die fiktionalen, aber nicht-fiktiven wie Jeff Koons, auf den sich der Erzähler von *Karte und Gebiet* bezieht). Träfe dies zu, unterminierte dies die Nachvollziehbarkeit, d. h. die Vorstellbarkeit der sogenannten »erzählten Welt«, weil diese im Unterschied zur Welt, in der erzählt wird, nur widersprüchlich bevölkert werden könnte.[3]

Doch damit nicht genug, können die sowohl fiktionalen als auch wirklich existierenden Gegenstände nicht von den Widersprüchen isoliert werden, weil die fiktiven Figuren sozusagen metaphysisches Chaos anrichten: Indem der widersprüchliche Gegenstand namens »Jed Martin« in *Karte und Gebiet* in Paris wohnt, kann das auf diese Weise vorgestellte Paris jedenfalls nicht mit unserem Paris identisch sein, wenn es denn wahr ist, dass Jed Martin in Paris lebt. Dies ist in *Karte und Gebiet*, d. h. intradiegetisch, der Fall, und damit wahr. Wenn es aber intradiegetisch wahr ist, dass p, folgt daraus scheinbar mühelos, dass p. Doch vieles, z. B., dass Jed Martin in Paris lebt, ist zwar intradiegetisch wahr, aber extradiegetisch falsch. Wie kann man also zugleich meinen, dass irgendetwas über Jed Martin und sein Verhältnis zu Paris wahr ist, ohne damit *unser* geliebtes Paris ontologisch zu überfrachten?[4]

---

2 Michel Houellebecq, *Karte und Gebiet. Roman*, Köln 2011.

3 Der Fall einer fiktionalen Darstellung, die nur Tatsachen darstellt, die unabhängig von der Fiktion bestehen, wäre demnach kein Fall mehr von Fiktion, sondern – wie sollte es auch anders sein? – ein äußerst gelungener faktualer Bericht. Fiktionen können demnach nicht aus wahren Aussagen gebildet werden, die sich allesamt auf nicht-fiktive Gegenstände beziehen.

4 Daniel Kehlmann hat an dieser Stelle nachgefragt, wie es sich etwa mit dem Genre der Reiseführer verhält, die teils literarische Ansprüche zu erheben scheinen und damit die Ontologie der Kunst streifen. Texte dieser Art würde ich ontologisch als Hybride einstufen, d. h. als Mischformen. In

Diese Sachlage wird verschärft, wenn man sich stur auf den Standpunkt stellt, dass Jed Martin nun einmal nicht existiere und mithin auch nicht in Paris lebe. Damit rettet man zwar die ontische Stabilität der derzeitigen französischen Hauptstadt; aber nur um den paradoxen Preis, dass man erneut etwas Wahres über das Verhältnis von Jed Martin und Paris mitteilt, nämlich dass Jed Martin nicht in Paris lebt. Damit hat man sich aber auf Jed Martin bezogen, sodass sich jetzt der Fokus des Problems lediglich verschoben hat. Wie kann man nämlich einem Gegenstand der Bezugnahme, den man außerdem z. B. als Künstler charakterisieren kann, im Unterschied zu Paris die Existenz absprechen, ohne damit zugleich auf seine Existenz festgelegt zu sein? Wie kann es wahr über einen Gegenstand sein, dass er ein Mensch ist, ohne dass es wahr über ihn ist, dass er existiert? Selbst wenn man sich hier aus der Affäre ziehen kann, gerät man unmittelbar in Schwierigkeiten mit einer fiktionalen Darstellung, die von einem ausdrücklich als existierend eingeführten Jed Martin handelt, der eben nicht nur als ein Mensch, sondern eindeutig als existierend dargestellt wird.

In diesem ersten Teil geht es darum, einen fiktionalen Realismus vorzulegen, der es erlaubt, diese klassischen Paradoxien zu beheben. In den §§ 1-2 werde ich dafür argumentieren, dass die Kategorie der sogenannten »fiktionalen Gegenstände« nicht wohlgeformt ist. Diese vermeintliche Gegenstandssorte verwischt nämlich zwei Gegenstandstypen, die ich als *hermeneutisch* bzw. *metahermeneutisch* bezeichne.

Der *hermeneutische Gegenstand* existiert im Medium der ästhetischen Erfahrung, er ist dasjenige, was wir uns anlässlich der Aufführung eines bestimmten, etwa literarischen Kunstwerks vorstellen. Wie wir uns den hermeneutischen Gegenstand vorstellen, hängt von uns als Interpreten ab. Der *metahermeneutische Gegenstand* unterscheidet sich vom hermeneutischen da-

---

diesen Fällen ist es tatsächlich so, dass einige Gegenstände fiktiv und andere nicht-fiktiv sind. Damit ist das Ganze solcher Textsorten nicht fiktional, selbst wenn sie absichtlich fiktionale Abschnitte enthalten sollten.

durch, dass wir seine Materialität in Betracht ziehen können,
die als sinnliche Seite der Kunst bei geeigneten Rezipienten ästhetische Erfahrungen auslöst, die mitsamt der Materialität des
Werks mit den Methoden der historischen Geisteswissenschaften, der Sozialwissenschaften, Linguistik, Psychologie usw. untersucht werden können.[5]

Unter einer »ästhetischen Erfahrung« verstehe ich im Folgenden den Aufbau eines Sinnfelds, in dem einem Rezipienten diejenigen Gegenstände erscheinen, von denen wesentlich im Modus fiktionaler Darstellung gehandelt wird. Eine ästhetische
Erfahrung wird durch Kunstwerke, genauer: durch deren *Vorführung* ausgelöst, wozu die Aufführung eines Theater- oder
Musikstücks ebenso wie das (Vor-)Lesen eines literarischen Texts
oder die Anschauung eines Werks der bildenden Kunst gehört.
Was vorgeführt wird, hängt wiederum von einer materialen Architektur ab, von der sinnlichen Seite des Werks, die ich als *Partitur* bezeichne.

Eine Vorführung ist Anlass einer ästhetischen Erfahrung, sie
erzwingt sie aber nicht, weil kein Werk automatisch als solches
rezipiert wird. Ein Buch kann weggeräumt werden, weil es auf
dem Küchentisch steht; eine Fettecke im Museum als bloßer
Schmutz verkannt werden; Musik als Lärm stören und ein Gemälde als Farbklecks erscheinen. In diesem Fall findet keine ästhetische Erfahrung statt.

Bei der ästhetischen Erfahrung handelt es sich in einigen Fällen um den Aufbau von Figuren sowie einem geeigneten Setting
(einer ›fiktionalen Welt‹), in anderen Fällen nicht-mimetischer
(also nicht-darstellender) Kunst um die Aufführung sinnlicher
Sequenzen im Geist des Rezipienten mit dem Ziel, eine sinn-

---

5 Wohlgemerkt gibt es keinen Zugang zu metahermeneutischen Gegenständen, ohne dass derjenige, der sie erforscht, die hermeneutischen Gegenstände im Blick hat, die es aufgrund einer Vorgeschichte ästhetischer Erfahrung gibt, an welcher der wissenschaftliche Interpret Anteil haben muss.
   Der Zugang zu metahermeneutischen Gegenständen erfolgt über hermeneutische Gegenstände.

liche Abfolge von Ereignissen (z. B. Tönen) als bedeutsam zu erleben.

Dabei folge ich einem inzwischen kanonischen Vorschlag Rüdiger Bubners, der die Funktion der ästhetischen Erfahrung »vor dem Hintergrund komplexer Alltagsfunktionen in der Eröffnung des außergewöhnlichen und unerwarteten Bereichs völliger Funktionslosigkeit«[6] ausmacht. Dies entspricht dem seit Kant und Schiller geläufigen Topos des Spielcharakters der Kunst (der freilich so alt wie die antike Reflexion auf das Vorkommen von Kunst ist): Das Spielerische der Kunst besteht darin, dass sie eine Wirklichkeit von Gegenständen zugänglich macht, mit denen wir indirekt in Verbindung stehen, die uns also nicht bedrohen, weil sie wesentlich re-präsentiert sind und also davon abhängen, dass jemand sie interpretiert, zur Aufführung bringt.

Ästhetische Erfahrung ist konstitutiv individuell, weil jeder Rezipient die Gegenstände, die ihm vorgeführt werden, aufgrund seiner psychosozialen Lage anders interpretiert und dazu genau dadurch berechtigt ist, dass die Gegenstände ästhetischer Erfahrung (die ich als die »fiktiven Gegenstände« ansprechen werde) ihre Bestimmung partiell aus der ästhetischen Erfahrung schöpfen. Sie sind demnach nicht an sich unbestimmt, sondern werden im individuellen Rahmen einer psychosozial bedingten Interpretation vervollständigt, sodass der Rezipient die Lücke überbrückt, die zwischen der Materialität des Werks und den Vorstellungsfolgen klafft, die sich in der Rezeption durch die Konfrontation mit dem Werk einstellt.[7]

Interpretationen sind nicht beliebig, weil der metahermeneutische Gegenstand einen eingegrenzten, wenn auch offenen Rah-

---

6 Bubner, *Ästhetische Erfahrung*, S. 151. Vgl. ähnlich Martin Seel, *Ästhetik des Erscheinens*, Berlin [5]2016, S. 44 f.

7 Vgl. Bubners bündige Formulierung dieses Sachverhalts in Bubner, *Ästhetische Erfahrung*, S. 35: »Was die ästhetische Erfahrung erfährt, konstituiert sich nämlich in der Erfahrung und durch die Erfahrung, so daß unabhängig von ihr nicht objektiviert werden kann, was Inhalt jener Erfahrung ist.«

men der Vorstellbarkeit festlegt, sodass es sowohl legitime als auch illegitime Interpretationen gibt. Diesen begrenzten, aber in seinen Grenzen weder *a priori* noch im Schöpfungsakt des Kunstwerks bemessbaren Raum nenne ich den *Spielraum*.[8] Der metahermeneutische Gegenstand hat Eigenschaften, die wir durch Analyse der Konstruktion der erzählten Welt z. B. narratologisch informiert explizieren können. Gretchen sollte man sich demnach nicht so vorstellen, als ob sie sieben Köpfe hätte oder als ob sie insgesamt intradiegetisch als eine Halluzination Fausts anzusehen wäre, was sie womöglich von den Hexen der Walpurgisnacht unterscheidet. Darüber kann man sich in der *Faust*-Deutung streiten.

Damit betreten wir transdisziplinäres Terrain, weil die Ontologie der sogenannten »fiktionalen Gegenstände« stets eine Rückkoppelungsschleife mit der literaturwissenschaftlichen bzw. allgemeineren ästhetischen Theorie der Fiktionalität eingeht. Jüngere Beiträge in der Literaturwissenschaft lassen sich dabei bisweilen von einem nicht tragfähigen Konzept des Fiktiven in die Irre führen, weshalb ich in § 2 vorschlage, das Fiktive über die Idee zu bestimmen, dass Gegenstände fiktiv sind, die wesentlich interpretierbar sind, d. h. die davon abhängen, dass jemand eine ästhetische Erfahrung mit ihnen macht.[9] Wie wir sehen wer-

8 Der Spielraum ist historisch offen und wird erst dann zu einem Abschluss gebracht, wenn ein Werk nicht mehr interpretiert wird. Deswegen lassen sich Kunstwerke niemals vollständig interpretieren. Es ist immer noch eine weitere Interpretation möglich. Doch aus dieser Offenheit folgt keinerlei metahermeneutische Beliebigkeit. Die Pluralität und Historizität der Interpretationen ist mit der Objektivität der geisteswissenschaftlichen Erforschung von Kunstwerken und Dimensionen ästhetischer Erfahrung kompatibel. Vgl. die inzwischen klassische Diskussion bei Umberto Eco, *Das offene Kunstwerk*, Frankfurt/M. 1977.

9 Zum Überblick über die landläufigen Annahmen der jüngsten Entwürfe vgl. Tilmann Köppe, Tobias Klauk (Hg.), *Fiktionalität. Ein interdisziplinäres Handbuch*, Berlin, Boston 2014. Differenzierter äußern sich die inzwischen klassischen Beiträge in Dieter Henrich, Wolfgang Iser (Hg.), *Funktionen des Fiktiven*, München 1986.

den, bedeutet dies gerade nicht, dass fiktive Gegenstände eine
Untermenge der schlechthin nicht-existierenden sind. Denn sowohl fiktionale Gegenstände (d. h. Partituren und ihre Mate-
rialisierungen im Medium von Vor- und Aufführungen) als auch
die entsprechenden fiktiven Gegenstände existieren in ihren jeweiligen Sinnfeldern. Doch diese sind hinreichend von unserem Sinnfeld isoliert, um kein ontisches Chaos anzurichten.[10]
    Allerdings folgt aus der damit verbundenen Isolationsthese,
die im Folgenden in Anspruch genommen wird, dass fiktive Gegenstände an einer anders gelagerten Unterbestimmtheit leiden.
Weil Paris in *Karte und Gebiet* dem wirklichen Paris zwar ähnelt,
aber nicht mit ihm identisch ist, gilt dies auch für die ontologische Architektur des vorgestellten Sinnfelds: In *Karte und Gebiet* ist letztlich alles (ein wenig) anders als bei uns, was ontologische Eigenschaften wie die Eigenschaft, Eigenschaften zu
haben, miteinschließt. Die mittels ästhetischer Erfahrung zugänglichen fiktionalen Sinnfelder, die von fiktiven Gegenständen
bevölkert sind und in denen entsprechende fiktive Ereignisse
stattfinden, sind insgesamt von uns ontologisch derart isoliert,
dass wir sie stets nur als bestenfalls unserer Wirklichkeit ähnliche Vorgänge rezipieren können.[11]

---

10 Die fiktionalen Darstellungen der Kunst involvieren fiktive Gegenstände,
   was allerdings nicht bedeutet, dass es eindeutige Fiktionalitätssignale gibt,
   die man in der Form notwendiger und zusammengenommen hinreichender Kriterien in eine Definition überführen kann, die uns hilft, Berichte
   mit Wahrheitsanspruch von Erzählungen zu unterscheiden, bei denen
   von Referenzialisierbarkeit abzusehen ist.

11 Insofern könnte man die hier entwickelte Theoriekonstruktion partiell in
   Einklang mit der vieldiskutierten, auf Ernst Mally zurückgeführten Unterscheidung von *enkodieren* und *exemplifizieren* bringen, wie dies seit Edward Zalta heißt. Vgl. zu den technischen Details Edward N. Zalta, *Abstract Objects. An Introduction to Axiomatic Metaphysics*, Dordrecht 1983.
   Doch dies greift zu kurz, weil es die Eigenschaft-Eigenschaft unberührt
   lässt und lediglich das Fallen unter einen Begriff modifiziert. Doch fiktive
   Gegenstände haben keine der uns bekannten Eigenschaften und enkodieren sie auch nicht. Der im Folgenden entwickelte meontologische Isolatio-

In dieser Struktur sehe ich den gleichfalls spätestens seit Platons Kunstkritik geläufigen Topos des Scheincharakters der Kunst begründet. μίμησις, d. h. künstlerische Darstellung, ist Schein, weil ihre Gegenstände nur unter der Auflage existieren, dass sie von uns niemals vollständig in ihrer Identität erfasst werden können. Mein Faust ist anders als derjenige, den Goethe sich ausgemalt haben mag (mein Faust variiert in meiner psychosozialen Autobiographie zudem auf indefinit viele Weisen). Überdies ist keiner der vielen ›Fäuste‹ in der Weise mit sich selbst identisch, wie dies für Gegenstände von Untersuchungen gilt, die nicht-fiktional sind. Die Unschärfe der fiktionalen Gegenstände ist also der Isolationsthese zufolge an anderer Stelle zu verorten, als für gewöhnlich angenommen, aber sie ist bei genauerem Hinsehen noch gravierender, als dies üblicherweise vermutet wird.

Den Ursprung der Fiktionalität verorte ich im Folgenden in unserer fundamentalen Fähigkeit, das sensorisch unmittelbar Präsente zu überschreiten und als Teil von Kontexten wahrzunehmen, die wir begrifflich ansprechen können, ohne dabei ostentativ bzw. indexikalisch auf unsere unmittelbare Reizumgebung Bezug zu nehmen. Hierbei folge ich Blumenbergs Erinnerung daran, dass Begriffe aus Distanz entspringen und nicht so, wie man sich gerne den Taufakt der Benennung vorstellt, d. h. unter Hinweis auf etwas Augenscheinliches, das einer geteilten Reiz-Reaktions-Szene angehört. Man bildet den Begriff des Löwen nicht, wenn dieser nah genug ist, um gefährlich zu sein, sondern unter den existentiell abgesicherten Bedingungen einer Besprechung in der Höhle. Der gemalte Löwe ist also eine paradigmatische Begriffsprägung, sodass wir unsere begrifflichen Fähigkeiten mit unserer Transzendenz über das sinnlich Unmittelbare in Verbindung bringen müssen, was offenlässt, ob dies – wie He-

nismus geht viel weiter, indem er das Fiktive streng und insgesamt als Schein denkt, ohne den Fehler zu begehen, den Schein vom Sein fernzuhalten. Der Schein hat, wenn man sich so ausdrücken darf, ein Sein im Sein.

gel meint – unsere Animalität überschreitet oder – wie Blumenberg dagegenhält – ein Nachhall einer evolutionär bedingten,
anthropologischen Urerfahrung ist. Mit Blumenberg ist jedenfalls festzuhalten, dass der Begriff es erlaubt,

> *Lücken im Erfahrungskontext* festzustellen, wie er auf das Abwesen-
> de bezogen ist – aber nicht nur, um es anwesend zu machen, sondern
> auch, um es abwesend sein zu lassen. Immer wieder muß gesagt
> werden, daß über etwas zu sprechen, was nicht wahrgenommen
> wird und gegeben ist, die eigentliche geistige Leistung ausmacht.[12]

Weil Begriffe und fiktionale Darstellung *qua* Präsentation des
Abwesenden dieselbe Genealogie aufweisen, kommt es überhaupt
heute im Zeitalter globaler elektronischer und digitaler Medien
zur grassierenden Verwechselung von Fiktion und Wirklichkeit.

Wie im zweiten Teil ausgeführt wird, ist der Mensch als dasjenige Tier, das keines sein will, ständig auf Abstand zu sich
selbst, weil wir nicht ohne weiteres aus unserer sensorischen Situation heraus angeben können, wer oder was wir eigentlich
sind. Unsere begrifflichen Fähigkeiten entwickeln sich historisch
im Raum dieses Abstands, der von uns seit mythologischen, unvordenklichen Zeiten mit als solchen nicht durchschauten fiktionalen Gegenständen bevölkert wird, die von Mythen bis zu
den statistischen Fiktionen der heutigen sozio-ökonomischen
Sphäre reichen, mittels derer wir Entscheidungen über Ressour-
cenverteilungen direkt oder indirekt rechtfertigen.

Um die Schwierigkeit zu lösen, wie Jed Martin scheinbar sowohl existieren als auch nicht existieren kann, wird zunächst
eine Ontologie der ästhetischen Erfahrung skizziert, die erlaubt,
die fiktiven Gegenstände als solche aufzufassen, die auf der Grundlage einer öffentlich zugänglichen, wirklichen Partitur aufgeführt, d. h. interpretiert werden. Dabei verwende ich einen ver-
allgemeinerten Begriff der Partitur, worunter literarische Texte,
Filme, Skulpturen usw., kurz: die materiale Seite eines Kunst-

---

12 Hans Blumenberg, *Theorie der Unbegrifflichkeit*, Frankfurt/M. 2007,
S. 76.

werks fällt. Eine *Partitur* ist demnach ein Interpretationsanlass, der nicht dazu nötigt, eine ästhetische Erfahrung zu machen, weil wir ein Kunstwerk auch übersehen können. Wir können die materiale Seite eines Kunstwerks bemerken, ohne uns dessen bewusst zu sein, dass wir auf Kunst gestoßen sind. Spielfilme und Dokumentarfilme, Zeitungsartikel und Kurzgeschichten, Skulpturen und Zierrat, Lärm und Musik sind wesentlich verwechselbar, was den Reiz der Kunst, die Aura ihres Mysteriums mit ausmacht.

Jed Martin existiert demnach im Rahmen von Interpretationen. Der Ausdruck »Jed Martin« bezieht sich hierbei sowohl auf einen metahermeneutischen Gegenstand, den wir alle in der Partitur (in unserem Exemplar) von *Karte und Gebiet* vorfinden, als auch auf einen hermeneutischen Gegenstand, der von Interpretation zu Interpretation anders ausfällt. Der hermeneutische Gegenstand tritt demnach im Plural auf, er spaltet sich umgehend in indefinit viele Gegenstände auf, weil mein Jed Martin nicht Ihrer ist. Der Autor der Partitur, in diesem Fall Houellebecq, stellt sich einen anderen Jed Martin vor als ich. Was wir dabei teilen, ist freilich Jed Martin als metahermeneutischer individuierbarer Gegenstand, der als Zeichen in einem Text vorkommt und durch den Kontext Teil eines Anlasses für ästhetische Erfahrung ist. Wir stellen uns demnach auf der hermeneutischen Ebene nicht Jed Martin anders vor, sondern einen anderen Jed Martin.

Ein Autor ist keine Autorität in der Frage, wie genau man sich Jed Martin vorzustellen hat, sondern er erzeugt lediglich den Spielraum. Autoren kreieren keine literarischen Figuren, sondern Texte, was im Fall mimetischer Textgattungen in der Regel voraussetzt, dass der Autor der erste Interpret seines Texts ist, was Grundlage für eine Textrevision sein kann.

Der Spielraum des Texts hat normative Kraft, weil man Fehler begeht, wenn man sich Jed Martin nicht unter anderem so vorstellt, wie er beschrieben wird. Wie genau man bestimmt, wie Jed Martin beschrieben wird, wird in diesem Fall von den einschlägigen Disziplinen und Subdisziplinen der Literaturwissenschaft erforscht, die lehren, wie man literarische Texte analysiert, um sie richtig zu verstehen.[13]

Auf dieser Grundlage führe ich einen Unterschied zwischen der theoretisch distanzierten, analytischen Deutung und der engagierten, synthetischen Interpretation ein.[14] Die *analytische Deutung* (im Folgenden kürzer = Deutung) ist die methodologisch angeleitete, wissenschaftliche Rekonstruktion der materialen Bedingungen eines Kunstwerks. Deutungen untersuchen Texte, Gemälde, musikalische Partituren, Skulpturen, menschliche Praktiken wie Rituale, Interpretationen usw. und zeigen unter anderem, wie diese konkret zustande gekommen sind. Deutungen haben damit genealogisches Potenzial, was allerdings nicht ihre primäre Absicht sein muss, da sie mit Fug und Recht ein antiquarisches Interesse bedienen dürfen. Um genealogisch-kri-

13 Vgl. auch den groß angelegten Versuch, das Fiktive mit dem Imaginären über den Gedanken zu verbinden, dass Fiktives im »Eröffnen eines Spielraums« besteht, bei Wolfgang Iser, *Das Fiktive und das Imaginäre. Perspektiven literarischer Anthropologie*, Frankfurt/M. ⁵2014, hier: S. 392f.: »Durch das Eröffnen von Spielräumen stellt das Fiktive Imaginäres unter Formzwang, wird aber gleichzeitig auch zum Medium für dessen Erscheinen. Die aus der Grenzüberschreitung entstehenden Spielräume sind vergleichsweise leer, weshalb das Fiktive Imaginäres aktivieren muß, damit das durch Intentionalität Angezielte vorstellungsmäßig besetzt werden kann.«

14 Paul Boghossian hat mich darauf hingewiesen, dass es noch eine dritte Kategorie geisteswissenschaftlicher Objektivität geben könnte, die man häufig auch als »Interpretation« anspricht. Diese dritte Kategorie besteht darin, nach methodologischer Einübung in Praktiken der Deutung, Interpretationen (also Aufführungen) zu entwickeln, die in herausragender Weise die technische Expertise der analytischen Deutung zum Ausdruck bringen, die also besonders gekonnt sind. Eine neue paradigmatische Klassiker-Interpretation, die ein Experte in der Form einer Monographie vorlegt und die ein neues Licht auf einen Klassiker wirft, wäre ein solcher Fall, weil sie uns besonders geschulte Formen der Ausübungen der Einbildungskraft in objektivierter Form vorführt. Ein Beispiel für ein besonders gelungenes Werk, das diese dritte Kategorie verkörpert, ist etwa Pierre Bourdieu, *Manet. Eine symbolische Revolution*, Berlin 2015.

tisch wirksam zu werden, adressieren sie eine Aufführungsgemeinde, d. h. eine Gruppe oder Individuen, die sich beispielsweise etwas Falsches bei der Lektüre eines Texts vorstellen. Wie wir uns einen fiktionalen Gegenstand – z. B. Gustav von Aschenbach in Thomas Manns Novelle *Der Tod in Venedig* – vorstellen, welche Ausübung der Einbildungskraft vonstattengeht, wird vom Text vorgegeben, der allerdings stets genügend Spielraum lässt, damit eine nicht gänzlich antizipierbare ästhetische Erfahrung stattfinden kann.

Kein literarischer Text kann seine fiktiven Gegenstände so genau beschreiben, dass alle Rezipienten dasselbe sehen. Das kann nicht einmal ein Film, in dem die Haarfarbe, Kleidung usw. Sherlock Holmes' sichtbar ist, der allerdings auch nicht jede Minute seines Lebens detailgetreu schildert (unter anderem weil ein solcher Film zu langweilig wäre, um eine ästhetische Erfahrung auszulösen). Es gibt keine Fiktionen ohne Leerstellen, die der Rezipient ausfüllen muss.[15] Die Toilettentür bleibt im Film in der Regel verschlossen; der Sex wird nur symbolisch und meist unter der Bettdecke vollzogen usw. Wer schon einmal bei einer Geburt dabei war, weiß, dass diese nicht so verläuft wie in US-amerikanischen Krankenhausserien.

Deutungen sind analytisch, weil sie die Elemente einer gegebenen Erfahrung als Ausgangspunkt nehmen müssen, um ihre materialen Bedingungen zu artikulieren. Sie operieren unter holistischen Bedingungen, indem sie vom Ganzen einer ästhetischen Erfahrung auf ihre materialen Bedingungen schließen.

Literatur-, Kunst- und Musikwissenschaftler können demnach gleichsam als Ethnologen ihrer selbst fungieren, weil sie einerseits eine eigene ästhetische Erfahrung machen müssen, die sie andererseits zum Anlass nehmen, Elemente der Partitur die-

---

15 Zum Leerstellenbegriff vgl. den *locus classicus* Wolfgang Iser, *Der implizite Leser. Kommunikationsformen des Romans von Bunyan bis Beckett*, München 1972, sowie ders., *Der Akt des Lesens. Theorie ästhetischer Wirkung*, 2., durchgesehene und verbesserte Auflage, München 1984, bes. S. 301-315.

ser Erfahrung zu explizieren, die allgemeingültig, öffentlich zugänglich sind. Auf diese Weise verlangen diese Geisteswissenschaften eine spezifische Selbstdisziplin, die fordert, im Rahmen des durch sie erforschten legitimen Spielraums zu verbleiben und der Einbildungskraft demnach wissenschaftliche Zügel anzulegen.[16]

Von der Deutung ist die *engagierte, synthetische Interpretation* (im Folgenden kürzer = Interpretation) zu unterscheiden, die darin besteht, dass ein Rezipient sich anlässlich einer Partitur Gegenstände vorstellt und sie damit zur (mentalen) Aufführung bringt. Die Interpretation verliert sich weitgehend an ihre fiktiven Gegenstände. Der Begriff der Interpretation ist in Analogie zur Interpretation einer musikalischen Partitur gebildet, bedeutet also in etwa dasjenige, was man auch als eine Aufführung bezeichnet. Dies schließt das Hören einer Symphonie ebenso ein wie das Lesen eines literarischen Texts oder die Betrachtung einer Skulptur, die weit darüber hinausgeht, dass man ein geformtes Stück Material an einem Ausstellungsort vorfindet. Die Rezipienten vervollständigen ein Kunstwerk um die Dimension seiner Aufführung.[17]

16 Darin besteht, ein wenig beiläufig gesagt, die spezifische Objektivität der Philologie, deren Tugend Nietzsche ganz treffend im Lehren des langsamen Lesens gesehen hat. Vgl. Friedrich Nietzsche, *Kritische Studienausgabe* (= KSA), Berlin, New York 1985, hier: KSA, 3, S. 17: »Man ist nicht umsonst Philologe gewesen, man ist es vielleicht noch, das will sagen, ein Lehrer des langsamen Lesens [...]. Philologie nämlich ist jene ehrwürdige Kunst, welche von ihrem Verehrer vor Allem eins heischt, bei Seite gehen, sich Zeit lassen, still werden, langsam werden –, als eine Goldschmiedekunst und -kennerschaft des *Wortes*, die lauter feine vorsichtige Arbeit abzuthun hat und Nichts erreicht, wenn sie es nicht in lento erreicht. Gerade damit aber ist sie heute nöthiger als je, gerade dadurch zieht sie und bezaubert sie uns am stärksten, mitten in einem Zeitalter der ›Arbeit‹, will sagen: der Hast, der unanständigen und schwitzenden Eilfertigkeit, das mit Allem gleich ›fertig werden‹ will, auch mit jedem alten und neuen Buche.«

17 Vgl. den verwandten Begriff der »Darstellung« als »Seinsart des Kunstwerkes« bei Hans-Georg Gadamer, *Wahrheit und Methode. Grundzüge einer*

Auf diese Weise wird das vieldiskutierte Problem der (vermeintlichen) Unvollständigkeit fiktiver Gegenstände aufgelöst bzw. umgelagert. Wir sind nämlich dank des Spielraums als Rezipienten dazu berechtigt, uns Faust so auszumalen, dass wir eine Antwort auf Fragen parat haben, die der Text allein nicht explizit beantwortet. Es besteht zwar eine Lücke zwischen Partitur und Aufführung, dank derer es verschiedene Aufführungen geben kann. Doch dies bedeutet nicht, dass der hermeneutische Gegenstand deswegen unbestimmt ist.

Die Lücke zwischen deutbarer Grundlage und interpretatorischer Aufführung kann weder durch die Deutung noch durch die Interpretation allein geschlossen werden. Die ästhetische Erfahrung ist und bleibt deswegen frei, an ein Moment des Plötzlichen gebunden, dank dessen wir partiell in ein Werk aufgesogen werden, ohne jemals ganz zu verschwinden.[18]

Dabei empfehle ich einen hermeneutischen Realismus, der den Freiraum der Interpretation durch den Begriff des *Urtexts* begrenzt, worunter der historisch variable komplexe Gegenstand der methodologisch abgesicherten Deutung zu verstehen ist. Der Urtext ist freilich nur unter Zuhilfenahme von Konjekturen und damit unter Inanspruchnahme von Interpretationen zugänglich und kann deswegen nicht an eine Ursprungssituation wie etwa eine datierbare Autorintention gebunden werden, einen Satz soundso aufzuschreiben oder den Pinsel soundso anzusetzen.

Die in den ersten Paragraphen vorgelegte Theorieskizze versteht sich hierbei als ein Beitrag zur analytischen Bestimmung

---

philosophischen Hermeneutik, Tübingen ⁶1990, S. 121 f. Gadamer argumentiert dort für die Notwendigkeit der »Ausführung« und »Aufführung«. Ich teile die von ihm aus dieser Überlegung abgeleitete »These [...], daß das Sein der Kunst nicht als Gegenstand eines ästhetischen Bewußtseins bestimmt werden kann, weil umgekehrt das ästhetische Verhalten mehr ist, als es von sich weiß. Es ist ein Teil des *Seinsvorganges der Darstellung* und gehört dem Spiel als Spiel wesenhaft zu.« (ebd.)

18 Vgl. dazu Markus Gabriel, *Le pouvoir de l'art*, Paris 2018, und die vieldiskutierten Überlegungen zur Plötzlichkeit bei Karl Heinz Bohrer, *Plötzlichkeit. Zum Augenblick des ästhetischen Scheins*, Frankfurt/M. 1981.

des Standorts von Gadamers Hermeneutik, die eine Aktualisierung angesichts der literaturtheoretisch häufig hoffnungslos un-
gesicherten Annahmen der handelsüblichen Ontologie der »fiktionalen Gegenstände« verdient.[19]

Zur Lösung des Problems, wie Jed Martin und Paris koexis-
tieren können, wird ein *meontologischer Isolationismus* vertreten,
der im Rahmen der SFO naheliegt.[20] Demnach bezieht sich der
Ausdruck »Paris« in *Karte und Gebiet*, wie gesagt, nicht auf Paris,
sondern dient als Interpretationsanlass. Wir stellen uns anlässlich des Zeichens »Paris« etwas vor, was Paris ähnelt, was aber
nicht Paris sein kann, weil es Eigenschaften aufweist, von denen
wir gleichzeitig wissen, dass Paris sie nicht hat (z. B. Jed Martin
als Einwohner). Paris aus *Karte und Gebiet* ist nicht mit demjenigen Paris identisch, das wir besuchen können. »Paris« ist also
nicht Paris, man wird in diesem Fall die Anführungszeichen

---

19 Ähnliches gilt für Derridas Beiträge zum Thema »Urtext«, was jüngst
   meisterhaft von Philip Freytag rekonstruiert wurde in: Philip Freytag,
   *Die Rahmung des Hintergrunds. Untersuchungen über die Voraussetzungen
   von Sprachtheorien am Leitfaden der Debatten Derrida – Searle und Derrida – Habermas*, Frankfurt/M. 2019. Freytag zeigt, dass Derrida eine extrem realistische Position, auch in Semantik und Hermeneutik, vertritt,
   und deswegen nicht mit seiner Karikatur durch Habermas und Searle
   übereinstimmt, deren erste Kritikwelle sich nachweisbar gegen Derrida
   ohne hinreichende Kenntnis seiner Texte richtete. Searle und Habermas
   verwechseln ihr Unverständnis für Derridas Texte mit deren Unverständ-
   lichkeit, ein weit verbreitetes, polemisches Verfahren, das allerdings in der
   Sache keinen Platz hat. Wenn man einen Text nicht versteht, wie kann
   man dann seinen Autor wegen vermeintlicher Fehler und Irrtümer kritisieren?
20 Die SFO wurde ausführlich dargestellt in Gabriel, *Sinn und Existenz*. Zur
   Verteidigung gegen eine Reihe von Einwänden vgl. die Diskussionen in:
   Buchheim (Hg.), *Jahrbuchkontroversen 2. Markus Gabriel: Neutraler Realismus*, sowie in: Gaitsch u. a. (Hg.), *Eine Diskussion mit Markus Gabriel*,
   sowie Bueno, Voosholz (Hg.), *Gabriel's New Realism*. In diesem Buch werden die Grundbegriffe der Sinnfeldontologie vorausgesetzt bzw. zum von
   vorigen Ausführungen unabhängigen Verständnis kursorisch eingeführt.

nicht los, indem man sich auf unser Paris bezieht. Dennoch führen wir auf unserer mentalen Bühne ein Stück auf, bei dem wir unsere Erfahrungen mit Paris zur Ausstaffierung der erzählten Welt verwenden.

Dieses Hintergrundwissen nimmt jede Erzählform mit *fabula* in Anspruch, was den Eindruck vermittelt, es gebe Grade des realistischen Erzählens, die vom sozialkritischen Roman des Realismus-Genres des neunzehnten Jahrhunderts bis zur Science-Fiction reichen, in der wir uns besiedelte, fremde Galaxien und Zeitreisen ausmalen.[21] Doch dies ist Schein, weil realistisches Erzählen keine Berichterstattung ist, die sozusagen sehr mächtige logische Teleskope auf weit entfernte mögliche Welten richtet, sondern vielmehr auf die Darstellung fiktiver Ereignisse und Sachverhalte hinausläuft, die derjenigen Art von Sachverhalten nur ähneln, die wir aus nicht-fiktionalen Kontexten in die Rezeption importieren.[22]

Die kunstphilosophische Diskussion führt auf diesem Gebiet in den Einzugsbereich der gegenwärtigen theoretischen Philosophie. Denn zahllos viele Gegenstände, über die wir erfolgreich nachdenken, d. h. über deren Beschaffenheit wir Wissen erlangen, existieren. Sie erfüllen damit implizite oder explizite Existenzauflagen, die in der Ontologie im Rahmen einer theoretischen Konstruktion gegen Alternativen verteidigt werden. Verschiedene Existenzauflagen generieren entsprechende ontologische Festlegungen. Die zeitgenössische *Metaphysik* ist weitgehend damit beschäftigt, einen bevorzugten Rahmen zu entdecken, der es erlaubt, mit Fug und Recht darüber zu befinden, welche der Gegenstände, über die wir erfolgreich nachdenken, nicht nur irgend-

---

21 Erzählformate, die man als »Realismus« einstuft, überwinden deswegen den Scheincharakter der Kunst nicht, sondern verstärken ihn gleichsam durch die Einführung von Gespenstern, d. h. von unheimlichen Widergängern unserer eigenen Wirklichkeit. Vgl. in diesem Sinne etwa neuerdings Elisabeth Strowick, *Gespenster des Realismus. Zur literarischen Wahrnehmung von Wirklichkeit*, Paderborn 2019.
22 Saul A. Kripke, *Name und Notwendigkeit*, Frankfurt/M. 1980, S. 54-64.

wie, sondern in einem anspruchsvollen Sinn existieren bzw. wirklich sind.[23]

Es scheint, als ob Existenz drohe, eine zu schwache Eigenschaft zu sein, wenn mehr existiert, als sinnvoll in Rechnung gestellt werden kann. Im Namen eines meist an der Interpretation naturwissenschaftlicher Objektivität orientierten Paradigmas versteht sich die zeitgenössische Metaphysik dabei weitgehend als Meta-Physik, als eine Metatheorie der Naturwissenschaften (idealtypisch durch eine futuristische Physik vertreten), die es erlaubt, das Universum als privilegierten Existenzbereich in Kategorien von Gegenstandsarten einzuteilen und zwischen diesen architektonische Beziehungen auszumachen, die sich mehr oder weniger am Schreibtisch in philosophischer Reflexion rekonstruieren lassen.

Man kann gegen dieses ganze Unterfangen, dem ich den Namen »alter Realismus« gegeben habe und das im letzten Jahrhundert vielfältig unter dem Stichwort des »metaphysischen Realismus« überzeugend in seine Grenzen gewiesen wurde, hinreichend viele Einwände erheben, um seine Löchrigkeit zu belegen.[24] Im Folgenden geht es nicht darum, den metaphysi-

---

23 Vgl. paradigmatisch Kit Fine, »The Question of Ontology«, in: David Chalmers u. a. (Hg.), *Metametaphysics. New Essays on the Foundations of Ontology*, Oxford, New York 2009, S. 157-178; Tuomas E. Tahko (Hg.), *Contemporary Aristotelian Metaphysics*, Cambridge 2012.

24 Vgl. die scharfsinnig zugespitzte Abrechnung bei Shamik Dasgupta, »Realism and the Absence of Value«, in: *The Philosophical Review* 127/3 (2018), S. 279-322. Da Dasguptas Position allerdings in das gegenteilige Extrem, einen Irrealismus à la Goodman, umschlägt, schießt er über das kritische Ziel unbegründet dogmatisch hinaus, weil die Auswahl zwischen einem metaphysischen Realismus, der den Weltbestand reduktionistisch katalogisiert, und einer weitgehend arbiträren Anfertigung von Prädikaten zur propositionalen Datenverarbeitung weit entfernt davon ist, eine vollständige meta-metaphysische Disjunktion zu spiegeln. Vgl. subtiler und im Anschluss an Wittgenstein'sche und Putnam'sche Variationen Jocelyn Benoist, »Realismus ohne Metaphysik«, in: Markus Gabriel (Hg.), *Der Neue Realismus*, Berlin ³2016, S. 133-153. Für eine ebenfalls scharfsinnige Be-

schen Realismus und sein Metaphysikverständnis unter Rekurs
auf seine massiven ontologischen blinden Flecken noch einmal
zu dekonstruieren, sondern eine andere offene Flanke zu beset-
zen. Selbst wenn es dem metaphysischen Realismus gelänge,
sein positives Existenzkriterium metaphysisch zu erhärten, ge-
riete er nämlich in robuste Schwierigkeiten mit der Antiexten-
sion seines Existenzbegriffs, d. h. mit dem Nicht-Existierenden.
Um diese geht es in diesem Buch.

Seit Parmenides, Platon und Aristoteles ist bekannt, dass die
Negation eigentümliche Paradoxien generiert, wenn wir sie auf
Existenz anwenden. Diese Schwierigkeit tritt in den Paragraphen dieses ersten Teils dadurch zutage, dass fiktive bzw. fiktionale Gegenstände als Paradefall von etwas gelten, über das wir
erfolgreich nachdenken wollen, obwohl wir einräumen, dass es
nicht existiert.

Nicht-Existenz erweist sich *prima facie* als etwas, was sich
prinzipiell nicht konstatieren lässt, sofern man dazu eine Aussage dahingehend treffen muss, dass etwas Bestimmtes (Zahlen,
mentale Zustände, Phlogiston, Hexen, Gott, die Seele, der
Äther, Zeit, der gegenwärtige König von Frankreich, das runde
Quadrat usw.) nicht existiert. Eine solche Aussage scheint vo-
rauszusetzen, dass man sich auf etwas bezieht, das charakterisierende Eigenschaften aufweist (die man im Fall von Zahlen sogar mit mathematischer Präzision angeben kann) und von
dem man gleichzeitig behauptet, dass es überhaupt nicht existiert. Wie kann man aber erfolgreich von etwas Bestimmtem ur-

schreibung der logischen Form einer mittleren – weder metaphysisch rea-
listischen noch irrealistischen – Position vgl. als jüngere *loci classici* Hilary
Putnam, *Realism with a Human Face*, Cambridge/MA. 1992; ders., *Für
eine Erneuerung der Philosophie*, Stuttgart 1997; ders., *The Threefold Cord.
Mind, Body and World*, New York 1999; ders., *Ethics without Ontology*,
Cambridge/MA. 2009. Zu meiner eigenen Positionierung in Bezug auf
Benoist und seinen Gebrauch der Wittgenstein'schen Ausgangslage vgl.
Gabriel, *Propos réalistes*. Für eine aktuelle Rekonstruktion von Putnams
modelltheoretischem Argument gegen den metaphysischen Realismus
vgl. Tim Button, *The Limits of Realism*, Oxford 2013.

teilen, es existiere gar nicht, ohne damit mindestens zu unterstellen, dass es in der Form eines Gegenstands der sprachlichen
Bezugnahme existiert?

Mephistopheles existiert zwar in irgendeinem noch näher zu
fassendem Sinne tatsächlich nicht, doch kann dies nicht bedeuten, dass es wahr ist, dass er etwa ›nur in unserer Einbildung‹
oder ›nur in unserem Als-ob-Spiel‹ existiert, weil dies offensichtlich bedeutete, dass er sehr wohl *existiert*. Selbst wenn der Ausdruck »Mephistopheles« nicht auf Mephistopheles so Bezug
nimmt wie der Ausdruck »Angela Merkel« auf Angela Merkel,
nimmt er doch Bezug auf etwas irgendwie Bestimmtes, wenn
man etwa behauptet, Mephistopheles sei bloß eingebildet, von
Goethe erfunden, erdichtet oder wie auch immer man den Aus-
schluss von Mephistopheles aus dem Reich der Lebewesen rechtfertigen möchte.

Ähnliches gilt *mutatis mutandis* für jeden anderen bestimmten Gegenstand, dem man aus diesem oder jenem Grund nachträglich oder gar schon im Zug seiner Charakterisierung die
Existenz verweigert. Vom Äther war etwa die Rede, weil man einen absoluten Referenzrahmen suchte, in dem sich Licht bewegen kann. Diese Annahme hat sich als überflüssig erwiesen, da
man alle physikalischen Phänomene, die sie explanatorisch stützen sollten, besser ohne sie begreifen kann. Wo man den Äther
erwartete, fand man ihn nicht. Der Äther hat enttäuscht und nun
sagen wir, er existiere gar nicht.[25]

Genaueres Hinsehen zeigt freilich, dass die einzelnen Kandidaten für Nicht-Existenz aus durchaus diversen Anlässen auf
den ontologischen Müllhaufen verfrachtet wurden. Mit verab-
schiedeten naturwissenschaftlichen Hypothesen springt man
anders um als mit anthropologischen Verirrungen vom Typ
»Hexe« oder mit abstrakten Gegenständen wie Zahlen und moralischen Werten, die manchen ›komisch‹ vorkommen, weil sie

---

25 Dennis Lehmkuhl hat mich mündlich darauf hingewiesen, dass es in der
   Wissenschaftsgeschichte auch den umgekehrten Fall gibt, in dem sich ein
   für fiktiv gehaltener Gegenstand (z. B. Quarks) als existierend erwies.

nicht in ihr materialistisches oder allgemeiner naturalistisches Weltbild passen wollen.[26]

Es gibt also eine Vielzahl von *Eliminationsanlässen*, die wiederum nur vor dem Hintergrund eines bereits in Anschlag gebrachten metaphysischen Realismus als derselbe Vorgang, nämlich als die Entfernung eines Scheingebildes aus dem impermeablen Raum wirklicher Existenz (der Welt) erscheinen.

Dieses übergeneralisierte Modell für Nicht-Existenz scheitert an den Gegenargumenten der Keine-Welt-Anschauung.[27] Da man nicht sinnvoll davon reden kann, Existenz bestehe darin, dass etwas in der Welt vorkommt, ist Nicht-Existenz auch nicht dadurch anzupeilen, dass man einen mehr oder weniger kohärent charakterisierten und von manchen bereits in Rechnung gestellten Gegenstand kategorisch vom Platz, d.h. von der Welt ins Nichts verweist.

In § 3 werde ich dafür argumentieren, dass Nicht-Existenz in Analogie zur Existenz als Relation aufzufassen ist, die zwischen einem Gegenstand und einem (oder einigen) Sinnfeld(ern) besteht. Was *hier* nicht existiert, existiert *woanders*, sofern es überhaupt jemals ein Existenzkandidat war. Hexen existieren nicht in Wittenberg, aber z. B. in Luthers Vorstellungen, die ihrerseits an Wittenberg gekoppelt sind und dort in Hexenverfolgungen kausale Brandspuren hinterlassen haben.[28] Sollte Jesus die Wun-

---

26 Paradigmatisch anhand moralischer Werte ausgeführt in der Form einer vieldiskutierten Irrtumstheorie in John L. Mackie, *Ethik. Die Erfindung des moralisch Richtigen und Falschen*, Stuttgart 1986.

27 Vgl. dazu ausführlich Gabriel, *Sinn und Existenz*, § 6. Einführend Gabriel, *Warum es die Welt nicht gibt*. Für eine auf eine Variante von Russells Antinomie reduzierte konzise Darstellung der Stoßrichtung der Argumente vgl. Hans Jürgen Pirner, *Virtuelle und mögliche Welten in Physik und Philosophie*, Berlin 2018, S. 305-309. Wie Yasunori Nomura (mündliche Mitteilung) deutet Pirner den damit begründeten ontologischen Pluralismus als Wasser auf die Mühlen der Viele-Welten-Interpretation der Quantenmechanik, was allerdings nicht ohne Zusatzannahmen folgt, die ich bestreiten würde. Vgl. dazu Gabriel, *Die Wirklichkeit des Universums*.

28 Vgl. etwa die berühmt-berüchtigte Hexenpredigt von Martin Luther über

der, die ihm zugeschrieben werden, nicht dokumentarisch ak-
kurat vollbracht haben, hat er zwar Lazarus nicht *in Bethanien*
von den Toten auferweckt, aber immerhin *in der Bibel*.[29] Ontologisch schärfer formuliert, hat Jesus Lazarus in Bethanien in
der Bibel von den Toten in der Bibel auferweckt. Für die Struktur dieses Berichts und dasjenige, was man sich vorzustellen hat,
um mit seiner dokumentarischen Adäquatheit ins Gericht zu gehen, kann man auf narratologischer Ebene neutral bleiben und
den Bericht umsichtig auf »Bethanien in der Bibel« einschränken, womit man noch keinen Fehler begeht, da Bethanien in
der Bibel womöglich mit Bethanien identisch ist (wenn Jesus
wirklich ein von Gott gesandter Wunderheiler war).

Dies führt zur Formulierung eines *meontologischen Relationismus*, demzufolge etwas in einem Sinnfeld existieren und in einem anderen Sinnfeld nicht existieren kann, weil Existenz- und
Nicht-Existenzfragen wesentlich unter Bezugnahme auf ein Sinnfeld geklärt werden. Was existiert, existiert relativ zu einem Sinnfeld, das mitbewertet werden muss, wenn ontischer Dissens auftaucht (wenn also konfligierende Gegenstandskataloge für einen
anerkannten Bereich vorliegen wie Bethanien). Weder die Exis-
tenz- noch die Nicht-Existenz-Eigenschaft sind absolut in dem
Sinne, dass man von einem objektstufig vorfindlichen Gegenstand G aussagt, er habe die eine bzw. die andere Eigenschaft.
Man sagt nicht einfach so oder *tout court*, dass Berlin existiert,
sondern unter Voraussetzung eines Sinnfelds wie z. B. demjenigen der gegenwärtigen deutschen Staatsordnung.

Wie Gilbert Ryle in diesem Zusammenhang angemerkt hat,

Ex. 22,17 (»Die Zauberinnen sollst du nicht am Leben lassen«) im
Frühjahr 1526, gehalten zwischen dem 11. März und 6. Mai 1526, mitge-
schrieben von Johannes Bugenhagen. Der Text findet sich in:
D. Martin Luthers Werke (=WA 16), Weimar 1899, S. 551-552.

29 Aus dem meontologischen Isolationismus folgt, dass Jesus nur dann *in der
Bibel* Wunder vollbringt, die er in Bethanien nicht vollbracht hat, wenn
Jesus nicht gleich Jesus ist, d. h. genauer, wenn Jesus *in der Bibel* sich
vom historischen Jesus, der sich im Nahen Osten aufgehalten haben
mag, unterscheidet.

grenzt es an einen Witz, wenn man sagt, Berlin, Bauchschmerzen und Fermionen existieren, sodass also mindestens drei Gegenstände existieren, weil dies seines Erachtens logisch nicht
besser ist, als festzustellen, dass sowohl der Meeresspiegel als
auch die Ölpreise ansteigen und dass deswegen ein auffälliges
gemeinsames Ansteigen vonstattengeht.[30] Genaugenommen ist
es kein Witz, wenn man bedenkt, dass sowohl Bauchschmerzen
als auch Bakterien existieren, solange man nicht übersieht, dass
sie in einem verschiedenen Sinne, d. h. in einem verschiedenen
Sinnfeld existieren, wobei sich diese beiden Sinnfelder überlappen, weil Bakterien eine wichtige Rolle bei Bauchschmerzen spielen können.

Ein paradox anmutendes (aber konsistentes) Korollar der
meontologischen Ausführungen in § 3 ist die These, dass für jeden Gegenstand, den wir anführen, gilt, dass er einerseits existiert
und andererseits nicht existiert, weil wir keinen Gegenstand benennen können, der in allen Sinnfeldern existiert, da es so etwas
wie »alle Sinnfelder« nicht gibt. Wenn etwas nur dann notwendig existiert, wenn es in allen möglichen Welten (bzw. genauer
in allen Sinnfeldern) existiert, könnte man sich so ausdrücken,
dass Existenz stets kontingent ist.[31] Da die Sinnfelder sich nicht

---

30 Vgl. die berühmte Stelle bei Gilbert Ryle, *The Concept of Mind*, London
2000, S. 24: »It is perfectly proper to say, in one logical tone of voice, that
there exist minds and to say, in another logical tone of voice, that there
exist bodies. But these expressions do not indicate two different species
of existence, for ›existence‹ is not a generic word like ›coloured‹ or ›sexed‹.
They indicate two different senses of ›exist‹, somewhat as ›rising‹ has different senses in ›the tide is rising‹, ›hopes are rising‹, and ›the average age of
death is rising‹. A man would be thought to be making a poor joke who
said that three things are now rising, namely the tide, hopes and the average age of death. It would be just as good or bad a joke to say that there
exist prime numbers and Wednesdays and public opinions and navies;
or that there exist both minds and bodies.«

31 Dies scheint Wasser auf die Mühlen des spekulativen Realismus Quentin
Meillassoux' zu sein, was allerdings täuscht, weil seine Argumentation auf
der Annahme beruht, der Begriff möglicher Welten sei letztlich kohärent,

totalisieren lassen (hier gilt ein ontologischer Unvollständigkeitssatz), ist es allerdings sinnlos, sich dabei aufzuhalten, dass nichts
in allen Sinnfeldern existiert, was im Übrigen zu leicht nachweisbar ist. Begeben wir uns einfach in das Sinnfeld desjenigen,
was nur scheinbar existiert, weil es im Sinnfeld enttäuschter Erwartungen erscheint (Phlogiston, Äther, Hexen, ein superluna-
rer Bereich reiner Geister, ein physikalisches Zentrum des Universums usw.). Wenn es *per impossibile* etwas gäbe, was in allen
Sinnfeldern erscheint, was also unter allen Umständen existiert,
dann wäre es *ex hypothesi* etwas, was nicht existiert, weil es unter
anderem etwas wäre, was im Sinnfeld enttäuschter Erwartungen erscheint. Wenn man sich Gottes notwendige Existenz nach
dem klassischen Modell als Anwesenheit in allen möglichen
Welten (*mutatis mutandis* in allen Sinnfeldern) vorstellt, hat man
damit – wider Willen – eingeräumt, dass Gott bloß eingebildet
ist, weil er schließlich in einer möglichen Welt existiert, in der
alles bloß eingebildet ist.

Es bedarf eines gigantischen metaphysischen Aufwands, um
sich gegen diese Probleme zu immunisieren, indem man durch
metaphysische Reflexionen Einschränkungen einführt, die nur
Welten zulassen, die den ontologischen Präferenzen ihres Theo-
rieschöpfers entsprechen, was das ganze Verfahren als groß angelegte Ad-hoc-Baustelle ausweist, um die es sehr viel schlechter
als um den Berliner Flughafen bestellt ist, der immerhin fertig-
werden *könnte*. Weder das Ganze des Seienden noch sein ver-
meintliches Komplement (das Nichts) sind sinnvolle Gegenstände, sodass wir in Fragen der Nicht-Existenz umdenken müssen.[32]

was er aber seinen eigenen Ausführungen zufolge nicht sein kann. Vgl. unten, S. 164-166.

32 Freilich ist es genau besehen außerdem unzulässig, sich auf das metaphysische Vokabular der möglichen Welten einzulassen, weil es nicht einmal
eine einzige mögliche Welt gibt, wenn es *die* (wirkliche) Welt nicht gibt.
Der Modalapparat der SFO vermeidet deswegen konsequent die Annahme, *possibilia* seien Variationen des Wirklichen, und bestimmt das
Mögliche vielmehr über den Sinnbegriff, d. h. als Kompatibilität mit
den Rahmenbedingungen eines gegebenen Sinnfelds. Die gegebenen

In § 4 antworte ich auf einen mehrfach vorgetragenen Einwand, der in aller wünschenswerten Klarheit zum ersten Mal von Julia Mehlich und Anton Friedrich Koch vorgebracht wurde.[33] Ich bezeichne diesen an verschiedenen Stellen dieses Buchs zur Sprache kommenden Verdacht deswegen als den *Mehlich-Koch-Einwand*. Er besagt, dass die Welt zwar nicht in dem Sinne existiert, den der landläufige metaphysische Realist in Anschlag bringt (nämlich einfach so oder ›da draußen‹), sondern dass sie wesentlich imaginiert oder fiktiv ist. Damit existierte die Welt sehr wohl, sodass meine Keine-Welt-Anschauung in ihrem eigenen Rahmen falsifiziert würde. Wir bilden uns die Welt diesem Modell zufolge ein und können dies z. B. im Modus einer metaphysischen Erzählung wie Borges' »Das Aleph« darstellen. So wie Lazarus in Bethanien in der Bibel existiert – und damit jedenfalls *existiert* –, so existiert die Welt dem Mehlich-Koch-Einwand zufolge als das Sinnfeld aller Sinnfelder z. B. in Buenos Aires in »Das Aleph«. Dort ist sie gar ein dinglicher Gegenstand, das berühmt-berüchtigte Aleph. Folglich *existiert* sie jedenfalls, sodass wir mindestens zur Metaphysik in der Form eines metaphysischen Fiktionalismus (in der Kant-Vaihinger-Linie) berechtigt sind.[34]

Wirklichkeitsstrukturen eines Sinnfelds legen einen Spielraum fest, der das Maß der Möglichkeit vorgibt. Vgl. dazu Gabriel, *Sinn und Existenz*, §§ 9 f.; ders., »Was ist (die) Wirklichkeit?«, in: ders., Malte Dominik Krüger (Hg.), *Was ist Wirklichkeit? Neuer Realismus und Hermeneutische Theologie*, Tübingen 2018, S. 63-118.

33 Julia Mehlich, »Kopernikanischer Salto. Über den neuen neutralen Realismus (Gedanken zum Vortrag von Markus Gabriel)«, in: Markus Gabriel, *Метафизика или онтология? Нейтральный реализм*, Moskau 2017, S. 106-117. Vgl. Anton Friedrich Koch, *Hermeneutischer Realismus*, Tübingen 2016.

34 Dieser Fiktionalismus unterscheidet sich freilich von den semantischen Positionen, die derzeit unter diesem Titel kursieren, wenn es auch begriffliche Verwandtschaften gibt. In der jüngeren Debatte, die viele Autoren in den 1980er Jahren mit der Publikation von Hartry Field, *Science without Numbers. A Defence of Nominalism*, Oxford ²2016, beginnen lassen, wird

Um diesen Einwand auszuhebeln, werde ich in § 4 dafür argumentieren, dass Borges' »Das Aleph« bewusst inkohärent gebaut ist (sodass man sich auch nicht auf einen Dialetheismus zurückziehen und den Gegenstand namens »Aleph« als widersprüchlich auffassen und damit wiederum jedenfalls als existierend ausweisen kann).[35] Man kann den Mehlich-Koch-Einwand demnach nicht dadurch retten, dass man widersprüchliche Entitäten im Gegenstandsbereich des Nachdenkens über Fiktionen postuliert (und damit die Welt wiederum in der Existenz hält).

Im abschließenden § 5 wird eine Verschärfung des Mehlich-Koch-Einwands diskutiert, die Graham Priest geltend gemacht hat.[36] Priest rekonstruiert die SFO so, dass er meint, sie sei in eine nicht-wohlfundierte Mereologie übersetzbar, in der es die

---

der Fiktionalismus üblicherweise als eine Diskurstheorie angesehen, die hinsichtlich eines gegebenen Gegenstandsbereichs (Zahlen, mögliche Welten, moralische Werte, naturwissenschaftliche Tatsachen usw.) annimmt, dass die Aussagen über diesen Bereich (1.) wörtlich zu nehmen sind, während sie (2.) anerkanntermaßen buchstäblich genommen falsch sind, was (3.) dennoch eine pragmatisch-nützliche Funktion hat, sodass es keinen Grund gibt, den Diskurs aufzugeben. Hinzu kommt die Annahme (4.), dass der Aufbau des Diskurses narrative Muster in Anschlag bringt. Zum Überblick über diese Landschaft vgl. Frederick Kroon u. a. (Hg.), *A Critical Introduction to Fictionalism*, London, New York 2019. Vgl. auch Mark Eli Kalderon (Hg.), *Fictionalism in Metaphysics*, Oxford, New York 2005. Mit Bezug auf das Thema der fiktionalen Gegenstände und möglichen Welten vgl. auch Sainsbury, *Fiction and Fictionalism*. Einführend und in ausdrücklicher Auseinandersetzung mit Vaihinger vgl. auch Kwame Anthony Appiah, *As If. Idealization and Ideals*, Cambridge/MA., London 2017.

35 Zu den Aussichten, Totalitätsantinomien dialetheistisch zu handhaben, vgl. Graham Priest, *Beyond the Limits of Thought*, Oxford, New York [2]2002.

36 Gabriel, Priest, *Everything and Nothing*. Ich danke Graham Priest für ausführliche Diskussionen während seiner Gastprofessur am Internationalen Zentrum für Philosophie NRW im Juni 2019, die auf seinen Vortrag im Rahmen der Bonner Ernst Robert Curtius Lecture am 9.11.2017 zurückgehen.

Welt gibt, ohne dass dies allein anhand von Borges' »Das Aleph« gezeigt werden muss. Zwar stützt sich Priest selbst auf dieses Beispiel, doch dient es ihm nur als Illustration derjenigen metaphysischen Architektur, die sich ergibt, wenn man ein mereologisches Axiomensystem einführt, das bestimmte orthodoxe Annahmen ersetzt, die freilich nicht *sub specie aeternatis* einleuchten, sondern die ihrerseits als Modelle für gegebene Diskurse dienen. Demnach hätte die SFO bestenfalls gezeigt, dass die gängige Orthodoxie in der Mereologie nicht alternativlos ist und dass es überdies gute Gründe für die Erwägung von Alternativen gibt, ohne die sich die Existenz der Welt nicht retten lässt.[37] Priest hält die Rettung der Welt für ein wünschenswertes und mit ein wenig Heterodoxie erreichbares Ziel.

Allerdings setzt Priests Einwand eine flache, formale Ontologie – den paradigmatisch von ihm entwickelten Neo-Meinongianismus – voraus. Deswegen wird in § 5 eine wichtige Abgrenzung vollzogen, indem die SFO von den üblichen Spielarten des sogenannten Meinongianismus unterschieden wird. Die meinongianische Gegenstandstheorie setzt traditionell darauf, einen schwachen Seinsbegriff einzuführen, dem zufolge jeder Charakterisierung ein Gegenstand entspricht, der in irgendeine kategorische Einteilung des Begriffs »Sein überhaupt« fällt. Existenz ist für Meinong und seine Neo-Meinongianischen Nachfahren ein Kausalraum (die *Wirk*-lichkeit), in dem gilt, dass etwas nur dann existiert, wenn es in kausalen Verhältnissen steht, was auf Mephistopheles nicht zutrifft, sodass er als nicht-existierender, bloß eingebildeter (sogenannter »fiktiver«) Gegenstand ausgewiesen ist.[38] Dies beraube ihn nicht seines ontologischen Status

---

37 Einen Überblick mitsamt einem Verteidigungsversuch der Orthodoxie liefert Giorgio Lando, *Mereology. A Philosophical Introduction*, London, New York 2018.

38 Für Priest und andere Neo-Meinongianer ist die Sachlage noch komplizierter, da er die existierenden fiktiven Gegenstände in mögliche Welten verbannt, in denen sie die Existenz-Eigenschaft (kausal eingebettet zu sein) haben. Dies wirft die Schwierigkeit der Individuation der als wirk-

als Gegenstand, sondern halte ihn nur von unserem Wohnzimmer, dem kausal geschlossenen Universum, fern. Der Neo-
Meinongianismus ist dem metaphysischen Realismus gegen-
standstheoretisch überlegen, zumal er insbesondere eine Kur
für das eleatische Rätsel der Nicht-Existenz anbietet, die allerdings meiner Auffassung nach im Detail Schwächen aufweist,
die durch die SFO behoben werden.

Insbesondere setzen alle Spielarten des Meinongianismus
darauf, dass Gegenstände intentional sind, d. h., dass sie einem
(idealisierten) Denker gegeben sein können, weshalb bei Meinong die oberste Gattung aller Gegenstände überhaupt die Gegebenheit und nicht das Sein ist (vgl. unten, S. 218-220). Damit
ist der Neo-Meinongianismus darauf angewiesen, in der Intentionalitätstheorie Stellung zu beziehen, wenn sein uneingeschränkter Gegenstandsbereich der Gegebenheit nicht zur logischen Explosion führen soll.[39] Diese Überlegung leitet sodann
in den zweiten Teil des Buchs über, in dem es um die Ontologie
intentionaler Gegenstände geht, die eine entscheidende Rolle
im Leben des menschlichen Geistes spielen.

§ 1. Interpretation und Deutung

Was die sogenannten »fiktionalen Gegenstände« betrifft, reicht
die Spannweite der gegenwärtigen ontologischen Theorieland-
schaft vom fiktionalen Irrealismus, der diesen Gegenständen jeg-

lich angenommenen Welt auf, in der wir uns *ex hypothesi* befinden, weshalb wir in London niemals auf Sherlock Holmes stoßen werden. Vgl.
zu diesem Problem wiederum Gabriel, »Was ist (die) Wirklichkeit?«.

39 Zur Diskussion der Frage, ob der Neo-Meinongianismus letztlich wider
Willen logisch explodiert, d. h. zu viele wahre Widersprüche zulässt, vgl.
Otávio Bueno, Edward N. Zalta, »Object Theory and Modal Meinongia-
nism«, in: *Australasian Journal of Philosophy* 95/4 (2017), S. 761-778. Vgl.
zur Diskussion auch die wegweisende Aufsatzsammlung Graham Priest
u. a. (Hg.), *The Law of Non-Contradiction. New Philosophical Essays*, Oxford, New York 2004.

liche Existenz abspricht, bis zum fiktionalen Realismus, der manche Aussagen über Gegenstände, die in fiktionalen Darstellungen auftreten, für bare Münze nimmt.

Der *fiktionale Irrealismus* bestreitet, dass singuläre Termini wie »Faust«, »Gretchen«, »Einhorn« usw. erfolgreich auf irgendetwas Bezug nehmen können, da sich diese Ausdrücke in literarischen Kontexten finden, die auf nichts Bezug nehmen, was außerhalb der Fiktion – ›in der Wirklichkeit‹ – existiert.[40] Der *fiktionale Realismus* hingegen unterlegt diesen Ausdrücken Referenzbedingungen und weist entsprechenden sogenannten intrafiktionalen Aussagen wie »Gretchen verliebt sich in Faust« sowie sogenannten extrafiktionalen Aussagen wie »Faust ist eine berühmtere Figur als Jed Martin« Wahrheitsbedingungen zu. Demnach gibt es sowohl Gretchen als auch Faust, die von den paradigmatischen Vertretern des fiktionalen Realismus freilich für abstrakte Gegenstände gehalten werden.[41]

Eine prominente mittlere Position wurde von John R. Searle vorgeschlagen.[42] Dieser Theorie zufolge nehmen die betreffenden literarischen Diskurse auf gar nichts Bezug, weil sie vielmehr Teil eines Spiels sind, das darin besteht, dass ein Fiktionalitätsvertrag eingegangen wird, der diejenigen, die sich bei »Faust« und »Gretchen« jemanden vorstellen, dazu berechtigt, so zu re-

---

40 Vgl. paradigmatisch ausgearbeitet in Anthony Everett, *The Nonexistent*, Oxford, New York 2013. Everett stützt sich dabei auf die einflussreiche Als-ob-Theorie Kendall Waltons, ausführlich dargestellt in Kendall Walton, *Mimesis as Make-Believe. On the Foundation of the Representational Arts*, Cambridge/MA. 1990.

41 Vgl. paradigmatisch Peter van Inwagen, »Fiction and Metaphysics«, in: *Philosophy and Literature* 7/1 (1983), S. 67-77 sowie Peter van Inwagen, »Creatures of Fiction«, in: *American Philosophical Quartely* 14/4 (1977), Peter van Inwagen, »Existence, Ontological Commitment, and Fictional Entities«, in: ders., *Existence. Essays in Ontology*, Cambridge 2014, S. 87-115, sowie Amie L. Thomasson, *Fiction and Metaphysics*, Cambridge 1999; Amie L. Thomasson, *Ontology Made Easy*, Oxford 2015.

42 John R. Searle, »The Logical Status of Fictional Discourse«, in: *New Literary History* 6/2 (1975), S. 319-332.

den, als ob es Faust und Gretchen gäbe. Die fiktionalen Sätze eines Romans sind demnach niemals Behauptungen, denen ein Wahrheitswert zukommt, sondern Scheinbehauptungen. So wie Theaterdonner kein Donner ist, ist eine fiktionale Behauptung keine Behauptung, sondern assertorischer Schein. Dieser Schein spielt eine Rolle im menschlichen Leben, aber eben nicht diejenige, dass Wissensansprüche mittels der behauptenden Kraft dazu geeigneter Aussagen artikuliert werden. Dieser Position zufolge gibt es keine Ontologie fiktionaler Gegenstände, weil diejenigen Diskurse, die einer ontologischen Festlegung fähig sind, über diese Art von Gegenständen gar nicht geführt werden können.

Das damit nur angerissene Spektrum handelsüblicher Positionen ergibt sich als Reaktion auf eine Reihe von Scheinproblemen. Eine Unsinnsquelle dieser Probleme ist die Verschmelzung von fiktiven und fiktionalen Gegenständen. Fiktiv sollen diejenigen Gegenstände sein, die es nicht gibt (die man sich bloß einbildet); fiktional hingegen sind diejenigen, von denen im Modus literarischer, oder allgemeiner: künstlerischer Darstellung gehandelt wird. Dies wirft die Schwierigkeit auf, wie es einen Diskurs oder eine Darstellungsform geben kann, die sich auf Nicht-Existierendes bezieht.

Man könnte versuchen, sich dem Verdacht einer solchen Konfusion von vornherein dadurch zu entziehen, dass man sich auf die fiktiven Gegenstände beschränkt, um an den Untiefen der Fiktionalitätstheorie vorbei zu navigieren. Doch dann schuldet man eine Antwort auf die Frage, was die sogenannten »fiktiven« noch von den einfach nur nicht-existierenden Gegenständen unterscheidet. Sagt man, die fiktiven seien eingebildet, während manche nicht-existierende Gegenstände nicht einmal eingebildet seien, muss man eine Theorie der Einbildungskraft vorlegen, die erklärt, welche Verbindung zwischen Einbildung und Nicht-Existenz besteht. Genau dies bleibt die derzeitige Debattenlage der sogenannten »analytischen« Ontologie allerdings häufig schuldig.

Eine prominente Antwortstrategie stützt sich auf Kendall Waltons Idee eines Als-ob-Modus, in dem man so tut, als ob ein wirk-

licher Gegenstand etwas anderes wäre, das nicht wirklich ist.[43]
Doch dies führt in eine Sackgasse. Denn nun steht der Theoretiker vor einem Dilemma. Entweder ein Ausdruck wie »Mephistopheles« bezieht sich durchaus auf etwas Wirkliches – z. B. Gustaf
Gründgens –, das wir uns nur als etwas anderes – z. B. Mephistopheles – vorstellen. Dann existiert der fiktive Gegenstand sehr
wohl, denn es ist ja Gustaf Gründgens, auf den sich der Ausdruck »Mephistopheles« bezieht. Oder der Ausdruck »Mephistopheles« bezieht sich auf gar nichts, doch dann ist nicht verständlich, warum wir so viele allem Anschein nach wahre und falsche
Aussagen über Mephistopheles treffen können – und sei es diejenige, dass Gründgens die Rolle des Mephistopheles spielt.

Jody Azzouni versucht diesem Dilemma zu entgehen, indem er
zwei Formen von Bezugnahme anerkennt: erstens, diejenige auf
wirklich existierende Gegenstände, und zweitens diejenige auf fiktive, nicht-existierende.[44] Doch dies ist eine Ad-hoc-Reparatur-
maßnahme, die in die Richtung einer Lösung weist, ohne diese
anzugeben. Zudem behebt dies diejenigen Probleme nicht, die
sich aus anderweitigen minimalen Annahmen über Wahrheit
und Bezugnahme ergeben, die Azzouni eigentlich akzeptiert.[45]
Wenn ich mich auf Faust beziehe und die wahre Aussage treffe,
dass Faust einen Pakt mit Mephistopheles schließt, folgt aus der
Anerkennung dieser Wahrheit, dass ich meine, dass es sich so verhält, dass Faust einen Pakt mit Mephistopheles schließt. Aus

(F) Es ist wahr, dass Faust einen Pakt mit Mephistopheles
schließt,

---

43 Interessante Vorschläge, Waltons Position mit narratologischen und psychologischen Untersuchungen zu kreuzen, um auf diese Weise die *pre-
tence*-Theorie mit einer Theorie der Einbildungskraft zusammenzufüh-
ren, liefern etwa Everett, *The Nonexistent*, S. 6-37, und Derek Matravers,
Fiction and Narrative, Oxford 2014, S. 7-21.

44 Vgl. Jody Azzouni, *Talking about Nothing. Numbers, Hallucinations and
Fiction*, Oxford 2010, S. 110-150.

45 Vgl. Jody Azzouni, *Tracking Reason. Proof, Consequence and Truth*, Oxford
2006, S. 9-116.

folgt unter minimalen Auflagen an das Wahrheitsprädikat

(F*) Faust schließt einen Pakt mit Mephistopheles.

Das sieht harmlos aus, lässt sich aber auf unangenehme Weise generalisieren. Es sei $g^{\#}$ ein Gegenstand, der uns als fiktiv (und *ipso facto* nicht-existierend) gilt. Λ sei etwas, was über diesen Gegenstand wahr ist. (F) ist ein Fall einer solchen Struktur. Außerdem akzeptieren wir semantische Plattitüden über das Wahrheitsprädikat wie etwa das wenig anspruchsvolle *Prinzip alethischer Transparenz*

(PAT) Wenn es wahr ist, dass p, dann p.

Nun können wir Widersprüche ableiten. Aus

(F$^{\#}$) Es ist wahr, dass $g^{\#}\Lambda$.

folgt

(F$^{\#*}$) $g^{\#}\Lambda$.

Wir können jetzt also jeden x-beliebigen Gegenstand einführen, den wir uns einbilden können, z. B. den gegenwärtigen König von Frankreich, und diesen eine Reise nach Paris unternehmen lassen, woraus dann folgt, dass der gegenwärtige König von Frankreich zurzeit Paris bereist. Dies ist allerdings falsch, sodass wir jetzt einen Widerspruch erzeugt haben. Es ist demnach federleicht, zu jeder wahren Aussage eine dissonante Aussage einzuführen, die sich im Modus der Bezugnahme auf fiktive Gegenstände richtet, wozu auch die Aussage gehört, dass ein bestimmter fiktiver Gegenstand nicht fiktiv ist.[46]

---

46 Vgl. zu diesem Problem Antony Everett, »Against Fictional Realism«, in: *The Journal of Philosophy* 102/12 (2005), S. 624-649, und dagegen Benjamin Schnieder, Tatjana von Solodkoff, »In Defense of Fictional Realism«,

Natürlich wird Azzouni antworten können, dass die Bezugnahme auf den fiktiven gegenwärtigen König von Frankreich prinzipiell keine Bezugnahme auf jemanden ist, der Paris bereist, da er *ex hypothesi* nicht existiert. Doch wie steht es mit der Bezugnahme auf den fiktiven gegenwärtigen König von Frankreich, der nach Paris reist? Bezieht sich hier »Paris« auf Paris? Dann ist die Aussage, dass der fiktive gegenwärtige König von Frankreich nach Paris reist, falsch. Doch dies verletzt die Prinzipien, die Azzouni anscheinend anerkennt.

Dieses Problem kann man dadurch vermeiden, dass man eine Theorie fiktionaler Gegenstände entwickelt, die tatsächlich unserem Umgang mit diesen entspricht. Dabei stellt sich heraus, dass ein Manöver vollzogen werden kann, welches demjenigen Azzounis auf eine günstige Weise ähnelt. Dieses Manöver ist der *meontologische Isolationismus*, der behauptet, dass Gegenstände, die in einem gegebenen nicht-fiktionalen Sinnfeld nicht existieren und in einem fiktionalen Sinnfeld existieren, vom nicht-fiktionalen Sinnfeld isoliert sind, in dem wir uns als Rezipienten befinden. Sie treten stets nur in einer Einbettung im Wirklichen auf.[47] Ein Gegenstand g in S^1 erscheint manchmal in S^2 in S^1, ohne deswegen in S^1 zu erscheinen. Mein früheres Beispiel für diese nicht-transitive Struktur sind Trolle, die in der norwegischen Mythologie erscheinen, die in Norwegen erscheint, ohne dass die Trolle deswegen in Norwegen erscheinen.[48]

Gegenstände, die ontologisch isoliert, aber eingebettet sind, können auch kausal voneinander abgeschottet sein. Dennoch

---

in: *Philosophical Quarterly* 59, S. 138-149. Für eine Verteidigung von Everetts Argumenten gegen Schnieder und von Solodkoff vgl. Ben Caplan, Cathleen Muller, »Against a Defense of Fictional Realism«, in: *Philosophical Quarterly* 64 (2014), S. 211-224.

47 Eine *Sinnfeldeinbettung* liegt im Allgemeinen vor, wenn die Gegenstände eines Sinnfeld S^1 in einem anderen Sinnfeld S^2 nur dann erscheinen, wenn sie in ihrem Sinnfeld im anderen Sinnfeld erscheinen.

48 Gabriel, *Warum es die Welt nicht gibt*, S. 114.

können in diesem Fall Gegenstände eines Sinnfelds S^1 das Verhalten von Gegenständen in S^2 indirekt beeinflussen. Denn der Sinn eines Felds ist diejenige Einrichtungsfunktion, dank derer diejenigen Gegenstände existieren, die sich in ihm vorfinden.[49] Der Sinn weist Gegenständen wesentliche Eigenschaften zu, ohne welche sie nicht existieren könnten. Er individuiert sie als Gegenstände einer Art.

Was existiert, gehört jeweils zu einer Art von Gegenständen. Trolle gehören wesentlich zu derjenigen Art von Gegenständen, die in Norwegen nur in der norwegischen Mythologie erscheinen können, was man prätheoretisch so ausdrücken kann, dass Trolle nicht existieren. Freilich existieren sie in der SFO, aber eben in einer Einbettung in einem Sinnfeld, dessen Existenz wir in der Aussage privilegieren, sie existierten nicht. Nun haben Trolle indirekt dadurch Einfluss auf Norwegen, dass das Sinnfeld, in dem sie erscheinen, in Norwegen erscheint und dadurch wirklich ist. Die norwegische Mythologie, aber nicht diejenigen Gegenstände, die in ihr vorkommen, ist direkt in Norwegen wirksam.[50]

---

49 Zum Begriff des Sinns als Einrichtungsfunktion vgl. Gabriel, »Der Neue Realismus zwischen Konstruktion und Wirklichkeit«.

50 Die Beziehung der SFO zur Landschaft der Kausalitätstheorien sowie insbesondere zur Frage, ob das Universum als Gegenstandsbereich der Naturwissenschaften kausal privilegiert ist, ist noch nicht geklärt. Deswegen enthalte ich mich an dieser Stelle des Urteils hinsichtlich des Problems, wie genau das Universum in seine Sinnfeldumgebung eingebettet ist und welche Arten nicht-physikalischer Gegenstände direkt bzw. indirekt mit ihm kausal interferieren. Zur Diskussion vgl. Gabriel, Voosholz (Hg.), *Top-Down Causation and Emergence*, sowie darin Ellis, Gabriel: »Physical, Logical, and Mental Top-Down Effects«. Ausführlicher Gabriel, *Die Wirklichkeit des Universums*. Ich gehe allerdings davon aus, dass Kausalität unter Ereignisbedingungen, d. h. dort, wo temporale Prozesse Thema sind, auf den Satz vom zureichenden Grund reduziert werden kann, d. h. sich an dem Umstand bemisst, dass die notwendigen Bedingungen des Eintretens eines gegebenen Ereignisses zusammengenommen hinreichend sind. Das ist damit vereinbar, dass es indeterministische Systeme gibt, deren probabilistische Natur ontisch und nicht bloß epistemisch ist (was unter

In einem Gespräch in New York am 4.9.2015 hat David Chalmers gegen eine naive Interpretation des fiktionalen Realismus der SFO eingewandt, dass sie ihre Gegenstände nicht hinreichend von Widersprüchen abschirme. Sein Argument sieht folgendermaßen aus.

(1.) Wenn es in einem fiktionalen Sinnfeld S^f wahr ist, dass p, dann p.

(2.) Wenn es in einem fiktionalen Sinnfeld wie *Das letzte Einhorn* wahr ist, dass es Einhörner gibt, dann gibt es Einhörner. (Fiktionaler Realismus)

(3.) Wenn es in einem fiktionalen Sinnfeld wie *Das letzte Einhorn entdeckt die Sinnfeldontologie und reist nach New York, um das Gespräch zwischen Chalmers und Gabriel zu stören* wahr ist, dass das letzte Einhorn die Sinnfeldontologie entdeckt und nach New York reist, um das Gespräch zwischen Chalmers und Gabriel zu stören, dann reist das letzte Einhorn nach New York, um das Gespräch zwischen Chalmers und Gabriel zu stören.

(4.) Das letzte Einhorn ist erschienen, um unser Gespräch zu stören.

(5.) Das letzte Einhorn ist nicht erschienen, um unser Gespräch zu stören.

(6.) Das letzte Einhorn ist erschienen und nicht erschienen.

∴ Es ist nicht der Fall, dass, wenn es in einem fiktionalen Sinnfeld S^f wahr ist, dass p, dann p.

anderem eine Konsequenz der Quantenmechanik ist). Der Satz vom zureichenden Grund behauptet nicht, dass alle Ereignisse für einen idealen Beobachter vorhersagbar sind, sondern nur, dass sich für jedes gegebene Ereignis (nachträglich) notwendige Bedingungen seines Eintretens angeben lassen, die faktisch zusammengenommen hinreichend sind. Vgl. dazu im Kontext der Diskussion um den freien Willen Gabriel, *Ich ist nicht Gehirn*, S. 263-316.

Folglich bestehe kein Grund, aus der vermeintlichen Wahrheit, dass es im Sinnfeld von *Das letzte Einhorn* Einhörner gibt, auf ihre Existenz zu schließen, da man damit x-beliebige Widersprüche generiere.

Allerdings ist der sinnfeldontologische Grund dafür, dass es Einhörner gibt, keine Konsequenz einer unabhängigen Anerkennung des fiktionalen alethischen Prinzips

(FAP) Wenn es in einem fiktionalen Sinnfeld S^f wahr ist, dass p, dann p.

Der Grund dafür, dass es Einhörner gibt, ergibt sich vielmehr aus der Existenz von Kunstwerken. In Kunstwerken werden Einhörner dargestellt, die wesentlich im Modus ästhetischer Erfahrung existieren.

Führen wir dies aus: Der Film *Das letzte Einhorn* basiert auf einer Komposition. Eine Komposition sei zunächst eine Zusammenstellung von Gegenständen und Sinnfeldern mit dem Zweck, einen Anlass für eine ästhetische Erfahrung zu erzeugen. Das *Gesamtkunstwerk* ist der Begriff des Ganzen, das aus einer Partitur und allen ihren Interpretationen gebildet wird. Das Gesamtkunstwerk gibt es erst dann als vollständigen Gegenstand, wenn niemand mehr eine gegebene Komposition (ein vorliegendes Kunstwerk) interpretiert. Das Gesamtkunstwerk ist deswegen freilich epistemisch auf eine bestimmte Weise unzugänglich, weil man kein Kunstwerk (und damit auch kein Gesamtkunstwerk) analytisch erforschen kann, ohne es zugleich irgendwie zu interpretieren. Man verändert also das vermeintlich abgeschlossene Gesamtkunstwerk durch den Versuch, es abschließend zu deuten, sodass etwas nur dann ein Gesamtkunstwerk ist, wenn wir endgültig mit ihm fertig sind und uns gar nicht mehr mit ihm befassen.

Die Komposition bedient sich einschlägiger Methoden zur Herstellung eines Kunstwerks, etwa eines Zeichentrickfilms wie *Das letzte Einhorn*. Diese Verfahren bestehen darin, Zeichnungen herzustellen und diese sequentiell so anzuordnen, dass eine Filmvorführung gelingen kann. Zum Gelingen dieser Filmvorführung gehört, dass geeignete Rezipienten imstande sind, die sequentielle Vorführung so zu interpretieren, dass ihnen z. B. gewisse Spannungsbögen und Handlungsabläufe einfallen. Diese Einfälle setzen auf der Seite der Rezipienten eine Tätigkeit der »impliziten Kohärenzbildung«[51] voraus, die über alles hinausgeht, was ihnen explizit gezeigt wird. Denn explizit wird den Rezipienten lediglich eine sequentielle Anordnung von Zeichnungen gezeigt, die sie so interpretieren, dass es um die Trauer eines Einhorns geht, das befürchtet, das letzte seiner Art zu sein, usw.

Insbesondere gehört es zur Kohärenzbildung auf Seiten des Zuschauers, dass wir ein Realitätsprinzip anwenden und etwa zwei durchaus sehr verschiedene Zeichnungen als dasselbe Einhorn wiedererkennen. In Szenen, in denen das letzte Einhorn nicht auftaucht, nehmen wir an, dass es dennoch weiter existiert und nur gerade nicht direkt gezeigt wird. Ohne eine solche Kohärenzbildung hätten wir keine ästhetische Erfahrung dieses Films. Der Film zerfiele in ein reines Material, das wir nicht mehr interpretieren können.[52]

---

51 Vgl. dazu Andreas Kablitz, *Kunst des Möglichen. Theorie der Literatur*, Freiburg/Br. u. a. 2013, S. 149-219. Im Übrigen ist es ein allseits anerkannter Befund der Narratologie, dass literarische Texte voraussetzen, »daß der Leser sein Weltwissen bei der Lektüre verwendet. Es wird also die Enzyklopädie der aktualen Welt in die der fiktionalen Welt importiert« (Fotis Jannidis, *Figur und Person. Beitrag zu einer historischen Narratologie*, Berlin, New York 2004, S. 176). Freilich ist dieser Umstand in der SFO anders zu formulieren. Das sinnfeldontologische Pendant besteht in der Annahme, dass wir Wissen darüber, was in unserem Sinnfeld der Fall ist, in Anspruch nehmen, um eine ästhetische Erfahrung anlässlich eines Werks zu machen und die dort vorgeführten Figuren zur Aufführung zu bringen.

52 Aus der ästhetischen Welt würde unverständliche Erde, um Heideggers Vokabular zu verwenden, der das Kunstwerk in seinem Rahmen zutreffend als »Streit von Welt und Erde« ansieht. Vgl. Martin Heidegger, »Der Ursprung des Kunstwerks«, in: ders., *Holzwege*, Frankfurt/M. 1977 (= GA 5), S. 1-74, hier: S. 35. Vgl. zum Begriff der Erde und seiner Vorgeschichte bei Hegel und Husserl die Rekonstruktion in Tobias Keiling,

Diejenigen Gegenstände, denen im Rahmen einer Kohärenzbildung anlässlich einer ästhetischen Erfahrung im Vollzug von
Ausübungen der Einbildungskraft Eigenschaften zugesprochen
werden, nenne ich *hermeneutische Gegenstände*.[53] Gegenstände
ästhetischer Erfahrung sind hermeneutische Gegenstände, die
prinzipiell nicht direkt im Sinnfeld des Zuschauers existieren, sondern stets nur eingebettet im Sinnfeld seiner Interpretation.

Die *Vorführung* einer Partitur unterscheidet sich von einer
Aufführung. Im Theater gilt etwa: Die Vorführung ist dasjenige,
was die Schauspieler tun, während die Aufführung dasjenige
ist, was der jeweilige Zuschauer dabei ästhetisch erfährt. Läuft
ein Film in einem leeren Kino, ohne dass ihn jemand anschaut,
findet keine ästhetische Erfahrung (und damit keine Aufführung), sondern lediglich eine Vorführung statt. Eine Theater-
vorführung ist stets notwendig in eins eine Aufführung, weil
die Schauspieler ihre Rolle auf der Grundlage einer ästhetischen
Erfahrung spielen, von der sie zugleich partiell distanziert sein
müssen.

Wenn zwanzig Zuschauer einer Vorführung beiwohnen und
sich auf diese einlassen, finden mindestens zwanzig Aufführungen und eine einzige Vorführung statt. Denn in jeder ästhetischen
Erfahrung erhalten die vorgeführten Gegenstände verschiedene
Eigenschaften.[54] Niemals interpretieren zwei Rezipienten irgend-

---

»Of the Earth: Heidegger's Philosophy and the Art of Andy Goldswor-
thy«, in: *Journal of Aesthetics and Phenomenology* 4/2 (2017), S. 125-138.

53 Ein ästhetisches Urteil in der kategorischen Standardform besteht darin,
dass einem fiktiven Gegenstand Eigenschaften zugesprochen werden. Dieser Vorgang verläuft nicht explizit in propositionalem, sprachlich artiku-
liertem Code, sondern im Medium der Einbildungskraft, in dem fiktive
Gegenstände zur Aufführung gebracht werden. Paradigmatisch manifestiert sich das im imaginierenden Leseerlebnis, von dem Leser berichten
können, indem sie angeben, wie sie sich etwa eine *dramatis persona* vorstellen.

54 Nicht jedes Erzählen bzw. jede Kohärenzbildung hat es demnach mit fiktiven Gegenständen zu tun. Tatsachenberichte können die Form von Erzäh-

ein Kunstwerk auf eine identische Weise, da unsere Kohärenzbildung in der ästhetischen Erfahrung letztlich individuell ist.
Wir verstehen Kunstwerke stets von einem individuellen Standpunkt aus, den wir selbst nicht vollständig zur Kenntnis nehmen können, weil wir unsere geistige Individualität und ihre
konkrete geschichtliche Stellung (zu der unsere je individuelle
Biographie gehört) nicht überschauen.[55]
Die klassische Gegenüberstellung von Produktions-, Rezep-
tions- und Werkästhetik übersieht der hier vorgeschlagenen Theoriebildung zufolge die entscheidende ontologische Option. Das
Kunstwerk existiert nämlich in drei begrifflichen Dimensionen.
Erstens wird eine Partitur produziert. Die Produktionsbedingungen involvieren den Künstler (bzw. ein Team) als Autor
einer Anordnung. Das bedeutet nicht, dass wir uns den Autor
als eine Person vorstellen müssen, die jedes Wort, jeden Farb-
strich, jeden Ton usw. im Hinblick auf einen vorgefertigten Plan
notiert. Autoren haben Absichten, die eine Rolle für die Produktion von Kunstwerken spielen (etwa die Absicht, einen
Roman zu schreiben), ohne dass diese Absichten deswegen hinreichend wären, um die fiktiven Gegenstände ontisch zu stabi-
lisieren. Welche Absichten Goethe auch immer im Einzelnen ge-

lungen haben und Kohärenzbildung in Anspruch nehmen, die stilistisch
an Fiktionen anschließt, die fiktive Gegenstände enthalten.

55 Vgl. dazu neuerdings Michael N. Forster, *Herder's Philosophy*, Oxford
2018, sowie im Ausgang von Schleiermacher die klassische Studie von
Manfred Frank, *Das individuelle Allgemeine. Textstrukturierung und -inter-
pretation nach Schleiermacher*, Frankfurt/M. 1985. Bei aller Individualität
gibt es einen allgemeinen Rahmen, den Rezipienten eines gegebenen
Kunstwerks teilen. Dieser Rahmen wird durch Vorführungspraktiken
und die Einübung in ästhetische Erfahrung geprägt. Daher kann er, beiläufig gesagt, nicht darauf reduziert werden, dass Menschentiere ein bestimmtes Bildverarbeitungssystem aufweisen, das sich neuroästhetisch
entziffern lässt. Die Neuroästhetik beschreibt allenfalls einen Teil des allgemeinen Rezeptionsrahmens eines Kunstwerks, aber niemals das Kunstwerk (ganz zu schweigen vom Gesamtkunstwerk).

habt haben mag, es gibt indefinit viele Fragen bezüglich des Sinnfeldes *Faust*, an die er gar nicht gedacht haben kann. Es ist prinzipiell unmöglich, dass ein Künstler ein Kunstwerk durch seine Absichten vor Interpretationen ›schützt‹, die von seiner ersten, psychosozial und historisch situierten Eigeninterpretation abweichen.

Ein Kunstwerk unterscheidet sich auch darin von Gebrauchsgegenständen, die Artefakte sind, dass keine spezifische Absicht seiner Verwendung vorab angegeben werden kann. Ein Tisch dient dem Sitzen, ein Auto der Mobilität usw. Was ein Gebrauchsgegenstand ist (sein τὸ τί ἦν εἶναι), bestimmt sich vorab im Vorgang der Herstellung. Die Herstellung hat eine bestimmte Verwendung im Sinne. Der Künstler hingegen weiß nicht, wozu seine Komposition insgesamt gut ist, weil er prinzipiell nicht alle ästhetischen Erfahrungen kontrollieren kann, die sein Werk auslösen wird. Der Künstler kann die Rezeption zwar durch die Partitur restringieren, ohne sie allerdings vollständig zu determinieren. Der Rezipient bleibt aufgrund der Ontologie fiktiver Gegenstände frei, so oder so zu interpretieren.

Die Angabe: das Werk dient der ästhetischen Erfahrung, ist zu unspezifisch, um als Zielvorgabe der Anordnung von Gegenständen und Sinnfeldern in einem Kunstwerk zu dienen. Die allgemeine Materialität des Werks, über die ein Künstler verfügt, ist hinsichtlich ihrer faktischen Interpretation unterbestimmt. Kein Künstler kann die Rezeption seines Werks vollständig steuern. Die Rezeption birgt als solche Überraschungen. Der Künstler ist heteronom, nicht aber sein Werk.

Zweitens existiert ein Kunstwerk nur dann, wenn es mindestens einmal rezipiert wurde. Die Rezeption besteht darin, dass jemand (der freilich mit dem Künstler identisch sein kann) in einer Ausübung seiner Einbildungskraft zur Bühne wird, auf der das Werk aufgeführt wird. Die Bühne kann ebenso Beethovens auditive Einbildungskraft wie Ingeborg Bachmanns Sinn für das richtige Wort im Gefüge eines lyrischen Bedeutungssystems sein. Die Bühne, auf der John Cages *4 ′33 ″* aufgeführt wird, ist der Klangraum, der jedem gerade zugänglich ist, wenn er

einer Aufführung des Stücks beiwohnt.[56] Im literarischen Fall
einer sogenannten »realistischen« Darstellung erzeugen wir auf
der Bühne unserer Einbildungskraft einen Handlungsstrang, an
den wir Kohärenzbedingungen binden, die wir aus dem nicht-
fiktionalen Kontext unserer alltäglich als stabil vorausgesetzten
Sinnfelder importieren.[57]

Freilich stört gekonnte Literatur in der Regel die Kohärenzbildung an irgendeiner entscheidenden Stelle, sodass wir niemals gänzlich absorbiert werden.[58] Kunstwerke ziehen an und
stoßen zugleich ab, weil sie ansonsten ihren Fiktionalitätsstatus
abstreiften und statt ästhetischer Erfahrung erfolgreich Wahrheitsansprüche erheben würden. Die ästhetische Erfahrung ist
niemals total und reklamiert deswegen stets ein logisch-seman-
tisches sowie ontologisches Sonderrecht. Kunst ist Schein, der
Sein ist. Sie ist und bleibt ambivalent.

Die Wirkung findet nicht ohne Werk statt, das seinerseits als
etwas vorgeführt wird, das man verschieden interpretieren kann,
sodass die Komposition als Schnittstelle zwischen Werk und
Wirkung einspringen muss, um dem Status der Kunst als Sub-

---

56 Vgl. zum Begriff der Rezeption als Abstrahlung des Werks in den Rezipienten Gabriel, *Le pouvoir de l'art*.
57 Hier folge ich weitgehend Kablitz, *Kunst des Möglichen*. Insbesondere
   stimme ich auch seiner Lesart des Fiktionsvertrags zu, der zufolge es
   »die Eigentümlichkeit fiktionaler Rede aus[macht], dass sie von der Verpflichtung, Aussagen über faktische Sachverhalte machen zu müssen, ent-
   hoben ist« (ebd., S. 154). »Fiktionalität, der berühmte Fiktionsvertrag, entbindet den Text von der anderweitig geltenden Verpflichtung, daß die Inhalte seiner Prädikationen wahre Sachverhalte darstellen müssen.« (S. 166)
   Allerdings sehe ich nicht, wie Kablitz diese Annahme mit seiner »Eine-
   Welt-Semantik« (die ich beileibe nicht teile) vereinbaren möchte, die besagt, »daß auch alle fiktionale Rede sich stets auf die gegebene Welt, so
   wie wir sie kennen, bezieht, solange sie an ihr keine expliziten Veränderungen vornimmt« (ebd., S. 175). Genau gegen diese Annahme wird im
   Haupttext argumentiert.
58 Vgl. dazu Andreas Kablitz, *Der Zauberberg. Die Zergliederung der Welt*,
   Heidelberg 2017.

jekt-Objekt gerecht zu werden. Das Werk leitet die Rezeption
an, bestimmt also einen Rahmen legitimer Ausstaffierungen
der ästhetischen Erfahrung. Leitete das Werk die Aufführung
nicht an, wäre die Objektivität der ästhetischen Erfahrung durch-
gestrichen und diese damit zu freischwebender Einbildung ver-
kommen, die jeder beliebige Gegenstand auslösen kann.[59]

Als Beispiel sei angeführt, wie die (meisterhafte) Fernsehserie
Fargo unsere Rezeption dadurch irritiert, dass sie noch weiter
geht (*far go*), als die in ihr dargestellte unsinnige Gewalt erwarten lässt. *Fargo* übertrifft im Serienformat die durch den Film
gesteckten Erwartungen. Im Vorspann erfahren wir genau wie
im gleichnamigen Film von 1996 strukturell ironisch:

> THIS IS A TRUE STORY. The events depicted took place in Min-
> nesota in 1987. At the request of the survivors, the names have been
> changed. Out of respect for the dead, the rest has been told exactly
> as it occurred.[60]

---

59 Daran scheitert die Variante einer reinen Rezeptionsästhetik, welche die
ästhetische Erfahrung vom Werk entkoppelt, wofür sie sich insbesondere
bei Bubner am Kantischen Vorbild orientiert, was ihr πρῶτον ψεῦδος ist.
Bubner konstatiert in diesem Sinne: »Was die ästhetische Erfahrung erfährt, konstituiert sich nämlich in der Erfahrung und durch die Erfahrung, so daß unabhängig von ihr nicht objektiviert werden kann, etwa
in einem Werke, was Inhalt jener Erfahrung ist.« (Bubner, *Ästhetische Erfahrung*, S. 35) So auch, für Bubner paradigmatisch, der Grundtenor der
Konstanzer Rezeptionsästhetik, insbesondere Hans Robert Jauss, *Ästhetische Erfahrung und literarische Hermeneutik*, Frankfurt/M. 1982. Bubner
wird hier wohl zum Opfer der von ihm diagnostizierten »Ästhetisierung
der Lebenswelt«, weil er seine Theorie so anlegt, als ob jeder Gegenstand
Auslöser einer ästhetischen Erfahrung sein könnte.

60 Die Angabe des betreffenden Jahrs verändert sich in den einzelnen Staffeln der Serie, die damit das Thema des filmischen Originals variieren
und in ein serielles Format überführen. Natürlich hat dies Konsequenzen
auf der Ebene der Intertextualität, die überdies verschiedene Genres –
Film und Serie – ins Gespräch bringt. Es führte zu weit von der ontologischen Untersuchung ab, diese Details hier zu analysieren.

Der Film beginnt wie die einzelnen Staffeln der auf ihn folgenden Serie mit der Überlappung von (mindestens) zwei Sinnfeldern (es sind genaugenommen deutlich mehr). Auf einer Ebene werden die Produktionsbedingungen benannt. Auf dieser Ebene wird derselbe Schriftzug verwendet, um auszusagen, dass ein bestimmtes Studio einen Film »präsentiert« und dass ihn jemand »produziert« hat, wozu beim Film die Arbeitsteilung zwischen den Coen-Brüdern zählt, die den Film gemeinsam generiert haben, wobei Joel als Regisseur und Ethan als Produzent auftritt.

Auf der Ebene des Dargestellten, das wir imaginieren sollen (in der »erzählten Welt«), sehen wir zunächst lediglich eine weiße Bildfläche, die sich dann als Schneegestöber erweist, sobald ein Vogel durchs Bild fliegt. Dann kommt uns ein Auto entgegen, dessen Scheinwerfer sich uns nähern und die Landschaft gleichsam aufhellen. Auf der materialen Ebene des Films wird damit erkennbar, dass wir einem Lichtspiel beiwohnen, dessen Herstellungsbedingungen ausdrücklich benannt werden. Dazu gehört das ironische Spiel mit dem Topos einer wahren Geschichte. Hierbei wird die Polysemie des Ausdrucks »wahr« in Anspruch genommen, das einerseits auf Aussagenwahrheit und damit die Idee des Augenzeugens verweist und andererseits wie im Ausdruck »wahrer Freund« verwendet wird.[61] Eine »true story« ist auch eine echte Geschichte.

Die ästhetische Erfahrung kommt uns auf der filmischen Ebene immer näher. Die Traurigkeit suggerierende Filmmusik lässt nichts Gutes erwarten, steht aber wie die Aufzählung der Schauspieler usw. noch zwischen uns und dem in Aussicht gestellten Geschehen. Der erste Ton, der uns aus der Filmwelt entgegenkommt, ist das Schlagen der Flügel des Vogels, den wir sehen, was überdies eine Anspielung auf die mantischen Hinter-

---

61 Etymologisch ist »wahr« (wie *verum*) übrigens mit ὁρᾶν, d. h. mit dem direkten Sehen, verwandt. Das Wahre ist das Offensichtliche.

gründe der Kunst sein dürfte. Wir lesen die Szene von Beginn an so, als ob sie eine geheime Bedeutung hätte.[62]

Die Rezeption des Werks wird durch seine Materialität geleitet. In *Fargo* tritt dies in der Form einer Allegorie des Lesens selbst in den Film ein, da wir gleichsam abgeholt und visuell mitgenommen werden – symbolisiert durch das Automobil, das in der Eröffnungsszene abgeschleppt wird. Doch nicht einmal ein Film kann uns vollständig steuern, da die Einbildungskraft im Medium von Fiktionen über alles hinausgeht, was uns gezeigt wird. Es kann uns nichts gezeigt werden, was wir nicht zugleich interpretieren, da wir ansonsten nicht einmal imstande wären, die Worte zu lesen, mittels derer anscheinend Aussagen über den ontologischen Status des Dargestellten (»true story«; »Ceci n'est pas une pipe«) getroffen werden. Das Werk wird uns zwar präsentiert, doch diese Präsentation findet nur dadurch statt, dass wir es als Rezipienten bereits re-präsentieren. Dieser Status der Repräsentation wird sofort unsichtbar gemacht, da jede gelungene nicht-fiktionale Repräsentation (der wir die Kriterien der Kohärenzbildung entlehnen) alethisch transparent, das heißt auf Fremdreferenz eingestellt ist.

Zur Illustration des begrifflichen Schillerns, das ästhetische Erfahrung auslöst, sei als Beispiel noch der Anfang von Daniel Kehlmanns *F.* angeführt.[63] Der ganze Roman spielt sichtlich

---

62 Zum Zusammenhang von Mantik und Hermeneutik vgl. Wolfram Hogrebe, *Metaphysik und Mantik. Die Deutungsnatur des Menschen (Système orphique de Iéna)*, Frankfurt/M. 1992. An anderer Stelle habe ich die Materialität von Hitchcocks Vögeln in dieser Hinsicht gedeutet. Die Vögel des gleichnamigen Films sind bekanntlich nur teils echte Vögel, die gefilmt wurden. Hitchcock verschmilzt auf der materiellen Ebene des Films verschiedene Sinnschichten, die in der Imagination überkreuzt und zur Einheit einer Darstellung umgearbeitet werden. Vgl. Markus Gabriel, »The Bird's Eye View. Ornithology and Ontology in Hitchcock's *The Birds*«, in: Christine Reeh u. a. (Hg.), *The Real of Reality. The Realist Turn in Contemporary Film Theory*, Leiden, Boston 2020 (i. Ersch.).

63 Ich teile Baßlers Einschätzung nicht, dass Kehlmann in die von ihm letztlich doch abgewertete Kategorie des populären Realismus gehört, die er

mit der Idee, dass »F.« auf »Fiktion« referieren könnte. Als Protagonist wird ein gewisser »Arthur Friedland« (auch ein Kandidat für »F.«) eingeführt, der »Romane« schrieb, »die kein Verlag
drucken wollte, und Geschichten, die dann und wann in Zeit-
schriften erschienen. Etwas anderes tat er nicht, aber seine Frau
war Augenärztin und verdiente Geld.«[64] Der Erzähler fackelt
nicht lange und stürzt die Deutungsanstrengung direkt in den
Abgrund einer komplexen *Mise en abyme*:

> Auf der Hinfahrt sprach er mit seinen dreizehnjährigen Söhnen
> über Nietzsche und Kaugummimarken, sie stritten über Kaugum-
> mimarken, sie stritten über einen Zeichentrickfilm, der gerade im
> Kino lief und von einem Roboter handelte, der auch der Erlöser
> war, sie stellten Hypothesen darüber auf, warum Yoda so seltsam
> sprach, und sie fragten sich, ob wohl Superman stärker war als Bat-
> man.[65]

Innerhalb des Romans lernen wir einen Roman kennen (der außerhalb des Romans nicht existiert), dessen Titel (in offensicht-
licher intertextueller Verschmelzung von Odysseus und Ganten-
bein) *Mein Name sei Niemand* ist. Man teilt uns mit, dass der
Anfang dieses Werks »eine altmodische Novelle über einen ins
Leben aufbrechenden jungen Mann« sei, »von dessen Namen
wir nur den ersten Buchstaben erfahren: F.«.[66] Gleichzeitig wird
ein Deutungsschlüssel mitgeliefert, der im Rest des Werks an
verschiedenen Stellen aufgegriffen wird:

> Doch einem ist, als bedeute kein Satz einfach sich selbst, als be-
> obachte die Geschichte ihren eigenen Fortgang und als stehe in

---

darstellt in Moritz Baßler, »Populärer Realismus«, in: Roger Lüdeke (Hg.),
*Kommunikation im Populären. Interdisziplinäre Perspektiven auf ein ganz-
heitliches Phänomen*, Bielefeld 2011, S. 91-103.

64 Daniel Kehlmann, *F. Roman*, Hamburg ⁶2014, S. 7.

65 Ebd., S. 7. Bernard Géniès betont zu Recht, dass die Autonomie-Auffas-
sung des Neuen Realismus paradigmatisch auf die *Mise en abyme* als logische Form der fiktionalen Referenz rekurriert. Bernard Géniès, »Préface«,
in: Gabriel, *Le Pouvoir de l'art*, S. 7-11.

66 Kehlmann, *F.*, S. 85.

Wahrheit nicht die Hauptfigur im Zentrum, sondern der Leser, der all dem so bereitwillig folgt.[67]

Auf diesen Hinweis folgt eine über mehrere Seiten gezogene philosophische Reflexion über das Verschwinden der Welt im Akt des Lesens; den Tod; die Nicht-Existenz des Lesers aus der Warte des Autors; über den Raum als »ein Modell unseres Geistes«[68] und über unser »sogenanntes Bewusstsein«, das »ein Flackern« sei: »ein Traum ist es, den niemand träumt«,[69] was durch das verschwommene und bewegliche weiße »F« antizipiert wird, das auf dem schwarzen Cover des Buchs thront. Auf dieser Basis kommt eine der Figuren, die die Novelle liest, »beim Lesen« dazu, »vom Zweifel an seiner eigenen Existenz«[70] gefangen zu werden – eine Referenzstruktur, die wohl niemand so gekonnt durchgeführt hat wie Bernardo Soares (eines der Heteronyme Fernando Pessoas). In seinem *Buch der Unruhe* lesen wir gar:

> An ›Wirklichem‹ haben wir nur unsere Wahrnehmungen, aber ›wirklich‹ (eine unserer Wahrnehmungen) bedeutet nichts, noch bedeutet ›bedeuten‹ etwas, noch hat das Wort ›Wahrnehmung‹ einen Sinn, noch ist ›Sinn haben‹ etwas, das einen Sinn hätte. Alles ist ein und dasselbe Geheimnis. Ich bemerke jedoch, daß nicht einmal **alles** etwas bedeuten kann oder ›Geheimnis‹ ein Wort ist, das eine Bedeutung hätte.[71]

Kunstwerke existieren im Modus der Interpretation/Rezeption, der ihre Materialität in Bedeutung transformiert. Indem wir ein Werk lesen, entscheiden wir uns für bestimmte Bedeutungen, die wir zur Kohärenzbildung einsetzen. Kommt es zu Konflikten, revidieren wir unsere Bedeutungszuschreibungen. Worauf

67 Ebd., S. 85 f.
68 Ebd., S. 87.
69 Ebd., S. 88.
70 Ebd., S. 89.
71 Fernando Pessoa, *Das Buch der Unruhe des Hilfsbuchhalters Bernardo Soares,* Zürich 2010, S. 660 f.

wir dabei Bezug nehmen, ist prinzipiell nicht allein durch die Materialität des Werks gedeckt.

Rodins *Der Denker* denkt nicht, sofern es sich lediglich um spezifisch geformte Bronze handelt. Bronze ist nicht für Denken geeignet. Der Ausdruck »der Denker« bezieht sich nicht auf ein Stück Bronze. Vielmehr imaginieren wir uns eine Situation, in der jemand wie der Denker in Pose sitzt und sich »tiefe Gedanken« macht. Das Stück Bronze ist nur im Auge des Berachters ein zu einem denkenden Menschen geformtes Stück Materie, in seinem materialen Ansichsein ist es reine Form, die unter geeigneten Bedingungen eine ästhetische Erfahrung auslöst, die dazu führt, dass wir uns einen Denker imaginieren. Wer Bronze sieht, sieht keinen Denker, sondern allenfalls etwas, was im Rahmen einer gegebenen Interpretation einem Denker bzw. einer stereotypischen Vorstellung davon, wie eine Denkerpose aussieht, ähnelt. Auch diese Referenz wird freilich durch die Produktionsbedingungen des Werks ironisch dementiert. Als Vorbild der Form der Skulptur hat Rodin nämlich bekanntlich den Boxer Jean Baud gewählt, der zum Rotlichtmilieu gehörte und nicht gerade im Verdacht stand, ein Denker zu sein.

Sprachliche Bezugnahme und Bedeutung sind im materialen Rahmen eines Kunstwerks stets auf Unschärfe gestellt, was allerdings für material übermittelte sprachliche Bedeutung insgesamt gilt, sodass man Referenz ohnehin nicht als eine Art genau bestimmten Punkt auf einer noetischen Zielscheibe auffassen sollte.[72] Es ist deshalb eine Illusion (keine Fiktion!) des ontologischen Diskurses, zu meinen, wir verfügten über unproblematische Bezugnahme auf Einzeldinge, die im fiktionalen Diskurs suspendiert oder gestört auftritt. Denn unsere Bezugnahme auf Einzeldinge ist auch im ›Normalfall‹ an unscharfe Erfolgsbedingungen geknüpft. Der Punkt auf jeder semantischen Zielscheibe ist dem-

---

72 Dass sprachliche Bedeutung letztlich stets auf Unschärfe beruht, die sich nicht beheben lässt und demnach auch nicht durch ein verfehltes Ideal der durchgängigen Bestimmtheit überwunden werden kann, zeigt scharfsinnig Stephen Schiffer, *The Things We Mean*, Oxford 2003.

nach noetisch und epistemisch unterbestimmt. Bezugnahme kann
scheitern. Gelingt sie, stehen wir dank ihrer aber *ex hypothesi* in
kausalem Kontakt mit einem Bezugsgegenstand, was im Fall der
fiktionalen Bezugnahme schwieriger zu sein scheint.

Doch dieser Anschein trügt. Der handelsübliche fiktionale
Realismus, den insbesondere Peter van Inwagen verteidigt, kann
sich zu Recht darauf stützen, dass sich ein Eigenname wie »Gretchen« mindestens auf ein Element einer Partitur, also auf Text-
elemente bezieht, die van Inwagen für abstrakte Gegenstände hält,
was auf einem anderen Blatt steht.[73] Ähnlich ist es um Als-ob-
Theorien bestellt, die ja eine Referenzstütze (eine »Requisite
(prop)«) einführen, die im Fiktionalitätsvertrag als etwas anderes ausgegeben wird, als sie in Wahrheit ist. Damit sind kausale
Umstände der Bezugnahme gegeben, sodass sich der Ausdruck
»Mephistopheles« anlässlich einer bestimmten Vorführung etwa
auf Gustaf Gründgens bezieht, mit dem der Rezipient kausal in
Berührung kommt.

Die ästhetische Erfahrung füllt diejenigen »Aussparungsstel-
len« aus, die eine Partitur erzeugt, um auf diese Weise einen
Spielraum der Interpretation zur Verfügung zu stellen.[74] Deswegen stimmt die übliche Annahme nicht, fiktionale Figuren

---

73 Vgl. van Inwagen, »Creatures of Fiction«.

74 Vgl. zu diesem rezeptionsästhetischen Begriff Thomas Szlezák, *Platon und
   die Schriftlichkeit der Philosophie*, Berlin 1985. Szlezák übersieht dabei, dass
   die Platonischen Dialoge fiktionale Elemente aufweisen, sodass sie sich
   nicht ohne weiteres nach dem Modell einer nicht-fiktionalen, ungeschriebenen Lehre und ihrer lückenhaften Darstellung rekonstruieren lassen –
   schon deswegen, weil viele der auftretenden Figuren außerhalb der Texte
   nicht existieren oder jedenfalls nicht außerhalb der Texte, in denen sie al-
   legorische Sprecherrollen übernehmen, diejenigen Positionen vertreten
   haben, die ihnen durch ihre Rolle im Stück zugewiesen wird. Szlezák ignoriert damit die Fiktionalität der Platonischen Dialoge und übersieht, dass
   sich ontologische Probleme der Selbstbezüglichkeit ergeben, wenn Platon
   seine Figuren eine Kunstkritik vortragen lässt, die darauf hinweist, dass die
   Texte weder als direkte noch als indirekte Hinweise auf eine ihnen voraus-
   liegende Wahrheit aufgefasst werden sollten.

wie Gretchen seien signifikant unbestimmt. Gretchen ist weder als Textelement noch als hermeneutischer Gegenstand der ästhetischen Erfahrung unbestimmt. Das Phänomen der Unbestimmtheit tritt in Wirklichkeit an ganz anderer Stelle auf, in der Lücke zwischen Vorführung und Aufführung, dank derer Gretchen von uns (und wir von Gretchen) isoliert ist.

Drittens ist ein Kunstwerk eine Schnittstelle zwischen einer Partitur und einer Interpretation. Das Werk ist weder mit der Partitur noch mit einer bestimmten Aufführung identisch, sondern es ist die offene Struktur wirklicher und noch möglicher Interpretationen. Kunstwerke sind erst dann am Ende, wenn sie niemand mehr interpretiert. Insofern liegt Gadamer mit seinem Begriff der »Wirkungsgeschichte« goldrichtig, den man zu Unrecht als Tribut an einen konservativen Kunstgeschmack verstehen würde.[75] Ein Kunstwerk ist letztlich identisch mit seiner Wirkungsgeschichte, wozu die Serie der Interpretationen gehört, die vorgenommen werden, damit das Werk im Modus ästhetischer Erfahrung erscheint und somit als Kunstwerk überhaupt existiert.[76]

75 Vgl. den *locus classicus* Gadamer, *Wahrheit und Methode*, S. 305-312. Gadamer lehnt es dort ausdrücklich ab, eine Kultur als einen geschlossenen Horizont aufzufassen, von dem aus man eine Vergangenheit erschließen kann. Genau eine solche Auffassung eines ›Kulturkreises‹ ist mit dem Begriff der hermeneutischen Situation unvereinbar. »Wie der Einzelne nie ein Einzelner ist, weil er sich immer schon mit anderen versteht, so ist auch der geschlossene Horizont, der eine Kultur einschließen soll, eine Abstraktion. Es macht die geschichtliche Bewegtheit des menschlichen Daseins aus, daß es keine schlechthinnige Standortgebundenheit besitzt und daher auch niemals einen wahrhaft geschlossenen Horizont. Der Horizont ist vielmehr etwas, in das wir hineinwandern und das mit uns mitwandert. Dem Beweglichen verschieben sich die Horizonte.« (ebd., S. 309) Dies übersieht übrigens Thomas Szlezák ebenfalls, der unkritisch mit Stereotypen von ›den Griechen‹ und ›Europa‹ hantiert in *Was Europa den Griechen verdankt. Von den Grundlagen unserer Kultur in der griechischen Antike*, Tübingen 2010.

76 Faust und Gretchen sind demnach geschichtliche Gegenstände, d. h. Gegenstände, die wesentlich in Geschichten vorkommen, deren Kohärenz sich auf der Ebene der Einbildungskraft einstellt. Der Irrtum der narrati-

Ein weiteres zu revidierendes Fehlurteil über Gadamers Hermeneutik besagt, diese habe keinen Raum für die Wahrheit oder Falschheit einer Interpretation.[77] Gadamers Hauptwerk zum Thema heißt aber nicht nur zufällig *Wahrheit und Methode*. Nicht jede Interpretation (im hier in Anspruch genommenen Sinn einer Aufführung im Modus ästhetischer Erfahrung) ist so gut wie jede andere. Es gibt objektive Standards der Deutung, die den Spielraum der Interpretation festlegen.[78] Die objektiven Standards werden durch die Partitur bestimmt, deren Architektur freilich nur mittels einer Komposition, d. h. analytisch durch Nachkonstruktion der materialen Bedingungen einer gegebenen ästhetischen Erfahrung zugänglich ist.

Die objektiven Standards sind also epistemische Zugangsbedingungen zum Urtext, den wir nur aus einer Interpretation heraus erschließen können. Der Urtext kann durch Tipp- und

ven Theorie der personalen Identität besteht, beiläufig gesagt, darin, diese Eigenschaft der hermeneutischen Gegenstände auf unsere Subjektivität zu übertragen. Denn wir erzählen uns zwar Geschichten über uns selbst, wir sind mit diesen Geschichten aber nicht identisch, wie ich im zweiten Teil ausführen werde.

77 Vgl. die verfehlte antirealistische Lesart Gadamers bei Hans Joachim Krämer, *Kritik der Hermeneutik. Interpretationsphilosophie und Realismus*, München 2007. Ich teile zwar Krämers Kritik des Antirealismus, nicht aber seine Gadamer-Deutung. Gadamers Wahrheitstheorie ist meines Erachtens nicht antirealistisch, sondern kontextualistisch, weil er zu Recht darauf hinweist, dass die Bedeutung einer Aussage (und damit ihr Wahrheitswert) nur im historisch variablen und niemals ganz überschaubaren Äußerungszusammenhang explizierbar ist, in dem sie vorkommt. Vgl. Hans-Georg Gadamer, »Was ist Wahrheit?«, in: ders., *Gesammelte Werke*, Band 2, Tübingen ²1993, S. 44-56. Übrigens sollte es außer Frage stehen, dass Gadamer hermeneutischer Realist in dem Sinne ist, dass eine Hauptthese von *Wahrheit und Methode* lautet, das Kunst »Erkenntnis« ist, »das heißt Vermittlung von Wahrheit« (*Wahrheit und Methode*, S. 103; vgl. die Diskussion und Zurückweisung des hermeneutischen Nihilismus und Subjektivismus ebd., S. 100-103).

78 Vgl. dazu wiederum Eco, *Das offene Kunstwerk*, sowie ders., *Die Grenzen der Interpretation*, München 1995.

Überlieferungsfehler partiell oder weitgehend verstellt sein. Ein
Rezipient kann einen Autor also korrigieren, wenn er beim Aufbau des fiktionalen Sinnfelds feststellt, dass ein anderes Wort
oder eine andere grammatische Struktur dem Gemeinten besser
entsprechen.[79]

An dieser Stelle dienen die Begriffe der Deutung und der Interpretation dazu, realistische Restriktionen einzuführen, die
man allzu leicht aus dem Blick verliert, wenn man die ästhetische Erfahrung von ihrer materialen Basis abkoppelt und damit
den Gegenstand aus dem Blick verliert, in dem der (bisweilen
schöne) Schein der Kunst verankert ist. Der Urtext ist hierbei
der Inbegriff der realistischen Restriktionen, dasjenige, was (in
einigen Fällen buchstäblich) in Stein gemeißelt ist und im Kontext seiner Uraufführung spezifische Bedeutungszuschreibungen (etwa aufgrund eines attischen Wortgebrauchs in der griechischen Tragödie usw.) festlegt.

Die Deutung ist in diesem Zusammenhang die theoretische,
wissenschaftlich artikulierte Analyse einer gegebenen Partitur.
Diese Analyse wird im Rahmen der Literatur-, Musik-, Thea-
ter- und Kunstwissenschaften sowie in allen anderen geistes- und
sozialwissenschaftlichen Einzelwissenschaften betrieben, deren
Gegenstände Kunstwerke sind. Auch die Geschichtswissenschaf-

---

79 Gegen die weit verbreitete Legende, Gadamer habe die Autorintention bestritten, sei hier nur hingewiesen auf *Wahrheit und Methode*, S. 411 f., wo
Gadamer von Platons Absichten spricht und diese zu explizieren versucht,
oder S. 14, 59 f., wo er Kants Intentionen gegen Fehldeutungen verteidigt,
oder etwa eine Passage wie die folgende: »Selbst wenn man den anfangs
sehr großen Einfluß des englischen Empirismus und der Erkenntnistheorie der Naturwissenschaften auf Dilthey als eine Einstellung seiner wahren Intentionen ausklammert, ist es daher nicht so leicht, diese Intentionen einheitlich zu begreifen. Wir verdanken Georg Misch einen wesentlichen Schritt in dieser Richtung.« (S. 222) Der Ausdruck »intentio
auctoris« kommt nur ein einziges Mal in *Wahrheit und Methode*, und zwar
als Zitat in einem Chladenius-Referat vor. Es trifft also nicht zu, dass Gadamer die Autorintention bestritten hat, die er vielmehr dauernd in Anspruch nimmt, um eine Deutung gegenüber einer anderen auszuzeichnen.

ten befassen sich teilweise mit Kunstwerken, sofern diese Aufschluss über historische Gegenstände geben. Diese Einzelwissenschaften stellen philologische, historisch-kritische Methoden zur Verfügung, um der Wahrheit über die Produktionsbedingungen der materialen Basis eines Werks näherzukommen. Dies ist Gadamer natürlich nicht entgangen, weshalb der Titel seines Hauptwerks, wie gesagt, durchaus angemessen ist.[80]

Den Gegenstand einer Deutung bezeichne ich, wie gesagt, als »metahermeneutischen Gegenstand«. Dies trägt dem freilich ebenfalls von Gadamer betonten Umstand Rechnung, dass die philologische, historisch-kritische Forschung von einem Verstehen der kulturellen Erzeugnisse angeleitet sein muss. Niemand kann den *Urfaust* und die beiden Teile der Tragödie metahermeneutisch sinnvoll analysieren, der keine ästhetische Erfahrung im Umgang mit ihren hermeneutischen Gegenständen gesammelt hat. Die ästhetische Erfahrung gibt Auskunft über die Elemente der metahermeneutischen Analyse, weil die Rezeptionsgeschichte ontologisch, d. h. konstitutiv zum Werk hinzugehört. Unser Zugriff auf metahermeneutische Gegenstände kann durch unseren kompetenten Umgang mit hermeneutischen Gegenständen verbessert und korrigiert werden.

Das Kunstwerk als Schnittstelle zwischen der Partitur und der Rezeptionsgeschichte ist die *Komposition*. Die Komposition eines Werks umfasst sowohl seine Partitur als auch die Akte ästhetischer Erfahrung, die uns als Rezipienten partiell ins Werk integrieren. Die Komposition ist also diejenige ästhetische Synthese, in deren Element sich die Analyse bewegt. An der Komposition sind in der Regel Subjekte beteiligt, die nicht mit dem Künstler, d. h. dem Produzenten der materialen Dimension des Werks, identisch sind. Dies ist nicht notwendig, da Künstler Werke schaffen können, die nur ein einziges Mal in Anwesen-

---

80 Vgl. auch die Verteidigung von Gadamers Position gegen den verbreiteten Relativismus-Vorwurf bei David Weberman, »A New Defense of Gadamer's Hermeneutics«, in: *Philosophy and Phenomenological Research* 60/1 (2000), S. 45-65.

heit des Künstlers durch den Künstler selbst aufgeführt werden. Sofern der Künstler die Existenz seines Werks erfolgreich vor weiteren potentiellen Rezipienten zu verbergen wüsste, hätte er einem autopoetischen Spektakel beigewohnt.[81]

Die ästhetische Erfahrung führt niemals zu einer vollständigen Absorption, weil wir ansonsten den Rahmen eines Kunstwerks verließen, dessen Materialität unserer Einbildungskraft Phantasieschranken auferlegt. Damit sind wir bei einer bewahrenswerten Einsicht Descartes' und des klassischen Empirismus angelangt, die übrigens an zentraler Stelle in Kants *Widerlegung des Idealismus* nachhallt: Der Einbildungskraft sind Phantasieschranken gesetzt, die daher rühren, dass wir Elemente re-kombinieren müssen, die nicht ihrerseits imaginiert sein können.[82]

Keine Ausübung unserer Einbildungskraft erfindet etwas, was nicht in unserer faktischen Erkenntnis von etwas Wirklichem verankert ist. Wenn wir einen Roman lesen, erfinden wir keine Gegenwelt, die mit unserer Wirklichkeit nicht in Verbindung steht, da der Anlass, unsere Einbildungskraft auszuüben, durch die Materialität der Partitur gegeben ist. Dasjenige, was unserer

81 Dies ist in der Produktion von Werken regelmäßig der Fall, da Künstler nicht umgehend die erste Version eines intendierten Werks veröffentlichen, sondern durch ästhetische Erfahrung anlässlich eines von ihnen eigens hergestellten materialen Dispositivs entscheiden, welches faktische Werk sie als Anlass fremder ästhetischer Erfahrung zur Verfügung stellen wollen. Der Künstler bewertet vor Veröffentlichung eines Werks Fragmente einer materialen Architektur *in statu nascendi* unter Rekurs auf die in ihm selbst ausgelöste ästhetische Erfahrung. Dies macht ihn wohlgemerkt nicht zu einem theoretischen Experten (einer epistemischen *Autorität*), aber zum *Autor* eines Werks.

82 Vgl. KrV, B 278 f. Den Gedanken, auf diese Weise einen allgemeinen Begriff der Phantasieschranke zur Begründung des ästhetischen Realismus heranzuziehen, verdanke ich Gesprächen mit Wolfram Hogrebe. Vgl. auch KrV, A 770/B 798: »Wo nicht etwa Einbildungskraft *schwärmen*, sondern, unter der strengen Aufsicht der Vernunft, *dichten* soll, so muß immer vorher etwas völlig gewiß und nicht erdichtet, oder bloße Meinung sein, und das ist die *Möglichkeit* des Gegenstandes selbst.«

Einbildungskraft als Wirklichkeitsanker vorgegeben ist, ist dabei freilich nicht das Phantom einfacher Ideen, wie sie Locke,
Hume und Berkeley konzipieren. Dem klassischen Empirismus
zufolge sind die Elemente unserer Erfahrung Einheiten, die wir
der sensorischen Erfahrung entnehmen. Der klassische Empirismus arbeitet mit einem atomistischen Modell des menschlichen
Geistes, dem zufolge alle Vorstellungen, die wir verarbeiten können, letztlich auf einer grundlegenden Schicht aufbauen, die aus
atomaren Vorstellungen besteht.

Das Gegebene ist allerdings nicht atomistisch verfasst. Denn
gegeben ist das Wirkliche. Das Wirkliche ist etwas, wozu wir
wahrheitsfähige, also fallible Einstellungen beziehen können. Die
Eigenschaft einer Registratur, fallibel zu sein, bezeichne ich als
Wirklichkeit, was einem epistemischen Wirklichkeitsbegriff entspricht.[83] Wenn wir uns etwas einbilden, schwebt es uns aufgrund eines Anlasses vor. Im gegebenen ästhetischen Fall ist der
Anlass die Konfrontation mit einer Partitur, die auf unserer Reak-
tionsseite zur ästhetischen Erfahrung führt. Die ästhetische Erfahrung bringt hermeneutische Gegenstände im Sinnfeld unserer Einbildungskraft zur Erscheinung. Dieser Vorgang ist nicht
völlig freischwebend, sondern durch das Gegebene eingeschränkt,
das in diesem Fall der Materialität des Kunstwerks entspricht.[84]
Wir bilden uns anlässlich einer *Faust*-Vorführung nicht einfach
etwas dergestalt ein, dass das mentale Geschehen unserer Rezeption letztlich keine Rolle für die Identität des Werks spielt. Partitur und Rezeption hängen im Begriff und der Wirklichkeit
eines Kunstwerks, d. h. in der faktischen Komposition, zusammen.

---

83 Vgl. Gabriel, »Was ist (die) Wirklichkeit?«. Dies ist teilweise eine Kurskorrektur gegenüber Gabriel, *Sinn und Existenz*, §§ 9-10.

84 Anders steht es im Fall dessen, was man unter dem Begriff der »Halluzination« diskutiert, wobei der philosophische Begriff einer Halluzination als
Vorstellung (Gehalt) ohne existierenden Gegenstand zurückzuweisen ist.
Wirklich vorkommende Halluzinationen haben nämlich einen Gegenstand, der sie kausal auslöst.

§ 2. Es gibt keine fiktionalen Gegenstände – Gegen einen philosophischen Mythos

Auf der soeben skizzierten Grundlage erweist sich der handelsübliche ›Begriff‹ eines ›fiktionalen Gegenstands‹ als überflüssig, da er auf einer eher impliziten als theoriegeleiteten Gleichsetzung des hermeneutischen Gegenstands mit dem metahermeneutischen Gegenstand beruht. Der gemeinsame Nenner vieler literaturwissenschaftlicher und philosophischer Untersuchungen der Fiktionalität ist die geläufige Annahme, dass fiktionale Gegenstände nicht existieren. Leider wird die literaturwissenschaftliche Forschung zur Fiktionalität von der gegenwärtigen theoretischen Philosophie dabei weitgehend ignoriert. Umgekehrt wird zwar von manchen Fiktionalitätstheoretikern beanstandet, dass die philosophische Semantik und Ontologie nur peripher von fiktionalen Gegenständen handeln, nämlich sofern diese Schwierigkeiten auf dem Gebiet der sprachlichen Bezugnahme bereiten.[85] Dabei bleiben aber einige relevante Subtilitäten der philosophischen Analyse unbeachtet, was dann in problematischen Begriffsbestimmungen der Fiktionalität/Fiktivität zu Buche schlägt.

Insbesondere besteht das Manko, dass sich zwar einerseits beinahe alle darin einig sind, fiktionale Gegenstände bildeten eine Untermenge der nicht-existierenden Gegenstände, ohne andererseits aber eine hinreichend artikulierte (Me-)Ontologie vorzulegen, anhand derer sich bemessen lässt, welche theoretischen Ansprüche erhoben werden. Es ist nämlich keine Selbstverständlichkeit, die fiktionalen Gegenstände als nicht-existierend zu verbuchen. Es ist jedenfalls keine analytische Wahrheit, dass fiktionale Gegenstände nicht existieren.

In diesem Paragraphen möchte ich dafür argumentieren, dass die philosophische Kategorie der ›fiktionalen Gegenstände‹ fehlerhaft gebaut ist. Es gibt also in der Tat keine ›fiktionalen Ge-

---

85 Vgl. dazu den vorzüglichen Überblick bei Frank Zipfel, *Fiktion, Fiktivität, Fiktionalität. Analysen zur Fiktion in der Literatur und zum Fiktionsbegriff in der Literaturwissenschaft*, Berlin 2001.

genstände‹, weil diese ›Kategorie‹ einerseits Gegenstände in Betracht zieht, von denen in (literarischen) Kunstwerken die Rede ist, und andererseits bereits darauf festgelegt ist, nur eine Untermenge solcher Gegenstände zu untersuchen, nämlich diejenigen, die rein fiktiv im vermeintlichen Sinne von nicht-wirklich-existierend sind.

Um diese Spannung zu beheben, wird freilich häufig zwischen »fiktional« und »fiktiv« unterschieden. »Fiktional« sind dann Gegenstände, von denen im Modus (literarischer) Darstellung gehandelt wird, während »fiktiv« diejenigen Gegenstände (literarischer) Darstellung heißen, die überdies nicht existieren.[86]

---

86 Vgl. dagegen die auf Frege aufbauende Strategie der »Entontologisierung« (S. 10) bei Gottfried Gabriel, *Fiktion und Wahrheit. Eine semantische Theorie der Literatur*, Stuttgart-Bad Cannstatt 1975. Gabriel strebt mit seiner semantischen These von der abwesenden Referenzialisierbarkeit fiktionaler Rede »die Eliminierbarkeit der Rede von fiktiven Gegenständen« (S. 38) an. Sein Ansatz scheitert allerdings umgehend an seinen eigenen Ausdrucksbedingungen, weil er die nicht-fiktionale Aussage »Pegasus existiert nicht« als eine Aussage über die Verwendung von »Pegasus« und nicht als eine über Pegasus versteht. Deswegen muss Gabriel die Aussage »Pegasus existiert nicht« weganalysieren, um sie durch eine Aussage der Form »›Pegasus‹ ist nicht referenzialisierbar« ersetzen. Dies führt nicht nur zu unbehebbaren semantisch-ontologischen Schwierigkeiten (da unter anderem das allgemeine Problem der Nicht-Existenz auf diese Weise nicht einmal berührt wird), sondern insbesondere zu der absurden Konsequenz, dass das »Leseerlebnis« eines literarischen Texts, was ich hier als »Aufführung« bzw. »Interpretation« bezeichne, ein »Phänomen der Illusion« sei, das Gabriel nicht einmal für »eine notwendige Bedingung für das gelungene Lesen von Romanen« (S. 81) hält. Wie man einen literarischen Text, eine Theateraufführung oder einen Kinofilm (um nur einige Beispiele zu nennen) überhaupt verstehen können soll, ohne sich dabei etwas vorzustellen (etwa, dass man den Abenteuern von Indiana Jones beiwohnt), ist mir ein Rätsel. Man wird die Hermeneutik und damit die Ontologie des Kunstwerks nicht durch semantische Dekrete los, die zwar per Fiat zur Entontologisierung führen, doch um den Preis, dass man das Phänomen, um das es geht, leugnet. Dies ist keine gelungene Theoriekonstruktion, sondern überzogene ontologische Elimination. Vgl. dagegen Iser, *Der*

Damit hat man Raum für den Fall fiktionaler, existierender Gegenstände geschaffen, wozu beispielsweise München und Venedig in *Tod in Venedig* oder Leipzig und Faust in *Faust. Der Tragödie erster Teil* gehören. Einige fiktionale Gegenstände sind demnach fiktiv, andere nicht.

Doch diese naheliegende Distinktion führt sowohl literaturtheoretisch als auch philosophisch nicht sehr weit und bedarf daher einer gründlichen Revision. Denn die meisten literarischen Fälle sind ungleich komplexer. Werfen wir dazu wiederum nur einen oberflächlichen Blick auf *Faust.* Der historische Wunderheiler namens Faust und der fiktive Faust in *Faust* hängen zwar dadurch zusammen, dass es eine Stoffgeschichte gibt, an deren Zustandekommen Gedanken über den historischen Faust beteiligt sind. Doch dies bedeutet nicht, dass Goethes Partitur mit dem Titel *Faust* vom historischen Faust handelt. Goethes *Faust* ist nicht mit dem historischen Faust identisch.

Hinzu kommt die komplexe Intertextualität, in die das Faust-Thema eingebunden ist, das vielfältig bearbeitet und modifiziert wurde, sodass hinter den vielen Faust-Figuren keine eindeutige Bezugnahme mehr auf dasjenige zu finden ist, was sich mit dem historischen Faust zugetragen hat. Die Idee, fiktionale Ausdrücke wie »Faust«, »Paris«, »Moskau« usw. referierten auf dasjenige, was in nicht-fiktionalen Kontexten als »Faust«, »Paris«, »Moskau« usw. bekannt ist, bedeutet im literaturtheoretischen Zusammenhang allenfalls, dass jeder Text nur auf der Basis eines Hintergrundwissens lesbar ist. Zu unserem Hintergrundwissen gehören Annahmen über Faust, Paris und Moskau, die wir nicht suspendieren müssen, wenn wir Kunstwerke interpretieren.

Daraus folgt aber gerade nicht, dass die Ausdrücke »Faust«, »Paris«, »Moskau« usw. in *Faust* oder *Krieg und Frieden* auf Faust, Paris und Moskau referieren. Zwar verwenden wir unser Wissen über Faust, Paris und Moskau, um in einer gelungenen

Akt des Lesens, Kap. III, in dem Iser eine »Phänomenologie des Lesens« entwickelt.

Interpretation der in Frage stehenden Kunstwerke unsere ästhetische Erfahrung auszustaffieren. Aber daraus folgt nicht, dass
wir Faust, Paris und Moskau kennen und nun etwas über ihre
bloß möglichen, aber nicht wirklichen Eigenschaften erfahren.
Ansonsten wären Fiktionen sehr mächtige Teleskope, mittels
derer wir in Lewis' mögliche Welten blicken, um noch einmal
Kripkes sinnreiche Bemerkung aufzugreifen.[87]
    Im Fall der Literatur ist unser Textverstehen der Auslöser ei-
ner ästhetischen Erfahrung. Deswegen bedient sich die Literatur des Verfahrens, unser Hintergrundwissen in Anspruch zu
nehmen, um auf diese Weise Elemente unseres mentalen Lebens
als Requisite (»prop«) einer Aufführung zu verwenden, um eine
Idee Waltons aufzugreifen.[88] Die Ausübung unserer Einbildungskraft ist dabei in zweierlei Hinsicht restringiert, womit Phantasieschranken wirksam werden.
    Auf der einen Seite stellen ein Text bzw. ein nicht textuell ver-
fasstes Kunstwerk wie ein Gemälde oder ein Film Material zur
Verfügung, das Anlass zur Ausübung unserer Einbildungskraft
gibt. Zu diesem Material gehören Zeichen wie »Faust«, »Paris«
und »Moskau«. Diese Zeichen werden mit anderen Zeichen verknüpft. Um eine ästhetische Erfahrung zu machen, müssen wir
darin geübt sein, diese Zeichencodes zu lesen. Die Lektüre eines

---

87 Vgl. wiederum Kripke, *Name und Notwendigkeit*, S. 54-64.
88 Vgl. natürlich Walton, *Mimesis as Make-Believe*. Walton hat bemerkt, dass
    Teilnehmer an Fiktionsspielen ihrerseits mitsamt ihren Handlungen im
    Gegenstandsbereich der Fiktion auftauchen können, was er als »reflexive
    Requisiten (reflexive props)« bezeichnet (S. 210-213). Insbesondere hat er
    erkannt, dass sich die Position des Interpreten ihrerseits einer Aktivität der
    Einbildungskraft verdankt, indem man sich als Leser vorstellt, einer Do-
    kumentation beizuwohnen, die von etwas handelt, was im nicht-fiktiven
    Sinnfeld des Lesers nicht existiert. Der Leser ist auf diese Weise als refle-
    xive Requisite seinerseits ein Teilnehmer, wie Walton S. 213-220 aus-
    führt. Walton übersieht freilich, dass diese Position mit weitaus tieferer
    Analyse bereits in Gadamers Ontologie des Kunstwerks als Spiel ausgear-
    beitet wurde. Vgl. Gadamer, *Wahrheit und Methode*, S. 107-174, bes. S. 121-
    123.

Zeichencodes aktiviert sodann unsere Einbildungskraft. Wir erzeugen auf der Grundlage eines gegebenen Materials ein Szenario, in dem bestimmte Gegenstände miteinander kooperieren. Das Szenario bilden wir uns ein und finden es niemals in Gänze im Material vor. Deswegen müssen wir Kunstwerke verschieden interpretieren, ohne dass diese Pluralität von Interpretationen Anzeichen eines Dissenses wäre. Es besteht nicht notwendig eine Meinungsverschiedenheit zwischen zwei Interpretationen eines Kunstwerks, weil es mehrere gleichwertige Interpretationen geben muss. Ohne hermeneutische Pluralität existiert kein Kunstwerk, die Hermeneutik ist also tatsächlich ein Beitrag zur Ontologie.[89]

Auf der anderen Seite sind wir berechtigt, nicht-fiktionales Hintergrundwissen in Anspruch zu nehmen, um die ästhetische Erfahrung auszustaffieren. Man stellt sich das Paris des neunzehnten Jahrhunderts anhand seiner eigenen Paris-Erfahrungen vor, wenn man Prousts *Recherche* liest.[90] Weil wir einiges über Paris wissen, nehmen wir dies als Anlass, uns Paris auf eine bestimmte Weise vorzustellen, wenn wir dem Zeichen »Paris« in einem ästhetischen Kontext begegnen. Doch die Vorstellung

---

89 Ein zu beachtender Sonderfall ist die einmalige Aufführung eines Kunstwerks durch einen Künstler für sich selbst, von der er niemals berichtet, was häufig vorkommt, weil Künstler eine Skizze oder eine Tonfolge verwerfen usw. Die Herstellung einer Partitur gelingt nur, weil Künstler dabei ästhetische Erfahrung machen, die als Experiment möglicher Veröffentlichung dient. Die Veröffentlichung generiert die hermeneutische Pluralität, die der Künstler *in statu nascendi* unterdrücken kann. Das ist die Sonderstellung des Produzenten einer Partitur, die dafür sorgt, dass dieser nicht nur Zuschauer einer anonymen Produktion, d. h. nicht nur Medium, sondern bestenfalls Genie, also Produzent unabschließbar immer wieder neu zu interpretierender Werke ist. Werke mit der Genie-Eigenschaft wird man nicht mehr los. Zu einer ontologischen Deutung des Geniebegriffs vgl. Philipp Heßeler, *Grundlose Gestaltung. Kunstphilosophische Überlegungen zu Schelling und Mondrian*, Paderborn 2017.
90 Vgl. dazu wiederum Kablitz' Begriff der Kohärenzbildung in *Kunst des Möglichen*.

von Paris, die wir einsetzen, um das Szenario eines Kunstwerks in der ästhetischen Erfahrung auszustaffieren, nimmt nicht etwa auf Paris Bezug. Wir lernen nichts über Paris, indem wir uns Paris im Rahmen einer ästhetischen Erfahrung vergegenwärtigen, die durch literarisches Material ausgelöst wird. Allenfalls lernen wir etwas über unsere Vorstellung von Paris, die wir in der ästhetischen Erfahrung variieren.[91]

Die Eigenschaften fiktiver Gegenstände lehren uns nichts über ihre nicht-fiktiven Gegenstücke, allenfalls erfahren wir etwas über unsere Vorstellungen, indem wir untersuchen, welche Interpretationen zu welchem Zeitpunkt von welcher Gruppe präferiert werden, was unter anderem Gegenstand der Kunstsoziologie ist.[92] Die Kunst enthält also, wenn man so will, keine Wahrheit, die über die Einsicht in die autonome Struktur eines gegebenen Werks hinausgeht. Prousts *Recherche* ist kein Reiseführer für Paris, und Thomas Manns Erzählungen enthalten keine Weisheiten über das Verhältnis von Leben und Kunst.

In Prousts *Recherche* ist vieles über einen Ort namens »Paris« wahr, was über Paris falsch ist. Paris in der *Recherche* hat mithin andere Eigenschaften als unser Paris und kann aufgrund des hier anwendbaren Prinzips der *identitas indiscernibilium* nicht dieselbe Stadt sein. Das Prinzip besagt bekanntlich, dass wenn

---

91 An dieser Stelle kommt es zu ontologischen und kausalen Rückkoppelungseffekten. Wie man sich Paris in einer Romanlektüre vorstellt, hat unter anderem Konsequenzen dafür, wie Paris ist. Hochgradig ästhetisierte Umgebungen wie Paris und Venedig werden ständig dadurch geformt, dass Personen, die ästhetische Erfahrungen mit ähnlichen Umgebungen (wie Paris in Prousts *Recherche* oder Venedig in Manns *Tod in Venedig*) gesammelt haben, in die Sinnfelder eingreifen, aus denen sich Paris konstituiert. Dieser Umstand sprengt die ontologische Isolation der Kunst nicht auf, da er sich vielmehr als Kausalität zwischen Sinnfeldern modellieren lässt, ohne dass die isolierten Gegenstände dadurch kausal interagieren.

92 Paradigmatisch vorgeführt durch Pierre Bourdieu, *Die feinen Unterschiede. Kritik der gesellschaftlichen Urteilskraft*, Frankfurt/M. 1987, und ders., *Die Regeln der Kunst. Genese und Struktur des literarischen Felds*, Frankfurt/M. 2001.

jede Eigenschaft von x eine Eigenschaft von y und *vice versa* ist, x und y identisch sind. Es gibt gute Gründe, die Anwendbarkeit des Prinzips im quantenmechanischen Bereich einzuschränken, doch sind Gegenstände wie Paris davon nicht umgehend betroffen. Paris in der *Recherche* ähnelt Paris freilich. Diese Ähnlichkeitsrelation spielt eine Rolle für die Ausstaffierung des Sinnfelds des Romans in der nachvollziehenden Lektüre, womit Proust selbst wie andere Kunstschaffende spielt, indem er Fiktion und (den Anschein von) Wirklichkeit ins Verhältnis setzt.

Die Kunst lügt freilich auch nicht, weil die ästhetische Erfahrung keine Ansprüche erhebt, die über sie hinausgehen. Vielmehr gibt es intradiegetische Wahrheiten und Tatsachen, die man nur nicht dahingehend deuten darf, dass die Kunst über sich hinausweist und damit Wahrheitsansprüche über Gegenstände außerhalb ihrer Reichweite erheben kann. Zwar können wir fiktionale Darstellungen verwenden, um etwas über uns zu erfahren, doch nicht deswegen, weil die intradiegetischen Wahrheiten zugleich extradiegetisch wären.

Es führt auch philosophisch nicht sehr weit anzunehmen, fiktionale Kontexte ließen sich so aufteilen, dass einige der verwendeten Ausdrücke sozusagen ordnungsgemäß auf existierende Gegenstände Bezug nehmen, andere hingegen nicht. Denn auf diese Weise spielt der Begriff der Fiktionalität keinerlei ernstzunehmende theoretische Rolle. Vielmehr geht es im Allgemeinen um Ausdrücke, die in irgendeinem Kontext verwendet werden, um auf etwas Bezug zu nehmen, was aber *ex hypothesi* daran scheitern soll, dass der vorausgesetzte Gegenstand der Bezugnahme nicht existiert. »Mephistopheles« und »Phlogiston« haben damit denselben ontologischen Status, wenn sie auch in verschiedenen Kontexten eingeführt werden. Die sogenannten »fiktionalen« Gegenstände sind also bestenfalls Beispiele für nicht-existierende Gegenstände, was das semantische Rätsel auf den Plan ruft, wie wir die sprachliche Bedeutung singulärer Termini rekonstruieren können, die auf gar nichts referieren.

Freilich sind in das damit angerissene semantische Rätsel der leeren Eigennamen bereits viele philosophische Probleme eingeschmolzen, da allererst zu klären wäre, was Nicht-Existenz genau mit Nicht-Referenz zu schaffen hat. Die Kategorie ›fiktionaler Gegenstand‹ ist also, gelinde gesagt, problematisch.

Um die Problemlage zu verbessern, möchte ich einige begriffliche Vorschläge unterbreiten, die mit den hier in Anschlag gebrachten Unterscheidungen in Verbindung stehen. Unter einer *Fiktion* verstehe ich die Darstellung eines Sachverhalts, die den Rahmen desjenigen überschreitet, was uns unmittelbar in sensorischer Anschauung als Szene unseres Lebens erscheint. »Fiktion« ist also kein Gattungsmerkmal einer Textsorte oder ausschließliches Definiens von Kunstwerken. Fiktionen gibt es ebenso im Recht wie in den Naturwissenschaften, der Theologie, Philosophie und in unseren ganz alltäglichen Tagträumen. Nahezu jede Aussage und jeder Tatsachenbericht hat einen fiktionalen Anteil, was nicht bedeutet, dass alle nicht sensorisch präsenten Gegenstände wahrer Aussagen »fiktional« bzw. »fiktiv« sind. Dieser Vorschlag ist demnach keine Übergeneralisierung auf der Basis der literarischen Kategorie der Fiktionalität, sondern umgekehrt der Eröffnungszug einer Theorie, die es erlaubt, literarische Fiktionalität als etwas zu verstehen, was im Selbstverständnis geistiger Lebewesen eine Rolle spielen kann.

Fiktionen sind insofern »geistabhängig«, als sie nicht stattfänden, wenn es keine Wesen gäbe, die ihre sensorischen Episoden in größere Handlungsabläufe einbetten können, um auf diese Weise den ihnen zugänglichen Ausschnitt ihres Lebens als Teil eines größeren Ganzen aufzufassen. Unsere Transzendenz über jede gegebene Situation hinaus ist der Grund unserer Kontaktaufnahme mit dem Fiktionalen. Unsere Art von Intentionalität, d. h. Bezugnahme als Vollzug eines geistigen Lebewesens, ist demnach konstitutiv fiktional ausgeprägt, womit nicht gesagt sein soll, dass wir nicht direkt, etwa sensorisch mit Wirklichem in Verbindung stehen, worum es im zweiten Teil gehen wird.

Zu fingieren heißt zu transzendieren. Der Mensch als freies geistiges Lebewesen klebt nicht am sensorisch Gegebenen fest, sondern befindet sich in einem Abstand zu dem, was ihm vorgeführt wird, und kann dieses aufgrund dieser minimalen Transzendenz modifizieren. Der Mensch ist als fingierendes Lebewesen surreal, über das sensorisch vorgefundene Wirkliche hinaus.[93]

Fiktionen sind selbst etwas Wirkliches. *Wirklich* ist dasjenige, worüber wir wahrheitsfähige, aber nicht notwendigerweise wahre Überzeugungen haben können. *Wirklichkeit* ist eine *epistemische Modalkategorie* und kein Gegenstand (*die* Wirklichkeit), zu dem wir als Teil gehören.[94] Wirklichkeit ist der Umstand, dass wir uns angesichts bestimmter (der wirklichen) Gegenstände täuschen können, auch und gerade, weil wir sie so erfassen können, wie sie sind.

Fiktive Gegenstände sind in diesem terminologischen Kontext diejenigen Gegenstände, die nur dann existieren, wenn sie interpretiert werden. Fiktive Gegenstände sind aufführungsbedürftig, ihre Existenz besteht darin, im Medium der Einbildungskraft erfasst zu werden. Hätte niemand sich jemals auf fiktive Gegenstände durch die Ausübung von Akten der Einbildungskraft bezogen, hätten sie nicht existiert.

Fiktive Gegenstände weisen die Eigenschaft, fiktiv zu sein, meistens nicht intradiegetisch, sondern nur extradiegetisch auf. Dass ein Gegenstand fiktiv ist, ist üblicherweise keine Tatsache, die in demselben Sinnfeld erscheint, in dem der fiktive Gegenstand selbst erscheint. Vielmehr ist das Sinnfeld, in dem er erscheint, so beschaffen, dass es nur existiert – nur in unserem Sinnfeld erscheint –, wenn es geeignete Akte der Einbildungskraft gibt. Wir können deswegen aufgrund der Einbettung des fiktionalen Sinnfeldes in unser Sinnfeld urteilen, der fiktive Gegenstand sei fiktiv. Dieses Urteil kann im fiktionalen Sinnfeld selbst nicht gefällt werden, weil die dort eingeschlossenen Entitäten keinen Zugriff auf ihre Fiktivität haben.

Es gibt natürlich den Fall der fiktiven fiktiven Gegenstände, d. h. verschachtelter Fiktion, in der innerhalb einer Fiktion Fik-

---

93 Vgl. Hogrebe, *Der implizite Mensch*; Hogrebe, *Philosophischer Surrealismus*.
94 Vgl. Gabriel, »Was ist (die) Wirklichkeit?«.

tionen erzeugt werden, wobei es prinzipiell indefinit lange Ketten der Verschachtelung geben kann. Wie tief eine *Mise en abyme* reicht, ist nicht ontologisch beschränkt. Für und über Faust ist es in *Faust* falsch, dass er ein fiktiver Gegenstand ist. In *Faust* ist Faust nicht in *Faust*. Damit ist in *Faust* einiges falsch, was über *Faust* wahr ist, was allerdings kein Widerspruch ist, da die Tatsachen in *Faust* von denjenigen über Faust (me-)ontologisch isoliert sind.

Demnach folgt aus »In *X* ist es wahr, dass p« (wenn »*X*« der Titel eines Kunstwerks ist) nicht, dass p, weil die logische Tiefenstruktur dieser Aussage lautet *Es ist wahr, dass* $p_{in\ X}$. Wenn Faust in *Faust* ein Mensch ist, haben wir damit keine Entdeckung über die vergangenen Einwohner der eurasischen Landmasse gemacht, da Faust von der eurasischen Platte ontologisch isoliert ist. Es wäre deswegen nicht wahr gewesen, dass p_{inX}, wenn es sich niemals jemand so vorgestellt hätte, weil dann kein *X* existiert hätte. Wir bringen also fiktionale Wahrheiten nicht dadurch hervor, dass wir eine magische Fähigkeit des Wahrmachens mobilisieren, sondern dadurch, dass wir Tatsachen produzieren (Sinnfelder), in denen Gegenstände zur Erscheinung kommen.[95]

Ein Text hat das literarische Merkmal der Fiktionalität, wenn einige der Gegenstände, von denen er handelt, wesentlich inter-

---

95 Ob es einen anderen Sinn gibt, in dem Faust und Gretchen liiert sind (etwa in einem anderen Universum), ist damit noch nicht entschieden. Dies führte in die semantische Debatte um den Deskriptivismus. Sollte in einem anderen Universum jenseits des Ereignishorizonts des unsrigen eine Tatsachenkonstellation vorliegen, die für uns von derjenigen einer Interpretation von *Faust* ununterscheidbar wäre, wären die dort erscheinenden Gegenstände gleichwohl nicht mit Faust und Gretchen identisch, weil sie gerade nicht einer weiteren Interpretationsabhängigkeit unterlägen, sondern interpretationsunabhängig vollständig wären, sodass ich aus diesem Grund behaupten würde, dass Faust und Gretchen wesentlich fiktiv sind, was unter anderem impliziert, dass sie nicht in anderen Universen existieren können, ohne dort wiederum in fiktionalen Sinnfeldern isoliert eingebettet zu sein.

pretierbar, d. h. fiktiv, sind und wenn er ein Kunstwerk ist. Daraus folgt dann zusammen mit dem meontologischen Isolationismus, dass alle Gegenstände, die in diesem Text zur Darstellung gelangen, fiktiv sind; mitgefangen, mitgehangen.

Kein Text ist aufgrund der Anordnung seiner Zeichen allein fiktional.[96] Das heißt nicht, dass es arbiträr ist, welche Texte fiktionale sind. Die Fiktionalität eines Textes erschließt sich nur aus dem Zusammenhang einer Interpretation. Unser fiktionales Vermögen, das uns das sensorisch Gegebene überschreiten lässt, kommt bei der Lektüre fiktionaler Texte insofern zur Anwendung, als wir unsere Einbildungskraft auch dann ausüben können, wenn wir uns Gegenstände ausschmücken, die es nicht gibt. Wir können jede Zeichenkette (jeden ›Text‹) wählen, um sie zu fiktionalisieren. Es genügt, sie in einen Kontext einzubetten, der zum Anlass einer ästhetischen Erfahrung wird. Das ist eine der Pointen der *objets trouvés*: die Fiktionalität der sogenannten »fiktionalen Gegenstände« wird ihnen dadurch verliehen, dass wir sie interpretieren. Wir finden sie nicht als Teil der Einrichtung des Wirklichen einfach so vor. Man findet Fiktionalität nicht in

---

96 Ich konzediere Jens Rometsch (mündliche Diskussion) demnach, dass ein Satzzeichen, das in einem Romanexemplar auftaucht, als Behauptung verwendet und dann wahr in unserem Sinnfeld sein kann. Dieser Gebrauch des Satzzeichens ist dann aber keine Interpretation, begeht also den Fehler, den Fiktionalitätsvertrag aufzukündigen, was freilich aus anderen Gründen sinnvoll sein kann. Wer auf der Grundlage der Homerischen Epen Ruinen findet oder anhand von Prousts *Recherche* ein Restaurant in Paris wählt, begeht demnach einerseits einen Fehler, der allerdings dadurch berechtigt ist, dass Autoren und Rezipienten für den Aufbau eines fiktionalen Sinnfelds nicht-fiktionales Hintergrundwissen verwenden, sodass man durchaus nicht-fiktionales Tatsachenwissen aus der analytischen Deutung von Fiktionsmaterial destillieren kann. Ontologisch ist dies derselbe Fall wie derjenige, in dem man das Gewicht einer Bronzestatue bestimmt, um damit ihren Materialwert zu berechnen. Ich widerspreche Rometsch damit weiterhin in der Hinsicht, dass daraus nicht folgt, dass literarische Texte wahre Sätze enthalten. *Qua* Literatur gilt dies für Texte als Kunstwerke gerade nicht.

der Einrichtung des Universums, sie gehört vielmehr in den Einzugsbereich des Geistes, der seine notwendigen, natürlichen Existenzbedingungen transzendiert, was im zweiten Teil untersucht wird.

Die hier eingenommene Position rutscht wohlgemerkt nicht in den Panfiktionalismus ab.[97] Die Behauptung lautet nicht, dass *alle* Texte oder gar alle Formen der Bezugnahme fiktive Gegenstände thematisieren, sondern vielmehr, dass es keine bestimmte Menge von Textmerkmalen gibt, die allein darüber entscheiden, ob ein Text fiktional ist. Es gibt also keine linguistischen Merkmale der Fiktionalität, die notwendig und zusammengenommen hinreichend sind, um einen Text als fiktional einzustufen, was nicht bedeutet, dass es keine typischen Fiktionalitätszeichen gibt.[98] Zur Fiktionalität gehört nämlich wesentlich, dass Rezipienten eine ästhetische Erfahrung machen, die nicht dadurch ausgelöst werden *muss*, dass ein Text Fiktionalitätszeichen enthält. Das Vorlesen eines Texts in einem Kontext, der ästhetische Erfahrung suggeriert, kann ebenso Fiktionalität generieren wie ein Paratext, der einen ansonsten als nicht-fiktional erscheinenden Satzzusammenhang als »Gedicht« kennzeichnet. Das Vorlesen eines Texts ist dabei nicht in allen Fällen bereits eine Interpretation. Bei einigen Gedichten gilt die Zusatzbedingung, dass die Lyrik sprachliche Bezugnahme auflösen und in Musikalität verwandeln kann, während das Vorlesen eines darstellenden narrativen Texts erst dann zu einer Aufführung wird,

---

97 Vgl. gegen diesen neuerdings Françoise Lavocat, *Fait et fiction. Pour une frontière*, Paris 2016.

98 Vgl. Zipfel, *Fiktion, Fiktivität, Fiktionalität*, S. 229-247. Zipfel liegt richtig, dass es »zweifelhaft« sei, »daß bei der Fülle der Möglichkeiten literarisch-fiktionalen Erzählens eine vollständige Aufzählung von Fiktionssignalen möglich« (S. 233) sei. Gegen Gabriels Ansatz in *Fiktion und Wahrheit* hält Zipfel zu Recht daran fest, dass Fiktion »nicht *nur* eine Art und Weise« ist, »mit Texten *umzugehen*«, sodass sie folglich »nicht erschöpfend als ein Verarbeitungsmodus für literarische Texte« (ebd., S. 231) beschrieben werden kann. Es gibt also Fiktionalitätssignale, nur keine erschöpfende Liste aller möglichen Signale dieses Typs.

wenn irgendein Rezipient (der mit dem Vorleser identisch sein kann), dabei eine ästhetische Erfahrung macht.[99]

Ohne unsere eigene Fähigkeit, Fiktionen zu erzeugen, wären wir nicht zum Verstehen irgendeines Textes oder irgendeiner Darstellung des sinnlich nicht Präsenten imstande. Unser Verstehen ist *a limine* narrativ und typologisch und dadurch immer über die Einzelszene hinaus, die sich uns präsentiert. Die menschliche Einweisung in die Sprache funktioniert auf der Basis unserer Mustererkennung, die im Einzelnen nach einem Allgemeinen (eben einem Muster) Ausschau hält. Diese Muster sind der Stoff, aus dem das Fiktionale gewebt ist, weshalb Aristoteles die ποίησις von der Berichterstattung des Geschehenen durch ihren Möglichkeitssinn abgrenzt. Die fiktionale Darstellung befasst sich mit dem Allgemeinen, mit Mustern, deren Wiederkehr wir für erwartbar halten.[100]

Fiktiv ist die Eigenschaft eines Gegenstands, wesentlich in einer Fiktion zu existieren. Ein Gegenstand existiert dann *wesentlich* in einer Fiktion, wenn er nur im Rahmen von Interpretationen auftauchen kann. Meine linke Hand ist kein fiktiver Gegenstand, weil sie sensorisch gegeben ist. Sie gehört zu meiner Szene.[101] Meine Hand ist ein Gegenstand einer Fiktion, die Sie als Leser gerade aufbauen, weil Sie sich ausmalen, wie das

---

99 Bei der ästhetischen Erfahrung des Musikalischen sind die fiktionalen Gegenstände Anordnungsregeln (Sequenzen), die mit unseren Erwartungshaltungen, d. h. mit der reinen Temporalität der ästhetischen Erfahrung spielen können, sofern es sich um Musik handelt, die nichts außer Tonalität darstellt.

100 Vgl. die klassische Argumentation im neunten Kapitel von Aristoteles' *Poetik*, 1451b36-1452a11.

101 Anders wäre es, wenn ich wesentlich in irgendeiner Fiktion auftauchte. Es lassen sich metaphysische Hypothesen konstruieren, in denen dies der Fall wäre. Wenn ich etwa eine Romanfigur oder Videospielfigur in jemandes Geist wäre, ohne dies bemerken zu können (z. B. nach dem Modell der Simulationshypothese), wäre die Sachlage eine andere. Ich habe nur keine guten Gründe dafür, dass dies der Fall ist, und halte mich deswegen für berechtigt, nicht-fiktionaler Realist hinsichtlich meiner

Beispiel meiner linken Hand mit den Thesen zusammenhängt,
die ich hier entfalte. Meine Hand kann sowohl in Fiktionen als
auch außerhalb von Fiktionen auftauchen. Sie existiert also
nicht wesentlich in Fiktionen und ist folglich kein fiktiver Gegenstand.

Ein Merkmal fiktiver Gegenstände ist ihre *fiktionale Ergän-
zungsbedürftigkeit*. Fiktive Gegenstände füllen Leerstellen aus,
die eine fiktionale Darstellung erzeugt.[102] Literarische Texte beschreiben üblicherweise einige ihrer Gegenstände (*dramatis
personae*, eine *fabula*, einen Handlungskontext usw.) in einer
solchen Weise, dass wir keinen externen Anhaltspunkt zur Iden-
tifizierung dieser Gegenstände haben. Was wir über Jed Martin
wissen, basiert auf dem Text von Houellebecqs *Karte und Gebiet*, erschöpft sich aber nicht darin.

Die metahermeneutische Basis unseres fiktionalen Wissens
über fiktive Gegenstände ist die Partitur. Die Interpretation einer Partitur ist eine Aufführung eines Kunstwerks im Medium
unserer Einbildungskraft.[103] Der Ausdruck »Interpretation« wird
hier, wie gesagt, durchgängig analog zum Aufführungsbegriff
eines Musikstücks gebraucht. Eine Interpretation ist eine ästhetische Erfahrung, etwa die mehr oder weniger naive Lektüre eines Romans, der Nachvollzug einer Tonsequenz, das emotional
geladene Eingehen auf einen Film, die Identifikation kulinari-
scher Anspielungen in der Gastronomie usw.

Interpretationen sind hermeneutische Vollzüge, d. h. etwas,
was nur in einem Verstehen existiert, das auch anders ausfallen
kann. Eine Deutung hingegen ist die wissenschaftliche Rekon-

Überlebensbedingungen zu sein, was nicht bedeutet, dass ich mich in
dieser Hinsicht nicht täuschen kann.

102 Zum Leerstellenbegriff vgl. wiederum den *locus classicus* Iser, *Der implizite Leser*, sowie ders., *Der Akt des Lesens*, bes. S. 301-315.

103 Vgl. genau so auch Johannes Anderegg, *Sprache und Verwandlung. Zur
literarischen Ästhetik*, Göttingen 1985, S. 113: »Die Fiktion entsteht dadurch, daß wir einen Text als Partitur für die Inszenierung von Vorstellungen verstehen.«

struktion der Elemente einer Partitur. Deutungen setzen Interpretationen voraus, sodass es keine rein wissenschaftliche Zergliederung einer Partitur gibt, die nicht mindestens implizit durch eine Aufführungspraxis angeleitet ist. Dazu gehört: die kunsthistorische Aufarbeitung des Werkstattzusammenhangs einer Malschule; die Untersuchung des Zusammenhangs von Farbgebung mit dem chemischen Kenntnisstand einer Kunstepoche; die Untersuchung der Geschichte der Notationssysteme der Musik sowie der Klangräume der Instrumente; die Untersuchung von Fiktionalitätsmerkmalen in der Narratologie usw. Man kann kein Werk erfolgreich deuten, ohne es interpretiert zu haben. Die hermeneutischen Gegenstände bestimmten den Rahmen, in dem die metahermeneutischen Gegenstände der wissenschaftlichen Deutung auftauchen können.

Fiktive Gegenstände existieren ebenso wie fiktionale Gegenstände. Gretchen ist nicht weniger wirklich als *Faust. Der Tragödie erster Teil*. Gretchen hat in unserem Sinnfeld des deutenden Verstehens eine Doppelnatur: Sie ist als metahermeneutischer Gegenstand an eine Textbasis gebunden, die ihr bestimmte Eigenschaften explizit zuspricht. Diese Eigenschaften bestimmen sie aber nicht hinreichend, um unverwechselbar von kompetenten Lesern identifiziert zu werden. Das fiktionale Zeichen »Gretchen« lässt Raum für Interpretationen, weil Gretchen fiktiv ist.[104]

Interpretationen bestehen in einer ästhetischen Erfahrung. Die ästhetische Erfahrung, in der Gretchen als fiktiver Gegenstand auftritt, kann durch eine Bühnenaufführung der *Faust*-Partituren, eine Verfilmung, eine Lektüre des Dramentexts im stillen Kämmerlein usw. initiiert werden. Je nach Interpretation füllen

---

104 Dadurch unterscheidet sich »Gretchen« von »Merkel«. Angela Merkel ist kein fiktiver Gegenstand, selbst wenn sich aufgrund ihrer politischen Stellung viele Mythen und Einbildungen um sie ranken, aus denen sie wiederum mithilfe des Teams ihrer Berater sozio-ökonomisches Kapital schlägt, wie es sich für eine komplexe moderne Mediendemokratie gehört. Sach- und Symbolpolitik lassen sich nicht vollständig trennen, woraus allerdings nicht folgt, dass Merkel ein fiktiver Gegenstand ist.

die Leser Lücken aus, die sich nicht von selbst verstehen. Wir erschließen uns in einer Interpretation das Sinnfeld, in dem Gretchen erscheint. Dabei besteht ein Spielraum der Interpretation derart, dass unzählige Interpretationen möglich sind, die allesamt mit der Partitur vereinbar sind. Fiktiv ist Gretchen, weil sie einige ihrer Eigenschaften nur dadurch hat, dass wir sie ihr in einer Interpretation zuschreiben. Diese Zuschreibung ist durch den Urtext restringiert, der Anlass unserer Interpretation ist.

Dabei ist keine Interpretation gelungen, die nicht in Rechnung stellt, dass Gretchen ein Mensch ist. Sie mag zwar allegorisch einen Menschentypus darstellen – doch eine solche Einsicht ergibt sich erst in einer Deutung. In der ästhetischen Erfahrung begegnet uns Gretchen als Person und damit nicht als abstrakter Gegenstand. Ich halte es also für falsch, dass fiktive Gegenstände in keinem Sinne eine raumzeitliche Existenz haben, was bisweilen als geradezu offensichtlich ausgegeben wird.[105] Gretchen hat in jeder Aufführung von *Faust* eine raumzeitliche Existenz, sei es in der Form einer Repräsentation durch Schauspieler oder in der Form meiner nachvollziehenden Einbildung. Damit ist nicht gemeint, dass der Schauspieler Gretchen ist (im Sinne von »mit ihr identisch ist«), was ja falsch ist. Vielmehr interpretiert der Schauspieler Gretchen auf eine für uns partiell sichtbare Weise, weil die für uns sichtbaren Eigenschaften des Schauspielers *ipso facto* Eigenschaften Gretchens werden, indem wir die Interpretation interpretieren.

Es besteht kein analytischer Zusammenhang zwischen Fiktion und absoluter Nicht-Existenz, wie der Mainstream der gegenwärtigen Ontologie unkritisch annimmt. Es ist an der Zeit, einen seit einigen Jahrzehnten grassierenden philosophischen Mythos zu demaskieren. Dieser Mythos besagt, dass es fiktionale Gegenstände gibt, die als ein bedeutsamer Fall nicht-existie-

---

105 Vgl. Köppe, Klauk (Hg.), *Fiktionalität*, S. 6. Subtiler argumentiert im selben Band Maria E. Reicher, »Ontologie fiktiver Gegenstände«, in: Köppe, Klauk (Hg.), *Fiktionalität*, S. 159-189.

render Gegenstände angeführt werden können – bedeutsam deswegen, weil uns scheinbar im Medium fiktionaler Darstellung die Bezugnahme auf diese besondere Art nicht-existierender Gegenstände gelingt. Dies generiert einen paradoxie-anfälligen Prämissenrahmen, der durch die handelsüblichen Theoriekonstruktionen stabilisiert werden soll. Doch zu diesem Entwurf lässt sich eine Alternative entwickeln, z. B. der in diesem Buch verteidigte fiktionale Realismus, der Fiktionen als etwas Wirkliches behandelt, in dem fiktive Gegenstände existieren.

Akzeptiert man die Spielregeln des Mainstreams, ergeben sich die heute gängigen Klassifizierungen. Insbesondere scheiden sich die Geister an der Frage, ob es fiktionale Gegenstände gibt.

Die Argumente für und wider die Positionen auf dem Spektrum vom fiktionalen Realismus zum fiktionalen Irrealismus drehen sich häufig um den Status der Wahrheit in einer Fiktion, also darum, wie man Propositionen der Art »Faust verliebt sich in Gretchen« aufzufassen hat. Sollten solche Propositionen genau so zu verstehen sein, wie sie aussehen, droht der Prämissenrahmen sofort inkonsistent zu werden, da man zu jeder nicht-fiktionalen Wahrheit eine fiktionale Gegenwahrheit erfinden kann (durch die Abfassung einer entsprechenden Kurzgeschichte), sodass man nun alles und jedes für wahr halten muss.

In der Regel verbucht der fiktionale Realismus es als einen Vorteil, dass er extradiegetischen Aussagen wie etwa »Sherlock Holmes ist berühmter als jeder wirkliche Detektiv« Rechnung tragen kann, da er »Sherlock Holmes« mit extradiegetischer Referenz ausstattet. Dagegen erlauben die Manöver des fiktionalen Irrealismus, die fiktionalen Einbildungswelten von der wirklichen Welt logisch-semantisch zu isolieren, sodass keinerlei Widerspruch droht, da fiktionale ›Behauptungen‹ einfach keine Behauptungen sind.

Der hierbei verwendete Begriff metafiktionaler Aussagen ist narratologisch unterkomplex, was eine Quelle semantischer Irrungen und Wirrungen ist. Im narratologischen Feld wird der Ausdruck »metafiktional« für Äußerungen der Autorrolle im Gewand der Erzählerrolle verwendet, wodurch die Erzählung eine bestimmte Form von Selbstbezüglichkeit erhält.[106] Der übliche strukturelle Rahmen der fiktionalen Erzählung besteht darin, dass es nicht nur einen Sender gibt, der einem Empfänger eine Geschichte erzählt, die Geschehenes repräsentieren soll, sondern dass vielmehr ein Autor einen Text produziert, in dem eine Erzählerposition vorkommt, die einem Adressaten eine Geschichte erzählt, der seinerseits vom Erzähler in seiner eigenen diegetischen Wirklichkeit verortet werden kann.

Es reicht also nicht hin, zwischen einer intrafiktionalen und einer metafiktionalen Ebene zu unterscheiden, zumal die Referenzbedingungen auf der metafiktionalen Ebene nicht ohne narratologische Untersuchungen geklärt werden können. Wenn man, scheinbar metafiktional, Sherlock Holmes als Figur mit anderen Figuren oder wirklichen Personen vergleicht, beschäftigt man sich damit entweder mit dem hermeneutischen oder mit dem metahermeneutischen Gegenstand. Die Referenzbedingungen des Ausdrucks »Sherlock Holmes« müssen zunächst artikuliert werden, ehe man scheinbar metafiktionalen Aussagen eine semantisch-ontologisch hinreichend relevante Bedeutung ablesen kann, was in der Regel unterbleibt, da Autor/Erzähler/ Leser/wissenschaftlicher Interpret nicht unterschieden werden. Ohne solche narratologischen und texttheoretischen Distinktionen ist die Meta-/Intra-Unterscheidung zu unbestimmt, um sie als Ausgangspunkt einer Ontologie fiktionaler Gegenstände zu wählen.

Bedauerlich an dieser Konstellation ist außerdem, dass meistens nicht geklärt wird, wann etwas eigentlich ein fiktionaler

---

106 In der literaturwissenschaftlichen Forschung bezeichnet »Metafiktion« eine Fiktion, die in ihrem eigenen Medium davon handelt, dass sie fiktional ist. Vgl. Ansgar Nünning, *Von historischer Fiktion zu historiographischer Metafiktion. Theorie, Typologie und Poetik des historischen Romans*, Trier 1995, sowie neuerdings Ilona Mader, *Metafiktionalität als Selbst-Dekonstruktion*, Würzburg 2016. Zur Diskussion vgl. auch die Beiträge in Mark Currie (Hg.), *Metafiction*, London, New York 1995. In der philosophischen Diskussion bezieht sich »metafiktional« hingegen üblicherweise auf Behauptungen über fiktionale Gegenstände.

Gegenstand ist. Um diese schwierige Frage auszuklammern, wird ein Sinn von »fiktional« stipuliert, der die Fortsetzung einer Scheindebatte erlaubt. Als Beleg für diese meine Behauptung kann Stuart Brocks und Anthony Everetts Einleitung in einen aktuellen Sammelband über *Fictional Objects* dienen.[107] Während der Festlegung des Themas des Sammelbands erfahren wir, dass »diese Art von Dingen« (d. h. literarische Figuren namens Jed Martin, Emma Bovary und Gretchen) »typischerweise ›fiktional‹ genannt werden, wobei dies bedeutet, dass sie ›Individuen sind, die zum ersten Mal in einem Werk der Fiktion eingeführt werden‹«.[108]

Diese Formulierung wirft mehr Folgeprobleme auf, als sie Probleme zu lösen vermag. Überspringen wir vorerst das Problem, dass der Ausdruck »Fiktion« im Englischen, wie er hier gebraucht wird, zwischen »fiction« als literarischem Werk und »fiction« als purer Einbildung schwankt, was nicht gerade von einer ausgereiften Fiktionalitätstheorie zeugt. Dann ist das erste allgemeine Problem, dass nicht erläutert wird, was es bedeuten soll, dass ein Individuum *eingeführt* wird. Spezifischer lautet das Problem, was es heißt, dass ein Individuum *zum ersten Mal eingeführt* wird. Schauen wir uns das spezifische Problem näher an.

Wenn der dieser Formulierung zugrunde liegende Gedanke lautet, dass ein Individuum zum ersten Mal in der menschlichen Sprachgeschichte in einer literarischen Form eingeführt wird, würden zu viele Gegenstände als fiktional und *ipso facto* als nicht-existierend gelten. Man stelle sich vor, dass Astronomen von nun an ihre Theorien und Entdeckungen stets in der Form von Novellen mitteilten, sodass jedes neu entdeckte astrophysikalische Objekt zum ersten Mal in einer Novelle sprachlich benannt würde.[109] Wenn »fiktional« also in etwa »literarisch« be-

---

107 Stuart Brock, Anthony Everett (Hg.), *Fictional Objects*, Oxford 2015.
108 Meine Übersetzung von ebd., S. 3: »[t]hese kinds of things are typically called ›fictional‹ where this means that they ›are individuals first introduced in a work of fiction‹«.
109 Hinzu kommt, dass es wirklich der Fall ist, dass viele Entdeckungen na-

deutet, folgt aus dieser Genre-Bestimmung nicht, warum etwas,
was zum ersten Mal in einer Fiktion eingeführt wurde, überhaupt als nicht-existent gelten sollte – es sei denn, man schmuggelte bereits die zur Debatte stehende Annahme unter, dass
Werke der Fiktion mit nicht-existierenden Gegenständen hausieren gehen.[110]

Damit schulden uns die Autoren eine Antwort auf die Frage,
woher die Verbindung zwischen einem Genre des menschlichen Ausdrucks und der Nicht-Existenz kommen soll, die wir
seinen Gegenständen attestieren. Freilich haben Hesiod, Parmenides, Solon und insbesondere Platons Sokrates darauf Antworten gegeben. Doch diese Antworten werden von Brock und
Everett nicht erwogen.[111]

Die Distinktion von Wahrheit und bloßer Fiktion (πλάσμα-
τα) wird zum ersten Mal systematisch von Xenophanes gegen
Hesiod und Homer geltend gemacht.[112] Diesem Zusammenhang
entspringt Platons ontologische Dichterschelte. Hierbei ergibt

---

türlicher Arten seit den Vorsokratikern kanonisch in literarischer Form
dargestellt wurden, was von Lukrez über Galileo bis in die Moderne
reicht.

110 Wie etwa Oliver Scholz, der es unumwunden zum Kriterium des Fiktionalen erhebt, dass es sich »in aller Regel« darum handele, »dass jemand so
tut, als sei die Welt in bestimmten Hinsichten anders, als sie es tatsächlich ist, bzw. als gebe es in ihr Dinge, die es in Wirklichkeit nicht gibt«
(Oliver R. Scholz, »Fiktionen, Wissen und andere kognitive Güter«, in:
Köppe, Klauk (Hg.), *Fiktionalität*, S. 209-243, hier: S. 210).

111 Vgl. für einen jüngeren historischen Überblick Ursula Peters, Rainer
Warning (Hg.), *Fiktion und Fiktionalität in den Literaturen des Mittelalters*, München 2009. Zur antiken Vorgeschichte vgl. dort den Beitrag
von Oliver Primavesi, »Zum Problem der epischen Fiktion in der vorpla-
tonischen Poetik«, in: Peters, Warning (Hg.), *Fiktion und Fiktionalität in
den Literaturen des Mittelalters*, S. 105-120.

112 Meines Wissens findet sich die Urstiftung des Fiktionsbegriffs bei Xenophanes (DK 21 B 1, 22), wo die Titanen- und Gigantenschlacht als πλάσ-
ματα τῶν προτέρων, d. h. als Erfindungen vergangener Sänger bezeichnet werden. Allerdings behandelt Xenophanes an dieser Stelle die Götter
nicht insgesamt als Erfindungen. Was er vielmehr im Namen seines zu-

sich freilich die interessante Zusatzschwierigkeit, dass Platons Sokrates ein literarischer Charakter ist, der in einem fiktionalen Gespräch namens *Politeia* eine Kritik der Dichtkunst vorführt. Warum sollten *wir* also Xenophanes, Parmenides oder Platon Glauben schenken, wenn sie im Rahmen fiktionaler Darstellung eine Unterscheidung zwischen fiktionaler Wahrheit und Unwahrheit treffen?

Eine weitläufig akzeptierte, aber nicht immer explizit artikulierte Antwort auf die Frage, warum Gegenstände, über die ursprünglich literarisch berichtet wurde, nicht existieren, wird von Azzouni vorgetragen.

> Ich behaupte, dass wir (kollektiv) ein bestimmtes Existenzkriterium unterschreiben. Dieses besagt, dass etwas nur dann existiert, wenn es Geist- und Sprach-unabhängig ist. Traumfiguren, fiktionale Charaktere, die Autoren frei erfunden haben, und halluzinierte Gegenstände sind alle im hier gemeinten Sinne Geist- und Sprach-abhängig. Dinosaurier, Protonen, Mikroben, andere Menschen, Stühle, Gebäude, Sterne usw. sind (vermeinte) Beispiele Geist- und Sprach-unabhängiger Gegenstände. [...] In meinem Sinn von ›Geist-abhängig‹ und ›Sprach-abhängig‹ kann niemand dadurch einen Gegenstand in die Existenz diktieren, dass er ihn (lediglich) so denkt oder so symbolisiert.[113]

gespitzten Monotheismus (DK 21 B 23) kritisiert, sind die von Menschen generierten (γεννᾶσθαι) anthromorphen Götter (DK 21 B 14).

113 Meine Übersetzung von Azzouni, *Talking About Nothing*, S. 14: »I claim that we (collectively) subscribe to a particular criterion for what exists. This is that anything exists if and only if it's mind- and language-independent. Dream figures, fictional characters that authors have made up, and hallucinated objects are all, in the sense meant, mind- and language-dependent. Dinosaurs, protons, microbes, other people, chairs, buildings, stars, and so on are (purported) examples of mind- and language-independent objects. [...] In my sense of ›mind-independent‹ and ›language-independent‹, no one can dictate such an object into existence by (merely) thinking it or symbolizing it as so.« Vgl. auch ebd., S. 139. Vgl. ähnlich die Erörterung des »Begriffs der unabhängigen Wirklichkeit (*notion of independent reality*)« bei Sally Haslanger, *Resisting Reality. Social Construction and Social Critique*, Oxford 2012, S. 84 f. Haslanger

In der zitieren Passage setzt Azzouni eine Standardkonzeption des ontologischen Realismus ein, d. h. einen Realismus bezüglich der »Existenz«, dem zufolge der Ausdruck »Existenz« eine Eigenschaft benennt, die Gegenständen in einer von Geist und Sprache unabhängigen Weise zukommt. Nennen wir dies *naiven ontologischen Realismus.* Dieser Realismus ist naiv, weil er bestimmten Denkgewohnheiten entgegenkommt, aber zusammenbricht, wenn man seine theoretischen Verpflichtungen genauer analysiert.

Da wäre zunächst die Schwierigkeit, dass der naive ontologische Realismus zu vielen Gegenständen die Existenz abspricht, die ziemlich offensichtlich existieren. So existiert der Gedanke, den dieser Satz ausdrückt, ebenso wie dieser Satz. Aber ich scheine beide dadurch in die Existenz zu diktieren, dass ich sie gerade als Existierende denke oder symbolisiere. Und wie steht es mit Geist und Sprache selbst? Wie sollten Geist und Sprache Geist- und Sprach-unabhängig in Azzounis Spezialsinn sein? Sind sie es nicht, wird er sagen müssen, dass weder Geist noch Sprache existieren, was eine sonderbare Festlegung ist, zumal wenn behauptet wird, dass damit das kollektive Unbewusste unserer natürlichsprachigen Ontologie artikuliert wird.

Azzouni könnte erwidern, dass sich sein Existenzkriterium weiter erhärten lässt. Was nicht existiert, sei eben bloß eingebildet und unterlaufe damit die Distinktion zwischen Wahrheit und Fürwahrhalten. Das bloß Eingebildete scheint automatisch genau so zu sein, wie wir es uns einbilden, und leistet damit keinen ontischen Widerstand gegen unser Meinen.

stellt fest: »To bring about a change in the world, you have to do more than just think about it.« (Ebd., S. 85) Das ist allerdings nicht ganz richtig. Indem ich über die Wirklichkeit nachdenke, verändere ich sie selbstverständlich – mindestens dadurch, dass es zum Zeitpunkt meines Denkens eine neue Tatsache ist, dass ich nun diesen bestimmten Gedanken denke. Haslanger räumt freilich explizit ein, dass nicht nur dasjenige wirklich ist, was in ihrem Sinn unabhängig ist (vgl. etwa ebd., S. 98, Anm. 27 und passim).

Damit käme er dem entgegen, was ich in »Neutraler Realismus« und vorher bereits in *An den Grenzen der Erkenntnistheorie* als das minimale Realismus-Kriterium ausgezeichnet habe, d. h. den Objektivitätskontrast von Wahrheit und Führwahrhalten.[114] Man ist demnach minimaler Realist bezüglich eines Gegenstandsbereichs, wenn man bereit ist zu konzedieren, dass dasjenige, was über die Gegenstände im betreffenden Bereich wahr ist, von demjenigen abweichen könnte, was man über sie für wahr hält. Das trägt dem Umstand Rechnung, dass das Wirkliche dasjenige ist, worüber wir uns auch täuschen können.[115]

114 Vgl. Gabriel, *An den Grenzen der Erkenntnistheorie*, S. 45; Anton Friedrich Koch, *Versuch über Wahrheit und Zeit*, Paderborn 2006. Auf einer objektstufigen Ebene kann man den Objektivitätskontrast auch dadurch bestimmen, dass ein Unterschied zwischen Registraturabhängigkeit und -unabhängigkeit gezogen wird. Etwas ist dann von einer Registratur abhängig, wenn es nicht existiert hätte, hätte es die entsprechende Registratur nicht gegeben. Umgekehrt ist etwas von einer Registratur unabhängig, wenn es auch dann existiert hätte, hätte es die entsprechende Registratur nicht gegeben. Freilich müsste man bei der weiteren Analyse eines solchen kontrafaktischen Realismus-Kriteriums näher ausführen, wie diese Konditionale zu verstehen sind. Vgl. Markus Gabriel, »Existenz, realistisch gedacht«, in: ders. (Hg.), *Der Neue Realismus*, S. 171-199.

115 Während der Diskussion meines Plenarvortrags auf der Tagung der Deutschen Gesellschaft für phänomenologische Forschung in Wien (19. 9. 2019) hat Lambert Wiesing die naheliegende Rückfrage gestellt, ob nicht vielmehr dasjenige paradigmatisch wirklich sei, worüber wir uns nicht täuschen können, d. h. für ihn die Perspektive der ersten Person, die im Modus des Selbstbewusstseins epistemisch verfügbar ist. Noch naheliegender wurde dies anhand von Schmerzempfindungen diskutiert. Allerdings kann sich erstens jemand anderes darüber täuschen, ob und welche Schmerzempfindungen bei jemandem vorliegen, der eine erstpersonale Erfahrung hat. Damit wären solche Empfindungen allenfalls ein Sonderfall, da sie erstpersonale Vertrautheit mit sich bringen. Zweitens kann ich mich auch erstpersonal über meine Schmerzen und sonstigen mentalen Zustände täuschen, schon deswegen, weil das Haben einer Empfindung (das Bewusstsein) und meine epistemische Einstellung, dank derer ich dieses Haben (und sei es vermeintlich irrtumsimmun) registriere, nicht koinzidieren. Empfindungen und epistemische Zustände unterliegen

Das Wirkliche leistet mindestens epistemischen Widerstand.
Zu existieren besteht paradigmatisch darin, das Maß dafür ab-
zugeben, dass jemand korrigiert werden kann, der an der Wahrheit interessiert ist.[116]

Dieses Existenzkriterium eines neutralen Realismus hilft Azzouni freilich nicht weiter. Denn »Traumfiguren, fiktionale
Charakter, die Autoren frei erfunden haben, und halluzinierte
Gegenstände« erfüllen es. Ich kann mich darüber täuschen, worüber jemand anderes träumt, und wenn irgendetwas von der
Psychoanalyse bleibt, dann die Einsicht, dass ich mich auch darüber täuschen kann, wovon ich geträumt habe. Da episodische
Erinnerung stets eine fiktionale Komponente hat und ohnehin
nicht auf akkurate Rekonstruktion vergangener Ereignisse ge-
eicht ist, ist unsere Erinnerung ohnehin täuschungsanfällig,
da sie lediglich Eckpunkte festhält und diese narrativ und ima-

einem anderen Code. Drittens kann ich mich aber über meine eigenen
Schmerzen täuschen, indem ich sie etwa falsch loziere. Aus humanwissenschaftlicher, medizinischer Perspektive ist es überdies keineswegs offensichtlich, inwiefern Zahnschmerzen sozusagen im Zahn stattfinden oder
ob es nicht vielmehr der Fall ist, dass alle Schmerzen an anderer Stelle des
zentralen Nervensystems überhaupt bewusst registriert werden. Da wir
nicht wissen, was genau das minimale neuronale Korrelat des Bewusstseins ist, ist es eine offene Frage, ob Zahnschmerzen überhaupt im Zahn
stattfinden oder ob sie nicht als im Zahn stattfindend an anderer Verar-
beitungsstelle registriert werden, was bedeuten würde, dass man Zahnschmerzen verursachen könnte, ohne dass Zahnschmerzen vorliegen.
Kurzum, Wiesings Annahme, er sei sich einiger seiner mentalen Zustände sicherer, als für die hier eingenommene Wirklichkeitstheorie erfordert, ist nicht hinreichend begründet.

116 Ich sage: paradigmatisch, weil wir Existenz zur Kenntnis nehmen und
auf dieser Grundlage erfahren, dass vieles existiert, mit dem wir epistemisch niemals in Kontakt treten werden. Auf diesen Block unerkennba-
rer Gegenstände treffen wir freilich im Modus des *de-dicto*-Gedankens,
dass es vieles gibt, was wir niemals erkennen werden, was nicht bedeutet,
dass wir es damit erkannt hätten.

ginär überformt, um sie leichter in Module des gegenwärtigen
Geschehens einspeisen zu können.[117]

Man kann sich über die fiktionalen Figuren täuschen, die ein
Autor erfunden hat. Jedenfalls ist es keine große Kunst, die *dramatis personae* in Dostojewski-Romanen zu verwechseln, solange man mit der Komplexität ihrer Namen noch nicht vertraut
ist. Jede Lektüre anspruchsvoller fiktionaler Literatur fordert
vom Leser einen Figurenaufbau, der angesichts der Komplexität
des metahermeneutischen Materials der Partitur leicht schiefgehen kann. Deswegen gibt es überhaupt eine Literaturwissenschaft, die lesen lehrt und diese Kompetenz durch philologische
Einhegung unserer Interpretationsgelüste schult. Literaturwissenschaftliche Kompetenz wird dadurch ausgebildet, dass eine
philologische Schulung lehrt, wie aus Sätzen Personen werden.[118]

Halluzinierte Gegenstände existieren ebenfalls, was dadurch
belegt wird, dass ein Psychiater einen Patienten, der unter Halluzinationen leidet, fragen kann, wie genau sie aussehen – »Eher
wie Maria, die Mutter Gottes, oder eher wie ein rotes Dreieck?«
usw. Wer etwas halluziniert, ist hinsichtlich dessen, was er (und
ob er) halluziniert, nicht infallibel.[119]

Der naive ontologische Realismus scheitert an seinem Existenzkriterium, das sich auf den angeblich klaren Sinn von »Geist-«

---

117 Die Einbildungen des episodischen Gedächtnisses sind der hier vorgeschlagenen Theorie zufolge tatsächlich fiktive Gegenstände, deren Partitur unser motorisches, materiales Gedächtnis ist. Demnach würde ich
zwischen propositionaler Erinnerung, die epistemisch ist, und episodischer Erinnerung unterscheiden, die uns vergangene Episoden vorgaukelt, die so nicht stattgefunden haben. Dennoch können wir epistemischen Gebrauch vom episodischen Gedächtnis machen.

118 Vgl. den *locus classicus* Herbert Grabes, »Wie aus Sätzen Personen werden«, in: *Poetica* 10/4 (1978), S. 405-428. Zum Verhältnis von Figurenaufbau und lebensweltlich eingeübtem Personenwissen vgl. ausführlich
Fotidis, *Figur und Person*, zur Anknüpfung an Grabes ebd., S. 178ff.

119 Ein interessantes Portfolio der Spannweite faktisch vorkommender Halluzinationen findet man bei Oliver Sacks, *Drachen, Doppelgänger und Dämonen. Über Menschen mit Halluzinationen*, Hamburg 2013.

und »Sprachunabhängigkeit« verlässt. Allerdings liegt hier eine leicht übersehbare Konfusion vor. Diese tritt hervor, wenn man sich die Frage stellt, worin genau die »Geist-« bzw. »Sprachabhängigkeit« von etwas besteht. Wie gesagt, ist es abwegig zu meinen, dass Sätze sprachabhängig sind und *ipso facto* nicht existieren. Welchen Sinn sollte der Ausdruck »Sprach-abhängig« aber bitte haben, wenn Sätze nicht als sprachabhängig gelten? Und warum sind bitte Stühle und Gebäude »Geist-unabhängig«? Stühle sind Artefakte und es hätte sie nicht gegeben, wenn niemand jemals die Absicht gehabt hätte, Stühle herzustellen. Dennoch rubriziert Azzouni sie als »Geist-« und »Sprach-unabhängig«.

Die Absurdität des naiven ontologischen Realismus tritt noch deutlicher zutage, wenn man einen anderen Lieblingsbegriff seiner Vertreter genauer unter die Lupe nimmt: die bewusstseinsunabhängige Außenwelt. Diese gilt als Inbegriff des Existierenden, sodass man Gretchen, halluzinierte Gegenstände usw. aus dem ontologischen Inventar entfernen kann, weil sie wesentlich vorgestellt, also bewusstseinsabhängig sind. Selbst wenn man eine verfeinerte Variante eines solchen Manövers einleitete, käme man bestenfalls bei der Position an, dass Gretchen und halluzinierte Gegenstände bewusstseinsabhängig in dem Sinne sind, dass sie nur so lange in Betracht gezogen werden können, wie jemand meint, sich auf sie zu richten.

Doch dieses Manöver kollabiert angesichts des einfachen Umstands, dass das Bewusstsein, das sich Gretchen und manches andere einbilden soll, sich dadurch wohl kaum selbst einbildet. Wenn das Bewusstsein aber nicht nur dadurch ein Gegenstand ist, dass es sich sich selbst einbildet, passt es nicht in den Rahmen des naiven ontologischen Realismus. Es gehört weder zur bewusstseinsunabhängigen Außenwelt noch ist es einfach gar nichts – wie Gretchen für den ontologisch sparsamen Azzouni, der ihr jegliche Existenz abspricht.

Der handelsübliche ›Begriff‹ des fiktionalen Gegenstands schwankt insgesamt zwischen Leerheit, Inkohärenz und Polysemie.

Die *Leerheit* ergibt sich aus der ontologischen Stipulation, die fiktionale Gegenstände als einen paradigmatischen Fall nicht-existierender Gegenstände auffasst und sich dadurch in Debatten fiktionaler Bezugnahme verstrickt. Denn diese Festlegung soll mehr sein, als sie in Wahrheit ist, und Aussagekraft im Gegenstandsbereich fiktionaler Darstellung haben. Doch dies trifft nicht zu, da der Begriff fiktionaler als nicht-existierender Gegenstände nicht aus einer Analyse der ontologischen Verpflichtungen der Interpretation oder der theoretischen Deutung fiktionaler Darstellungen gewonnen wird. Er wird der ästhetischen Erfahrung und ihrer theoretischen Durchdringung als ontologischer Eindringling aufgepfropft.

Der handelsübliche ›Begriff‹ des fiktionalen Gegenstands fällt also auf eine unerwartete Weise unter sich selbst, da die Kategorie, die er in Anspruch nimmt, selbst leer ist: ›Fiktionale Gegenstände‹ gibt es deswegen nicht, weil sie durch theoretische Konstruktion derart eingeführt werden, dass sie Paradoxien erzeugen. Diese Paradoxien sind aber lediglich ein Theorieeffekt und lassen sich nicht darauf zurückführen, dass diejenigen Gegenstände, von denen wesentlich im Modus von Fiktionen die Rede ist, nicht existieren.

Es gibt in der Hinsicht keine fiktionalen Gegenstände, dass der ›Begriff‹, der uns mit ihnen in Kontakt setzen soll, eine leere Stipulation ist, die nur oberflächlich mit literarischen oder allgemeinen kunsttheoretischen Überlegungen in Verbindung steht. Die Annahme, es sei analytisch wahr, dass fiktionale Gegenstände nicht existieren, ist bestenfalls Ausdruck eines angeblichen *common sense*, der behauptet, es bestünde ein Fiktionalitätsvertrag zwischen Autoren und Rezipienten, zu dessen Klauseln die stillschweigende Einwilligung in die Nicht-Existenz der als fiktional zu traktierenden Gegenstände gehört.

Doch diese stillschweigende Absprache bestünde allenfalls vor dem Hintergrund einer von ihr völlig unabhängigen Metaphysik. Variiert diese, variiert auch der Begriff des fiktionalen Gegenstands. Eingefleischte Atheisten werden Götter oder Wunder für fiktionale Gegenstände halten, von denen im Modus mono- und polytheistischer Fiktionen die Rede ist; moderne

Physiker werden Ähnliches über die vier Elemente der antiken Physik urteilen. Doch ob es Götter, Wunder, Erde, Feuer, Wasser und Luft gibt, wird nicht dadurch entschieden, dass sie in fiktionalen Darstellungen vorkommen. Ansonsten könnten wir leicht alles in den Orkus unserer vernichtenden Phantasie ziehen, indem wir im fiktionalen Modus von ihm handeln.

Die *Inkohärenz* tritt zutage, wenn man versucht anzugeben, warum die fiktionalen Gegenstände als nicht-existierend gelten, womit man die Leerheit umgeht, weil man für diese nun Gründe und Argumente anzugeben beginnt. Allerdings spielt jetzt der Begriff der Bewusstseinsabhängigkeit eine Rolle, die ontologisch hoffnungslos ist und ihre Plausibilität lediglich der Wirkungsgeschichte eines naiven ontologischen Realismus verdankt, der annimmt, es gebe eine Welt oder Wirklichkeit, die über Existenzfragen entscheidet. Von dieser werden die fiktionalen Gegenstände ausgeschlossen. Denn sie seien schließlich »frei erfunden«, »eingebildet« usw. Allerdings existiert das frei Erfundene, Eingebildete. Der naive ontologische Realismus muss also nach einer anderen These Ausschau halten, um das zu sagen, was ihm vorschwebt.

Daher spalten sich die Lager an dieser Stelle in die handelsüblichen fiktionalen Realisten und die fiktionalen Irrealisten. Erstere ordnen die fiktionalen Gegenstände meistens dem Bereich abstrakter Gegenstände zu und streiten sich dann, ob diese erfunden oder nicht erfunden sind. Letztere nehmen an, dass die fiktionalen Gegenstände nicht einmal frei erfunden sind, weil es sie überhaupt nicht gibt. An die Stelle der fiktionalen Gegenstände tritt ein frei verhandelter Fiktionalitätsvertrag, der wirkliche Gegenstände (Matschklumpen, Schauspieler, Farbkleckse, Tonfolgen usw.) im Modus des Als-ob als etwas ausgibt, was sie nicht sind. Demnach bilden wir uns die fiktionalen Gegenstände nicht einmal ein, sie kommen in keinem Inventar des Existierenden vor. Was existiert, ist lediglich die Praxis der Vortäuschung, z. B., dass etwas etwas anderes sei.

Doch dies wirft das Problem auf, dass wir auch vortäuschen können, etwas Existierendes sei etwas anderes Existierendes.

Man kann etwa in einer Fabel so tun, als ob ein Schwein Matteo Salvini wäre und ein Esel Donald Trump, um diese dann in einer Version von *Animal Farm* diplomatische Beziehungen aufnehmen zu lassen. Um ein anderes Lieblingsbeispiel der Diskutanten zu wählen: In der Lektüre von *Krieg und Frieden* kann man so tun, als ob von Russland die Rede wäre, ohne dass daraus für die Interpreten der geringste Zweifel an Russlands Existenz folgt. In den Worten Everetts, des derzeit scharfsinnigsten Verteidigers der Sache des fiktionalen Irrealismus:

> Es wird klarerweise wesentlich für diejenigen sein, die an einer Vortäuschung (*pretense*) teilhaben, zwischen denjenigen Einbildungen (*imaginings*) zu unterschieden, die genuin existierende Dinge betreffen, und denjenigen, für die dies nicht gilt. [...] Sie werden die Distinktion artikulieren müssen zwischen Posten, die sie sich einbilden, wenn sie sich auf Fiktionen einlassen, und den wirklichen Posten (*real items*), die die wirkliche Welt (*the real world*) bevölkern. Und sie werden die Distinktion artikulieren müssen, die zwischen der Art besteht, wie sie sich verschiedene Posten einbilden, und der Art, wie diese Posten wirklich sind.[120]

Sogleich teilt Everett mit, dass wir Ausdrücke wie »wirklich (*real*)« und »existiert« offensichtlich verwendeten, »um das Mobiliar der wirklichen Welt als solches zu kennzeichnen (*to mark the furniture of the real world as such*).«[121] Hier irrt Everett. Wer gehört denn zu jenem »Wir«, das Existenz mit dem Mobiliar der wirklichen Welt als solcher verbindet? Diese naive Ontologie wird von Everett einfach vorausgesetzt und seiner Erklärung der Funktionsweise der Psychologie von Kinderspielen unterstellt – als ob es buchstäblich kinderleicht wäre, zwischen dem Existierenden und dem Nicht-Existierenden zu unterscheiden, das im fiktionalen Modus präsentiert wird.[122]

---

120 Meine Übersetzung von Everett, *The Nonexistent*, S. 63.

121 Ebd., S. 63: »Obviously we use such terms as ›real‹ and ›exists‹ to mark the furniture of the real world as such.«

122 Wie gesagt, verstehe ich den fiktionalen Irrealismus als eine Reaktion auf das Problem der Leerheit. Dieses vermeidet er, indem er fiktionale Ge-

Everett vermeidet es, seine Ontologie über die Plattitüde seiner Festlegungen hinaus zu artikulieren, sodass seine Rede vom
Nicht-Existierenden letztlich leer bleibt, da wir keine befriedi-
gende, theoretisch überhaupt artikulierte Antwort auf die Frage
erhalten, worin Existenz besteht. Er verlässt sich auf die Stabilität eines naiven ontologischen Realismus, aus dem er wenig
überraschend die Legitimität eines fiktionalen Irrealismus ableitet.

Die *Polysemie* von »fiktionaler Gegenstand« besteht darin,
dass »fiktional« bald als Gegenstand einer als Fiktion erkennbaren Darstellung und bald als fiktiv/fingiert verwendet wird, wobei Letzteres überdies Nicht-Existenz implizieren soll. Damit
werden Genre- und kunstphilosophische Fragen vorschnell mit
logisch-semantischen und ontologischen Fragen vermischt, ohne dass die Anstrengung unternommen würde, die Ontologie
der Kunst über die banale Bemerkung hinaus zu konkretisieren,
dass unser Umgang mit Kunst einen Spielcharakter hat.

Nicht weniger banal ist es, den Spielcharakter aus Kinderspielen abzuleiten und sich für diese eine Psychologie zurecht-
zuschustern, die Kinder als geborene Vertreter eines naiven ontologischen Realismus vorführt. Aber woher wissen die Kinder,
dass das Mobiliar der Wirklichkeit keine Hexen, Götter usw.
enthält? Das Spielverhalten von Kindern besteht doch sicher-

---

genstände völlig abschafft, sodass es nicht mehr analytisch wahr ist, dass
sie nicht existieren, weil sie nicht einmal Gegenstände einer wohlformu-
lierten negativen Existenzaussage, sondern gar nichts sind. Everett schwankt
in dieser Hinsicht leicht, wenn er schreibt: »We would certainly find it
bizarre if someone, upon being told that Holmes is a fictional character,
asserted that Holmes exists. Now I don't think that these sorts of facts
establish that it is a *conceptual truth* or a *linguistic truth* that fictional characters don't exist. For I don't think there are conceptual or linguistic
truths about fictional characters. But if *you* think there are conceptual
or linguistic truths about fictional characters then I think you should
take the fact that fictional characters don't exist to be one of them.«
(Everett, *The Nonexistent*, S. 132).

lich nicht darin, dass sie einer abgeklärten ontologischen Theorie zufolge einen für sie erkennbaren Unterschied zwischen der Basiswirklichkeit und ihren spielerischen Zusatzvorstellungen zu ziehen vermögen!

Hier zeigt sich erneut, dass die Mainstream-Debatte über die von ihr sogenannten »fiktionalen Gegenstände« selbst eine Fiktion ist, in der von Entwicklungspsychologie, der angeblich offensichtlichen Alltagsontologie, der Literaturtheorie unter weitgehender Absehung dessen, was im zwanzigsten Jahrhundert produziert wurde, usw. die Rede ist, ohne dass der eigentliche philosophische Einsatz offengelegt wird.

Man kann philosophisch keine angemessene Theorie der Fiktionen entwickeln, ohne eine ausgearbeitete Ontologie und Philosophie der Kunst in Anschlag zu bringen. Ansonsten hantiert man mit leeren, inkohärenten oder inakzeptabel vieldeutigen Begriffen angeblicher ›fiktionaler Gegenstände‹. Damit verfehlt man von vornherein die Funktion des Fiktionalen in der Entwicklungsgeschichte des menschlichen Geistes, der sich im Medium des später sogenannten »Fiktionalen« selbst bestimmt. Der Mensch untersucht sich selbst auf der Basis einer Darstellung seiner Situation, die über seine sensorische Einbindung in Szenen des Überlebens so weit hinausgeht, dass wir aufgrund dieser fiktionalen Transzendenz unsere eigene ökologische Nische ausbauen, aber auch zerstören können.

Es gibt also tatsächlich keine ›fiktionalen Gegenstände‹, was daran liegt, dass der im Mainstream verwendete Ausdruck »fiktionaler Gegenstand« dasjenige verfehlt, um das es in der ästhetischen Erfahrung und ihrer geisteswissenschaftlichen Erforschung geht. An die Stelle dieses verfehlten Gedankens setze ich die Annahme, dass Kunstwerke Kompositionen sind, die hermeneutische und metahermeneutische Gegenstände miteinander verbinden. Fiktionale und fiktive Gegenstände existieren im Kontext von Kunstwerken, deren Ontologie die Grundlage für unsere wahrheitsfähigen Aussagen über diese Art von Gegenständen ist. Kunstwerke existieren ihrerseits nicht als ›Sprach- und Geistunabhängige‹ Entitäten, sondern sind sozusagen objektivierter

Geist, sensorisch sichtbar gemachte Vorstellungen, die zu indefinit vielen weiteren Vorstellungen Anlass geben.

§ 3. Sinnfeldontologische Meontologie

Seit Parmenides und Platon gilt es als zu bewältigendes Mindestpensum jeder Ontologie, den positiven Fall des Seins im Kontrast zum negativen Fall des Nicht-Seins zu erörtern. Im Folgenden geht es spezifisch um Nicht-Existenz, sodass in Analogie zum antiken Thema ein modernes Problem der Nicht-Existenz auf die Bühne tritt. Unter *Ontologie* verstehe ich die systematische Untersuchung des Existenzbegriffs und seiner Wirklichkeit, der Existenz. Davon zu unterscheiden ist die *Meontologie*, die sich mit dem Begriff der Nicht-Existenz (μὴ ὄν) und seiner Wirklichkeit, demjenigen, was nicht existiert, befasst.[123]

Die Grundidee der SFO lautet, zu existieren heißt (besteht darin), in einem Sinnfeld zu erscheinen. Die in *Sinn und Existenz* ausgearbeiteten Argumente für diese Position werde ich hier nicht im Einzelnen wiederholen, sondern lediglich an diejenigen Überlegungen anknüpfen, aus denen eine entsprechende Meontologie folgt. Hierbei seien zunächst einige Grundbegriffe der sinnfeldontologischen Existenzanalyse rekapituliert, um auf diese Weise einen angemessenen Zugang zum Problem der Nicht-Existenz zu gewinnen.

Existenz besteht darin, dass ein Gegenstand in einem Sinnfeld erscheint. Derselbe Gegenstand erscheint in mehreren Sinnfeldern. Wir können Angela Merkel als Beispiel eines existierenden Gegenstandes verwenden, dann erscheint sie im Sinnfeld

---

123 Paradigmatisch ist natürlich Platons *Sophistes*, der die erste Theorie der Nicht-Existenz bzw. des Nicht-Seins anbietet, um das eleatische Eine zu dekomprimieren. Ich folge hierbei durchaus Platons Grundidee, dass das Nicht-Sein als Andersheit (θάτερον) zu modellieren ist, wobei die Entitäten, deren Relation die Nicht-Existenz ist, in der SFO keine Platonischen Ideen *in sensu stricto*, sondern Sinnfelder sind.

der Ontologie. Da sie aber auch im Sinnfeld der jüngeren europäischen Geschichte in ihrer Rolle als Bundeskanzlerin erscheint, steht sie unter rechtlichen Anordnungsregeln, die auf letztlich unscharfe Weise vorzeichnen, welche Handlungsspielräume sie hat, solange sie als Bundeskanzlerin gelten kann. Angela Merkel kann auch in einem Dokumentarfilm erscheinen oder in ihrer Rolle als Ehefrau; sie kann im Sinnfeld meines subjektiven Gesichtsfelds auftauchen (wenn ich sie sehe) usw. Die Bundesrepublik, Dokumentarfilme, Ehen, mein subjektives Gesichtsfeld usw. sind Sinnfelder, deren Positionen faktisch durch Gegenstände besetzt sind, die in ihren Feldern in Abgrenzung zu anderen Gegenständen Eigenschaften aufweisen.

Zu *erscheinen* bedeutet hierbei nicht im Allgemeinen, Gegenstand eines Subjekts (Objekt) zu sein. Der Ausdruck »Erscheinung« benennt vielmehr die Relation zwischen einem Sinnfeld und seinen Gegenständen, die darin besteht, dass diese in jenem wirklich sind. Erscheinung ist eine *Einrichtungsfunktion*, d. h. die Zuordnung von Gegenständen zu Feldern.[124] Diese Funktion kann so handgreiflich sein wie die Kräfte, die das Universum zusammenhalten, oder so diskursiv verhandelbar wie die Mitgliedschaft in einem Fitnessstudio. Zum Universum zu gehören und Mitglied in einem Fitnessstudio zu sein, unterscheiden sich durch die Regeln, die in diesen Fällen die Einweisung ins Sinnfeld bestimmen, wobei diese beiden Fälle sich überlappen, da Fitnessstudios nicht wären, was und wie sie sind, wenn etwa die Schwerkraft deutlich stärker wirkte, als es der Fall ist.

Ein *Gegenstand* ist etwas, worüber etwas wahr ist. Es ist wahr, dass 4 eine natürliche Zahl ist, dass Angela Merkel derzeit Bundeskanzlerin ist, dass Bosonen sich hinsichtlich ihrer Masse, Ladung und ihres Spins voneinander unterscheiden, dass Picasso ein Maler war usw. Diese Wahrheiten betreffen jeweils Gegenstände: die Zahl 4, Angela Merkel, Bosonen, Picasso usw.

Eine Wahrheit lässt sich in der Form einer Aussage sprachlich

124 Zu diesem Begriff vgl. wiederum Gabriel, »Der Neue Realismus zwischen Konstruktion und Wirklichkeit«.

kodiert ausdrücken, ist aber in der Regel mit keinem einzigen sprachlichen Ausdruck identisch. Eine Wahrheit (etwas Wahres) ist wesentlich übersetzbar. Was wahr ist, koinzidiert prinzipiell niemals mit demjenigen, was irgendjemand (oder irgendeine noch so große und wohlinformierte Gruppe von Denkern) für wahr hält. Schon deswegen sind Wahrheiten nicht mit Aussagen identisch, weil Aussagen etwas sind, was jemand für wahr halten kann. Vieles ist wahr, was niemand jemals für wahr halten kann. Wir wissen nur nicht, wie viel das ist.

Es gibt überdies Wahrheiten, die niemand sprachlich kodiert für wahr halten kann, weil sie unsere derzeitigen expressiven Fähigkeiten übersteigen. Diese Wahrheiten können wir zwar – wie soeben geschehen – leicht *de dicto* benennen (erwähnen), ohne ihren Inhalt aber *de re* angeben (erkennen) zu können. Diese Wahrheiten füllen, von uns nur indirekt erwähnbar, »die blinden Flecken der Benennbarkeit«[125] aus.

Eine *Tatsache* ist etwas, was über einen Gegenstand wahr ist. Da es wahr über die Zahl 4 ist, dass sie eine natürliche Zahl ist, ist dies eine Tatsache. Über jeden Gegenstand ist mehreres wahr. Kein Gegenstand ist nur in eine einzige Tatsache eingebettet, weil jeder Gegenstand sich auf mannigfaltige Weise charakterisieren lässt, womit verschiedene Wahrheiten über denselben Gegenstand ausgedrückt werden.

Ein Gegenstand unterscheidet sich nicht vom Arrangement derjenigen Tatsachen, in die er eingebettet ist. Gegenstände sind der SFO zufolge mit Tatsachenbündeln identisch. Wäre es der Fall, dass Gegenstände mehr oder etwas anderes als Tatsachenbündel sind, fügte diese Distinktion von Gegenstand und Tatsachenbündel dem Gegenstand lediglich eine weitere Tatsacheneinbettung hinzu, nämlich die vermeintliche, weil paradoxieträchtige Einbettung in die Tatsache, sich von jedem gegebenen Tatsachenbündel zu unterscheiden.

---

125 Um eine gelungene Wendung Durs Grünbeins zu zitieren aus: Durs Grünbein, *Gedicht und Geheimnis. Aufsätze 1990-2006*, Frankfurt/M. 2007, S. 158.

Ein *Sinnfeld* ist eine Anordnung von Gegenständen, die unter Anordnungsregeln steht. Diese Anordnungsregeln sind nicht in allen Fällen sprachlicher Natur. Sinnfelder sind nicht insgesamt oder überhaupt Gegenstandsbereiche menschlichen Nachdenkens und Redens, sondern Gegenstände, die häufig auch – prä-theoretisch formuliert – sprach-, denk, bewusstseins- und theorieunabhängig existieren. Ich sage »prä-theoretisch formuliert«, weil wir in §§ 1-2 bereits gesehen haben, dass die vermeintlich selbstverständliche Kategorie der Bewusstseinsunabhängigkeit sich als theoretische Fehlkonstruktion erweisen lässt, was eine Quelle geläufiger Irrtümer über Fiktionen ist.[126]

Sinnfelder sind also nicht im Allgemeinen dadurch individuiert, dass wir ihnen Regeln zuweisen, dank derer sie in Modellen firmieren können. In Modellen ordnen wir theoretischen Termini Gegenständen zu, die teils prä-theoretisch existieren sollen.[127] Modelle haben Eigenschaften, die sie *trivialiter* nicht mit allem, was existiert, teilen, wodurch sie als solche individuiert sind. Der Modellraum erschöpft nicht dasjenige, was wirklich ist, gehört aber selbst wohlgemerkt zum Wirklichen.[128]

Wie uns die Dinge (z. B. sensorisch vermittelt) erscheinen, ist selbst ein Gegenstand, der in einem Sinnfeld erscheint. Die Art und Weise, in der sich unsere Umgebung (die Außenwelt) für endliche geistige Lebewesen wie den Menschen darstellt, ist selbst (mindestens) genauso wirklich wie Bosonen, Fermionen oder die Grundkräfte des Universums.[129]

---

126 Gegen den Begriff der Bewusstseinsunabhängigkeit als Realismus-Kriterium vgl. Gabriel, »Neutraler Realismus«.

127 Die Einschränkung »teils prä-theoretisch« trägt dem Umstand Rechnung, dass wir auch Gegenstände modellieren, die nur als theoretische Termini existieren, etwa der Gegenstand »theoretischer Terminus«.

128 Vgl. dazu Gabriel, *Der Sinn des Denkens*.

129 Einige Naturwissenschaftler vertreten auf der Basis der Quantentheorie bzw. neurowissenschaftlicher Untersuchungen des Bewusstseins die These, dass der »phänomenale[] *Charakter der Welt*« (Hartmann Römer, »Emergenz und Evolution«, in: *Zeitschrift für Parapsychologie und Grenzgebiete der Psychologie* 50 [2017], S. 68-98, hier S. 74) fundamental sei.

Die SFO ist eine realistische Ontologie. Denn sie nimmt an, dass die Eigenschaft zu existieren nicht im Allgemeinen dadurch instanziiert ist, dass jemand es hinsichtlich eines Gegenstandes für wahr hält, dass er existiert. Der Begriff des *Realismus* wird über einen Objektivitätskontrast bestimmt, der besagt, dass hinsichtlich eines Gegenstands die Möglichkeit besteht, dass Wahrheit und Fürwahrhalten divergieren. Sofern dies für einen Realismus hinreichend ist, spreche ich vom *neutralen Realismus*.[130]

Die SFO argumentiert für einen neutralen Realismus bezüglich der Gegenstände unseres ontologischen Nachdenkens. Was existiert und damit ein Gegenstand ist, kann im Nachdenken richtig oder falsch charakterisiert werden. Die Bezugnahme auf Gegenstände ist als solche fallibel. Wo überhaupt Gegenstände des Nachdenkens vorliegen, besteht also eine potenzielle Divergenz von Wahrheit und Fürwahrhalten. Mehr gibt der Begriff des neutralen Realismus nicht her; aber auch nicht weniger.

Die SFO vertritt damit auch einen *meta-ontologischen Realismus*, weil sie davon ausgeht, dass Existenz ein Gegenstand ist, über den ontologischer Dissens besteht derart, dass diejenigen, die meinen, Existenz sei eine diskursive Konstruktion (etwa in der Form eines Existenzquantors, der logischen Prinzipien untersteht, die in einem Kalkül angemessen ausgedrückt werden können), sich täuschen (können). Die SFO vertritt also Thesen

---

Vgl. als Beispiele unter vielen Erwin Schrödinger, *Mind and Matter. The Tarner Lectures,* Cambridge 1958; Giulio Tononi, Christof Koch, »Consciousness: Here, There and Everywhere?«, in: *Philosophical Transactions of the Royal Society* 370/1668 (2015); Brigitte Görnitz, Thomas Görnitz, *Von der Quantenphysik zum Bewusstsein. Kosmos, Geist und Materie*, Berlin, Heidelberg 2016. Der Haltung der SFO zu einer solchen naturphilosophischen Frage werde ich an anderer Stelle nachgehen. Vgl. Gabriel, *Die Wirklichkeit des Universums.* Vgl. neuerdings die ontologisch fruchtbare Einordnung der Grenzdiskussionen der gegenwärtigen Quantentheorie bei Slavoj Žižek, *Sex and the Failed Absolute*, London u. a. 2020, S. 273-308 sowie S. 333-342.

130 Vgl. Gabriel, »Neutraler Realismus«.

über Existenz, die mit konkurrierenden Thesen über Existenz im Wettbewerb hinsichtlich der Frage stehen, welche These sich als wahr erweist.

Ein meta-ontologischer Vorsprung der SFO gegenüber irrealistischen Alternativen ergibt sich aus dem *Argument aus der Faktizität*.[131] Dieses weist darauf hin, dass dasjenige, was existiert, nicht insgesamt so sein kann, wie es uns erscheint, weil es uns so erscheint. Wäre dies so, gälte dies auch für die Erscheinungsbedingungen, unter denen wir uns theoretisch des vermeintlichen Umstandes versichern können, dass dasjenige, was existiert, insgesamt so ist, wie es uns erscheint, weil es uns so erscheint.

Das begriffliche Modell der sekundären Qualitäten lässt sich nicht generalisieren. Es ist nicht möglich, dass nur dasjenige wirklich ist, was uns unter spezifisch menschlichen kognitiven und sensorischen Bedingungen begegnet. Denn *wirklich* ist der SFO und dem neutralen Realismus zufolge dasjenige, was Gegenstand fallibler Bezugnahme ist. Dazu gehören die spezifisch menschlichen kognitiven und sensorischen Bedingungen. Können wir uns hinsichtlich dieser täuschen, müssen wir einräumen, dass es sein könnte, dass nicht alles, was es überhaupt gibt, unter spezifisch menschlichen kognitiven und sensorischen Bedingungen erscheint, sodass der Versuch der Generalisierung sekundärer Qualitäten unter Selbstanwendung scheitert.[132] Können wir uns hingegen hinsichtlich unseres mentalen Equipments nicht täuschen, ist es unverständlich, warum wir nicht alle geborene Irrealisten sind, die nicht einmal imstande wären, eine Alternative zu ihrer Situation nachzuvollziehen. Wenn es etwas gäbe, auf das wir nur Bezug nehmen können, indem wir es adä-

---

131 Vgl. ebd.; Gabriel, »Existenz, realistisch gedacht«.

132 So ähnlich argumentiert Peter van Inwagen, *Metaphysics*, New York, London ³2018, S. 3 f., wobei er leider aus seinem überzeugenden Argument dafür, dass die Wirklichkeit nicht insgesamt auf Erscheinungen für Subjekte reduziert werden kann, auf das Vorhandensein (die Existenz) eines allumfassenden Gegenstandsbereich (namens »die Welt«) schließt.

quat erfassen, könnte es uns nicht auffallen, es wäre eine nicht bemerkbare Selbstverständlichkeit.[133]

Der ontologische Realismus ist demnach wahr, aber nicht notwendigerweise wahr. Keine philosophische These ist notwendigerweise wahr, weil sie ansonsten semantisch leer wäre. Sie beschäftigte sich mit nichts Wirklichem, weshalb diejenigen, die glauben, in der Philosophie gäbe es notwendige Wahrheiten, dazu neigen, die Philosophie nicht als die Formulierung und theoretische Verteidigung von Thesen, sondern allenfalls als Erläuterung unseres Sprach- und Denkverhaltens aufzufassen.[134]

Die konsequente Alternative zum ontologischen Realismus, der *strenge ontologische Irrealismus*, geht deswegen auf meta-ontologischer Ebene so weit, die Ontologie nicht als Untersuchung der Existenz aufzufassen. Stattdessen bestimmt er die Ontologie bestenfalls als begriffliche Ingenieurskunst, die unser Sprachverhalten bezüglich natürlichsprachiger Existenzausdrücke reguliert, um auf diese Weise das Aufkommen des Anscheins des angeblich falschen ontologischen Realismus zu unterbinden.

All dies zusammengenommen, können wir uns nun die nicht geringe Aufgabe zumuten, eine Theorie der Nicht-Existenz zu entwickeln. Diese Theorie erhält ihr Profil aus einer theoreti-

---

133 Vgl. dazu die ausführliche Argumentation bei Koch, *Versuch über Wahrheit und Zeit*, Kap. 1, bes. § 13, wo Koch zeigt, dass es keinen Ursachverhalt, d.h. keinen »vorpropositionalen (prädiskursiven), unmittelbar gegebenen ursprünglichen« (S. 105) Sachverhalt geben kann, den man aufgrund seiner Struktur nur irrtumsimmun zur Kenntnis nehmen könnte.
134 Diese Position wird konsequent artikuliert in Rödl, *Selbstbewußtsein und Objektivität*. Vgl. ähnlich, aber ohne den Optimismus, dass die Philosophie einen eminenten Begriff *der* Wissenschaft artikuliert, Michael Hampe, *Die Lehren der Philosophie. Eine Kritik*, Berlin 2014. Es erübrigt sich beinahe, daran zu erinnern, dass diese Positionen von Wittgensteins dezidierter Anti-Philosophie inspiriert sind. Eine wirklich resolute Lesart von Wittgenstein, die den antitheoretischen Impetus theoretisch rekonstruiert, hat Paul Horwich geliefert in *Wittgenstein's Metaphilosophy*, Oxford 2012.

schen Konkurrenzsituation heraus, was naheliegt, da sie aus
dem ontologischen Realismus abgeleitet wird, der als Theorieangebot mit Alternativen konfrontiert ist, deren Zurückweisung
seine Stabilität stützt. Als Pendant zu diesen Manövern ist ein
meontologischer Realismus zu erwarten, d. h. die Annahme, dass
Nicht-Existenz eine wirkliche Eigenschaft ist, die einigen Gegenständen zukommt, wodurch sich diese von anderen Gegenständen unterscheiden.[135]

Es gibt Alternativen zu derjenigen Theorie, die ich anbiete.
Nicht alle diese Alternativen sind gleich gut. Ich bewerte sie hinsichtlich des Ausmaßes der Herausforderung, die sie für die Aufrechterhaltung der Hauptthesen der SFO darstellen. Es ist unmöglich, eine philosophische (oder sonstige) Theorie mit allen
Alternativen abzugleichen, um auf diese Weise den Versuch zu
unternehmen, sie als notwendig wahr zu etablieren. Denn dazu
müsste man eine Theorie entwickeln, die erlaubt, alle Alternativen nach einem Ableitungsgesetz für Theoriekonstruktion durchzugehen. Es bedürfte also einer nicht erreichbaren Idee der Vollständigkeit.[136]

---

135 Wie Existenz ist Nicht-Existenz wohlgemerkt eine höherstufige Eigenschaft, die Sinnfelder voneinander unterscheidet, und keine objektstufige Eigenschaft, die gegebene Gegenstände in einem Sinnfeld voneinander unterscheidet. In einem gegebenen Sinnfeld existieren alle Gegenstände, die dort erscheinen, und alle Gegenstände, die dort nicht
erscheinen, existieren nicht. Die Nicht-Existenz dient hierbei bereits
zur Sinnfeld-Abgrenzung und damit der Selbstbestimmung des Sinnfelds als solchen. Was es heißt, dass in einem gegebenen Sinnfeld ein gegebener Sinn strukturierend wirkt, fällt im Feld dadurch auf, dass andere
Gegenstände ausgeschlossen sind.

136 Bekanntlich ist der Versuch, eine solche sich selbst garantierende Theorie auszuführen, in Hegels *Wissenschaft der Logik* vorgelegt worden. Zu
zeigen, dass dieses Projekt mißlingt, kann hier nicht geleistet werden. Für
eine ausführliche Diskussion mitsamt einer State-of-the-Art-Verteidigung Hegels gegen die SFO hat jüngst Gregory Moss geliefert in *Hegel's
Foundation Free Metaphysics. The Logic of Singularity*, London u. a. 2020,
der insbesondere die Hegel-Kritik aus *Sinn und Existenz* detailliert diskutiert. Leider ist mir das Manuskript erst kurz vor Abschluss des vorliegen

Ehe ich die sinnfeldontologische Meontologie aufbauen kann, erscheint mir für das nachvollziehende Verstehen dessen, was folgt, zumindest eine weitere methodologische Vorbemerkung angebracht. Aus den Gründen, die ausführlich in *Sinn und Existenz* entwickelt wurden, bin ich dazu berechtigt, die SFO zu verteidigen. Das bedeutet nicht, dass es jemals eine Situation der ontologischen Urentscheidung gab, in der ich keinerlei Meinungen über Existenz hatte, um diese dann dadurch zu gewinnen, dass ich die vorliegenden Angebote von Parmenides bis Quine und darüber hinaus untersucht hätte. Es wäre nicht klar, wie man vorgehen würde, um durch eine historische Feststellung des bisher über Existenz Geäußerten zu einer fundierten Meinung über Existenz zu gelangen. Selbst wenn man diesen Weg wählte, hätte man die Frage zu beantworten, warum etwa Quine und nicht Parmenides den Vorzug verdient, was nicht wiederum durch eine historische Untersuchung gesichert werden kann, welche die Argumente aus der Forschungsliteratur gegeneinander abwägt. Man wird es nicht vermeiden können, an irgendeinem Punkt selbst zu denken und den Absprung aus der Literatursichtung zu wagen.[137]

den Manuskripts zugegangen, sodass ich nicht mehr mit der nötigen Sorgfalt auf Moss' Argumentation eingehen kann, was an anderer Stelle geschehen wird. Für eine Argumentationsskizze gegen die Möglichkeit eines vollständig sich selbst belegenden philosophischen Arguments vgl. Markus Gabriel, »Die Endlichkeit der Gründe und die notwendige Unvollständigkeit der Tatsachen«, in: Julian Nida-Rümelin, Elif Özmen (Hg.), *Die Welt der Gründe. Deutsches Jahrbuch Philosophie* 4 (2012), S. 696-710.

137 Die gegenwärtig im deutschsprachigen Raum überaus beliebte ›Methode‹, festzustellen, was im anglophonen Sprachraum gedacht wird, um es dann in Tabellen von Pro- und Contra-Argumenten gegeneinander abzuwägen und zu klassifizieren, leistet zu wenig zur Wahrheitsfindung, um echten philosophischen Fortschritt in Aussicht zu stellen. Genaugenommen handelt es sich bei diesem Verfahren um ein für die Sache selbst weitgehend irrelevantes Scheingefecht zur Herstellung von Power-Point-Präsentationen, an dem man nicht teilnehmen sollte.

Um den methodologischen Ausgangspunkt der folgenden Untersuchung transparent zu bestimmen, gehe ich von der präontologischen Erfahrung aus, d. h. von dem Umstand, dass uns viele Gegenstände erscheinen, über die wir mehr oder weniger regelmäßig nachdenken. Diese Gegenstände sind im menschlichen Geist nicht von Geburt an ontologisch in Kategorien der Art »primäre, sekundäre Qualitäten«, »physikalische Gegenstände/Qualia«, »vorhanden/zuhanden«, »Substanzen, Akzidentien«, »konkret/abstrakt« vorsortiert. Welche Datenverarbeitung auch immer uns aufgrund unserer evolutionär bedingten Ausstattung mitgeliefert wird, ontologische Kategorien *sensu stricto* gehören nicht dazu.[138]

Wir können uns also nicht unabhängig von einer ontologischen Untersuchung bereits darauf verlassen, dass wir über Distinktionen wie »konkret/abstrakt« oder »fiktional/nicht-fiktional« Bescheid wissen. Unsere Einübung in die Sprachverwendung solcher ontologischen Ausdrücke garantiert nicht ihre theoretische Stabilität, informiert aber unsere Orientierung in ontologischen Fragen. Eine Revision unseres vortheoretischen ontologischen Sprachgebrauchs ist spätestens dann hinreichend motiviert, wenn dieser sich in Paradoxien verstrickt. Wir sind *a priori* dazu berechtigt, Paradoxien zu beseitigen, indem wir im Rahmen philosophischer Theoriekonstruktion Alternativen entwickeln, deren Beweispflicht darin besteht, eine oder mehrere Paradoxie-Quellen zu identifizieren. Sobald feststeht, welche begrifflichen Ressourcen unserer vortheoretischen Sprachverwendung eine gegebene Paradoxie erzeugen, gilt es, zur philosophischen Theoriebildung zu greifen, um uns auf diese Weise einen berechtigten Surrogat-Begriff zur Verfügung zu stellen.

---

138 Dafür spricht im Übrigen, dass weiterhin unklar ist, welche ontologischen Kategorien es überhaupt gibt. Vgl. dazu Jan Westerhoff, *Ontological Categories. Their Nature and Significance*, Oxford 2005, der zeigt, dass es ein bisher nicht beantwortetes »cut-off-problem« (S. 56) gibt, das uns nicht erlaubt, zwischen kategorischen und empirischen Begriffen zu unterscheiden.

Die Einführung eines Begriffs prä-ontologischer Erfahrung ist in jeder Theoriebildung unvermeidlich, die imstande sein soll, einen Kontakt mit Wirklichem sicherzustellen.[139] In der Traditionslinie, die sich auf Kant stützt, entspricht dieser Anforderung der Begriff der Anschauung. Die Anschauung erfüllt im Theoriegebäude die Funktion einer Schnittstelle, an der sich Denken und Sein berühren, weshalb Kant den Begriff der Wirklichkeit genau dort verortet und *unseren* Begriff der Wirklichkeit an die sensorische Gegebenheit bewusst identifizierbarer Objekte bindet.[140] In der Gegenwartsphilosophie wird diese Schnittstelle paradigmatisch anhand des Begriffs der Wahrnehmung untersucht, wobei bisweilen aus dem Blick gerät, dass wir Wahrnehmung damit als Begriff und nicht einfach als vorliegenden Vorgang an Lebewesen thematisieren.[141]

Damit meine ich das Folgende. Der Zustand, in dem ich mich als geistiges Lebewesen gerade befinde, schließt *Wahrnehmung* ein: Darunter sei eine bewusste Erfassung von etwas verstanden, was nicht notwendigerweise mit einem meiner eigenen Zustände identisch ist. Zwar ist es heute üblich, auch nicht-bewusste Wahrnehmung (nach dem Modell des Blindsehens) einzuräumen, doch legt die Etymologie des Ausdrucks »Wahrneh-

---

139 Zum Realismus als Kontakttheorie vgl. Hubert Dreyfus, Charles Taylor, *Die Wiedergewinnung des Realismus*, Berlin 2016.

140 KrV A 19/B 33: »Auf welche Art und durch welche Mittel sich auch immer eine Erkenntnis auf Gegenstände beziehen mag, es ist doch diejenige, wodurch sie sich auf dieselbe unmittelbar bezieht, und worauf alles Denken als Mittel abzweckt, die *Anschauung*.« Zum Begriff der Anschauung vgl. Pirmin Stekeler-Weithofer, *Formen der Anschauung. Eine Philosophie der Mathematik*, Berlin 2008.

141 Vgl. dazu kritisch Markus Gabriel, »Hegel's Account of Perceptual Experience in His Philosophy of Subjective Spirit«, in: Marina F. Bykova (Hg.), *Hegel's Philosophy of Spirit. A Critical Guide*, Cambridge 2019, S. 104-124, und Markus Gabriel, »Intuition, Representation, and Thinking. Hegel's Psychology and the Placement Problem«, in: Marina F. Bykova, Kenneth R. Westphal (Hg.), *The Palgrave Hegel Handbook*, Basingstoke (i. Ersch.).

mung« im Unterschied zum französischen und englischen »perception« eine Engbindung an das Gewahren nahe.[142]

Das Problem des Wahrnehmungsbegriffs ist allerdings, dass er im Kontext eines besonders unter Philosophen verbreiteten naturwissenschaftlichen Weltbildes schon dahingehend verengt wurde, dass er sich in seine Bestandteile auflöst. Denn die Erforschung der kausalen Struktur, ohne die wir keine Wahrnehmung haben könnten, legt eine Analyse nahe, der zufolge Wahrnehmungsepisoden sich aus Teilen zusammensetzen, deren Genese dem wahrnehmenden Subjekt opak bleibt. Damit stellt sich die psychologische und neurowissenschaftliche Frage, unter welchen Bedingungen die Reizschwelle überschritten wird, die uns eine Wirklichkeit *wahrnehmen* und nicht nur *operational erfassen* lässt, was bisher nur partiell humanwissenschaftlich beantwortet ist.

Wie dem auch sei, dieser Prämissenrahmen ist ohnehin nicht dazu geeignet, dem ontologischen Realismus durch Einführung des Wahrnehmungsbegriffs Rechnung zu tragen, da die Wahrnehmung unter naturalistischen Bedingungen auf Vorgänge reduziert wird, die ihrerseits gerade keine Wahrnehmung sind. Die Vorgänge der sensorischen Datenverarbeitung, die durch Reizung unserer Nervenenden angestoßen werden, sind diesem Modell zufolge der Realitätsanker des Denkens, das sich nur deswegen als Teil einer Wirklichkeit weiß, weil es sich aus dem zentralen Nervensystem heraus erklärt.[143]

142 Tyler Burge hat eine Theorie der Objektivität vorgelegt, die Akkuratheitsbedingungen weit unterhalb der Schwelle der bewussten Wahrnehmung in Lebewesen verortet. Vgl. Tyler Burge, *Origins of Objectivity*, Oxford 2010. Ich bestreite nicht, dass die Phänomene, die Burge untersucht, bestehen, sondern beschränke mich in der Darstellung des Haupttexts bewusst auf den Begriff der bewussten Wahrnehmung als epistemologisch privilegierte Schnittstelle. Verfügten wir über keinerlei bewusste Wahrnehmung, welche die Grundlage der Ausübung des Selbstbewusstseins ist, hätten wir keinen theoretischen Zugriff auf Wahrnehmungen. Wer nur blind sähe, wüsste dies wohl nicht.

143 Vgl. paradigmatisch Stanislas Dehaene, *Denken. Wie das Gehirn Bewusst-*

Ich werde im zweiten Teil dafür argumentieren, dass dieser Prämissenrahmen ein Fall von Fiktion ist, weil er keineswegs ein Tatsachenbericht über das Zustandekommen unserer Wahrnehmung oder gar unseres Denkens, sondern die implizite Elimination desjenigen Standpunkts ist, von dem aus Wahrnehmung und Denken überhaupt zum Thema werden. Der Szientismus, der unsere Wirklichkeitsverankerung in eine kausale Erklärung überführen möchte, die ohne unser Selbstbild als geistige Lebewesen auszukommen versucht, erzählt eine inkohärente Geschichte, die mit einem allwissenden Erzähler operiert, der seine eigene Existenz bestreitet.

Letztlich leisten weder der analytische Begriff der Anschauung noch der reichere der Wahrnehmung, wofür sie in Anspruch genommen werden. Sie werden nämlich dem Umstand nicht gerecht, dass wir in unserer Erfahrung mit reichhaltigen Wirklichkeiten umgehen, die keiner einzigen, theoretisch anerkannten Gegenstandstheorie entsprechen. Vielmehr sind alle Gegenstandskategorien, die man üblicherweise namhaft macht (physikalische Gegenstände etwa im Unterschied zu mentalen Zuständen, wirklich existierende Gegenstände etwa im Unterschied zu fiktionalen usw.), um ein Weltbild einzuführen, hoffnungslos unterkomplex und werden nicht dem gerecht, was wir ohne ihre Zuhilfenahme bereits wissen. In der prä-ontologischen Erfahrung stehen wir nämlich in Kontakt mit moralischen Werten, Zahlen, Relationen, dem Schönen und Hässlichen, der Zeit, Jedi-Rittern, Norman Bates, Madonna, der Gerechtigkeit usw. Aus unserer prä-ontologischen Erfahrung ergibt sich daher der Ausgangspunkt eines *ontologischen Pluralismus*, den unter anderem der späte Derek Parfit gewählt hat, als er daran erinnerte, dass *prima facie* die folgenden (und viele weitere) Gegenstände existieren:

---

sein schafft, München 2014. Vgl. gegen diese Variante des Neurozentrismus gerichtet Gabriel, *Ich ist nicht Gehirn*; ders., *Neo-Existentialism*; ders., *Der Sinn des Denkens*.

Tatsachen, Bedeutungen, Naturgesetze, der Äquator, philosophische Theorien, Nationen, Kriege, Hungersnöte, Überziehungskre-
dite, Preise, Sternbilder, Metaphern, Symphonien, fiktionale Cha-
raktere, Moden, literarische Stile, Probleme, Erklärungen, Zahlen,
logische Wahrheiten, Pflichten und Gründe.[144]

Das Bestiarium der Dinge lässt sich natürlich durch Klassifikation vereinfachen, doch niemals auf einen einzigen Nenner bringen, der uns einen substantiellen Existenzbegriff liefert. Deswegen handelt es sich bei Existenz (wie bei verwandten Begriffen
wie Identität, Tatsache, Gegenstand, Sinnfeld usw.) um Elemente des formalen Seins, d. h. um etwas, was wir in der philosophischen Reflexion erfassen können, ohne deswegen eine metaphysische Einsicht in die Architektur einer absoluten Totalität
zu erlangen.[145]

Der Grund des ontologischen Pluralismus ist also keine
apriorische Deduktion pluraler Existenzweisen, logisch-semantische Analyse der Verwendungsweise des Existenzquantors oder
linguistische Analyse von Existenzausdrücken, sondern die in
unserer prä-ontologischen Erfahrung leicht zugängliche (stets

144 Meine Übersetzung von Derek Parfit, *On What Matters*, Bd. II, Oxford
2011, S. 473. Zu einer verwandten Rückbindung eines metaethischen
und moralischen Realismus (der Gründe) an einen ontologischen Pluralismus vgl. Thomas M. Scanlon, *Being Realistic about Reason*, Oxford
2014. Ich danke Hannah Ginsborg für den Hinweis auf diese Parallelen.
145 Zum Begriff der Existenz als formales Sein vgl. Anton Friedrich Koch,
»Die Offenheit der Welt und der euklidische Raum der Imagination«,
in: Markus Gabriel u. a. (Hg.), *Welt und Unendlichkeit. Ein deutsch-unga-
rischer Dialog in memoriam László Tengelyi*, Freiburg/Br., München
2017, S. 68-78. Ich teile freilich Kochs Annahme nicht, Existenz sei eine
nichtdiskriminierende Eigenschaft aller Gegenstände, weil die metaphysische Allquantifikation, die Aussagen über unrestringiert alle Gegenstände trifft, an der Keine-Welt-Anschauung scheitert (Gabriel, *Sinn
und Existenz*, § 6). Es gibt keine Allheit der Gegenstände dergestalt, dass
diesen aufgrund ihrer Zugehörigkeit zu einer solchen Allheit Eigenschaften – etwa die nichtdiskriminierende Existenzeigenschaft – zukommen
könnten.

unverborgene) Vielfalt von Gegenständen, die in unserem Leben allenfalls dadurch zusammenhängen, dass sie uns begegnet sind.

Wir wissen wiederum auf der Basis unserer prä-ontologischen Erfahrung, dass die Gegenstände, die uns begegnet sind, nicht darin aufgehen, uns zu begegnen. Der Supermarkt bleibt an Ort und Stelle, auch wenn ich heute noch nicht dort war; der Vesuv verändert sich unmerklich, verschwindet aber nicht völlig, wenn ich nicht in Neapel bin; das Untergeschoss des Gebäudes, in dem ich dies schreibe, fällt nicht ins Nichts nur deshalb, weil ich mich gerade oben befinde, usw. Ontologischer Realismus und Pluralismus scheinen also *prima facie* wahr zu sein. Die Beweislast liegt auf ihrer Bestreitung.

Die Meontologie der SFO geht von der Platonischen Idee aus, dass das Nicht-Sein (μὴ ὄν) im Anders-Sein (θάτερον) besteht. Nicht zu sein, bedeutet nicht, sozusagen gar nichts zu sein, sondern etwas zu sein, das sich von etwas anderem unterscheidet. Im Rahmen der SFO ergibt sich die Situation, dass dasjenige, was in einem gegebenen Sinnfeld nicht existiert, gleichwohl in einem anderen Sinnfeld existiert.

Ehe dies weiter artikuliert werden kann, sind zwei Einwände abzuwehren, die gegen diese Grundidee vorgebracht werden könnten.

Der *erste Einwand* lautet, dass man den unbestimmten Artikel »ein« in »Erscheinen in einem Sinnfeld« bzw. »in einem anderen Sinnfeld« so zu verstehen habe, dass damit irgendein Sinnfeld aus der Menge (oder dem Sinnfeld) aller Sinnfelder angepeilt wird, ohne genau anzugeben, welches. Damit habe man implizit eine Sinnfeld-Totalität vorausgesetzt, über die man dann, wie man so sagt, »quantifiziert« habe.[146]

Dieser Einwand hat allerdings keinerlei Schlagkraft, da er seinerseits voraussetzt, was sich in der SFO nicht ergibt: Dass wir stets über eine Totalität oder ein Ganzes quantifizieren, das selbst

---

146 So Tobias Rosefeldt, Catharine Diehl, »Antwort auf Gabriel«, in: Buchheim (Hg.), *Jahrbuch-Kontroversen 2*, S. 230-239.

nicht mehr Teil eines übergeordneten Ganzen ist, wenn wir von »allem« oder »irgendeinem« sprechen. Der Einwand begeht also eine *petitio principii* gegen die Keine-Welt-Anschauung der SFO.[147] Zu sagen, dass etwas in einem anderen Sinnfeld existiert, von dem wir in einem gegebenen Sinnfeld wissen, dass es dort nicht existiert, besteht nicht darin, es an eine unbestimmte andere Stelle in einem allumfassenden logischen oder ontologischen Raum zu verweisen, da diese Operation in der SFO nicht zulässig ist.

Der unbestimmte Artikel ist keine implizite Bezugnahme auf eine bestimmte Totalität, sondern – wie sollte es auch anders sein – der Hinweis darauf, dass in einem beschränkten Bereich etwas vorkommt oder eben nicht. In einer unbestimmten Beschreibung anzugeben, dass einer Kennedy ermordet hat, bedeutet nicht, eine Aussage über das gesamte Universum oder die Welt als Totalität aller Gegenstände/Tatsachen/Sinnfelder zu treffen. Die unbestimmte Bezugnahme auf irgendeinen Mörder ist nicht die bestimmte Bezugnahme auf eine Totalität, sondern die Bezugnahme auf einen Mörder im Sinnfeld einer Handlungssituation wie der Ermordung Kennedys.

An dieser Stelle muss man auf eine der vielzähligen Verwirrungen hinweisen, unter denen die ∃-These leidet, d. h. die Gleichsetzung von partikulären Urteilen mit Existenzaussagen.[148] Es sieht so aus, als habe man einen ontologischen Schachzug ausgeführt, wenn man sich darauf stützt, dass »∃xFx« äquivalent ist mit »¬∀x¬Fx«. Wenn es wahr ist, dass jemand Brötchen gekauft hat, bedeutet dies sicherlich, dass nicht alle, die in Frage kommen, darauf verzichtet haben, Brötchen zu kaufen. Jedes Modell für diese scheinbare logische Banalität unterliegt allerdings Restriktionen, da wir nicht einfach alles und jedes für »x« einsetzen können. Welche Gegenstände wir in Betracht ziehen, um ein echtes Prädikat zuzuschreiben, das etwas Wirk-

147 Vgl. dazu auch unten, S. 217-220.
148 Dagegen Gabriel, »Neutraler Realismus«, S. 28 f., und ders., *Sinn und Existenz*, § 2 b.

liches von etwas Wirklichem unterscheidet, bestimmt einen beschränkten Bereich, über den wir Aussagen treffen.

Der Allquantor bezieht sich als solcher auf gar nichts. Der Anschein der Bezugnahme auf eine absolute Totalität ergibt sich unter anderem daraus, dass man die gebundene Variable »x« in »$\forall$x (x=x)« als eine Art übermächtigen logischen Eigennamen versteht, der sich auf alles auf einmal statt auf jedes einzelne Ding bezieht, über das man eine propositional artikulierte Aussage treffen kann.

Unsere logischen Formeln haben außerhalb ihrer Anwendbarkeit auf Sprachen, die sich auf etwas beziehen, keine Bedeutung. Ihre Rolle besteht im Erfolgsfall darin, Folgerungsbeziehungen transparent zu machen, die uns entgehen können, wenn wir unter alltäglichen Betriebsbedingungen Schlüsse vollziehen. Man betreibt weder erfolgreich Logik noch erfolgreich Ontologie, wenn man dem Zeichen »$\exists$« die Existenzeigenschaft zuordnet. Diese Zuordnung ergibt sich aus keinem Kalkül und sie wird nicht durch von der Kalkülkonstruktion unabhängige ontologische Überlegungen gestützt.[149]

Eine weitere Verwirrung, die uns hier in die Quere kommen kann, besteht darin, Existenz über Identität verstehen zu wollen, indem man festhält, dass etwas dann existieren soll, wenn es mit etwas identisch ist: »$\exists$x (x=y)«. Es ist geradezu ein Aberwitz, ein solches Zeichen ohne Bedeutungszuschreibung verwenden zu wollen. Was genau bedeutet bitte »=«? Was Identität ist und ob zwei Gegenstände, die verschieden sind, identisch sein können, sind Fragen, bei denen die eigentliche ontologische Musik spielt. Existenz darin zu sehen, dass etwas mit etwas Bestimmtem (x mit y) identisch ist, setzt voraus, dass y existiert, sodass die angebliche Erläuterung des Existenzbegriffs ohnehin dadurch bereits hinfällig ist, dass sie ein nicht artikuliertes Verständnis

149 Vgl. dazu etwa Jody Azzouni, *Deflating Existential Consequence. A Case for Nominalism*, Oxford 2004, sowie Graham Priest, *One. Being an Investigation into the Unity of Reality and Its Parts, Including the Singular Object which is Nothingness*, Oxford 2014, S. xi-xii.

von Existenz voraussetzt, aus dem sie schöpft, ohne anzugeben, wie dies vor sich geht. Dies tritt zutage, wenn Anhänger der ∃-These bemerken, dass sie eigentlich meinen, zu existieren besteht darin, in der Welt vorzukommen, womit wir wieder beim eigentlichen Thema unserer Untersuchung angekommen wären.

Konklusion: Es ist nicht der Fall, dass wir über eine Sinnfeld-Totalität nachdenken, wenn wir sagen, die Nicht-Existenz eines bestimmten Gegenstandes (Phlogiston, Äther, Einhörner, Engel usw.) bestehe darin, dass der soundso bestimmte Gegenstand in einem anderen Sinnfeld existiert als demjenigen, in dem wir ihn anzutreffen erwarteten.

Der *zweite Einwand* hält die SFO für einen Meinongianismus der folgenden Spielart: Wenn etwas nicht existiert, würde es demnach immer in *ein* bestimmtes anderes Sinnfeld verwiesen, etwa in das Sinnfeld der Einbildungen. Die Motivation eines solchen Meinongianismus, den ich in *Sinn und Existenz* als »substantiellen Meinongianismus«[150] bezeichnet habe, besteht darin, ein Sinnfeld der existierenden Gegenstände von einer genau umgrenzten Sphäre der nicht-existierenden Gegenstände zu unterscheiden, auf die man sich zwar richten kann, die damit allerdings nicht existieren. Der substantielle Meinongianismus verpflichtet sich somit auf »intentionale Gegenstände« im Sinne von Gegenständen, die darin aufgehen, dass jemand sich auf sie richtet (sie erwähnt, sie sich einbildet, über sie nachdenkt usw.), ohne dass sie existieren. Die SFO würde sich von diesem Meinongianismus letztlich nur verbal unterscheiden, weil der Existenzbegriff der SFO sich in den Gegenstandsbegriff des Meinongianismus übersetzen lasse.[151]

Dieser zweite Einwand wird wiederum durch den Hinweis auf die fortbestehende Gültigkeit der Keine-Welt-Anschauung entkräftet. Es ist ausgeschlossen, dass es eine Welt des Wirklichen gibt, die von einem Bereich intentionaler Gegenstände

---

150 Gabriel, *Sinn und Existenz*, S. 214.
151 So Priest in Gabriel, Priest, *Everything and Nothing*.

umgeben ist, sodass wir nun eine Gegenstandstotalität bilden
können, die sich einerseits aus den wirklichen, existierenden,
andererseits den bloß intendierten, nicht-existierenden, zusammensetzt.

Was es der SFO zufolge in einem gegebenen Sinnfeld nicht
gibt, gibt es in einem anderen gegebenen Sinnfeld. Was es nicht
gibt, gibt es anderswo, wie Jocelyn Benoist dies (wohlgemerkt
kritisch) mit dem Begriff des *être ailleurs* benannt hat.[152] Das
Sinnfeld, in das ein nicht-existierender Gegenstand verwiesen
wird, steht nicht *a priori* fest, weil es keine einfache metaphysische Architektur gibt, die alle Gegenstände in eine Anzahl von
Kategorien einteilt.[153] Auf diese Weise löst sich die Vorstellung
auf, es gebe einen Gesamtbereich des Wirklichen (das Sein, die
Welt), der von einem anderen Bereich des Unwirklichen (dem
Nichts) umstellt ist.

Illustrieren wir die Meontologie der SFO anhand des einschlägigen Beispiels: des Einhorns. Man sagt, Einhörner existierten nicht, und meint damit, dass kein Zweig der Evolution
der Arten auf Planet Erde diejenigen Lebewesen hervorgebracht
habe, die in mythologischen Erzeugnissen, Erzählungen, Wand-
teppichen, Träumen usw. vorkommen. Einhörner kommen nicht
auf geeignete Weise im Universum vor, sondern allenfalls indirekt, z. B. in der Wappenkunde.[154] Es gibt zwar keine Einhörner,

---

152 Mündliche Mitteilung. Vgl. meine Replik in Gabriel, *Propos réalistes* so-
       wie ders., »Être vrai«.
153 Vgl. dazu die Ausführungen in der Einleitung zu Gabriel, *Propos réalistes*,
       S. 7-52.
154 Vgl. die berühmte Passage in Bertrand Russell, *Einführung in die mathe-
       matische Philosophie*, Hamburg 2002, S. 189: »Ich möchte behaupten,
       dass die Logik ebenso wenig ein Einhorn zulassen darf wie die Zoologie;
       denn die Logik befasst sich geradeso gut mit der realen Welt wie die Zoo-
       logie, wenn auch mit ihren abstrakteren und allgemeineren Eigenschaf-
       ten. Es ist eine jammervolle und armselige Ausrede, wenn man sagt, dass
       Einhörner in der Wappenkunde oder in der Literatur oder in der Phan-
       tasie vorkommen. In der Wappenkunde gibt es kein Tier aus Fleisch und

aber Repräsentationen von Einhörnern, denen ›in Wirklichkeit‹ nichts entspricht.

Allerdings ist es im Sinnfeld des Films *Das letzte Einhorn* falsch, dass es keine Einhörner gibt, weil wahr, dass es Einhörner gibt. Es ist also, wie man sagt, *intrafiktional* wahr, dass es Einhörner gibt. Warum sollte es dann aber keine Einhörner geben? Nehmen wir an, das minimalistische Äquivalenzprinzip (ÄP) für Wahrheit sei akzeptabel (was üblicherweise nicht bestritten wird):

(ÄP) »p« ist wahr gdw. p.

Dann folgte aus »Es ist intrafiktional wahr, dass es Einhörner gibt«, dass es Einhörner gibt, es sei denn, man hätte Gründe dafür, das Prädikat intrafiktionaler Wahrheit anders zu behandeln als dasjenige der Wahrheit. Intrafiktionale Wahrheit wäre dann freilich etwas ganz anderes als Wahrheit *tout court*, da sie eines der definitorischen Prinzipien des Wahrheitsbegriffs verletzt. Die angebliche *metafiktionale* Wahrheit, dass es keine Einhörner gibt, widerstreitet der angeblichen *intrafiktionalen* Wahrheit, dass es Einhörner gibt, wobei lediglich Letztere keine »richtige« Wahrheit zu sein scheint.

Der einzige Grund, den man an dieser Stelle für diese Distinktion anführen kann, besteht darin zu sagen, dass wir schließlich wissen, dass Einhörner nicht existieren. Doch dies zählt nicht, da es bereits unterstellt, dass intrafiktionale Wahrheit keine »richtige« Wahrheit ist und deswegen nicht angeführt werden kann, um diesen Zug zu begründen.[155]

Blut, das aus eigener Kraft atmet und sich bewegt. Es gibt nur eine Abbildung oder eine Beschreibung in Worten.«

155 In der Narratologie hat Peter Rabinowitz zwischen drei Arten von Publikum (»audience«) unterschieden: dem wirklichen, dem auktorialen und dem narrativen. Vgl. Peter J. Rabinowitz, »Truth in Fiction. A Reexamination of Audiences«, in: *Critical Inquiry* 4/1 (1977), S. 121-141. Diese Distinktion führt weiter als die einfache Unterscheidung von intrafiktio-

Die SFO handhabt dieses Problem durch einen *ontologischen Relationismus*. Dieser behauptet, dass etwas stets nur relativ zu (bzw. in) einem Sinnfeld existiert und dass es insbesondere kein allumfassendes Sinnfeld gibt derart, dass der Rekurs auf dessen totale Einrichtungsfunktion Existenzfragen in einem besonders anspruchsvollen Sinn klärt.[156] Fermionen existieren im Univer-

naler und metafiktionaler Redeweise, weil sie einem genuinen literarischen Phänomen Rechnung trägt, nämlich der von der Konstanzer Rezeptionsästhetik herausgearbeiteten Funktion des »impliziten Lesers«. Vgl. den *locus classicus* Iser, *Der implizite Leser*. Es ist rätselhaft, warum die Narratologie in der analytischen Debatte über fiktionale Entitäten beinahe völlig ignoriert wird. Neuerdings taucht sie indirekt wieder auf bei Derek Matravers, *Fiction and Narrative*. Auf der Höhe der narratologischen Forschung befindet sich hingegen paradigmatisch Albrecht Koschorke, *Wahrheit und Erfindung. Grundzüge einer Allgemeinen Erzähltheorie*, Frankfurt/M. [4]2017.

156 Wenn man so will, impliziert die SFO einen generalisierten ontologischen Deflationismus, weil bestritten wird, dass es »gewichtige (*heavyduty*)« Existenz gibt. Damit ähnelt die SFO oberflächlich der »easy ontology« Amie Thomassons, dargestellt in Thomasson, *Ontology Made Easy*. Diese Analogie ist allerdings trügerisch, da Thomasson keinen meta-ontologischen Realismus vertritt. Als Existenzbegriff gibt sie an: »Ks exist iff the application conditions actually associated with ›K‹ are fulfilled.« (Ebd., S. 86) Daraus leitet sie einen ontologischen Pluralismus ab, der Huw Prices »funktionalem Pluralismus« nachempfunden ist. Vgl. Huw Price, *Naturalism without Mirrors*, Oxford 2011, insbesondere S. 300. Ähnlich wie in der SFO gilt für Thomasson zwar, »we should expect no uniform, across-the-board answer to the question of what it takes to exist. Thus, again we have a purely formal answer, not one with across-the-board material content.« (*Ontology Made Easy*, S. 89) Als Grund für diesen Pluralismus führt sie aber eine Variation der Anwendungsbedingungen von Ausdrücken an, sodass sie bestreitet, dass es »across-the-board, shared criteria of existence« (ebd.) gibt, was noch nicht bedeutet, dass es auch unabhängig von unserer Sprachpraxis kein einheitliches, totales Sinnfeld gegeben hätte. Sie behandelt Existenz konsequent als »notion« (ebd., S. 116) und nicht als eine Eigenschaft von Gegenständen, worin ich ihr nicht folge. Dass es kein materiales »*substantive* criterion for existence« (ebd.) gibt, liegt der SFO zufolge daran, dass Exis-

sum, Gretchen in *Faust*, der Bundespräsident in Institutionen, die ihre Existenzrechte aus dem Grundgesetz ableiten, Zahlen in formalen Systemen, welche die Zahlentheorie studiert, usw. Aber keiner dieser Gegenstände existiert auf eine metaphysisch besonders ›wirkliche‹ Weise.

Der Witz dieser Überlegung im Kontext der Meontologie lautet: Gretchen existiert nicht im Universum, der Bundespräsident nicht in formalen Systemen, Fermionen nicht in Institutionen, die ihre Existenzrechte aus dem Grundgesetz ableiten, usw. Dass Gretchen nicht im Universum existiert, bedeutet nicht, dass sie nicht existiert; dass Fermionen keine legalen Rechte und Pflichten haben, bedeutet nicht, dass sie nicht existieren, usw.

Diese Idee ähnelt Bergsons berühmter Analyse der Illusion des absoluten Nichts in *Schöpferische Evolution*.[157] Bergson argumentiert in einer berühmten Passage dafür, dass »das absolute Nichts« nur ein »Wort«, aber keine »Idee« sei. Denn die Operation der Negation setze immer nur bei etwas an, das durch etwas anderes verdrängt wird, sodass die Negation eines Einzeldings nicht dazu führt, dass die Wirklichkeit sozusagen um ein Ding ärmer wird. Die Funktion der Negation ist Bergson zufolge die Zurücknahme einer erwarteten Bestätigung und nicht die Bestätigung eines vorliegenden negativen Sachverhalts (sozusagen eines Seinslochs). Die wiederholte Anwendung der Negation »Schritt für Schritt (*tour à tour*)« führt also keineswegs zum gewünschten Ergebnis einer Negation aller Dinge »auf einmal (*toutes ensemble*)«.[158]

Existenznegation ist Bergson zufolge die »Exklusion« oder »Expulsion« eines Gegenstands aus einer gegebenen Situation,

tenz plural ist, was nicht primär oder gar exklusiv dadurch wahr gemacht wird, dass unser Existenzbegriff plurale Anwendungsbedingungen aufweist.

157 Henri Bergson, *Œuvres*, Bd. 1, Paris 2015, S. 1016-1037.
158 Ebd., S. 1024.

die den negierten Gegenstand durch einen anderen ersetzt, der an
seiner statt existiert. Die Negation ist also kein Pflasterstein auf
der Straße zum absoluten Nichts, da sie keinen Deut weg von
der »Fülle (*le plein*)« führt, wie Bergson das Wirkliche (»le réel«)
auch nennt. Deswegen sei das Irreale, Nicht-Existierende, lediglich das Mögliche, das wir uns in der Form der Einbildungskraft ausschmücken. Was wir uns auf diese Weise nicht ausschmücken können, ist dann wie das »runde Quadrat« keine
Idee, die schwer zu fassen ist, sondern nur noch ein Wort.

Allerdings vertritt Bergson eine Immanenz-Metaphysik der
Fülle. Er nimmt an, es gebe eine absolute Totalität und hält diese für die Wirklichkeit. Denn die Negation fügt ihm zufolge
einem Wirklichkeitsblock einen von diesem ausgeschlossenen
Gegenstand hinzu, was ihm zufolge voraussetzt, dass wir die
Idee der »aktuellen Wirklichkeit als Block genommen« bilden
können. Diese Operation ist der SFO zufolge aber ebenso eine
Unsinnsquelle wie das absolute Nichts Bergsons.[159] Er übersieht,
dass mit der Idee des absoluten Nichts auch die Idee des absoluten Seins als der Fülle des Wirklichen über Bord geht. Weder
gibt es einen Wirklichkeitsblock noch seinen Untergrund als
das absolute Nichts. Es gibt einfach keine Welt, die sich gegen
ein Nichts abhebt. Beide Relata einer solchen metaphysischen
Pseudo-Relation existieren nicht. Es handelt sich bei ihnen
um Worte, die nichts bezeichnen, d. h. nicht einmal um Einbildungen (vgl. § 4 und § 10). Die Worte »die Welt« und »das
Nichts« existieren zwar; aber in keinem sinnvollen Gebrauch
bezeichnen sie metaphysische Gegenstände, d. h. eine absolute

---

159 Ebd., S. 1026: »En d'autres termes, et si étrange que notre assertion
puisse paraître, *il y a plus, et non pas* moins, *dans l'idée de ce même objet
conçu comme ›n'existant pas‹ que dans l'idée de ce même objet conçu comme
›existant‹, car l'idée de l'objet ›n'existant pas‹ est nécessairement l'idée de l'objet ›existant‹, avec, en plus, la représentation d'une exclusion de cet object par
la réalité actuelle prise en bloc.«* Bergson sieht keine Schwierigkeit in der
»idée de Tout«, deren Sinn er indirekt durch die Illusion des absoluten
Nichts bestätigt findet (vgl. ebd., S. 1035).

Totalität einerseits und deren völlige Abwesenheit andererseits.[160]

Kein Sinn von »Existenz« erschöpft Existenz oder bezieht sich auf ein Sinnfeld, dessen Gegenstände die Existenzeigenschaft auf eine ontologisch privilegierte Weise instanziieren. Es gibt keine ontologischen Privilegien, was nicht bedeutet, dass der *ontologische* Relationismus automatisch auf andere Denkbereiche (wie Ethik, Wahrheitstheorie usw.) durchfärbt. Dass es keinen absoluten Existenzsinn gibt, dem ein Sinnfeld zugeordnet ist, das für jeden existierenden Gegenstand entscheidet, ob er zu ihm gehört oder nicht, ist eine Konsequenz der SFO. Daraus folgt nicht, dass es in einem gegebenen Sinnfeld (etwa demjenigen der wertegebundenen Handlungen oder der wahren Aussagen) keine Standards gibt, die lokale Vorschriften bezeichnen, an denen sich normgebundene Akteure orientieren sollten.

Was in einem Sinnfeld (oder mehreren) existiert, existiert in einigen anderen Sinnfeldern nicht. Kein Gegenstand kommt in allen Sinnfeldern vor, was daraus folgt, dass es keine relevante Allheit von Sinnfeldern (keine Welt) gibt. Da es kein All der Sinnfelder, kein Welt-All, gibt, kommt *trivialiter* kein Gegenstand in allen Sinnfeldern vor.

Sinnfelder lassen sich nicht derart totalisieren, dass man durch Einsicht in ihre Gesamtkonstitution erfolgreiche substantielle Aussagen darüber machen könnte, was es in jedem Sinnfeld geben muss, damit es überhaupt etwas in ihm gibt. Sinnfelder werden nicht von einem transzendentalen Rahmen umspannt. Das ist eine der Hinsichten, in denen sich die SFO vom modalen Realismus David Lewis' unterscheidet.[161] Denn dieser bettet sei-

---

160 In dieser Aussage handelt es sich bei »absolute Totalität« und deren »völliger Abwesenheit« ebenfalls um Worte, die nichts bezeichnen. Daraus kann man aber nicht auf ein Ausdrucksproblem für die SFO schließen, da es vielmehr Sache des Metaphysikers wäre zu zeigen, dass man mit solchen Worten etwas bezeichnen sollte. Vgl. dazu unten, § 10.

161 Vgl. dazu natürlich das *opus magnum* David Lewis, *On the Plurality of Worlds*, Oxford, New York 1986.

ne möglichen Welten in einen logischen Raum ein, dank dessen der Begriff der Möglichkeit uns Zugang zu einer Totalität des Möglichen gibt.

Ich pflichte hier Quentin Meillassoux bei, der darauf hingewiesen hat, dass wir weder *empirische* noch *theoretische* Gründe für die Annahme haben, es gebe einen solchen logischen Raum der Möglichkeiten, wobei er sich freilich auf Cantors Theorem stützt, um zu zeigen, dass sich Möglichkeiten nicht theoretisch *a priori* totalisieren lassen. Jede solche Totalisierung würde eine Menge der möglichen Welten bilden, was erlaubte, eine Potenzmenge zu generieren, woraus ersichtlich sei, dass wir über keine Regel zur Bildung eines substantiellen Möglichkeitsbegriffs verfügen, der über den schmalen Rahmen etwa der logischen Möglichkeit als Widerspruchsfreiheit hinausgeht.[162]

Meillassoux' Argument lautet also, dass die Menge der möglichen Welten unvollständig bleibt, solange wir die Potenzmenge dieser Menge ignorieren. Allerdings funktioniert dieses Argument nicht ohne Zusatzprämissen, die Meillassoux nicht liefert, was man leicht einsehen kann. Nehmen wir an, es gebe eine endliche Anzahl möglicher Welten, die wir verkürzt auf die drei Welten w_1, w_2 und w_3 reduzieren können. Wir können nun die Menge W dieser drei Welten $\{w_1, w_2, w_3\}$ bilden. Die Potenzmenge Pot(W) dieser Menge besteht aus der Menge der Untermengen von W und gestaltet sich demnach folgendermaßen: Pot(W) = $\{\{w_1\}, \{w_2\}, \{w_3\}, \{w_1, w_2\}, \{w_2, w_3\}, \{w_1, w_3\}, \{w_1, w_2, w_3\}, \emptyset\}$. Warum aber sollte die Potenzmenge möglicher Welten mehr mögliche Welten enthalten als die Ausgangsmenge? Dazu müssten mögliche Welten mindestens mit Mengen identisch sein, wobei auch dies freilich nicht zum erwünschten Ergebnis führt, es sei denn, jede Menge, die es überhaupt gibt, wäre eine Möglichkeit. Meillassoux nimmt vielleicht aus irgendwelchen Gründen an, dass diese *prima vista* abwegigen Annahmen zutreffen, führt

---

162 Quentin Meillassoux, *Trassierungen. Zur Wegbereitung spekulativen Denkens*, Leipzig 2017.

dies allerdings nicht aus, sodass sein Argument auf tönernen Füßen steht.

Richtig ist, dass wir *ex hypothesi* jedenfalls keine empirischen Gründe zur Bildung eines logischen Raums der möglichen Welten haben, da wir empirisch nur zur wirklichen Welt Zugang haben sollen. Denn es gehört zum Begriff der wirklichen Welt, dass sie die einzige Welt ist, zu der wir empirischen Zugang haben können, da die anderen möglichen Welten in einem modalen Realismus dadurch definiert sind, dass sie kausal von uns isoliert sind, sodass wir keine empirischen Informationen über sie erlangen können.

Wir haben in der SFO weder empirisch noch apriorisch hinreichend belastbare Gründe zur Annahme, dass es eine Einrichtungsfunktion für alle Sinnfelder gibt, die jedem einen bestimmten Gegenstand oder eine bestimmte Art von Gegenständen (etwa physikalische) zuweist. Die Gründe dafür beruhen allerdings nicht auf mengentheoretischen Paradoxien, da der Begriff des Sinnfelds intensional ist. Er beschreibt den Umstand, dass dasjenige, was existiert, wesentlich unter Anordnungsregeln steht, die dadurch angegeben werden, dass Gegenstände in Relationen stehen, die über das rein extensionalistische Vokabular der Mengenlehre mindestens überall dort hinausgehen, wo wir es mit nicht-mathematischen Gegenständen zu tun haben.[163]

Die Literatur zu parakonsistenten Logiken hat überdies im Gefolge von Graham Priest prominent gezeigt, dass wir mit unmöglichen Welten rechnen können, sodass inzwischen auch noch das Dogma gefallen ist, wir könnten uns keine unmöglichen Szenarien ausmalen, worauf wir natürlich noch zurückkommen werden. Meillassoux verlässt sich wie sein Vorbild Alain Badiou zu Unrecht auf den Satz vom zu vermeidenden Widerspruch als Prinzip einer rationalistischen Ontologie und übersieht, dass nicht-klassische Logiken rational formulierbar sind, aus denen sich dann z. B. dialetheistische Lösungsvorschläge für die mengentheoretischen Paradoxien ergeben, die anders als Badiou und

---

163 Vgl. Gabriel, *Sinn und Existenz*, § 3.

Meillassoux die klassische mengentheoretische Axiomatik nicht
als einziges Modell akzeptieren.[164]

   Anders als Meillassoux annimmt, bestimmt die klassische Logik zwar einen nicht-totalisierbaren Raum des Möglichen, ist ihrerseits aber in ein größeres Panorama eingebettet, da alternative Logiken sich andere Räume erschließen. Was Meillassoux
übersieht, ist die Selbstanwendung der Einsicht in die Nicht-
Totalität auf die Theoriebildung. Wir wissen aus der Metamathematik des zwanzigsten Jahrhunderts spätestens seit Gödel,
dass es kein widerspruchsfreies formales System geben kann, für
das gilt, dass jeder wahre Satz sich als ein Theorem aus ihm ableiten lässt. Jeder Ontologie lässt sich ein formales System zuordnen, das seine formalen Eigenschaften modelliert, da die
Grundbegriffe einer Ontologie (Existenz, Identität, die Modalitäten, Proposition, Intension/Extension usw.) Transformationsregeln einführen, die uns einen Grundbegriff unter Rekurs auf
einen anderen erläutern. Keine Ontologie ist vollständig.

   Im Rahmen der SFO bedeutet dies, dass explizit anerkannt
wird, dass Alternativen bestehen, von denen einige wahr sein
könnten. Keine der heute üblichen Alternativen ist aber imstande, dem Versprechen der Metaphysik gerecht zu werden, eine
substantielle Theorie der absoluten Totalität zu entwickeln, die
es erlaubt, eine Architektur von Gegenständen bzw. Gegen-
standsbereichen *a priori* zu entwickeln.[165]

---

164 Für einen Überblick vgl. Graham Priest, *An Introduction to Non-Classic-
    al Logic. From If to Is*, Cambridge ²2008. Badiou operiert unkritisch mit
    klassischen Logiken, ohne diese gewichtige Voreinstellung philosophisch
    zu begründen. Vgl. Alain Badiou, *Das Sein und das Ereignis*, Berlin,
    Zürich 2005; sowie ders., *Logiken der Welten*, Berlin, Zürich 2010.
165 Anders ist es um klassische metaphysische Projekte bestellt, die etwa im
    Neuplatonismus, in der Philosophie des Mittelalters und im Deutschen
    Idealismus entwickelt wurden, weil diese das Absolute ohnehin nicht als
    Gegenstand einer Theoriebildung behandeln, die nach dem Modell der
    neuzeitlichen Naturwissenschaft oder der Aussagenlogik gestrickt ist. Vgl.
    dazu etwa Jens Halfwassen, *Auf den Spuren des Einen. Studien zur Meta-
    physik und ihrer Geschichte*, Tübingen 2015, sowie die paradigmatischen

Der Hauptbegriff der SFO ist Existenz im Sinne des Erscheinens in einem Sinnfeld. Diese Begriffsbestimmung ist nicht arbiträr, sondern ergibt sich aus der Zurückweisung von Alternativen, die Existenz an das Vorliegen eines uneingeschränkten Gegenstandsbereichs (einer Welt) knüpfen. Hinzu kommt, dass in der SFO Wissen auch ein ontologischer Grundbegriff ist, da Wissen und seine mentalen Voraussetzungen ihrerseits existieren und paradigmatisch in Rechnung gestellt werden müssen, wenn wir uns der Erkennbarkeit unserer eigenen Ontologie versichern wollen.[166]

Arbeiten von Werner Beierwaltes, *Identität und Differenz*, Frankfurt/M. 1980, und neuerdings Werner Beierwaltes, *Catena Aurea*, Frankfurt/M. 2017. Es ist eine offene Frage, wie genau sich eine nicht-gegenständliche Metaphysik des Absoluten unter gegenwärtigen Theorieauflagen reformulieren ließe, wobei diese insbesondere an den Grenzen der gegenwärtigen theoretischen Physik Vorteile haben dürfte, wo begriffliche Verhältnisse auftreten, die Carlo Rovelli und andere eher zufällig an Dante erinnert haben, in dessen *Divina Commedia* die neuplatonische Metaphysik tonangebend ist. Vgl. Carlo Rovelli, *Die Wirklichkeit, die nicht so ist, wie sie scheint*, Hamburg 2016, S. 110-119. Rovelli verdreht freilich nicht nur den Sinn der Dante-Passage, die er anführt, sondern erfindet den Text, den er zu zitieren scheint. Bei Dante findet sich im siebenundzwanzigsten Gesang der *Divina Commedia* keineswegs der von Rovelli angegebene Satz »Diesen anderen Teil des Universum, den er als einen Kreis so wie die anderen ihn umhüllt« (»Questa altra parte dell'Universo d'un cerchio lui comprende si come questo li altri« (ebd., S. 110), sondern vielmehr: »Luce ed amor d'un cerchio lui comprende, / sì come questo li altri; e quel precinto / colui che l'cinge solamente intende.« (Canto XXVII, 112-114) In meiner Übersetzung: »Licht und Liebe eines Kreises umfängt ihn [den Himmel, M. G.] / so wie dieser die anderen [Sphären, M. G.]; und jenes Umfassen versteht nur derjenige, der es umfasst.« Dabei ist der Himmel (wie bei Aristoteles, der Dantes Gewährsmann ist) in der »mente divina« (Canto XXVII, 110) enthalten, sodass sich keinerlei paradoxie-freudige Struktur des sich selbst enthaltenden Universums einstellt.

166 Insofern respektiert die SFO in Gabriel, *Sinn und Existenz* die idealistischen Auflagen einer transzendentalen Ontologie, die ich insbesondere anhand von Studien zu Schelling und Hegel skizziert habe in Markus

Es genügt nicht, einen Sinn von Existenz unter Angabe theoretischer Vorzüge gegen Alternativen ins Feld zu führen, solange nicht gesichert ist, dass die Aussagen der Theoriebildung mit
der Erkennbarkeit ihres Gegenstandsbereichs vereinbar sind. Ein
erkenntnistheoretischer blinder Fleck unterminiert jede Form
von Ontologie, die es sich mit der Intelligibilität des Wirklichen
zu leicht macht und meint, ein Fingerzeig auf die Wirklichkeit
reiche schon hin, um dann anschließend ihre metaphysische Architektur logisch zu artikulieren. Man hat den metaphysischen
Gegenstandsbereich namens »die Welt« nicht schon dadurch
theoretisch im Blick, dass man sich ein Bild von der universalen
Reichweite einer gegebenen Logik macht. Die Verwendungsweise von Quantoren in einem gegebenen Kalkül bleibt metaphysisch folgenlos, wenn nicht gezeigt wird, dass wir in unserem
erfolgreichen Nachdenken über dasjenige, was selbst nicht notwendig mit unseren Gedanken über es identisch ist (das Wirkliche), zwingend auf diese Verwendungsweise festgelegt sind.[167]
Kehren wir zur Nicht-Existenz zurück. Wir können festhal-

Gabriel, *Transcendental Ontology. Essays in German Idealism*, New York,
London 2011. Das macht sie allerdings nicht zu einer idealistischen Ontologie, wobei ich im Übrigen Zweifel habe, dass sich bei Schelling oder
Hegel eine idealistische Ontologie nachweisen lässt. Vgl. insbesondere
Markus Gabriel, »What Kind of an Idealist (if any) is Hegel?«, in: *He-
gel-Bulletin* 27/2 (2016), S. 181-208, was sich insbesondere gegen Lesarten richtet à la Rolf-Peter Horstmann, »Hegel's Phenomenology of Spirit
as an Argument for a Monistic Ontology«, in: *Inquiry* 49/1 (2006),
S. 103-118.

167 Diese Mühe macht sich etwa Williamson nicht, der deswegen jeglichen
Beweis schuldig bleibt, dass sein Vorgehen erkenntnistheoretisch tragfä-
hig ist. Vgl. Williamsons unzureichende methodologische Selbsteinschät-
zung in Timothy Williamson, *Modal Logics as Metaphysics*, Oxford 2013,
S. 423-429. Es genügt nicht, darauf hinzuweisen, dass man im Allgemeinen zwischen metaphysischen und epistemologischen Fragen unterscheiden kann, solange man nicht in Rechnung stellt, dass das Wirkliche und
unsere Erkenntnis zusammenhängen. Das ergibt sich *trivialiter* schon
daraus, dass unsere Erkenntnis des Wirklichen ihrerseits etwas Wirkliches ist, das man erkennen kann, sodass man keinen kategorialen Un-

ten: Nicht zu existieren, bedeutet nicht, überhaupt nichts zu sein. Schließlich wollen wir angeben können, was nicht existiert. Genau dies führt üblicherweise in das *eleatische Paradox der Nicht-Existenz*, das man folgendermaßen konstruieren kann.

(1.) Ein Gegenstand g ist etwas, worauf man sich mit wahrheitsfähigen Gedanken richten kann.

(2.) Ein Paradigma eines solchen wahrheitsfähigen Gegenstandsgedankens ist die Zuschreibung einer Eigenschaft an einen Gegenstand, etwa der Eigenschaft Π. Ich denke dann: gΠ.

(3.) Ich kann sinnvoll nur dann denken, dass gΠ, wenn ich auch denken kann, dass ¬gΠ.

(4.) Nun sei E die Existenzeigenschaft. Ich kann sinnvoll nur dann denken, dass gE, wenn ich auch denken kann, dass ¬gE.

(5.) Der Ausdruck »g« in ¬gE bezieht sich auf g.

(6.) Wenn ein Ausdruck wie »g« (paradigmatisch ein Eigenname) sich auf g bezieht, gibt es etwas, namentlich g, worauf er sich bezieht.

(7.) Wenn ich über einen Gegenstand g den wahren Gedanken denke, dass er nicht existiert, gibt es etwas, namentlich g, was nicht existiert.

∴ Es gibt (unendlich) viele Gegenstände, die nicht existieren.

Auf den ersten Blick könnte man hier gelassen bleiben und die gelehrte Meinung aufrufen, dass manche alten Griechen ein Problem mit einem Scheinparadox hatten, weil sie zwischen Sein und Existenz aufgrund der Polysemie ihrer ontologischen Grundbegriffe ὄν, εἶναι usw. nicht hinreichend unterscheiden konnten. Der Anschein des Paradoxes wäre dann ein regionales sprachliches Artefakt des Altgriechischen, das man durch die

terschied zwischen metaphysischen und epistemologischen Fragen ziehen kann.

Distinktion von Sein und Existenz wegerklären könnte.[168] Eine solche Argumentation könnte einen Beitrag zur Begründung der meinongianischen Ontologie leisten, die bekanntlich zwischen Existenz und anderen Seinsmodi unterscheidet, um auf diese Weise Gegenstände einzuführen, die nicht existieren, auf die wir uns dennoch unproblematisch sprachlich beziehen können, weil sie ein So-Sein aufweisen, also irgendwie sind (etwa wie Gretchen in *Faust*).

Dieses Manöver ist allerdings kraftlos. Denn es verschiebt das Paradox von der Existenz auf das Sein. Wenn die existierenden Gegenstände zwar die nicht-existierenden ausschließen, sodass man auf diese ohne ontologische Verpflichtung Bezug nehmen kann; wenn die seienden Gegenstände aber all dasjenige aufnehmen, was die existierenden abstoßen, ist man nur scheinbar von der Stelle gekommen.

Der Eröffnungszug des Meinongianismus besteht darin, dass sowohl die existierenden als auch die nicht-existierenden Gegenstände Teile des Seins sind, was sich in der Aussage ausdrückt, dass es sowohl Gegenstände gibt, die existieren, als auch solche, die nicht existieren. Der Bezugsbereich der Seinsrede ist folglich widersprüchlich, da es in ihm sowohl wahr ist, dass es keinen gegenwärtigen König von Frankreich gibt, als auch, dass es einen gegenwärtigen König von Frankreich gibt, da beide ein genau bestimmtes So-Sein haben: der eine das So-Sein des nicht-seienden Königs von Frankreich, der andere das des seienden.

Klassifiziert man die fiktionalen Gegenstände als nicht-existent, meint man damit in aller Regel, dass einige der Gegenstände, die in Kontexten erwähnt oder charakterisiert werden, die als fiktionale Darstellungen gelten (wozu auch Filme, Skulpturen, Gemälde, Opern zählen), als ontologische Querulanten gelten sollten, die uns in das eleatische Paradox verstricken. Auf dieser Ebene entzieht man sich der Mühe anzugeben, was den

---

168 Vgl. Charles Kahn, *Essays on Being*, Oxford 2009; Ernst Tugendhat, *Aufsätze 1992-2000*, Frankfurt/M. 2001; Graham Priest, »Sein Language«, in: *The Monist* 97/4 (2014), S. 430-442.

fiktionalen Kontext und damit die Fiktionalität der Querulanten jenseits der vermeintlichen Tatsache ausmacht, dass sie unwillkommene Eindringlinge in den Gegenstandsbereich unserer im Übrigen kreuzbraven logischen Systeme sind.

Aufgrund der Kontextsensitivität erfolgreicher Existenzaussagen begeht das scheinbare eleatische Paradox eine Äquivokation. Daraus, dass Jed Martin in *Karte und Gebiet* existiert, folgt nicht, dass Jed Martin *tout court* existiert, weil es keine Existenz *tout court* gibt. Nichts existiert einfach so, ohne irgendwo in einem Sinnfeld zu existieren, das als solches niemals einen allumfassenden Raum einnimmt. Deswegen ist es kein Widerspruch zu behaupten, dass vieles existiert, was nicht existiert, weil damit ausgedrückt wird, dass vieles in einem Sinnfeld S^1 existiert, ohne deswegen in einem anderen Sinnfeld S^2 zu existieren. Da es kein Sinnfeld gibt, in dem alle Gegenstände existieren, und keinen Gegenstand gibt, der in allen Sinnfeldern existiert (da es kein Welt-All gibt), verpufft die Paradoxie. Die vermeintliche Paradoxie ist also lediglich ein ungültiger Schluss, dessen Schein dadurch erzeugt wird, dass die formale Univozität von Existenz (Erscheinen-in-einem-Sinnfeld) mit einer metaphysischen Architektur verwechselt wird (In-der-Welt-Vorkommen).

Die SFO zeichnet sich dadurch aus, dass aus ihr eine technische Lösung des eleatischen Rätsels folgt, in der sich meine Nachsicht mit allem Seienden auszahlt, das ein Gegenstand unseres wahrheitsfähigen Nachdenkens ist. Seien wir also großherzig genug, um das Offensichtliche zu akzeptieren: Gretchen, Jed Martin, Anna Karenina und Jesus existieren. Sie sind Gegenstände. Sie haben allesamt Eltern (im Fall von Jesus ist die Sachlage biologisch intrikat, aber Eltern hat er schon). Daraus folgt, dass sie keine abstrakten Gegenstände sein können, da Lebewesen, die Eltern haben, fraglos konkret sind, sofern »konkret zu sein« daran festgemacht wird, kausal in ein Raum-Zeit-Gefüge eingebettet zu sein. Wir können also festhalten, dass die SFO in der Diskussionslandschaft um die sogenannten »fiktionalen Gegenstände« eine realistische Option darstellt, deren Gegenstände

konkret sind, womit sie eine Lücke auf der Landkarte der Orthodoxie bestimmt und schließt.

Ontologisch ist dies paradoxiefrei. Denn die SFO ist formal
betrachtet ein ontologischer Relationismus. In diesem Zusammenhang legt sich der ontologische Relationismus auf die Ansicht fest, dass es keinen metaphysisch privilegierten Gegenstandsbereich gibt, der so beschaffen ist, dass wir alle Gegenstände, die
nicht zu diesem Bereich gehören, *ipso facto* als nicht-existent einstufen sollten. Vielmehr gilt, dass dasjenige, was in einem Sinnfeld rechtmäßig Existenz beansprucht, in einem anderen Sinnfeld nicht zu existieren braucht. Jed Martin existiert im Sinnfeld
von *Karte und Gebiet*, aber er existiert nicht hier (dort, wo ich
bin). Hier existiert der Roman Houellebecqs sowie meine Interpretation dieses Romans, aber nicht Jed Martin. Damit sind
auch die ihn betreffenden Tatsachen hinreichend von denjenigen isoliert, die mich betreffen, um etwaige Widersprüche zwischen Fiktion und Wirklichkeit zu vermeiden. Selbst wenn es in
Karte und Gebiet wahr wäre, dass Jed Martin nach Paris reist,
um mich dort zu besuchen, wäre dies keine Wahrheit über Paris
und mich, sondern über Paris$_{\text{Karte und Gebiet}}$ und Markus Gabriel$_{\text{Karte}}$
$_{\text{und Gebiet}}$. Die Bezugnahme auf Gegenstände in einem fiktionalen
Sinnfeld schließt es aus, dass die Gegenstände dieser Bezugnahme auf den Bereich der meta-hermeneutischen Gegenstände
durchfärben, der der Anlass unserer Akte der Einbildungskraft
ist.

Doch hier ergibt sich sofort das folgende Problem. Jed Mar-
tin existiert in *Karte und Gebiet*, aber nicht hier. Hier existieren
Paris und Frankreich. In *Karte und Gebiet* existieren ebenfalls
Gebiete wie Paris und Frankreich. In *Karte und Gebiet* ist Jed
Martin französischer Staatsbürger, aber wiederum nicht hier.
Frankreich in *Karte und Gebiet* kann demnach nicht mit Frank-
reich identisch sein, da diese beiden Gegenstände verschiedene
Eigenschaften haben.[169] In jeder ontologisch kohärenten, d. h.

---

169 Zur Diskussion um die Ontologie »realer Objekte« in »fiktiven Geschichten« vgl. Zipfel, *Fiktion, Fiktivität, Fiktionalität*, S. 92-97. Haller

überhaupt durchführbaren Interpretation des Romans sind sie sogar so verschieden, dass keiner der Bürger des einen Landes auch Bürger des anderen ist. Dasselbe Frankreich existiert also nicht in den beiden Sinnfeldern, die wir gerade betrachten, sondern nur in einem. Daraus folgt, dass wir die übliche Distinktion zwischen fiktionalen Gegenständen, die existieren, und solchen, die lediglich in einer Fiktion charakterisiert werden, die aber nicht existieren, fallenlassen müssen.

Im üblichen Jargon gilt also, dass die SFO eine Variante einer Gegenstück-Theorie fiktionaler Gegenstände formuliert. Was in einer Interpretation eines Romans so aussieht wie Frankreich, ist nicht Frankreich, sondern allenfalls ein Gegenstand, der Frankreich sehr ähnlich sieht (ein Gegenstück). Der folgende, prominent von Tim Crane analysierte Gedanke über die Bibel ist also zurückzuweisen:

(Bibelgedanke) Einige Figuren in der Bibel existier(t)en [etwa Moses oder Jesus], andere nicht [etwa der wiederauferstandene Lazarus oder der Engel Gabriel].[170]

Die gute Nachricht lautet, dass wir den (Bibelgedanken) nicht denken müssen. Um zu Houellebecq zurückzukehren, gilt, dass der Ausdruck »Frankreich« in unserer Lektüre von *Karte und*

verteidigt ebenfalls die These, dass keine fiktionalen Gegenstände mit wirklichen Gegenständen identisch sind, in Rudolf Haller, »Wirkliche und fiktive Gegenstände«, in: ders., *Facta und Ficta. Studien zu ästhetischen Grundlagenfragen*, Stuttgart 1986, S. 57-93. Haller hält fiktive Gegenstände aber für unvollständig, was mit der hier vertretenen Position unvereinbar ist, der zufolge fiktive (in meinem Vokabular: hermeneutische) Gegenstände im Rahmen einer Interpretation nicht unvollständig sind, während ihre meta-hermeneutische Basis (die Figur, die etwa ausdrücklich als *dramatis figura* aufgeführt wird) ohnehin nicht unvollständig ist. Der Anschein der Unvollständigkeit entspringt aus einer Verwechslung dieser beiden Gegenstände, die in der ästhetischen Erfahrung scheinbar verschmelzen.

170 Vgl. Tim Crane, *The Objects of Thought*, Oxford 2013, S. 17.

Gebiet sich nicht auf Frankreich beziehen kann, sondern allenfalls auf etwas, was Frankreich schockierend ähnlich ist – jedenfalls in einigen Interpretationen des Romans. Die Macht und damit auch die Gefahr der Art von Fiktion, die Houellebecq in Werken wie *Die Möglichkeit einer Insel* oder *Unterwerfung* entfaltet, besteht genau darin, dass sie etwas darstellen, was unserer Wirklichkeit zu ähneln scheint, von ihr aber in einer Weise abweicht, dass sich damit eine Möglichkeit unserer Wirklichkeit abzuzeichnen scheint.[171]

Doch genau darin liegt der eigentliche Scheincharakter der Kunst: Die Pointe der Fiktion (einschließlich der Science-Fiction) liegt nicht darin, dass sie uns etwas über unsere Wirklichkeit erzählt – etwa über eine anhängige Möglichkeit –, sondern dass sie letztlich nur von ihr selbst handelt. Wir müssen also mit dem Aristotelischen Urdogma brechen, dass darstellende Literatur wie das Theater oder der Roman Aussagen darüber enthält, was geschehen könnte, aber (bisher) nicht geschehen ist.[172] Ein Roman ist kein modales Gedankenexperiment. Romane sind keine Tatsachenberichte über etwas, was in möglichen Welten vorkommt. Romane beschreiben gar nichts, sie sind in ihrer Materialität als Texte Partituren für Interpretationen, Vorlagen möglicher Lektüren. Diese Lektüren unterliegen Prinzipien, zu denen eine Orientierung am Text gehört.

---

171 Žižek hat zu Recht darauf aufmerksam gemacht, dass das Wirkliche als solches häufig in der Form einer Fiktion innerhalb einer Fiktion auftritt. Wir erkennen das Wirkliche im Kontrast zu seiner Variation. Der Kontrastbereich, in den es auf diese Weise eingebettet ist, bestimmt seine Position im geistigen Leben des Menschen, das fundamental um Fiktionen herum aufgebaut wird, worin ich Žižek folge, der dies unter dem Begriff der »phantasy« abhandelt. Vgl. seine ingeniöse Deutung von *The Man in the High Castle* in *Sex and the Failed Absolute*, S. 338. Wir entdecken das Wirkliche im Kontrastraum der Fiktionen, woraus aber nicht folgt, dass alles Wirkliche fiktional oder gar fiktiv ist. Der Realismus wird nicht durch die Zentralstellung der Fiktionen im menschlichen Geist eingeschränkt, sondern nur an der richtigen Position verortet.

172 Vgl. wiederum den *locus classicus* Aristoteles, *Poetik*, 1451b36-1452a11.

Was wie ein Tatsachenbericht aussieht, ist ontologisch gesehen keiner, selbst wenn ein literarischer Text zufällig als Quelle verwendet werden kann. Wenn man auch die Ruinen Trojas durch die Lektüre der *Ilias* finden kann, so gilt dasselbe nicht für die sterblichen Überreste des Patroklos oder das Holz, aus dem das Trojanische Pferd gezimmert war. Irgendwelche Gegenstände der *Ilias* kommen in den Sinnfeldern, die wir (und sei es mit einer Zeitmaschine) bereisen können, nicht vor.

Fiktive Gegenstände existieren, sie sind aber ontologisch von uns isoliert. Sie dringen indirekt in unsere Wirklichkeit ein, indem sie über metahermeneutische Gegenstände vermittelt die Ausübung unserer produktiven Einbildungskraft zugleich aktivieren und restringieren. Wir üben unsere Fähigkeit der Einbildungskraft aus, wenn wir auf der Basis ästhetischer Erfahrung die Details eines Kunstwerks ermitteln, indem wir Stellung zu der Frage beziehen, wie die in ihm zusammengestellten Gegenstände und Sinnfelder zusammenhängen.

Eine Deutung ist eine objektstufige Untersuchung der Komposition (der Zusammenstellung) der Elemente eines Kunstwerks, die uns in der Form seiner Partitur gegeben werden. Die Partitur eines Gemäldes ist z. B. das bemalte Stück Leinwand, das sich mitsamt einem Rahmen an einer Wand befindet; die Partitur einer Skulptur das Stück Bronze, das in einem Garten steht; die Partitur eines Romans der Text, der vervielfältigt werden und als Exemplar existieren kann, usw.[173] In der Lektüre eines literarischen fiktionalen Produkts erzeugen wir ein Gesamtbild, indem wir die Informationen verbinden, die wir dem Text entnehmen und dann im Modus der Interpretation Infor-

---

173 Zu einem ähnlich weiten Begriff der Partitur und entsprechend der Aufführung vgl. Christoph Möllers, *Die Möglichkeit der Normen. Über eine Praxis jenseits von Moralität und Kausalität*, Berlin 2015, S. 250-255. Möllers stellt eine Verbindung von Ästhetik und juridischer Normanwendung her, indem er einen Gesetzestext als Partitur behandelt und das gerichtliche Urteil damit an Aufführungsbedingungen knüpft (ebd., S. 252).

mationen hinzufügen, die uns in der ästhetischen Erfahrung einleuchten.

Wir lernen auf diese Weise in der ästhetischen Erfahrung etwas über uns einfach deshalb, weil die ästhetische Erfahrung ein konstitutiver Teil unserer Wirklichkeit, d. h. der Existenz geistiger Lebewesen ist, deren Gedanken beliebig weit über die Einzelszenen hinausreichen, in denen wir als sterbliche Lebewesen jeweils vorkommen.

Dafür bietet Derek Matravers in *Fiction and Narrative* eine interessante Begründung an. Er unterscheidet nämlich zwischen *Repräsentation* und *Konfrontation*. Eine Repräsentation eines Gegenstandes oder Ereignisses stellt uns etwas im Medium einer Erzählung vor, die eigenen Kohärenzbedingungen unterliegt, die unter anderem von der psychologischen Erzählforschung untersucht werden, auf die Matravers sich stützt.[174] Repräsentationen spielen überall dort eine Rolle, wo wir uns Szenen vergegenwärtigen, die unseren direkten Datenabgleich mit handlungsrelevanten Kontexten überschreiten, in die wir einbezogen sind.

Ganz ähnlich argumentiert Blumenberg in seiner *Theorie der Unbegrifflichkeit*, indem er Begriffe an Erwartungen bindet, die erst auftauchen, wenn der Mensch so weit auf Distanz zu den Gegenständen seiner Bedürfnisbefriedigung gegangen ist, dass er einen Hiatus zu überspringen bzw. mit einem Wurf zu überbrücken hat (Blumenberg hält die Ballistik der Wurfgeschosse für das logische Urlabor).

> Der Mensch, das Wesen, das sich aufrichtet und den Nahbereich der Wahrnehmung verläßt, den Horizont seiner Sinne überschreitet, ist das Wesen der *actio per distans*. Er handelt an Gegenständen, die er nicht wahrnimmt. In den Höhlen, die seine erste Unterkunft sind, zeichnet er die Gegenstände seines Begehrens und seines

---

174 Matravers folgt weitgehend Waltons Auffassung, die Darstellung und Fiktion eng führt. Für eine Übersicht über die potenziellen Schwierigkeiten der damit einhergehenden »ungewöhnlichen terminologischen Setzungen« vgl. Zipfel, *Fiktion, Fiktivität, Fiktionalität*, S. 23 f.

Kampfes ums Dasein an die Wände. Der Begriff entsteht im Leben von Wesen, die Jäger und Nomaden sind.[175]

Unser Handlungsradius variiert zwar, da wir durch Technologie natürlich über die sensorisch präsente Umgebung hinausreichen (man denke an Drohnenpiloten oder unsere globale Vernetzung, dank derer wir an entfernten Orten eingreifen können). Aber es gibt immer Handlungsspielräume, an denen wir nicht direkt partizipieren können. Diese vergegenwärtigen wir uns, ohne deswegen zeitgleich mit ihnen konfrontiert zu sein. Ich mag mir ausmalen, wie es ist, Soldat zu sein, und kann in der imaginären Ausschmückung des Krieges emotional gefordert werden. Doch dies bedeutet zum Glück nicht, dass ich deswegen jemals als Soldat am Kriegsgeschehen teilnehmen muss.

Die Repräsentation überschreitet den Rahmen der Konfrontation. Dies hat uns im Überlebenskampf der Spezies einen entscheidenden Vorteil eingebracht, der freilich aufgrund unserer technologischen Machtentfaltung nicht von Dauer sein wird, da wir gerade dank des Ausmaßes unserer Transzendenz über die direkte Konfrontation die Zerstörung unserer eigenen ökologischen Nische betreiben.[176]

Was Matravers dabei übersieht, ist, dass wir auch mit Repräsentationen konfrontiert sein können, was der Normalfall der ästhetischen Erfahrung ist. Der Anlass einer ästhetischen Erfahrung ist eine Repräsentation, die im Modus einer Darstellung vorliegt, die wir dann unsererseits im Modus nachvollziehender Einbildung repräsentieren. Vor diesem Hintergrund hat Gadamer völlig zutreffend eine zentrale anthropologische Funktion der Kunst darin gesehen, das Erleben von Dauer durch Schaffung von Eigenzeit in unsere Lebenswelt einzuführen. Unsere Orientierung in der Lebenswelt überschreitet den Raum des

---

175 Blumenberg, *Theorie der Unbegrifflichkeit*, S. 10. Wie der Rekurs auf die Höhlenmalerei nahelegt, hängen Begriff und Fiktion über den gemeinsamen Gedanken einer Repräsentation des Abwesenden zusammen.

176 Vgl. dazu Gabriel, *Der Sinn des Denkens*.

schieren Überlebens, das sich in der von Matravers wiederholt
beschworenen Urszene des Überfalls von Wölfen auf die Höh-
lengemeinschaft imaginär wiederholt. Wir bringen das Wirkliche nicht durch Repräsentation auf Abstand, sondern greifen
in der Form von Kunstwerken in es ein, da diese, wie Gadamer
ausführt, zum Verweilen einladen und dadurch eine gefahrlose
Zeitspanne erzeugen (das Fest), durch die wir symbolisch über
die reine Vergänglichkeit unseres Überlebens hinausragen (ohne deswegen freilich unsterblich zu werden).[177]

Kunstwerke sind Gegenstände einer Konfrontation unter Bedingungen ästhetischer Erfahrung, womit die Abwesenheit von
Gefahr erlebbar wird.[178] Das erklärt den von Blumenberg ins

---

[177] Hans-Georg Gadamer, *Die Aktualität des Schönen. Kunst als Spiel, Sym-
bol und Fest*, Stuttgart ²2012, bes. S. 67-76. Diese Grundstruktur des
Werks hat Nicolas Bourriaud prominent zum Begriff einer relationalen
Kunst ausgedehnt. Vgl. dazu mit Belegen Wolfgang Kemp, *Der explizite
Betrachter. Zur Rezeption zeitgenössischer Kunst*, Konstanz 2015, S. 145-
164. Bourriaud und Kemp übersehen dabei Gadamers Pointe, dass diese
Relationalität zur Ontologie der Kunst gehört und keine historisch mar-
kante Gestalt der Moderne ausmacht. Vgl. Gadamer, *Die Aktualität des
Schönen*, S. 78-85, wo Gadamer übrigens das gegen ihn vorgebrachte Vor-
urteil entkräftet, er habe Tradition als »Denkmalpflege« (S. 80) verstanden. Im Gegenteil entwickelt Gadamer eine Einsicht in die Historizität
des Verstehens, die mit einer Ontologie der geschichtlichen Phänomene
vereinbar ist. Die Historizität ist nicht ihrerseits historisch, sondern gehört zum faktischen Bestand dessen, was wir als geistige Lebewesen sind.

[178] Sie sind Teil unseres »symbolischen Lebens«, wie Catherine Malabou
dies jüngst genannt hat in *Morphing Intelligence. From IQ Measurement
to Artificial Brains*, New York 2019, S. xvf. Freilich teile ich Malabous
Diagnose in keinster Weise, dass eine theoretische Alternative zur »reduc-
tion of the intellect to the two forms – neuronal and cybernetic [...]«
keine Zukunft hat (S. 9), ebenso wenig ihre Meinung, eine Hirnsimula-
tion sei von einem Gehirn ununterscheidbar. Es ist auffällig, dass Malabou ausdrücklich angibt, von Kurzweil und von Spike Jonzes Film *Her*
davon überzeugt worden zu sein, dass »plasticity is programmable« (S. 91
sowie dann 91 f.). Das läuft auf eine grobe Verwechslung von Fiktion und
Wirklichkeit hinaus, da ein Science-Fiction-Film niemanden von irgend-

Zentrum gerückten apotropäischen Erfolg des Schönen, das uns für die Dauer der ästhetischen Erfahrung in Sicherheit wiegt. Darin liegt der oft beschworene Scheincharakter der Kunst begründet, weil man sie allzu leicht als echte Transzendenz über das Wirkliche hinaus auffassen kann. Die Verführung der Kunst, ihre Macht, besteht darin, dass sie die einfache Distinktion von Repräsentation und Konfrontation, von Abwesenheit und Anwesenheit der Dinge unterminiert und durch komplexe Verweisungsspiele dieser Distinktion ihren Kunstcharakter, ihr Angefertigt-Sein problematisiert.[179] Dies spiegelt sich im Geniediskurs, der uns den Künstler als Medium einer abwesenden Ordnung vorführt, weil wir uns keinen Reim darauf machen können, wie irgendjemand die relationale Komposition eines Werks herstellen kann, an dem wir als Interpreten (als »Mitspieler«,[180] wie Gadamer sagt) konstitutiv beteiligt sind. Die sogenannten fiktionalen Gegenstände existieren nicht uninterpretiert, sie sind nicht einfach in den Teppich des Vorfindlichen eingewoben, und dennoch stehen sie nicht in unserer Verfügung, sondern modifizieren uns als Subjekte ihrer Erfassung.[181]

An dieser Stelle hat Jens Rometsch im persönlichen Gespräch eingewandt, dass man daraus, dass jemand einen fehlerhaften Tatsachenbericht abliefert, nicht darauf schließen kann, dass alles, was der Tatsachenbericht behandelt, damit unzutreffend ist. Analog führt er den Fall an, dass etwa ein Kleinkind irrtümlicherweise meinen und deswegen erzählen mag, einen Wolf im Garten gesehen zu haben, woraus man nicht schließen sollte, dass der Garten ebenso eingebildet ist wie der Wolf. Daraus lei-

---

einer bevorstehenden realen Möglichkeit oder gar Wirklichkeit überzeugen sollte!

179 Vgl. dazu die herausragende filmische Darstellung in Ruben Östlunds *The Square* (2017).

180 Vgl. seine Analyse des Spielbegriffs in Gadamer, *Die Aktualität des Schönen*, S. 36-51.

181 Vgl. dazu wiederum Kemp, *Der explizite Betrachter*, sowie Gabriel, *Le pouvoir de l'art*.

tet er ab, dass Napoleon als Gegenstand eines Spielfilms und als
Gegenstand eines historischen Dokumentarfilms mit Spielfilm-
szenen doch derselbe Napoleon sei, sodass jedenfalls irgendwelche nicht-fiktionalen Gegenstände im Sinnfeld des Fiktionalen
auftauchen können, was die Isolationsthese gefährdet.

Nun ist der hier vorgeschlagenen Ontologie zufolge Napoleon als Gegenstand eines Spielfilms tatsächlich nicht mit Napoleon identisch. Kein Spielfilm und keine Spielfilmszene in
einem historischen Dokumentarfilm handeln von Napoleon,
sondern allenfalls von etwas oder jemandem, der Napoleon ähnelt. Ebenso wenig ist übrigens der mit Wolf vorgestellte Garten
identisch mit dem Garten, den man gesehen hat. Unsere Einbildungen ähneln zwar manchen Gegenständen, die wir anschaulich präsent haben, aber sie sind nicht mit ihnen identisch. Wenn
ich mir jetzt mein Büro in der Einbildungskraft vorstelle, ist der
auf diese Weise eingebildete Gegenstand nicht mit meinem Büro identisch, wenn beide sich auch ähneln, da mein Büro in diesem Fall der Anlass einer Ausübung meiner Einbildungskraft
war.

In der Hinsicht, in der man Fiktion und Wirklichkeit trennen kann, bezieht sich der Ausdruck »wirklich« auf unsere indexikalische Umgebung, auf diejenigen Sinnfelder, in denen wir
existieren – was nicht auf die kausal aktive Grundschicht des
physikalisch messbaren Anteils des Universums einzuschränken
ist.[182] Wirklichkeit ist eine Modalkategorie und kein riesiges
metaphysisches Ding, das sich aus den wirklichen Gegenständen zusammensetzt, die wir durch Einsicht in die Wirklichkeit
entdecken.[183] Jed Martin existiert zwar in *Karte und Gebiet*, was
aber nicht impliziert, dass er dort wirklich ist, wo man ihn ver-

---

182 Vgl. Markus Gabriel, »Für einen nicht-naturalistischen Realismus«, in:
Magdalena Marszałek, Dieter Mersch (Hg.), *Seien wir realistisch. Neue
Realismen und Dokumentarismen in Philosophie und Kunst*, Zürich, Ber-
lin 2016, S. 59-88.
183 So richtig Kripke, *Name und Notwendigkeit*, S. 28. Vgl. auch Gabriel,
»Was ist (die) Wirklichkeit?«.

muten könnte (in Paris). Denn in Paris wirklich zu sein, ist eine
Funktion der Zugehörigkeit zu unserem Sinnfeld, welches sich
zu Recht vom Fiktiven abgrenzt.

Das ist gemeint, wenn wir sagen, Jed Martin existiere nicht.[184]
Wir dürfen dabei nicht außer Acht lassen, dass er wohlgemerkt
existiert und nicht existiert. Dies ist keine Paradoxie und auch
kein Witz, sondern eine Konsequenz des ontologischen Relationismus. Die Äußerung »Jed Martin existiert und existiert nicht«
drückt nämlich die nicht-widersprüchliche Proposition aus,
dass Jed Martin in *Karte und Gebiet*, aber nicht in Frankreich
existiert.[185] Bestenfalls existiert er in Frankreich in *Karte und Gebiet*, was nicht darauf hinausläuft, dass er in Frankreich existiert,
da Frankreich nicht mit Frankreich in *Karte und Gebiet* identisch ist.

Es ist mithin nicht der Fall, dass fiktionale Gegenstände überhaupt nicht existieren. Ihre Nicht-Existenz ist ebenso wie ihre
Existenz eine relationale Angelegenheit, die sich nur unter Re-

---

184 Vgl. ähnlich Zipfel, *Fiktion, Fiktivität, Fiktionalität*, S. 74 f., der im Anschluss an Goodman schreibt: »Unsere Alltagswirklichkeit ist eine Welt-
Version, die sich – wie alle Versionen, aber in besonders deutlicher Weise – aus verschiedenen vorhandenen Versionen zusammensetzt. Auf diese Wirklichkeit beziehen wir uns, wenn wir sagen, daß Romanfiguren
nicht wirklich existieren, daß Ereignisse, die in fiktionaler Literatur ge-
schildert werden, nicht wirklich stattgefunden haben, daß Geschichten
frei erfunden sind.« Zum Begriff der Alltagswirklichkeit als Lebenswelt
vgl. unten, § 8.

185 Diese ontologische Struktur ist keine Besonderheit fiktiver Gegenstände.
Ich selbst existiere gerade in Paris, aber nicht in *Der Graf von Monte
Christo*, sodass ich in einer Hinsicht existiere, in einer anderen nicht.
Wohlgemerkt kann der Graf von Monte Christo meine Nicht-Existenz
in seinem Sinnfeld nicht konstatieren. Selbst wenn es in einem Sinnfeld
einen Roman mit dem Titel *Der Autor des philosophischen Buchs »Fiktionen«* gibt, kann dieser Roman nicht von mir, sondern nur von einem mir
ähnlichen fiktiven Gegenstand handeln. Der Graf von Monte Christo
kann mich nicht erkennen, ich ihn hingegen schon. Das ist ein epistemisches Privileg des Wirklichen gegenüber dem Fiktiven, das sich freilich
nur bei uns auszahlt.

kurs auf Sinnfelder evaluieren lässt. Wir sind demnach angesichts der fiktionalen Gegenstände nicht in der unbequemen Lage, sie im absoluten Nichts zu verorten, d. h. im Bereich des schlechthin Nicht-Existierenden. Ihr Sein ist zwar Schein und damit in unserem Sinnfeld das Erscheinen von etwas Nicht-Existierendem. Doch dieses scheinbar Nicht-Existierende existiert erstens andernorts und wirkt zweitens dort, wo wir uns befinden, dadurch, dass das Kunstwerk direkt kausal mit uns verbunden ist und zu ästhetischer Erfahrung einlädt.

Das absolute Nichts ist unmöglich. Das absolute Nichts wäre die Aufhebung aller Gegenstände, d. h. ein Sinnfeld, in dem nichts erscheint. Die SFO bestreitet, dass sich das klassische Aufhebungsargument kohärent formulieren lässt, dem zufolge wir vom Nicht-Sein eines bestimmten Gegenstandes zum Nicht-Sein aller Gegenstände übergehen können. Diese Behauptung ist zunächst ein einfaches Korollar der Keine-Welt-Anschauung: Da wir nicht metaphysisch erfolgreich über alles quantifizieren können, um auf diese Weise den Gegenstand »Welt« erfassen zu können, können wir einen solchen Gegenstand auch nicht in einem Gedankenexperiment entfernen, das die vermeintliche Totalität aufhebt. Wir verfügen zwar über das Vermögen der *distributiven*, nicht aber über dasjenige der *metaphyisch-kollektiven* Negation, die alles auf einmal wegnähme. Deswegen folgt daraus, dass vieles Bestimmtes (sagen wir London, Fermionen, der Erdmond, das Universum usw.) kontingenterweise existiert, nicht, dass alles kontingenterweise existiert.

An dieser Stelle hat Graham Priest jüngst gegen die SFO eingewendet, dass sich sowohl ein Weltgegenstand als auch das absolute Nichts denken ließen, wobei er den Weltgegenstand im Unterschied zum Nichts für konsistent (widerspruchsfrei) denkbar hält.[186] Auf sein Argument, dass unter sinnfeldontologischen Bedingungen eine nicht-wohlfundierte Mereologie konzipierbar sei, der zufolge auch in der SFO eine Welt existiert, werde ich in §§ 4-5 replizieren. Was das absolute Nichts angeht,

---

186 Vgl. dazu die Diskussion in Gabriel, Priest, *Everything and Nothing.*

hält er es für den Gegenstand N, den er als die mereologische
Summe alles dessen definiert, was kein Gegenstand ist: σx¬Gx.
Da er unter einem Gegenstand alles versteht, was man überhaupt erwähnen kann, kann man nichts erwähnen, was kein
Gegenstand ist, sodass die mereologische Summe alles dessen,
was kein Gegenstand ist, zwar selbst ein Gegenstand ist, dabei
aber keine Gegenstände zu einem Ganzen des Nicht-Existierenden zusammenfasst. Die mereologische Summe N ist also eine
Operation im Leerlauf.

Das Nichts ist dabei sowohl ein Gegenstand als auch kein Gegenstand, was Priest in einem einfachen formalen Beweis dar-
legt, der mit wenigen mereologischen Annahmen auskommt,
insbesondere mit der heterodoxen Annahme, dass man eine
mereologische Summe bilden kann, ohne dass es Gegenstände
gibt, die man zu einem Ganzen zusammenfügt. Denn genau
dies ist das absolute Nichts: Dasjenige, was man erhält, wenn
man ein Ganzes denkt, das keinerlei Teile hat und das seinerseits kein Teil eines weiteren Ganzen ist. Man denkt mit dem
absoluten Nichts eine leere Supertotale, also eine Einstellung
mit maximaler Reichweite, in der allerdings nichts vorkommt.
Freilich muss man in diesem Gedankenexperiment die Einstellung ebenfalls entfernen, was traditionell Sagbarkeitsprobleme
aufwirft, die Priest dialetheistisch umgeht, d. h. dadurch, dass
er das absolute Nichts als Gegenstand einführt, über den ein
Widerspruch wahr ist, nämlich, dass dieser Gegenstand sowohl
ein Gegenstand ist als auch keiner.

Die kürzeste Replik auf dieses Manöver rekurriert einmal
mehr auf die Keine-Welt-Anschauung. Da die metaphysische
Allquantifikation am positiven Fall des Weltganzen scheitert,
gelingt sie ebenso wenig im Modus der Negativität. Der Ausdruck »x« in »σx¬Gx« bezieht sich nicht auf alle Gegenstände,
um dann durch die legitime Operation der Negation das absolute Nichts zu generieren. Wir können weder alle Gegenstände
positiv in ein Weltganzes vereinigen noch alle Gegenstände im
Negationsmodus erfassen. Es gibt schlichtweg keine Totalität aller Gegenstände – ein Problem, das man, wie gesagt, nicht da-

durch behebt, dass man die existierenden von den so-seienden Gegenständen unterscheidet, um diese dann als intentionale Gegenstände zu behandeln, die sich ohne ontologische Verpflichtungen untersuchen lassen.

§ 4. Die Welt ist keine Fiktion – Zur Inkohärenz von Borges' Das Aleph

Wenn es für Existenz *ex hypothesi* hinreichend ist, dass ein Gegenstand in einem Sinnfeld erscheint, scheint dies das folgende gravierende Problem für die SFO nach sich zu ziehen: Gelingt es, sich die Welt in irgendeiner Form einzubilden oder sie im Rahmen eines Kunstwerks darzustellen, ist gezeigt, dass sie existiert, was der Metaphysik als Theorie absoluter Totalität freies Feld verschafft. Damit sind wir beim Mehlich-Koch-Einwand angelangt (vgl. oben, S. 79). Zur Erinnerung: Dieser besagt, dass die Welt zwar nicht in dem Sinn existiert, den der landläufige metaphysische Realist in Anschlag bringt (nämlich einfach so oder ›da draußen‹), sondern dass sie wesentlich imaginiert oder fiktiv ist. Existiert die Welt in der Einbildungskraft, existiert sie, und damit kehrt die Metaphysik, wenn auch fiktionalistisch eingehegt, zurück.

Ein Testfall eines solchen Manövers ist die anscheinend metaphysische Phantastik Jorge Luis Borges', in der semantische und metaphysische Themen bearbeitet werden. Das offensichtlichste Beispiel ist hierbei die Erzählung »Das Aleph«. Es führte zu weit, eine detaillierte philosophische Analyse der gesamten Erzählung vorzunehmen, da diese Erzählung so viele Ebenen aufweist, dass dies die ontologische Theoriebildung zu lange aufhalten würde. Deswegen stehe der Gegenstand im Fokus, der sowohl im Titel der Erzählung als auch der Sammlung benannt wird, in der sie enthalten ist: das Aleph.

Das Aleph wird dem Leser durch einen Erzähler namens »Borges« bekannt gemacht. Dieser Erzähler gibt seinen Namen angesichts eines Gemäldes der verstorbenen Beatriz Viterbo preis – der erste Eigenname, der in der Erzählung bereits im ersten Satz verwendet wird. Dieses Gemälde erblickt er beim Eintritt in das Haus in der Avenida Garay, eine lange Achse in Buenos Aires, die nach Juan de Garay benannt ist, der als spanischer Kolonisator Buenos Aires verbunden mit einem Taufakt gegründet hat.[187]

Das hohe literarische Niveau der Erzählung wird bereits dadurch markiert, dass es um die verstorbene, für immer abwesende Beatriz geht, was ebenso wie der Nachname ihres Vetters ersten Grades (Daneri) eine Anspielung auf Dante Alighieri ist.[188] Der Eigenname »Beatriz« bezieht sich intertextuell auf Dantes Beatrice, was durch die Konstruktion des Textes und seine Einbettung in Borges' Œuvre deutlich wird. »Beatriz« verweist im semiotischen Kosmos der Literatur auf eine weitere Figur. Im Rahmen der Handlungsstruktur, die wir als Leser des Textes imaginieren, verorten wir Beatriz in Buenos Aires und bauen unter Anleitung des Erzählers eine Geschichte um sie herum auf.[189] Der als »das Aleph« bezeichnete Gegenstand, der in dieser Geschichte eine

187 Jorge Luis Borges, *Das Aleph. Erzählungen 1944-1952*, Frankfurt/M. 1992, S. 141: »Beatriz, Beatriz Elena, Beatriz Elena Viterbo, geliebte Beatriz, für immer verlorene Beatriz, ich bin es, Borges.«

188 Zum Gebrauch von Eigennamen bei Borges im Allgemeinen vgl. Daniel Balderstrom, *Out of Context. Historical Reference and the Representation of Reality in Borges,* Durham/NC. 1993. In Daneri klingen wohl auch Pablo Ner[u]da und R[ub]én Darí[o] an. Vgl. Humberto Núñez-Faraco, »In Search of The Aleph. Memory, Truth, and Falsehood in Borges's Poetics«, in: *The Modern Language Review* 92/3 (1997), S. 613-629. Daneri setzt sich aus Dan- und -eri zusammen, sodass »te alighi« ausgelassen wird, was auf den Titel »El Aleph« anspielt; »te alighi« klingt wie eine pseudoitalienische Verballhornung von »El Aleph«. Wie tief auch immer auf der Ebene des Signifikanten solche Wortspiele reichen mögen, wir müssen auf jeden Fall in Rechnung stellen, dass eine Erzählung komplexe Referenzbedingungen für die Verwendung ihrer Eigennamen herstellt, die sich nicht mit dem naiven Schema »leerer Eigennamen« beschreiben lassen.

189 Zur Rolle von Namen in literarischen Kontexten vgl. Dieter Lamping, *Der Name in der Erzählung. Zur Poetik des Personennamens,* Bonn 1983.

zentrale Rolle spielt, wie ihr Titel sowie ihre titelgebende Rolle im Erzählband anzeigt, in dem die Geschichte enthalten ist, ›entspricht‹ dem Totalgegenstand Welt. Das Aleph ist nämlich ein Gegenstand, in dem man alle Gegenstände (und damit auch das Aleph) *uno eodemque actu* beobachten kann.

Nähern wir uns dem Problemfeld weiter. In einem Winkel im Keller des Hauses der Verstorbenen befindet sich ein Aleph, worauf Carlos Daneri den Erzähler hinweist. Ein Aleph, so Daneri, ist »einer jener Punkte im Raum, die alle Punkte in sich enthalten«.[190] Daneri berichtet, vom Aleph gehört zu haben, weil jemand ihm gesagt habe, im Keller »gäbe es eine Welt (*había un mundo en el sótano*)«.[191] Das Spiel mit der Bezugnahme wird von Borges keineswegs suspendiert, wenn Carlos fortfährt: »Später habe ich begriffen, daß er einen Reisekoffer meinte (*se refería* [...] *a un baúl* [meine Hervorhebung, M. G.]); ich habe aber angenommen, da wäre wirklich eine Welt.«[192] Der Erzähler begehrt sogleich Auskunft, indem er fragt, was ein Aleph sei (in der Form der einfachen Frage: »¿El Aleph?«). Carlos' Antwort lautet, ein Aleph sei »de[r] Ort, an dem, ohne sich zu vermischen, alle Orte der Welt sind, aus allen Winkeln gesehen (*el lugar donde están, sin confundirse, todos los lugares del orbe, vistos desde todos los ángulos*)«.[193] Das Aleph, so wie es bis zu diesem Punkt charakterisiert wird, ›entspricht‹ dem Begriff des Sinnfelds aller Sinnfelder, d. h. der Welt, wie sie unter Theoriebedingungen der SFO formulierbar zu sein scheint. Das Aleph ist nicht nur irgendeine Welt, sondern eine Welt, die aus allen Winkeln angeschaut wird.

Die Erzählung arbeitet sich stark an der Funktionsweise von Eigennamen ab, wozu der Eigenname »das Aleph« gehört.[194] An-

---

190 Borges, *Das Aleph*, S. 140.

191 Ebd., S. 140.

192 Ebd.

193 Ebd.

194 Neben der offensichtlichen und expliziten Bezugnahme auf die transfinite Mengenlehre, die mit dem Ausdruck »Aleph« vorgenommen wird, kommt übrigens eine Bezugnahme auf den »Körper Alpha« in Betracht,

gesichts des literarischen Gebrauchs von Eigennamen ist es poetologisch inadäquat zu postulieren, Eigennamen im alltäglichen, nicht-literarischen Gebrauch bezögen sich direkt auf existierende Individuen, mit denen jemand irgendwann kausalen Kontakt hatte, während Eigennamen in literarischen, fiktionalen Kontexten auf nichts und niemanden referierten, da ihre Gegenstände *ex hypothesi* nicht existieren.

Das hier verwendete Modell unterscheidet deswegen zwischen zwei Arten von Gegenständen, die in einer ästhetischen Erfahrung verbunden werden. Die eine Art von Gegenständen gehört zur materialen Voraussetzung eines Kunstwerks, im vorliegenden Fall zum Text. Der Text enthält das Zeichen »Beatriz«, das wiederholt verwendet wird. Durch die Lektüre des Textes erschließen wir uns Eckpunkte zur näheren Bestimmung der Eigenschaften einer verstorbenen Person, wobei wir unser Hintergrundwissen in Anspruch nehmen, ohne das wir überhaupt kein narratologisches (sei es faktual oder fiktional erzählendes) Produkt verstehen könnten.[195] Diese verstorbene Person ist ein Gegenstand, den wir uns vorstellen müssen. Wie wir uns Beatriz vorstellen, hängt davon ab, was wir von Buenos Aires erwarten. Unsere Kenntnis der argentinischen Literaturtradition, in der Borges steht, mitsamt ihren intertextuellen Bezügen, sowie unser Bild von Buenos Aires bestimmen mit, wie uns als Leser Beatriz Viterbo jeweils genau erscheint. Keine zwei Leser werden sich Beatriz auf dieselbe Weise ausmalen, weshalb

von dem Vaihinger in der von Borges in *Tlön, Uqbar, Orbis Tertius* zitierten *Philosophie des Als Ob* spricht. Dieser Körper sei ein fiktiver Begriff: »der unbewegliche Mittelpunkt des absoluten Raums« (Hans Vaihinger, *Die Philosophie des Als Ob. System der theoretischen, praktischen und religiösen Fiktionen der Menschheit auf Grund eines idealistischen Positivismus. Mit einem Anhang über Kant und Nietzsche*, Berlin 1913, S. 105). Vaihinger vertritt eine »*Metaphysik der Empfindungen*« (ebd., S. 99), deren Fiktionalität Borges in *Tlön, Uqbar, Orbis Tertius* offenlegt.

195 Zu dieser in den Literaturwissenschaften etablierten Distinktion vgl. Monika Fludernik u. a. (Hg.), *Faktuales und fiktionales Erzählen. Interdisziplinäre Perspektiven*, Baden-Baden 2015.

das Sinnfeld der Erzählung in indefinit viele Interpretationen
aufgespalten wird.

Diese poetologische Grundstruktur ist eines der metafiktionalen Motive der Erzählung selbst. Der Paratext macht dies
mit einem Hamlet- und einem Hobbes-Zitat deutlich, die beide
dasjenige dementieren, was scheinbar im Rahmen der diegetischen Wirklichkeit möglich ist, nämlich die Existenz eines Aleph.
Vorgreifend lautet die Hypothese, die ich erhärten möchte, dass
das Aleph ein im Rahmen der Erzählung selbst unmöglicher
Gegenstand ist, der sich nicht hinreichend charakterisieren lässt,
um überhaupt verortet zu werden. Seine Unmöglichkeit besteht
nicht einmal darin, dass er genau bestimmte widersprüchliche
Eigenschaften aufweist (wie das runde Quadrat), um auf diese
Weise indirekt an eine Semantik unmöglicher Welten verwiesen
zu werden. Das Aleph ist viel zu nebulös, um überhaupt zum
Gegenstand einer Bezugnahme zu werden, die darüber hinausgeht, dass das Wort »das Aleph« verwendet wird. Der Versuch,
auf das Aleph Bezug zu nehmen, scheitert daran, dass er niemals
über das Zeichen »das Aleph« hinausgelangt, sodass sich der
Einwand erübrigt, Borges habe eine Erzählung verfasst, in welcher der von der SFO bestrittene Weltgegenstand erscheint. Vielmehr handelt es sich beim Aleph um eine »Allegorie des Lesens«,
d. h. darum, den Aufbau von Figuren zu stören, auf den wir uns
beim Verstehen faktualer Rede stützen.

Daraus folgt nicht, wie Paul De Man oder Richard Rorty seinerzeit meinten, dass die faktuale Rede angesichts der fiktionalen einer versteckten Fiktivität überführt wird, sondern lediglich, dass das Verstehen eines literarischen Textes imstande ist,
eine Form der Selbstbezüglichkeit zu generieren, der poetologische Schleifen eingebaut sind.[196] Borges' Text selbst funktio-

---

196 Vgl. die vieldiskutierten Studien in Paul De Man, *Allegorien des Lesens*,
     Frankfurt/M. 1987. Vgl. für unseren Zusammenhang paradigmatisch Ri-
     chard Rorty, »Is there a problem about fictional discourse?«, in: Dieter
     Henrich, Wolfgang Iser (Hg.), *Funktionen des Fiktiven*, Poetik und Her-
     meneutik X, München 1983, S. 67-94.

niert ähnlich wie ein Aleph, indem wir unsere eigene Position
als Interpreten in ihm wiederfinden, was nicht bedeutet, dass
er ein Aleph enthält, d. h. eine Totalvision dessen, »was ist, was
sein wird und was war«.[197] Das Aleph lehrt uns also etwas darüber wie »Das Aleph« zu lesen ist, ohne *sotto voce* eine darüber
hinausgehende metaphysische These zu kommunizieren.

Eine naive metaphysische Lektüre des Textes wird spätestens
dadurch Lüge gestraft, dass der Erzähler geradezu emphatisch
auf sich selbst mit dem Signifikanten Bezug nimmt, der zugleich der Nachnahme des Autors ist: »ich bin es, ich bin Borges
(*soy yo, soy Borges*).«[198] Damit wird die Form der Homodiegese
auf die Spitze getrieben, da es so aussehen könnte, als ob Autor
und Erzähler verschmelzen. Dies ist freilich ein Topos des Erzählens, indem eine eindeutig als fiktional markierte Darstellung dergestalt gerahmt wird, dass wir faktuale Erwartungen
an sie herantragen. Der Autor scheint der Erzähler und damit
in seiner Erzählung anwesend zu sein, was freilich nicht zutreffen kann, weil dasjenige Buenos Aires, in dem Beatriz und Daneri leben, nicht dasjenige Buenos Aires ist, in dem der Autor
namens Jorge Luis Borges lebte. »Buenos Aires« nimmt nicht
notwendig auf Buenos Aires Bezug.

Borges' literarisches Spiel mit Wahrheit und Falschheit ist
freilich literaturwissenschaftlich gut untersucht.[199] Ich führe dies
nur an, um *a limine* den Rahmen nachzukonstruieren, in dem

---

197 Vgl. die berühmte Formel ὃς ᾔδη τά τ᾽ ἐόντα τά τ᾽ ἐσσόμενα πρό τ᾽ ἐόντα, die das temporale Allwissen des Sehers Kalchas bei Homer, *Ilias*,
1.70, beschreibt. Den Musen wird ebenfalls dieses Allwissen zugetraut,
etwa bei Hesiod, *Theogonie*, 38, wo diese Formel wiederholt wird. In
der *Ilias* (2.484-486) wird das Allwissen der Musen mit dem Unwissen
der Rezipienten verglichen, die nur durch das Hörensagen die Kenntnisse erlangen, welche die Musen dem Sänger weiterreichen.

198 Vgl. Borges, *Das Aleph*, S. 141; vgl. zur Rolle der Auto(r)-Fiktion bei Borges Jean-Pierre Mourrey, »›Borges‹ chez Borges«, in: *Poétique* 16 (1985),
S. 313-324.

199 Vgl. wiederum Nuñez-Faraco, »In Search of the Aleph«.

die vermeintliche Bezugnahme auf den paradoxen Gegenstand einer absoluten Totalität in Aussicht gestellt wird.

Auf dieser Basis hat Priest einen scharfsinnigen Einwand gegen die SFO ins Rennen geschickt. Er unterlegt die SFO mit einer konsistenten, leicht heterodoxen Mereologie, um zu zeigen, dass das Aleph kohärent als Gegenstand gedacht werden kann. Damit wäre gezeigt, dass die Welt der SFO zufolge existiert – und zwar mindestens als fiktiver Gegenstand, von dem »Das Aleph« handelt.

Dieses Argument ist aussichtsreicher als der Hinweis, Leibniz habe ein perspektivisches Universum metaphysisch beschrieben, sodass dieses immerhin in Leibniz' Metaphysik existiere, da die SFO gegen diese Option Einwände formuliert hat. Insbesondere zeigt das Hauptargument für die Keine-Welt-Anschauung, dass eine solche Metaphysik daran scheitert, dass sie das Sinnfeld, in dem alle Sinnfelder erscheinen, nicht hinreichend charakterisiert, um sich überhaupt auf eine kohärente metaphysische Position zu belaufen. Bettet man ein Sinnfeldganzes hingegen in eine Fiktion ein, hat man ein Sinnfeld spezifiziert, in dem ein Sinnfeldganzes erscheint, sodass man diese Schwierigkeit umgeht und der Metaphysik damit indirekt einen Gegenstand verschafft, dessen Architektur man logisch-semantisch näher bestimmen könnte. Die Metaphysik untersuchte dann einen fiktiven Gegenstand, was *prima vista* unproblematisch (wenn auch heterodox) wäre.

Im Erfolgsfall hätte Priest die SFO auf eine heterodoxe Mereologie festgelegt, die ohne Fundierungsaxiom auskommt. Fundierungsaxiome untersagen die Bildung zyklischer Strukturen. In der Mengenlehre besagt dies, dass es keine Kette von Elementen gibt, für die gilt: $x_1 \in x_2 \dots \in x_n \in x_1$. Insbesondere ist damit ausgeschlossen, dass eine Menge sich selbst als Element enthält. Wenden wir dies auf die Mereologie an, hängt das Fundierungsaxiom in der Mereologie mit dem Axiom der Antisymmetrie zusammen. Dieses besagt:

(Antisymmetrie) Wenn x ein echter Teil von y ist, dann ist y kein echter Teil von x.

Dies leuchtet in vielen Fällen ein. Meine Hand ist Teil meines Organismus, mein Organismus ist aber nicht Teil meiner Hand; Helgoland ist Teil von Deutschland, Deutschland aber nicht Teil von Helgoland; das Wort »Helgoland« ist Teil dieses Satzes, aber dieser Satz ist nicht Teil des Wortes »Helgoland« usw. Gibt man dieses Axiom auf, kann man mereologische Schleifen zulassen. Insbesondere ist nun *prima vista* die folgende Schleife zulässig: der Gegenstand A ist Teil des Sinnfelds seiner selbst f(A), das wiederum Teil des Gegenstands A ist, usw.:

- ... < f(A) < A < f(A) < A < ...

Auf dieser Basis entwickelt Preist ein vereinfachtes Modell der mereologischen Struktur, die er der SFO attestiert. Die Zusatzannahme dabei lautet, dass Gegenstände (echte) Teile ihrer Sinnfelder sind, die er als Gegenstandsganze auffasst. Der Pfeil x → y zeigt an, dass x ein echter Teil von y ist, sodass sich folgendes Bild ergibt:

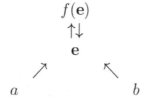

Alles, was nicht A ist, ist ein echter Teil von A und A seinerseits ist ein echter Teil seines eigenen Sinnfelds f(A).

Allerdings ist Preists Modell der SFO aus vielen Gründen inadäquat, da jedes Element des ontologischen Begriffs der Existenz als Erscheinung-in-einem-Sinnfeld anders rekonstruiert wird, als es in Preists Modell eingeführt wird, sodass sein Vorschlag, die SFO auf eine nicht-wohlfundierte Mereologie zu reduzieren, *a limine* problematisch ist.[200]

---

200 Die technischen Details des Verhältnisses einer Mereologie ohne Antisymmetrie (d. h. insbesondere mit nicht-wohlfundierten, rekurrierenden

Erstens ist Priests Modell extensionalistisch. Er identifiziert Sinnfelder mit Ganzen von Teilen, ohne in Rechnung zu stellen, dass Sinnfelder überhaupt nur dann Ganze von Teilen sind, wenn ihre Einheit (d. h. ihre Ganzheit) bereits einen Sinn als Einheitsfunktion voraussetzt, dank dessen bestimmte Gegenstände in einem Sinnfeld existieren. Ein Sinn ist eine Anordnungsregel von Gegenständen. Auf der Ebene eines Gedankens, der sich auf einen Gegenstand in einem gegebenen Sinnfeld richtet, ist ein Sinn eine Art des Gegebenseins seiner Gegenstände und damit in der Regel kein Gegenstand, der im selben Sinnfeld erscheint. Genauer: Der Fall, dass ein Sinn als Gegenstand in seinem Sinnfeld erscheint, kommt ebenso vor, wie der Fall, dass ein Sinn prinzipiell nicht in seinem eigenen Sinnfeld erscheinen kann.[201] Priest übersieht den entscheidenden Umstand, dass die SFO auf einer intensionalistischen Auffassung von Sinn beruht, der diesen für Existenz mit in Rechnung stellt. Was existiert, findet sich nicht nur im Gegenstandsbereich irgendeines Prädikats vor, sondern gehört wesentlich in den Einzugsbereich eines gehaltvollen Gedankens bzw. eines Sinns, der auch dann bestanden hätte, hätte es keine Gedanken gegeben. Es gibt also keine allumfassende mereologische Regel, die sinnvoll vorschreibt, wie Gegenstände in Sinnfeldern Ganzheiten bilden, sodass eine metaphysische Mereologie von vornherein unter den intensionalistischen Bedingungen der SFO nicht formulierbar ist.

Schleifen) wurden im Juni während Graham Priests Bonner Gastprofessur auf Einladung des Internationalen Zentrums für Philosophie NRW ausführlich diskutiert, was in Gabriel, Priest, *Everything and Nothing* ausgeführt wird.

201 Dies generiert wohlgemerkt in der SFO keine Variante der Russell'schen Antinomie, weil es das Sinnfeld aller Sinnfelder, deren Sinn nicht in ihnen selbst erscheint, nicht gibt. Und selbst wenn sich ein solches Sinnfeld konstruieren ließe, wäre damit noch nicht ohne Zusatzannahmen gezeigt, dass dieses eine Paradoxie generiert. Vgl. Gabriel, *Sinn und Existenz*, S. 340-347.

Zweitens ignoriert Priest die ausdrückliche Zurückweisung jeglicher »metaphysischer Mereologie«, die zur SFO gehört. Meine Einwände gegen eine metaphysische Deutung der Mengenlehre, die Priest akzeptiert, gelten *mutatis mutandis* für die metaphysische Deutung der Mereologie als formaler, mathematisierbarer Disziplin.[202] Da Priest kein Gegenargument anbietet, das seine Verletzung dieser expliziten Auflage rechtfertigt, ist seine Modellierung der SFO als metaphysische Mereologie auf dieser Ebene vorerst gescheitert.

Um die Einführung einer metaphysischen mereologischen Struktur im Zuge der Unterminierung der Keine-Welt-Anschauung zu motivieren, rekurriert Priest freilich auf zwei Hinweise, die wider Erwarten zeigen sollen, dass es sinnvoll ist, die SFO auf diese Weise mereologisch zu modellieren. Erstens führt er Borges' Aleph an, das er ausdrücklich für »quite coherent« hält.[203] Zweitens führt er zwei Propositionen namens a bzw. b ein, die sich gegenseitig als Teile enthalten:

a:= b oder Schnee ist weiß
b:= a oder Gras ist grün

Schauen wir uns beide Fälle an. Der erste Fall ist interessanter, weil er sich dem metaphysischen Problem stellt, ob es möglich ist, das Absolute als Gegenstand aufzufassen. Hierbei übersieht Priest, dass Borges, der Autor, dies gerade bestreitet und deshalb eine Vielzahl an paradoxen Erzählungen und Kommentaren geliefert hat, um darauf hinzuweisen, dass das Absolute nur ein Scheinbild ist, das man nicht wirklich als Gegenstand fixieren kann. Mehrfach hat er sich ironisch dem logischen Empirismus (insbesondere Russell) angeschlossen und die Metaphysik als

---

202 Woran ich in den Priest bekannten Texten keinerlei Zweifel gelassen habe. Vgl. etwa Gabriel, *Sinn und Existenz*, S. 235-239, sowie bereits ders., *Warum es die Welt nicht gibt*, S. 77-95.

203 Vgl. Graham Priest, »Everything and Nothing«, in: Gabriel, Priest, *Everything and Nothing*, S. 10 (Manuskript, Stand: Juni 2019).

einen Zweig der phantastischen Literatur bezeichnet.[204] Das
Aleph, das der Erzähler im Keller sieht, wird in der Erzählung
gar als »ein falsches Aleph (*falso Aleph*)«[205] bezeichnet und der
ganze Bericht ist ausdrücklich »kontaminiert von Literatur, von
Falschheit«.[206]

Der Borges-Fall ist insofern argumentativ von besonderer Bedeutung, weil er im Unterschied zu den beiden wechselseitig ineinander erscheinenden Propositionen tatsächlich ein metame-
taphysisches Problem aufruft. Gelänge es, das Aleph kohärent
zu denken (und sei es unter parakonsistenten Auflagen), wäre
nämlich ein erster Schritt getan, um zeigen zu können, dass die
Welt entgegen der SFO existiert (und sei es im Sinnfeld der Literatur oder der dieser zugeordneten Ausübungen der Einbildungskraft). Daher lohnt es sich, die Konstellation näher in Betracht zu ziehen, die Borges' Erzählung generiert.

Neben der fiktionalen Einbettung der Erzählung und des Gegenstandes namens »das Aleph« kommt hier noch ein Argument in Betracht, das Borges an anderen Stellen hervorgehoben
hat und das in der SFO eine zentrale Stellung einnimmt. In der
Prosaminiatur »Die gelbe Rose« wird von einer Offenbarung

---

204 Vgl. etwa Jorge Luis Borges, *Fiktionen. Erzählungen 1939-1944*, Hamburg 1992, S. 23: »Sie [die Metaphysiker auf Tlön, M. G.] halten die Metaphysik für einen Zweig der phantastischen Literatur.« Hier spricht Borges freilich wiederum nicht *in propria persona*.

205 Borges, *Das Aleph*, S. 147. Vgl. Jon Thiem, »Borges, Dante, and the Poetics of Total Vision«, in: *Comparative Literature* 40/2 (1988), S. 97-12,
hier: S. 112: »Daneri trivializes the Aleph. He reduces it to the order of
such modern inventions as the telephone, the moving picture, and the
astronomical observatory [...]. Using the Aleph as a kind of panoptic vi-
deotape machine, he fails to view it as anything more than a total repo-
sitory of real life images. He ignores its truly marvelous feature: the capacity to annihilate the limits of human spatial perception, to convey vi-
sually a transcendental order of space. Narrator and reader alike
recognize that this Aleph, the Aleph that ›The Aleph‹ makes us see, is
far more fascinating than Daneri's universal peephole.«

206 Borges, *Das Aleph*, S. 143.

berichtet, die Giambattista Marino sowie Homer und Dante zu-
teilgeworden sei. Dort heißt es:

> Dann geschah die Offenbarung. Marino sah die Rose, wie Adam
> sie im Paradies hat sehen können, und er fühlte, dass sie in ihrer
> Ewigkeit war, nicht in seinen Worten, und das wir nur erwähnen
> und anspielen können, nicht aber ausdrücken, und dass die mäch-
> tigen und hochmütigen Bände, die in einem Winkel des Saales ein
> goldenes Zwielicht ergaben, nicht (wie seine Eitelkeit geträumt
> hatte) ein Spiegel der Welt waren, sondern etwas, das zur Welt hin-
> zukommt.[207]

Das vermeintliche Weltganze ist demnach unvollständig, weil
jeder Spiegel, in dem wir es abbilden oder erfassen, es in Wahrheit modifiziert. Das Absolute als Gegenstand wird dadurch
verändert, dass wir es erfassen, weil unsere Erfassung der vermeintlich vollständigen Welt einen weiteren Gegenstand (unsere
Erfassung) hinzufügt. Das philosophische Problem ist freilich
mit diesem literarischen Hinweis noch nicht adäquat eingefangen, wie der Erzähler des »Aleph« indirekt einräumt, wenn er
die Ideen Daneris als untauglich, pompös und weitläufig bezeichnet und sie deshalb mit der Literatur in Verbindung bringt.[208]
   Priest überschätzt mithin die Aussichten der Anwendbarkeit
seines mereologischen Modells, wenn er ausgerechnet »Das Aleph«
anführt, was vielmehr Wasser auf meine Mühlen ist.[209] Es genügt angesichts des Absoluten nicht, es als Gegenstand einzuführen, dem man eine modifizierte, konsistente Mereologie widmet. Denn zum Absoluten gehört seine Erfassung, wenn es denn

---

207 Jorge Luis Borges, *Borges und ich*, Hamburg 1993, S. 32. Das Aleph befin-
    det sich wie die enzyklopädischen Bände der gelben Rose auch in einem
    Winkel (*ángulo*).

208 Borges, *Das Aleph*, S. 133: »So inhaltlos erschienen mir diese Gedanken,
    so pompös und ausgewalzt, daß ich sie unmittelbar mit Literatur in Zu-
    sammenhang brachte.«

209 Vgl. in diesem Sinne schon die Strukturanalyse einer fiktionalen Szene
    aus *Flucht vom Planet der Affen* in Gabriel, *Warum es Welt nicht gibt*,
    S. 100 f.

die Gesamtheit der Gegenstände sein soll. Wenn zum Absoluten aber seine Erfassung gehört, gerät man in unzählige metaphysische Schwierigkeiten, die Priest nicht erwähnt, obwohl ihm einige dieser Aporien geläufig sind, da er ihnen andernorts eine besonders triftige Analyse gewidmet hat.[210]

Wenn die Welt die Gesamtheit der Gegenstände ist, war die Welt dann auch schon ein Gegenstand vor dem Augenblick ihrer Erfassung durch endliche Denker? Kann das Absolute überhaupt temporal sein, ohne sich dadurch zu verändern, was Probleme der Selbstidentität der Gesamtheit der Gegenstände nach sich zieht? Hat das Absolute temporale Teile (das Universum) und atemporale Teile (die abstrakten Gegenstände) und wenn ja, wie können *wir* es dann als Ganzes denken, ehe alle Gegenstände, die es ausmachen, existieren?

Diese Probleme kann man nicht dadurch umschiffen, dass man ein mereologisches Modell anbietet und dieses unter Rekurs auf Borges' Erzählung motiviert, da gerade diese für die Inkohärenz des Denkens des Absoluten plädiert.[211]

Es gelingt jedenfalls nicht, den Denker vom Absoluten fernzuhalten. Wenn das Absolute *alle* Gegenstände als Teile enthalten soll, dann auch den Denker des Absoluten mitsamt seinen dieses betreffenden Gedanken. Angesichts des Absoluten kann man sich deshalb nicht darauf berufen, dass seine Erfassung nur ein epistemisches Problem sei, das semantisch durch die bloße Erwähnung des Gegenstands mit dem Namen »das Absolute« gelöst sei. Wenn sich das Absolute nämlich von endlichen Denkern nicht denken lässt, besteht kein Grund mehr, seine Existenz jenseits unserer Erfassung zu postulieren. Wenn der Ausdruck »das Absolute« im Sinne einer relevanten absoluten

---

210 Vgl. Priest, *Beyond the Limits of Thought.*

211 Genaugenommen plädieren Borges' metaphysisch klingende Erzählungen weder für noch gegen ein Denken des Absoluten, da sie qua ihres Charakters als Kunstwerke in sich geschlossen sind und deswegen keine metaphysischen oder meta-metaphysischen Thesen verfechten. Dies folgt aus dem meontologischen Isolationismus.

Totalität unter endlichen Bedingungen nicht verwendbar ist, ist der Hinweis, dass wir »das Absolute« doch immerhin erwähnen können, orientierungslos.

Deswegen genügt die Vermutung, Borges' Erzählung sei kohärent, natürlich noch lange nicht, um sicherzustellen, dass sich irgendjemand (ein Erzähler, eine Figur oder ein Leser, der sich die Sachlage imaginiert) dergestalt auf ein Aleph bezieht, dass es damit zu einem hinreichend charakterisierten Gegenstand wird, der nicht nur ein Wort ist, das verwendet wird, sondern etwas, worüber man wahrheitsfähige Gedanken haben kann, die sich nicht selbst unterminieren.

Priest wird wohl nicht annehmen, dass seine Gegenstandstheorie diejenige totale, mystische Vision einschließt, um die es in Borges' Erzählung und in der durch diese aufgerufenen Tradition der mystischen Theologie geht, die hinter Dante, Borges' Gewährsmann, steht.

Wir stoßen hier auf ein ernstzunehmendes, metaphysisches Referenzproblem, das dem Ausdruck »Gegenstand« anhängt: *Wie soll das Absolute als Gegenstand gedacht werden, wenn wir eine unbestimmte Anzahl von Gegenständen ohnehin nur* de dicto *benennen können, ohne sie hinreichend charakterisieren zu können, um ihnen irgendeine* de re *informierte Erkenntnis zu widmen?* Wenn das Absolute die Gesamtheit der Gegenstände ist, wir indefinit viele Teile dieser Gesamtheit aber nicht erkennen können, ist nicht klar, welche Begriffe auf den uns teils entrückten Gesamtgegenstand anwendbar sind.

Angesichts des Absoluten kann man sich nicht auf eine Distinktion zwischen Referenz- und Erkenntnisbedingungen zurückziehen. Es genügt nicht anzunehmen, dass wir uns doch im Modus einer Erzählung auf das Aleph bzw. das Absolute sprachlich einstellen können, ohne diesen Gegenstand vollständig erkennen zu können, weil wir das Absolute nicht von unserer Erkenntnis abtrennen können. Unsere Erkenntnis des Absoluten gehört wesentlich zum Absoluten.

Meinong selbst entrinnt dieser Schwierigkeit mit dem traditionellen Manöver eines ontotheologisch konzipierten perfek-

ten Denkers, der alle Gegenstände *a priori* erkennt.[212] Meinongs
Begriff eines Gegenstandes ist *a limine* auf die Erkennbarkeit
unter maximal idealisierten Bedingungen zugeschnitten. Ohne
diese epistemologische Stütze bricht die Gegenstandstheorie zusammen, da sie zwar noch von einem formalen Modell getragen
wird, aber nicht abgeschätzt werden kann, ob sie überhaupt Anwendungsbedingungen außerhalb des Horizonts der uns nachweisbar nicht nur logisch gegebenen Gegenstände hat.

Borges' »Das Aleph« und verwandte mystische Berichte eines
multum in parvo sind also keineswegs »quite coherent«, wie
Priest unterstellt.[213] Ohne weitere Erläuterungen überzeugt sein
Beispiel für den Mehlich-Koch-Einwand gegen die SFO deswe-
gen nicht. Die spezifischen Umstände des paradoxieanfälligen
Weltgegenstands bestehen gerade darin, dass er unter endlichen
Bedingungen kein Gegenstand irgendeiner Untersuchung sein
kann, da jede solche Untersuchung ihre eigenen Betriebsbedin-

212 Meinongs Gegenstandstheorie ist ausdrücklich als eine »Theorie der Er-
    kenntnisgegenstände« konzipiert. Vgl. Meinong, *Über Gegenstandstheo-
    rie. Selbstdarstellung*, Hamburg 1988, § 6. Dabei streift er den metaphysi-
    schen Fiktionalismus, indem er die Erkennbarkeit des Gesamtbereichs
    der Gegenstände (und damit die Metaphysik in seinem Sinn) an eine
    »ganz instruktive [...] Fiktion« bindet: »Unter Voraussetzung einer un-
    begrenzt leistungsfähigen Intelligenz also gibt es nichts Unerkennbares,
    und was erkennbar ist, das gibt es auch, oder, weil ›es gibt‹ doch vorzugs-
    weise von Seiendem, ja speziell von Existierendem gesagt zu werden
    pflegt, wäre es vielleicht deutlicher, zu sagen: Alles Erkennbare ist gege-
    ben – dem Erkennen nämlich. Und sofern alle Gegenstände erkennbar
    sind, kann ihnen ohne Ausnahme, mögen sie sein oder nicht sein, Gege-
    benheit als eine Art allgemeinster Eigenschaft nachgesagt werden« (ebd.,
    S. 19).
213 »Das Aleph« wird von Zipfel zu Recht im Bereich des phantastischen
    und nicht des realistischen Erzählens verortet. Vgl. Zipfel, *Fiktion, Fikti-
    vität, Fiktionalität*, S. 109-112. Das Aleph überschreitet die Phantasie-
    schranke, die durch den Kontext einer alltäglichen Wirklichkeit gesetzt
    wird, den uns ein Keller in Buenos Aires auferlegt.

gungen ihrerseits in der Totale mit einzufangen hätte, was aber unmöglich ist.[214]

Wie steht es mit Priests zweitem Beispiel, das die Plausibilität einer nicht-wohlfundierten Mereologie erhöhen soll? In der Tat sehe ich kein Problem damit anzuerkennen, dass die Propositionen a und b:

a:= b oder Schnee ist weiß
b:= a oder Gras ist grün

echte Teile voneinander sind. Die Proposition a ist ein echter Teil von b und b ein echter Teil von a. Ich schließe also nicht aus, dass es eine Kette wie die folgende gibt:

• ... < a < b < a < b < ...

Das Argument für die Keine-Welt-Anschauung beruht allerdings weder auf einer wohlfundierten noch auf irgendeiner anderen Mereologie. Priest stützt sich ausdrücklich auf eine Passage aus *Fields of Sense*, rekonstruiert allerdings nur den Eröffnungszug desjenigen Arguments, das auf der angegebenen Seite steht.[215] Es folgt deswegen eine für den vorliegenden Kontext vereinfachte Skizze des dortigen Arguments:

Es ist nicht im Allgemeinen ein Problem, dass einige Sinnfelder sich selbst enthalten (in sich selbst erscheinen). Ich kann etwa mit diesem Satz in diesem Buch auf das Buch mit dem Titel *Fiktionen* Bezug nehmen und diese Bezugnahme akademisch

---

214 Vgl. dazu ausführlich Gabriel, *An den Grenzen der Erkenntnistheorie*.

215 Priest führt Gabriel, *Fields of Sense*, S. 188 f., an, um darauf hinzuweisen, dass ich selbst einer nicht-wohlfundierten Mereologie entgegenkäme, da ich tatsächlich anerkenne, »that some field can appear within itself.« Vgl. dagegen die Rekonstruktion des Arguments bei James Hill, »Markus Gabriel Against the World«, in: *Sophia* 56/3 (2017), S. 471-481, der den einzelnen Schritten des Arguments genauer folgt, weil er das Zusatzargument in Rechnung stellt, das in *Fields of Sense*, S. 140, eingeführt wird und auf S. 188 f. vorausgesetzt ist.

durch eine Fußnote absichern.[216] Das Sinnfeld namens *Fiktionen* kann also in sich selbst erscheinen. Deswegen habe ich in *Fields of Sense* die Kombination von Totalität und Selbstumfassung als Paradoxiequelle identifiziert und nicht dafür argumentiert, dass kein Sinnfeld in sich selbst erscheinen kann.

Vor diesem Hintergrund kann man zunächst zwei sinnfeldontologische Weltbegriffe unterscheiden: *additive* und *vereinheitlichte* Totalität. Wäre die Welt der disjunktive Haufen der Sinnfelder, wäre nicht klar, warum dies eigentlich eine Totalität darstellt, da der Begriff der Ko-Existenz keine Anleitung (keinen Sinn) liefert, um konkrete Aussagen über die Welt zu rechtfertigen. Ein Welthaufen macht noch keine Metaphysik. Daher die Annahme, dass die Welt selbst ein Sinnfeld sein sollte, um auf diese Weise das Sinnfeld aller Sinnfelder darzustellen. Dies scheint uns die beiden folgenden Optionen zur Verfügung zu stellen. Die Welt erscheint entweder in sich selbst oder in einem anderen Sinnfeld.

Priest präferiert hierbei die Annahme, dass die Welt in sich selbst erscheint. Doch dafür scheint kein Raum zu sein. Wenn in der Welt nämlich alle Sinnfelder erscheinen, in denen jeweils ihre Gegenstände erscheinen, kann die Welt nur dadurch in sich selbst erscheinen, dass sie entweder eines der Sinnfelder ist, oder einer der Gegenstände in einem der Sinnfelder. Priest wählt hierbei die Option, dass die Welt ein Gegenstand in einem der Sinnfelder ist. Doch welches Sinnfeld ist dies? In welchem Sinnfeld ist die Welt ein Gegenstand, der an irgendeinem Punkt einer nicht-wohlfundierten Schleife in der Welt erscheint?

Er könnte versuchen, »Das Aleph« als Beispiel erneut ins Spiel zu bringen. Dann wäre die Welt ein fiktiver Gegenstand in einem noch zu präzisierenden Sinn. Das entspricht meiner Lesart von Kants Variante, der zufolge die Welt eine »heuristische Fiktion« ist, eine Idee, die Borges sympathisch sein könnte, da er sich auf Vaihingers *Philosophie des Als ob* bezieht, wo sich

---

216 Vgl. Markus Gabriel, *Fiktionen*, Berlin 2020, S. 200.

eine entsprechende fiktionalistische Kant-Deutung findet.[217] Priests zweiter Hinweis auf ineinander verschachtelte Propositionen legt hingegen nahe, dass die Welt ein logisch-semantischer Gegenstand sein könnte. In dem Maß, in dem Priest mit seiner Vorstellung der Grundidee der SFO »a great deal of sympathy«[218] hat, muss er konzedieren, dass die Menge der Gegenstände in irgendeinem Sinnfeld vorkommt. Freilich wird Priest sie selbst wohl für einen gegenstandstheoretischen Gegenstand, d. h. für eine ontologische Verpflichtung seiner eigenen Gegenstandstheorie halten.

Damit kommt die Welt also scheinbar in irgendeinem Sinnfeld vor, das in ihr vorkommt. Nun ist die Welt jedenfalls kein Basisgegenstand in einer nicht-wohlfundierten Mereologie, d. h. kein mereologisches Atom. Denn ob es einfache Gegenstände gibt oder nicht, die Welt gehört nicht zu dieser Art von Gegenständen, weil sie schließlich allumfassend und daher – wenn überhaupt irgendein Ganzes, dann – der teilreichste aller Gegenstände ist, d. h. das maximale mereologische Ganze.[219]

---

217 Vgl. zur Diskussion der Rolle, die Kants Begriff der heuristischen Fiktion in Vaihingers Deutung (die Borges rezipiert hat) für Borges *Fiktionen* spielt, Floyd Merrell, *Unthinking Thinking. Jorge Luis Borges, Mathematics and the New Physics*, West Lafayette 1991; Silvia G. Dapía, *Jorge Luis Borges, Post-Analytic Philosophy, and Representation*, New York, London 2016.

218 Vgl. dazu die Rolle von Kontexten in Graham Priest, *Towards Non-Being. The Logic and Metaphysics of Intentionality*, Oxford ²2016, S. 112f.

219 Ein mereologisches Atom bzw. ein Basisgegenstand ist ein Teil eines Systems, der selbst in keinem System eigentliche Teile hätte. Die SFO hat Raum für den Gedanken, dass es in einigen Systemen sehr wohl genuine Atome geben kann, etwa im Universum auf irgendeiner, bisher wohlgemerkt nicht eindeutig identifizierten Skala. Wir wissen nicht, ob die Raumzeit auf der Ebene der Planck-Länge atomistisch (»körnig«) oder kontinuierlich ist und was genau dies für die Frage genuiner mereologischer Atome im Universum bedeutet. In einigen Sinnfeldern kann es Basisgegenstände geben, ohne dass daraus folgt, dass es Basisgegenstände gibt, die in alle Sinnfelder eingebaut sind, weil wir unabhängig von dieser Frage wissen, dass es nichts gibt, was in allen Sinnfeldern vorkommt,

Also ist die Welt ein Sinnfeld. Damit kommt sie im Reigen der Sinnfelder vor. Jedes Sinnfeld in diesem Reigen unterscheidet sich durch seinen Sinn von anderen Sinnfeldern. Reihen wir die Welt in den Sinnfeldreigen ein, ergibt sich das Problem, dass sich die eingereihte Welt von der Welt unterscheidet, in die sie eingereiht ist. Die Welt kann deswegen kein echter Teil eines Weltganzen in der SFO sein, weil die Weltteile (die Sinnfelder) durch ihren Sinn individuiert werden und sich durch ihre Position im differentiellen Gefüge bestimmen.

Ich möchte diesen Gedanken anhand des Alephs illustrieren. Das (vermeintliche) Aleph, das Borges (der Erzähler) im Keller sieht, umfasst Borges, der das Aleph im Keller sieht. Borges sieht im Aleph also alles und damit auch sich selbst, der das Aleph sieht. Doch insofern er sich im Aleph sieht, ist er Gegenstand seiner Betrachtung. Der Gegenstand seiner Betrachtung befindet sich im Aleph, das *ex hypothesi* kleiner als Borges selbst ist, ein Mikrokosmos eben, der verkleinerte Kopien aller Gegenstände enthält. Die Gegenstände, die im Aleph erscheinen, sind nicht identisch mit ihren Originalen, da sie anders skaliert sein müssen, um im Aleph aufzutauchen.

Wären die Gegenstände, die in einer totalen Vision im Aleph erscheinen, nicht anders skaliert als die Gegenstände, die sich im Keller neben dem Aleph befinden, führte dies auf die paradoxe Landkarte im Maßstab 1:1, die Borges in seiner Kurzgeschichte »Von der Strenge der Wissenschaft« parodiert, die aufgrund ihrer Kürze in ihrer Gänze zitiert werden soll:

Von der Strenge der Wissenschaft.

… In jenem Reich erlangte die Kunst der Kartographie eine solche Vollkommenheit, daß die Karte einer einzigen Provinz eine ganze Stadt einnahm und die Karte des Reichs eine ganze Provinz. Mit der Zeit befriedigten diese maßlosen Karten nicht länger, und die Kollegs der Kartographen erstellten eine Karte des Reichs, die

---

weil es die relevante Totalität nicht gibt, die irgendetwas über *alle* Sinnfelder verteilt.

die Größe des Reichs besaß und sich mit ihm in jedem Punkt deck-
te. Die nachfolgenden Geschlechter, dem Studium der Kartographie minder ergeben, hielten diese ausgedehnte Karte für unnütz
und überließen sie, nicht ohne Ruchlosigkeit, den Unbilden der
Sonne und der Winter. In den Wüsten des Westens überdauern zer-
stückelte Ruinen der Karte, behaust von Tieren und von Bettlern;
im ganzen Land gibt es keine andere Reliquie der Geographischen
Disziplinen.

Suárez Miranda: *Viajes de varones prudentes,* IV. Buch, Kapitel
XLV, Lérida, 1658.[220]

Die Gegenstände im Aleph sind also anders skaliert als die Gegenstände, die das Aleph umgeben, sodass man hier nicht ohne
weiteres davon ausgehen kann, dass sie identisch sind. Der Hinweis auf die formale Konsistenz eines mereologischen Modells
mit Schleifen reicht nicht hin, um eine nicht-wohlfundierte
Mereologie als verbessertes Modell der SFO zu empfehlen. Er
zeigt bestenfalls, dass wir keine rein logischen Gründe für die
These anführen können, dass es die Welt nicht gibt. Die SFO
bestreitet nicht, dass es Weltanschauungen gibt, sie argumentiert allerdings dafür, dass diese vermeintlichen Anschauungen
keinen Gegenstand haben und sich bei genauerem Hinsehen an
irgendeiner Stelle in Unsinn verstricken.

Die Argumente für die Keine-Welt-Anschauung stützen sich
nicht darauf, dass es logisch unmöglich ist, dass es die Welt gibt.
Meillassoux hat 2017 in einem Vortrag auf einer Tagung über
die SFO zu Recht dafür argumentiert, dass die SFO allenfalls
behaupte, dass es die Welt *de facto* nicht gibt.[221] In der Tat kann
nicht *a priori* bewiesen werden, dass es die Welt nicht gibt. »Die
Welt« ist kein absolut, d. h. logisch unmöglicher Gegenstand,
dessen Nicht-Existenz aus seinem Begriff abgeleitet werden

---

220 Borges, *Borges und ich,* S. 131.
221 Die Tagung wurde vom Institut des Sciences Juridique & Philoso-
    phiques de la Sorbonne am 29. 3. 2017 in den Räumen des CNRS in Paris
    veranstaltet. Meillassoux' Vortrag trug den Titel »Corrélation et néces-
    sité«.

kann. Vielmehr ist die Keine-Welt-Anschauung ein Korollar eines Modells unserer prä-ontologischen Erfahrung, das dadurch begründet wird, dass metaphysischen Weltanschauungen ihr Grund entzogen wird. Wir haben keinen Grund, das Absolute als eine Totalität einzuführen – weder in der Form einer Totalität der Gegenstände noch in derjenigen einer Totalität der Tatsachen oder der Sinnfelder. Die traditionelle metaphysische Weltunterstellung erweist sich angesichts unserer prä-ontologischen Erfahrung und unseres wissenschaftlichen Wissens als unbegründet.

Empirisch haben wir keinen Grund, eine Welttotalität anzunehmen. Unsere Informationsverarbeitung setzt nicht voraus, dass unsere primäre kausale Datenquelle (das Universum) Teil eines absoluten Ganzen ist. Physik und Metaphysik sind auf dieser Ebene schlichtweg voneinander unabhängig; was nicht überraschen sollte. Theoretisch sieht es nicht besser aus, weil wir eigentlich aus der Metamathematik des letzten Jahrhunderts gelernt haben sollten, dass selbst das beste formale System unvollständig ist, wenn man Widerspruchsfreiheit herstellen möchte. Spätestens seit Gödel und Cohen ist es anerkannt, dass wir kein Mengenuniversum konstruieren können, zu dem alle Mengen gehören. Kein Axiomensystem ist imstande, alle Wahrheiten über Mengen als Theoreme zu enthalten, sodass jede Untersuchung von Mengen unvollständig bleibt. Dies ist kein paradoxes Resultat, sondern Gegenstand mathematischer Beweise, die völlig konsistent sind. Unvollständigkeit ist also der anerkannte Normalfall sowohl im empirischen als auch im formalen Bereich unserer Untersuchung dessen, was der Fall ist.

Die Keine-Welt-Anschauung der SFO generalisiert diese Einsicht über den Rahmen der Naturwissenschaft und Metamathematik hinaus, indem sie untersucht, unter welchen Bedingungen etwas existiert. Dazu gehört, dass dasjenige, was existiert, *erscheint*, d. h. unter bestimmten Anordnungsregeln gegeben wird. Es kann keine sinnvolle Anordnungsregel geben, die alle Anordnungsregeln unter sich enthält, sodass es keine Sinnfeldtotalität geben kann. Diese Unmöglichkeit ist ontologisch und nicht logisch. Sie ergibt sich daraus, wie die Dinge liegen, wie die Tatsachen sind und nicht aus der Rekonstruktion des Wahrheitsbegriffs alleine.

Meillassoux hingegen meint im Gefolge Badious ein starkes logisches Argument in der Hand zu haben, bei dem es sich um eine ontologische Interpretation von Cantors Potenzmengenaxiom handelt. Doch dieses Argument ist nicht triftig, wie Cantor selbst bereits bemerkt hat, der vielmehr aufgrund seiner transfiniten Mengenlehre ein nicht-mathematisches Absolutes eingeführt hat, was Meillassoux entgeht.[222] Meillassoux zeigt nicht, dass die transfinite Mengenlehre in Cantors naiver Form

---

222 Vgl. Cantors vieldiskutierten Begriff des Absolut-Unendlichen, den er »kurzweg *Absolutes*« nennt, insbesondere in »Mitteilungen zur Lehre vom Transfiniten«, in: Georg Cantor, *Gesammelte Abhandlungen mathematischen und philosophischen Inhalts*, mit erläuternden Anmerkungen sowie mit Ergänzungen aus dem Briefwechsel Cantor-Dedekind herausgegeben von Ernst Zermelo, Berlin, Heidelberg 1932, S. 378-439. Vgl. die Diskussion bei Guido Kreis, *Negative Dialektik des Unendlichen. Kant, Hegel, Cantor*, Berlin 2015, S. 393-406. Kreis' Diskussion ist freilich fehlerhaft, weil sie das Hauptargument Cantors gegen Kant unterschlägt, das man etwa in Cantor, *Gesammelte Abhandlungen*, S. 375, findet. Vereinfacht gesagt weist Cantor zu Recht darauf hin, dass Kant keinen akzeptablen Begriff des mathematischen Unendlichen hat (wie ihn Cantor liefert), sodass die von Kreis in Anspruch genommene limitative Dialektik von vornherein nicht in die Gänge kommt. Ähnlich wie Kreis schätzt freilich auch Zermelo dieses Manöver falsch ein (ebd., S. 377). Es trifft ebenfalls nicht zu, dass Cantor, wie Kreis meint, eine negative Theologie des Absoluten vertritt, sodass man von diesem nichts wissen könne. Cantor entwickelt nämlich vielmehr eine Argumentation, die »aus der höchsten Vollkommenheit Gottes Wesens auf die Möglichkeit der Schöpfung eines Transfinitum ordinatum, sodann aus seiner Allgüte und Herrlichkeit auf die Notwendigkeit der tatsächlich erfolgten Schöpfung eines Transfinitum« schließt (ebd., S. 400). Anstatt einer strengen negativen Theologie ordnet Cantor seine metaphysischen Reflexionen »der *spekulativen Theologie*« (ebd., S. 378) zu. Kreis' Einordnung Cantors irgendwo im inkohärenten Niemandsland der limitativen Dialektik ist also vom Sach- und Textstand her völlig unberechtigt.

eine Ontologie darstellt, die die logische Form des Existierenden artikuliert. Da es alternative Mengenlehren gibt und die
Axiomatisierung ein Standardverfahren ist, kann man keine
philosophischen Aussagen aus *der* Mengenlehre ableiten, weil
ein solcher Singular unangebracht ist.

Formale Modelle haben die Funktion, die Strukturen eines
Bereichs zu erfassen, welcher der Konstruktion und Erforschung
der Eigenschaften des Modells vorhergeht. Es gehört zu den Anwendungsbedingungen von Modellen, dass sie nicht im Maßstab 1:1 angelegt sind. Das gilt auch für die symbolische Logik
als formales Denkmodell. Die Logik beschreibt nicht, wie wir
denken, sondern zeichnet allenfalls vor, wie wir unter idealisierten Bedingungen denken sollen. Der Grund dafür, einen solchen Unterschied zu ziehen, ergibt sich aus der einfachen Überlegung, dass wir Sätze aus einer nicht-logischen in eine logische
Sprache übersetzen können müssen. Diese Übersetzung soll den
Vorteil haben, dass wir uns Klarheit über inferentielle Zusammenhänge verschaffen, die uns ansonsten verborgen blieben. Die
Datenstruktur unseres nicht-logischen Denkens (unserer Denk-
vorgänge) wird in einer solchen Übersetzung umkodiert, was
nur dadurch gelingt, dass es einen strukturellen Abstand zwischen unseren faktischen Denk*vorgängen* und unseren Denk*modellen* gibt.[223] Umgekehrt bedeutet dies, dass jedes einmal etablierte symbolische System Anwendungsbedingungen aufweist.
Ansonsten könnten wir es nicht verstehen und uns an ihm nicht
orientieren.

Man kann sich nicht einfach so an *der* Logik orientieren,
wenn dies bedeuten soll, dass einem Denker symbolisch kodierte Zusammenhänge als Normen der inferentiellen Orientierung
vorschweben. Das hat spätestens die Diskussion um das Problem
des Regelfolgens nachdrücklich gezeigt (vgl. unten, § 14). Meint
man hingegen, die Logik bestehe darin, dass wir in jeder Untersuchung, die wir vornehmen, einige Züge als akzeptabel und

---

223 Vgl. dazu ausführlicher Gabriel, *Der Sinn des Denkens.*

andere als inakzeptabel anerkennen, untersteht diese Normierung nicht offensichtlich irgendeinem gegebenen formalen Kalkül, das versucht, sie symbolisch auszudrücken. Deswegen kann man ontologische Fragen nicht dadurch entscheiden, dass man konsistente Modelle entwickelt, welche die relevanten formalen Eigenschaften hätten, um die Existenz der Welt gegen die SFO zu garantieren. Dazu müssen Anwendungsbedingungen spezifiziert werden. Deswegen ist es nicht unerheblich, dass Borges' »Das Aleph« keine Anwendungsbedingungen für das von Priest vorgeschlagene mereologische Modell für die SFO liefert.

§ 5. Die SFO ist keine meinongianische Gegenstandstheorie

Im Folgenden werde ich nun dafür argumentieren, dass fiktive Gegenstände prinzipiell keinen Anlass geben, eine indirekte, nicht-wohlfundierte Schleife in unser Denken einzuführen, die es uns erlaubt, die Welt immerhin als heuristische Fiktion in Anschlag zu bringen. Die (neo-)meinongianische Gegenstandstheorie krankt also daran, dass sie keine Theorie der Intentionalität vorlegen kann, die es dem Theoretiker verständlich macht, wie er als endlicher Denker auf die von ihm postulierte Gegenstandstotalität Bezug nehmen kann. Da wir keine idealisierten Denker sind, genügt die Beschreibung der ›Sichtweise‹ eines unendlichen, uneingeschränkten Denkers nicht, um einer nicht-wohlfundierten Mereologie des Absoluten faktische Bezugnahme, d. h. einlösbare Anwendungsbedingungen zu unterlegen.

Der Meinongianismus gilt seit seiner Einführung als aussichtsreicher Kandidat für die Ontologie der sogenannten fiktionalen Gegenstände. Hierbei sei vorab bemerkt, dass Meinong die Grundidee des Meinongianismus natürlich nicht erfunden hat, da sie vielmehr zum Grundbestand der Metaphysik seit der Antike gehört. In der Moderne werden die Ausdrücke für Etwas (τι) bzw. etwas Seiendes (ὄν τι) abgekürzt im Gegenstandsbe-

griff vereinigt.[224] Seit der Antike ist es ein Standardzug der Fiktionalitätstheorie, Fiktionen als *entia rationis* zu behandeln, die
Kant als »Erdichtung«[225] bzw. »heuristische Fiktionen«[226] bezeichnet. Nicht-existierende Gegenstände sind dieser Tradition
zufolge zwar Gegenstände erfolgreicher Bezugnahme, ohne deswegen aber zum Weltkatalog zu gehören. Es gibt sie nicht in unserer Welt, sie sind aber widerspruchsfrei denkbar.

Die Einführung der Kategorie intentionaler Gegenstände löst
das eleatische Paradox, weil sie es mühelos erscheinen lässt, auf
nicht-existierende Gegenstände Bezug zu nehmen, ohne deswegen darauf festgelegt zu sein, dass sie existieren. Doch wir haben
bereits gesehen, dass dieses Manöver in ein neues Paradox zu
kollabieren droht, da nun der Seinsbereich in Paradoxien verstrickt wird, auf die bereits Meinong hingewiesen hat.[227]

---

224 Vgl. dazu im Anschluss an Pierre Aubenques Begriff einer Tinologie und
    ihrer Ausarbeitung in Jean-François Courtines Suárez-Deutung Lázló
    Tengelyi, *Welt und Unendlichkeit. Zum Problem phänomenologischer Me-
    taphysik*, Freiburg/Br. ³2016, S. 84-113.
225 KrV A 291/B 348.
226 KrV A 771/B 799.
227 Vgl. Meinong, *Über Gegenstandstheorie*, S. 8-10. Erst Russells und Quines
    Polemik haben dazu geführt, dass man Meinongs eigene Position so
    rekonstruiert, dass sie blindlings in die von ihr namhaft gemachten
    Fallen tappt. Meinongs Lösungsvorstellung besteht in der Einführung
    des »reine[n] Gegenstand[s]« (ebd., S. 12), der »von Natur außerseiend«
    (ebd.) sei – eine Annahme, die »endgültig den Schein des Paradoxen«
    (ebd.) beseitige. Durch den »Satz vom Außersein des reinen Gegenstan-
    des« (ebd.) verlagert Meinong die Totalität der Gegenstände in die Er-
    kenntnis. Doch damit ist nicht mehr gesichert, dass der Gegenstandsbe-
    reich der reinen Gegenstände paradoxiefrei totalisiert werden kann. Viel-
    leicht liegt hier die Psychoanalyse richtig, die seit Freud und Jung
    annimmt, es gebe eine Form der Bezugnahme (das Unbewusste), die un-
    terhalb der Schwelle der klassischen Logik operiere. Vgl. so etwa Carl
    Gustav Jung, *Die Archetypen und das Kollektive Unterbewußte*, Düssel-
    dorf 1995 (= GW 9/I), S. 246: »Die Logik sagt ›Tertium non datur‹,
    das heißt, wir können uns Gegensätze in ihrem Einssein nicht vorstellen.
    Die Aufhebung einer trotzdem bestehenden Antinomie kann mit ande-

Aus dieser Sachlage heraus ergibt sich ein Problem für die subtile Ausarbeitung einer neo-meinongianischen Gegenstandstheorie, die Priest vorgelegt hat. Dieses Problem soll im Folgenden artikuliert werden, um auf diese Weise den dialektischen Vorsprung der realistischen SFO vor ihrem neo-meinongianischen Konkurrenzprojekt auszuweisen.

Das Auge des Wirbelsturms bildet das folgende *Charakterisierungsprinzip (CP)*.[228]

(CP) Ein Gegenstand hat diejenigen Eigenschaften, die ihn charakterisieren.

Charakterisierende Eigenschaften unterscheiden Gegenstände von anderen Gegenständen. Sie sind im Unterschied zu Eigenschaften, die ein Gegenstand lediglich hat, insofern er eben ein Gegenstand ist, diskriminierend. (CP) ist im Kontext der Fiktivitäts-Analyse attraktiv, weil es uns erlaubt, Gretchen charakterisierende Eigenschaften zuzuschreiben, dank derer sie ein hinreichend bestimmter (intentionaler) Gegenstand unseres Nachdenkens ist, ohne ihr die Eigenschaft zuschreiben zu müssen, (in unserer, der ›wirklichen Welt‹) zu existieren. Das Problem ist allerdings, dass sich dieses Prinzip nicht hinreichend verallgemeinern lässt. Denn dann könnte man erstens die Exis-

---

ren Worten für uns nur als Postulat gelten. Für das Unbewußte ist dem aber keineswegs so, indem dessen Inhalte samt und sonders paradox oder antinomisch in sich selbst sind, die Kategorie des Seins nicht ausgenommen.« Für einen präzisen Überblick über die Widersprüche, die entstehen, wenn man einen meinongianischen Seinsbereich einführt, vgl. Sainsbury, *Fiction and Fictionalism*, S. 44-67.

228 Vgl. insbesondere Priest, *Towards Non-Being*, S. vii f., sowie Kapitel 4, in dem Priest seine eigene Lösung vorstellt. Andere vieldiskutierte meinongianische Positionen wurden vertreten von Routley, *Exploring Meinong's Jungle and Beyond*; Edward N. Zalta, *Abstract Objects. An Introduction to Axiomatic Metaphysics*, Dordrecht 1983; ders., *Intensional Logic and the Metaphysics of Intentionality*, Cambridge/MA. 1988; Terence Parsons, *Nonexistent Objects*, New Haven 1980; Berto, *Existence as a Real Property*.

tenz von allem beweisen, indem man es als existierend charakterisiert, und zweitens – was entscheidender ist – alles überhaupt beweisen. In Priests Worten:

> Es sei *B* irgendein Satz. Nun führe man die Bedingung $x = x \wedge B$ ein. Es sei *t* derjenige Gegenstand, der durch diese Bedingung charakterisiert wird. Das CP bringt also mit sich: $t = t \wedge B$, woraus *B* folgt. Es sieht also so aus, dass nur eine eingeschränkte Klasse von Kontexten, $A(x)$, im CP verwendet werden kann. Das Problem ist, welche? Dies ist das Charakterisierungsproblem.[229]

Der Grund dafür, Priests Variante eines Neo-Meinongianismus hier zu Rate zu ziehen und mit der SFO ins Verhältnis zu setzen, besteht darin, dass Priest das Charakterisierungsproblem durch einen gegenstandstheoretischen Kontextualismus auflöst. »Das CP *kann* uneingeschränkt gelten, vorausgesetzt, dass seine Instanzen nicht in dieser, sondern in anderen Welten bestehen können.«[230] Der Witz von Priests Lösung läuft auf einen ontologischen Kontextualismus hinaus: Was in einer Welt existiert, existiert nicht in einer anderen und *vice versa*.[231] Freilich identifiziert Priest den Gegenstandsstatus in einer Welt nicht mit Existenz, weil er Existenz als die Eigenschaft versteht, kausal wirksam (wirk-lich) zu sein.[232]

Der entscheidende Unterschied tritt aber an einer anderen

---

229 Meine Übersetzung von Priest, *Towards Non-Being*, S. viii: »For let *B* be any sentence, and consider the condition $x = x \wedge B$. Let *t* be the object characterized by this condition. Then the CP gives us: $t = t \wedge B$, from which *B* follows. It would seem, then, that only a restricted class of contexts, *A(x)*, can be used in the CP. The problem is, which? This is the characterization problem.«

230 Meine Übersetzung von Priest, *Towards Non-Being*, S. viii: »The CP *can* hold unrestrictedly, provided only that its instances may hold, not at this world, but at others.«

231 Ebd., S. 13.

232 Priest, *One*, S. xxii: »For the record, I take it to be to have the potential to enter into causal relations.« Vgl. dagegen Gabriel, »Was ist (die) Wirklichkeit?«, S. 67 f.

Stelle zutage. Denn Priest rechnet mit »der Menge *aller* Gegenstände (*the set of* all *objects*)«,[233] die für ihn freilich ihrerseits ein Gegenstand ist. Es gibt also einen allumfassenden Seinsbereich, der für jede Welt identisch ist, eben die Menge der Gegenstände. Was aber ist ein Gegenstand, sodass man von allen Gegenständen eine Menge bilden kann?

Priest legt sich auf eine *flache formale Gegenstandstheorie* fest, in der alles ein Gegenstand ist, »was man benennen, was das Subjekt einer Prädikation sein, worüber man quantifizieren, was der Gegenstand eines intentionalen mentalen Zustands sein kann«.[234] Diese informelle Definition ist natürlich zirkulär, weil sie *Gegenstand* als intentionalen *Gegenstand* definiert. Dies lässt sich leicht reparieren, indem man im Geist des Autors sagt, ein Gegenstand sei alles, worauf sich ein intentionaler mentaler Zustand richten kann. Priests offizielle Definition von »Gegenstand«:

$$Gx := \mathsf{S}y \; y = x$$

lautet normalsprachlich ausgedrückt: »Ein Gegenstand zu sein heißt lediglich, dass es etwas gibt, was mit ihm identisch ist, oder einfacher, etwas zu sein.«[235]

---

233 Priest, *Towards Non-Being*, S. 13.

234 Priest, »Everything and Nothing«, S. 2 (Manuskript, Stand: Juni 2019): »First, then, what is an object? An object is the kind of thing that one can name, be the subject of predication, be quantified over, be the object of an intentional mental state. Thus, Australia is an object, since one can refer to it by the name ›Australia‹. It is an object, since one can say ›Australia has six states‹, so predicating ›has six states‹ of it. It is an object, since one can quantify over it, as in saying that some continents (such as Australia) are entirely in the Southern Hemisphere. And Australia is an object, since one can think about it, wish one were there, and so on.«

235 Ebd. (Manuskript, Stand: Juni 2019): »To be an object is simply for there to be something which is identical to it is, or more simply, to be something.« »S« bezeichnet bei Priest den Partikularquantor (= einige(s)), den er vom Existenzquantor (= es gibt etwas, sodass) unterscheidet.

Etwas ist also ein Gegenstand, wenn es etwas gibt, was mit
ihm identisch ist. Diese Auffassung ist höchst problematisch.
Erstens werden die Schwierigkeiten des Gegenstandsbegriffs
auf die Identität umgelegt. Denn jetzt gilt es, das Identitätsrätsel
zu lösen, das darin besteht, dass Identitätsaussagen wie »y = x«
scheinbar entweder uninformativ oder widersprüchlich sind.[236]
Das ist nicht harmlos, weil uninformative triviale Selbstidenti-
täten wie »a = a« nicht als Paradigma des Charakterisierungs-
prinzips gelten können.[237] Wenn wir von einem (vermeintlichen)
Gegenstand lediglich aussagen könnten, dass er mit sich selbst
identisch ist, könnten wir dies nicht einmal so formulieren, dass
a = a ist, sofern nicht ausgeschlossen werden kann, dass a = b ist.
Wenn »a« nicht über seine Selbstidentität hinaus charakterisiert
ist, ist es kein Gegenstand, den man erfolgreich erwähnen kann.
Denn die Verwendung des Zeichens »a« deutet an, dass es auch
b, c, d usw. gibt. Die formale Gegenstandstheorie wird ja wohl
nicht durch Definitionen festlegen wollen, dass es nur einen einzigen Gegenstand geben könnte. Also muss eine Pluralität von
Gegenständen in Rechnung gestellt werden. Doch dann wird es
mit der Identität schon schwierig.

Auf dieser Ebene antwortet die SFO auf das Charakterisierungsproblem durch eine ontologische Lesart von Freges Sinnbegriff: die Gegenstände, die es gibt, sind theoretisch zunächst
über Sinn individuiert, d. h. darüber, wie sie dem Denken gegeben sein können. Der ontologische Realismus fügt dem hinzu,
dass uns Gegenstände *de dicto* gegeben sein können, die wir

---

236 Zum Identitätsrätsel und seiner ontologischen Vorgeschichte vgl. Markus Gabriel, »Die Ontologie der Prädikation in Schellings *Die Weltal-
ter*«, in: *Schelling-Studien. Internationale Zeitschrift zur klassischen deutschen Philosophie* 2 (2014), S. 3-20. Vgl. auch neuerdings Manfred Frank,
»*Reduplikative Identität*«. *Der Schlüssel zu Schellings reifer Philosophie*,
Stuttgart-Bad Cannstatt 2018.

237 Vgl. Priest, *Towards Non-Being*, S. 60: »It is clear, however, that some
non-intentional predicates are not existence-entailing. Thus, logical predicates, such as identity, are not: even if *a* does not exist, it is still true that
a is self-identical, *a* = *a*.«

de re niemals weiter zu charakterisieren vermögen; etwa die Gegenstände, über die wir niemals mehr wissen werden, als dass wir nichts über sie wissen (können). Wir können wissen, dass es Gegenstände gibt, die wir nicht erkennen (können). Diese evidenz-transzendenten Angelegenheiten sollten nicht durch Festlegung des Begriffs »Gegenstand« auf unsere Zugangsbedingungen zum Wirklichen eingeengt werden, was der Anti-Realismus in einigen Bereichen (etwa in der Philosophie der Mathematik oder der Metaethik) mit einiger Plausibilität beansprucht.[238]

Als das entscheidende Realismus-Kriterium betrachte ich in diesem Kontext die Annahme hinsichtlich eines gegebenen Gegenstandsbereichs (eines Sinnfeldes), dass die Sachlage anders sein kann, als sie uns selbst unter optimalen (menschlichen) Erkenntnisbedingungen erscheint. Davon ist der anspruchsvollere Begriff der Wirklichkeit zu unterscheiden, der überall dort zur Anwendung kommt, wo Objektivität, d. h. der Unterschied zwischen Wahrheit und Fürwahrhalten vorliegt. Selbst wenn man also bezüglich eines Sinnfeldes einen Anti-Realismus präferiert, folgt daraus nicht, dass die Gegenstände der Untersuchung (wie z. B. mathematische, moralische, ästhetische Wahrheiten) deswegen infallibel erfassbar sind. Es kann also selbst unter antirealistischen Theorieauflagen angenommen werden, dass Gegenstände wie Zahlen wirklich sind, ohne dass man deswegen darauf verpflichtet ist, dass es verifikations-transzendente Wahrheiten über Zahlen gibt.[239]

Was den Sinnbegriff angeht, ist Sinn die objektiv existierende Anordnung von Gegenständen. Es besteht jedenfalls kein Grund,

---

238 Vgl. die Details eines aussichtsreichen lokalen Anti-Realismus bei Crispin Wright, *Wahrheit und Objektivität*, Frankfurt/M. 2001.

239 Freilich scheint mir aus den metamathematischen Unvollständigkeitssätzen des letzten Jahrhunderts seit Gödel zu folgen, dass wir hinsichtlich der Mathematik einen Realismus vertreten sollten, weshalb Gödel selbst einer platonistischen Ontologie anhängt. Doch dies steht auf einem anderen Blatt. Vgl. Gabriel, *Sinn und Existenz*, S. 148-157.

einen allgemeinen Sinn-Anti-Realismus zu vertreten, selbst wenn
mancher (sprachliche) Sinn nicht evidenz-transzendent sein kann,
da sein Wesen darin besteht, erfassbar zu sein. Nicht alle Gegenstände sind dadurch Gegenstände, dass sie dem Denken gegeben sein können. Sein und Denken sind nicht im Allgemeinen
identisch, sodass Anlass für einen *ontologischen Realismus* im
Unterschied zu einem *ontologischen Idealismus* besteht, der Sein
auf Denken zuschneidet.[240] Der ontologische Idealismus ist hierbei eine Behauptung dahingehend, dass der Begriff eines Gegenstandes überhaupt wesentlich daran gebunden ist, dass wir
ihn im Repertoire des objektiven Denkens verorten.[241]

Eine Argumentation für eine solche Position sieht folgendermaßen aus. Einiges, worüber wir nachdenken, existiert *prima
vista* nur dann, wenn jemand schon einmal über es nachgedacht
hat. Es kursieren seit Descartes eine Vielzahl von Kandidaten
für diesen Gegenstandstypus – Schmerzen, Bewusstseinszustän-
de insgesamt, Qualia, Sinnesdaten, Selbstbewusstsein usw.[242]
Wenn es irgendeinen Gegenstand gibt, der das epistemische Merkmal erfüllt, dass sein Vorliegen (*esse*) und sein Bemerktwerden
(*percipi*) oder allgemeiner sein Sein (*esse*) und sein Gedachtwerden (*cogitari*) identisch sind, können wir den Begriff des Gegenstands nicht mehr dahingehend einengen, dass etwas nur dann
ein Gegenstand ist, wenn es ausschließlich Eigenschaften hat, die
einem Denker entgehen können. Damit scheint es also Gegenstände zu geben, deren *esse* ihr *cogitari* ist, und solche, für die
dies nicht gilt.[243] Der Gegenstandsbereich dieser Unterscheidung erstreckt sich also mindestens über die disjunkten Men-

---

240 So paradigmatisch etwa Rödl, *Selbstbewußtsein und Objektivität*. Zum
    Begriff des Idealismus in diesem Zusammenhang vgl. Markus Gabriel,
    Skeptizismus und Idealismus in der Antike. Frankfurt/M. 2009, § 3.
241 Vgl. Rödl, *Selbstbewußtsein und Objektivität*, Kap. 4.2.
242 Koch, *Hermeneutischer Realismus*, Kapitel 5.
243 Vgl. dazu Markus Gabriel, »Gegenständliches Denken«, in: Antonia
    Egel u. a. (Hg.), *Die Gegenständlichkeit der Welt. Festschrift für Günter Fi-
    gal*, Tübingen 2019, S. 37-55.

gen zweier Gegenstandstypen, die wir der Einfachheit halber als *ideale* einerseits und *reale* Gegenstände andererseits ansprechen können.

Nun können wir scheinbar diese Mengen in der Menge der Gegenstände verorten und den dieser Menge zugeordneten Begriff des Gegenstandes überhaupt bilden. Dies wirft die Frage auf, ob der Begriff des Gegenstandes überhaupt ein Sein hat, dessen Gedachtwerden kontingent ist. Ist der Begriff des Gegenstandes überhaupt ein realer oder ein idealer Gegenstand? Ist er weder das eine noch das andere, müssen wir unserem disjunkten Mengensystem eine dritte Gegenstandsart hinzufügen, da wir die Menge der Gegenstände überhaupt ansonsten nicht vollständig gebildet hätten.

Der ontologische Idealismus argumentiert dafür, dass der Begriff des Gegenstandes überhaupt notwendigerweise gedacht wird, also ideal ist. Dafür spricht scheinbar, dass er derjenige Begriff ist, der den Begriff idealer Gegenstände und den Begriff realer Gegenstände unter sich enthält. Wie sollte es einen Begriff idealer Gegenstände geben, ohne dass es Gegenstände gibt, die wesentlich gedacht werden?[244]

Natürlich ist diese Überlegung ohne Zusatzprämissen noch kein schlüssiges Argument, da nicht ohne weiteres klar ist, wie wir es verstehen sollen, dass der Begriff des Gegenstandes überhaupt zu der von ihm umfassten Menge der idealen Gegenstände gehören kann. Deswegen lautet die idealistische Lösung – die insbesondere Fichte in seinen späten Wissenschaftslehren ab 1804 ausbuchstabiert hat –, die realen Gegenstände als Untermenge der idealen Gegenstände zu verstehen.[245] Demnach ist die Menge der Gegenstände überhaupt identisch mit der Menge der idealen Gegenstände, die als Untermenge die realen Gegenstände hat.

---

244 Vgl. Gabriel, »Cosmological Idealism«.
245 Vgl. dazu Markus Gabriel, »Transcendental Ontology in Fichte's Wissenschaftslehre 1804«, in: Steven Hoeltzel (Hg.), *The Palgrave Fichte Handbook*, London 2019, S. 443-460.

Real sind dabei diejenigen Gegenstände, die dadurch individuiert sind, dass sie als Gegenstände gedacht werden, die von ihrem Gedachtwerden unabhängig sind, weil sie Eigenschaften aufweisen, die wir nur empirisch zur Kenntnis nehmen können. Die Aufgabe, die Fichte sich stellt, ist demnach die Ableitung der (epistemischen) Notwendigkeit, den Gegenstandsbegriff im Einzelnen so zu bestimmen, dass es reale Gegenstände gibt, die als Gegenstände ideal sind, die aber Eigenschaften aufweisen, die sich ihrem Bemerktwerden entziehen können.

Die Kategorie dieser Eigenschaften fällt freilich wiederum in die Menge der idealen Gegenstände, weil der *Begriff* des realen Gegenstands keine Eigenschaften hat, die sich unserem Bemerktwerden entziehen, und weil die Eigenschaft, Eigenschaften zu haben, die sich unserem Bemerktwerden entziehen (können), den Begriff eines realen Gegenstandes individuieren. Den Grund dafür, einen ontologischen Idealismus dieses Zuschnitts zu verfechten, sehen Idealisten üblicherweise darin, dass die Gegenposition eines ontologischen Realismus auf die Aporien dessen hinausläuft, was Fichte als »Dogmatismus« bezeichnet und was heute als Naturalismus firmiert.[246]

Die SFO bietet hier einen dritten Weg an. Der ontologische Realismus der SFO ist nämlich weder eine metaphysische Behauptung über alle Gegenstände noch eine naturalistische Position, die das Denken auf etwas zurückführen möchte, was nicht von der Art des Denkens ist, um auf diese Weise das leidige Problem der idealen Gegenstände loszuwerden.[247] Der ontologische Realismus folgt daraus, dass es nichts gibt, was über alle Gegen-

---

246 Vgl. dazu insbesondere die subtile Rekonstruktion des argumentativen Gebiets bei Sebastian Gardner, »The Limits of Naturalism and the Metaphysics of German Idealism«, in: Espen Hammer (Hg.), *German Idealism. Contemporary Perspectives*, London, New York 2007, S. 19-49. Vgl. auch Markus Gabriel, »Endlichkeit und absolutes Ich. Heideggers Fichtekritik«, in: *Fichte-Studien* 37 (2013), S. 241-261, sowie Markus Gabriel, *Ich ist nicht Gehirn*, S. 222-225.

247 Gabriel, »Für einen nicht-naturalistischen Realismus«.

stände wahr ist, die es gibt, weil sich der Gegenstand, aus dem
sich alle Gegenstände mereologisch ergeben, nicht sinnvoll beschreiben lässt.

Es gibt nichts, was über alle Gegenstände, die es gibt, wahr ist.
Das ist nicht paradox, weil die Quantoren in dieser Formulierung bereits relevant eingeschränkt sind.[248] Die in der Artikulation der SFO verwendeten Quantoren (etwa: »*Alle* Gegenstände
erscheinen in Sinnfeldern« oder »*Alle* Sinnfelder sind Sinnfelder«) beziehen sich auf Gegenstände im Sinnfeld der formalen
Ontologie, d. h. derjenigen Disziplin, welche den Existenzbegriff modelliert. *Ex hypothesi* ist die SFO selbst ein Sinnfeld, insbesondere dasjenige, in dem Sinnfelder in ihrer formalen Struktur erscheinen.

Im Sinnfeld der SFO erscheint kein Sinnfeld, das kein Sinnfeld ist. In ihr erscheint auch kein Gegenstand, der nicht in einem Sinnfeld erscheint. Dabei erscheinen im Sinnfeld der SFO
alle Gegenstände, die dort anzutreffen sind, entweder *qua* Sinnfelder als Gegenstände in der SFO oder als Gegenstände in Sinnfeldern, die in der SFO erscheinen. Es gibt Sinnfelder, in denen
nur Gegenstände erscheinen, die in diesen Sinnfeldern keine
Sinnfelder sind. In diesen Sinnfeldern gibt es also keine Sinnfelder. Die Mengenlehre ist (in einigen Interpretationen) ein solches Sinnfeld, da die dort erscheinenden Gegenstände allesamt
rein extensionale Gebilde sind, sodass in der Mengenlehre nur
Gegenstände erscheinen, die keine Sinnfelder sind. Die SFO lehrt
zwar, dass es auch dann Sinnfelder gegeben hätte, wenn es niemanden gegeben hätte, der dies bemerkt (wenn also etwa Theoretikern nur Mengen als Gegenstände erschienen wären), doch
ist dies innerhalb der Mengenlehre nicht erkennbar der Fall.
Die Allquantoren der Mengenlehre sind auf Mengen (und die
damit zusammenhängenden Gegenstände), diejenigen der SFO
auf Sinnfelder (und die damit zusammenhängenden Gegenstände) restringiert.

Auf der Ebene der metatheoretischen Artikulation der Keine-

---

248 Vgl. ausführlicher Gabriel, »Existenz, realistisch gedacht«.

Welt-Anschauung kommt hinzu, dass einiges nur dann über Gegenstände wahr ist, wenn wir es aussagen. Aussagen über Aussagen betreffen Gegenstände (Aussagen), die existieren, weil wir etwas tun (aussagen). Für anderes gilt dies nicht. Tatsachen sind Wahrheiten, die nicht insgesamt deswegen bestehen, weil jemand etwas aussagt. Der Boden der Tatsachen erstreckt sich weiter als unsere Aussagen, die ihn modellieren.[249] Wahrheit ist also nicht primär eine Eigenschaft von Aussagen. Aussagenwahrheit ist nur ein Fall von Wahrheit, der epistemologische sowie logisch-semantische, aber keine ontologischen Privilegien genießt.

Viele Eigenschaften des Wirklichen, die wir entdecken, weist dieses ohne unser Zutun auf. Diese Eigenschaft ist selbst eine Eigenschaft, die wir in der Selbsterkundung des Denkens entdecken. *Unser Denken gehört zum Sein. Wir sind ein Fall von Sein.* Deshalb ist die Wirklichkeit als Modalkategorie selbst etwas Wirkliches, das wir entdecken. Dass wir fallible Denker sind, hat sich ergeben. Daraus folgt kein problematischer Naturalismus, weil jedenfalls keine Reduktion oder gar Elimination dieses Umstandes vorgesehen ist.[250]

Meinong selbst ist übrigens ontologischer Idealist, da er »esse« an »cogitari« bindet.[251] Die »Gegenstände in ihrer Gesamtheit« bestimmt er nämlich als die »Gesamtheit der Erkenntnisgegenstände«.[252] Auf dieser Basis unterscheidet er die »Meta-

---

249 Natürlich gehören unsere Aussagen selbst zum Boden der Tatsachen. Wir entrinnen diesem nicht dadurch, dass wir etwas über ihn aussagen. Aus unserer Position als assertorische Lebewesen folgt nicht, dass wir Subjekte sind, die einem Objekt entgegenstehen. Vgl. Gabriel, *Der Sinn des Denkens*, S. 222-227.

250 Bündig weist Burge den Naturalismus in seine Schranken in Burge, *Origins of Objectivity*, S. 308, wo er »Naturalismus« definiert als »the idea that properties recognized by natural sciences are all the properties science should recognize« und zu dem Schluss kommt: »Naturalism does not connect well with actual scientific explanation. It has yielded little of scientific or philosophical value.« Voilà!

251 Meinong, *Über Gegenstandstheorie*, S. 17.

252 Ebd., S. 4.

physik« als Theorie »der Gesamtheit dessen […], was existiert«,[253] von der Gegenstandstheorie, die es nicht nur mit Wirklichem (Existierendem), sondern eben mit allen Erkenntnisgegenständen zu tun habe. Damit bewegt sich Meinongs Gegenstandstheorie auf idealistischem Boden, da er den Begriff des Gegenstands so auffasst, dass es »keinen Gegenstand« geben kann,

> der nicht der Möglichkeit nach Erkenntnisgegenstand wäre, wenn man sich auf den Standpunkt der auch sonst ganz instruktiven Fiktion [!] stellt, daß die Erkenntnisfähigkeit durch keine der in der Konstitution des Subjekts gelegenen und darum tatsächlich nie ganz fehlenden Einschränkungen von der Art der Reize, Unterschiedsschwellen u. dgl. beeinträchtigt wäre. Unter Voraussetzung einer unbegrenzt leistungsfähigen Intelligenz also gibt es nichts Unerkennbares, und was erkennbar ist, das gibt es auch, oder, weil ›es gibt‹ doch vorzugsweise von Seiendem, ja speziell von Existierendem gesagt zu werden pflegt, wäre es vielleicht deutlicher, zu sagen: Alles Erkennbare ist gegeben – dem Erkennen nämlich. Und sofern alle Gegenstände erkennbar sind, kann ihnen ohne Ausnahme, mögen sie sein oder nicht sein, Gegebenheit als eine Art allgemeinster Eigenschaft nachgesagt werden.[254]

Der allgemeinste Begriff des Gegenstands wird von Meinong ausdrücklich an eine Fiktion gekoppelt, die Fiktion der Gegebenheit der Gesamtheit der Gegenstände für eine perfekte Intelligenz. Das ist absoluter Idealismus in Reinform und stellt sich nicht dem Problem, ob es eine solche Gesamtheit, die ein idealisierter Denker erfassen können soll, überhaupt geben kann.

Für uns gibt es sie freilich *ex hypothesi* ohnehin nicht. Wenn wir keine idealisierten Denker sind, können wir nicht sichergehen, dass es eine Gesamtheit der Erkenntnisgegenstände gibt. Diese Annahme ist und bleibt unter endlichen Behauptungsbedingungen eine keineswegs harmlose Idealisierung (»Fiktion«, wie Meinong sagt).

Wir haben vielmehr Gründe, eine solche Gesamtheit zurück-

---

253 Ebd.
254 Ebd., S. 19.

zuweisen und den Begriff des »Gegenstands überhaupt« einer
»Leerregion« zuzuweisen, was Husserl zu Recht gegen Meinong
namhaft gemacht hat.[255] Die Idealisierung, der sich die Schein-
plausibilität einer Gesamtheit der Erkenntnisgegenstände verdankt, überspringt die Endlichkeit, die jeder Erkenntnis dadurch
eingebaut ist, dass wahrheitsfähige Einstellungen nur dann vorliegen, wenn sie objektiv und damit fallibel sind. Die ontologische Quelle der Fallibilität liegt genau darin, dass uns nicht alle
Gegenstände gegeben werden können. Einiges verbleibt stets
außerhalb unserer Reichweite.[256] So sind die Dinge nun einmal.
Die Annahme, dass es eine Intelligenz geben könnte, die sowohl
objektiv mit einer Gesamtheit der Erkenntnisgegenstände umgeht, als auch irrtumsimmun ist, ist inkohärent.

Übrigens hat Kant dieses Problem bemerkt. Der »Begriff von
einem Gegenstand überhaupt« ist für ihn stets »problematisch
genommen, und unausgemacht, ob er etwas oder nichts sei«.[257]
Die Noumena (wozu eine perfekte Intelligenz à la Meinong gehörte) rubriziert Kant als Gedankendinge, die »bloß Erdichtung (obzwar nicht widersprechend)«[258] sind. Damit bleibt vorerst offen, ob eine Gesamtheit der Gegenstände in Kants System
ein Gedankending (und damit widerspruchsfrei) ist oder nicht,
was eine haarige Angelegenheit ist.

Aus diesem historischen Vorspiel ergibt sich die systematische ontologische Gretchenfrage für die neo-meinongianische
Gegenstandstheorie: Sind Gegenstände wesentlich dasjenige, worauf wir uns mit intentionalen, mentalen Akten beziehen? Anders gewendet, hätte es überhaupt Gegenstände gegeben, hätte
es keine Denker gegeben, die sich auf sie beziehen?

Priest wird darauf zunächst ohne Schwierigkeiten antworten

---

255 Edmund Husserl, *Formale und transzendentale Logik. Versuch einer Kritik
der logischen Vernunft*, Hamburg 1992, S. 92.
256 Vgl. dazu die Argumentation in Gabriel, *An den Grenzen der Erkenntnistheorie*.
257 KrV, A 290/B 346.
258 KrV, A 292/B 348.

können, dass dies natürlich für einige Gegenstände gelte. Er
will keineswegs realistischen Plattitüden über die »Bewusstseinsunabhängigkeit der Außenwelt« widersprechen. Es besteht kein
Grund, ihm hierin nicht zu folgen.

Für die vorliegende Untersuchung ist es von Bedeutung, dass
Priest auch eine Spielart des fiktionalen Realismus vertritt. Er
nimmt an, dass Sherlock Holmes auch dann Sherlock Holmes
gewesen wäre, hätte Arthur Conan Doyle niemals über ihn geschrieben.[259] Holmes ist also erstens epistemisch wirklich im
Sinne der SFO (jeder, auch Doyle, kann sich über ihn täuschen)
und zweitens evidenz-transzendent, weil seine Selbstidentität
nicht davon abhängt, wie man ihn sich vorstellt. Man verändert
Holmes Priest zufolge nicht einmal dadurch, dass man neue Geschichten über ihn erfindet, die ihm logisch inkompatible Eigenschaften zusprechen. »Sich neue Dinge über einen Gegenstand vorzustellen, verändert den Gegenstand nicht, um den
es geht.«[260]

Diese Position läuft auf einen *blinden fiktionalen Realismus*
im Sinn der folgenden These hinaus: Es gibt fiktionale Gegenstände (die freilich nicht existieren) und ihr charakterisierendes
So-Sein hängt in keiner Weise davon ab, wie sie vorgestellt werden. Ihr So-Sein ist evidenz-transzendent in dem Sinn, dass es
auch dann bestanden hätte, hätte niemals jemand existiert, der
sich auf ihr So-Sein richtet.[261]

Diese Art des fiktionalen Realismus bezeichne ich deswegen
als »blind«, weil sie der folgenden Hinsicht nicht Rechnung trägt:
Holmes ist ein Mensch (wenn er auch in Priests Sinne nicht exis-

---

259 Priest, *Towards Non-Being*, S. 118-121.
260 Ebd., S. 120: »Imagining new things about an object does not change the
   object in question.«
261 Dieser von mir sogenannte blinde fiktionale Realismus ist nach der hier
   in Anschlag gebrachten Klassifikation dem handelsüblichen fiktionalen
   Realismus theoretisch überlegen, weil er eine artikulierte Ontologie mit
   sich führt, die erlaubt, die Realismus-Irrealismus-Diskussion anhand einer ausgeführten und damit begründeten Gegenstandstheorie zu führen.

tiert). Nehmen wir an, er sei überdies nicht nur wesentlich ein
Mensch, sondern wesentlich ein Detektiv, also durch sein Detektiv-Sein mit-charakterisiert. Er wäre nicht er selbst, ohne irgendwann in seinem Leben Detektiv zu sein.[262] Nun ist niemand
Detektiv, ohne dass es jemanden gibt, der ihn als Detektiv anerkennt. Detektiv-Sein ist eine explizite soziale Eigenschaft, d. h.
eine Eigenschaft, die man nicht ohne explizite Registrierung haben kann.[263] Holmes' Detektiv-Sein ist demnach nicht evidenz-
transzendent, sodass Holmes' So-Sein nicht evidenz-transzendent sein kann. Die Art von Evidenz, dank derer Holmes als
Detektiv anerkennbar ist, kann ohne Bewusstsein nicht vorliegen. Man wird nicht durch unbewusste Einwilligung aller Akteure zum Detektiv. Niemand ist völlig unbemerkt Detektiv.
Irgendjemand muss wissen, dass jemand ein Detektiv ist, damit
er einer sein kann. Detektive sind zwar verborgen, aber nicht
auf eine metaphysische Weise.

Das So-Sein von Holmes ist also nicht blind. Es kommt ihm
nicht einfach so zu, sodass es dann imaginär verfügbar ist, indem
etwa Doyle Holmes-Geschichten erzählt, in denen er den de-
tektivischen Kernbestand variiert. Das widerspricht noch nicht
Priests kontrafaktischem Konditional, demzufolge Holmes auch
dann Holmes gewesen wäre, wenn Doyle seine Geschichten nicht

---

262 *Trivialiter* sind Detektive durch ihr Detektiv-Sein charakterisiert. Sollte
man Holmes' Karriere für kontingent halten, könnte man den Detektiv
namens »Schmolmes« einführen, der wesentlich Detektiv ist, der also
nicht Schmolmes wäre, ohne Detektiv zu sein. Schmolmes ist im Unterschied zu Holmes ontologisch zum Detektiv-Sein prädestiniert. Da
Schmolmes für Priest ein ordentlicher Gegenstand ist, ist seine Einführung völlig unproblematisch.

263 Nicht alle sozialen Eigenschaften sind anerkennungs-abhängig. Vgl.
Markus Gabriel, »Facts, Social Facts, and Sociology«, in: Werner Gephart, Jan Christoph Suntrup (Hg.), *The Normative Structure of Human
Civilization. Readings in John Searle's Social Ontology*, Frankfurt/M.
2017, S. 49-68, sowie den dritten Teil dieses Buchs.

geschrieben hätte.[264] Unangenehmer für Priest wird es, wenn es um die Frage geht, unter welchen Bedingungen Doyle Doyle ist. Gehört es zum Wesen von Doyle, Autor von Holmes-Geschichten zu sein? Ist dies Teil seines So-Seins als Gegenstand?

Leibniz leitet bekanntlich aus seiner Theorie der Identität ab, dass nichts ein Gegenstand sein kann, ohne alle seine Eigenschaften wesentlich zu haben. Eine leibnizianische Gegenstandstheorie würde also über Doyle sagen, dass er wesentlich der Autor von Holmes-Geschichten ist. Für Leibniz spricht, dass auch Selbstidentität nicht völlig uninformativ sein kann, da wir sonst keinen bestimmten Gegenstand (a im Unterschied zu b) hätten, dem Selbstidentität zukommt. Selbstidentität ist eben nicht »logisch blind«, sondern verdankt sich einer Entgegensetzung von Identität und Nicht-Identität (Differenz). Es ist sinnlos, a = a zu denken, ohne imstande zu sein, a ≠ b zu denken. Wenn Selbstidentität nicht uninformativ ist, haben alle Gegenstände in einer Gegenstandstheorie Eigenschaften, die ihren logischen Kern anreichern. Warum sollte dies für Doyle nicht sein Autor-Sein sein?

Die Schwierigkeit, die ich hier für Priests blinden fiktionalen Realismus namhaft mache, besteht also darin, dass es *ad hoc* wäre, das Autor-Sein von Doyle und das Detektiv-Sein von Holmes von ihrem essentiellen Kernbestand der Selbstidentität fernzuhalten. Nimmt man beides in diesen aber auf, wird deutlich, dass weder Doyle noch Holmes unbemerkt ein So-Sein haben können (selbst wenn Holmes' So-Sein etwa wesentlich von jemandem wie Watson bemerkt würde, der Priest zufolge nicht existiert, aber sehr wohl jemanden als Detektiv anerkennen kann, weil dies eine Eigenschaft ist, die zum So-Sein gehört).

Es könnte außerdem für Holmes nicht nur wesentlich sein, von jemandem, den es gibt, vorgestellt (anerkannt zu werden), sondern sogar von jemandem, der existiert (Doyle) vorgestellt worden zu sein. Das heißt nicht, dass Doyle Holmes dauernd präsent halten muss. Ein Anti-Realismus muss nicht behaupten,

---

264 Priest, *Towards Non-Being*, S. 119.

dass ein Gegenstand *Registrierungs*-abhängig, sondern nur, dass er *Registratur*-abhängig ist.[265]

Ob man angesichts von Gegenständen überhaupt Realist, Anti-Realist, Idealist oder irgendeine Kombination sein sollte, ist also noch nicht ausgemacht. Soweit ich sehe, hat Priest diese Frage bisher nicht eindeutig beantwortet, wobei er wohl eher zu einem *weitgehenden Realismus* neigt, weil er das So-Sein an Selbstidentität knüpft und diese für geschenkt hält. Nichts ist ein Gegenstand, ohne selbstidentisch zu sein. Einen *globalen Realismus* vertritt er wohl dennoch nicht, da etwas z. B. kein Schmerz sein kann, ohne registriert zu werden. Es gibt also Gegenstände (Schmerz, Evidenz usw.), die offensichtlich nicht evidenz-transzendent sind. Es gibt sie nur, wenn sie bemerkt werden, ihr *esse est percipi*.[266]

Wie steht es nun um den Gegenstand: »die Menge aller Gegenstände«, den Priest neuerdings als den Gegenstand namens »Alles (everything)« = A behandelt? Ist A (Priests Version des Absoluten) Substanz oder Subjekt? Wäre es auch dann ein Gegenstand gewesen, wenn niemand sich ihm zugewendet hätte, oder wird es wesentlich zum Gegenstand unseres Nachdenkens? Hier spielt die Musik des absoluten Idealismus. Priest hat diese Frage bisher nicht beantwortet.

Zusätzliche Schwierigkeiten bereitet die Frage, ob der Status von A dadurch beeinflusst wird, dass A evidenz-transzendente und evidenz-immanente Teile hat. Zum absoluten Ganzen aller Gegenstände gehören Schmerzen ebenso wie der Urknall oder der Elektronenspin.[267] A wäre demnach nicht der Gegenstand, der er ist, ohne evidenz-immanente Teile zu haben.

265 Zu dieser Distinktion Markus Gabriel, »Repliken auf Beisbart, García, Gerhardt und Koch«, in: Buchheim (Hg.), *Jahrbuch-Kontroversen 2*, S. 106-149, hier: S. 113.

266 Was wiederum nicht bedeutet, dass solche Gegenstände nicht wirklich sind, weil wir uns über sie täuschen können. Schmerzen zu haben, heißt nicht, zu wissen, was genau diese Schmerzen sind. Man kann Schmerzen für Zustände einer immateriellen Seele halten und sich damit über Schmerzen täuschen.

267 Überdies gehört Priest zufolge A als Teil zu sich selbst.

Freilich steht es Priest *prima facie* noch offen, zwischen einem *gegenstandstheoretischen Kontingentismus* und einem *gegenstandstheoretischen Nezessitismus* zu wählen. Ersterer meint, das Absolute könne Eigenschaften haben, die kontingent sind, indem es kontingente Teile hat, die sich als seine Eigenschaften auffassen lassen, während Letzterer dies bestreitet und demnach die scheinbar kontingenten Gegenstände als letztlich notwendig identifiziert, weil sie zur Selbstkonstitution (Selbstidentität) des Absoluten gehören.

Wenn Schmerzen wesentlich Schmerzen sind und es in diesem So-Sein angelegt ist, bemerkt zu werden, kann A kein Gegenstand sein, ohne Schmerzen als Teil zu haben, sodass die kontingente Existenz von Schmerzen in unserer Welt zwar vielleicht die Sache der Theodizee, aber nicht diejenige der neo-meinongianischen Gegenstandstheorie vereinfacht.[268] A wäre also nicht, was es ist, wenn es kein Bewusstsein gäbe. Nun ist das existierende Bewusstsein von A auch ein Gegenstand, der überdies existiert. Dass er faktisch existiert, sollte kein Problem für Priest sein, da wir seine Existenz nicht durch stipulative Charakterisierung, sondern durch die Akte des Theoretisierens sicherstellen, die Priest vollzieht. A wäre demnach nicht A, wenn der Gegenstand, der in seinem Erkanntwerden besteht, nicht existierte.

Die neo-meinongianische Gegenstandstheorie läuft also auf einen absoluten Idealismus hinaus, was noch kein Einwand sein muss, sondern zeigt, dass sie spekulativ deutlich ehrgeiziger ist, als ihr (seinerseits nicht harmloser) formaler, logischer Apparat

---

268 João Branquinho und Mattia Riccardi haben mich darauf hingewiesen, dass es vom Begriff des Schmerzes abhängt, ob Schmerzen ideale Gegenstände sind. Branquinho schloss in seinem Keynote-Vortrag am 6. 9. 2018 beim 3. Kongress der Portugiesischen Gesellschaft für Philosophie aus Williamsons Argumenten gegen epistemische Luminosität darauf, dass Schmerzen nicht ideal sind, was allerdings als metaphysisches Argument fragwürdig ist. Zur Diskussion der hierbei verwendeten Schmerzbegriffe vgl. Murat Aydede (Hg.), *Pain. New Essays on Its Nature and the Methodology of Its Study*, Cambridge/MA., London 2005.

suggeriert. Wohlgemerkt gilt für A in Priests Theorie nicht, dass
es existiert. Denn A verfügt über keine kausalen Kräfte. Nur
einige seiner Teile existieren. A hat existierende und nicht-existierende Teile.

Diese Konsequenzen betreffen allesamt nicht die SFO, indem aus ihr folgt, dass A weder existiert noch ein Gegenstand
ist. A *scheint* nur ein So-Sein zu haben. Seine Charakterisierung
führt in Paradoxien, insbesondere dadurch, dass der implizite
absolute Idealismus der neo-meinongianischen Gegenstandstheorie auf die Inkohärenz des Aleph trifft, wie wir gesehen haben.

Wie dem auch sei, an dieser Stelle geht es nur darum, den
Umstand zu artikulieren, dass der ontologische Realismus der
SFO begrifflich untrennbar mit der Nicht-Totalität einhergeht.
Es gibt keine Allheit von Gegenständen (die dann ihrerseits ein
Gegenstand wäre), sondern eine prinzipiell nicht überschauba-
re Proliferation von Sinnfeldern, die in keiner Zentralperspekti-
ve auf eine sowohl allumfassende als auch informative Basis ge-
stellt werden können. Kein Sinnfeld ist dafür geeignet.

Ein aussichtsreicher Kandidat ist die Fiktion insofern, als wir
anscheinend im Medium der Einbildungskraft ein Absolutes
(= A) einführen können, dessen Nicht-Existenz dadurch dementiert wird, dass wir es doch immerhin imaginieren können.[269]
Das ist einer der wichtigsten Gründe dafür, dass die SFO nicht
nur eine Theorie der Nicht-Existenz, sondern auch eine Ontologie der Einbildungskraft vorlegen muss, um ihre eigene Konsistenz an dieser Stelle gegen allfällige Einwände zu sichern.

In der SFO ist der Begriff des Gegenstands ein formal-onto-
logischer.[270] Die Gegenstände bilden dabei keine Gesamtheit.
Bildeten sie eine Gesamtheit, gäbe es einen Anlass, sie einem
Sinnfeld zuzuordnen, eine Anordnungsregel. Der metaphysische

---

269 Vgl. Mehlich, »Kopernikanischer Salto«, S. 107-117.
270 Anton Friedrich Koch, »Sein und Existenz« in: Sebastian Ostritsch, Andreas Luckner (Hg.), *Philosophie der Existenz. Aktuelle philosophische An-
   sätze von der Ontologie bis zur Ethik*, Stuttgart (i. Ersch.).

Wunsch, sich als Teil einer Welt zu sehen, allein ist kein hinreichender Anlass, die Existenz einer Gesamtheit der Gegenstände zu postulieren.

Es gibt schlichtweg keine Anordnungsregel, der alle Gegenstände unterstehen. Der Begriff des Gegenstands als etwas, worüber etwas wahr ist, reicht dazu nicht hin. Denn wenn etwas unter diesen Begriff des Gegenstands fällt, also ein Gegenstand *ist*, dann liegt eine Tatsache vor, in die er als Gegenstand eingebettet ist. Diese Tatsache gehört einem Sinnfeld im Unterschied zu anderen Sinnfeldern an, sodass die formale Univozität des Gegenstandsbegriffs mit dem ontologischen Pluralismus der SFO vereinbar ist.[271]

Jede Aufzählung von Gegenständen bleibt ontologisch unvollständig, selbst wenn man eine unendliche Menge von Gegenständen zulässt. Unendlichkeit ist natürlich als solche kein Problem, weil es etwa unendlich viele natürliche Zahlen gibt. Das Problem ergibt sich erst auf der Ebene des Transfiniten und der mit diesem verbundenen Einsichten in die Unvollständigkeit einer jeden Theoriebildung. Doch auch die transfinite Mengenlehre allein reicht für die Keine-Welt-Anschauung noch nicht hin, da die transfinite Mengenlehre extensionalistisch operiert, ihre Gegenstände also als unter Abstraktion von unserer Zugangsweise gegeben betrachtet.[272]

Genau dagegen richtet sich der Sinnbegriff. Was existiert, existiert unter einer Beschreibung. Es hat ein So-Sein. Sein So-Sein verbindet es mit anderen Gegenständen derselben Art, wodurch ein Sinnfeld besteht. Die Idee eines Gegenstands überhaupt ist allerdings sinn-los, weil durch ihn nur scheinbar ein Sinnfeld gebildet wird, das keinen Sinnbedingungen mehr unterstehen kann. Die Idee, es gebe eine Menge aller Gegenstände, die selbst ein Gegenstand ist, sodass es nichts gibt, was kein Gegenstand

---

271 Vgl. dazu Markus Gabriel, »Sinnfeldontologie oder reformierte Metaphysik? Replik auf Le Moli«, in: *Perspektiven der Philosophie. Neues Jahrbuch* 42 (2016), S. 110-125.

272 Vgl. die Argumente in Gabriel, *Sinn und Existenz*, § 3.

ist, scheitert also gewissermaßen am Sinn von Sein.[273] Daraus, dass man kein Beispiel für etwas geben kann, was nicht zumindest in der Hinsicht auch ein Gegenstand ist, dass man es nun als Beispiel anführt, folgt nicht, dass wir einen unrestringierten Allquantor verwenden, wenn wir über Gegenstände sprechen. Umgekehrt folgt aus der SFO, dass wir keinen solchen metaphysisch interpretierbaren Allquantor verwenden, weil ihm kein Gegenstandsbereich entsprechen kann.[274]

273 Die neo-meinongianische Gegenstandstheorie ist ein Paradefall dessen, was Heidegger als Bestandsmetaphysik zurückweist. Ihre Vergegenständlichung kennt keine Grenzen, nicht einmal das Nichts. Es führte zu weit, mich an dieser Stelle mit Priests eigener Heidegger-Deutung zu befassen, die sich gegen diesen Vorbehalt womöglich zu verteidigen weiß. Vgl. Priest, *Beyond the Limits of Thought*, Kapitel 15.

274 Das lässt freilich die Frage offen, ob man eine andere Interpretation des unrestringierten Allquantors, etwa nach dem Modell der substitutional verstandenen Quantifikation, einführen kann, was der SFO dienlich sein könnte. Die damit verbundene, sowohl interessante als auch relevante Diskussion klammere ich an dieser Stelle aus, da aus Modellen der Funktionsweise unrestringierter Allquantifikation, die keinen metaphysisch brauchbaren unrestringierten *domain of discourse* in Anspruch nehmen, naturgemäß nicht ohne philosophische Zusatzarbeit Einwände gegen die Keine-Welt-Anschauung abgeleitet werden können. Dazu wiederum in naher Zukunft ausführlicher Gabriel, Priest (Hg.), *Everything and Nothing*.

ZWEITER TEIL: MENTALER REALISMUS

Ein zentrales Thema von Realismus-Diskussionen ist der Bereich desjenigen, was durch das (verfehlte) *metaphysische* Realismus-Kriterium der Bewusstseinsunabhängigkeit ontologisch unter Verdacht gerät, nicht so recht (oder sogar ganz und gar nicht) wirklich zu sein. Was nicht so recht (oder ganz und gar nicht) wirklich ist, ist ein Phantom. Eine mächtige Strömung der Philosophie des Geistes speist sich aus einer peinlichen, aber tiefsitzenden Äquivokation, indem der »Geist« mit einem Gespenst, d. h. mit einem Phantom verwechselt wird.[1] Diese Strömung gilt es im folgenden zweiten Teil als eine zu dekuvrieren, die sich an einem Phantomschmerz abarbeitet, sodass sich einige ihrer Lieblingsthemen (wie der echte Phantomschmerz, das allseits beliebte Gummihand-Experiment und die historisch wie theologisch uninformierte Religionskritik) als belastbares Indiz einer massiven Selbsttäuschung erweisen.

Der Geist wird für diese Strömung dadurch zum Phantom, dass er durch diejenige begriffliche Voreinstellung durch das Raster der Wirklichkeit fällt, in der nur das als wirklich existierend angesetzt wird, was objektiv und damit insbesondere unabhängig von der subjektiv ›gefärbten‹ Auffassung eines bewussten, geistigen Lebewesens der Fall ist. Da man sich als bewusstes, geistiges Lebewesen über allerlei im Irrtum befinden kann, liegt es nahe, das Subjekt lieber gleich aus der Wirklichkeit zu entfernen, sodass man gleichsam endlich freie Fahrt für eine vollständig objektive Wissenschaft hat, die ohne Geist auskommt.

---

1 Vgl. dazu aus literaturwissenschaftlicher Perspektive im Anschluss an Goethes *Farbenlehre* sowie unter Rekurs auf Jacques Derrida, *Marx' Gespenster. Der verschuldete Staat, die Trauerarbeit und die neue Internationale*, Frankfurt/M. 1995 Strowick, *Gespenster des Realismus*.

Ein wichtiger Schritt auf dem Weg zu diesem irregeleiteten (und prinzipiell weder erreichbaren noch sinnvoll wünschbaren) Ziel ist die Destruktion der vermeintlichen illusorischen Benutzeroberfläche des Bewusstseins, die einer endlich einmal objektiven Natur- und Technowissenschaft des ehemaligen Subjekts im Wege steht. Irregeleitet ist dieses Forschungsprogramm bereits auf der ontologischen Ebene seines Versuchsaufbaus: Weil nur dasjenige als wirklich wirklich gilt, was vom Bewusstsein unabhängig ist, die Phänomene des Bewusstseins aber irgendwie da zu sein scheinen, muss es gelingen, sie auf eine jeder höheren Spiritualität unverdächtige Weise an etwas zu binden, was volles Bürgerrecht im angeblich naturwissenschaftlichen Weltbild genießt.

In diesem Teil wird es nun darum gehen zu zeigen, dass es unsinnig ist, den Geist auf etwas kategorial Nicht-Geistiges zu reduzieren oder ihn gar zu eliminieren, weil dieses Programm schlicht und einfach daran scheitert, dass es von Subjekten propagiert wird, die all diejenigen Eigenschaften besonders sichtbar verkörpern, deren vollgültige Existenz sie zu bestreiten wünschen.

Dabei wird *a limine* der erste Akt der Reduktion umgangen, der darin besteht, vom Thema des Geistes auf dasjenige des Bewusstseins umzuschwenken, von dem niemand so recht anzugeben weiß, was es überhaupt ist. Bewusstsein ist der hier vertretenen Auffassung zufolge ein Modul des Geistes, d. h. ein Element unseres Selbstporträts, das wir im Zusammenhang von Handlungserklärungen anführen, um unsere eigene Situation – die Stellung des Menschen im Kosmos – zu erhellen.[2]

---

2 Erst jüngst ist mir klar geworden, dass Scheler tatsächlich eine belastbare und im Übrigen auf der Höhe der Naturwissenschaften seiner Zeit (wozu immerhin die Quantentheorie, der Darwinismus und die seinerzeit bereits weit fortgeschrittene empirische Psychologie gehört) vorgetragene Philosophie des Geistes entwickelt hat, die sich in vielen entscheidenden Punkten mit der hier entwickelten Position des Neo-Existenzialismus deckt. Vgl. Max Scheler, *Die Stellung des Menschen im Kosmos*, Bern [7]1966, S. 36-49.

Die zu entfaltende Hauptthese dieses Teils baut auf den Neo-Existenzialismus auf. Dieser bestimmt den Menschen als dasjenige Lebewesen, das wesentlich im Licht einer Auffassung davon, wer oder was es ist, existiert.[3] Damit wird an bekannte Motive der existenzphilosophischen Tradition angeknüpft, die Subjektivität als dasjenige bestimmen, was darin besteht, dass wir auf der Suche nach uns selbst sind. Dieser Auffassung zufolge sind wir dasjenige »Seiende, dem es in seinem Sein um dieses selbst geht«.[4]

Auf die Frage, wer oder was der Mensch ist, wird, seitdem uns der Mensch in Dokumenten seiner Selbstvorstellung historisch entgegentritt, unter anderem dadurch geantwortet, dass wir uns ein Bild davon machen, wie unsere geistigen Vermögen aktiviert werden und wie weit sie reichen. Die Geschichte unserer Selbstporträts offenbart eine diachrone und synchrone Variabilität der Demarkation unserer subjektiven Zustände, die man nicht überspringen kann, um irgendwelche Allgemeintitel wie »Bewusstsein« festzuhalten und nach dessen minimalem neuronalen Korrelat Ausschau zu halten. Ob und in welchem Sinne wir Bewusstsein haben, kann nicht dadurch geklärt werden, dass wir unseren Organismus erforschen, solange wir keine stabile Auskunft darüber erhalten, wonach wir eigentlich suchen.

In einer bestimmen Hinsicht schließt der Neo-Existenzialismus nicht nur offensichtlich an Hegel, sondern überraschenderweise an einen sogar von Dennett bemerkten Befund an, dass unser mentalistisches Vokabular Phänomene beschreibt, die so beschaffen sind, dass sie selbst mit unserer Auffassung dieser Phänomene variieren. Geist ist nicht insgesamt davon unabhängig, wie geistige Lebewesen ihn charakterisieren, er ist wesentlich an Objektivationen, d.h. an Selbstauffassungen gekoppelt.

Doch dies bedeutet noch lange nicht, dass alle Selbstauffassungen ontologisch bzw. alethisch freischwebend, d.h. hier: weder wahr noch falsch, sind. Die Humanwissenschaften entde-

---

3 Gabriel, *Neo-Existentialism*, sowie einführend ders., *Ich ist nicht Gehirn*.
4 Martin Heidegger, *Sein und Zeit*, Tübingen [11]1967, S. 42.

cken (wie andere Wissenschaften auch) Tatsachen, wozu Tatsachen über Menschen gehören, die in unserem Selbstverhältnis in Rechnung gestellt werden sollten. Man kann daran scheitern und mythologische Auffassungen vom Ursprung des Menschen zur Handlungskoordination verwenden. Die Moderne ist im Erfolgsfall ein Prozess der Verbreitung humanwissenschaftlicher Tatsachen, dem sich die Subjekte allmählich anschließen.[5] Anthropologische Tatsachen sind Maßstäbe, an denen sich die Richtigkeit unserer Selbstbilder bemessen ließe, wenn sie denn in Rechnung gestellt würden.

Nicht alle anthropologischen Tatsachen betreffen dasjenige, was ich als »Geist« klassifiziere. Geist ist die Selbstbildfähigkeit des Menschen, die wir als Zentrale ansetzen können, um aus ihrer Perspektive spezifische Module fassen zu können.[6] Geist ist dasjenige Ganze, das wir in den Blick nehmen, wenn wir bedenken, dass Menschen nicht umstandslos in ihre Umgebung passen. Seit wir unsere Selbstverhältnisse dokumentieren, sodass wir Menschen, die wir nicht unserer Nahgruppe zurechnen, diachron und synchron über ihre Objektivationen kennenlernen können, sind wir als Menschen damit beschäftigt, ein Bild davon zu entwerfen, wie das Menschliche in seine Umwelt gehört.

Der Mensch unterscheidet sich immer schon durch bildgebende Verfahren von anderen ihm begegnenden Lebewesen, der belebten und unbelebten Natur, den Himmelsphänomenen, Göttern, Geistern usw. In der Form von Mythen, kosmischen Narrativen, Kunstwerken, Wissenschaften und unmittelbar nützlichen Artefakten drücken wir aus, wie wir meinen, dass es um uns bestellt ist. Auf diese Weise entstehen Selbstporträts, die einen Raum eröffnen, der einzelne Gruppenmitglieder als Fälle allgemeiner Strukturen klassifiziert.

5　Vgl. hierzu Charles Taylor, *Ein säkulares Zeitalter*, Frankfurt/M. 2012.
6　Ich folge hier den auf der ersten Forschungskonferenz der Bonner Philosophischen Fakultät am 1. 2. 2019 mündlich vorgetragenen Vorschlägen Werner Gepharts und Rudolf Stichwehs.

Dabei kann man zunächst zwei Theorieebenen unterscheiden, die sich freilich geistes- und sozialwissenschaftlich im Einzelnen ausdifferenzieren lassen. Die erste, höhere (abstraktere) Theorieebene betrifft den Begriff der Menschheit, den Menschen als solchen. Die zweite, objektlastige (konkretere) Theorieebene betrifft spezifische Menschenbilder, die ich als *homunculi* bezeichne.

Auf der obersten Abstraktionsstufe steht die Selbstbildfähigkeit, der Geist als solcher. Auf dieser Stufe beobachten wir die Orientierung des Menschen an einer Vorstellung davon, wer oder was er ist. Menschenbilder sind handlungsleitend, weil wir dasjenige, was wir tun, nicht zuletzt im Horizont einer Auffassung des ›Sinns des Lebens‹ rechtfertigen. Leben und Tod, Krankheit und Gesundheit sind elementare Erfahrungen, die auch heute jeden erschüttern und alles in Frage stellen lassen, was uns alltäglich als selbstverständlich erscheint. Die Grenzerfahrungen des Lebens rücken das Leben selbst als Problem in den Fokus, worauf wir irgendwelche Antworten finden müssen, ohne imstande zu sein, diese Antworten an einem unabhängigen Maßstab auszurichten, der vor aller Augen liegen würde.

Diese Situation transzendieren wir durch keinen Fortschritt der objektivierenden Humanwissenschaften (Molekularbiologie, Humangenetik, Medizin, Psychologie, Neurowissenschaften usw.) prinzipiell. Dafür hat der britische Physiologe Denis Noble – einer der Pioniere der Systembiologie – ein bemerkenswertes Argument anzubieten, mittels dessen sich die Theoriekonstruktion der SFO auf die Philosophie des Lebendigen abbilden lässt.[7] Dieses Argument dreht sich um den Begriff

---

7 Ich unterscheide hier zwischen der Philosophie der Biologie und derjenigen des Lebendigen. Während Erstere die Struktur vorliegender, bereits etablierter biologischer Theorien über einen bestimmten Gegenstandsbereich mit den allgemeinen Methoden der Wissenschaftstheorie untersucht, befasst sich Letztere direkt mit denjenigen Gegenständen, welche die Biologie untersucht. Die Philosophie der Biologie untersucht Theorien, diejenige des Lebendigen lebendige Systeme. Eine ähnliche Distinktion gilt es

der »biologischen Relativität«, worunter die Einsicht zu verstehen ist, dass biologische Systeme (Zellen, Organe, DNS, Kohorten usw.) als Ausgangspunkte einer Messlatte (einer Skala) anzusetzen sind. Die Erklärung eines Systems muss immer davon ausgehen, dass das System auf einer Ebene angesiedelt ist, für die bestimmte Skalen maßgeblich sind, ohne dass es irgendein Gesamtsystem gäbe, das für alle Systeme festlegte, was als Element zu behandeln ist.

Es ist demnach legitim, Zellen aus der Optik von Molekülen als gigantisch zu betrachten, weil es keinen natürlichen Maßstab gibt, der festlegt, was ›an sich‹ mikro-, meso- oder makroskopisch wäre. Zu glauben, es gebe gleichsam einen Normalzustand der Beobachtung (das Lebensweltlich-Mesoskopische), ist bereits eine unzulässige, weil unbegründbare anthropische Verzerrung, die das Universum auf die völlig unscharfen Messverhältnisse zurichtet, die jedem Einzelnen von uns gerade ›natürlich‹ vorkommen. Deswegen operiert Noble mit einer Ausdehnung eines allgemeinen Relativitätsprinzips, das darin besteht,

> dass wir uns von privilegierten Blickpunkten distanzieren, für die es nur unzureichende Rechtfertigungen gibt. Es gibt keine Absoluta – vielmehr können die Dinge auch in der Wissenschaft nur in einem relativen Sinn verstanden werden: relativ auf die Frage, die wir stellen; relativ auf die Skala, auf der wir die Frage stellen; relativ zu unserem gegenwärtigen Wissen über ein Universum, über das für immer Fragen offenbleiben.[8]

meines Erachtens auch bezüglich anderer naturwissenschaftlicher Forschungsgebiete zu beachten, sodass die Philosophie der Physik von der Naturphilosophie unterschieden werden sollte. Vgl. dazu kritisch gegen die Idee gerichtet, wir könnten das Lebendige, die Natur usw. nur durch das Prisma einer wissenschaftstheoretischen Untersuchung vorhandener Theorien adäquat adressieren, Gabriel, *Die Wirklichkeit des Universums*.

8 Meine Übersetzung von Denis Noble, *Dance to the Tune of Life. Biological Relativity*, Cambridge 2016, S. 6: »it consists of distancing ourselves from privileged viewpoints for which there is insufficient justification. There are no absolutes – rather, even in science things can only be understood in a

Das Universum stellt sich unter den einzigen uns verfügbaren epistemischen Bedingungen als Verschachtelung (»Universen in Universen in Universen«[9]) dar. Das Lebendige lässt sich demnach nicht von einem metaphysisch privilegierten Standort aus vollständig bestimmen. Welche Erklärung wir für ein Phänomen geben, hängt von der Skala ab, die einer gegebenen Ebene entspricht. Dies unterminiert keineswegs die Objektivität naturwissenschaftlicher Erklärungen, sondern weist lediglich darauf hin, dass die Skalen, die wir mit dem Universum verbinden, zu Sinnfeldern (in der Sprache Nobles: »levels«) führen, in denen Gegenstände unter Anordnungsregeln stehen.

Verschiedenen Ebenen des Lebendigen entsprechen verschiedene Anordnungsregeln, was nicht bedeutet, dass es keine Wechselwirkung zwischen Gegenständen auf verschiedenen Ebenen gibt. Was ausgeschlossen ist, ist allerdings hier wie sonst die Demarkation eines Gesamtsystems, von dem aus sich alle Subsysteme als Elemente erweisen, sodass eine kosmologische Gesamterklärung möglich wäre. Für jedes erkennbare System, das uns im Universum begegnet, wiederholt sich die Struktur der SFO: Lebendige Systeme sind offene Systeme, weil es kein Ganzes geben kann, das den ultimativen explanatorischen Rahmen zur Verfügung stellt, der es erlaubte, das Verhalten aller Elemente irgendeines Systems vollständig zu überschauen.

Unsere Selbstobjektivierung in der Form der Humanwissenschaften kulminiert also in keinem Überblick, der uns von unserer freischwebenden Selbstbestimmung endgültig entlasten würde.[10] Die Bürde der Selbstbestimmung – den Anspruch

relative sense: relative to the question we ask; relative to the scale at which we ask the question; relative to our present knowledge of a universe of which we will always have questions remaining.« Vgl. ähnlich Laurent Nottale, *La relativité dans tous ses états. Au-delà de l'espace-temps*, Paris 1998.

9 Noble, *Dance to the Tune of Life*, S. 262: »universes within universes within universes«.

10 Die Humanwissenschaften umfassen jede Selbsterforschung des Menschen, was offensichtlich Disziplinengrenzen überschreitet. Der Mensch ist nicht Gegenstand irgendeiner Einzelwissenschaft, sondern als dasjenige

der Freiheit – werden wir nicht los, indem wir irgendetwas anführen, was über uns wahr ist. Kein erschöpfender Tatsachenbericht darüber, was der Mensch ist, ist jemals zu erwarten, sodass unsere Verortung auch empirisch variabel bleibt.

Dieser Befund beschreibt dabei die höherstufige Invariante
unserer variablen Menschenbilder. »Geist« ist deswegen der
Name für die Dimension der unabschließbaren Selbstbildfindung, eine Dimension, die in dieser Beschreibung nicht ihrerseits variiert. Die Geschichtlichkeit des Geistes besteht nicht
darin, dass Menschen einmal geistige Lebewesen sind, ein an-
dermal nicht. Die Selbstbildfähigkeit ist vielmehr derjenige universale Grundbestand, der zwar seinerseits zum Anhaltspunkt
einer Orientierung werden kann, die dann allerdings letztlich
weitgehend leerläuft, was eine Variation des alten Formalismus-
Problems ist: *Die Menschheit kann sich nicht sinnvoll ausschließlich an der universalen Form des Mensch-Seins ausrichten, weil
diese zu viele gewichtige Fragen offenlässt.* Sie verbindet zwar alle
Menschen unter dem Banner der Menschheit, was allerdings
keine Handlungsanweisungen generiert, mittels derer vorhandene Antagonismen inhaltlich ausgeglichen werden könnten.
Dazu bedarf es der empirisch variablen Humanwissenschaften,
die unter anderem soziale Antagonismen artikulieren.

Eine Theoriestufe unterhalb der Lebensform des Menschen
als solcher (»homo sapiens«) finden wir spezifische *homunculi*
wie den »homo oeconomicus«, »narrans«, »ludens«, »aestheticus«,
»politicus« usw., d. h. Menschenbilder, die eine beobachtbare
Tätigkeit des Menschen modellieren und von dort aus alle anderen Tätigkeiten in den Blick nehmen.[11] Menschen sind aller-

Lebewesen, das sich selbst studiert, das implizite oder explizite Thema jedes Forschungsprojekts. Die Bestreitung dieses Tatbestands durch Reduktion oder gar Elimination des menschlichen Standpunkts ist eine Quelle
von Pathologien, die im Folgenden ohne Anspruch auf Vollständigkeit diagnostiziert werden.

11 Ich danke einer mündlichen und schriftlichen Mitteilung Werner Gepharts für den Hinweis, dass man diese Theorieebene dessen, was er als »ho-

dings weder zentral ökonomisch noch erzählend, weder zentral
politisch noch spielerisch, sondern vielmehr Exemplare desjenigen Lebewesens, das stets an seine zu einem wesentlichen Anteil
auf Fiktionen beruhende Selbstobjektivierung gebunden bleibt,
weil wir selbst dauernder Anlass von Interpretationen sind, die
man auf der Ebene soziologischer Forschung mittels einschlägiger Kategorien des Typs »Rolle«, »Klasse«, »Habitus«, »Kommunikation« usw. rubrizieren und objektivieren kann. Sofern die
homunculi Idealtypen zur Beschreibung beobachtbaren Verhaltens betreffen, bleiben sie einseitig und neigen dazu, ein Erklä-
rungszentrum vorzuspiegeln, was im Einzelfall an der Freiheit
des Menschen scheitert, sich auch anders bestimmen zu können.
    Es lässt sich keine erschöpfende Merkmalliste spezifisch
menschlicher Tätigkeiten angeben (Spielen, Lachen, Weinen, Erzählen, Denken, moralisches Handeln, Tauschen, Träumen usw.),
die als Ensemble angeführt werden können, um den genauen
Standort des Menschen in der belebten und unbelebten Natur
anzugeben, weil wir keinen genauen Standort haben. Die einzige anthropologische Konstante, die wir zu Zwecken der Theo-
riekohärenz postulieren müssen, ist die besagte Invariante Geist,
also unsere formale Selbstbildfähigkeit.
    Die Selbstbeschreibung des Menschen differenziert sich frei-
lich weiter aus und manifestiert sich unter anderem in der Gestalt eines mentalistischen Vokabulars. Dieses umfasst heutzutage Begriffe wie Aufmerksamkeit, Fürwahrhalten, Bewusstsein,
Intentionalität und die feinkörnigen, experimentell operationa-
lisierbaren Begriffe der Psychologie wie Persönlichkeitsmerk-
male à la Extraversion usw. Der Begriff des Bewusstseins wird

    munculi« bezeichnet hat, für eine wissenschaftstheoretische Standortbe-
    stimmung der Soziologie in Betracht ziehen muss. Die homunculi bevöl-
    kern das metaphysische Zwischenreich zwischen beobachtbarem Verhal-
    ten und sinnvoll nachvollziehbarer Handlung. Sie gehören also ins Portfo-
    lio der Selbsterforschung des soziologischen Kategorienapparats und
    schweben aufgrund der empirischen Offenheit der Theoriebildung zwi-
    schen »truth« und »posit« im Sinne von Quine, *Wort und Gegenstand*, § 6.

eingeführt und näher bestimmt, um eine Facette des Menschseins zu fassen, die wir aller Wahrscheinlichkeit nach mit vielen
anderen Lebewesen teilen, ohne dass wir empirisch stark belastbare Annahmen darüber hätten, welches minimale physiologische Korrelat denjenigen Zuständen entspricht, die wir als
»bewusst« einstufen.[12] Der Kontext, in dem der Bewusstseinsbegriff einführbar ist, nimmt zu seiner Selbstbeschreibung ein viel
reicheres mentalistisches Vokabular in Anspruch, da Bewusst-
seinstheoretiker nicht nur bewusst sind, sondern eine Vielzahl
epistemischer Tätigkeiten und Vermögen bemühen müssen, um
zu verstehen, wie sie vorgehen, um das Bewusstseinsphänomen
von seiner Einnistung in komplexen Systemen zu isolieren, die
in jedem Fall weit über die Elemente hinausgehen, deren Organisation etwas mit Bewusstsein zu schaffen hat. Jede wissenschaftliche Untersuchung des Bewusstseins unterstellt eine stabile, kohärente Analyse des Bewusstseinsbegriffs und abstrahiert
schon deswegen von der faktischen Pluralität der Zustände, die
man zusammenfasst. Deswegen ist es hoch problematisch zu
meinen, es gebe Bewusstsein in dem Sinne, in dem es Fermionen oder Galaxien gibt, d. h. als vorliegende Gegenstände einer
Untersuchung, deren Fokussierung nichts mit der Struktur der
Gegenstände zu tun hat. Bewusstsein gehört zu den historisch
variablen Ausstaffierungen des Museums unserer Selbstporträts. Kurzum: *Bewusstsein ist keine natürliche Art und demnach
niemals erschöpfend naturwissenschaftlich erforschbar.*

Dies bedeutet nicht, dass wir keine mentalen Zustände haben
oder dass diese im Auge des Betrachters liegen, der Abstraktionen vom intentionalen Standpunkt aus entwickelt, um die an
sich zu komplexe Maschinerie unseres Organismus explanato-

---

12 Es steht nicht einmal fest, dass das besagte minimale Korrelat neuronal
   sein muss. Noble bspw. ist nicht allein mit der Annahme, »conscious expe-
   rience is a property of the body as a whole« (Noble, *Dance to the Tune of
   Life*, S. 68). Vgl. Denis Noble u. a., »What is it to be Conscious?«, in:
   John R. Smythies u. a. (Hg.), *The Claustrum. Structural, Functional, and
   Clinical Neuroscience*, New York 2014, S. 353-363.

risch nützlich zurechtzuschneiden.[13] Denn die Idee, es könnte
eine physikalische Gesamtbeschreibung der Maschinerie unseres Organismus geben, über die wir nur (noch) nicht verfügen,
ist bereits szientistische Ideologie (Meta-Physik) und keine empirisch gedeckte Hypothese. Der szientistische Mechanismus ist
Teil eines Selbstporträts des Menschen und kein garantierter Tat-
sachenbestand, an dem sich Menschenbilder messen lassen.[14]

»L'homme machine« gehört ebenso wie Laplaces Dämon buchstäblich ins Zeitalter einer wissenschaftlich überholten Ideologie
des 18. Jahrhunderts, die seinerzeit mit den sozioökonomischen
Revolutionen und Gegenrevolutionen ihres Zeitalters vernetzt
war.[15] Der Nachhall dieses Zeitalters ist der bis heute nicht aus
den Köpfen verschwundene metaphysische Reduktionismus, der
glaubt, es gebe ultimative Bestandteile des Universums, an denen sich eine Gesamtreihe aller kausalen Architekturen ablesen
lasse – sei dies nun ein bis dato rein mythischer (nicht physikalisch messbarer!) Unterbau mereologischer Atome oder ein ebenso mythischer Gesamtkontext des Kosmos oder Universums insgesamt. Es gibt schlichtweg kein ποῦ στῶ, von dem aus man
eine Skala anlegen könnte, die durch das gesamte Universum
läuft. Es gibt keine *scala naturae* – auch keine so einfache,
wie sich Physikalisten dies ausmalen, wenn sie sich ein funda-
mentales Niveau erfinden, auf dem eine (faktisch nicht existierende) vereinheitlichte Physik operiert.

In diesem zweiten Teil wird es darum gehen, ein realistisches
Modell zentraler Module des Geistes zu entwickeln. Dieses Mo-

13 Was bekanntlich die Theorielage ist bei Daniel C. Dennett, *The Intentional Stance*, Cambridge/MA. 1987. Vgl. den aktuellen Stand von Dennetts
Beiträgen zum Illusionismus in *Von den Bakterien zu Bach – und zurück.
Die Evolution des Geistes*, Frankfurt/M. 2018.
14 Vgl. dazu die klassische Studie: Bruno Snell, *Die Entdeckung des Geistes.
Studien zur Entstehung des europäischen Denkens bei den Griechen,* Göttingen 1975.
15 Laplace war sogar Innenminister Napoleons und maßgeblich an der Nutz-
barmachung der Ideologie-Schule für die Zwecke des neuen Regimes beteiligt.

dell erlaubt es, an der Unhintergehbarkeit der Subjektivität festzuhalten, diese aber nicht als Gehäuse oder Gefängnis, sondern
vielmehr als Offenheit für Tatsachen zu fassen. Denn unser
Denken gehört ebenso zu den Tatsachen wie alles andere, was
wir erfolgreich vergegenständlichen können. Die Faktizität muss
nicht hergestellt werden, wir finden uns schon in ihr vor.

In § 6 wird ein idealtypischer Weg vom naiven Realismus zur
Sackgasse des gegenwärtigen prominenten Illusionismus in der
Philosophie des Geistes rekonstruiert, was erlaubt, nach dem
längst geflügelten Wort Wittgensteins, der »Fliege den Ausweg
aus dem Fliegenglas zu zeigen«.[16] Dabei dreht sich alles darum,
das irregeleitete Realismus-Kriterium der Bewusstseinsunabhängigkeit abzustreifen, ohne dem gleichgearteten Irrtum auf-
zusitzen, es gebe etwas, was in einem metaphysisch oder erkenntnistheoretisch besonderen Sinne »bewusstseinsabhängig«
wäre (etwa das Bewusstsein selbst oder seine qualitativen Zustände).

Anschließend wird in § 7 die Unhintergehbarkeit des Geistes
charakterisiert. Sofern wir theoretische Wissensansprüche erheben und zur Wissenschaft beitragen, geschieht dies »aus dem
Standpunkte eines Menschen«;[17] eine Aufstellung, die weder reduziert noch eliminiert oder auf irgendeine andere Weise umgangen werden kann und muss. Dieser Standpunkt reicht dazu
hin, erfolgreiche Wissensansprüche zu erheben, richtet also keinerlei Skeptizismus-anfällige Parameter ein, die dazu führen,
dass wir zu epistemischen Gefangenen unserer selbst werden.
Die geistige Lebensform des Menschen ist keine Kapsel, außerhalb derer sich die Wirklichkeit befindet.

§ 8 erprobt dieses Ergebnis anhand einer Dekonstruktion des
Begriffs der Lebenswelt bei Husserl, der zwar das Problem erkannt hat, es aber aufgrund seiner fatalen Neigung zum Szien-

---

16 Ludwig Wittgenstein, *Philosophische Untersuchungen*, Frankfurt/M. 1971,
   § 309/S. 131: »Was ist dein Ziel in der Philosophie? – Der Fliege den Ausweg aus dem Fliegenglas zeigen.«
17 KrV, A 26/B 42.

tismus sofort verstellt. Husserls Lebenswelt ist eine Art Proto-Experiment und nach dem Modell der induktiven Weltaneignung strukturiert, weshalb Husserls Phänomenologie ständig vom Phantom der »Philosophie als strenger Wissenschaft« heimgesucht wird, was sich wohl wissenssoziologisch unter anderem aus der Konkurrenzsituation zum Wiener Kreis erklären lässt.[18] Husserls Begriff der Lebenswelt ist sowohl problematisch eurozentrisch als auch dadurch irreleitend, dass er den Menschen als Hypothesenbastler inszeniert, ohne diese Festlegung als Theorieentscheidung zu durchschauen, sodass Husserl wider Willen die Lebenswelt naturalisiert.

Anschließend (§ 9) skizziere ich den Aufbau einer objektiven Phänomenologie anhand einer neo-realistischen Wahrnehmungstheorie, die auf der SFO aufbaut. Während Husserl dafürhält, ein Phänomen kenne »keine realen Teile, keine realen Veränderungen und keine Kausalität«,[19] argumentiere ich vielmehr dafür, dass Phänomene paradigmatisch kausal sind. Denn Wahrnehmung ist eine kausale Angelegenheit, die Wahrnehmungsgegenstand und wahrnehmendes Subjekt in eine real existierende Beziehung setzt. Diese Relation ist Wahrnehmung, die ohne buchstäbliche Abstrahlung von Seiten des wahrgenommenen Gegenstands sowie kausaler Rückkoppelungseffekte von unserer Seite aus gar nicht existierte.

An die Stelle der orthodoxen phänomenologischen *Abschattungstheorie* wird so eine neo-realistische *Abstrahlungstheorie* gesetzt, die unser mentales Leben als Paradefall der Kausalität auffasst. Dies ist keinerlei Humeanisches oder Kantianisches Manöver, das Kausalität von der Welt fernhält und in den Geist verlegt, weil die Geist-Welt-Distinktion zu diesem Zeitpunkt längst als überwunden gelten sollte. Der Geist ist kausal eingebunden, ohne dass diese Kausalität an etwas delegiert werden muss, was nicht von der Kategorie des Geistes ist, ein Umstand,

---

18 Vgl. programmatisch Edmund Husserl, *Philosophie als strenge Wissenschaft*, Hamburg 2009.
19 Ebd., S. 34.

der anhand der Wahrnehmung besonders einleuchtend illustriert werden kann.

§ 10 greift noch einmal das Thema der Ontologie der Einbildungskraft auf, um zu zeigen, dass es historisch variable, aber
nicht insgesamt transzendierbare Phantasieschranken gibt. Metaphysische Gegenstände wie ›die Welt‹ überschreiten diese Schranken und spielen deswegen bestenfalls die Rolle absoluter Metaphern, indem sie als Quelle von Metaphernbildung fungieren,
ohne jemals das Stadium eines Begriffs zu erreichen. Blumenberg, dessen Metaphorologie wir den Begriff der absoluten Metapher bekanntlich verdanken, konstatiert hierbei:

> ›Welt‹ ist ein Ausdruck, bei dem der Versuch, Wortersetzungsregeln zu
> finden, konstitutiv zum Scheitern verurteilt ist. […] Selbst wenn ich
> zur Zustimmung geneigt wäre, man solle Sätze über ›die Welt‹ fort-
> an lieber überhaupt nicht mehr bilden und gebrauchen, wäre ich
> doch sehr unsicher, ob diesem Verbot jemals Erfolg beschieden
> sein könnte.[20]

Hierin folge ich ihm nicht vorbehaltlos, weil ich die Rede von
›der Welt‹ (der Metaphysik) im Rahmen der SFO für vermeid-
bar halte. ›Die Welt‹ ist ein leerer Fingerzeig, eine Geste, die zur
Unsinnsquelle wird, sobald man versucht mitzuteilen, wie genau man es sich vorstellt, dass alles, was es gibt (man selbst eingeschlossen), zur Welt gehört.

In § 11 wird sodann eine Distinktion zwischen fiktiven, imaginären und intentionalen Gegenständen vorgeschlagen, die es
erlaubt einzusehen, dass auch die mentalen Gegenstände nicht
auf einen gemeinsamen Nenner gebracht werden können, der es
gestattete, den Geist als abgeschlossenen Gegenstandsbereich
der Bezugnahme zu bestimmen. Kategorien wie »Intentionalität« oder gar »Bewusstsein überhaupt« sind hoffnungslose Über-
generalisierungen, die direkt oder indirekt zu einer Spaltung

---

20 Blumenberg, *Theorie der Unbegrifflichkeit*, S. 38. Zum Begriff der absoluten Metapher vgl. natürlich ders., *Paradigmen zu einer Metaphorologie*,
Frankfurt/M. 1998.

von Ich und Nicht-Ich führen, von wo aus es nur wenige Schritte bis zum Rückfall in eine allgemeine Unterscheidung von Geist und Welt sind, die es hinter sich zu lassen gilt.

§ 6. Vom naiven Realismus zum Illusionismus

Der *naive Realismus* geht davon aus, dass es eine bewusstseins-unabhängige Außenwelt gibt, deren Vorhandensein der entscheidende Grund dafür ist, dass wir Realisten sein sollten. Naiv an dieser Annahme ist, dass sie entweder letztlich trivial ist und von niemandem bestritten werden sollte oder dass sie theoretisch unzureichend fundiert ist.

(I.) Sie ist letztlich *trivial* insofern, als sie sich auf das *Argument aus der Faktizität* verlassen darf.[21] Dieses besagt in aller Kürze, dass jede theoretisch artikulierbare Stellung des Gedankens zur Objektivität damit rechnet, dass irgendetwas Registrierungs-unabhängig ist. Etwas ist *Registrierungs-unabhängig*, wenn es auch so gewesen wäre, wie es ein bestimmtes System auffasst, wenn das System es nicht aufgefasst hätte. Das Argument aus der Faktizität bestreitet damit lediglich, dass wir uns in der Situation eines Solipsismus des Augenblicks befinden könnten, die darin bestünde, dass unser geistiges Fenster ein spontan aufblitzender Zustand ist, der uns den Eindruck vermittelt, es gebe mehr als unseren Eindruck. Der Solipsismus des Augenblicks ist eine radikale skeptische Hypothese, weil er alle Wissensansprüche mit einem Schlag zunichtezumachen droht. Er beschreibt ein Szenario, in dem niemand etwas wissen kann, weil in ihm Wahrheit und Fürwahrhalten koinzidieren bzw. weil es in ihm nicht einmal genügend mentale Ressourcen gibt, um das betroffene Subjekt zu einem Wissensanspruch zu befähigen.

Wenn der Solipsismus des Augenblicks wahr wäre, könnten wir ihn *ex hypothesi* nicht für wahr halten. Damit gelingt es

---

21 Vgl. dazu Gabriel, »Neutraler Realismus«; ders., »Existenz, realistisch gedacht«.

selbst einem solchen extremen skeptischen Gedankenspiel nicht, die Wahrheit zu unterlaufen, sondern lediglich ein Subjekt zu imaginieren, das seine eigene Situation nicht zu begreifen vermag. In dieser Position können wir uns nicht befinden, da wir im Begriff sind, uns zu fragen, welche Optionen welche Konsequenzen haben, was voraussetzt, dass uns theoretisch minimal fundierte Annahmen zur Verfügung stehen. Selbst der extreme Solipsismus des Augenblicks wird demnach nicht dadurch wahr gemacht, dass ihn jemand für wahr hält, weil er nicht zugleich wahr sein und für wahr gehalten werden kann.

Der subjektive Idealismus à la Berkeley verletzt die Auflage des Arguments aus der Faktizität nicht. Berkeley beansprucht, eine Entdeckung theoretisch zum Ausdruck zu bringen, nämlich die einer Beweisführung bedürftige Entdeckung, dass der Anschein einer materiellen, dreidimensionalen Wirklichkeit sich vermeintlich besser dadurch erklären lässt, dass mentale Zustände eine Binnenstruktur aufweisen, die dazu führt, dass wir unsere mentale Bühne nach außen projizieren. Dass diese Position nicht aufgrund ihres theoretischen Anspruchs alleine scheitert, kann man bereits daran erkennen, dass sie von manchen Hirnforschern als Ausgangspunkt ihrer Theorien des phänomenalen Bewusstseins implizit bzw. sogar explizit herangezogen wird.[22]

Wenn phänomenales Bewusstsein tatsächlich ontologisch subjektiv ist, bedeutet dies, dass sein Vorliegen darin besteht, dass uns etwas auf eine bestimmte Weise erscheint. Sein Sein (*esse*) und sein Erscheinen (*percipi*) fallen zusammen, was freilich nicht bedeutet, dass das phänomenale Bewusstsein überdies epistemisch subjektiv ist.[23] Selbst wenn wir uns über die men-

---

22 Vgl. etwa Stephen L. Macknik u. a., *Hirnforschung und Zauberei. Wie die Neuromagie die alltägliche Täuschung unserer Sinne enthüllt*, Freiburg/ Br. 2014; sowie Susana Martinez-Conde, Stephen L. Macknik, *Champions of Illusion. The Science Behind Mind-Boggling Images and Mystifying Brain Puzzles*, New York 2017.

23 John R. Searle, *Intentionalität. Eine Abhandlung zur Philosophie des Geistes*, Frankfurt/M. 1987.

talen Erscheinungen täuschen können, bedeutet dies nicht, dass wir uns darüber täuschen, dass wir uns täuschen, wenn wir uns täuschen. Damit ein Eindruck täuschen kann, muss er vorliegen. In seinem Vorliegen täuscht er uns über etwas, aber jedenfalls nicht darüber, dass er vorliegt! Nennen wir diese bewahrenswerte Einsicht das *minimale Cogito* – eine Auflage, die man nicht verletzen sollte.[24]

Berkeleys subjektiver Idealismus ist historisch aus dem Empirismus hervorgegangen, was kein theoretischer Unfall ist, sondern einen Sachgrund hat. Er kommt nämlich mit weniger Annahmen als ein naiver Realismus aus, der vielen Elementen unseres bewussten Lebens intentionale Gegenstände zuordnet, die als Ursache des Vorliegens dieses Lebens angesehen werden. Solange der Realismus sich als eine optionale Zusatzannahme enttarnen lässt, die nicht notwendig zum Verstehen unserer mentalen Zustände ist, bleibt der Rückzug auf eine solipsistische Rekonstruktion der Wirklichkeit eine theoretisch ernstzunehmende Option. Denn der subjektive Idealismus konfligiert nicht mit dem Argument aus der Faktizität, sondern trägt ihm umstandslos Rechnung, indem er eine Theorie unserer mentalen Zustände vorlegt, die man für wahr halten kann. Der naive Realismus und der subjektive Idealismus speisen sich dabei aus derselben Quelle, wobei Letzterer theoretisch sparsamer ist und in der gegenwärtigen Philosophie des Geistes eine respektable Position bezeichnet, was unter anderem daran liegt, dass er heterophänomenologisch plausibel ist.

»Heterophänomenologie« ist Dennetts Titel für die Einsicht, dass wir mit der faktischen Struktur unseres bewussten Lebens stets dann interagieren, wenn wir uns einem mentalen Zustand zuwenden.[25] Auf diese Weise besteht stets Raum für eine Dis-

---

24 Vgl. zur Verteidigung eines minimalen Cogito bei gleichzeitiger Überwindung des ontologischen Dualismus in der Descartes-Deutung Rometsch, *Freiheit zur Wahrheit.*

25 Daniel C. Dennett, *Philosophie des menschlichen Bewußtseins*, Hamburg 1994.

tinktion zwischen dem mentalen Zustand, in dem wir uns befinden, und der Art und Weise seiner Thematisierung. Wir sind demnach in unserem Selbstbewusstsein konstitutiv fallibel, was man *mutatis mutandis* tatsächlich aus dem Motto ableiten kann, dass alles so ist, wie es ist, weil es so geworden ist.[26]

Einen phänomenalen Eindruck zu haben, ist nicht dasselbe, wie sich dieses Umstandes bewusst zu sein. Phänomenales Bewusstsein liegt unterhalb der Schwelle des Selbstbewusstseins vor, was eine Einsicht ist, die schon Leibniz mit dem Begriff der »petites perceptions« eingefangen hat. Perzeption und Apperzeption sind intensional nicht dasselbe und sie koinzidieren auch nicht stets extensional. Das folgt aus demjenigen, was wir aus der psychologischen Selbsterkundung seit Jahrhunderten wissen – es handelt sich also wohlgemerkt um keine neuro- oder kognitionswissenschaftliche Entdeckung der letzten Jahrzehnte.

Anstatt für den naiven Realismus oder den ihm diametral gegenüberstehenden subjektiven Idealismus eine Lanze zu brechen, sollte man an dieser Stelle bemerken, dass sie auf demselben Grund stehen: dem Argument aus der Faktizität. Damit ändert sich aber die Theorielage, was den Opponenten entgeht. Der gemeinsame Boden besteht in der unvermeidlichen Anerkennung des Umstands, dass unsere mentalen Zustände in jedem kohärenten Szenario zur Einrichtung des Wirklichen gehören. Damit erübrigt sich die Vorstellung endgültig, der Maßstab des Realismus sei in der Anerkennung einer bewusstseinsunabhängigen Außenwelt zu finden. Das Bewusstsein (wie genau auch immer wir es näher bestimmen) gehört ebenso zum Be-

---

26 Siehe Dennett, *Von den Bakterien zu Bach – und zurück*, S. 24: »›Alles ist, wie es ist, weil es so geworden ist.‹« Dennett beruft sich hier auf D'Arcy Wentworth Thompson, *Über Wachstum und Form*, Frankfurt/M. 1982. Freilich gilt dieses Prinzip allenfalls für Prozesse, näherhin für solche Prozesse, die sich mit den Methoden der Evolutionsbiologie untersuchen lassen, was wissenschaftstheoretische Schwierigkeiten der Interpretation der Evolutionsbiologie aufwirft, die Dennett nicht einmal ansatzweise in Angriff nimmt. Stattdessen stützt er sich im Wesentlichen auf vulgäre mechanistisch-metaphysische Deutungen à la Dawkins.

stand dessen, was es gibt, wie alles, was der naive Realist seiner bewusstseinsunabhängigen Außenwelt zuweist.

Natürlich kann der naive Realist hier trotzig aufstampfen und daran festhalten, dass es in der Realismus-Debatte, die er so gerne führt, um die Opposition zum Idealismus geht.[27] Damit legt er sich von vornherein auf die Annahme fest, hinsichtlich des Bewusstseins käme kein Realismus in Frage. Durch bloße Festlegung, die ihn dem Idealismus entgegensetzt, trifft der naive Realismus also eine substantielle Annahme über das Mentale, nämlich, dass dieses bewusstseinsabhängig ist. Für das Mentale gilt jetzt also aufgrund einer theoretischen Zwangshandlung: *esse est percipi aut percipere*.[28] Die begriffliche Verwirrung besteht an dieser Stelle darin, dass Bewusstsein nur mehr in dem Sinne als bewusstseinsabhängig bestimmt wird, in dem jeder Gegenstand von sich selbst abhängt. Daraus folgt offensichtlich nicht wirklich, dass das Bewusstsein in einem besonderen Sinn bewusstseinsabhängig ist und etwa darin besteht, dass uns überhaupt etwas erscheint. Ein besonderer, metaphysisch aufregender Sinn von Bewusstseinsabhängigkeit ergibt sich nicht dadurch, dass man die Bewusstseinsunabhängigkeit zum Realismus-Kriterium erhebt. Der naive Realismus verschiebt den subjektiven Idealismus demnach in den Geist, anstatt ihn loszuwerden, was letztlich auf einer naiven Auffassung der ontologischen Aussagekraft der Physik beruht, wie Quassim Cassam und John Campbell gezeigt haben.[29]

Der naive Realismus hat bereits auf dieser Ebene mit Scheinproblemen zu kämpfen. Im Rahmen seines eigenen Versuchsaufbaus generiert er den Idealismus, den er im Reich des Men-

---

27 Zu dieser Geste vgl. Claus Beisbart, »Wie viele Äpfel sind wirklich im Kühlschrank?«, in: Thomas Buchheim (Hg.), *Jahrbuch-Kontroversen 2. Markus Gabriel: Neutraler Realismus*, Freiburg/Br., München 2016, S. 223-229, hier insbesondere S. 224.

28 George Berkeley, *Philosophisches Tagebuch*, Hamburg 1979, S. 54.

29 John Campbell, Quassim Cassam, *Berkeley's Puzzle. What Does Experience Teach Us*, Oxford 2014.

talen ansiedelt und dort für wahr hält. Der naive Realist ist deswegen ein lokaler Idealist: Unser mentales Leben hält er in wesentlichen Zügen für bewusstseinsabhängig.

Auf einer anderen Ebene erzeugt dies diejenigen Scheinprobleme, die Huw Price als »Verortungsprobleme« bezeichnet
hat.[30] Besonders gravierend ist die Schwierigkeit, dass der naive
Realist niemals erklären kann, wie das bewusstseinsabhängige
Bewusstsein in die bewusstseinsunabhängige Wirklichkeit passt,
die er für den Goldstandard des Realismus hält. Denn das Bewusstsein der Anderen befindet sich auf der anderen Seite des
semantischen Grabens von Realismus und Idealismus, den der
naive Realist aufwirft, um seine mentalen Zustände von der
physischen Wirklichkeit fernzuhalten. Wie passt das geistige Leben der Anderen in ein Panorama von bewusstseinsunabhängigen Dingen der Außenwelt, zu denen insbesondere auch das
Gehirn gehört, das man im Leib der Anderen finden kann?

(2.) Daran sieht man, dass der naive Realismus außerdem
theoretisch unzureichend fundiert ist. Weil er auf demselben Boden wie der subjektive Idealismus steht, verstrickt er sich in
Scheinprobleme der Arbeitsteilung. Dem subjektiven Idealismus wird das gesamte (phänomenale) Bewusstsein überlassen,
was die Zusatzschwierigkeit generiert, einen scharfen Unterschied zwischen dem phänomenalen Bewusstsein und unserer
Intentionalität zu ziehen. Hier ist es kein Ausweg, sich auf die
Semantik zu verlassen und bezüglich der Dinge der Außenwelt
Realist, bezüglich der Vorgänge der Innenwelt hingegen subjektiver Idealist zu sein und diesen Idealismus dann mit einem Anti-Realismus zu sekundieren. Denn dieser Distinktion muss etwas in der Wirklichkeit entsprechen, will man daran festhalten,
dass es eine bewusstseinsunabhängige Außenwelt einerseits und
einen Bereich des *esse-est-percipi* andererseits gibt.

Um diesem Problem auszuweichen, grassieren neuerdings
verschiedene Spielarten eines *Illusionismus*, die prominent Dennett vorbereitet hat, wobei der Illusionismus natürlich eine lan-

30 Price, *Naturalism Without Mirrors*, S. 253-279.

ge Geschichte hat, weil er insbesondere im Kontext einiger
Spielarten des Buddhismus erwogen wird.[31]

Dennett präferiert ausdrücklich Keith Frankishs Illusionis-
mus-Variante, die er geradezu als »offensichtliche Ausgangstheo-
rie des Bewusstseins« einstuft.[32] Dieser Theorie zufolge wird das
(phänomenale) Bewusstsein, das den subjektiven Idealismus als
ontologisch unwillkommenen Gast auf den Plan ruft, als etwas
Fiktionales oder gar Fiktives behandelt, was hier von besonde-
rem Interesse ist.

Im Allgemeinen ist der *Illusionismus*, den wir nun genauer
unter die Lupe nehmen werden,

> die Ansicht, dass das phänomenale Bewusstsein, wie es üblicher-
> weise begriffen wird, illusorisch ist. Den Illusionisten zufolge ver-
> dankt sich unser Eindruck, dass es irgendwie ist (*that it is like some-
> thing*), bewusste Erfahrungen zu durchlaufen, der Tatsache, dass
> wir sie (bzw. in einigen Versionen ihre Gegenstände) systematisch
> fälschlicherweise so darstellen, dass sie phänomenale Eigenschaf-
> ten haben.[33]

Der Illusionismus beabsichtigt, die Phänomenalität unserer Erfahrungen zu bestreiten. Unsere Erfahrungen sollen keine qualitativen Eigenschaften haben, »seien sie physisch oder nicht-

---

31 Vgl. etwa die repräsentative Arbeit von Jay L. Garfield, *Engaging Bud-
dhism. Why it Matters to Philosophy*, Oxford 2015. Für eine metaphysische
Interpretation vgl. die wie immer scharfsinnige Darstellung bei Graham
Priest, *The Fifth Corner of Four. An Essay on Buddhist Metaphysics and
the Catuṣkoṭi*, Oxford 2018.
32 Daniel C. Dennett, »Illusionism as the Obvious Default Theory of Consciousness«, in: *Journal of Consciousness Studies* 23/11-12 (2016), S. 65-72.
33 Meine Übersetzung von Keith Frankish, »Illusionism as a Theory of Consciousness«, in: *Journal of Consciousness Studies* 23/11-12 (2016), S. 11-39,
hier S. 11: »is the view that phenomenal consciousness, as usually conceiv-
ed, is illusory. According to illusionists, our sense that it is like something
to undergo conscious experiences is due to the fact that we systematically
misrepresent them (or, on some versions, their objects) as having phenomenal properties.«

physisch«.[34] *Prima vista* ist dies absurd, da damit anscheinend bestritten wird, dass Schokolade häufig süß schmeckt und ein Messer im Rücken intensiv schmerzt. Doch ganz so einfach geht es nicht, da der Illusionismus sich gegen eine bestimmte Auffassung dieser Phänomene richtet, der zufolge sie »unsagbar, intrinsisch, privat und infallibel gewusst«[35] würden.

Doch damit erweist sich, dass die Zielscheibe des Illusionismus verrückt ist. Denn er richtet sich jetzt gegen eine bestimmte *Konzeption* von Qualia (phänomenalen Eigenschaften) und kann damit nicht als eine Auffassung auftreten, die uns etwas über das phänomenale Bewusstsein selbst lehrt. Allenfalls böte er eine Diagnose an, warum einigen Theoretikern die zurückzuweisende Konzeption von Qualia plausibel erscheint, was ein bescheidenes Ziel wäre, das jedenfalls kaum den Dennett'schen Titel *Consciousness Explained* verdiente.

Der Illusionismus oszilliert also bereits in der offiziellen begrifflichen Festlegung seiner Ausrichtung zwischen einer Behauptung über das phänomenale Bewusstsein und einer Behauptung über eine Auffassung des phänomenalen Bewusstseins. Einerseits akzeptiert er, dass wir einen Sinn dafür haben, dass es irgendwie ist, bewusste Erfahrungen zu durchlaufen, andererseits richtet er sich gegen eine theoretische Beschreibung dieses Phänomens.

Schauen wir etwas genauer hin, indem wir der Deutung folgen, dass der Illusionismus jedenfalls eine interessantere These ist, wenn er behauptet, dass es sich beim phänomenalen Bewusstsein selbst und nicht bloß bei seiner theoretischen Beschreibung um eine Illusion handelt. Für diese ehrgeizigere Lesart sprechen viele Bemerkungen Dennetts und Frankishs. Schließlich behauptet dieser, dass die »grundlegende illusionistische Behauptung« laute, »dass die Introspektion eine partielle, verzerrte Ansicht unserer Erfahrungen liefert, die komplexe

---

34 Meine Übersetzung von Frankish, »Illusionism as a Theory of Consciousness«, S. 15.
35 Meine Übersetzung von ebd.

physische Eigenschaften auf falsche Weise als einfache phänomenale darstellt.«[36]
Doch dies wirft die entscheidende Frage auf, wie genau es eigentlich vonstatten geht, dass die Introspektion etwas, was physisch komplex ist (also beispielsweise neuronale Vorgänge), als
etwas repräsentiert, was phänomenal einfach ist (also beispielsweise als Eindruck eines roten Cabrios)? Wie genau sollen wir es
uns vorstellen, dass das phänomenale Bewusstsein als solches
eine phänomenale Verzerrung zustande bringt, dass also etwas
ex hypothesi Illusionäres etwas wiederum Illusionäres erzeugt?
Frankish schlägt hierfür sieben Modelle vor, die allesamt inkohärent sind. Diese Inkohärenz zu artikulieren, ist deswegen
sinnvoll, weil die Kontrastposition eines mentalen Realismus
deutlicher wird, wenn wir wissen, warum es sich beim Vorliegen
von Bewusstsein nicht als solches um eine Illusion oder etwas
Fiktives handeln kann.

1. Benutzerillusion

Vorschlag: Diesem (von Dennett vorgetragenen) Modell zufolge
ist das Bewusstsein wie eine Benutzerillusion, die an der Schnittstelle entsteht, die physische Prozesse in einem Computer mit
unserer Verwendung verbindet. Bewusstsein ist eine Illusion
in dem Sinne, in dem ein Dateienordner auf meinem digitalen
Schreibtisch (Desktop) eine Illusion ist. In Wirklichkeit gibt es
dort keinen Dateienordner, sondern lediglich physische Hard-
ware-Prozesse, die mir als Benutzer allerdings auf eine Weise be-
deutungsvoll erscheinen, der nichts entspricht. Analog zu dieser
Konstellation wären neuronale Prozesse die physische Hardware und Bewusstsein ontologisch wie die Dateienordner auf
meinem Desktop, die es ›in Wirklichkeit‹ oder *in sensu stricto*
nicht gibt.

---

36 Meine Übersetzung von ebd., S. 18: »the basic illusionist claim that intro-
   spection delivers a partial, distorted view of our experiences, misrepresent-
   ing complex physical features as simple phenomenal ones.«

Einwand: Es gibt mich als Benutzer wirklich und meine Verwendung von Dateienordnern hat genuine kausale Konsequenzen auf der physischen Ebene der Datenverarbeitung in der
Hardware. Überdies ist mein Bewusstsein der Bedeutsamkeit
der Dateien, die auf meinem Desktop hinterlegt sind, mit dem
Hinweis auf die physische Grundlage der Datenverarbeitung
in keiner Weise als Illusion erwiesen. Die graphische Benutzeroberfläche eines Betriebssystems ist im Kontext unseres Gebrauchs keine Illusion, sodass die Analogie schon deswegen
zusammenbricht, weil Benutzeroberflächen keine Illusionen
sind.

Doch selbst wenn man irgendwie zeigen könnte, dass es in
Wirklichkeit nur komplexe Prozesse der elektronischen Datenverarbeitung und keine einfache graphische Benutzeroberfläche
gibt, folgt daraus nichts Relevantes für das Bewusstsein. Denn
wer soll bitte der Benutzer der Bewusstseinsoberfläche sein?
Wenn mein Eindruck eines qualitativen Erlebens meines subjektiven Gesichtsfelds eine graphische Benutzeroberfläche neuronaler Prozesse wäre, wer bin dann ich als Benutzer? Wer verwendet das Bewusstsein, wenn nicht jemand, der bei Bewusstsein
ist?

2. Projektivismus

Vorschlag: Das Bewusstsein ist eine Projektion, die dadurch entsteht, dass wir stabiles Verhalten auf andere Mitglieder unserer
Spezies projizieren, was man – wie alles, was man gerne als wirkliches Element des menschlichen Lebens auszeichnen möchte –
irgendwie als evolutionären Vorteil verbuchen kann.[37] Demnach gibt es zwar die Illusion eines Bewusstseinsträgers, eines
Selbst, aber kein Selbst. Das Selbst ist lediglich eine explanato-

---

37 Zu dieser letztlich arbiträren Strategie einer von ihm als »Neuro-Darwini-
tis« beschriebenen Pathologie vgl. Raymond Tallis, *Aping Mankind. Neu-
romania, Darwinitis and the Misrepresentation of Humanity*, Abingdon,
New York 2011, sowie Gabriel, *Ich ist nicht Gehirn*, S. 147-155.

rische Setzung zur ungefähren Voraussage fremden und eigenen Verhaltens.

Einwand: Was soll das mit phänomenalem Bewusstsein und Introspektion zu tun haben? Das Haben von Qualia (das Empfinden) ist doch keine Vorhersage des Verhaltens meiner selbst? Außerdem: Selbst wenn unsere prädiktive Begabung evolutionär verankert ist, folgt daraus nicht, dass sie eine Illusion ist. Die Vorhersage von Verhalten könnte unter anderem deswegen unvollständig, d. h. nicht garantiert sein, weil menschliches Verhalten frei und damit niemals vollständig vorhersagbar ist. Aus unserer prädiktiven Einstellung zu Verhalten folgt demnach ohnehin nicht, dass es kein stabiles Selbst gibt, sondern allenfalls, dass das Selbst kein Automatismus ist, der unser Verhalten nach deterministischen Gesetzen steuert. Wie auch immer man genau die Bestreitung eines Selbst handlungstheoretisch bestimmt, bleibt es letztlich im vorliegenden Zusammenhang ein Rätsel, was all dies mit dem phänomenalen Bewusstsein zu schaffen hat.

3. Ipsundrum

Vorschlag: Neuronale Prozesse generieren die Illusion von Phänomenalität, wenn man sie »von innen« betrachtet. Das Bewusstsein ist eine »Fiktion des Unmöglichen«.[38] Das Bewusstsein ist »ein Zaubertrick, den das Gehirn mit sich selbst spielt«.[39] Auf diese Weise entsteht dasjenige, was Nicholas Humphrey ein Ipsundrum nennt, d. h. eine Quelle illusorischer Phänomene, die uns den Eindruck vermitteln, es gebe bewusstes Erleben.

Humphrey hält das Bewusstsein für eine Erfindung in einem doppelten Sinne. Einerseits sei es ein kognitives Vermögen, das

---

38 Nicholas Humphrey, *Soul Dust. The Magic of Consciousness*, Princeton 2011, S. 204, zitiert nach Frankish, »Illusionism as a Theory of Consciousness«, S. 17: »fiction of the impossible«.

39 Meine Übersetzung von Frankish, »Illusionism as a Theory of Consciousness«, S. 17: »a magic trick played by the brain on itself.«

durch natürliche Auslese entstanden sei und uns helfe, uns und
unsere Umgebung zu verstehen. Andererseits sei es eine Einbildung, die sich das Gehirn ausgedacht habe und die dazu die-
ne, die Art und Weise zu verändern, in der wir unsere Existenz
wertschätzen.[40] Humphrey zufolge ist das Ipsundrum eine Art
optische Illusion, die es so aussehen lässt, als ob physisch unmögliche Figuren (wie das phänomenale Bewusstsein) wirklich
existieren. Er hofft, dass dies eines Tages im Gehirn nachgewie-
sen werden könne, bietet allerdings keinen Vorschlag dafür an,
wie dies vonstatten gehen könnte. Der Vorschlag ist also rein begrifflich und ohne empirische Basis.

Einwand: Diese gesamte Analogie setzt voraus, dass es sensorische Daten gibt, die irgendjemand empfängt und falsch interpretiert. Es hilft nicht, hier das Gehirn in Teile zu spalten und
zu sagen, dass dann eben ein Teil des Gehirns irgendeinen anderen Teil des Gehirns falsch interpretiert, weil damit das Problem
nur verschoben wird. Wenn ein Teil des Gehirns meinem Eindruck neuronal korreliert, ich hätte phänomenales Bewusstsein
eines roten Cabrios, dann bedeutet das im Rahmen des von
Humphrey und Frankish präferierten (furchtbar vereinfachten!)
physikalistischen Weltbilds, dass es das phänomenale Bewusstsein eines roten Cabrios gibt. Das ist die Pointe der einflussreichen Bewusstseinstheorie Searles, der bekanntlich dafürhält,
dass ein Teil des Gehirns andere Teile des Gehirns repräsentieren kann, sodass auf diese Weise der bewusste Teil subjektives
Erleben generiert, das keine Illusion, sondern dasjenige Phänomen ist, für das es ein neuronales Korrelat gibt.[41]

Natürlich trifft es zu, dass neuronale Prozesse Teil der Erklärung sind, wie es zu bestimmten bewussten Eindrücken in

---

40 Nicholas Humphrey, »The Invention of Consciousness«, in: *Topoi* (2017),
   S. 1-9, hier S. 1: »First, it is a cognitive faculty, evolved by natural selection,
   designed to help us make sense of ourselves and our surroundings. But
   then, second, it is a fantasy, conjured up by the brain, designed to change
   how we value our existence.«
41 Searle, *Intentionalität*, Kapitel 10, insbesondere S. 328f.

menschlichen Lebewesen kommt. In diesem Sinne sind menschliche Farbeindrücke und andere Qualia ›Erfindungen‹ des Organismus. Die Selektionsmechanismen unserer qualitativ orientierten Aufmerksamkeit sind teilweise biologisch und damit evolutionär erklärbar. Doch daraus folgt nicht, dass es sich beim bewussten Erleben in irgendeinem relevanten Sinn um eine Illusion handelt. Ein biologisch erklärbares Artefakt, das durch die Aktivitäten eines Organismus entsteht, ist nicht *ipso facto* eine Illusion. Ansonsten wäre unser Organismus eine Illusion, weil er durch Zellteilung entsteht, deren Programm durch mikrobiologische Prozesse bestimmt wird, die unseren Phänotyp produzieren.

4. Sekundäre Qualitäten

Vorschlag: Das Bewusstsein verhält sich zu den ihm zugrundeliegenden physischen Prozessen wie sekundäre zu primären Qualitäten. Insofern sich sekundäre Qualitäten als Illusionen auffassen lassen, kann man dieses Modell auf das Bewusstsein insgesamt übertragen.[42]

Einwand: Wenn Qualia sekundäre Qualitäten sind, folgt daraus nicht, dass sie Illusionen sind. Denn Illusionen sind etwas, was irgendjemanden in die Irre führen kann. In diesem Modell fehlt das Subjekt, das einer Täuschung unterliegt. Es wird lediglich eine potenzielle Täuschungsquelle – das Vorliegen von Qualia – benannt, ohne dass erläutert wird, warum das schiere Vorliegen von Qualia bereits eine Illusion sei. Außerdem sind sekundäre Qualitäten Qualia. Wäre Bewusstsein also von der Art sekundärer Qualitäten, existierte es, es sei denn, man wollte hier einen Regress einleiten und den Eindruck, Bewusstsein existiere als sekundäre Qualität, als tertiäre Qualität behandeln usw., was sicherlich vom Pfad der theoretischen Tugend abweicht.

---

42 Derk Pereboom, *Consciousness and the Prospects of Physicalism*, New York 2011, S. 15-40, zitiert nach Frankish, »Illusionism as a Theory of Consciousness«, S. 17f.

5. Fiktionalismus

Vorschlag: Unser introspektives Leben ähnelt »dem Erleben eines Kindes in einem dunklen Kinosaal, das die animierten Figuren auf dem Bildschirm für etwas Reales hält«.[43] Das Bewusstsein ist demnach ein fiktionaler Gegenstand, der nichts ›Reales‹
ist.[44]

Einwand: Diese Annahme scheitert daran, dass sie auf keiner
akzeptablen Theorie der Fiktion beruht. Die Interpretation eines Films (im Sinne der Aufführung seiner Partitur im Erleben
eines Rezipienten) ist keine Illusion. Natürlich kann man sich
im Rahmen einer ästhetischen Erfahrung täuschen. Außerdem
könnte jemand ein filmisches Kunstwerk für einen Dokumentarfilm halten und aus der Darstellung auf Ereignisse im falschen
Sinnfeld schließen. Doch diese Analogie hilft dem Illusionismus nicht weiter. Denn nun gibt es wiederum einen Zuschauer
(den Rezipienten), der eine Darstellung für etwas hält, was sie
in Wirklichkeit nicht ist. Diese Täuschung setzt aber voraus,
dass der Bildschirm wirklich ist und dass es einen ebenso wirk-

---

43 Meine Übersetzung eines indirekten George-Rey-Bezugs bei Frankish, »Illusionism as a Theory of Consciousness«, S. 18: »the experience of a child
in a dark cinema who takes the cartoon creatures on screen to be real.«

44 An dieser Stelle könnte man freilich noch die diskurstheoretische Variante
des mentalen Fiktionalismus in Betracht ziehen, der zufolge der Diskurs
über das Mentale (1.) wahrheitsfähig/kognitiv, (2.) ohne Paraphrase, also
wörtlich zu verstehen, aber dennoch (3.) falsch ist, wobei die Aussagen
über das Mentale (4.) gleichwohl eine nützliche Rolle spielen, sodass wir
den Diskurs nicht aus rationalitätstheoretischen Erwägungen heraus ab-
brechen sollten. Zur Diskussion dieser Position vgl. die Beiträge in *The
Monist* 96/4 (2013), ein Heft, das dem »mentalen Fiktionalismus« gewidmet ist. Der entscheidende Einwand gegen den mentalen Fiktionalismus
findet sich dabei im selben Heft bei Miklós Márton, János Tőszér, »Mental Fictionalism as an Undermotivated Theory«, in: *The Monist* 96/4
(2013), S. 622-638. Márton und Tőszér zeigen, dass es keinen Anlass gibt,
das Bewusstsein als etwas aufzufassen, hinsichtlich dessen eine fiktionalistische Diskurstheorie motivierbar ist, sodass es *a fortiori* keinen Grund
gibt, einen allgemeinen mentalen Fiktionalismus zu akzeptieren.

lichen Zuschauer gibt. Doch damit kehrt das phänomenale Bewusstsein zurück, da es sich bei diesem um den Bildschirm handelt, den jemand (wer?) für etwas hält, was er nicht ist (etwa ein Fenster). Dieser Vorschlag klingt nur plausibel, weil implizit und vage auf Annahmen der Fiktionalitätstheorie verwiesen wird, ohne dass theoretisch artikuliert wird, warum Fiktionen Illusionen sind und wie sich dies zum Bewusstsein verhält. Im Übrigen sind die Zeichentrickfiguren, die man auf einem Kinobildschirm sieht, in jeder plausiblen Auffassung wirklich, da man sie sonst nicht sehen könnte, sodass die Formulierung dieses Vorschlags bei Frankish in jeder erdenklichen Hinsicht inkohärent ist.

6. Optische Täuschungen

Vorschlag: Das phänomenale Bewusstsein ist eine optische Täuschung. So wie in Wirklichkeit die beiden Linien der Müller-Lyer-Illusion gleich lang sind, uns aber verschieden lang erscheinen, so ist das Bewusstsein in Wirklichkeit ein komplexer physischer Prozess, der uns als ein einfacher erscheint.

Einwand: In einer optischen Täuschung täuschen wir uns nicht notwendig darüber, dass wir uns täuschen. Ansonsten könnten wir sie nicht durchschauen. Sobald man die Müller-Lyer-Illusion kennt, kann man aus dem Vorliegen bestimmter Eindrücke schließen, dass die Linien gleich lang sind. Wohlgemerkt sind in Wirklichkeit ohnehin keine zwei Linien, die wir als Perzepte erleben, jemals gleich lang, sodass es angemessener wäre, unsere perzeptuellen Gehalte insgesamt als Illusionen zu behandeln.[45] Eine optische Illusion erzwingt folglich keine Täuschung auf Seiten des bewussten Rezipienten. Dem entspricht die alte, besonders von Aristoteles entwickelte Idee, dass unsere sensorischen Daten nicht in die Irre führen, sondern vielmehr unsere Beurteilung dieser Daten. Der Irrtum liegt nicht in der sinnlichen Erfassung von Gegenständen, sondern in der Beurtei-

---

45 Vgl. dazu Gabriel, *Propos réalistes*, S. 189-207.

lung dieser Erfassung.[46] Die sensorische Grundlage einer optischen Illusion ist also als solche keine Täuschung.

Dies ist wider Erwarten kein Wasser auf die Mühlen des Illusionismus, da die sensorische Grundlage einer optischen Illusion
bereits qualitativ ist. Die Linien haben Form, Farbe, Ausrichtung im subjektiven Gesichtsfeld usw., was der vom Illusionismus als Täuschung zu identifizierende Bestand ist. Doch dieser
Bestand täuscht nicht, sondern allenfalls seine theoretische Konstruktion als irrtumsimmune Basis unserer Theoriebildung. Dies
ist eine gänzlich andere Form der Kritik, die in den Diskursbe-
reich des »Mythos des Gegebenen«, des Privatsprachenarguments
usw. führt, wo es darum geht zu zeigen, dass aus der sensorischen Gegebenheit nicht folgt, dass wir sie als Grundlage eines
irrtumsimmunen Wirklichkeitskontakts einführen sollten.[47]

7. UFOs und Gott

Vorschlag: Wir haben Gründe, eine Sache als illusorisch einzustufen, wenn Überzeugungen und Aussagen, die von ihr handeln, vollständig dadurch erklärt werden können, dass sie Ursachen haben, die keinerlei Verbindung mit der Sache selbst
haben. Dies gilt Frankish zufolge etwa für UFOs und Gott.[48]
In Analogie zu diesen Fällen soll also gelten, dass Bewusstsein
illusorisch ist, weil die introspektiv gebildeten Überzeugungen,
die von ihm handeln, vollständig durch Ursachen erklärt werden können, die keinerlei Verbindung mit dem Bewusstsein
selbst haben.

---

46 Vgl. Aristoteles, *De anima* III 6, 430a26-28.
47 Vgl. meine Rekonstruktion dieser vieldiskutierten Sachlage in Gabriel, *An
den Grenzen der Erkenntnistheorie*, §§ 8 f.
48 Frankish, »Illusionism as a Theory of Consciousness«, S. 27: »If people's
claims and beliefs about something (God, say, or UFOs) can be fully explained as arising from causes having no connection with the thing itself,
then this is a reason for discounting them and regarding the thing as illusory.«

Einwand: Diese Analogie scheitert daran, dass die introspektiv gebildeten Überzeugungen, die vom phänomenalen Bewusstsein handeln, ihrerseits phänomenal sind. Die Introspektion ist kein neutraler Eingriff in unser Erleben, der von außen kommt, sondern wird egozentrisch zentriert mit einem »Ich denke« versehen. Das ist eine Pointe von Kants sinnvoller Unterscheidung zwischen analytischer und synthetischer Einheit des Bewusstseins.[49] Indem ich mir einiger der qualitativen Zustände bewusst werde, in denen ich mich gerade befinde, und sie als solche bemerke, unterscheide ich den Umstand, dass ich mich in diesen Zuständen *befinde*, von dem Umstand, dass ich sie *bemerke*. Es ist niemals der Fall, dass alle Perzepte, die ich gerade habe, von mir bemerkt werden, was man bereits von Leibniz lernen kann und was längst durch psychologische Forschung im Detail belegt ist.

Zwar mag es sein, dass meine Perzepte sich verändern, indem ich mich ihnen zuwende, weil mein Organismus sich faktisch in einen anderen Gesamtzustand begibt, wenn ich mir meiner Perzepte als solcher bewusst werde. Doch dies bedeutet nicht zwingend, dass sich meine Perzepte durch meinen Zugang zu ihnen so radikal verändern, dass ich niemals imstande bin, erstpersonal über meine Perzepte nachzudenken.[50]

Die *analytische* Einheit meines begrifflichen Selbstbewusstseins, das sich introspektiv seinen eigenen phänomenalen Zuständen zuwendet, liegt nur in einem Kontext vor, in dem es mit diesen phänomenalen Zuständen zusammenhängt. Ansonsten wäre es überhaupt nicht möglich, erstpersonal irgendetwas über seine eigenen mentalen Zustände auszusagen, weil diese durch eine völlig intransparente Mauer von unserer Einsicht abgetrennt wären. Dieser Zusammenhang ist die *synthetische* Einheit des Bewusstseins.

---

49 KrV, B 123f.
50 Ich danke Ned Block und Tyler Burge für eine ausführliche Diskussion dieses Problems während der Ernst Robert Curtius-Vorlesungen in Bonn am 12.12.2016.

Außerdem wäre es eine psychologisch und biologisch bizarre Auffassung der Funktion des Selbstbewusstseins (der Introspektion) anzunehmen, dass alles Bewusstsein von Bewusstsein illusorisch ist, indem es komplexe Vorgänge als einfache Zustände repräsentiert. Dies gälte ohnehin ebenfalls für den Illusionismus, der keinerlei erstpersonale Aussagen über das Bewusstsein mehr als Evidenz für die Struktur von Bewusstsein anerkennen könnte. Auf diese Weise driftete er in einen radikalen eliminativen Materialismus ab. Damit wären wir allerdings wiederum am Anfang der Dialektik, weil sich nun die Frage stellte, wie es zu der Illusion kommt, dass es die Illusion des Bewusstseins überhaupt gibt. Ein eliminativistischer Epizykel führt die Argumentation an dieser Stelle nicht weiter, sondern zeigt einmal mehr, dass die Position des Illusionismus auf eine unklare Rede von »Illusion« zurückgeht, die sich durch keine etablierte Illusionstheorie erhärten lässt.

Letztlich scheint sich Frankish auf die Seite des Fiktionalismus zu schlagen, womit er – vermutlich, ohne dies auch nur zu ahnen – bei einer Kantischen Konstellation ankommt, da Kant seit den *Träumen eines Geistersehers* dafür argumentiert hat, dass wir aus der Innenansicht der Subjektivität weder darauf schließen können, dass wir eine unsterbliche Seele als Träger unseres Denkens haben, noch – und das ist die entscheidende Einsicht, die Dennett und Frankish entgeht – dass wir als Denker mit irgendeinem hirnphysiologischen Zustand oder Vorgang identisch sind. Kant argumentiert ausdrücklich gegen die Annahme, »daß mein denkendes Ich in einem Orte sei, der von den Oertern anderer Theile desjenigen Körpers, der zu meinem Selbst gehöret, unterschieden wäre«.[51] Er fügt hinzu, dass uns »keine Erfahrung« lehre, »mein unteilbares Ich in ein mikroskopisch kleines Plätzchen des Gehirnes zu versperren«.[52] Er ver-

---

51 Immanuel Kant, *Träume eines Geistersehers, erläutert durch Träume der Metaphysik*, Werkausgabe Band II, Frankfurt/M. 1977, S. 931.
52 Ebd., S. 931.

gleicht dies spöttisch mit der Vorstellung, die Seele des Menschen befinde sich an einem »unbeschreiblich kleine[n] Platz«[53] im Gehirn und empfinde dort

> wie die Spinne im Mittelpunkte ihres Gewebes. Die Nerven des Gehirnes stoßen oder erschüttern sie, dadurch verursachen sie aber, daß nicht dieser unmittelbare Eindruck, sondern der, so auf ganz entlegene Teile des Körpers geschieht, jedoch als ein außerhalb dem Gehirne gegenwärtiges Objekt vorgestellet wird. Aus diesem Sitze bewegt sie auch die Seile und Hebel der ganzen Maschine, und verursacht willkürliche Bewegungen nach ihrem Belieben. Dergleichen Sätze lassen sich nur sehr seichte, oder gar nicht beweisen, und, weil die Natur der Seele im Grunde nicht bekannt genug ist, auch nur eben so schwach widerlegen.[54]

Kant weist damit unmissverständlich die Idee zurück, es gebe einen Homunculus im Nervensystem. Frankish hingegen wird den Homunculus nicht los, weil er sich darauf festlegt, dass unsere phänomenologische, erstpersonale Berichterstattung in dem Sinne eine Illusion ist, dass wir (wer?) auf einen Zaubertrick oder eine Theateraufführung reinfallen. Kognitionswissenschaftler sollten diese Berichte deswegen als »Fiktionen behandeln, wenn auch als solche, die uns Hinweise darauf geben, was wirklich im Gehirn geschieht«.[55] Doch dies wirft das Zuschauerproblem auf, da man nun gerne wissen möchte, wer eigentlich der Zuschauer im (Cartesischen) Theater ist, das Frankish *nolens volens* bemüht. Immerhin gibt Frankish selbst die richtige Ant-

---

53 Ebd., S. 932.

54 Ebd., S. 932f.

55 Vgl. diesen aufschlussreichen Passus, in dem Frankish sich jemanden ausmalt, der »is referring to a fictional agony, entering into the world of the play and responding to the emotions of the characters as if they were real. […] Of course, most people do not regard their phenomenology as illusory; they are like naïve theatregoers who take the action on stage for real. But if illusionists are right, then cognitive scientists should treat phenomenological reports as fictions – albeit ones that provide clues as to what is actually occurring in the brain.« (Frankish, »Illusionism as a Theory of Consciousness«, S. 22).

wort, dass »es kein vereinheitlichtes Publikum für die Illusion
geben muss, das kleiner als der Organismus als ganzer (oder zumindest als sein zentrales Nervensystem) ist«.[56] Damit ist der
Zuschauer nicht verschwunden, sondern mit einem System identifiziert, das ein viel plausiblerer Kandidat für den wirklichen
Bewusstseinsträger ist: Das gesamte Lebewesen, auf das man
sich bezieht, wenn man mit dem Ausdruck »Ich denke« auf seinen egozentrischen Index Bezug nimmt.[57]

Der Illusionismus scheitert daran, dass es ihm nicht gelingt,
eine plausible Auffassung der Illusion oder Fiktion vorzuschla-
gen, die angeblich mit der Introspektion verbunden ist. Im besten Fall verlagert er die Introspektion in den gesamten Organismus, der einen Teil seiner selbst als phänomenales Bewusstsein
repräsentiert. Dass wir hier eine geeignete mereologische Architektur namhaft machen sollten, ist richtig, doch folgt daraus
nicht, dass das phänomenale Bewusstsein eine Illusion oder Fiktion ist.[58]

Fazit: Der von Dennett und Frankish propagierte Illusionismus ist eine typische Verwechslung von *homo* und *homunculus*.
Das Mensch-Sein wird an einer messbaren Eigenschaft von Menschen festgemacht, um auf diese Weise ein spezifisches Men-

---

56 Frankish, »Illusionism as a Theory of Consciousness«, S. 34: »There need
   be no unified audience for the illusion smaller than the organism as a
   whole (or at least its central nervous system).«

57 Tylor Burge, »Self and Self-Understanding«, in: *The Journal of Philosophy*
   108/6-7 (2007), S. 287-383.

58 Das relevante Ganze, zu dessen Teilen phänomenales Bewusstsein gehört,
   ist vom Standpunkt eines Menschen betrachtet wohlgemerkt der Geist
   und damit weder der Organismus zu irgendeinem gegebenen Zeitpunkt
   noch gar ein Subsystem des Organismus (wie ein Subsystem des zentralen
   Nervensystems). Geist ist dasjenige Ganze, von dem aus wir uns als Lebewesen erfassen können, die wesentlich mentale Zustände haben, von denen einige nicht dadurch erfolgreich identifiziert werden können, dass
   wir sie mit natürlichen Arten korrelieren, um sie letztlich auf diese zurückzuführen. Deswegen ist Geist keine natürliche Art und folglich als solcher
   nicht Gegenstand irgendeiner naturwissenschaftlichen Untersuchung.

schenbild gegen andere spezifische (in der Regel religiöse) Menschenbilder ins Rennen zu schicken.

Wenn das Lebewesen, das wir sind, sich einiger seiner organischen Zustände phänomenal bewusst wird, dient diese Form des Bewusstseins teilweise der Selbststeuerung des Lebewesens. Dabei ist diese Selbstbeobachtung keineswegs infallibel. Sie kann auf vielfältige Weise gestört werden – etwa in der Form von Phantomschmerzen oder anderen Schmerzstörungen, welche die Schmerzfunktion beeinträchtigen, die im Erfolgsfall darin besteht, dass wir als Lebewesen auf eine bestimmte Weise handeln, um die Schmerzquelle zu identifizieren und den Schmerz zu lindern.

Ähnliches gilt für andere jedem bekannte Beispiele des phänomenalen Bewusstseins wie Hunger, Durst, sexuelles Begehren usw. In jedem Moment unseres bewussten Lebens (wozu natürlich auch das Träumen zählt), registrieren wir nicht nur Tatsachen vom Standpunkt eines gleichsam aussagenden, prädizierenden, logischen Ich. Vielmehr wären wir niemand, hätten keinen erstpersonalen Standpunkt, wenn wir das Hintergrundrauschen unseres Organismus nicht in der Form komplexer phänomenaler Sinnfelder registrierten, die jeweils heterogene Reizquellen zur flexiblen Einheit eines erlebten Augenblicks zusammenführen.

De facto treten intentionales und phänomenales Bewusstsein niemals getrennt auf. Ansonsten wäre das reine Denken eines intentionalen Bewusstseins eine ausgesprochen befremdende, völlig entleiblichte Erfahrung, die ihren egozentrischen Index abgelegt hat. Ein reines »Ich denke«, in dem der Ausdruck »Ich« sich nicht auf den verkörperten Bewusstseinsträger bezieht, wäre derart völlig losgelöst von der Erde, dass sein Träger ohne jegliche Phänomenalität wäre und sich auf gar nichts mehr richtete.

Ein solches Denken, das *uno eodemque actu* alles und nichts auf einmal umfasst, weil es zwar etwas zu denken beansprucht, ohne dieses aber von einem bestimmbaren Standpunkt aus zu erfassen, beschreibt Hegel zu Beginn der *Wissenschaft der Logik*

in seiner vieldiskutierten Analyse des reinen Seins, das Nichts
ist.

> Für das Sein, welches *vermittelt* ist, werden wir den Ausdruck *Existenz* aufbehalten. Aber man stellt sich wohl das Sein *vor* – etwa
> unter dem Bilde des reinen Lichts, als die Klarheit ungetrübten
> Sehens, das Nichts aber als die reine Nacht – und knüpft ihren Unterschied an diese wohlbekannte sinnliche Verschiedenheit. In der
> Tat aber, wenn man auch dies Sehen sich genauer vorstellt, so kann
> man leicht gewahr werden, daß man in der absoluten Klarheit sowiel und sowenig sieht als in der absoluten Finsternis, daß das eine
> Sehen so gut als das andere, reines Sehen, Sehen von Nichts ist. Reines Licht und reine Finsternis sind zwei Leeren, welche dasselbe
> sind.[59]

Der Illusionismus nimmt einen inkohärenten Blick von Nirgendwo ausgerechnet dort in Anspruch, wo unsere Perspektive
tatsächlich naturwissenschaftlich zu Buche schlägt, nämlich in
der Selbstuntersuchung des Bewusstseins. Wer den Bericht eines
Patienten heterophänomenologisch aufzeichnet, um nach den
neuronalen Vorgängen Ausschau zu halten, die dem Ausdruck
des Patienten korrelieren, ist dabei selbst bewusst. Der Arzt *hört*
die Stimme des Patienten, der Kognitionswissenschaftler *sieht*
und *interpretiert* Modelle, die ihm in der Form von bildgebenden Verfahren einen Einblick in die materielle Architektur geben, die *in vivo* als Teil des Gesamtzustandes eines Organismus
vorliegt. Dabei abstrahiert der Wissenschaftler von seinen eigenen Zuständen in dem Maße, als er sich nicht selbst untersucht.
Doch unsere Fähigkeit, eine analytische Einheit des Bewusstseins durch Abstraktion zu bilden, um uns auf diese Weise bewusst auf etwas zu beziehen, was nicht selbst notwendig bewusst ist, sollte uns nicht zu dem Fehlschluss verleiten, dass es
in Wirklichkeit gar kein phänomenales Bewusstsein, sondern lediglich die Elemente unseres Modells gibt, zu denen wir durch
theoretische Abstraktion Zugang haben.

---

59 Georg Wilhelm Friedrich Hegel, *Wissenschaft der Logik,* Werke in 20 Bänden, Bd. 5, Frankfurt/M. 1969-1971 (= TWA, 5), S. 96.

In vivo liegt in allen uns bekannten Fällen des phänomenalen Bewusstseins eine mereologische Struktur vor, die weit über einen isolierten neuronalen Vorgang hinausgeht. Das bestreitet auch der Illusionist nicht, da er vielmehr auf eine solche Mereologie rekurriert, um überhaupt eine Illusionstheorie nach dem Modell Zaubertrick – Zuschauer anzubieten. Die Bewusstseinsforschung ist in der ungewöhnlichen Lage einer spezifischen Selbstbezüglichkeit: Indem das Bewusstsein sich selbst untersucht (sowie überdies sich selbst als dasjenige untersuchen kann, das sich selbst untersucht), gelingt es niemals wirklich, es aus dem Bild zu entfernen, das man von ihm zeichnet. Wenn der Illusionismus das phänomenale Bewusstsein als Illusion bezeichnet, hat er sich *ipso facto* auf die Existenz eben dieses Bewusstseins festgelegt, das er nun als Illusion betrachtet. Doch eine Illusion ist eine Form des Bewusstseins, in der uns ein phänomenaler Bestand so erscheint, dass wir in die Irre geführt werden können.

Genau dies ist schließlich der Witz eines Zaubertricks. Unsere sensorischen Systeme haben eine bestimmte, psychologisch und physiologisch erforschbare Struktur, die dazu führt, dass wir angesichts bestimmter distaler Reizmuster von Vorgängen abgelenkt werden können, die uns perzeptiv eigentlich zugänglich sind. Der Zauberer lenkt (wie der Filmregisseur, der Schauspieler und der Erzähler) unsere Aufmerksamkeit und lenkt sie gleichzeitig davon ab, wie er sie lenkt. Wir sehen auf eine nichtbewusste Weise den vieldiskutierten unsichtbaren Gorilla, der sich durch das objektive Gesichtsfeld bewegt, obwohl wir ihn nicht bewusst registrieren, da wir vom umgebenden Bewegungsgeschehen abgelenkt werden.[60]

Doch dies bedeutet nicht, dass es kein phänomenales Bewusstsein gibt, sondern vielmehr, dass wir aufgrund unseres Bewusstseins überhaupt illusorische Zustände haben können. Eine Illusion ist nicht notwendig eine Illusion zweiter Stufe.

---

60 Christopher Chabris, Daniel Simons, *The Invisible Gorilla. And Other Ways Our Intuition Deceives Us*, New York 2010.

Das Vorliegen einer optischen Täuschung kann erforscht werden, wodurch die phänomenale Struktur nicht aufgelöst, sondern im Erfolgsfall durchschaut wird. Die Linien in der Müller-Lyer-Illusion sehen immer noch ungleich aus, selbst wenn man weiß, dass sie (mehr oder weniger) gleich lang sind. Eine Illusion ist also weder eine Täuschung noch ein Irrtum anderer Art, sondern allenfalls etwas, was in die Irre führen kann. In ihrem Vorliegen ist sie schlichtweg Bestandteil des Wirklichen: Wirkliches, dank dessen wir etwas über Wirklichkeit, d. h. über unsere Täuschungsanfälligkeit und Besserungsfähigkeit erfahren können.

§ 7. Die Unhintergehbarkeit des Geistes

Aus der epistemischen Auffassung der Wirklichkeit als Modalkategorie ergibt sich ein allgemeines Realismus-Kriterium. Dieses Kriterium eines neutralen Realismus ist mit einem ontologischen Pluralismus vereinbar, weil aus der epistemischen Modalität der Wirklichkeit nicht folgt, dass es genau einen Gegenstandsbereich gibt, der festlegt, was wirklich existiert. Das Wirkliche kann ohne Abstriche in eine irreduzible Vielheit von Sinnfeldern sortiert werden, sodass diese kein kollektives *singulare tantum* bilden.

Dennoch sind die Sinnfelder in einer entscheidenden philosophischen Hinsicht fokussiert. Ihr *focus imaginarius* ist nämlich der unhintergehbare Standpunkt, den der Mensch als geistiges Lebewesen einnimmt.[61] Daraus folgt nicht, dass das Wirkliche insgesamt auf den Menschen zugeschnitten ist, weil es kein kollektives Wirkliches gibt.

Keine Architektur von Sinnfeldern kann in Rechnung gestellt werden, die es insgesamt unmöglich macht, etwas darüber zu wissen, wie die Tatsachen sind. Wir können uns kein kohärentes, theoretisches Bild unserer eigenen Rationalität machen,

---

61 Vgl. dazu auch Hogrebe, *Szenische Metaphysik*.

das auf die Bestreitung unseres Vermögens hinausläuft, das Wirkliche so zu erfassen, wie es ist. Deswegen kann der Realismus keine rein metaphysische These sein. Wir können in der Realismus-Frage nicht sinnvoll zwischen einer metaphysischen These der Unabhängigkeit des Wirklichen von unserem Zugriff einerseits und einer epistemologischen These der Erfassbarkeit des Wirklichen andererseits unterscheiden.

Weil wir Wirkliches so erfassen können, wie es ist, muss unser epistemischer Standpunkt eine Form der Kohärenz aufweisen, die ihn überhaupt als Standpunkt qualifiziert. Diese Kohärenz kann historisch offen, diachron und synchron variabel sein. Unhintergehbarkeit bedeutet nicht, dass es eine anspruchsvolle transzendentale Subjektivität gibt, die mit gehaltvollen apriorischen Strukturen ausgerüstet ist.

Wie gesehen, scheitert der Illusionismus daran, dass er die Zugänglichkeit des Geistes für seine eigenen Zustände unterminiert. Wenn der Illusionismus wahr wäre, könnten wir ihn letztlich nicht richtig verstehen, weil unser Nachvollzug dessen, was der Illusionismus in Aussicht stellt, davon abhängt, dass es eine Ebene des Phänomenalen gibt, die in Wirklichkeit anders ist, als sie uns erscheint. Gibt es aber gar keine Ebene des Phänomenalen, ist nicht mehr erkennbar, was der Illusionismus überhaupt behauptet.

Insofern liegt es nahe, die Gegenposition eines mentalen Realismus zu formulieren. Dies setzt voraus, dass man sich von der Vorstellung verabschiedet hat, Realismus sei eine Verpflichtung auf eine Einrichtungsfunktion für die geistunabhängige Wirklichkeit. Der Geist und seine Gedanken gehören ebenso zum Wirklichen wie Bosonen, Stühle, Delphine und Antimaterie. Dem epistemischen Wirklichkeitsbegriff zufolge bedeutet dies, dass wir uns über den Geist täuschen können. Das mit unserem geistigen Leben verbundene Phänomenale ist selbst nichts, was epistemisch dergestalt transparent wäre, dass der Versuch, es theoretisch zu erfassen, *ipso facto* gelingt. Sich in einem (mentalen) Zustand zu befinden und einen expliziten epistemischen Zugriff auf diesen Zustand zu haben, ist nicht prinzipiell dasselbe.

Dagegen spricht scheinbar der Fall des epistemischen Selbstbewusstseins, der deswegen spätestens seit Fichtes Wissenschaftslehre als Indiz für *die idealistische Transparenzthese* gilt.[62]
Diese besagt, dass wir in einigen Fällen imstande sein müssen,
zu wissen, dass wir etwas wissen, weil wir ansonsten nicht davon
ausgehen könnten, dass wir Denker von Gedanken sind. Wer
einen bewussten Wissensanspruch dahingehend erhebt, dass er
weiß, dass er bewusst ist, weiß damit anscheinend *ipso facto*, was
er zu wissen beansprucht. Der Anspruch und sein Erfolg können in diesem Fall (der »Tathandlung«) nicht getrennt werden,
sodass wir einen paradigmatischen Fall eines mentalen Zustands benennen können, der mit seinem expliziten epistemischen Selbstzugriff zusammenfällt.

Allerdings trifft es deswegen noch lange nicht zu, dass wir uns
bei Bewusstsein stets des Umstands bewusst sind (oder sein
können), dass wir bewusst sind. Wir befassen uns, wie Aristoteles sagt, in der Regel allenfalls »beiläufig (ἐν παρέργῳ)«[63] mit
unseren Denkvorgängen als solchen. Das schließt nicht aus,
dass es den maximalen epistemischen Erfolgsfall gibt, in dem
wir nicht nur etwas wissen (etwa, dass wir bewusst sind), sondern überdies wissen, dass wir es wissen (etwa, indem wir uns
die Struktur des Wissens anhand des Falls des Selbstbewusstseins vergegenwärtigen). Die Iterativitätsthese (der zufolge aus
»S weiß, dass p«, folgt, dass »S weiß, dass S weiß, dass p«) gilt
demnach in einigen Fällen, beschreibt aber keine allgemeine Eigenschaft des Wissens. Wir wissen bisweilen nicht nur, dass p,
sondern auch, dass wir p wissen. *Diesen Fall darf man nicht ignorieren, weil man ansonsten nur eine Seite des Realismus in Rechnung stellt. Realismus ist nicht nur die Annahme, dass wir uns über
das Wirkliche täuschen können, sondern auch eine Anerkennung*

---

62 Vgl. neuerdings die aktualisierten Überlegungen bei Dieter Henrich, *Dies
Ich, das viel besagt. Fichtes Einsicht nachdenken*, Frankfurt/M. 2019.

63 Aristoteles, *Metaphysik* XII 9.1074b36. Zur Deutung vgl. Markus Gabriel,
»God's Transcendent Activity. Ontotheology in Metaphysics Λ«, in: *The
Review of Metaphysics* 250 (2009), S. 385-414.

des Umstands, dass wir das Wirkliche in paradigmatischen Fällen umstandslos erfassen.

Zu diesen paradigmatischen Fällen gehört dem Neuen Realismus nach die folgende Struktur. In der erkenntnistheoretischen Untersuchung erfassen wir das Selbstbewusstsein als etwas, das seiner selbst iterativ habhaft werden kann. Wir können uns dessen bewusst sein, dass wir uns bewusst sind, und damit einen Wissensanspruch artikulieren, der seinen eigenen Erfolg aus der Innenansicht garantiert. Doch das bedeutet nicht, dass Selbstbewusstsein infallibel ist. Der Gegenstand (Bewusstsein) und seine Erfassung (Selbstbewusstsein) sind nicht derselbe Gegenstand, weil das Bewusstsein sich weiter erstreckt als unsere augenblicklichen Einsichten in sein Vorliegen. Selbstbewusstsein ist somit (anders als Objekt-Bewusstsein erster Stufe) höherstufig. Nicht jedes Bewusstsein ist Selbstbewusstsein. Bewusstsein ist sich mithin nicht notwendig selbst transparent.

Wir erfassen nur einen Teil unseres eigenen Bewusstseins in der Selbsterforschung des Geistes. Dies wissen wir aus der natur- und geisteswissenschaftlichen Forschung. Doch daraus folgt nicht, wie der Illusionismus meint, dass unser Bewusstsein eine illusorische Benutzeroberfläche unseres Organismus ist. Vielmehr kann man diesen Befund als Indiz für einen mentalen Realismus ansehen. Denn wir wissen, dass unser Bewusstsein sich weiter als unser Selbstbewusstsein erstreckt, womit wir etwas über unser wirklich existierendes Bewusstsein erfahren. Diese Selbsterkenntnis ist ein Fall des Selbstbewusstseins, sodass wir uns in dieser Angelegenheit sicher sein dürfen, die Sachlage so erfasst zu haben, wie sie ist.

Zu dieser Sachlage gehört die Anerkennung der unhintergehbaren Wirklichkeit des Phänomenalen. Es gibt nicht nur Wirkliches, sondern überdies den Umstand, dass es sich zeigt. Die Art und Weise, wie sich das Wirkliche zeigt, besteht für uns als geistige Lebewesen darin, dass wir seinen Sinn erfassen. Was wirklich ist, ist soundso. Wie das Wirkliche ist, ist sein Sinn. Das Wirkliche ist deswegen nicht nur *extensiv*, sondern

immer auch *intensiv*, es stellt sich uns in der Form objektiver
Sinnesdaten vor.[64]

Unsere Sinnesmodalitäten sind sozusagen Feldsinne: Sie bestehen darin, dass wir in Kontakt mit Gegenständen in einem
gegebenen Sinnfeld stehen. Diesen Kontakt müssen wir nicht
versuchsweise herstellen, sondern er besteht schon, sobald wir
uns fragen können, worin er besteht.[65] Dies folgt aus dem Phänomen der Unhintergehbarkeit, das man anhand des folgenden
Arguments illustrieren kann.

Nehmen wir einmal an, das Wirkliche sei radikal anders, als es
sich uns darstellt. Die Radikalität könnte etwa darin bestehen,
dass für jedes Element a, b, c, …, n, das wir als Gegenstand bezeichnen können, gilt, dass keine unserer deskriptiven Zuschrei-
bungen F, G, H, …, N zutrifft. Wenn wir also denken, dass a F
ist, ist es in Wirklichkeit so, dass etwa irgendein b H ist. Denn
wenn a immerhin G, aber nicht F wäre, ließe sich der Irrtum
aufklären, indem man etwas unternimmt, um von der Annahme, a sei F, zur Annahme überzugehen, a sei G. Man hätte sich
getäuscht. Wenn wir uns überhaupt täuschen können, kann das
Wirkliche nicht *radikal* anders sein, als es sich uns darstellt.
Eine Täuschung bzw. ein Irrtum setzen voraus, dass man irgendetwas richtig erkannt hat. Man hat a erfasst, es aber irrtüm-

---

64 Vgl. dazu den Begriff der »sensations« in Bertrand Russell, *Die Analyse des
Geistes*, Hamburg 2000. Russell versteht Sinnesdaten nicht als subjektive
mentale Zustände, sondern als »gemeinsame[n] Teil von Geist und Materie« (S. 177). Gegenstände befinden sich diesem Modell zufolge nicht hinter ihren Aspekten, sondern sind Partikularitätsbündel. Auf den naheliegenden Einwand, dass damit die Substanz der Wirklichkeit zerbröckele,
antwortet Russell zutreffend: »Man könnte nun einwenden: wenn es kein
einzelnes existierendes Ding gibt, das der Ursprung aller dieser ›Ansichten‹
ist, wodurch sind sie dann untereinander verbunden? Die Antwort ist einfach: genau so, wie wenn solch ein einzelnes Ding existierte.« (S. 117) Zur
Geschichte des Intensitätsbegriffs in der Psychophysik und ihrem Umfeld
vgl. die Bonner Habilitationsschrift von Andrea Schütte, *Intensität. Ästhetik und Poetik eines literarischen Phänomens*, Bonn 2018.
65 So auch Dreyfus, Taylor, *Die Wiedergewinnung des Realismus*.

licherweise für etwas gehalten, das F ist. Das Wirkliche kann demnach weitgehend anders sein, als es sich uns darstellt, aber nicht radikal anders, weil sich uns sonst gar nichts darstellte.

Natürlich könnte man hier versuchen, einen metaphysischen gegen einen epistemologischen Realismus auszuspielen, indem man annimmt, dass das Wirkliche radikal anders sein kann, als es sich uns darstellt, ohne dass wir jemals in der Lage wären, dies festzustellen. Das Wirkliche könnte sozusagen das ganz Andere sein, über das man nicht einmal berechtigte Mutmaßungen formulieren könnte.

Doch dieses Manöver scheitert daran, dass man eine Annahme über das Phänomenale trifft, die es von einem ganz Anderen unterscheidet, das *ex hypothesi* als solches nicht erscheinen kann. Auf diese Weise setzt man voraus, dass man das Phänomenale als etwas erfasst hat, von dem etwas anderes (das Wirkliche) radikal unterschieden sein kann. Man hat also gleichsam zwei Drittel einer Relation »pRw« erfasst, die das Phänomenale ins Verhältnis zum Wirklichen setzt. Wie steht es nun mit der Erkenntnis, die man auf diese Weise auszudrücken wünscht? Was und wie erkennt man, wenn man die Relation »pRw« erfasst, die zwischen dem Phänomenalen und einem ganz anderen Wirklichen bestehen könnte?

Da man das Wirkliche in diesem Fall nur *de dicto* bezeichnen (mittels »w« symbolisieren), aber nicht *de re* zum Gegenstand erfolgreicher Beschreibungen machen kann, ist »w« gleichsam ein Fragezeichen: »pR?«. Es besteht also eine fragwürdige Relation zwischen dem Phänomenalen und einem maximal Unerkennbaren. Diese Relation ist selbst nicht völlig transparent. Wir wissen nicht, wie genau sie beschaffen ist, weil uns ein Relatum entzogen bleibt. Doch damit können wir uns über die gesamte Relation leicht täuschen, weil wir keinen Grund haben, sie genauer zu bestimmen. Man könnte etwa meinen, das Wirkliche sei deswegen radikal anders, als es uns erscheint, weil der Illusionismus stimmt. Die Relation bestünde dann in Wirklichkeit zwischen einem Teil des zentralen Nervensystems und anderen Teilen desselben Systems. Man könnte aber ebenso gut meinen, wir könnten Gehirne im Tank sein, oder irgendeine andere x-beliebige skeptische Hypothese beim Wort nehmen, die einen Sachverhalt beschreibt, in dem das Wirkliche radikal anders wäre, als es uns erscheint. Somit ist die Relation »pRw« selbst etwas Wirkliches. Indem wir uns darüber täuschen können, wie die Sachlage wäre, in der wir uns radikal täuschen, stehen wir in Kontakt mit dem Wirklichen. Doch damit kann es nicht so weit von uns entfernt sein, dass wir nur Mutmaßungen über es formulieren können, weil wir vielmehr wissen können, unter welchen Bedingungen das Wirkliche radikal anders wäre, als es uns erscheint.

In dem Maß, in dem das Wirkliche tatsächlich anders ist, als es sich uns darstellt, stellt sich dies uns in der Form einer faktischen Fehlerquelle dar. Die Idee radikaler Andersheit des Wirklichen scheitert daran, dass sie *nolens volens* zu viele Fehlerquellen auf einmal postuliert und damit den Begriff der Erkenntnis des Wirklichen modifiziert, mit dem sie operiert.

Das Wirkliche kann also nicht radikal anders sein, als es sich uns darstellt, weil dieser Umstand ansonsten nicht artikulierbar wäre. Deswegen müssen Illusionisten spezifische, empirisch orientierte Vorschläge unterbreiten, um die epistemische Divergenz des Phänomenalen und des Wirklichen als eine (meta-) physische Angelegenheit darzustellen. Diese Vorschläge kaschieren, dass sie eigentlich skeptische Hypothesen sind, die im Gewand empirischer Forschung auftreten.

Die empirische Erforschung der Phänomenalität führt prinzipiell nicht zur vermeintlichen Einsicht, dass das Wirkliche anders ist, als es sich uns darstellt, weil sie vielmehr zu Recht die Erscheinungsbedingungen des Wirklichen als etwas behandelt, das selbst wirklich ist. Auf diese Weise lässt sich aus der Unhintergehbarkeit auf ein prinzipielles Argument gegen den Epiphänomenalismus schließen.[66] Es seien N_1 und N_2 zwei nacheinander auftretende komplexe neuronale Zustände dergestalt, dass

---

66 Vgl. dazu die Diskussion in Michael S. Gazzaniga, »On Determinism and Human Responsibility«, in: Gregg D. Caruso, Owen Flanagan (Hg.),

wir N_1 ein mentales Korrelat M_1 und N_2 ein mentales Korrelat M_2 zuordnen können. Der Epiphänomenalismus nimmt an, dass N_1 die hinreichende Ursache für N_2 ist, sodass das Auftreten von M_1 weder einen eigenen kausalen Beitrag zum Auftreten von N_2 noch von M_2 leistet. Uns stellt sich die Sachlage allerdings folgendermaßen vor: Ein Dursteindruck im Hochsommer führt dazu, dass man sich zum Kühlschrank begibt, weil man sich das dort vorhandene Kaltgetränk vorstellt. Der Dursteindruck M_1 korreliert hier N_1 und, sagen wir, die Vorstellung des Kaltgetränks M_2 korreliert N_2. Der Epiphänomenalismus muss annehmen, dass der Dursteindruck und sein neuronales Korrelat nicht identisch sind, weil die mentalen Prozesse ansonsten automatisch kausal eingebunden wären, sodass der Epiphänomenalismus verpuffte. Folglich muss er bestreiten, dass M_1 einen kausalen Beitrag zum Übergang von N_1 zu N_2 leistet. Das Wirkliche stellt sich uns aber in diesem Fall so dar, dass auf den Dursteindruck die Vorstellung des Kaltgetränks folgt, die der Anlass ist, sich zum Kühlschrank zu begeben, woran Gegenstände wie Kühlschränke und Kaltgetränke beteiligt sind, die offensichtlich nicht mit neuronalen Korrelaten identisch sind. Wenn ich mir das Kaltgetränk vorstelle, weil ich weiß, dass es sich im Kühlschrank befindet, ist das Kaltgetränk ein wesentliches Element dessen, was sich als Handlungsprozess entfaltet. Ohne die Vorstellung des Kaltgetränks käme es demnach nicht zu einem Übergang von N_1 zu N_2. Wenn der Epiphänomenalismus wahr wäre, könnte die Vorstellung eines Kaltgetränks sich nicht in neuronalen Netzwerken niederschlagen. Sie könnte mit diesen nicht interagieren, weil dies eine Form des kausalen Beitrags wäre. Doch damit behauptet der Epiphänomenalismus, dass das Wirkliche sich in diesem einfachen Fall radikal anders darstellt, als es ist.[67]

Neuroexistentialism. Meaning, Morals, and Purpose in the Age of Neuro-science, Oxford 2018, S. 223-234.

67 Es hilft der Sache des Epiphänomenalismus nicht weiter zu postulieren, dass Kühlschränke, Kaltgetränke usw. in der Form neuronaler Muster

Man kann nun eine kausale Architektur postulieren, in der N_1 mit einem Dursteindruck einhergeht, der zu einer Vorstellung eines Kaltgetränks führt, die wiederum kausal in die neuronale Architektur eingreift. Dazu muss man die kausale Umgebung der neuronalen Architektur freilich erweitern und kann nicht annehmen, dass neuronale Netzwerke völlig autopoietisch operieren. Diese Annahme ist ohnehin phänomenologisch völlig unplausibel und widerspricht der schlichten Tatsache, dass unser Nervensystem Teil eines Organismus ist, der in eine ökologische Nische eingebettet ist. Das zentrale Nervensystem in einem überlebensfähigen menschlichen Organismus wächst nicht unabhängig davon, dass aus Stammzellen spezifische Zellarten werden – ein Vorgang, den man nicht rein neurophysiologisch erforschen kann.

Empirisch lässt sich diese Frage also nicht dadurch entscheiden, dass man das Nervensystem beobachtet, weil man damit bereits vorgängig *begrifflich* festgelegt hat, dass man den Epiphänomenalismus präferiert. Da gegen diesen spricht, dass er eine begrifflich inkohärente Variante des Illusionismus darstellt, sind wir berechtigt, den Neurozentrismus unter Rekurs auf die Unhintergehbarkeit des Geistes als empirische Hypothese abzuweisen. Wir können keinen Grund haben, den Neurozentrismus für wahr zu halten, er grenzt an eine skeptische Hypothese, was erklärt, warum manche seiner Vertreter unser Gehirn buchstäblich für ein Gehirn im Tank halten, genauer für ein Nervensystem, das in einem Organismus gefangen ist und dort interne

als Repräsentate wirksam werden, weil die Repräsentationen, welche die Kühlschränke, Kaltgetränke usw. repräsentieren, irgendwie von diesen handeln müssen, damit es überhaupt korrelierende mentale Zustände gibt. Sie handeln aber nicht von ihnen, indem sie lediglich von ihnen verursacht werden, es sei denn, man schmuggelte dem Begriff der Verursachung die Intentionalitätsrelation unter. Etwas zu repräsentieren und von etwas verursacht worden zu sein, ist freilich nicht im Allgemeinen dasselbe, sodass der Epiphänomenalist erläutern müsste, warum dies für neuronale Muster gilt, sofern diese von Umweltdingen oder -ereignissen verursacht werden.

Repräsentationen einer an sich epistemisch unzugänglichen Außenwelt generiert.

Wissen ist selbst ein mentaler Zustand. Wenn S weiß, dass p, befindet sich S in einem Gesamtzustand, zu dem gehört, dass er mit Gegenständen in Verbindung steht, die eine Tatsachenstruktur (p) bilden. Jeder Fall von Wissen hat damit selbst Anteil an der Faktizität. Denken ist ein Fall von Sein, etwas, was es wirklich gibt.

In diesem Zusammenhang hat Timothy Williamson vieldiskutierte Argumente dafür vorgelegt, dass wir »kognitiv heimatlos« seien.[68] Es gebe kein kognitives Zentrum unseres geistigen Lebens im Sinne eines »Reichs von Phänomenen, in dem nichts vor uns verborgen ist«.[69] Zum Zweck der Illustration seines allgemeinen Arguments gegen jegliche Spielart eines idealistischen Transparentismus wählt er den Topos vermeintlich sich selbst bekundender phänomenaler Zustände. Sein Beispiel ist eine eindeutige Kälteempfindung K. φ sei das Symbol für das Vorliegen einer eindeutigen Kälteempfindung K, die über ein bestimmtes Zeitintervall unseres mentalen Lebens vorliegt. Williamson formuliert nun eine Leuchtkraft-Bedingung für eindeutige Kälteempfindungen und alle anderen Beispiele, in denen das Vorliegen eines Phänomens jederzeit derart epistemisch zugänglich ist, dass wir in der Lage sind zu wissen, dass φ. Demnach ist eine Bedingung B, die in unserem mentalen Leben erfüllt sein kann, *leuchtkräftig*, wenn gilt:

(Leuchtkraft = L) Für alle Fälle φ gilt: Wenn φ die Bedingung B erfüllt, ist man in φ in der Lage zu wissen, dass B vorliegt.[70]

---

68 Timothy Williamson, *Knowledge and its Limits*, Oxford, New York 2000, S. 93f.

69 Meine Übersetzung von ebd., S. 93.

70 Meine Übersetzung von ebd., S. 95: »(L) For every case α, if in α C obtains, then in α one is in a position to know that C obtains.«

Das ist eine umständliche Formulierung der Idee, dass man in der Lage ist zu wissen, dass man eindeutig friert, indem man eindeutig friert. Williamsons Argument gegen (L) postuliert nun einen Fall von φ zu einem Zeitpunkt t_i. Von diesem Zeitpunkt kann man t_{i+1} unterscheiden, der eine Millisekunde nach t_i liegt.

An dieser Stelle postuliert Williamson eine Zusatzannahme, aus der er sein Gegenargument ableitet. Seine Zusatzannahme lautet, dass man nur dann etwas weiß, wenn man in der betroffenen Angelegenheit zuverlässig ist. *Ex hypothesi* ist man im Transparenzfall paradigmatisch zuverlässig, sofern man sich ihn vergegenwärtigen und dann einen Wissensanspruch formulieren kann. Wer friert und einen Wissensanspruch dahingehend formuliert, dass dies der Fall ist, macht von der Leuchtkraft seines mentalen Lebens erfolgreich Gebrauch. Wer nun zu t_i mit dem geeigneten Maß an Gewissheit urteilt, dass er friert, wird dies eine Millisekunde später, also zu t_{i+1}, nicht zurückziehen. Wenn man also zu t_i weiß, dass man friert, folgt daraus, dass man dies zu t_{i+1} auch weiß, woraus folgt, dass man zu t_{i+1} friert. Irgendwann hört man aber auf zu frieren, sodass aus (L) die falsche Konsequenz folgt, dass wir zu einem Zeitpunkt t_n, an dem wir nicht mehr frieren, weiterhin frieren müssen, um beanspruchen zu dürfen, zu wissen, dass wir frieren.

Die Achillesferse dieses Arguments ist die plötzliche Einführung eines psychologischen Kriteriums (der Gewissheit) in eine begriffliche Diskussion der formalen Eigenschaften des Wissensbegriffs. Daraus, dass jemand, der friert, urteilt, dass er friert, folgt nicht, dass er zu irgendeinem bestimmten Zeitpunkt, der auf das Zeitintervall des faktischen Frierens folgt, immer noch friert, selbst wenn sein berechtigtes Wissensurteil, er friere, nicht sofort zurückgezogen wird, sobald er aufhört zu frieren. Der Witz der klassischen Annahme einer sich selbst bekundenden Phänomenalität lautet gerade, dass sie punktuell über ein Zeitintervall definiert ist und keine psychologische Wette auf die Fortsetzung des phänomenalen Zustands, der sich selbst bekundet, abgibt.

Wichtiger ist, dass Williamsons Argument daran scheitert, dass er es in analogen Fällen nicht gelten lassen sollte.[71] Nehmen wir an, mein Auto ist vor meiner Haustür geparkt. Ich habe es dort abgestellt und sitze nun an meinem Schreibtisch und wähle dies als Beispiel für etwas, was ich weiß. Ich weiß also zu t_0 und sicherlich auch noch zu t_{0+1} (wobei der Abstand nun fünfzehn Minuten betrage), dass mein Auto vor meiner Haustür steht. Stellen wir uns vor, dass mein Auto im Schutz der Dunkelheit gestohlen wird, ohne dass ich dies sofort bemerke. In diesem Fall hat sich mein mentaler Zustand ohne mein Wissen geändert, da ich zu irgendeinem Zeitpunkt t_{1+n} nicht mehr weiß, dass mein Auto vor meiner Haustür steht, weil es gestohlen wurde. Dieser Fall ist für Williamsons Auffassung des Wissens geradezu paradigmatisch, spricht er doch für eine vollständig externalistische Konstruktion, die meine mentalen Zustände variieren lässt, ohne dass diese Variation mental transparent sein muss. Folglich sollte Williamson nicht akzeptieren, dass ich zu t_0 nicht wusste, wo mein Auto steht, obwohl ich meine damit verbundene Gewissheit mit den denkbar besten Gründen bis zu t_{1+n} ausdehne, da ich keinen Anlass hatte, damit zu rechnen, dass mein Auto gestohlen werden könnte (selbst wenn es natürlich gestohlen werden konnte, wie der hypothetische Fall belegt).

Wenn wir also überhaupt kontingente Propositionen wissen können, die ihren Wahrheitswert durch Modifikation der wirklichen Sachlage verändern, ist nicht einzusehen, warum dies für den Fall leuchtkräftiger Propositionen nicht gelten sollte. Externalismus und Reliabilismus könnten hier ebenfalls zu Rate gezogen werden, weil man den phänomenalen, leuchtkräftigen Zustand, in dem man sich befindet, ebenso vorfindet wie andere kontingente Umstände. Der Unterschied zwischen einer kontingenten Außenwelt-Proposition, die meine Umwelt betrifft,

---

71 Hier folge ich weitgehend Anthony Brueckner, M. Oreste Fiocco, »Williamson's Anti-Luminosity Argument«, in: *Philosophical Studies* 110/3 (2002), S. 285-293.

und einer kontingenten Innenwelt-Proposition, die meinen phänomenalen Informationsstand charakterisiert, bestünde dann
schlichtweg darin, dass Letztere leuchtkräftig ist.

Die Leuchtkraft des Phänomenalen bringt keine Infallibilität
in den Verlauf unserer Wissensansprüche. Sie ist demnach keine
temporale psychologische These darüber, wie wir Gewissheiten
über unser geistiges Leben verteilen, sondern betrifft lediglich
das Zeitintervall, in dem das Phänomenale sich zeigt. Über dieses Zeitintervall behauptet die idealistische Transparenzthese,
dass das Vorliegen von φ damit einhergeht, dass es sich seinem
Gewusstwerden nicht prinzipiell entzieht. Williamson hat nicht
bewiesen, dass diese These falsch ist, weil er ansonsten zeigen
müsste, dass es konstitutive Strukturen des Phänomenalen gibt,
die es jenseits unseres Zugriffs verorten.

Bemerkenswerterweise meint Williamson nicht, dass sein Argument gegen (L) generalisierbar ist. Es gibt demnach Williamson zufolge leuchtkräftige Zustände.[72] Als Beispiele führt er
»die Cartesische Bedingung an, dass man existiert, oder sogar,
dass man denkt«.[73] Hierbei übersieht er freilich, dass »cogitare«
bei Descartes diejenigen phänomenalen Zustände bezeichnet,
die Williamson für nicht leuchtkräftig hält. Außerdem ist die
Existenz eines Denkers Descartes zufolge konstitutiv leiblich,
was gerne übersehen wird, indem man dasjenige ausklammert,
was Rometsch zutreffend als die »Plurimodalität des *cogitare*«
herausgearbeitet hat.[74]

Dass Denker leiblich sind, ist kein kontingenter Umstand,
der im Unterschied zum Umstand, dass sie existieren, in einigen
Fällen besteht und in anderen nicht. Wenn Williamson das Denken von seinem Argument gegen die Leuchtkraft ausnimmt,
muss er demnach auch unsere Leiblichkeit sowie ihr phänomenales Bekunden ausnehmen, da dieses ein Fall des Denkens und
insbesondere diejenige Existenzform ist, in der wir als geistige

---

72 Williamson, *Knowledge and its Limits*, S. 106-109.
73 Ebd., S. 107.
74 Rometsch, *Freiheit zur Wahrheit*, Kapitel 4.

Lebewesen vorkommen.[75] Der Preis für die Bestreitung der Leuchtkraft des phänomenalen *sentire* bei ihrer Beibehaltung für das reine *intelligere* unserer Existenz als Denker ist die Auferstehung des Geistes in der Maschine. Denn nun zerfällt unser Denken in zwei Arten von Modulen: die sinnlichen und die intelligenten Tätigkeiten des Geistes, wobei letztere nicht an die Leiblichkeit des Denkers gebunden sind.

Eine besonders auffällige Einschränkung der Generalisierbarkeit von Williamsons Argument ergibt sich aus der Selbstanwendung auf die Erkenntnistheorie. Zu urteilen, dass es regnet, wird von Williamson nämlich als leuchtkräftig aufgefasst.[76] Wenn ich urteile, dass es regnet, kann ich mir vergegenwärtigen, dass ich in der folgenden Form urteile: Ich urteile, dass es regnet.

> [W]enn man urteilt, dass es regnet, ist man in der Lage zu wissen, dass man die Proposition beurteilt, dass es regnet. Wenn man eine leicht verschiedene Proposition *p* beurteilt, hat man keinen hohen Grad falscher Meinung, dass man urteilt, dass es regnet; man hat einen hohen Grad an wahrer Meinung, dass man urteilt, dass *p*, da die Meinung ihren Inhalt von *p* selbst bezieht. Daher kann man das Argument [gegen die Leuchtkraft, M. G.] nicht auf Beispiele anwenden, in denen man die Bedingung nur in Betracht zieht, wenn sie besteht. Solche Beispiele belaufen sich auf eine sehr geringe Beschränkung der Allgemeinheit des Arguments. Auf jeden Fall können wir vermuten [»conjecture«!, M. G.], dass für jede Bedingung B gilt, dass B nicht leuchtkräftig ist, wenn man graduell von Fällen, in denen B besteht, zu Fällen übergehen kann, in denen es nicht besteht, während man B durchgängig in Betracht zieht.[77]

---

75 Vgl. dazu die Argumentation für einen biologischen Externalismus in Gabriel, *Der Sinn des Denkens*, S. 197-204.

76 Der Ausdruck »urteilen« ist die deutsche Übersetzung dessen, was Williamson als »entertaining the proposition that« bezeichnet.

77 Meine Übersetzung von Williamson, *Knowledge and its Limits*, S. 108 f.: »if one is entertaining the proposition that it is raining, then one is in a position to know that one is entertaining the proposition that it is raining. When one is entertaining a slightly different proposition *p*, one does not

Damit verpufft Williamsons Argument. Aus dem *Argument* wird die zugestandermaßen nicht logisch generalisierbare *Vermutung* (*conjecture*), dass es nicht leuchtkräftige Bedingungen gibt, was nur wenige bestreiten, namentlich diejenigen, die aus der idealistischen Transparenz einiger Zustände oder Vorgänge (wozu paradigmatisch das Urteilen gehört) auf die idealistische Transparenz alles dessen schließen, was man überhaupt denken kann.[78]

Hinzu kommt, dass Williamsons Einlenken sogar Wasser auf die Mühlen eines absoluten, d. h. uneingeschränkten Idealismus bezüglich des Propositionalen ist. Wenn man nämlich nur urteilen kann, dass p, wenn dieser Zustand leuchtkräftig ist (da man ansonsten nicht urteilte, dass p, sondern etwa, dass q), gilt für jedes beurteilbare p, dass eine denkende Erfassung leuchtkräftig ist. Der gesamte Raum des Propositionalen ist demnach hinsichtlich seiner Beurteilbarkeit leuchtkräftig, wenn es im Wesen des Urteilens liegt, leuchtkräftig zu sein, wie Williamson annimmt.

Die Unhintergehbarkeit des Phänomenalen sollte man in der Tat nicht nach dem Modell sich selbst bekundender Zustände auffassen derart, dass wir ihnen das epistemische Sonderrecht einräumen, ein genau bestimmbares Fundament unserer weiteren Wissensbemühungen zur Verfügung zu stellen. Das ist die bewahrenswerte Lektion, die Williamsons Leuchtkraft-Argument

have a high degree of false belief that one is entertaining the proposition that it is raining; one has a high degree of true belief that one is entertaining *p*, since the belief derives its content from *p* itself. Thus the argument does not apply to examples in which one considers the condition only when it obtains. Such examples constitute a very minor limitation on the generality of the argument. In any case, we may conjecture that, for any condition C, if one can move gradually to cases in which C obtains from cases in which C does not obtain, while considering C throughout, then C is not luminous.«

78 Besonders triftig dargestellt in Rödl, *Selbstbewußtsein und Objektivität*. Vgl. ebenso Irad Kimhi, *Thinking and Being*, Cambridge/MA., London 2018.

zur Verfügung stellt, sodass dieses aus nicht ganz triftigen Gründen in die richtige Richtung weist. Das hier in Anspruch genommene Manöver wird nicht durch Williamsons Vermutung entkräftet, dass phänomenale Zustände nicht leuchtkräftig sind, weil seine Vermutung darauf hinausläuft, dass wir auf die Inhalte unseres Urteilens einen sich selbst bekundenden Zugriff haben.

Damit wird der Mythos des Gegebenen vom Phänomenalen auf das Intelligibile verschoben, was das Problem nicht behebt. Denn nun werden unsere Urteilsinhalte plötzlich transparenter, als sie faktisch sein müssen, wenn wir uns im Urteilen selbst täuschen können. Wir können uns im Urteilen selbst aber zumindest faktisch täuschen, was die psychologische Literatur seit Jahrhunderten einschärft und was durch Psychoanalyse, Verhaltensökonomie, Kognitionswissenschaft usw. an Fallbeispielen vielfältig belegt wurde. Zu urteilen, dass p, ist nicht transparent: Wir können glauben, p zu urteilen, während wir etwas anderes urteilen, weil unsere Urteile und dasjenige, was sie beurteilen, nicht identisch sind.

An dieser Stelle könnte man das Problemfeld näher einschränken und annehmen, dass wir zwar in der Beurteilung von Tatsachen fallibel sind, die selbst keine Urteile sind, die wir vollziehen, dass daraus aber nicht folgt, dass unsere Selbstbeurteilung als Denkende nicht leuchtkräftig ist. Wer urteilt, dass es regnet, mag sich demnach in der Frage täuschen, ob es regnet, sowie in der Frage, ob er urteilt, dass es regnet; doch wer urteilt, dass er urteilt, dass es regnet, kann sich nicht in der Frage täuschen, ob er urteilt. Doch hier ist Vorsicht geboten! Denn wir urteilen nicht, dass wir urteilen, wenn wir urteilen, dass wir urteilen, dass es regnet. Urteile über Urteile überhaupt unterscheiden sich signifikant von Urteilen über Urteile über den Regen.

Den Begriff des Urteils überhaupt zum Gegenstand eines Urteils zu machen, bedeutet nicht, dass man alle Urteile, die man fällen kann, gleichsam schemenhaft im Blick hat. Was Urteile voneinander unterscheidet, was sie spezifiziert, ist ihr Gehalt. Der Gehalt eines Urteils wiederum wird dadurch mitbestimmt, wie das Wirkliche ist, mit dem er sich befasst. Man fällt nicht dasselbe Urteil, dass es regnet, wenn es regnet und wenn es nicht regnet. In einem Fall urteilt man richtig, im anderen unrichtig. Es kann sich nicht um dasselbe Urteil handeln. Urteile können ihren Wahrheitswert nicht ändern, sie sind vielmehr durch diesen sowie den Sinn individuiert, mittels dessen sie ihren Wahrheitswert vorstellig machen.

An dieser Stelle könnte man daran erinnern, dass der Gehalt der beiden Urteile, dass es regnet, doch identisch sein muss, da man sich in beiden Fällen vorstellt, wie das Wirkliche ist, indem man einen Regenfall durchspielt. Doch damit übersieht man die faktische Implementierung des Urteils im geistigen Leben wirklich existierender Denker. Wirklich existierende Denker sind nämlich nicht nur zufällig verkörpert, sondern urteilen an Ort und Stelle, dass es regnet. Ihr Urteil findet an einer unscharf bestimmten Stelle statt, deren Konturen durch die menschliche Lebensform gegeben sind. Was für mich hier und jetzt stattfindet, betrifft einen Ausschnitt des Wirklichen. Der Rahmen, in dem mir Wirkliches begegnet, ist dabei selbst etwas Wirkliches, weil jeder Einblick in das, was der Fall ist, selbst zur Szene gehört, die er erfasst.[79]

Es gibt kein abstraktes, logisches Ich, das von Nirgendwo aus urteilt, wenn es urteilt, dass es regnet. Ein logisches Ich könnte keinen Kontakt mit dem Regen aufnehmen, für dessen Beurteilung es sich zuständig fühlt. Alle Urteile bleiben deswegen auf einen egozentrischen Index bezogen, weil es wesentlich für sie ist, dass sie von jemandem gefällt werden, dessen Wirklichkeit

---

79 Auf dieser Grundlage hat Anton Friedrich Koch gezeigt, dass wir uns nicht in einem skeptischen Traumszenario befinden können. Vgl. seine antiskeptische Strategie in Anton Friedrich Koch, »Wir sind kein Zufall. Die Subjektivitätsthese als Grundlage eines hermeneutischen Realismus«, in: Gabriel, *Der Neue Realismus*, S. 230-243, sowie Anton Friedrich Koch, »Der metaphysische Realismus und seine skeptizistische Rückseite«, in: Markus Gabriel (Hg.), *Skeptizismus und Metaphysik. Deutsche Zeitschrift für Philosophie*, Sonderband 28, Berlin 2012, S. 93-104.

mit in Rechnung gestellt werden muss, wenn man den Gehalt eines Urteils verstehen will.[80]

Ein Urteil, das richtig, und ein Urteil, das unrichtig ist, können nicht denselben Gehalt haben. Denn der Gehalt wird unter anderem dadurch individuiert, dass Bedingungen dafür vorliegen, dass jemand urteilt, die weit über dasjenige hinausgehen, was ein logischer Schnappschuss abbildet, der Urteile paradigmatisch auf die Formel bringt, ein Subjekt S beanspruche zu wissen, dass p.

Insofern pflichte ich Rödls Hinweis bei, dass es ein Irrweg eines Zweigs der gegenwärtigen Erkenntnistheorie ist zu glauben, man mache Fortschritte, indem man die Formel »S weiß, dass p« analysiert.[81] Zu den faktischen Bedingungen eines Wissensanspruchs gehört nicht nur, dass ein Subjekt formale Bedingungen erfüllt, die man *a priori* im Modus der Begriffsanalyse entdeckt. Es hilft auch nicht, dieses fragwürdige Verfahren durch Umfragebögen oder Linguistik aufzumöbeln, weil die Frage, unter welchen faktischen Bedingungen ein Mensch etwas weiß, nicht dadurch beantwortet werden kann, dass man

---

80 Hier könnte man befürchten, dass dadurch die Verständlichkeit von Fremdurteilen gefährdet wird, da es den Anschein macht, als ob der Umstand, dass jemand denkt, dass p, dasjenige, was er denkt, einfärbt. Doch damit übersieht man, dass die Situation, in der sich jemand befindet, der urteilt, faktisch mit in den Urteilsgehalt einbezogen wird, auch und v. a. dann, wenn ein anderer das Urteil beurteilt, das jemand fällt. Subjektivität ist kein privater Standpunkt, der sich ins objektive Urteil einschreibt und es damit in Unsagbarkeit hüllt, sondern ein öffentliches Ereignis der Einbettung eines urteilenden Lebewesens in eine wirkliche Umgebung.

81 Zur Kritik der formal irreführenden Vorstellung, Wissen habe in allen Fällen letztlich dieselbe Form, nämlich diejenige, dass S weiß, dass p, vgl. Rödl, *Selbstbewußtsein und Objektivität*. Anders Saul A. Kripke, »Nozick on Knowledge«, in: ders., *Philosophical Troubles*, Oxford 2011, S. 162-224, hier S. 210f.: »It is very plausible that a unified account [of knowledge, M. G.] is indeed desirable; prima facie it would seem that ›S knows that p‹ expresses one and the same relation between S and p, regardless of what proposition p is, or for that matter, who S is.« Vgl. dagegen Gabriel, *Sinn und Existenz*, § 11.

Menschen darüber befragt, wann sie der Meinung sind, das Wissensprädikat ließe sich zuschreiben. In der Sprachverwendung wird man durch statistische Bereinigung des Wortgebrauchs keinen Aufschluss darüber erhalten, was wirklich vor sich geht, wenn jemand urteilt, dass es regnet, solange man nicht in Rechnung stellt, dass wir als Urteilende konstitutiver Teil jeder Szene sind, die wir beurteilen. Wissensansprüche beurteilen das Wirkliche nicht von außen, weil es kein Außerhalb des Wirklichen gibt. Wir müssen uns nicht an das Wirkliche heranpirschen und durch erkenntnistheoretische Überlegungen sicherstellen, dass wir ihm nah genug gekommen sind, um mit einem akzeptablen Grad der Sicherheit zuverlässig Auskunft darüber zu geben, was der Fall ist.

Einige Quantentheoretiker mutmaßen, diesen Umstand als die Quelle der Kausalität aufzufassen, sodass dem Umstand, dass wir in der Wahrnehmung kausal eingebettet sind, auf eine anspruchsvolle ontologische Weise Rechnung getragen wird. Neuerdings hat in diesem Sinn Carlo Rovelli vorgeschlagen, den Zeitpfeil der Entropie als eine Konsequenz unseres faktisch vorliegenden Standpunkts zu rekonstruieren. Diese Annahme basiert auf der richtigen Einsicht, dass wir unser Vorkommen im Universum als Faktor bei der Erklärung unserer Wissensansprüche berücksichtigen müssen.

> Betrachten wir das Universum von innen, in unserer Wechselwirkung mit einem winzigen Anteil der zahllosen Variablen des Kosmos: Wir sehen von ihm ein unscharfes Bild. Diese Unschärfe beinhaltet, dass die Dynamik des Universums, mit dem wir interagieren, von der Entropie beherrscht wird, welche den Wert der Unschärfe misst. Was sie misst, betrifft eher uns als den Kosmos.[82]

Der mentale Realismus nimmt einen Teil dieses Befundes ernst. Unsere mentalen Zustände gehören irreduzibel zum Wirklichen und leisten einen entscheidenden kausalen Beitrag. Wenn Rovelli oder Koch/Tononi richtig liegen, geht dieser Beitrag so

---

82 Carlo Rovelli, *Die Ordnung der Zeit*, Hamburg 2018, S. 128.

weit, dass das Mentale die entscheidende Kausalitätsquelle ist. Kausalität ist in Rovellis Modell die Art und Weise, wie uns das Universum raumzeitlich erscheint, die dadurch geprägt ist, dass es etwas Besonderes ist, dass das Universum uns als etwas erscheint, worüber wir fallible Wissensansprüche erheben können. Er meint freilich als guter Naturalist, unsere Besonderheit bestehe darin, dass unser zentrales Nervensystem Spuren der Vergangenheit aufzeichne, um Projekte für eine ungewisse Zukunft durch Vorhersagen zu entwerfen. Die Asymmetrie der Zeit rührt aus dieser Perspektive daher, dass das Vergangene dasjenige ist, was unsere Nervenbahnen erhitzt, womit es thermisch kodierte Spuren hinterlässt, was für das Zukünftige noch nicht gelte. Das löst das Problem allerdings nicht, weil die Asymmetrie der Zeit auf kausale Vorgänge im Universum projiziert wird, die Rovelli zufolge nur dadurch kausal sind, dass sie in unserer Perspektive als etwas Besonderes erscheinen. Zeit misst er deswegen an unserer Unwissenheit, indem die mit der Zeit verbundene Kausalität mit Indexikalität identifiziert wird.

Schauen wir uns seine Argumentation etwas genauer an, da sie dem mentalen Realismus nahekommt, am Ende allerdings einer Verwechslung von Realismus und Naturalismus zum Opfer fällt.[83] Rovelli greift die verbreitete Vorstellung auf, die Ausrichtung des Zeitpfeils ließe sich über die Entropie erklären. Denn nur die Thermodynamik beschreibe irreversible Vorgänge, die in eine Richtung verlaufen, die man aber nicht rückwärts mittels derselben Gleichungen erklären könne. Auf der fundamentalen Ebene der Quantentheorie hingegen könne von einem Zeitpfeil keine Rede sein, weil alle Prozesse strukturell isomorph, d. h. umkehrbar erklärbar sind. Dabei wählt er zur Illustration der Entropiezunahme das Beispiel eines Kartenstapels. Wenn wir einen Kartenstapel finden, der von oben nach unten so geordnet ist, dass die ersten sechsundzwanzig Karten eines Standardkartenspiels rot sind und die zweite Hälfte schwarz ist, gehen wir davon aus, dass dies ein ungewöhnlicher, geordneter

83 Vgl. dagegen Gabriel, »Für einen nicht-naturalistischen Realismus«.

Zustand ist. Beginnen wir die Karten zu mischen, ist es sehr viel unwahrscheinlicher, dass sich dieser geordnete Zustand wiederholt, als dass eine andere Ordnung auftritt. Thermodynamische Prozesse folgen diesem Muster, indem sie einen relativ zu einem Folgezustand besonders geordneten Zustand in einen relativ zu dieser Ordnung wahrscheinlicheren Zustand überführen. Die Ordnung, die uns als etwas Besonderes erscheint – etwa diejenige nach Farben –, ist nur im Auge des Betrachters ausgezeichnet, da man den vorliegenden Stapel auch nach anderen Kriterien bemessen kann (etwa nach den Bildern). Demnach ist die Entropiezunahme davon abhängig, welche Kriterien zur Bemessung von Ordnung man ansetzt, was den Beobachter und damit unsere Perspektive ins Spiel bringt.

Deswegen hält Rovelli diese Struktur für einen Effekt unserer Perspektive, der allerdings keine Illusion, sondern eben der entscheidende kausale Beitrag des Mentalen ist. Wir verwischen auf unserer Beobachtungsskala die Verhältnisse der Natur auf eine solche Weise, dass sich eine temporale, egozentrisch indizierte Ordnung ergibt.

Dabei arbeitet Rovelli mit einer bemerkenswerten begrifflichen Entgegensetzung. Auf der einen Seite befindet sich eine durch keine Ordnung oder Unordnung ausgezeichnete Natur. In dieser Natur ist es keine Überraschung, dass etwa ein (aus unserer Sicht) geordneter Anfangszustand eines Vorgangs vorliegt. Kein Zustand ist mehr oder weniger besonders, da es in dieser Natur nur Singularitäten gibt. Auf dieser Ebene gilt Rovelli zufolge ein strenger Ereignisnominalismus.

> Beim genaueren Nachdenken *ist jedwede Zusammenstellung speziell.* Jede ist einzigartig, wenn ich *alle* Einzelheiten betrachte, weil jede Zusammenstellung etwas hat, das sie auf einzigartige Weise charakterisiert.[84]

Auf der quantentheoretisch beschreibbaren Ebene liegen einfach nur Tatsachen vor, die Rovelli zufolge stets die Form

---

84 Rovelli, *Die Ordnung der Zeit*, S. 32f.

von Ereignissen haben, die völlig singulär sind und aus denen sich eine körnige Raumzeit ergibt, die wir als kontinuierliche Struktur erleben, da auf der mesoskopischen Ebene die partielle Unbestimmtheit des Sinnfelds der Quanten in die Erscheinung bestimmter Verhältnisse zerfallen ist.

Von dieser streng nominalistischen Ebene unterscheidet Rovelli unsere Perspektive. Um etwas als eine relativ zu einem Folgezustand besonders geordnete Konfiguration zu klassifizieren, muss man Details weglassen. Wir charakterisieren nicht die Totalität der Ereignisse, die zusammenspielen, wenn vor unseren Augen ein Kartenstapel erscheint. Unsere Sinnesmodalitäten selegieren Informationen aus unserer Umgebung dergestalt, dass wir eine Auswahl bewusst erfassen können, die Kriterien der Ordnung/Unordnung erfüllt, an denen wir unser Verhalten orientieren. Darin reflektiert sich unsere ökologische Anpassung. Diese muss man auf dem explanatorischen Niveau der kausalen Verankerung von Wahrnehmungen bedenken, da man ansonsten nicht imstande ist, den kausalen Faktor der Wahrnehmung epistemisch in Rechnung zu stellen. Damit wird dann die vieldiskutierte Distinktion von Empfindung (*sensation*) und Wahrnehmung (*perception*) eingeführt, was das Kausalproblem in das Mentale verschiebt.[85] Denn wenn Empfindungen kausal erklärbar sind, Wahrnehmungen hingegen als epistemische Zustände im Raum der Gründe verortet werden, ergibt sich spätestens an dieser Stelle das Problem, wie der Raum des Kausalen mit dem Raum der Gründe im Mentalen zusammenhängt. In Rovellis Modell wird das Kausale anders eingebettet, da es ein Effekt unserer wirklich existierenden Perspektive ist. Unsere Perspektive besteht darin, dass uns das Wirkliche auf eine Weise erscheint, die voraussetzt, dass wir bestimmte Ordnungen präferieren. Die von uns präferierten, weil überlebensdienlichen Muster rechtfertigen den Eindruck, dass das Wirkliche temporal geordnet

---

85 Vgl. zur subtilen Rekonstruktion dieses seit Sellars bekanntlich als »Mythos des Gegebenen« firmierenden Problemfelds John McDowell, *Die Welt im Blick. Aufsätze zu Kant, Hegel und Sellars*, Berlin 2015.

ist, ohne dass diesem Eindruck außerhalb unserer Perspektive eine aperspektivische Struktur entspricht. Damit erweist sich der Zeitpfeil nicht als Illusion, sondern als Eigenschaft unserer wirklich existierenden Perspektive.[86] Diese Position hält das nicht-humane Universum von der Zeitlichkeit fern. Entropie ist ein Vorhersageinstrument des Menschen und keine Tatsachenerkenntnis.

Allerdings beantwortet Rovelli die folgende Frage auffällig unzureichend. Wenn das Universum eine fundamental atemporale, ereignis-nominalistische Schicht aufweist, die auf der Menschen zugänglichen Mesoebene verwischt wird, wie haben wir dann Zugang zur fundamentalen Ebene? Rovellis Antwort verstrickt sich in eine inkohärente Erkenntnistheorie, wie die folgende Passage belegt:

> Die ureigene Bedeutung von ›verstehen‹ ist uns noch nicht klar. Wir sehen die Welt, beschreiben sie und bringen sie in eine Ordnung. Wenig wissen wir von der vollständigen Beziehung zwischen dem, was wir von der Welt wahrnehmen, und von der Welt selbst. Dass unser Blick nicht sehr weit reicht, wissen wir sehr wohl. Vom weiten, von Objekten emittierten elektromagnetischen Spektrum sehen wir nur einen kleinen Ausschnitt. Die Atomstruktur der Materie wie auch die Krümmung des Raums bleibt unseren Augen verborgen. Wir sehen eine kohärente Welt, die wir aus unserer Wechselwirkung mit dem Universum extrahieren, organisiert in Begriffen, die unser jämmerlich schwaches Gehirn verarbeiten kann. Wir denken die Welt in Steinen, Bergen, Wolken und Personen: Das ist ›die Welt für uns‹. Von der Welt, die von uns unabhängig ist, wissen wir viel, ohne zu wissen, wie viel es ist.[87]

Was Rovelli hier vorschlägt, ist in verschiedenen Varianten aus Hegels *Phänomenologie des Geistes* bekannt; wo es auch schon widerlegt wurde. Es wundert nicht, dass Rovelli als Verfechter

---

86 Rovelli folgt weitgehend Huw Price, *Time's Arrow and Archimedes' Point. New Directions for the Physics of Time*, New York 1997.
87 Rovelli, *Die Ordnung der Zeit*, S. 170f.

der natürlichen Vorstellung unser Denken als »Werkzeug«[88] bezeichnet, was eine hoffnungslose Position ist. Denn nun tut sich ein Graben zwischen der Welt für uns und der Welt an sich auf, den Rovelli nach dem Modell von »Kraft und Verstand« auf zwei Welten verteilt, die kausal miteinander verschachtelt sind, wobei die Kausalität nur eine Eigenschaft unserer Perspektive ist. An sich gibt es demnach nur die eine Welt der absoluten Singularitäten, die vom Standpunkt des Menschen allerdings temporal geordnet erscheint.

Doch wie steht es mit der Ordnung, die dieser Dualismus postuliert? Ist das Wirkliche an sich diesseits der Distinktion von Ordnung und Unordnung, die unserer Perspektive innewohnt? Wenn dies so wäre, könnte nicht ausgeschlossen werden, dass unsere naturwissenschaftliche Theoriebildung, die allgemeine Strukturen (Gesetze, Kräfte, Eigenschaften von Elementarteilchen usw.) postuliert, eine »kollektive[] Wahnvorstellung«[89] ist.

Dieser ontologische Dualismus wird von Rovelli im Mentalen wiederholt. Denn er betrachtet die Vernunft als Instrument der Selbstregulierung unserer »lebhafte[n] und brennende[n] Gefühle«.[90]

> Sie sind unsere Substanz. Sie tragen uns, reißen uns mit sich. Und wir kleiden sie in schöne Worte. Sie treiben uns an. Und etwas von ihnen entzieht sich stets unseren Ordnung stiftenden Reden, weil wir wissen, dass im Grund jeder Versuch, Ordnung zu schaffen, immer etwas außen vor lässt.[91]

Die Position zerschellt also an einer epistemologischen Inkohärenz, die daher rührt, dass die Welt an sich von der Welt für uns unterschieden und diese Distinktion nach dem quantentheoretischen Messproblem modelliert wird, was ihr den Anschein naturalistischer Legitimität verleiht. Es überrascht nicht, dass Ro-

---

88 Ebd., S. 171.
89 Ebd.: »collective delirium«.
90 Ebd., S. 172.
91 Ebd.

velli zu dem Ergebnis kommt: »Wenig wissen wir von der vollständigen Beziehung zwischen dem, was wir von der Welt wahrnehmen, und von der Welt selbst.«[92] Denn er versteht unser
Wissen als die Projektion von Ordnung auf eine Welt, die derjenigen Ordnung entbehrt, die wir von unserem Standpunkt zu
erfassen meinen. Deswegen bricht Rovellis Untersuchung unter
dem von ihr selbst generierten naturalistischen Außendruck zusammen, weil er das Wirkliche nur als den von uns nicht kognitiv und epistemisch bearbeitbaren Restbestand einer Welt an
sich versteht. Sie schlägt sich in unserem mentalen Apparat
buchstäblich in thermodynamischer Form nieder, weil unser af-
fektives Leben nichts weiter als der Eindruck ist, den die Außenwelt auf unser Nervensystem macht.

Ein genuiner mentaler Realismus bewegt sich zwischen der
Skylla eines *reduktiven, letztlich eliminativen Physikalismus* und
der Charybdis eines *weichen oder liberalen Naturalismus*, der
mit einem weiteren Begriff der Erfahrungswissenschaften operiert.[93] Der weiche Naturalismus ist nur scheinbar eine kohärente Alternative zur metaphysisch zu anspruchsvollen Identitätstheorie, die alles Mentale restlos mit Vorgängen identifiziert,
die wir bestenfalls kontingenterweise mehr oder weniger adäquat erfassen können. Er erkauft sich den Anschein von Plausibilität dadurch, dass das Mentale nicht als unwirklich, sondern
als etwas betrachtet wird, das man im Medium empirischer
Wissenschaften untersuchen kann,

die ihre Theorien letztlich im Blick auf Wahrnehmungen, Beob-
achtungssätze und empirische Experimente testen. In diesem Sinne
sind zum Beispiel auch die empirische Tierforschung oder die kognitive Psychologie Erfahrungswissenschaften. Diese Wissenschaften beschäftigen sich aber mit Wesen, die einen Geist haben, das
heißt mentale Zustände und Prozesse, sowie zum Teil soziale Organisationen entwickeln. Mentale Fähigkeiten und soziale Bezie-

---

92 Ebd., S. 170.
93 Wolfgang Detel, *Warum wir nichts über Gott wissen können*, Hamburg
2018, S. 31-33.

hungen reichen tief in die Tierwelt hinein, die gewöhnlich als Teil der Natur angesehen wird.[94]

Doch dieses Manöver ist trügerisch, weil es keinerlei Auskunft über die Frage gibt, woher der weiche Naturalist seine Kenntnis des Mentalen hat. Weiß der weiche Naturalist, dass es Geist gibt, weil er eine fallible Theorie auf der Basis von Wahrnehmungen, Beobachtungssätzen und empirischen Experimenten aufgestellt hat? Wenn dies so wäre, welche Erfahrungswissenschaft lehrt ihn, dass er auf diese Weise vorzugehen hat, weil es gar die einzige Art und Weise ist, systematisches, wissenschaftliches Wissen über das Wirkliche zu akkumulieren?

Das naturalistische πρῶτον ψεῦδος geht dieser Operation begrifflich vorher. Es besteht in der Annahme, dass wir das Mentale durch Beobachtungsdaten kennenlernen, um es dann im Rahmen unseres Hineinwachsens in Menschengruppen zu introjizieren.[95] Wir können das Mentale aber nicht dadurch erlernen, dass wir es an Anderen in der Form von Verhalten wahrnehmen, das wir als mental gesteuert interpretieren, ohne uns dabei bereits aus der Innenansicht zu kennen. Der Mensch erwirbt den Zugang zur artikulierten Sprachgemeinschaft nicht dadurch, dass er Theorien des Mentalen entwirft, um dann an sich selbst mentale Muster vorzufinden. Unsere theoretische Arbeit kommt viel später als unsere Ausbildung eines Zugriffs auf uns selbst als geistige Lebewesen. Wir kennen zunächst unsere eigenen Zustände und lernen rasch, Elemente unseres Innenlebens mit Gegenständen einer nicht-ichlichen Umwelt zu identifizieren. Dafür gibt es prähistorische, evolutionäre Voraussetzungen, ohne die wir es nicht zuwege brächten, diejenigen Arten von Gegenständen zu identifizieren, die wir zur Anpassung an unsere ökologische Nische benötigen. Doch zu den prähistorischen, evolutionären Voraussetzungen gehört nicht, dass

94 Ebd., S. 32.
95 Vgl. zu diesem Modell etwa die Ausführungen bei Wolfgang Prinz, *Selbst im Spiegel. Die soziale Konstruktion von Subjektivität*, Berlin 2013.

wir uns selbst indirekt über das Innenleben der Anderen kennenlernen, das wir uns in der Form proto-naturwissenschaft-
licher Hypothesen erschließen.

Kurzum, der Naturalismus übergeneralisiert ein auch wissenschaftstheoretisch verkürztes Modell des wissenschaftlichen
Wissenserwerbs und hält dieses für das kognitive Betriebssys-
tem von *homo sapiens*. Doch dieses Modell unseres geistigen Lebens ist eine epistemisch aussichtslose Form moderner Mythologie, die ohne empirische Unterstützung die gesamte kulturelle
Entwicklung der Menschheit als eine Art naturwissenschaftlichen Trial-and-Error-Prozess der Anpassung unserer Spezies an
ihre Umwelt rekonstruiert.[96]

Die Auseinandersetzung mit den Denkmodellen Rovellis
und Detels sollte beispielhaft gezeigt haben, dass eine naturalistische Auffassung des Mentalen zwar in einer entscheidenden
Hinsicht sowohl dem naiven subjektiven Idealismus als auch
dem naiven Realismus überlegen ist, weil sie das Mentale immerhin kausal in das Wirkliche zu integrieren erlaubt. Allerdings gelingt es ihr nicht mehr zu erklären, wie wir auf dieser
Grundlage etwas über die ›externen‹ oder ›internen‹ Dinge an
sich wissen können – ganz zu schweigen vom selbstbezüglichen
Wissen um unsere eigene Geistigkeit.

Die SFO bietet ein Modell des Wirklichen an, das es erlaubt,
Raum für die genuine Unhintergehbarkeit und Intelligibilität
des Geistes zu reservieren. Denn die Idee einer Weltanschauung
wird konsequent *ad acta* gelegt. Damit erübrigt sich die große
Erzählung des harten und weichen Naturalismus, der zufolge

---

96 Genau dagegen richtet sich der Rekurs auf das mythologische Bewusstsein
seit Schellings positiver Philosophie. Vgl. dazu ausführlich meine Rekonstruktion in Markus Gabriel, *Der Mensch im Mythos. Untersuchungen über
Ontotheologie, Anthropologie und Selbstbewußtseinsgeschichte in Schellings
»Philosophie der Mythologie«*, Berlin, New York 2006. Vgl. zum mythologischen Bewusstsein und zu seiner Omnipräsenz im naturalistischen Selbstverständnis der Moderne Hans Blumenberg, *Arbeit am Mythos*, Frankfurt/
M. 2006, sowie Kurt Hübner, *Die Wahrheit des Mythos*, München 1985.

es eine Grundschicht des allumfassenden Universums gibt, die aus nicht-mentalem, geistlosem Urmaterial besteht, das über Jahrmilliarden umstrukturiert wird, um an irgendeinem Punkt am Rand einer Galaxie organische Materie zu produzieren, die dann aufgrund lokaler Eigenschaften unseres Planeten über Jahrmillionen der Evolution erkennendes Leben hervorbringt, das sich retroaktiv diese Genealogie vor Augen führen kann. Diese große Erzählung scheitert bereits daran, dass sie in Unkenntnis des Problems der physikalischen Zeit dem gesamten Universum eine Zeitleiste unterlegt, die vom Zeitpunkt des Urknalls ausgehend linear in eine Richtung verläuft. Wir wissen aber längst, dass es keine umfassende Zeitbestimmung für das Universum als Ganzes gibt. Bestenfalls ist die große Erzählung des Naturalismus eine Beschreibung unserer Perspektive auf den Prozess unseres Zustandekommens, was Rovelli als einer von wenigen Naturalisten immerhin in Rechnung stellt. Doch damit handelt es sich jedenfalls auch aus dem Wissensstandpunkt der Physik heraus nicht um eine angemessene Beschreibung des Universums und unserer Position in ihm, weil es keine physikalische Theorie gibt, die unsere Perspektive auf das Universum angemessen in Rechnung stellt. In dem Maße, in dem wir in der Physik Platz finden, bleibt sie konstitutiv von der metaphysischen Anmaßung unterscheidbar, wir könnten jemals ein vollständiges Panorama des Universums entwickeln, das uns erlaubt, ein kausal geschlossenes Universum zu begreifen, dessen Ereignisse auf einer singulären Zeitleiste eingetragen werden können. Eine solche Phantasmagorie des Physikers als potenzieller Laplace'scher Dämon ist mit der modernen Physik spätestens seit Anfang des letzten Jahrhunderts widerlegt.[97]

Wie auch immer man sich zu der Frage der Einheit und Vielfalt der Wissenschaften und damit zur Einheit und Vielfalt der von den Wissenschaften beobachteten Natur verhält: Es bleibt dabei, dass der Geist unhintergehbar ist. Wir können uns un-

97 Vgl. Ellis, Gabriel, »Physical, Logical, and Mental Top-Down Effects«.

serer eigenen Geistigkeit prinzipiell nicht in dem Sinne empirisch annähern, dass wir auf der Basis von Erfahrungsdaten
Modelle entwickeln, in denen wir zum ersten Mal uns selbst gegenüber als geistig erscheinen. Denn das Einsammeln von Erfahrungsdaten ist bereits Indiz unserer Geistigkeit, die damit
vor-theoretisch in Anspruch genommen wird.

  Wir finden uns als geistige Lebewesen vor. Das bedeutet
nicht, dass wir hinsichtlich der Frage, was Geist ist, infallibel
sind. Weil Geist etwas Wirkliches ist, sind wir imstande, uns
über unsere eigene Geistigkeit zu täuschen. Selbsttäuschung
ist eine für den Geist spezifische Möglichkeit. Der Naturalismus – ob er nun hart oder weich gekocht wird – ist eine Form
der Selbsttäuschung, weil er den Geist nur in dem Maß für etwas Wirkliches halten kann, als er ihn mit etwas identifiziert,
was nicht geistig ist: ein Arrangement von Elementarteilchen;
selbstbezügliche Quanteninformation; ein neuronales System;
eine emergente Eigenschaft eines Organismus; irgendeine bisher unbekannte material-energetische kausale Architektur im
zentralen Nervensystem; introjizierte Beobachtung von Fremd-
verhalten usw. Auf diese Weise wird die Unhintergehbarkeit des
Geistes bestritten, womit es sich beim Naturalismus *ex hypothesi*
um eine Form der Selbsttäuschung handelt.

§ 8. Die Lebenswelt der Sinnfeldontologie

Es sollte nicht überraschen, dass die SFO in ihrer Naturalismus-
kritik an eine zentrale Einsicht Husserls anknüpfen kann, die
mit dem Terminus der »Lebenswelt« verknüpft ist. In der *Krisis*-
Schrift weist Husserl bekanntlich darauf hin, dass die moderne
Physik seit Galilei Prozesse der Technisierung initiiere, die er
für die

> sich vollziehende Unterschiebung der mathematisch substruierten
> Welt der Idealitäten für die einzig wirkliche [hält], die wirklich
> wahrnehmungsmäßig gegebene, die je erfahrene und erfahrbare
> Welt – unsere alltägliche Lebenswelt. Diese Unterschiebung hat

sich alsbald auf die Nachfolger, auf die Physiker der ganzen nachfolgenden Jahrhunderte vererbt.[98]

Diese Idealisierung basiert Husserl zufolge auf dem »freie[n] Um-
phantasieren dieser Welt«.[99] Es wird bisweilen übersehen, dass
Husserl nicht ohne Umschweife aus seiner Wissenschaftskritik
auf den transzendentalen Idealismus schließt, sondern dass er vielmehr zunächst zwischen »der idealisierten Natur« und der »vorwissenschaftlich anschauliche[n] Natur«[100] unterscheidet. Man
könnte meinen, die SFO ließe sich *cum grano salis* in diesem phänomenologischen Horizont verorten, weil Husserls Phänom-
nologie tatsächlich mit einer Unhintergehbarkeitsthese anhebt
und Raum für eine vorwissenschaftlich gegebene Natur bereit-
stellt, sodass er die Natur nicht dem Naturalismus überlässt.

Allerdings konzipiert Husserl die Lebenswelt umgehend auf
eine theoretizistisch vorbelastete Weise, indem er sie sich nach
dem Modell der induktiven Erklärung vorstellt. »Auf Voraus-
sicht, wir können dafür sagen, auf Induktion beruht alles Leben.
In primitivster Weise induziert schon die Seinsgewißheit einer
jeden schlichten Erfahrung.«[101] Als Grund für diese These führt
er an, dass die Dinge, die wir sehen, »immer schon mehr« seien,
»als was wir von ihnen ›wirklich und eigentlich‹ sehen«.[102]

Allerdings klingt dies *prima facie* sehr viel einleuchtender, als
es auf den zweiten Blick ist. Husserl stützt sich hier auf die ver-

---

98 Edmund Husserl, *Die Krisis der europäischen Wissenschaften und die
transzendentale Phänomenologie*, Den Haag ²1969 (= HUA VI), S. 49.
Als Beleg für diese Tendenz in der gegenwärtigen Physik sei als besonders
krasses Beispiel angeführt Max Tegmark, *Unser mathematisches Universum. Auf der Suche nach dem Wesen der Wirklichkeit*, Berlin 2016, sowie
sein jüngster Versuch, das Leben als eine technische Funktion zu charakterisieren, in *Leben 3.0. Mensch sein im Zeitalter Künstlicher Intelligenz*,
Berlin 2017.

99 HUA VI, S. 49.

100 Ebd., S. 50.

101 Ebd., S. 51.

102 Ebd.

traute Überlegung, dass wir von den Dingen, die wir wahrnehmen, stets nur die Seite oder diejenigen Aspekte wahrnehmen,
die uns aufgrund unserer raumzeitlichen Stellung direkt zugänglich sind.[103] Ich sehe die Vorderseite meines Computers,
weiß aber, dass er eine Rückseite hat, sodass ich erwarte, seine
Rückseite zu sehen, wenn ich ihn umdrehe. Für jedes Wahrnehmungsding gilt, dass es viele Facetten aufweist, die ich gerade
nicht wahrnehme, die ich aber unter bestimmten Bedingungen
wahrnehmen würde. »Damit hängt die Möglichkeit unbegrenzt
vieler, inhaltlich verschiedener Wahrnehmungen eines und desselben Gegenstandes zusammen.«[104] Je mehr ich über ein gegebenes Wahrnehmungsding weiß, desto zuverlässiger sind meine
induktiven Vorhersagen. Da ich mein Wohnzimmer kenne, kann
ich vorhersehen, welches Buch im Bücherregal als nächstes zu
sehen ist, wenn man sich von links nach rechts an der Bücher-
wand entlangbewegt, usw.

Dies ist die Grundlage für Husserls Wissenschaftstheorie in
der *Krisis*-Schrift. Denn die Wissenschaft ist Husserl zufolge
lediglich eine Fortsetzung der Methode unseres alltäglichen,
wahrnehmungsbasierten Wissenserwerbs, für den wir wissenschaftliche Modelle stricken, die Husserl als »*Ideenkleid*«[105] bezeichnet. Es besteht für Husserl also keine prinzipielle Kluft
zwischen Lebenswelt und Wissenschaft, weil jene eine Erweiterung der Methoden ist, die wir lebensweltlich eingeübt haben,

> und eben damit gewinnen wir Möglichkeiten einer Voraussicht der
> konkreten, noch nicht oder nicht mehr als wirklich gegebenen,
> und zwar der lebensweltlich-anschaulichen Weltgeschehnisse; einer
> Voraussicht, welche die Leistungen der alltäglichen Voraussicht un-
> endlich übersteigt.[106]

---

103 Vgl. bspw. Edmund Husserl, *Logische Untersuchungen*, Zweiter Band, II.
     Teil, Den Haag 1984 (= HUA XIX/2), S. 588-592.
104 HUA XIX/2, S. 589.
105 HUA VI, S. 51.
106 Ebd.

Die Lebenswelt wird bei Husserl dadurch zum Sinnfundament der Wissenschaft, dass er sie *malgré lui* bereits als proto-wissenschaftlich beschreibt. Husserls Strategie, Lebenswelt und Wissenschaft zu versöhnen, ist zirkulär, weil er die Lebenswelt schon nach dem Modell der Wissenschaft beschreibt, sodass sich diese dann in einem erträglichen Kontinuum zu unserem sonstigen Wissen befinden kann. Husserl installiert die Idee der Wissenschaft in unserem mentalen Apparat, um sie dann hervorzuziehen, wenn die Frage auftaucht, ob die Wissenschaft unser alltägliches Wissen gefährdet.

Sein Verständnis unserer prä-theoretischen Erfahrung ist eine Ausdehnung seiner Wissenschaftstheorie in unseren Wahrnehmungsapparat, womit er das moderne szientistische Missverständnis bedient, demzufolge wir bereits unter alltäglichen Betriebsbedingungen auf der Ebene der Wahrnehmung Hypothesen über den Gang der Ereignisse formulieren und unser Leben an diesen ausrichten.[107] Vermutlich ist die Sachlage noch problematischer, da für ihn bereits die alltäglichen Bedingungen aus proto-wissenschaftlicher Aktivität hervorgehen, sodass die europäische »Heimwelt« aufgrund ihres geschichtlichen Gewordenseins vom »Primitiven« unüberbrückbar abgeschottet ist.

Husserl gerät deswegen wie Heidegger, dessen In-der-Welt-Sein in *Sein und Zeit* das Lebenswelt-Thema aufgreift, in die Schwierigkeit, keine universale Menschheitsstruktur zu charakterisieren, sondern eine lokale Erfahrung des Wirklichen, die von vornherein auf die wissenschaftliche Objektivierung zugeschnitten ist. Damit taucht das Problem auf, wie man den sei-

---

107 Der auch von Husserl in Anspruch genommene methodische Individualismus schlägt auf dieser Ebene im Allgemeinen ungünstig zu Buche, worauf bereits Karl Mannheim hingewiesen hat. Wäre Wissen eine Ansammlung individueller Perspektiven oder Wissensansprüche, ergäbe sich das absurde Bild einer Gemeinschaft, die »in einer Art gegenseitiger Besprechung das wahre Weltbild ans Licht« kommen ließe (Karl Mannheim, *Ideologie und Utopie*, Frankfurt/M. ⁹2015, S. 27).

nerzeit sogenannten »Primitiven« verstehen kann, dem Husserl
eine andere Art von Lebenswelt und Heidegger eine andere
Form des Daseins attestiert.[108]

> Und wir Europäer, in unserer entgötterten Welt aufgewachsen,
> dürfen wir uns denn als Normalmenschen voraussetzen? Statt als
> einen abnormalen Fall? Was ist der Kern in allen Welt-Apperzeptio-
> nen, der Wechselverständnis und gemeinsame Welt ermöglicht
> ⟨und⟩ auch das Verständnis des Mythischen wie alles anderen?
> Wie scheidet sich in der Heimwelt das Mythische vom Nicht-My-
> thischen? – Ist da notwendig zu scheiden? Ist nicht notwendig ein
> *Kern* da, in allen Apperzeptionen, der *vom Mythischen vorausgesetzt*
> ist, mag es auch in jede konkrete Apperzeption miteingehen, zu ihr
> als konkreter gehören für Menschen der Heimwelt?[109]

Diese Schwierigkeit eines kulturtheoretisch unhaltbaren Euro-
zentrismus, der in Husserls Begriff der Lebenswelt einggeschrie-
ben ist, ist an dieser Stelle nebensächlich. Dennoch kann man
hierbei ein systematisches Problem festmachen, das sozialphilo-
sophisch als Problem des Fremden zutage tritt, das aber in der
Argumentation tieferliegt. Husserls Phantasie einer »Heimwelt«
der Europäer, die irgendwie besonders wissenschaftsfreudig sein
sollen, gründet nämlich in einer verfehlten Selbstvorstellung:
Husserl hält Wahrnehmung für eine Form der Induktion, weil
er das Subjekt *a limine* vom Wirklichen fernhält und es deswegen über Synthese-Manöver wieder im Wirklichen verankern
muss. Die damit verbundene logisch-semantische Entfremdung
wird durch die Fiktion einer Heimwelt kompensiert, mittels de-

---

108 Edmund Husserl, *Die Lebenswelt. Auslegungen der vorgegebenen Welt und*
    ihrer Konstitution, Dordrecht 2008 (= HUA XXXIX), S. 158: »*Alle unsere*
    Auslegung der vorwissenschaftlichen Lebenswelt und von da aus der Wissen-
    schaft und alle Ergebnisse radikaler Aufklärung der Wissenschaft auf diesem
    Wege ist Auslegung meiner, des Europäers. Der Primitive hat eine ganz an-
    dere Lebenswelt, für ihn gibt es keinen Weg zur europäischen Wissenschaft.
    Unsere Logik – Logik der Primitiven. Aber ich bin es, der diese Unterschiede
    macht etc.« Vgl. zur Diskussion des »primitiven Daseins« Heidegger, *Sein*
    und Zeit, § 11.
109 HUA XXXIX, S. 168.

rer den transzendental eigentlich isolierten Subjekten ein gemeinsamer Boden verschafft wird, die Lebenswelt.

Die logisch-semantische Entfremdung, die Husserl in unzähligen Varianten durchspielt – worin sich seine unbehebbare Ambivalenz bezüglich der Realismus-Idealismus-Frage manifestiert, ergibt sich aus dem folgenden Argument, das man kurzerhand als das *phänomenologische Argument* bezeichnen kann.[110] Ein »Ding« sei hierbei ein Gegenstand der bewussten Wahrnehmung, paradigmatisch irgendein Philosophiebeispiel vom Typ Apfel, Tisch, Baum, Haus.[111]

110 Husserl selbst ist freilich nicht eindeutig ein Verfechter des phänomenologischen Arguments, da sich bei ihm Äußerungen finden lassen wie etwa: »Ich sehe nicht die Farbempfindungen, sondern gefärbte Dinge, ich höre nicht Tonempfindungen, sondern das Lied der Sängerin usw.« (HUA XIX/1, S. 387) Allerdings finden sich bei Husserl Passagen, die ihn in einen problematischen Repräsentationalismus verstricken, ebenso wie Passagen, die Abschattungen als Begriffe verstehen, die man in einer Analyse einer ganzen Wahrnehmungssituation gewinnt, sodass Wahrnehmungen nicht *realiter* Abschattungen enthalten, sondern nur so betrachtet werden können, um in einem explanatorischen Modus faktisch gelingende Wahrnehmung in begriffliche Teilaspekte aufzugliedern. Allerdings belegt die teils extreme Divergenz der Deutungen in der Husserl-Forschung letztlich wohl den Umstand, dass Husserl keine hinreichend klare Positionierung zum Realismus-Idealismus-Komplex vorgelegt hat. Einen kursorischen, doxographischen Überblick liefert Dan Zahavi, *Husserl's Legacy. Phenomenology, Metaphysics, and Transcendental Philosophy*, Oxford 2017, bes. Kap. 4. Ich danke Tobias Keiling für eine ausführliche Diskussion der Ontologie des Noema und der Forschungslandschaft. Zum Verhältnis der Phänomenologie zur Landschaft des Neuen Realismus vgl. jüngst Tobias Streubel, »Inwiefern ist die Phänomenologie eine ›realistische‹ Philosophie«, in: *Deutsche Zeitschrift für Philosophie* 67/2 (2019), S. 192-210.

111 Vgl. zu diesen »generischen Gegenständen« und ihrer Rolle in der Erkenntnistheorie Stanley Cavell, *Der Anspruch der Vernunft. Wittgenstein, Skeptizismus, Moral und Tragödie*, Frankfurt/M. 2006, S. 111-134. Husserl bezeichnet den Gegenstand einer Wahrnehmung ausdrücklich als »Ding«, vgl. etwa HUA XIX/2, S. 574: »Nach unserer Auffassung ist jede Wahrnehmung und Imagination ein Gewebe von Partialintentionen,

(1.) Man kann niemals ein ganzes Ding wahrnehmen.

(2.) Wenn ich ein Ding wahrnehme, nehme ich direkt nur eine Dingseite wahr.

(3.) Die Wahrnehmung einer Dingseite verbirgt andere Dingseiten (Abschattungstheorem).

(4.) Wahrnehmungsurteile beziehen sich auf dasjenige, was man direkt wahrnimmt.

(K) Wahrnehmungsurteile beziehen sich niemals auf ganze Dinge.[112]

verschmolzen zur Einheit einer Gesamtintention. Das Korrelat dieser letzteren ist das *Ding*, während die Korrelate jener Partialintentionen *dingliche Teile und Momente* sind. Nur so ist es zu verstehen, wie das Bewußtsein über das wahrhaft Erlebte hinausreichen kann. Es kann sozusagen hinausmeinen, und die Meinung kann sich erfüllen.« Damit würde Husserl es offiziell bestreiten, dass man Dingseiten wahrnimmt. Gleichwohl bedarf es eines Aktes des »Hinausmeinens«, was bedeutet, dass man zunächst etwas erfasst (im Modus von Partialintentionen), das man dann irgendwie zu einer Gesamtintention verbinden muss. Doch damit wird eine Variante des phänomenologischen Arguments ausgelöst, weil man eben nicht direkt, sondern vermittels einer indefiniten Anzahl von Partialoperationen, ein Ding wahrnehmen kann. Die dinglichen Teile stehen potenziell im Weg. Dies erklärt zwar die Fallibilität der Wahrnehmung, führt aber dazu, dass man den Erfolgsfall nicht als direkte Wahrnehmung, sondern als gelungenen Umweg auffassen muss, was zu den im Haupttext diskutierten Problemen zurückführt.

112 Dass Husserl jedenfalls nicht gänzlich von dem Verdacht freigesprochen werden kann, eine Variante dieses Arguments in Anspruch zu nehmen, belegt HUA XIX/1, S. 589-592, wo das Abschattungstheorem im Kontext der Wahrnehmungstheorie erprobt wird. Gleich zu Beginn dieser Passage lesen wir: »Der Gegenstand ist nicht wirklich gegeben, er ist nämlich nicht voll und ganz als derjenige gegeben, welcher er selbst ist. Er scheint nur ›von der Vorderseite‹, nur ›perspektivisch verkürzt und abgeschattet‹ u. dgl.« Husserl sieht vermutlich, dass dies aufs Glatteis führen könnte, und fügt wenige Zeilen später hinzu: »Andererseits ist nun aber zu beachten, daß der Gegenstand, so wie er *an sich* ist – *an sich* in dem hier allein fraglichen und verständigen Sinne, welche die Erfüllung der Wahrnehmungsintention realisieren würde –, *nicht ein total anderer* ist, als welchen ihn die Wahrnehmung, wenn auch unvollkommen, reali-

Das phänomenologische Argument hat die theoretische Tugend, die Fallibilität und das Lernverhalten zu beschreiben, das mit dem Wahrnehmungsbegriff einhergeht. Wir können deswegen Dinge fehlklassifizieren und etwas über die Umwelt lernen, mit der wir kausal interagieren, weil wir kein einziges Ding jemals als Ganzes erfassen. Jedes Ding kann immer noch aus weiteren Ansichten betrachtet werden, woraus sich andere Urteile ergeben können, die unsere Erwartungshaltung modifizieren. Auf diese Weise kann man eine »Skala der Adäquanz«[113] einführen: Die Teilakte eines synthetischen Wahrnehmungsakts können verbessert werden, sodass die irreführenden Komponenten einer erfolgreichen Wahrnehmung schrittweise ausgebessert werden.

Allerdings wirft dies das Problem auf, wie man irreführende Teilaspekte einer erfolgreichen Wahrnehmung korrigieren kann, ohne dasjenige Ding direkt wahrzunehmen, das die Norm des Erfolgsfalls ist. Wenn das Ding sich aus Partialakten wie ein Mosaik ergibt, ich aber keinen nicht-mosaikhaften Zugriff auf das Original habe, kann ich die Teile des Wahrnehmungsakts nicht am Erfolgsfall bemessen.

Genau besehen gleitet das phänomenologische Argument rasch in einen haltlosen Skeptizismus ab, der bereits in der ersten Prämisse steckt, die demnach versteckt inkohärent ist. Die Prämisse stützt sich auf den Gedanken, dass man kein Ding, sondern eine Dingseite wahrnimmt. Nennen wir dies im Allgemeinen eine *Facette*, womit intendiert ist, nicht nur den visuellen, sondern alle sensorischen Modalitäten abzudecken, da jede

---

siert.« Doch auch dies wird weiter eingeschränkt, was in der Aussage gipfelt, »als *Gesamtakt* erfaßt sie den Gegenstand selbst, sei es auch nur in der Weise der Abschattung«. Dies wirft die Frage auf, wie man den Gegenstand selbst, der nicht wirklich gegeben ist, überhaupt und sei es »nur in der Weise der Abschattung« erfassen kann, was das im Haupttext namhaft gemachte Problemfeld aufruft.

113 So Tobias Keiling in einer schriftlichen Mitteilung zu einer vorigen Fassung des Haupttexts.

Modalität ein Ding auf eine bestimmte Weise darstellt. Wenn
wir niemals ein Ding, sondern immer nur Facetten direkt erfassen, zerfällt der Begriff der Wahrnehmung in zwei Teile. Einerseits wird unterstellt, dass ein ganzes Ding – der Tisch – der Gegenstand der Wahrnehmung (das Ding) ist. Andererseits wird
angenommen, dass wir dieses ganze Ding nicht direkt wahrnehmen können, sondern dass wir es uns induktiv erarbeiten müssen. Die Grundlage eines entsprechenden induktiv fundierten
Wahrnehmungsurteils soll dabei die direkte Erfassung einer Facette sein (die Husserl selbst offiziell freilich nicht als Wahrnehmung ansieht). Demnach enthält jedes Wahrnehmungsurteil
einen verdeckten Schluss von einer oder mehreren Facetten
auf ein Ding, dessen Facette(n) wir direkt erfassen. Der Gedanke, der Gegenstand der Wahrnehmung sei »wirklich gegeben«,
wird von Husserl vor diesem Hintergrund als »Prätention« bezeichnet und letztlich zurückgewiesen.[114] Gegen die ihm vor-
schwebende und ausdrücklich von ihm abgelehnte Spielart des
direkten Realismus führt er das folgende Argument ins Feld:

> Wäre die Wahrnehmung überall, was sie prätendiert, wirkliche und
> echte Selbstdarstellung des Gegenstandes, so gäbe es, da ihr eigen-
> tümliches Wesen sich in diesem Selbstdarstellen erschöpft, für je-
> den Gegenstand nur eine einzige Wahrnehmung.[115]

Die Achillesferse dieses Modells ist, dass die Facetten *prima
vista* ihrerseits Dinge sind, die wir wahrnehmen. Die mir zugekehrte Oberfläche meines Schreibtischs ist selbst ein Ding, das
eine Rückseite hat. Wenn ich die mir zugekehrte Oberfläche
meines Schreibtischs, die eigentlich eine Facette sein sollte, nur
ein wenig näher betrachte, bemerke ich also, dass sie keine Facette, sondern ein Ding an einem Ding, ein »*dingliche[r] Teil*«[116]
ist, wie Husserl konzediert. Also kann ich zu ihr *ex hypothesi* keinen direkten Zugang haben. Demnach benötige ich nun ein

---

114 HUA XIX/2, S. 589.
115 Ebd., S. 589.
116 Ebd., S. 574.

Surrogat der mir zugekehrten Schreibtischseite, das die theoretische Funktion einer Facette ausfüllen kann. Dieses Surrogat muss direkt gegeben sein.

Auf diese Weise entsteht die Distinktion von *Gegenstand* und *Gehalt* der Wahrnehmung.[117] Der Gegenstand der Wahrnehmung ist das Ding, der Gehalt die Facette. Um das Problem eines vitiösen infiniten Regresses zu vermeiden, das droht, indem man immer wieder neue Dinge einführt, die mich vom Ursprungsding fernhalten und von denen ich wiederum durch weitere Facetten abgeschirmt bleibe, die sich bei genauerer Betrachtung als Dinge erweisen, liegt es nahe, den Gehalt nicht als Ding aufzufassen, sondern als etwas kategorial Anderes.[118]

Auf diese Weise ergibt sich die Idee einer spezifischen Sphäre der mentalen Gehalte, der Repräsentationen. Diese kann man dadurch von den Dingen unterscheiden, dass sie einer veridischen Normativität unterstehen: Gehalte weisen Korrektheitsbedingungen auf, sie treffen entweder zu oder nicht. Sie präsentieren uns Dinge auf eine bestimmte Weise, die man hinsichtlich ihrer Richtigkeit oder Unrichtigkeit bewerten kann. Die Dinge sind, wie sie sind, die Gehalte präsentieren sie richtig oder unrichtig. Die Dinge unterstehen keiner Normativität, die Gehalte schon. Die Gehalte sind fallibel, die Dinge nicht usw.[119]

---

117 Vgl. hierzu den vieldiskutierten Aufsatz von Dagfinn Føllesdal, »Husserl's Theory of Perception«, in: *Ajatus: Yearbook of the Philosophical Society of Finland* 36 (1976), S. 95-105.

118 Für eine systematisch anspruchsvolle Variante vgl. die Argumentation bei Steven Crowell, *Normativity and Phenomenology in Husserl and Heidegger*, Cambridge 2013.

119 Vgl. dazu die Skizze einer Ableitung der Existenz veridischer Normativität bei Detel, *Warum wir nichts über Gott wissen können*, S. 61-63. Detel operiert dabei mit einem Dualismus von semantischem Gehalt und »[p]hysischen Zuständen[n] in der Welt«, was ihm die Schwierigkeit einbringt, »die merkwürdige, ja rätselhafte« Eigenschaft von Repräsentationen zu erklären, »korrekt-oder-inkorrekt, erfüllt-oder-nicht-erfüllt, wahr-oder-falsch zu sein.« (ebd., S. 61) Detel übersieht dabei, dass ein gegebener mentaler Zustand, mittels dessen sich ein Subjekt auf etwas zu beziehen

Doch nun kann man nicht mehr behaupten, wir nähmen
Dingseiten wahr. Was man wahrnimmt, kann jetzt nur noch
die Sache selbst, das Ding höchstpersönlich sein. Wenn man
aber das Ding im Medium eines Gehalts direkt wahrnimmt,
weil der Gehalt kein Ding ist, das zwischen uns und dem Ding
steht, versteht man nicht mehr, wie man auf diese Weise noch
fallibel sein kann. Entweder ist Wahrnehmung der Titel für
den Erfolgsfall. Dann ist die direkte Wahrnehmung eines Dings
(im Medium von Gehalten) nicht fallibel, ganz gleich, wie ›irre-
führend‹ die Gehalte im Einzelnen sein mögen. Oder Wahrnehmung ist fallibel und markiert damit noch nicht den Erfolgsfall.
Dann müsste man aufgrund der Gehalte offen hinsichtlich der
Frage sein, was man eigentlich wahrnimmt, sodass man die Idee
aufgegeben hat, man würde ein Ding direkt wahrnehmen. Nehme ich (im Medium von Gehalten, d. h. etwa von hier aus gesehen) mein Laptop direkt wahr, besteht kein Raum für sinnvolle
Zweifel, was ich wahrnehme. Ich habe die Fallibilität zugunsten
der Wahrnehmung des Wirklichen hinter mir gelassen.[120]
    Das Ding ist dasjenige, was man auf eine bestimmte Weise,
also soundso wahrnimmt. Könnte es nicht sein, dass es einen

---

vermag, was nicht in allen Fällen ein mentaler Zustand ist, niemals wahr-
oder-falsch, sondern vielmehr wahr oder falsch ist. Mentale Zustände os-
zillieren nicht zwischen Wahrheitswerten, sodass man ihnen diese auch
nicht von außen andichten muss, um sie mit physischen Weltzuständen
in Verbindung zu bringen. Unsere Gedanken sind schon dort, wo sie hin-
wollen bzw. hingehören, d. h. faktisch wahr bzw. faktisch falsch. Sofern
sie die minimalen Auflagen der Wahrheitsfähigkeit erfüllen, fällt die
Normativität weg. Für den phänomenologischen Kontext *in sensu stricto*
vgl. Crowell, *Normativity and Phenomenology in Husserl and Heidegger*.

120 Der direkte Realismus bestreitet nicht, dass es Gehalte gibt, die man als
     Medien verstehen kann. Diese Medien sind allerdings etwas durch und
     durch Wirkliches, in diesem Fall sogar kausal aktiv. Sie lassen sich mit
     den dafür geeigneten Methoden von Physik und Sinnesphysiologie er-
     forschen, worin sie sich allerdings nicht erschöpfen, weil Wahrneh-
     mungsgehalte wesentlich bewusst und damit in Modulen des Geistes ver-
     arbeitet werden.

Abstand geben kann zwischen dem Ding und der Art und Weise, in der man es wahrnimmt, sodass Letztere die Quelle der Fallibilität ist? Der Abstand bestünde dann in der Art des Mediums, das auch im Erfolgsfall im Spiel ist.

Das sieht zwar attraktiv aus, wirft aber das Nachfolgeproblem auf, dass man nun wissen möchte, wie Ding und Gehalt überhaupt in Beziehung stehen können. Im falschen Wahrnehmungsurteil muss die Situation gegeben sein, dass ein Ding D auf eine partiell unrichtige Weise $G^{\#}$ erfasst wird. Im richtigen Wahrnehmungsurteil hingegen passen D und $G^{!}$ zusammen. Wie kommt es aber zur vermuteten Übereinstimmung oder Nichtübereinstimmung von D und G?[121] An dieser Stelle kann man nicht darauf beharren, dass dies durch kausale Vorgänge sichergestellt wird, da diese zwischen Dingen, nicht aber zwischen Dingen und mentalen Repräsentationen bestehen sollen. Wenn die mentalen Repräsentationen identisch mit irgendwelchen Dingen (neuronalen Zuständen) wären, wären sie Dinge, die zwischen den Dingen, die wir wahrnehmen, und den Dingen, die wir sind, stehen, was einen vitiösen infiniten Regress aus-

---

121 Tobias Keiling hat angemerkt, dass Husserls Wahrnehmungstheorie so zu verstehen sei, dass $(D+G^{\#})$ gemessen an $(D+G^{!})$ zurückzuweisen sei, ohne dass dies ausschließt, dass es einen Gehalt $G^{!!}$ gibt, der adäquater als $G^{!}$ ist. Dies setzt allerdings voraus, dass es womöglich keinen maximal adäquaten Gehalt G^{*} gibt. Dagegen würde ich im Sinne der Gegenstandstheorie der SFO einwenden, dass wir eine Konjunktion aller Wahrnehmungsgehalte einführen können, die ihr Wahrnehmungsding adäquat repräsentieren. Diese bilden zusammengenommen den maximal adäquaten Gehalt G^{*}, der für Husserl wohlgemerkt vermutlich kein Wahrnehmungsgehalt mehr sein kann. Vgl. dagegen ausführlich Gabriel, *Der Sinn des Denkens*, wo dafürgehalten wird, dass maximal adäquate Gehalte qua Gegenstände des Denkens, d. h. qua Gedanken, sehr wohl wahrgenommen werden können. Denken als Fassen von Gedanken ist nämlich Begriffswahrnehmung. Diese Option bewegt sich außerhalb des phänomenologischen Rahmens, was allerdings in der hier eingenommenen Perspektive kein Manko, sondern der entscheidende Vorteil zur Vermeidung des phänomenologischen Arguments in allen Varianten ist.

löst. Folglich scheinen die mentalen Repräsentationen einer
nicht-kausalen Sondersphäre anzugehören, die durch ihre intrinsische Normativität ausgezeichnet ist. Doch dies führt wiederum nicht weiter, da wir keinen Begriff haben, der uns erlaubt
zu verstehen, wie die kausale Textur der Dinge irgendeine Signatur im logischen Raum der Gründe aufweisen kann.

Der Begriff der Induktion leistet hier nicht, was er in Aussicht stellt. Wenn kein einziger Fall eines Einblicks in das Wirkliche hinreicht, um Kontakt zu nicht-mentalen Dingen aufzu-
nehmen, können wir mit der Induktion nicht einmal beginnen.
Vielmehr hebt das Mentale an, ein radikales Eigenleben zu führen, das sich keines Kontakts mehr mit einer Umwelt versichern
kann, die es ursprünglich, in der »natürlichen Einstellung«, wahrzunehmen meinte. Das phänomenologische Argument führt
deswegen rasch in den Skeptizismus, weil es von vornherein unterstellt, dass wir Dinge nicht wirklich wahrnehmen können,
weil wir bereits auf der Ebene unserer sensorischen Interaktion
mit Wirklichem Hypothesen basteln, die einen entscheidenden
Schritt zu weit von der kausalen Architektur des Universums
entfernt sind.

Auf eine bemerkenswert klare Weise artikuliert und akzeptiert Wolfgang Detel diese skeptizistische Konsequenz, wobei er
sie nicht als Anlass zu einer *reductio ad absurdum*, sondern als
Wasser auf die Mühlen eines weichen Naturalismus einschätzt.
Er ahnt sicherlich, in welche Schwierigkeiten er gerät, wenn er
zu Beginn seiner Argumentation konstatiert: »Repräsentationen
haben die merkwürdige, ja rätselhafte Eigenschaft, korrekt-
oder-inkorrekt, erfüllt-oder-nicht-erfüllt, wahr-oder-falsch zu
sein.«[122] Es ist geradezu bizarr, dass Detels Argumentation gegen die Erkennbarkeit Gottes an dieser Stelle auf die skeptizistische ›Position‹ eines »kantianische[n] Physikalismus«[123] hinausläuft. Diese besteht darin, die folgende von Detel als »Annahme
(3)« bezeichnete Banalität für eine bestenfalls gut begründete

---

122 Detel, *Warum wir nichts über Gott wissen können*, S. 61.
123 Ebd., S. 89.

Hypothese zu halten: »Die externe Welt besteht aus strukturierten Elementen (Zuständen, Ereignissen und Objekten) mit spezifischen Merkmalen.«[124]

> Als beste Erklärung für eine Reihe wichtiger beobachtbarer Phänomene ist Annahme (3) höchst plausibel, und doch stellt sie eine Blaupause für den rätselhaften Prozess dar, in dem wir der Transzendenz an den Grenzen unseres Denkens ›ansichtig‹ werden und zugleich ihre prinzipielle Unerkennbarkeit begreifen. [...] Wenn wir die religiöse Sprache als eine Art von dichterischem Bemühen auffassen, das ausdrücklich einräumt, dass wir von der Transzendenz prinzipiell nichts wissen können, das uns aber mit unvollkommenen Bildern auf die Transzendenz auszurichten sucht, dann können wir die religiöse Sprache als Ausdruck einer Religiosität ohne Gott akzeptieren.[125]

Dieses unnötige Abdriften in die Transzendenz ist eine Folge einer verfehlten Wahrnehmungstheorie, die unseren Geist mit mentalen Repräsentationen ausstaffiert, die nicht zur Welt gehören dürfen, weil diese als kausales Arrangement von Dingen verstanden wird, in dem kein Platz für die Wahrheitswertdifferenz ist.[126] Insgesamt ergibt es sich aus der damit *ad absurdum* geführten Annahme, wir nähmen keine Dinge, sondern irgendwelche Repräsentanten wahr, seien diese nun innerhalb oder außerhalb unseres Geistes angesiedelt.

Der mentale Realismus wendet sich von dieser Modellbildung zugunsten einer *a limine* nicht szientistisch verzerrten prätheoretischen Erfahrung ab, die sich unter Rekurs auf das gegen Husserl und Heidegger nicht mehr als »primitiv« und »mythisch« markierte Andere verstehen lässt.[127] Dieses Andere oder

---

124 Ebd., S. 87.
125 Ebd., S. 89.
126 So auch paradigmatisch Jean-Luc Marion, *Givenness and Revelation*, Oxford 2018.
127 Ich danke Eduardo Viveiros de Castro für Diskussionen über den Status der symmetrischen Anthropologie angesichts der Herausforderungen ethnologischer Forschung während unserer Begegnungen in Porto

Fremde ist dabei nicht wirklich etwas oder gar jemand Anderes, sondern die Position, in der wir uns unhintergehbar befinden. Diese Position ist nämlich nicht diejenige einer Weltanschauung, in der alle Gegenstände zu einem Universalhorizont gehören. Es verhält sich vielmehr umgekehrt so, dass unsere prätheoretische Erfahrung radikal plural ist. Wir befinden uns an Schnittstellen indefinit vieler Sinnfelder, deren Überlappung die Situation ist, die wir angeben, sobald wir Elemente unserer Erfahrung vergegenständlichen. Doch unsere Erfahrung ist und bleibt zuletzt partiell ungegenständlich, wie genau wir eine Sachlage auch durch gegenständliche Charakterisierung erfassen mögen.

Doch ist dies nicht so zu verstehen, als ob es eine genau bestimmte Wirklichkeitsschicht des Ungegenständlichen gäbe. Dass in jeder Position, in der Gegenstände existieren, irgendein Sinn unartikuliert bleibt, sodass nicht alles, was existiert, jemals zum Gegenstand werden kann, folgt aus der funktionalen ontologischen Differenz der SFO.[128] Es ist also nicht so, als ob die Wirklichkeit gleichsam in zwei Hälften – die Gegenstände und das

Alegre und Rio de Janeiro. Für einen Überblick über seine Position vgl. Eduardo Viveiros de Castro, *Die Unbeständigkeit der wilden Seele*, Wien 2016. Zur Diskussion einer dem Neuen Realismus affinen Sachlage in der gegenwärtigen Kulturanthropologie vgl. den Sammelband Martin Holbraad, Morten Axel Pedersen, *The Ontological Turn. An Anthropological Exposition*, Cambridge 2017. Außerdem bedanke ich mich für eine ausführliche Analyse der Reichweite des Neuen Realismus und Neo-Existenzialismus für die Ethnologie bei Susan Gal und Celia Lowe, mit der ich die damit verbundenen methodologischen Fragen während meines Aufenthalts als Walker Ames Lecturer an der University of Washington in Seattle im März 2019 erörtern konnte.

128 Gabriel, *Sinn und Existenz*, S. 88 f.; 193-196; 304-306. Vgl. dazu auch die *Allegorie der Glühbirnentafel* ebd., S. 358-368. In Gabriel, *An den Grenzen der Erkenntnistheorie* habe ich eine Reihe meta-epistemologischer Argumente dafür entwickelt, dass die Kontextualität von Wissensansprüchen impliziert, dass es keinen einlösbaren Wissensanspruch geben kann, der alle Kontexte zu einem irgendwie (und sei es mereologisch generierten) Gegenstand macht.

Ungegenständliche – zerfiele, was bereits durch die Keine-Welt-Anschauung ausgeschlossen ist, deren negatives ontologisches Verdikt besagt, dass sich eine Wirklichkeit als Gesamtgegenstand nicht denken lässt.

Auf diese Weise ergibt sich ein neo-realistisches Paradigma für die Wahrnehmungstheorie, das ohne Abschattungstheorem auskommt. Diesem Paradigma zufolge ist der zentrale Begriff der Wahrnehmungstheorie nicht die Abschattung, sondern die *Abstrahlung.* Damit ist die folgende Idee verbunden, die der Tatsache Rechnung zu tragen versucht, dass unsere Wahrnehmungszustände in dem Sinne kausal eingebettet sind, dass wir uns im selben (physikalisch erklärbaren) Feld wie die wahrgenommenen Dinge befinden. Die Sonne befindet sich nicht irgendwo am Himmel oder in der Mitte unseres Sonnensystems, von wo aus sie Photonen sendet, ehe sie irgendwann unsere Nervenenden reizt. Die Verortung der Sonne »da oben« oder »in der Mitte unseres Sonnensystems« ist eine anthropomorphe Projektion, d.h. in unserem Kontext: eine theoretische Konstruktion zur Erklärung der Struktur des sinnlichen Anscheins. In jedem Fall hat der sinnliche Anschein der Sonne eine bestimmte Struktur. Nennen wir dies *die phänomenale Struktur.* Zur phänomenalen Struktur im visuellen Wahrnehmungsfeld des Menschen gehört, dass Gegenstände uns kleiner erscheinen, als sie sind. Wir können die im Wahrnehmungsfeld erscheinende Sonne (bzw. eine bestimmte Sonnenregion) anscheinend mit unserer Handfläche abdecken, was für die Sonne (bzw. die betreffende Region) selbst nicht gilt.

Allerdings sollte man sich auf dieser Grundlage nicht dazu hinreißen lassen, die Sonne in zwei Gegenstände zu spalten, in eine Sonne für uns (Erscheinung/Gehalt) und eine Sonne an sich. Diese klassische Strategie läuft in der Regel darauf hinaus, einen Repräsentanten der Sonne einzuführen, der sich in unserem Geist (bzw. in unserem Gehirn) befindet. Diesem Modell zufolge ist die Einbildungskraft wesentlich auf der Ebene des Wahrnehmungsvorgangs beteiligt, indem sie dort ein internes Sonnenschema generiert. Man erklärt die Variation der Sonnenerscheinung dann als Variation des Sonnenschemas, sodass man nun eine *psychologische* Ordnung der Vorstellungsfolge von einer *kausalen* Ordnung der Dinge unterscheiden kann.[129]

Allerdings scheitert dieses Modell am vorliegenden Fall der Sonne und ihrer Erscheinung unter irdischen Bedingungen. Denn wenn ich dasjenige, was ich am Himmel sehe, mit meiner Handfläche abdecke, ist dies kein Vorgang »in meinem Geist« oder »in meinem Gehirn«, weil meine Handfläche sowie ihre Ausrichtung an einer Erscheinung, die ich am Himmel sehe, nicht »in meinem Geist« oder »in meinem Gehirn« sind. Die Abschattungstheorie sieht dies freilich anders und verortet sowohl die Himmelserscheinung als auch die phänomenale Erscheinung meiner Handfläche »in meinem Geist« oder »in meinem Gehirn«, womit die gesamte Lebenswelt letztlich ins Mentale verlagert wird. Cassam und Campbell liegen in diesem Zusammenhang mit ihrer Diagnose richtig, dass eine bestimmte Interpretation der frühneuzeitlichen Wissenschaft im Gefolge Galileis und Descartes' dazu geführt hat, dass die Wahrnehmungsdinge allmählich in unseren Kopf geschoben wurden.[130]

Dieses Modell führt allerdings in unzählige, häufig durchexerzierte Paradoxien eines mentalen Repräsentationalismus. Auf der Abstraktionsstufe, auf der wir uns hier befinden, spielt es keine Rolle, ob man die mentalen Repräsentationen kausal oder nicht-kausal auffasst. Fasst man sie kausal auf, führt dies zur Einlagerung des Wirklichen in das Gehirn; bestimmt man sie als normativ, d. h. nicht-kausal, landet man in einem deontologischen Dualismus, der in der Wahrnehmung Sein und Sollen entgegensetzt, ohne erklären zu können, wie der dadurch eröffnete Graben ontologisch geschlossen werden kann.

---

129 Mit dieser Distinktion folge ich der Grundidee von Strawsons Rekonstruktion der Stoßrichtung einer transzendentalen Deduktion in Peter Frederick Strawson, *Die Grenzen des Sinns. Ein Kommentar zu Kants Kritik der reinen Vernunft*, Königstein/Ts. 1981. Zur Rekonstruktion vgl. Gabriel, *Die Erkenntnis der Welt*, Kap. III.2.2.
130 Campbell/Cassam, *Berkeley's Puzzle*, S. 2-4.

Man fasst mentale Repräsentationen normativ, d. h. nicht-kausal auf, wenn man sie über Korrektheitsbedingungen individuiert, die nicht darauf reduziert werden können, dass eine mentale Repräsentation qua Zustandsänderung eines Subjekts kausal ausgelöst wurde. Dass ich mich in irgendeinem Zustand befinde, der durch meine Umwelt oder durch interne organische Prozesse zustande kommt, heißt natürlich noch nicht, dass ich irgendetwas mental repräsentiere. Zwar mag man meine Zustände als Indizien für das Vorliegen einer Ursache oder eines Ursachenkomplexes auslesen, doch folgt daraus nicht, dass es sich bei jeder Umweltspur in meinem organischen System im selben Sinne um eine Repräsentation wie bei einer bewussten Vorstellung handelt, die ich verwende, um mich in der Form eines Wissensanspruchs auf etwas zu beziehen.

Die Hauptschwierigkeit eines deontologischen Modells besteht darin, dass ein Dualismus zwischen der Art und Weise, wie uns das Wirkliche erscheint, und der wirklichen Welt eingeführt wird, der zwei miteinander unvereinbare begriffliche Ordnungen etabliert: den logischen Raum der Ursachen und den logischen Raum der Gründe.[131] Die Art und Weise, wie wir das Wirkliche repräsentieren, soll sich dadurch vom Wirklichen unterscheiden, dass sie Normen (etwa logischen Gesetzen oder inferentiellen Regelsystemen) untersteht, denen das kausale Geschehen schlichtweg deswegen nicht unterworfen ist, weil es auch ohne Vorstellung von Gesetzen nomisch verfasst ist.

Diese Auffassung stützt sich auf das *corpus kantianum*. An einer folgenreichen Stelle seiner *Grundlegung zur Metaphysik der Sitten* unterscheidet Kant im Rahmen seiner Handlungstheorie zwischen Gründen und Ursachen, um auf diese Weise

---

131 Bereits kritisch zurückgewiesen in John McDowell, *Geist und Welt*, Frankfurt/M. ⁴2012, S. 96, Fußnote 2. Allerdings legt McDowell seine Ontologie nicht wirklich offen, sodass es bis heute für seine Interpreten ein Rätsel bleibt, wie genau das Denken ins Sein, der Geist in die Welt passt.

unseren mentalen Apparat auf Abstand von der kausalen Ordnung zu bringen.

> Ein jedes Ding der Natur wirkt nach Gesetzen. Nur ein vernünfti-
> ges Wesen hat das Vermögen, *nach der Vorstellung* der Gesetze, d. i.
> nach Prinzipien, zu handeln, oder einen *Willen*. Da zur Ableitung
> der Handlungen von Gesetzen *Vernunft* erfordert wird, so ist der
> Wille nichts anders, als praktische Vernunft. Wenn die Vernunft
> den Willen unausbleiblich bestimmt, so sind die Handlungen ei-
> nes solchen Wesens, die als objektiv notwendig erkannt werden,
> auch subjektiv notwendig, d. i. der Wille ist ein Vermögen, *nur
> dasjenige* zu wählen, was die Vernunft, unabhängig von der Nei-
> gung, als praktisch nothwendig, d. i. als gut, erkennt. [...] Prak-
> tisch *gut* ist aber, was vermittelst der Vorstellungen der Vernunft,
> mithin nicht aus subjektiven Ursachen, sondern objektiv, d. i.
> aus Gründen, die für jedes vernünftige Wesen, als ein solches, gül-
> tig sind, den Willen bestimmt.[132]

Damit wiederholt Kant die dualistischen Manöver seiner theoretischen Philosophie auf der Ebene der Handlungstheorie. Die
praktische Vernunft nimmt den Raum ein, der dadurch eröffnet
wurde, dass unsere Vorstellungen des kausalen Weltlaufs selbst
nicht zum kausalen Weltlauf gehören, sodass Kant einen eigenen Bereich etabliert, auf den die Einbildungskraft Zugriff hat.
Dieser Bereich des inneren Sinns enthält Erscheinungen der
Sonne und der Handfläche, ohne dass freilich erklärbar wird,
welchen genauen kausalen Beitrag die Sonne an sich zu ihrer
Variation im Wahrnehmungsfeld leistet, weil genau diese Erklärung epistemisch unerreichbar ist. Kant hat die Erscheinungen
zu weit von den Dingen an sich abgerückt, um sie als Gegenstand einer geeigneten *objektiven Phänomenologie* anzusehen,
die das Phänomenale selbst als Element der kausalen Ordnung
behandelt.[133]

---

132 Immanuel Kant, *Grundlegung zur Metaphysik der Sitten*, Werkausgabe
   Band VII, Frankfurt/M. 1974, S. 41f.
133 Vgl. Thomas Nagels kurze Ausführungen am Ende von Thomas Nagel,
   »What Is It Like to Be a Bat?«, in: *The Philosophical Review* 83/4 (1974),

Es sollte keine Überraschung sein, dass der neutrale Realismus der SFO bereits auf der Ebene der Wahrnehmungstheorie ansetzt und die Verlegung der Erscheinungen in den Geist *a limine* blockiert. Ist die Sonne einmal ins Bewusstsein geraten, wird sie dort gefangen gehalten. Im Kontext der Wahrnehmungstheorie eliminiert der Realismus also den unnötigen dritten Gegenstand, der sich zwischen die Sonne selbst und meine visuelle Auffassung der Sonne als Repräsentant schiebt.[134] Es gibt schlichtweg keinen solchen Repräsentanten – weder in der kausalen noch in der psychologischen Ordnung. Bei der Wahrnehmung handelt es sich vielmehr um eine binäre Relation, die zwischen den Wahrnehmungsdingen und dem Wahrnehmenden vermittelt. Die Vermittlung ist die Wahrnehmung selbst, die demnach nicht als mentale Schnittstelle einen Gegenstand bildet, der zwischen Geist und Welt steht und jenem hilft, diese zu repräsentieren.[135]

S. 435-450, insbesondere S. 449f. Vgl. dazu neuerdings Tilmann Staemmler, *Thomas Nagel. Eine phänomenologische Intuition in der Philosophie des Geistes*, Würzburg 2018. Natürlich sind »Erscheinungen« im Kantischen Sinne paradigmatische Elemente der kausalen Ordnung. Allerdings sind Erscheinungen auf eine epistemisch nicht ohne weiteres erfassbare (erkennbare) Weise ihrerseits von Dingen an sich ›verursacht‹, was in die vieldiskutierte und niemals hinreichend geklärte Diskussion des Verhältnisses von Dingen an sich und Erscheinungen führt. Eine objektive Phänomenologie im im Haupttext anvisierten Sinne fasst Erscheinungen sowohl als kausal als auch als Dinge an sich auf, was so viel bedeutet wie, dass die Kantische Arbeitsteilung überwunden (bzw. ihre Motivation umschifft) wird.

134 Wie gesagt, finden sich bei Husserl selbst eine Vielzahl von Überlegungen, mit denen er sich ausdrücklich vor solchen Theoriestücken abgrenzt. Vgl. als repräsentatives Beispiel HUA XIX/1, S. 206: »Daß der sog. Immanente Gegenstand in keiner ernstlichen Weise ein Gegenstand *in* der Vorstellung ist [...], ist natürlich auch ganz meine Auffassung; auf seiten der Vorstellung existiert nichts als das Diesen-Gegenstand-meinen, sozusagen der Bedeutungsgehalt der Vorstellung.«

135 Vgl. zur Kritik eines solchen Modells natürlich Richard Rorty, *Der Spiegel der Natur. Eine Kritik der Philosophie*, Frankfurt/M. 1987, sowie Put-

Wir nehmen also ohne Zuhilfenahme mentaler Repräsentationen Dinge an sich wahr. Unsere Leistung im Wahrnehmungsvorgang besteht darin, dass wir in der binären Relation der Wahrnehmung zu einem Wahrnehmungsding stehen müssen. Zu dieser binären Relation gehören viele kausale Systeme, unter anderem elektromagnetische Felder und die Teilsysteme unseres Organismus, die imstande sind, kausal kodierte Informationen in der Form sensorischer Systeme auszulesen. Die visuelle Information, dass die Sonne diese und jene Eigenschaften hat, hat für Menschen eine bestimmte Form, die wir unter anderem durch die Struktur unserer sensorischen Ausstattung erklären. Ohne kausal relevante Anwesenheit eines biologischen Systems gibt es keine bewusste Wahrnehmung des Menschen, was nicht bedeutet, dass unsere Anwesenheit im Universum eine neue Art von Gegenständen (mentale Repräsentationen) erzeugt, die man niemals »direkt« mit den vorher bereits anwesenden Gegenständen aus grauer Vorzeit (dem »Urgestein extramentaler Realität«[136]) vergleichen kann.

Etwas wahrzunehmen, bedeutet demnach, in Kontakt damit zu stehen, wie die Dinge liegen.[137] Unsere Kontaktaufnahme

nam, *The Threefold Cord*. Die einschlägige Zurückweisung des mentalen Repräsentationalismus, die ein Hauptthema der Philosophie des zwanzigsten Jahrhunderts war, wird in vielen Strömungen der gegenwärtigen Kognitionsforschung einfach ignoriert, ohne dass sie vorab gezeigt hätte, wie man gegen all diese Einwände etwas argumentativ ausrichten kann. Dies ist ein bedauernswerter Rückfall in eine unhaltbare Methodologie, der sich früher oder später in der Form fehlerhafter Daten und gescheiterter Experimente rächen wird.

136 So eine gelungene Formulierung Kurt Flaschs in *Die Metaphysik des Einen bei Nikolaus von Kues. Problemgeschichtliche Stellung und systematische Bedeutung*, Leiden 1973, S. xii. Zur Kritik der Idee der Natur als »Urgestein des Seins«, die bei Flasch vermutlich anklingt, vgl. Theodor W. Adorno, *Negative Dialektik*, Frankfurt/M. 1966, S. 359.

137 Vgl. die Darstellung eines direkten Wahrnehmungsrealismus bei John R. Searle, *Seeing Things as They Are. A Theory of Perception*, New York 2015.

hat eine bestimmte Form, die Form der Wahrnehmung. Zu dieser Form gehört dasjenige, was man als »Eindruck« bezeichnen mag, solange man die Eindrücke nicht für etwas hält, was Dinge repräsentiert. Mein Eindruck der Sonne entsteht dadurch, dass ich von meiner kausalen Position im Sonnensystem aus Informationen empfange; was unter anderem einen funktionierenden Kortex voraussetzt, wobei dies allerdings für die bewusste Wahrnehmung eines überlebensfähigen Menschen nicht hinreichend ist, weil wir als Menschen nun einmal keine Gehirne im Tank, sondern komplexe Systeme sind, in denen eine Vielzahl von Subsystemen kooperiert. Unsere Wahrnehmung ist durch und durch verkörpert.[138]

Im Modell der SFO ist die Lebenswelt der unhintergehbare Ausgangspunkt der Selbsterforschung unserer kausalen Einbettung in eine nicht-humane Umgebung. Dies bedeutet nicht, dass die Lebenswelt sich von einer Welt der Wissenschaft abhebt. Die Lebenswelt ist kein unwirklicher Raum der Gründe, der sich von einer naturwissenschaftlich erklärbaren Außenwelt abkapselt, in der sich anonyme Prozesse abspielen. *Die Lebenswelt ist vielmehr die irreduzibel wirkliche Umwelt der menschlichen Lebensform.*

Unsere ökologische Nische ist kein Phantom, keine Mauer, hinter der sich das Physische befindet, dem wir mittels physikalischer Experimente und Theoriebildung auf die Schliche kommen. Denn Experiment und Theoriebildung sind genauso Bestandteil der Lebenswelt wie die grüne Farbe des Einbands meiner Husserl-Ausgabe oder der Abfolge von Tonhöhen in einer Beethoven-Aufführung. *Die Art und Weise, wie uns das Wirkliche erscheint, ist selbst etwas Wirkliches.* Im Denken und Erleben transzendieren wir weder ein kausal geschlossenes An-sich, das sich nicht um uns kümmert, noch überschreiten wir durch unsere erfolgreichen Erklärungen einen mentalen Innenraum

---

138 Vgl. in diesem Sinn die umfassende phänomenologische Skizze bei Evan Thompson, *Mind in Life. Biology, Phenomenology, and the Science of Mind*, Cambridge/MA., London 2007.

durch Hypothesenbildung darüber, wie es sich in der Außenwelt verhält.

Damit ist freilich Husserls Begriff der Lebenswelt obsolet, weil er auf einer verfehlten Wahrnehmungstheorie aufbaut und diese als Grundlage einer Wissenschaftstheorie weiterverwendet, die die Fehler der Wahrnehmungstheorie erbt und *vice versa*. Auf diese Weise ergibt sich dann der damals wie heute irreführende Eindruck, die Wissenschaft sei in einer Krise befangen, die womöglich gar »Ausdruck der radikalen Lebenskrisis des europäischen Menschentums«[139] ist, wie Husserl im ersten Teil seiner *Krisis*-Schrift mutmaßt.

Anstatt von Lebenswelt zu sprechen, genügt es in der SFO letztlich, das *Unhintergehbarkeits-Postulat* zu respektieren. Dieses besagt, dass wir die vollgültige, irreduzible Existenz des Geistes in jeder Erklärung nicht-humaner Phänomene mit in Rechnung stellen müssen. Wir können unseren Standpunkt in der kausalen Ordnung nicht wegerklären; und müssen dies auch nicht. Unser Standpunkt gehört nämlich epistemisch privilegiert deswegen zur kausalen Ordnung, weil wir von ihm und nur von ihm aus erfolgreich imstande sind, die Dinge an sich zu erkennen. Dies beginnt bereits auf der Ebene der Wahrnehmung, für die deswegen Faktivität gilt: Daraus, dass eine Person wahrnimmt, dass etwas der Fall ist, folgt, dass dasjenige, was sie wahrnimmt, der Fall ist.

Die Faktivität ist dabei kein Vorgang, der unabhängig von unserer faktischen Wahrnehmung und ihrer sensorischen Textur stattfindet, sondern eine formale Eigenschaft der Wahrnehmungsrelation, die sie mit anderen epistemisch privilegierten Zuständen wie dem wissenschaftlichen oder auch ganz alltäglichen Handlungswissen teilt. Ich weiß, dass ich zwei Hände habe, indem ich sie hebe; ich weiß, dass 2+2=4 ist, indem ich dies irgendwann im Kleinkindalter anhand des Abzählens meiner Finger gelernt habe; ich weiß, dass der Mond eine bestimmte Masse hat, die mit seiner Beschleunigung im Kontext anderer

139 HUA VI, S. 1.

physikalischer Systeme zusammenhängt, weil ich elementare Kenntnisse der Mechanik habe, usw.

Dieses Wissen ist nicht insgesamt Wahrnehmungswissen. Die Gesetze der Mechanik kennen wir nicht dadurch, dass wir Wahrnehmungsepisoden durchlaufen, sondern dadurch, dass wir Theorien konstruieren, mittels derer wir Wahrnehmungsepisoden vorhersagen und dank geeigneter technischer Apparate hervorbringen können. Denn unsere technischen Apparate erzeugen kausale Strukturen, welche die Grundlage für Wahrnehmungsepisoden bilden, sodass auf diese Weise eine Bestätigungsrelation im Wirklichen installiert wird.

Es wäre ein grober Irrtum, das Unhintergehbarkeits-Postulat auf einem explanatorischen Primat der Wahrnehmung aufzubauen. Der klassische Empirismus scheitert daran, dass er die Wahrnehmung von unserem übrigen Wissen isoliert und auf diese Weise letztlich eine verfehlte Wahrnehmungstheorie fabriziert, in der mentale Repräsentationen eine zentrale Stellung einnehmen.[140]

§ 9. Objektive Phänomenologie

Das im letzten Paragraphen zurückgewiesene phänomenologische Argument kann als ein Versuch angesehen werden, zwei Fliegen mit einer Klappe zu schlagen. Einerseits führt es eine Schnittstelle eines Einblicks in die Welt ein. Auf diese Weise kann man scheinbar unserer Fallibilität Rechnung tragen: Entsprechen unsere mentalen Repräsentationen auf der Ebene der Schnittstelle denjenigen Dingen nicht, die kausale Spuren in unserem mentalen Apparat hinterlassen, haben wir uns dem-

---

140 Rometsch, *Freiheit zur Wahrheit*, Kapitel 15-17, hat gezeigt, dass der Übergang zu einer solchen Konzeption von Repräsentationen im Geist in der Neuzeit von Descartes umschifft wird und ab Locke dann zum Paradigma wird. Die Gründe für diese Umstellung sieht Rometsch in Lockes Zeichentheorie begründet.

nach mindestens partiell getäuscht. Andererseits will das phänomenologische Argument freilich auch den Erfolgsfall der Faktivität erklären, indem es unser Wahrnehmungswissen als eine
Form des empirischen Wissens interpretiert, das in partiellen
Einblicken in dasjenige, was es gibt, gründet.

Allerdings verortet es das Wahrnehmungswissen damit auf
der falschen Ebene der Wahrnehmung. Denn es teilt uns nicht
wirklich mit, wie wir jemals etwas dadurch wissen können, dass
wir es wahrnehmen, weil es den Wissensanspruch nicht an die
Wahrnehmung, sondern an die empirische Erfahrung bindet,
die eine inferentielle Form aufweist. Auf diese Weise kappt es
die Faktivitäts-Verbindung zwischen der Wahrnehmung und
dem wahrgenommenen Ding.

Die *Faktivitäts-Verbindung* besteht darin, dass daraus, dass jemand etwas wahrnimmt (etwa ein Fahrzeug sieht), folgt, dass es
dasjenige gibt, was er wahrnimmt, und dass es so ist, wie er
wahrnimmt.[141] Diese Verbindung ist epistemisch relevant, weil
Wahrnehmung nicht nur Existenzurteile rechtfertigt, sondern
eine propositionale Architektur mit sich führt in dem Sinne,
dass wir nicht nur punktförmig Einzeldinge wahrnehmen, sondern Dinge, die in einer Umgebung bestimmte Eigenschaften
haben. Diese Eigenschaften sind auf der Ebene unserer perzeptuellen Erfassung qualitativ, d. h., sie sind sinnesspezifische Ge-

---

141 Das wahrgenommene So-Sein hat dabei ein Tatsachenformat, will sagen,
   dass es einen kategorialen Unterschied zwischen unserer Wahrneh-
   mungsform und der Form gibt, in der Dinge vorliegen. Diese beiden Formate sind in der Wahrnehmung verzahnt, werden allerdings verschieden
   kodiert, weshalb es legitim ist zu meinen, dass die Tatsachen, die wir
   wahrnehmen, häufig weitgehend auch so gewesen wären, wie wir sie
   wahrnehmen, hätten wir sie nicht wahrgenommen. Da Wahrnehmungen einen kausalen Beitrag zu Ereignissen im Universum darstellen, ist
   es *sensu stricto* nicht der Fall, dass die wahrgenommenen Dinge von
   der Wahrnehmung unabhängig sind. Allerdings bestehen die wahrgenommenen Tatsachen nicht insgesamt deswegen, weil wir sie wahrnehmen, wofür ich den Gedanken verschiedener Kodierungen ins Spiel
   bringe.

genstände wie Farbe, Form, Ton, Geschmack usw. Die wahrgenommenen Eigenschaften gehören dabei wesentlich einem Zusammenhang an, in dem sie auftauchen. Derselbe Stimulus wird verschieden wahrgenommen, wenn sich der Zusammenhang ändert, in dem er auftaucht. Ein bestimmtes blaues Licht kann intensiver wirken, wenn es vor einem schwarzen Hintergrund wahrgenommen wird, als wenn es vor einem leicht qualitativ verschiedenen blauen Zusammenhang wahrgenommen wird. Dies ist keine tiefsinnige Erkenntnis, sondern lediglich ein Hinweis auf bekannte psychophysische Tatsachen.

Tiefschürfender ist die Einsicht, dass der Umstand, dass wir keine Einzeldinge, sondern Einzeldinge in einem Zusammenhang wahrnehmen, darin gründet, dass eine Faktivitäts-Verbindung zwischen Wahrnehmung und Tatsache besteht. Was wir wahrnehmen, ist eine Tatsache, also etwas, was über einen oder mehrere Gegenstände wahr ist. Deswegen folgt aus der Wahrnehmung eines Gegenstandes, dass etwas der Fall ist. Man kann demnach auf der Ebene der Faktivitäts-Verbindung nicht sinnvoll zwischen Ding- und Tatsachenwahrnehmung unterscheiden (was freilich nicht bedeutet, dass die Tatsache, dass wir wahrnehmen, identisch mit der wahrgenommenen Tatsache ist).

Ding-Wahrnehmung ist dasjenige, was man in der Theoriekonstruktion erhält, indem man ein Einzelding für eine kausale Quelle einer Wahrnehmung hält. Das Einzelding ist diesem Modell zufolge die relevante Ursache einer gegebenen Wahrnehmung. Eine rein kausale Theorie der Wahrnehmung reduziert Wahrnehmung auf eine kausale Struktur, an deren Ursprung ein Einzelding steht, das Information ausstrahlt, und an deren Ende sich irgendein sinnesphysiologischer Vorgang ereignet, den wir aus der Innenansicht als Perzept kennen. Diese Theorie scheitert daran, dass die Dinge nicht einfach so in unseren Geist hineinstrahlen und Perzepte als Spuren hinterlassen. Diesem Modell zufolge wäre Wahrnehmung überhaupt nicht faktiv.

Im Übrigen kann diese Theorie nicht erklären, wie unsere bewusste Auffassung von Einzeldingen irgendeinen Beitrag zur

Wahrnehmung leisten kann. Denn die Wahrnehmung ist schon
fix und fertig, ehe wir uns ihr zuwenden und Aussagen über sie
treffen. Was wir uns bei einer Wahrnehmung denken, hat dieser
rein kausalen Theorie zufolge keinerlei Einfluss auf die Wahrnehmung selbst. Dies ist ausgesprochen abwegig, widerspricht
es doch dem einfachen Befund, dass wir viele Dinge erst dann
wahrnehmen, wenn wir explizite Begriffsverwender geworden
sind.

An dieser Stelle redet sich die reine kausale Theorie in der Regel dadurch heraus, dass sie ein theoretisches Artefakt erzeugt
und dieses als ›Wahrnehmung‹ bezeichnet. Dieses theoretische
Artefakt besteht in dem Vorliegen von Spuren, die unsere kausale Umgebung in uns hinterlässt. Auf diese Weise wird unser
vollständiges mentales Leben in Elemente zerlegt, denen Module entsprechen. Insbesondere wird ein Modul der reinen,
vorbewussten Wahrnehmung postuliert, das Korrektheitsbedingungen aufweist, auf die wir keinen bewussten Zugriff haben
müssen. Gerechtfertigt wird dieses Postulat unter Hinweis auf
nicht-humane Tierwahrnehmung sowie auf Neugeborene oder
pathologische Wahrnehmungsstörungen. Doch daraus, dass andere Lebewesen oder Lebewesen derselben Art unter Umständen reduzierte Wahrnehmungserfahrungen haben, folgt natürlich nicht, dass eine Wahrnehmungsepisode wie diejenige, in
der ich mich gerade befinde, während ich diese Zeilen abtippe,
sich aus Modulen zusammensetzt, die eigentlich unabhängig
voneinander operieren, aber irgendwie – man weiß nur noch
nicht, wie, weil das vermeintliche Bindungsproblem noch nicht
gelöst sei – hinreichend kausal synchronisiert werden, um den
Eindruck einer gleichsam begrifflich geglätteten Wahrnehmungserfahrung zu generieren. An dieser Stelle kollabiert die reine
kausale Wahrnehmungstheorie letztlich in den Illusionismus,
weil sie dem sehr berechtigten Eindruck, dass ich gerade die Sätze wahrnehme, die ich verfasse, eine kausale Maschinerie unterstellt, die es mir prinzipiell unmöglich macht, Sätze (und damit
Bedeutungen) wahrzunehmen. Wahrnehmung ist also nicht
identisch mit Ding-Wahrnehmung und es ist im Übrigen sogar

fragwürdig, ob es Ding-Wahrnehmung im Sinne des theoretischen Konstrukts der rein kausalen Theorie überhaupt gibt.
Es hilft hier nicht weiter, dem Menschen eine raffinierte Kon-
text-Wahrnehmung zu attestieren (weil wir im Raum der Gründe sind) und anderen Tieren lediglich eine *stimulus-response*-
Wahrnehmung von Einzeldingen zu gönnen. Warum bitte sollten andere Lebensformen, die zur Wahrnehmung befähigt sind,
ihre Wirklichkeit als atomistischen, diskontinuierlichen Einzel-
dinghaufen erfahren? Umgekehrt spricht alles dafür, dass andere Lebensformen ebenfalls Gegenstände in Sinnfeldern erfassen,
schon deswegen, weil Gegenstände letztlich nur in Sinnfeldern
auftauchen, d. h. existieren können. Was es gibt, ist schlichtweg
keine Serie oder Menge von Einzeldingen dergestalt, dass man
jedes Einzelne faktisch oder in einem Gedankenexperiment entfernen könnte, ohne dadurch irgendein anderes Einzelding zu
modifizieren.[142] Die Dinge hängen wirklich zusammen und
dieser Zusammenhang wird nicht durch nachträgliche Synthe-
sen gestiftet. Der Zusammenhang kommt nicht dadurch in die
Wirklichkeit, dass wir ihn dort erwarten.

142 Es ist kein Zufall, dass Russell, als Vertreter einer rein kausalen Wahrnehmungstheorie, unsere Wahrnehmung derart als fragmentarisch auffasst,
dass wir aus der Reihe der Einzeldinge *x*, *y*, *z* jederzeit eines wegnehmen
können. Vgl. Bertrand Russell, *The Analysis of Matter*, London 1992,
S. 200. An dieser Stelle übersieht Russell übrigens, dass Wahrnehmungs-
vorgänge kausal wesentlich mit Prozessen zusammenhängen, die allein
quantentheoretisch erklärbar sind, sodass man gerade nicht die Relationen zwischen den Einzeldingen, die wir in der Wahrnehmung beobachten, und unserer Beobachtung aufheben kann, ohne damit andere Einzeldinge zu verändern. Die kausale Textur der Wahrnehmungssinnfelder
kann man nicht ohne quantentheoretische Verschränkungen auffassen.
Kausale Informationsübertragung funktioniert nicht, wie in einer klassischen Newtonianischen Perspektive, dadurch, dass eine Quelle etwas
aussendet, was kausal unabhängig von dem Vorgang seiner Erfassung
ist. Wahrnehmung ist ein Fall dessen, was in der Quantentheorie Beobachtung heißt, das heißt, ein kausaler Eingriff in die Umgebung und
keine einfache Erfassung.

Wahrnehmung ist deswegen wesentlich *Tatsachen-Wahrneh-mung*. Was wir wahrnehmen, sind keine isolierten Einzeldinge, die sich mehr oder weniger metaphysisch zufällig am selben Ort befinden, sondern Tatsachen, in die Einzeldinge einge-spannt sind. Deswegen ist Wahrnehmung faktiv. Die Faktivität setzt nicht erst ein, indem wir sprachlich kodierte begriffliche Vorstellungen aufweisen, sondern sie ist eine Eigenschaft der Wahrnehmung selbst, die sie nicht erst dadurch erhält, dass wir ihr eine propositionale Struktur »überstülpen«.[143]

Das phänomenologische Argument bietet uns bestenfalls eine Erklärung dafür an, wie wir etwas über Wahrnehmungs-dinge wissen können, obwohl die Wahrnehmung selbst uns die-ses Wissen nicht zur Verfügung stellt. Deswegen wundert es nicht, dass die auf diesem Argument aufbauende Phänomeno-logie häufig in Schwierigkeiten mit Tierwahrnehmung gerät, da Wahrnehmungswissen von vornherein als theoretische Er-rungenschaft konstruiert wird, die man anderen Säugetieren oder gar Insekten nicht ohne weiteres zutraut.

Noch schwieriger wird es mit menschlichen Neugeborenen, da man der Ausbildung ihres Nervensystems allerlei evolutionär eingeübtes Verhalten einschreiben muss, das dem logischen Ver-fahren der Induktion hinreichend ähnelt, damit unsere Nach-fahren Zugang zum logischen Raum der Gründe gewinnen können. Denn Wahrnehmung allein reicht dazu dem phänome-nologischen Argument zufolge nicht hin, solange noch kein Vermögen ausgebildet ist, Wahrnehmungsepisoden zu interpre-tieren.

---

143 Vgl. dazu bekanntlich Wilfrid Sellars, *Der Empirismus und die Philoso-phie des Geistes*, Paderborn ²2002, sowie McDowell, *Geist und Welt*, an den sich eine Tradition der Zurückweisung der Idee geknüpft hat, Be-griffe seien Interventionen in einem nicht-begrifflichen Material. Aller-dings darf man nicht voreilig darauf schließen, dass es kein nicht-begriff-liches sensorisches Material gibt, worauf zu Recht Charles Travis und Jo-celyn Benoist hingewiesen haben. Vgl. Charles Travis, »The Silence of the Senses«, in: *Mind* 113/449 (2004), S. 57-94; Jocelyn Benoist, *Le bruit du sensible*, Paris 2013.

Freilich hat die phänomenologische Tradition hier eine Vielzahl von Antworten parat. Als Realist meine ich aber, dass wir uns gar nicht in dieses Fahrwasser begeben sollten, wenn eine Alternative besteht, die Wahrnehmungen nicht nach dem Modell empirischer Erkenntnis rekonstruiert, sondern als eine selbständige Wissensquelle einführt, die sich weder aus elementaren Daten zusammensetzt noch auf theoretische Interpretation oder Induktion angewiesen ist, um uns Wissen zu verschaffen.

Um dem phänomenologischen Argument systematisch das Wasser abzugraben, kann man ein Problem formulieren, für welches das Argument wie gemacht zu sein scheint, mit dem es aber in ziemliche Schwierigkeiten gerät. Doch dieses Problem lässt sich besser durch eine Alternative auflösen, die ich als die *Bedingungstheorie der Wahrnehmung* bezeichne. Die Bedingungstheorie erlaubt uns, eine gegebene Wahrnehmungsepisode in notwendige und zusammengenommen hinreichende Bedingungen ihres Vorliegens zu analysieren. Dabei wird berücksichtigt, dass die Bedingungen in der faktisch irreduziblen Struktur zusammenhängen, die durch das Sinnfeld der Wahrnehmungsepisode sowie deren Vernetzung mit anderen Sinnfeldern gebildet wird. Die Wirklichkeit einer Wahrnehmungsepisode wird also nicht atomistisch von unten nach oben aus Elementen aufgebaut, sondern holistisch von der Einheit des Zusammenhangs aus bestimmt. Dies garantiert, dass man im Unterschied zum Illusionismus das Thema der Wahrnehmungstheorie, d. h. die faktische Wahrnehmung, nicht verfehlt.

In diesem Kontext übernehmen physikalische Gegenstände *sensu stricto* (wie Photonen, Ionen, Neuronen, Massenmittelpunkte, Elektronen, Sterne, Naturkonstanten usw.) die Rolle notwendiger Wahrnehmungsbedingungen. Ohne Elektronen und Photonen könnte kein Mensch (und kein anderes Lebewesen auf unserem Planeten) die Sonne wahrnehmen. Doch die physikalischen Gegenstände sind für die Wahrnehmungsepisode nicht hinreichend, da sie isoliert sensorische Illusionen hervorbringen, die das betroffene Lebewesen mit dem Wahrnehmungsding verwechseln kann. In der in dieser Hinsicht hilfreichen Terminologie Russells gesagt, sind die sensorischen kausalen Spuren, die physikalische Gegenstände in unseren sinnesphysiologischen Architekturen hinterlassen, *subjektiv*, weil wir aus ihnen nur fallibel auf die Eigenschaften der Wahrnehmungsdinge schließen können, was allerdings nicht heißt, dass wir den sensorischen Illusionen automatisch zum epistemischen Opfer fallen.

Sowohl das phänomenologische Argument als auch die neorealistische Bedingungstheorie können wir nun anhand eines prominenten Falls diskutieren. Im Zuge der endlich erfolgten Veröffentlichung von Kripkes Locke Lectures kann man eine Diskussion reaktivieren, die seinerzeit zwischen John L. Austin und Alfred J. Ayer geführt worden war.[144] Den zur Verhandlung stehenden Fall nenne ich das *Fleck-Stern-Problem*. Stellen wir uns vor, dass zwei Personen den nächtlichen Sternenhimmel anschauen. Dabei spricht einer einen Stern als einen Fleck am Himmel an.[145] In der Tat ist diese Metapher nicht ungeeignet, da sich eine Art weißer Punkt im subjektiven Gesichtsfeld dieser Person befindet.[146] Wir modernen Menschen sind daran ge-

---

144 Siehe Kripke, *Referenz und Existenz*, Vorlesung IV.

145 Heinrich Heine berichtet, Hegel habe die Sterne in einem Gespräch einmal als »leuchtende[n] Aussatz am Himmel« (Heinrich Heine, *Geständnisse*, Sämtliche Werke in 4 Bänden, Dritter Band, Augsburg 1998, S. 262) bezeichnet. Diese Aussage richtet sich wohl gegen Kants berühmte Rede vom »bestirnten Himmel« und seiner Beziehung auf die menschliche, moralische Bedeutsamkeit, was auf einem anderen Blatt steht.

146 Unter dem »subjektiven Gesichtsfeld« verstehe ich den Gegenstandsbereich, der aus demjenigen besteht, was ich gerade von meinem buchstäblichen Standpunkt aus bewusst wahrnehme im Unterschied zu demjenigen, was ein anderes Lebewesen wahrnimmt, das sich woanders befindet. Die Gegenstände, die sich in zwei verschiedenen subjektiven Gesichtsfeldern befinden, können sich dabei freilich überlappen, wir können teilweise dasselbe – nur jeweils anders – wahrnehmen. Zwei subjektive Gesichtsfelder können niemals extensional identisch sein. Es ist diesem Begriff nicht eingeschrieben, dass subjektive Gesichtsfelder mentale Repräsentationen, Vorstellungen oder irgendeine andere Struktur in Anspruch nehmen, die sich ›in jemandes Kopf‹ oder ›Bewusstsein‹ befindet.

wöhnt, diesen weißen Punkt unter geeigneten Umständen mit einem Stern zu identifizieren. Wenn wir einen gegebenen Fleck am Himmel auf geeignete Weise als einen Stern identifizieren, bedienen wir uns eines großen Pakets an Hintergrundwissen, über das wir heute verfügen. Viele – wenn auch keineswegs alle – heute lebende Menschen glauben, dass die meisten derjenigen weißen Punkte, die wir am Nachthimmel ausfindig machen können, Sonnen sind, d. h. physikalische Gegenstände, die eine beeindruckende Größe aufweisen, wenn man sie mit den gewohnten sublunaren physischen Gegenständen vergleicht, die für uns auf der auf uns zugeschnittenen mesoskopischen Skala sichtbar sind.

Das Fleck-Stern-Problem besteht nun darin, dass die wissenschaftlich gut begründete Identifikation eines Flecks mit einer Sonne nicht ganz so einfach ist, wie es scheint. Denn der Fleck hat Eigenschaften, die der wissenschaftlich charakterisierte Stern nicht hat und *vice versa*, sodass die beiden anscheinend nicht identisch sein können. Damit beginge man also einen Fehler, wenn man den Fleck mit einer Sonne identifiziert. Der Fleck wird größer, wenn ich mich ihm nähere (wenn wir diese Erfahrung auch nur als Astronauten machen); wir können den Fleck mit unserer Handfläche abdecken; die Sonne, die mit ihm identisch sein soll, ist dafür viel zu groß (und zu heiß), was uns rasch auffiele, wenn wir ihr einmal drastisch näher kämen. All dies wissen wir wiederum auf der Grundlage der heutigen astrophysikalischen Erkenntnis.

Austin weist zu Recht darauf hin, dass es als Lösungsstrategie abwegig wäre, den Fleck als eine Repräsentation einer Sonne aufzufassen.[147] Der Fleck repräsentiert eine Sonne nicht in dem Sinn, dass er von einer Sonne handelt. Der Fleck ist kein Fall semantischen Gehalts, d. h. keine Art und Weise, eine Sonne als soundso vorzustellen. Wir können den Fleck zwar als semantischen Gehalt verwenden, sein Vorliegen ist aber nicht ohne weitere Bedingungen ein Fall semantischen Gehalts. Ich kann

147 Vgl. Kripke, *Referenz und Existenz*, S. 135.

den Fleck in meinem subjektiven Gesichtsfeld als etwas behandeln, dem ich Eigenschaften zuschreibe. Ich kann Flecken vergleichen, indem einige als größer oder als intensiver beschrieben werden, was Anlass zu astrophysikalischer Theoriebildung ist. In diesem Fall repräsentiere ich den Fleck auf eine bestimmte Weise, indem er als Datum für eine astrophysikalische Theoriebildung verwendbar wird, woraus nicht folgt, dass der Fleck selbst wesentlich ein Datum einer solchen Theoriebildung ist.

Anders sähe es aus, wenn man den Fleck im Wahrnehmungsbewusstsein statt am Nachthimmel verortete. Dann könnte man sagen, dass der Fleck eine Form des semantischen Gehalts ist, indem er eine Sonne auf eine bestimmte Weise vorstellt. Der Fleck wäre dann eine Gegebenheitsweise einer Sonne. Allerdings suggeriert diese Strategie, man könne das gesamte subjektive Gesichtsfeld in mein Bewusstsein verlagern, sodass alles, was ich *prima facie* für ein Wahrnehmungsding halte (etwa der Tisch, der vor mir steht) zu einem mentalen Gehalt wird, womit wir zurück bei einer unerwünscht deutlichen Version des phänomenologischen Arguments wären. Mein subjektives Gesichtsfeld überlappt sich damit plötzlich gar nicht mehr mit dem objektiven Gesichtsfeld, da es nicht etwa die Dinge enthält, die auch andere sehen können, sondern lediglich meine privaten semantischen Gehalte, mittels derer ich die Dinge repräsentiere, die auch andere sehen können (dies ist eine prominente Art und Weise, den Schleier der Maya anzulegen). Das Abrutschen in das phänomenologische Argument rührt an dieser Stelle daher, dass semantischer Gehalt einen Träger zu bedürfen scheint, den man am ehesten im Bewusstsein als dem menschlichen Realisat unserer Intentionalität finden könnte, womit man eine Brücke zwischen Frege'schen Gedanken und Husserls Rede vom Noema schlagen kann.[148]

---

148 Vgl. die in der jüngeren Husserl-Forschung freilich weitgehend abgelehnte Deutung von Dagfinn Føllesdal, *Husserl und Frege. Ein Beitrag zur Beleuchtung der Entstehung der phänomenologischen Philosophie*, Oslo 1958.

Wie dem auch sei, das Modell einer »Welt als Vorstellung«, die zu einer weitgehend in sich geschlossenen »Vorstellungswelt« wird, kann nicht erklären, wie jemand mit dem Wirklichen epistemisch vermittels einer mentalen Repräsentation in Verbindung tritt. Die mentale Repräsentation leistet dies nicht ohne Unterstützung durch irgendein korrigierendes epistemisches System, was man daran ablesen kann, dass die Menschheit sich über viele Jahrtausende hinweg massiv im Irrtum über die faktischen Dimensionen von Sonnen befand. Die Entdeckung, dass Sonnen physikalische Gegenstände einer bestimmten Art sind, ist welthistorisch jüngeren Datums; Astrologie und Astrophysik sind erst seit einigen Jahrhunderten mehr oder weniger sauber getrennt.

An dieser Stelle könnte der Verfechter des phänomenologischen Arguments sich auf den Begriff der Ursache zurückziehen und annehmen, dass der Fleck dadurch eine Repräsentation einer Sonne ist, dass er eine Spur ist, die im menschlichen Geist/ Gehirn durch bestimmte physikalische Prozesse entsteht. Die Sonne verursacht somit einen Fleck im subjektiven Gesichtsfeld menschlicher Wahrnehmung. Demnach repräsentiert der Fleck eine Sonne im selben Sinne, in dem eine Fußspur auf dem Mond die Anwesenheit eines Astronauten repräsentiert.

Allerdings kann diese kausale Theorie der mentalen Repräsentation nicht ohne Hilfsannahmen erklären, auf welche Weise empirische Vorstellungen die Rolle von Wissensansprüchen spielen können, da sie allenfalls als Gründe für Wissensansprüche dienen können, die aus dem Vorliegen von Spuren auf die Struktur ihrer Ursachen schließen müssen. Doch dadurch werden die Spuren selbst zu etwas Unverlässlichem, weil man sich auf sie nicht verlassen kann, ohne die epistemische Maschinerie geeigneter Hilfsbegriffe und inferentieller Verfahren (angefangen bei der Induktion) einzusetzen, die unser mentales Leben hinreichend organisieren, damit wir überhaupt als wahrnehmende Organismen überlebensfähig sind. Denn unterhalb der Schwelle unserer bewussten und expliziten, sprachlich kodierten Wissensansprüche muss es irgendeine Form sensorischer

Richtigkeit geben, damit unsere Sinneseindrücke überhaupt sprachlich kodiert, bezeichnet werden können.

Dass das Spurenmodell scheitert, sieht man daran, dass es eine unzulässige Übertragung eines Erfolgsfalls auf eine Situation ist, die diesem in einer entscheidenden Hinsicht nicht ähnelt. Vergleichen wir einmal die imaginierte phänomenologische Situation des mentalen Spurenlesers mit einer gewöhnlichen Situation, in der jemand eine Fußspur als die Repräsentation einer Tatsache ausliest. Wenn ein Jäger die Fußspur eines Hirsches ausliest und als solche erkennt, muss er nicht zunächst eine mentale Spur einer Fußspur als die Spur einer Spur erkennen. Vielmehr sieht er direkt eine Fußspur und stellt die relevante epistemische Verbindung zu einer vergangenen Hirschpräsenz an diesem Ort her, weil er um die kausale Kette weiß, die Hirsche, ihr Habitat, Eigenschaften des Bodens zur gegebenen Jahreszeit usw., in Zusammenhang bringt. Gewöhnliche Fußspuren sind keine mentalen Fußspuren.

Wenn Wahrnehmung insgesamt nur die Zurschaustellung mentaler Fußspuren wäre, wären wir niemals in der Lage herauszufinden, dass es kausale Verhältnisse gibt, die zwischen den mentalen Fußspuren und ihren Ursachen bestehen. Denn wir könnten *ex hypothesi* keine Ursachen, sondern nur Ursachenspuren entdecken. Was mentale Zustände aber auslösen soll, soll diesem Modell zufolge nicht in allen Fällen ein weiterer mentaler Zustand sein. Das Modell hat keinen Raum für die Entdeckung von etwas, was kein mentaler Zustand ist, weshalb sich an dieser Stelle der Begriff des Schlusses auf die beste Erklärung aufdrängen mag, der aber nicht weiterführt. Wenn wir keinen mentalen Kontakt mit Ursachen aufnehmen können, dann auch nicht dadurch, dass wir sie postulieren.

Wir benötigen einfach an irgendeiner Stelle einen unabhängigen, direkten Zugang zu den Ursachen mentaler Repräsentationen, um überhaupt zu verstehen, wie jemand in der Lage sein könnte, kausale Verbindungen zwischen seinen Eigenzuständen und einer von seinem Wahrnehmungssystem unabhängigen Verlaufsfolge von Ereignissen zu entdecken. Die Wahrnehmung ist ein Fall eines solchen unabhängigen Zugangs. Wie sollten wir es erklären, dass wir einen nicht-empirischen Zugang zu den Ursachen unserer bewussten Wahrnehmungszustände haben? Doch genau eine solche Wesensschau muss der Phänomenologe in Anspruch nehmen, um seine unhaltbare Theorie des Mentalen hinterrücks um eine kausale Theorie der mentalen Repräsentationen zu ergänzen.

Im besten Fall verpflichtet das phänomenologische Argument auf die Annahme, dass wir einen erfolgreichen nicht-empirischen inferentiellen Zugang zu Dingen an sich haben, welche die theoretische Rolle der Ursachen unserer Vorstellungen spielen. An dieser Stelle in der Dialektik des Wahrnehmungsbegriffs ist jeder, der nicht bereits engagierter Phänomenologe ist, dazu berechtigt, *ein Argument der Einfachheit* aufzubieten. Wenn irgendein Zugang zu Dingen an sich erfordert ist, warum sollte man diesen erst am Ende der Kette theoretischer Postulate in der Form eines Schlusses auf die beste Erklärung zulassen? Warum nicht vielmehr anerkennen, dass die Wahrnehmung dasjenige leistet, was die Theorie erst dem schließenden Denken vindizieren möchte, nämlich Tatsachenerkenntnis?

An anderer Stelle habe ich eine ähnliche Überlegung als das »Argument aus der Faktizität« bezeichnet.[149] Das Fazit dieses Arguments lautet, dass wir absolute Tatsachen akzeptieren müssen, wobei eine absolute Tatsache etwas ist, was ohnehin bestanden hätte, d. h. auch dann, wenn wir ihr Bestehen nicht konstatiert hätten. Wenn wir eine solche Tatsache konstatieren, wissen wir, dass sie modal robust ist, d. h., dass ihr Bestehen keine kausale oder logische Konsequenz unseres assertorischen Sprechakts ist. Wenn wir also im Allgemeinen nicht um absolute Tatsachen herumkommen, sind wir berechtigt, die Faktizität nicht erst am Ende der reflexiven Erörterung unserer epistemischen Kontaktaufnahme mit Wirklichem zu postulieren. Das Argument aus der Faktizität wirkt bei allen Manövern unterstützend, die imstande sind, die epistemisch frühesten Stadien unserer

---

149 Gabriel, »Neutraler Realismus«, S. 15-21.

Kontaktaufnahme mit Wirklichem als erfolgreiche Wissensansprüche aufzufassen. Da der Begriff der Wahrnehmung eingeführt wurde, um unsere buchstäbliche Kontaktaufnahme mit unserer Umgebung zu bezeichnen, sind wir also dazu berechtigt, dem direkten Wahrnehmungsrealismus den Vorzug zu geben.

Doch nicht jede Spielart eines direkten Wahrnehmungsrealismus löst das Fleck-Stern-Problem auf eine überzeugende Weise. Ein *naiver Realismus*, der sich auf das Vorhandensein mesoskopischer Gegenstände in unserer mehr oder weniger unmittelbaren Umgebung beschränkt, gerät spätestens dann in Schwierigkeiten, wenn er sich auf die Frage einlässt, wie sich physikalische Gegenstände zu den Einrichtungsgegenständen des Alltags verhalten.[150]

Der hier vertretene direkte Wahrnehmungsrealismus baut auf der SFO auf. Wie bereits gesehen, basiert diese auf einer Unhintergehbarkeitsthese, die unsere prä-ontologische Erfahrung stabil hält, der zufolge es Fingernägel, Atome, die Vergangenheit, Präsidenten, Neuronen, Wahrnehmungen, Gedanken, Kunstwerke, Tische usw. gibt. Wenn wir etwas über diese Gegenstände wissen, wissen wir stets, dass sie in ihren Sinnfeldern bestimmte, eigentliche Eigenschaften haben, die sie von anderen Gegenständen im selben Sinnfeldradius unterscheiden.

Der ontologische Pluralismus der SFO stellt ein Modell des Verhältnisses physikalischer zu nicht-physikalischen Gegenständen auf, das Konsequenzen in der Wahrnehmungstheorie hat. Demnach gibt es zum Beispiel wirklich Hände, was nicht mit

---

150 Die Art von »naivem Realismus«, die hier kritisiert wird, geht auf George Edward Moore zurück. Vgl. ausführlicher mit Belegen Gabriel, *An den Grenzen der Erkenntnistheorie*, § 3. Ein anderer Sinn von »naivem Realismus« ist mit der Disjunktivismus-Theorielage verbunden, die an dieser Stelle allerdings nicht spezifisch addressiert wird. Vgl. dazu paradigmatisch die Ausführungen über das Verhältnis von naivem Realismus und Disjunktivismus in Michael G. F. Martin, »The Reality of Appearances«, in: Richard Mark Sainsbury (Hg.), *Thought and Ontology*, Mailand 1997, S. 77-96.

dem Umstand konfligiert, dass es keine Hände gäbe, wenn die Elementarteilchensysteme, die wir durch Dekomposition von Händen entdecken können, nicht auf eine bestimmte Weise koordiniert wären.[151] Die Teilchenphysik beschreibt die Eigenschaften von Elementarteilchen in den von ihr untersuchten Sinnfeldern. Dabei abstrahiert sie von der Überlappung der Sinnfelder der Elementarteilchen mit anderen Sinnfeldern. Die Teilchenphysik beschreibt nicht die Eigenschaften Angela Merkels als Bundeskanzlerin und auch nicht das Verhältnis derjenigen physikalischen Systeme, die Merkels physikalische Eigenschaften (Masse, Beschleunigung usw.) beschreiben, zu Angela Merkel. Die Teilchenphysik enthält keine Theorie der Komposition von Gegenständen des Komplexitätsgrades »Angela Merkel«. Daran wird sich auch in fernster Zukunft nichts ändern, weil die Gesetze der Bundesrepublik und die Naturgesetze niemals identisch sein werden.

An dieser Stelle wird womöglich jemand einwenden, dass das von der Teilchenphysik beschriebene Universum kausal geschlossen sei, und daraus ableiten wollen, dass wir eine Theorie der Komposition Angela Merkels sowie ihrer Eigenschaften als Bundeskanzlerin erhalten könnten, die sich aus der Anordnung von Elementarteilchen ableiten lassen. Doch damit wird die faktische Physik heimlich in eine künftige Metaphysik transformiert.

Die Physik ist niemals imstande, das Verhalten alles dessen, was überhaupt zu den physikalischen Eigenschaften gehört, vollständig zu beschreiben und gar vorherzusagen. Freilich gilt ge-

---

151 Ich sehe nicht, wie disjunktivistische Theorien das Verhältnis verschiedener Sinnfelder handhaben, wie sie also das Verhältnis zwischen elektromagnetischer Strahlung und wahrnehmbaren, farbigen Gegenständen usw. bestimmt. Hierbei reicht es nicht hin, sich darauf zu stützen, dass die Erscheinungen Dinge an sich manifestieren, da es eine Pluralität von Beschreibungen dieser Dinge zu geben scheint, von denen einige es mit sich führen, dass die Dinge an sich unter solchen Beschreibungen (etwa der Quantenphysik) visuell gar nicht erscheinen können.

nau dies bereits auf der Ebene der Elementarteilchen, für die
statistische Gesetze gelten, aber kein strenger Determinismus.
Das Universum ist schlichtweg kein »kraftschlüssiges Räder-
werk«,[152] das auf einer bestimmten Skala die Gestalt von Angela
Merkel annimmt. Eine atomistische Metaphysik nach dem Modell Demokrits wird in keiner Weise durch die gegenwärtige
Physik gestützt. Die heute bekannten Elementarteilchen sind
keine Bestätigung von Demokrit oder Lukrez. Wer diese Identifikation historisch unkritisch vornimmt, übersieht schlichtweg
die Details sowohl der antiken atomistischen Metaphysik als
auch und vor allem der gegenwärtigen Physik, die kein allumfassendes atomistisches Weltbild oder Ähnliches anzubieten hat.

Ohne dem an dieser Stelle zu viel argumentativen, philosophischen Wert zumessen zu wollen, scheint es sogar der Fall zu
sein, dass viele Interpretationen der nächsten größeren Durchbrüche der Mikrophysik in ihrem ontologischen Format ziemlich genau wie eine naturalistische Variante einer SFO aussehen,
worauf mich als einer der Ersten Carlo Rovelli hingewiesen
hat.[153] Rovelli selbst interpretiert den physikalischen Feldbe-
griff (der freilich Pate für die SFO gestanden hat) so, dass die
Raumzeit keine Grundlage für alle Felder ist und schon gar kein
Behälter, in dem Ereignisse stattfinden (diese Newtonianische
Vorstellung wurde durch die Relativitätstheorie widerlegt).

Die Raumzeit ist das Gravitationsfeld (und umgekehrt). Wie Newton intuitiv erkannte, existiert sie auch ohne Materie an sich. Aber
sie ist keine von den übrigen Dingen der Welt geschiedene Entität –
wie Newton annahm –, sondern ein Feld wie die anderen. Eher als
ein Gemälde auf einer einzelnen Leinwand ist die Welt eine Über-
lagerung vieler Leinwände, vieler Schichten, von denen das Gra-

---

152 Geert Keil, *Willensfreiheit. Grundthemen Philosophie*, Berlin 2012, S. 41.
    Vgl. dazu auch Brigitte Falkenburg, *Mythos Determinismus. Wieviel er-
    klärt uns die Hirnforschung*, Berlin 2012; sowie Jenann T. Ismael, *The Sit-
    uated Self*, Oxford 2009, und dies., *How Physics Makes Us Free*, Oxford
    2016;.
153 Bei einer Podiumsdiskussion in Marseille am 31.10.2015.

vitationsfeld nur ein Feld unter anderen ist. Wie die anderen ist
es weder absolut noch gleichförmig oder fest. Vielmehr krümmt,
streckt, kontrahiert und ballt es sich zusammen mit den anderen.
Gleichungen beschreiben die wechselseitige Beeinflussung sämt-
licher Felder. Und die Raumzeit ist ein solches Feld.[154]

Es führte an dieser Stelle zu weit, Rovellis metaphysischen Restbestand zu »dekonstruieren«, der sich darin zeigt, dass er annimmt, dass alle Felder einen Einfluss aufeinander haben, sodass er schließlich ein naturalistisches Weltbild skizziert, das
allerdings weitgehend mit der SFO vereinbar ist. Allerdings
kann er nicht zeigen, dass die Feldarchitektur, die er als Interpretation der von ihm erforschten Schleifenquantengravitation
vorschlägt, nicht-physikalische Gegenstände betrifft, obgleich
er dazu einen Vorschlag macht. Doch dieser Vorschlag ist eine
Vorzeigeversion des mentalen Repräsentationalismus, der unsere mentalen Zustände als buchstäbliche energetische Spuren
auffasst und uns damit in eine Blase der Unwissenheit einschließt, sodass er seine gesamte Theoriekonstruktion wider
Willen als eine Philosophie des Als-ob inszeniert.

Die von der Physik erforschten Sinnfelder stehen nicht insgesamt in einem seinerseits physikalischen Zusammenhang mit
denjenigen Sinnfeldern, welche der Physik theoretisch nicht angemessen zugänglich sind. Hände kann man nicht ontologisch
auf Anordnungen von Elementarteilchen reduzieren, die sich
nach anonymen Gesetzen arrangieren, was in wenigen Schritten zu einem unsinnigen harten, eliminativen Determinismus
führt, dem zufolge niemand jemals freiwillig seine Hand geho-
ben oder überhaupt etwas getan hat, weil die phänomenale
Wirklichkeit nur ein kompliziertes, schwach emergentes System
ist, das epistemisch derzeit nicht physikalisch vorhersagbar ist,
aber letztlich im Idealfall in der Sprache einer vereinheitlichten
Physik mit wenigen Differentialgleichungen vollständig erfasst
wäre.

Die SFO kann nun zur Lösung des Fleck-Stern-Problems zu-

---

154 Rovelli, *Die Ordnung der Zeit*, S. 67.

rate gezogen werden. Jede wirkliche Wahrnehmungsepisode
ist eine Verschränkung vieler Sinnfelder. Es sind mindestens
notwendige physikalische Bedingungen (das Vorliegen elektromagnetischer Felder), notwendige biologische Bedingungen
(Zapfen, Neuronen, ein Kortex, das Ektoderm usw.) ebenso wie
distale Vorgänge außerhalb des eigenen Leibs involviert, wenn
wir über unsere Umgebung in der Form von Wahrnehmungsepisoden Wissen erlangen.[155] Wirkliche Wahrnehmungsepisoden sind unter anderem Ereignisse in der Natur, wobei verschiedene natürliche Sinnfelder sich überlappen, etwa dasjenige,
welches die Quantentheorie beschreibt, und dasjenige, welches
der Neurobiologie zugänglich ist. Wir sind zurzeit auf der
Grundlage unseres naturwissenschaftlichen empirischen Wissens nicht zu der äußerst spekulativen Annahme berechtigt, dass
das neurobiologische und das physikalische Sinnfeld identisch
sind, sondern bestenfalls berechtigt anzunehmen, dass sie sich
in wesentlichen Hinsichten überlappen. Ontologische Reduk-
tionen wissenschaftlich weitgehend unabhängiger Gebiete können sich bestenfalls auf metaphysische Interpretationen der Naturwissenschaften stützen, wobei sie sich in die missliche Lage
manövrieren, dass die metaphysischen Interpretationen, nicht
aber ihre faktische naturwissenschaftliche Ausgangsbasis die
spekulativen Annahmen stützen, die sich damit als reine Speku-
lation entpuppen, die nur dem Anschein nach empirisch trag-
fähig sind.[156]

---

155 Natürlich gibt es auch Wahrnehmungssysteme, die sich nicht auf die
   Umwelt des Organismus, sondern auf dessen Zustände richten wie
   Schmerzempfindungen, der Gleichgewichtssinn usw.
156 Paradigmatisch für diese nicht heilbare Schieflage ist etwa Michael Esfeld, *Naturphilosophie als Metaphysik der Natur*, Frankfurt/M. 2008.
   Wo die Physik seine abenteuerliche metaphysische Konstruktion nicht
   stützt, korrigiert Esfeld gar die Physik selbst, um auf diese Weise das er-
   wünschte Gleichgewicht von empirischem Input und freischwebender
   metaphysischer Konstruktion herzustellen, was allerdings nicht gelingen
   kann, solange man Naturphilosophie als Metaphysik auffasst. Esfeld
   springt nach Belieben zwischen Apriori und Aposteriori hin und her,

Wahrnehmungsepisoden lassen sich freilich nicht auf ihren physikalisch-biologischen Anteil reduzieren. Zusätzlich zu den notwendigen natürlichen Wahrnehmungsbedingungen involviert die bewusste menschliche Wahrnehmung (die uns hier als Form des Wissens interessiert) verschiedene Sinnfelder, in denen Gegenstände qua Tatsachenbündel erscheinen, die wesentlich durch ein letztlich irreduzibles mentalistisches Vokabular, d. h. in der Sprache des Geistes erfasst werden. Im vorliegenden Fall bedeutet dies, dass wir uns als Wahrnehmungssysteme auffassen können und Wahrnehmungsepisoden als Teil unseres bewusst geführten Lebens bestimmen können. Diese Selbstbestimmung unseres Lebens erfolgt hier vom Standpunkt eines epistemologischen Wissensanspruchs aus, der damit zusammenhängt, welche Auffassung der Reichweite des menschlichen Wissens und damit des Menschen in Anschlag gebracht wird.

Geist ist in der SFO der Name für diejenige explanatorische Struktur, die wir in Betracht ziehen, wenn wir ein Selbstporträt des Menschen zeichnen, das unsere Einbettung in die nicht-humane Umgebung sowohl theoretisch als auch handlungswirksam betrifft. Menschen führen ihr Leben im Hinblick auf ihre Vorstellung von der Stellung des Menschen im Kosmos.[157] Die philosophische Wahrnehmungstheorie hat unter anderem die Aufgabe, den Wahrnehmungsbegriff in Zusammenhang mit einem Menschenbild zu bringen. Das Menschenbild, mit dem hier operiert wird, ist dabei höherstufig: der Mensch wird lediglich insofern in Betracht gezogen, als er dasjenige Wesen ist, das sich selbst in Betracht zieht. Aus dieser selbstbezüglichen Beobachterposition heraus wird darauf hingewiesen, dass wir über den Wahrnehmungsbegriff nur in einem weit über Wahrnehmungsepisoden hinausgehenden Begriffsgebrauch verfügen.

um ein naturalistisches Weltbild zu rechtfertigen, für das er keine von dieser Ideologie unabhängigen Gründe anführt.

157 Vgl. dazu wiederum die Ausführungen zum Geist-Begriff bei Scheler, *Die Stellung des Menschen im Kosmos*, S. 36-49.

Dagegen sind spezifische, naturwissenschaftliche Untersuchungen der Wahrnehmung als Abstraktionen aufzufassen in
dem minimalen Sinne, dass sie einzelne Schichten unseres geistigen Lebens als notwendige Bedingungen des Vorliegens von
Wahrnehmungsepisoden herausgreifen und vorgängigen, als erfolgreich akzeptierten Wissensansprüchen anschließen. Was als
erfolgreich akzeptiert wird, ergibt sich unter anderem aus wis-
senschaftsinternen Standards, deren rationale Akzeptabilität nicht
identisch mit ihrer Wahrheit ist. Der Wahrheitskern von Vaihingers wissenschaftstheoretischem Fiktionalismus besteht in der
zutreffenden Einsicht, dass rationale Akzeptabilität in den Naturwissenschaften nicht identisch mit Wissen ist, weil manches
akzeptabel ist, was letztlich als falsch erkannt wird.

Auf dieser Grundlage unterscheidet er in Kants Fußstapfen
zwischen »Fiktion« und »Hypothese«.[158] Eine Hypothese kann
ihm zufolge nicht für wahr gehalten werden, wenn sie sich als
falsch erweist, während eine Fiktion trotz ihrer eingesehenen
Falschheit ihren Dienst tut. Eine naturalistisch verkürzte Auffassung der menschlichen Wahrnehmung als nicht-bewusster
Sinnesdatenverarbeitungsmaschine (als Durchlauferhitzer zwischen Reiz und Handlung) ist demnach im präzisen Sinne Vaihingers (bestenfalls!) eine Fiktion.[159] Diese ist so lange unschäd-

---

158 Vaihinger, *Die Philosophie des Als ob*, S. 27-30 und passim. Vaihinger
stützt sich hierbei im Wesentlichen auf KrV, A 771 f./B 799 f.

159 Vaihinger selbst baut seine eigene Theorie der Fiktionen auf dieser Fiktion auf. Vgl. etwa Vaihinger, *Die Philosophie des Als ob*, S. 95: »Die ganze
Vorstellungswelt liegt zwischen den beiden Polen: Empfindung – Bewegung mitten darinnen. Die Psyche schiebt immer weitere Mittelglieder
zwischen diese beiden Punkte ein, und die Feinheit und Ausbildung dieser eingeschobenen Mittelglieder, Bilder und Hilfsbegriffe wächst mit
der Zunahme der Nervenmasse und der zunehmenden Isolierung des
Gehirns vom Rückenmark. Zwischen den Empfindungs- und Bewe-
gungsnerven liegt unsere Vorstellungswelt, diese unendliche Welt, mitten darin, und sie dient nur dazu, die Vermittlung zwischen diesen beiden Elementen immer reicher, feiner, zweckmässiger und leichter zu
machen. Mit der Ausbildung dieser Vorstellungswelt, mit der Anpassung

lich, wie man nicht den Fehler begeht, sie für bare Münze zu nehmen und zu meinen, dass sich der menschliche Geist auf der Ebene seiner intelligenten Selbsterfassung (etwa in der philosophischen Wissenschaft) ausschließlich aus nicht-intelligenten Modulen aufbaut, die jeweils einzeln als evolutionäre Errungenschaften ins Theorieportfolio eingehen.[160]

dieses Instrumentes an die sich bemerkbar machenden objektiven Successions- und Koexistenzverhältnisse ist die Wissenschaft beschäftigt.« Vaihinger erkennt, dass er sich selbst einer »fiktiven Sprache« (S. 96) bedient. Aber er scheint nicht weit genug zu gehen, weil er sodann als »[f]aktisch« (und d. h. hier wohl: nicht-fiktiv) »Gegebene[s]« (ebd.) Empfindungen einführt, weshalb er seine Philosophie als idealistischen Positivismus (sic!) bestimmt. Die Position Vaihingers, von der aus er Fiktionen als solche bestimmt, ist letztlich willkürlich, weil sie sich grundlos von der Fiktionalität ausnimmt. Siehe S. 115: »Die einzige fiktionsfreie Behauptung in der Welt ist die des kritischen Positivismus.« Dass diese Position widersprüchlich ist (was Vaihingers eigenen Prämissen zufolge ein Fiktionssignal ist), tritt in der Ausführung mehrmals zutage. So heißt es etwa einmal von der »Vorstellungswelt« bzw. der »Welt der Erscheinung« sie sei »blosser Schein« (S. 216), dem freilich irgendwie als reines Sein »die ganze Erfahrung« (ebd.) zugrunde liegt, während wir wenige Seiten später lesen, »dass die Welt der Erscheinung nicht blosser Schein sei« (S. 239), sondern »ein durch immer reichere Erfahrung zweckmässiger angepasstes Vorstellungsgebilde« (ebd.). Vaihingers erkenntnistheoretischer Panfiktionalismus unterminiert damit Kants empirischen Realismus, der Erscheinungen bekanntlich vom Schein unterschieden wissen will. Zur Rekonstruktion der Dilemmata von Vaihingers Panfiktionalismus vgl. auch Wolfang Iser, *Das Fiktive und das Imaginäre. Perspektiven literarischer Anthropologie*, Frankfurt/M. [5]2014, S. 226-261. Zum Umschlagen von Kants Begriff der heuristischen Fiktion in eine Nietzscheanische Variante des bewusst akzeptierten Scheins (wovon bei Kant keine Rede sein kann) vgl. Dieter Henrich, »Versuch über Fiktion und Wahrheit«, in: ders., Wolfang Iser (Hg.), *Funktionen des Fiktiven* (Poetik und Hermeneutik X), München 1983, S. 511-519.

160 Ein hoffentlich abschreckendes Beispiel für die epistemologische Inkohärenz, die sich ergibt, wenn man die Elemente einer rekonstruktiven Analyse für autonom agierende Systeme hält, aus denen sich dann niemals mehr die Einheit des Denkens zurückgewinnen lässt, findet sich

Eine naturwissenschaftliche Untersuchung von Aspekten des Geistes, die zur Wahrnehmung beitragen, wird etwa neurobiologisch vorgehen. Als neurobiologisches Phänomen ist Wahrnehmung allerdings nicht mit einer faktischen Wahrnehmungsepisode identisch. Die Neurobiologie der Wahrnehmung erfasst nur einen Teil von Wahrnehmungsepisoden, wobei sie allerdings bisher bestenfalls hinreichende Bedingungen von deren Vorliegen erforscht. Ohne ein geeignetes neuronales Equipment fände unser geistiges Leben nicht statt. Dennoch operiert die Neurobiologie konstitutiv mit einem verkürzten Wahrnehmungsbegriff, weil sie beispielsweise nicht die quantenmechanischen notwendigen Bedingungen und schon gar nicht das gesamte beobachtbare Universum in Rechnung stellt, die jeweils kausale Beiträge zum faktischen Vorliegen einer gegebenen Wahrnehmungsepisode leisten.

Die Fokussierung auf eine Untermenge der Sinnfelder der faktischen Wahrnehmung ist ein Vorgang der Abstraktion, der als solcher allerdings noch keine Verfälschung bedeutet. Theorieselektion ist weder automatisch Konstruktion ihrer Gegenstände noch die bewusste Akzeptanz von etwas Falschem als etwas explanatorisch Nützliches.

Der Geistbegriff der SFO trifft sich hier mit einer fundamentalen Annahme der phänomenologischen Tradition seit Husserl: Wir können und müssen unserer vortheoretischen Erfahrung

etwa in der folgenden Passage aus Neil Levy, »Choices Without Choosers. Toward a Neuropsychologically Plausible Existentialism«, in: Gregg D. Caruso, Owen Flanagan (Hg.), *Neuroexistentialism. Meaning, Morals, and Purpose in the Age of Neuroscience*, Oxford 2018, S. 111-125, hier: S. 115: »It is now a commonplace in cognitive science that the mind is *modular*. Minds do not consist of a central executive in addition to a multiplicity of inflexible and rather unintelligent mechanisms. Rather, the mind consists of *nothing but* such unintelligent mechanisms. There is no such central executive: nothing which occupies a seat of power, and nothing which has sufficient intelligence to even understand what that power consists in, let alone use it wisely.« Ist dies Ausdruck von Selbsterkenntnis?

des menschlichen Wahrnehmens nicht entrinnen, um sozusagen hinter die Kulissen zu schauen. Wir können nicht hinter die Kulissen sehen, ohne dabei – zu sehen! Unser Standpunkt verschwindet nicht dadurch, dass wir ihn theoretisch zerlegen. Zerlegen wir ihn faktisch, sterben wir. Was der Reduktionismus beschreibt, ist nicht unser Leben, sondern unser Tod, weshalb er sich nicht durchführen lässt. Auf der Ebene der Theoriebildung ist er mentaler Suizid, was freilich insofern ungünstig zu Buche schlägt, als der Reduktionismus der Theoriebildung in der Öffentlichkeit (und von manchen Akteuren des Wissenschaftsbetriebs) für bare Münze und nicht für ein Modell gehalten wird, das zwar notwendige, aber nicht hinreichende Bedingungen unseres geistigen Lebens charakterisiert.

Dieses Modell des Geistes erlaubt uns, das Fleck-Stern-Problem zu lösen. Denn wir können nun den Fleck als eine Wahrnehmungsillusion analysieren. Diese Illusion muss man nicht epistemisch eliminieren, um an ihre Stelle eine Sonne zu setzen, was auf eine Verwechslung des bewussten Wahrnehmungsraums mit Ereignissen in der physikalischen Raumzeit hinausliefe. Die kausale Struktur unseres physiologischen Wahrnehmungsapparats generiert eine Eigenoptik. Vorwissenschaftlich anschaulich formuliert brechen sich die Lichtstrahlen, die von der Sonne ausgehen, an unserem Organismus. Wir nehmen kausal niemals etwas wahr, was sich mit Lichtgeschwindigkeit bewegt.

Indem Photonen auf unseren Organismus »treffen«, findet eine Interaktion (eine Refraktion) statt. Auf diese Weise werden organische Prozesse ausgelöst, die der Organismus in der Form bewusster Wahrnehmungserlebnisse zur Verfügung stellt. Diese bewussten Wahrnehmungserlebnisse enthalten als einen Teil den Fleck, den wir im subjektiven Gesichtsfeld verorten, wenn wir etwa in Richtung des Himmels von hier aus zeigen und jemandem mitteilen, er sei dort. Damit bestimmen wir eine für Andere sichtbare indexikalische Achse, weil andere dieselbe Sonne dadurch sehen können, dass sie einen ähnlichen Wahrnehmungsapparat haben, dem die Sonne sich als Fleck darstellt, wenn auch aus einer entsprechend verschobenen indexikalischen Achse.

Die Gesetze der Optik und objektiven Perspektive geben uns Aufschluss über die mathematisch kodierbaren Verhältnisse, die zwischen den Perspektiven bestehen, sodass wir uns ein theoretisches Bild der kausalen Sachlage machen können. Dieses theoretische Bild ist Element unserer Auffassung einer Sonne als einem gemeinsamen Leitsinn, der die beiden Sinne: Fleck von hier und Fleck von dort, auf einen gemeinsamen Nenner, den Sonnengegenstand bringt. Der Sonnengegenstand ist freilich weder ein Fleck noch ein riesiges heißes Ding »da oben« oder »da unten« (je nach Tageszeit), sondern physikalisch betrachtet eine Überlappung von Feldern, die bis »hierher« reichen, sodass wir durch Verschmelzung der beiden Sinnfelder »Fleck« und »Sonne« sagen können, dass wir uns nicht auf Abstand, sondern in der Sonne befinden, allerdings an einem Ort im Feldganzen der Sonne, der für uns habitabel ist. Die Temperatur auf unserem Planeten sowie das sichtbare Sonnenlicht, das für uns den entscheidenden Hintergrund der Sichtbarkeit der Dinge abgibt, finden in unserer Sonne als Feldganzem statt. Das physikalische Universum selbst besteht nicht aus wohlbestimmten Einzeldingen (Substanzen wie einer sehr großen und heißen Sonne »da oben«), sondern aus Feldern, deren Interaktion die Physik in der Form von Gleichungen kodieren kann, weil die Gesetzesförmigkeit des Universums die Form von Verhältnisbestimmungen aufweist. *Das Universum ist reines Verhältnis, Ereignis ohne metaphysische Substanz.*[161]

---

161 Zur Diskussion der Frage, ob eine verallgemeinerte Quantentheorie auf eine Prozessontologie hinausläuft oder ob nicht vielmehr ein epistemischer Schnitt gesetzt werden kann, der ins Universum stabile Gegenstände mit Substanzform einführt, vgl. Hartmann Römer, »Substanz, Veränderung und Komplementarität«, in: *Philosophisches Jahrbuch* 113/ 1 (2006), S. 118-136. Vgl. auch die Überlegungen bei Karen Barad, *Agentieller Realismus. Über die Bedeutung materiell-diskursiver Praktiken*, Berlin ²2017, sowie dies., *Meeting the Universe Halfway. Quantum Physics and the Entanglement of Matter and Meaning*, Durham, London 2007.

Die physikalischen Felder erscheinen im Sinnfeld des menschlichen Organismus unter Bedingungen einer ihrerseits objektiv erforschbaren Brechung. Die Maße dieser Brechung werden in der Sprache der Sinnesphysiologie bestimmt, ohne dass wir begründeten Anlass haben, sie insgesamt auf die physikalischen Feldformeln zu reduzieren. Das liegt daran, dass unser Organismus ebenfalls Teil des Geistes ist, der wohlgemerkt kein immaterielles Gespenst, sondern eine faktisch existierende, wirkliche explanatorische Struktur der Selbstbestimmung ist, die einen Organismus als notwendige natürliche Bedingung voraussetzt.

Zu sagen, dass der Organismus Teil des Geistes ist, ist keine subjektiv-idealistische oder phänomenalistische These, der zufolge wir den Organismus aus den uns privat zugänglichen Sinnesdaten eines unausgedehnten mentalen Innenlebens zusammensetzen. Das Maß der hier in Anschlag gebrachten Mereologie ist eine Bedingungsanalyse. Die Elemente, die wir in ein Verhältnis setzen wollen, sind der Fleck und der Stern, was dadurch geleistet wird, dass der Stern sich als Gegenstand im Sinnfeld der Astrophysik und der Fleck als Gegenstand im Sinnfeld der menschlichen Sinnesphysiologie entpuppt.

Der Fleck ist dabei keine mentale Repräsentation der Sonne, sondern allenfalls so etwas wie ein Modell. Wenn er ein Bild ist, dann im Sinne von Wittgensteins *Tractatus*, dessen Bildtheorie sich am Modellbegriff orientiert.[162] Es gibt ein Ordnungssystem, das die Masse einer Sonne und die Maße der uns betreffenden sinnesphysiologischen Phänomene in ein Verhältnis setzt. Dieses Ordnungssystem erlaubt uns, aus dem Vorliegen des Flecks auf die Struktur des nicht-bewussten Universums zu schließen, weil der Fleck zu einem kausalen System gehört, das teils rein physikalisch und teils sinnesphysiologisch erfassbar ist. Doch dürfen wir auch hier nicht zum Opfer unserer eigenen

162 Vgl. Anton Friedrich Koch, »Die Bildtheorie des Elementarsatzes und die Lesbarkeit der Dinge (Wittgenstein, Sellars, Kant)«, in: Siri Granum Carson u. a. (Hg.), *Kant: Here, Now, and How. Essays in Honour of Truls Wyller*, Paderborn 2011, S. 179-192.

Abstraktion werden. Sobald wir über dasjenige Modell verfügen, das ich soeben skizziert habe, können wir den Fleck anders behandeln. Der Fleck als seinerseits wissenschaftlicher Gegenstand, den wir eben nicht nur als ephemerische mentale Repräsentation der physikalischen Wirklichkeit, sondern als genuinen Gegenstand einer unabhängigen Untersuchung bestimmen, ist seinerseits nun Teil einer Untersuchung und nicht mehr nur ein träger Fleck.

Hier folge ich einer der Hauptideen von Jocelyn Benoists Realismus, der immer wieder darauf hinweist, dass Gegenstände jeweils Normen sind, an denen wir uns in einer faktischen Situation orientieren, in der es darum geht, wie es sich mit etwas verhält. Die Kontextualität unseres Denkens reicht so tief, dass wir keine situationstranszendenten Gegenstände zur Erklärung unserer erfolgreichen Bezugnahme und damit unserer Wissensansprüche benötigen.[163] Wenn wir unser vortheoretisches Erleben so charakterisieren, als ob wir zunächst einen Fleck sahen und dann irgendwann entdeckten, dass er kausal mit dem Feldganzen einer Sonne in Verbindung steht, übersehen wir, dass wir jeweils in normierten Kontexten tätig sind. Im Vokabular der SFO ausgedrückt: Gegenstände spielen stets nur eine Rolle in einem Sinnfeld, in dem sie unter einem Leitsinn stehen. Der Leitsinn organisiert die Tatsachen dahingehend, dass die Gegenstände sich als Fokus ergeben.

Dies kann man einmal mehr am klassischen Frege-Modell von Abendstern und Morgenstern illustrieren. Zu sagen, dass die Venus derjenige Gegenstand ist, der uns einmal als Abend- und einmal als Morgenstern erscheint, führt einen Leitsinn an, an dem sich unsere Erkenntnisinteressen orientieren. Wer stets nur den Abendstern gesehen hat (d. h. die Venus, die an einem bestimmten Ort in seinem subjektiven Gesichtsfeld aufgetaucht ist), verfügt damit nicht über den Begriff der Venus als desjeni-

---

163 Vgl. die prägnante Darstellung seiner Position in Benoist, »Realismus ohne Metaphysik«, sowie ausführlich Jocelyn Benoist, *Elemente einer realistischen Philosophie. Reflexionen über das, was man hat*, Berlin 2014.

gen Gegenstands, der einmal als Abend- und einmal als Morgenstern erscheint. Der Begriff der Venus als Frege'schem Bedeutungsgegenstand unterscheidet sich vom Begriff des Abendsterns als Sinn, der uns mit der Venus in Verbindung bringt. Im Sinnfeld Frege'scher Bedeutungen sind Venus und Abendstern identisch; im Sinnfeld Frege'scher Sinne hingegen nicht. Der Abendstern-Sinn und der Venus-Sinn sind gerade nicht identisch, weil man ansonsten das Identitätsrätsel nicht gelöst hätte, dass darin besteht, dass es Identitätsurteile gibt, die sowohl informativ als auch widerspruchsfrei sind.[164]

Der Fleck kann als eine optische Illusion behandelt werden in dem Sinne, dass unser Perzept nicht durch unser Wissen um das Verhältnis von Fleck und Stern verändert wird. Das Perzept bleibt wohl von unserem Wissen unberührt; so wie uns die Linien in der Müller-Lyer-Illusion weiterhin als signifikant in ihrer Länge unterschieden erscheinen.[165] Indem wir die kausalen Netzwerke studieren, die sich auf der Ebene der natürlichen Arten überschneiden, die am Zustandekommen menschlicher Wahrnehmungsepisoden beteiligt sind, können wir die Struktur der Illusion verstehen.

Ich spreche hier von »Illusion« und nicht von »Täuschung«, weil eine Illusion nicht notwendig täuscht. Sie täuscht nur, wenn wir sie für etwas anderes halten, als sie ist. Optische Illusionen sind durchschaubar und können deswegen zum Anlass für einen Wissenserwerb werden. Eine Fata Morgana täuscht nur den Durstigen, der meint, der ersehnten Oase näher zukommen. Man kann das Vorliegen einer Fata Morgana aber ebenso

---

164 Vgl. Markus Gabriel, »Dissens und Gegenstand. Vom Außenwelt- zum Weltproblem«, in: Gabriel (Hg.), *Skeptizismus und Metaphysik*, S. 73-92.

165 Hier sei nochmals wiederholt, dass die Linien in einer Müller-Lyer-Illusion natürlich niemals wirklich gleich lang sind. Wahrnehmbare sind keine geometrischen Linien. Das ist bedeutsamer, als man meinen könnte, zeigt es doch, dass Vaihinger-Fiktionen in den Begriff der Wahrnehmungstäuschung eingehen, weil diese geometrische Maße an die Wahrnehmung heranträgt, die dort nicht buchstäblich greifen.

als Datum für eine Studie über unseren Wahrnehmungsprozess anlässlich bestimmter Stimuli verwenden. Es kommt also auf den Gebrauch an, den man von einer Illusion macht. Eine Illusion täuscht nicht von sich her, sondern nur unter spezifischen Bedingungen, in denen die Täuschung liegt.

Die elektromagnetischen Felder der Sonne sind Teil der Erklärung ihrer Abstrahlung in unseren Wahrnehmungsapparat hinein. Wir erfassen diese Strahlung aufgrund der Selektionsmechanismen unserer Wahrnehmungsmedien, unserer Sinnesmodalitäten. Dies funktioniert nur deswegen, weil unsere Sinnesmodalitäten mit den Feldern der Sonne interagieren, indem sie zu ihnen gehören. Die Felder unserer Sinnesmodalitäten interagieren auf derselben kausalen Ebene mit den Feldern der Sonne. Unsere Sonnenwahrnehmung findet in diesem Sinne in der Sonne statt. Wir sind Gegenstände im Sonnenfeld. Die Sonne ist also nicht an einem anderen Ort (»da oben« am Himmel; im Zentrum unseres Sonnensystems oder wo auch immer). Diese Ortsangaben führen leicht zu Täuschungen, indem wir die Sonnenillusion und den Sonnengegenstand verwechseln. Dass die Sonne nicht »da« sein kann, ohne »hier« zu sein, sieht man daran, dass es hier gerade hell ist. Das hier anwesende Sonnenlicht ist ein Teil der Sonne und kein Stellvertreter der Sonne.

Die kausale Interaktion der Sinnfelder der Wahrnehmung mit den Sinnfeldern der Sonne generiert eine Wahrnehmungsillusion, die sich in der Sonne selbst vollzieht und die Sonne (geringfügig) modifiziert, was man eigentlich seit der Entdeckung der Quantentheorie weiß, in der philosophischen Wahrnehmungstheorie allerdings zu Unrecht vernachlässigt hat, weil deren Diskurslandschaft weiterhin nach dem dysfunktionalen Subjekt-Objekt-Modell gestrickt ist. *Das Wahrnehmungssubjekt ist kein wirklichkeitsferner Zuschauer des kosmischen Geschehens, sondern eine selber gegenständliche Struktur, die kausal eingebettet ist.*

Der Fleck ist somit ein objektiv existierendes Bild. Hierbei muss man sich vor Augen halten, dass das Bild kein Abbild von irgendetwas ist. Die Analogie zur Malerei besteht vielmehr darin, dass Sinnesdaten im Sinne objektiv existierender Bilder Verteilungen sensorisch unmittelbar zugänglicher (nicht durch weitere Bilder vermittelten) Strukturen sind. Wir nehmen im Medium von Sinnesdaten wahr in dem Sinne, in dem ein Farbfilm uns eine Szene in Farbe sehen lässt. Sensorische Medien sind Darstellungen der Sache selbst und keine Abbilder. Sie sind wirkliche Bilder, die wir aufgrund unserer Registraturen erfassen, nicht aber produzieren. Unser kausaler Beitrag zum Bild besteht darin, dass Wahrnehmung insgesamt eine faktisch existierende Relation ist, die ohne Beiträge des Wahrnehmenden nicht vorliegt. Der kausale Beitrag findet auf verschiedenen Ebenen des Universums statt, da wir ohne mikrophysikalische Ereignisse (die die Quantentheorie erforscht) und physiologische Voraussetzungen über keine Sensorik verfügten. Es gibt also notwendige natürliche Voraussetzungen von Wahrnehmung, ein Sachverhalt, der freilich nicht naturwissenschaftlich allein erschließbar ist.

Sinnesdaten befinden sich nicht »im Bewusstsein«, sie sind keine privaten Veranstaltungen, die von außen durch unerkennbare Affektionsrelationen generiert werden.[166] Es gibt also wirklich einen Fleck. Wir können auf ihn hinweisen und sind berechtigt anzunehmen, dass andere Mitglieder unserer Spezies aufgrund derselben optischen Gesetze eine ähnliche Erfahrung haben.

Doch der Fleck ist nicht stets der *Gegenstand* der Wahrnehmung. Wenn ich die Sonne z. B. als Temperatur oder als Helligkeit wahrnehme, ist die Sonne der Gegenstand. Man kann den dabei mit auftretenden Fleck seinerseits zum Gegenstand machen und etwa untersuchen, wie seine Leuchtkraft zustande kommt, eine Untersuchung, die eine zentrale Rolle in der mo-

---

166 Das entspricht dem Begriff des Sinnesdatums in Russell, *Die Analyse des Geistes*, der damit *malgré lui* die Grundidee Bergsons beerbt, die dieser in Henri Bergson, *Materie und Gedächtnis. Eine Abhandlung über die Beziehung zwischen Körper und Geist*, Hamburg 1991 (ungleich eleganter) entwickelt hat.

dernen Astrophysik spielt, die etwa Spektralanalysen vornimmt, um Eigenschaften von Sternen oder anderen kosmischen Phänomenen zu erforschen.

Hier wie sonst gilt, dass nichts an sich ein Gegenstand ist, ohne dass ein Kontext (ein Sinnfeld) feststeht, in dem es erscheint. Der Fleck kann in einem Sinnfeld Wahrnehmungsgegenstand und in einem anderen ein Bild (Sinnesdatum) sein, was der funktionalen ontologischen Differenz von Gegenstand und Sinnfeld entspricht.[167] Was wir wahrnehmen, ist an Kontexte gebunden, die nicht ausschließlich durch das Vorliegen bestimmter Gegenstände, sondern durch menschliche Bedürfnisse mit ausgewählt werden, woran Benoists präzise Analysen der Wahrnehmungssituation erinnert haben.[168]

Sofern wir die Sonne wahrnehmen, handelt es sich beim Fleck um eine optische Illusion, die zum visuellen Wahrnehmungsbewusstsein gehört. Der Fleck ähnelt einer Luftspiegelung. Er stellt keine Sachlage so dar, als ob es einen Fleck gäbe; aber auch nicht so, als ob es einen Stern gäbe, der seine Ursache ist. Er repräsentiert gar nichts, es sei denn, man wollte das Ergebnis bestimmter physischer, optischer, biologischer oder psychologischer Regelmäßigkeiten als die Repräsentation von etwas auffassen, was aber vom epistemischen Sinn von »Repräsentation« abweicht.

Wir können aufgrund unserer Wahrnehmung wissen, dass es einen bestimmten Stern gibt, weil wir ihn wahrnehmen. Wir können über diesen Stern etwas lernen, indem wir den Fleck studieren, bei dem es sich um eine Wechselwirkung zwischen Stern und uns handelt. Genau solche Effekte spielen eine epistemisch zentrale Rolle in der Astrophysik, die Rotverschiebungen und das erlebte Flackern von Himmelserscheinungen als Datenquelle verwendet, um etwas über astrophysikalische Gegenstände zu erfahren. Der Fleck ist also keine Sonnenrepräsen-

---

167 Gabriel, *Sinn und Existenz*, S. 193-197.
168 Vgl. insbesondere Jocelyn Benoist, *Sens et sensibilité. L'intentionalité en context*, Paris 2009.

tation. Er kann allerdings die Rolle von Evidenz in einer astrophysikalischen Fallstudie spielen.[169]

Unsere bewusste Wahrnehmungserfahrung ist Teil des Universums. Sie ist in kausale Zusammenhänge eingebunden. Indem wir diese Zusammenhänge erforschen, können wir etwas über die Gegenstände der Wahrnehmungserfahrung herausfinden. Der Zugang zu physikalischen Gegenständen auf der Basis der Selbstuntersuchung unseres unhintergehbaren Standpunkts besteht in einer epistemischen Kontaktaufnahme mit dem Wirklichen, weshalb wir wissen können, wie die von unserem Geist sozusagen unabhängigen Dinge beschaffen sind.

Ich sage »sozusagen«, weil die Gegenstände, die wir wahrnehmen, faktisch nicht kausal von unserem Geist unabhängig sind. Indem wir in denselben kausalen Feldern auftauchen, modifizieren wir durch unsere Anwesenheit im Universum das Universum selbst. Wie tiefgreifend dieser kausale anthropische Beitrag ist, ist bisher nicht ganz geklärt. Dass er vorliegt und dringend in Rechnung gestellt werden muss, ist aber eine bekannte Konsequenz der modernen Physik seit ihren monumentalen Errungenschaften der Relativitäts- und Quantentheorie.

Wir nehmen also niemals Dinge wahr, die von unserem Geist kausal unabhängig sind, weil dies kausal unmöglich ist. Das bedeutet nicht, dass ein Vorstellungsschleier durch unser Bewusstsein zieht, der die Dinge von uns abschirmt. Das Wahrnehmungsbewusstsein ist kein Bildschirm, auf dem etwas erscheint, sondern die Erfassung objektiv existierender Information von einem Standpunkt aus, der kausal mit seiner Umgebung interagiert. Der Fleck sowie jedes andere Sinnesdatum (die sich in makroskopischer Reichweite zeigen mögen) ist in dem Sinne

---

169 Vgl. dazu die wissenschaftshistorische Skizze im Kontext einer Theorie der Einbildungskraft, die ähnliche Ziele wie die SFO verfolgt, bei John Sallis, *Logic of Imagination. The Expanse of the Elemental*, Bloomington 2012, Kap. 7. Ich danke Tobias Keiling für den Hinweis auf diese Studie und die Parallelen zur im Haupttext entwickelten objektiven Phänomenologie (die auch in ebd., Kap. 4 deutlich werden).

eine Illusion, dass es möglich ist, ihn für etwas zu halten, was er
nicht ist, z. B. für ein Element auf einem Bildschirm, der die
Sache selbst immer nur abschattet.

Für unser Wahrnehmungswissen ist die partielle Opazität seiner natürlichen notwendigen Voraussetzungen konstitutiv.[170] Um
epistemisch in Kontakt mit etwas zu stehen, was dieser Kontakt
nicht insgesamt kausal hervorbringt, ist es nicht vonnöten, infallibel zu sein, indem man alle notwendigen und zusammengenommen hinreichenden Bedingungen der vorliegenden Wahrnehmungsepisode kennt. Im Allgemeinen gilt, dass wir nicht alle
Bedingungen eines vorliegenden Erfolgsfalls des Wissens kennen können müssen, um zu wissen, dass sie erfüllt sind.[171] Jeder
noch so erfolgreiche Wissensanspruch generiert eine Zone des
Nichtwissens, die wir schrittweise erkunden können, womit
wir freilich stets weitere Zonen des Nichtwissens hervorbringen. Den Raum des Wissbaren leuchten wir niemals vollständig
aus, schon gar nicht dadurch, dass wir die »reine Logik« als Pat-
rouille ins Unbekannte vorschicken, um schon einmal *a priori*
metaphysische Allquantoren in Stellung zu bringen.

Fallibilität ist konstitutiv für Objektivität. Dies manifestiert
sich im Wahrnehmungsfall dadurch, dass es sogar prinzipiell
unmöglich ist, eine gegebene Wahrnehmungsepisode durch das
Prisma einer vollständigen und systematischen Auflistung aller
ihrer faktisch zusammenspielenden natürlichen und geistigen
Bedingungen zu erfassen. Denn dieser Versuch ändert die Wahrnehmungssituation. Das bedeutet nicht, dass ein Perzept sich
durch unseren kognitiven Zugriff psychologisch verändert, wohl
aber, dass die kausale Architektur modifiziert wird, wenn wir

---

170 Vgl. dazu Alexander Kanev, »New Realism, Pluralism and Science«, in:
     Luca Taddio (Hg.), *New Perspectives on Realism*, Mailand 2017, S. 191-
     214.

171 Zum Scheitern der Iterativitätsauflage, die Wissen daran bindet, dass
     Wissen des Wissens vorliegt oder im Allgemeinen vorliegen können
     muss, Gabriel, *An den Grenzen der Erkenntnistheorie*, S. 144-146; 150-
     159.

versuchen, auf sie zuzugreifen, weil dieser Zugriff seinerseits kausal ist.

Die theoretischen Begriffe, mittels derer wir unsere Sinnesmodalitäten in Modellen zu erfassen suchen, nähern sich einer Angelegenheit, die sich von sich her diesseits jeglicher noch so feinkörniger Theoriebildung befindet. Es gibt schließlich keinen reinen Fall des Sehens, der nicht andere Sinnesmodalitäten involvieren würde, die zusammenarbeiten, wenn es zu einem Perzeptsystem in einem gegebenen Lebewesen zu einem gegebenen Zeitpunkt kommen soll. Die Komplexität der mentalen Zustandsveränderungen in einem geistigen Lebewesen überschreitet alles, was wir vollständig durchschauen können.

Indem wir fallibel sind, sind wir in der Lage, etwas über diejenigen Gegenstände zu wissen, bezüglich derer wir fallibel sind. Fallibilität und Objektivität gehören in der Wirklichkeit des Wissenserwerbs zusammen. Die Bedingtheit von Wahrnehmungsepisoden steht dem Erfolgsfall eines aus ihnen erlangten Wissens demnach nicht im Weg, sondern stellt umgekehrt mehr Wissbares zur Verfügung, als wir jemals einholen können.

Die Bedingungstheorie der Wahrnehmung wird sicherlich bei einigen Lesern den Eindruck erwecken, als ob wir schlussendlich doch keinen direkten Zugang zu den Gegenständen der Wahrnehmung haben. Schiebt sich der Fleck nicht doch zwischen uns und den Stern? Wenn er eine optische Illusion ist, wie kann uns unsere visuelle Erfahrung mit dem Ding an sich, dem Stern verbinden? Weder gelingt dies dadurch, dass der Fleck den Stern repräsentiert, noch dadurch, dass dieser jenen verursacht. Denn das Wissen um die Verursachungsrelation ist nicht selbst eine intrinsische Facette der Wahrnehmungsepisode. Wahrnehmend zu wissen, dass es einen bestimmten Stern gibt, und zu wissen, dass man dies weiß, weil dieser bestimmte Stern diesen bestimmten Fleck verursacht, ist nicht dasselbe.

Die Antwort auf diesen Einwand lautet, dass die Bedingungstheorie keine Bestreitung der Behauptung erfordert, dass der Stern der Gegenstand der Wahrnehmung ist. Die Wahrnehmung bezieht sich auf den Stern. Die Form dieser Beziehung involviert eine kausale Architektur und damit ein Sinnfeld, in dem der Fleck auftaucht. Nehmen wir den Stern wahr, kann der Fleck nicht der Gegenstand der Wahrnehmung sein, weil die visuelle Fleckerfahrung allein kein Grund ist, von einer Sternwahrnehmung auszugehen. Deswegen ist sie eine Illusion, weil sie täuschen kann, aber nicht muss.

Dem Fleck wird also eine Rolle im explanatorischen Kontext der Selbsterfassung unserer Fallibilität zugewiesen. Er ist Teil der Erklärung, warum wir als geistige Lebewesen auf der Ebene unserer Wahrnehmungsepisoden nicht infallibel sind. Wenn wir den Fleck wahrnähmen, bedürften wir einer Erklärung der Fallibilität dieser Wahrnehmung, was einen höherstufigen, unsichtbaren (sozusagen »blinden«) Fleck generierte usw. *ad infinitum.*

Die visuelle Fleckerfahrung berechtigt mich nicht unmittelbar zur Behauptung, dass es einen Fleck gibt, den ich wahrnehme, ebenso wenig wie mich die visuelle Erfahrung einer Situation, als ob in ihr Wasser auf der Autobahn in New Mexico an einem heißen Sommertag zu sehen wäre, mich unmittelbar dazu berechtigt zu behaupten, dass sich dort Wasser auf der Autobahn befindet. Die Sonne wahrzunehmen und dabei eine Fleckerfahrung zu machen, berechtigt mich hingegen unmittelbar zu einem Wissensanspruch, weil der Gegenstand – die Sonne selbst – vorliegt und der Anlass meines durch weitere kontextuelle Parameter tragfähigen Wissensanspruchs ist.

Da die Faktivitäts-Verbindung irgendwo verortet werden muss, können wir sie getrost im realistischen Geist von der visuellen Erfahrung eines Flecks auf die Wahrnehmung des Gegenstands verschieben. Wir können also aufgrund unserer Wahrnehmungserfahrung die Gegenstände unserer Wahrnehmung erfassen und ihre Identität über verschiedene Wahrnehmungsepisoden hinweg feststellen. Wir sind deswegen auch dazu berechtigt, anderen, nicht-menschlichen Lebensformen Wahrnehmungsepisoden derselben Gegenstände zuzuschreiben, die wir wahrnehmen. Die Fledermaus nimmt dieselbe Sonne wahr wie ich, wenn

auch in anderen Sinnesmodalitäten. Der Farbenblinde sieht dieselbe Ampel wie ich, wenn auch in anderen Farben.

Zu wissen, dass dies oder jenes der Gegenstand einer Wahrnehmung ist, ist nicht dasselbe, wie dies oder jenes wahrzunehmen. Wir nehmen überdies unzählige Gegenstände wahr, ohne
einen Begriff davon zu haben, was sie sind.

Der Gegenstand der Wahrnehmung wird nicht durch den
Wissensanspruch der Wahrnehmenden festgelegt. Dies trägt
dem Impetus des Realismus in der Wahrnehmungstheorie Rechnung. Die SFO löst damit eine realistische Plattitüde dadurch
ein, dass sie die optische Illusion, die ein wirklicher Bestandteil des Universums ist, vom Wahrnehmungsgegenstand unterscheidet.

Der Fleck ist kein Stern. Der Fleck ist aber Bestandteil desselben kausalen Netzwerks, zu dem der Stern gehört. Das bedeutet
nicht, dass ein genau bestimmter Stern, der sich irgendwo befindet, ein genau bestimmtes Lebewesen anstrahlt und durch Reizung seiner Nervenenden einen Fleck in seinem Organismus
hinterlässt. Diese grobschlächtige Variante einer kausalen Wahrnehmungstheorie ist nicht vereinbar mit dem Umstand, dass
die kausale Informationsübertragung in den hier relevanten
physikalischen Feldern quantentheoretisch aufzufassen ist.

Die objektive Phänomenologie unterläuft die Opposition eines mentalen Wahrnehmungssubjekts, das einer materiellen Außenwelt gegenübersteht, die auf es einwirkt. Das rückt sie in
die Nähe einer quantentheoretisch informierten Auffassung der
Wahrnehmung, was allerdings kein entscheidender Bestandteil
ihrer philosophischen Rechtfertigung ist, da die Quantentheorie nicht ohne vorgängige philosophische Interpretation zur Unterstützung begrifflicher Analysen geeignet ist.

Allerdings besteht eine sachliche Nähe zwischen der Quantentheorie und der objektiven Phänomenologie zumindest in
der Hinsicht, dass die klassische Annahme verabschiedet wird,
unser Wahrnehmungsapparat sei eine Art Blick von nirgendwo, dem sich die eine geistunabhängige Welt dadurch zeigt,
dass unsere Nervenenden gereizt werden. Denn solche Modelle

setzen eine naive Einzeldingontologie voraus, der zufolge es
eine Welt gibt, die aus lauter wohlbestimmten Einzeldingen
(Individuen) besteht, die gemeinsam das Mobiliar des Wirklichen bilden, über das wir nur durch Ketten der Verursachung
informiert werden können. Solche Modelle scheitern schon daran, dass sie die kausale Einbettung des Wahrnehmungsvorgangs
selbst nicht mit in Rechnung stellen, der einen realen Beitrag
zum Zustandekommen der Wahrnehmung leistet. Dieser reale
Beitrag befindet sich weder in unserem Geist noch in unserem
Gehirn, sondern rührt schlichtweg daher, dass wir als Lebewesen Bestandteil jedes Universums sind, das überhaupt eine kausale Form aufweist.

Die hier vorgeschlagene objektive Phänomenologie widerspricht vehement der folgenden scheinbar selbstverständlichen
Modellierung des Wahrnehmungsvorgangs, die Russell anbietet, um einige Versionen des Wahrnehmungsrealismus unter
Hinweis auf die Wissenschaft (bzw. auf seine Interpretation
naturwissenschaftlicher Ergebnisse!) zu diskreditieren.

> Der gemeine Menschenverstand nimmt an – wenn auch nicht sehr
> explizit –, dass die Wahrnehmung die externen Gegenstände uns
> direkt offenbart: wenn wir ›die Sonne sehen‹, dann ist es die Sonne,
> die wir sehen. Die Wissenschaft nimmt einen anderen Standpunkt
> ein, wobei sie seine Implikationen nicht einsieht. Die Wissenschaft
> nimmt an, dass, wenn wir ›die Sonne sehen‹, ein Prozess stattfindet,
> der von der Sonne ausgeht, den Raum zwischen Sonne und Auge
> durchquert, seinen Charakter verändert, wenn er das Auge erreicht,
> seinen Charakter noch einmal verändert, wenn er den optischen
> Nerv und das Gehirn erreicht, und schließlich dasjenige Ereignis
> produziert, dass wir ›die Sonne sehen‹ nennen. Unser Wissen von
> der Sonne wird auf diese Weise inferentiell; unser direktes Wissen
> von einem Ereignis, das in einem gewissen Sinn ›in uns‹ ist.[172]

172 Meine Übersetzung von Russell, *The Analysis of Matter*, S. 197: »Com-
     mon sense holds – though not very explicitly – that perception reveals
     external objects to us directly: when we ›see the sun‹, it is the sun that
     we see. Science has adopted a different view, though without realizing
     its implications. Science holds that, when we ›see the sun‹, there is a pro-

Russell zufolge sehen wir also niemals die Sonne. Was wir wissen, wenn wir beanspruchen, die Sonne zu sehen, ist inferentiell begründet. Russell akzeptiert eine naturalistische Variante des phänomenologischen Arguments, was die Sachlage begrifflich nicht entschärft. Sein Fehler entsteht dabei in der zitierten Passage auf die folgende Weise. Er schließt daraus, dass die Wissenschaft eine Reihe von Prozessen namhaft macht, die ablaufen, wenn wir die Sonne sehen, darauf, dass unser direktes Wissen von der Sonne sich nur auf den Endpunkt dieses Prozesses bezieht, der »in einem gewissen Sinn ›in uns‹« sei. Doch in welchem Sinn soll das vermeintliche Ereignis »in uns« sein?

Wenn Russell meint, dass das Sehen der Sonne ein Ereignis in unserem Gehirn ist, hätten wir damit direktes Wissen von einem Ereignis im Gehirn (nennen wir dies »das neuronale Ereignis«), woraus wir auf eine distale Ursache, die Sonne, schließen. Aber wie ist es möglich, direktes Wissen des neuronalen Ereignisses zu haben? Meint Russell, dass wir direktes Wissen eines neuronalen Ereignisses haben, indem wir einen Fleck beobachten, den wir inferentiell auf die Sonne beziehen können?

Dies scheint der Fall zu sein, zumal diese Lesart durch den neutralen Monismus abgedeckt ist, der hier lehren könnte, dass das bewusste Fleckerlebnis die Innenansicht der Materie ist, die uns als bewusstem Leben zur Verfügung steht. Der Fleck und das neuronale Ereignis wären zwei Facetten desselben Ereignisses, das uns sozusagen im Medium der Attribute Ausdehnung und Denken erscheint: als Ausdehnung, wenn wir das Gehirn betrachten, und als Denken, wenn wir den Fleckeindruck berücksichtigen.

cess, starting from the sun, traversing the space between the sun and the eye, changing its character when it reaches the eye, changing its character again in the optic nerve and the brain, and finally producing the event which we call ›seeing the sun‹. Our knowledge of the sun thus becomes inferential; our direct knowledge is of an event which is, in some sense ›in us‹.«

Doch diese umständliche Erklärung löst ihr Versprechen eines Beitrags zur Wahrnehmungstheorie nicht ein. Denn sie legt sich darauf fest, dass unsere visuelle Erfahrung selbst (der Fleck) keine Wissensquelle ist. Was wir direkt wissen können, betrifft diesem Modell zufolge keineswegs die Sonne, sondern nur einen Sonneneindruck. Was wir über die Sonne wissen, ergibt sich nicht aus dem Sonneneindruck, der nur dadurch mit unserem Sonnenwissen in Verbindung steht, dass wir ein wissenschaftliches Ursachenwissen erlangen, das epistemischen Kontakt mit der Sonne als Ursache des Sonneneindrucks aufnimmt.[173]

Die objektive Phänomenologie hingegen behandelt unsere visuelle Erfahrung (den Fleck) als einen Gehalt, der die Sonne vorstellt. Der Fleck ist eine Wahrnehmungsproposition, die uns die Sonne auf eine bestimmte Art und Weise erfassen lässt. Die Wahrnehmungsdinge sind dazu geeignet, durch die Selektionsverfahren unseres sensorischen Equipments ausgelesen zu werden, weil sie eine Feldstruktur aufweisen, die sich mit den Feldstrukturen unserer selbst überlappen.

Es besteht eine Übersetzungsrelation zwischen diesen beiden Strukturen, die man mit dem Informationsbegriff in Verbindung bringen kann, der leider inzwischen inflationär gebraucht wird.[174] Information kann man hier *cum grano salis* in Anlehnung an die Aristotelische Tradition so verstehen, dass die Wahrnehmungsdinge eine Struktur (einen λόγος) aufweisen, die in die Struktur propositionalen Gehalts übersetzt wird. Die

---

173 Ein anderes schwerwiegendes Problem für Russell ergibt sich freilich daraus, dass Russell den Begriff der Ursache aus der Wissenschaft entfernen möchte, sodass er *malgré lui* ohnehin keine wissenschaftlich basierte kausale Wahrnehmungstheorie vertreten kann, da die Wissenschaft nicht über den Begriff der Ursache verfügt. Vgl. Bertrand Russell, »On the Notion of Cause«, in: John G. Slater (Hg.), *The Collected Papers of Bertrand Russell.* Band 6: *Logical and Philosophical Papers 1909-1913*, London 1992, S. 193-210.

174 Zur Präzisierung der Eigenschaften des Informationsbegriffs vgl. Luciano Floridi, *The Philosophy of Information*, Oxford 2013.

Wahrnehmung als Relation, die zwischen dem Wahrnehmungsding und dem wahrnehmenden Organismus besteht, hat dabei ihrerseits eine Form. Die Wahrnehmung ist selbst ein λόγος, der sich mitten im Wirklichen befindet und nicht unzulässig »mentalisiert« oder »internalisiert« werden sollte.[175] Der Fleck gehört dabei zur Form der Wahrnehmung. Er ist in Formation.

Die Verursachungsrelation der Wahrnehmung hat die Form einer Verschränkung und nicht die Form einer Zeitlinie, die ein Wahrnehmungsding als Sender auffasst, der sich zeitlich vor dem Empfänger befindet, sodass das kausale Format der Wahrnehmung als Ganzes in temporale Ausschnitte zerlegt wird. Ob diese philosophische Beschreibung naturwissenschaftlich eingelöst werden kann, hängt unter anderem von der richtigen Lösung des Messproblems der Quantentheorie und seiner Anwendung auf die Rolle unseres Wahrnehmungsapparats als Beobachtungssystem ab, was an dieser Stelle nicht entschieden werden soll.

Da die Physik nicht hinreichend zu einer Gesamttheorie vereinheitlicht ist, die eine eindeutige Metaphysik abwirft, welche als Grundlage der Wahrnehmungstheorie dienen kann, ist die objektive Phänomenologie eine Annahme, die sich aus einer ontologischen und epistemologischen Rekonstruktion motiviert. Diese Rekonstruktion erlaubt, ein Modell zu entwickeln, das Raum für die Faktivität der Wahrnehmung hat und die visuelle Erfahrung selbst als vollgültige Wissensquelle behandelt.

Gleichzeitig stellt uns die Bedingungstheorie eine Erklärung unserer Fallibilität zur Verfügung. Wir sind im Erwerb von Wahrnehmungswissen dadurch fallibel, dass wir niemals alle Bedingungen einer Wahrnehmungsepisode vollständig erfassen

---

175 Aristoteles, *De anima* 426b3-24, wo Aristoteles eine Verbindung zwischen der objektiven Struktur (λόγος) der Wahrnehmung und dem Umstand herstellt, dass sie urteilt (κρίνει). Vgl. dazu Gabriel, *Der Sinn des Denkens*, S. 50-55.

können. Wir erfassen in der visuellen Erfahrung einige Aspekte einer Wahrnehmungsepisode, namentlich diejenigen, die in der Form des Gehalts auftreten. Diese setzen uns in einen nicht darüber hinaus weiter vermittelten Kontakt mit den Wahrnehmungsdingen.

Wenn wir uns im Wahrnehmen täuschen, liegt dies daran, dass wir Bedingungen erschließen, die uns nicht direkt verfügbar sind. Das Wahrnehmungswissen ist demnach um mindestens eine Stufe weniger vermittelt als das auf der Grundlage der Wahrnehmung erschlossene Wissen, das Bedingungen der faktisch vorliegenden Wahrnehmung thematisiert, die selbst *ex hypothesi* nicht wahrgenommen werden. Die Wahrnehmung selbst täuscht sich nicht.

Sogenannte Wahrnehmungstäuschungen sind vermittelt, sie sind Kopierfehler, d. h. Fehler, die jemand begeht, indem er aus einer Wahrnehmung auf etwas schließt, was dieser zugrunde liegen soll, ohne ihr wirklich zugrunde zu liegen. Nicht unser Wahrnehmungswissen, sondern unsere inferentiellen Wissensansprüche, die auf Wahrnehmungen basieren, sind mithin die Quelle unserer Fallibilität. Nennen wir dies die inferentialistische Pseudologie (also Irrtumslehre). Sie behauptet natürlich nicht, dass alle inferentiellen Wissensansprüche, die wir auf der Basis von Wahrnehmungswissen erheben, falsch sind, sondern nur, dass die Schlüsse auf die notwendigen Bedingungen des Vorliegens einer Wahrnehmungsepisode fehlgehen können.

Der minimale Empirismus, der auf dieser Ebene mit der objektiven Phänomenologie einhergeht, leistet einen entscheidenden Beitrag, um Wissenschaft und Skeptizismus voneinander zu unterscheiden. Denn die Revidierbarkeit wissenschaftlicher Wissensansprüche gründet nicht darin, dass wir all unser Wissen infrage stellen können müssen, wozu insbesondere unser Wahrnehmungswissen gehört. Die naturwissenschaftliche Selbstuntersuchung der kausalen Einbettung unserer Wahrnehmungsepisoden ins Universum kommt überhaupt nur voran, weil sie diejenigen Phänomene nicht eliminiert, dank derer jeder wissenschaftlicher Wissensanspruch auf etwas aufbaut, was wir unabhängig von ihm bereits wissen.

Dies ist keine stark empiristische oder fundamentalistische These, der zufolge es eine genau bestimmte mentale Grundschicht des Wissens durch Bekanntschaft mit den Eigenzuständen des Bewusstseins gibt. Denn unser Wahrnehmungswissen ist ja Wissen von etwas, was selbst nicht konstitutiv ein Fall von Wahrnehmung ist. Wenn ich gerade sehe, wie sich meine Finger über die Tastatur bewegen, sehe ich keine Wahrnehmung, sondern meine Finger. Daran würde sich übrigens wenig ändern, wenn es doch so wäre, wie Russell meint (dass wir nur ein direktes Wissen von neuronalen Ereignissen haben), denn auch dann handelt dieses Wissen nicht nur von sich selbst, sondern von neuronalen Ereignissen, die andere zwar nicht intrinsisch, aber extrinsisch erfassen können (in der Form bildgebender Verfahren usw.).

Weil die visuelle Erfahrung eine genuine und irreduzible Wissensquelle ist, wird der klassische Empirismus vermieden, der gerade keinen Wahrnehmungsrealismus vertritt, weil er vielmehr eine Zwischenschicht des Mentalen einführt, die Ursachen repräsentiert. Der Fleck wird so zum Statthalter der Sonne anstatt zu einem Ereignis im Universum, an dessen Zustandekommen unzählige Bedingungen beteiligt sind, wozu letztlich die kausale Architektur des beobachtbaren Universums zählt, die von unserem Standpunkt aus erfassbar ist.

§ 10. Ontologie der Einbildungskraft – (Vermeintliche) Ausdrucksschranken der SFO

Es gehört zum Standardrepertoire des fiktionalen Irrealismus, sich darauf zu stützen, dass fiktive Gegenstände Figmente der Einbildungskraft sind, die genau deswegen, weil sie bestenfalls »bloß eingebildet« sind, weder wirklich sein noch existieren sollen. Die Sorge, aus der sich diese Überlegung speist, bringen Descartes und Hume in der frühneuzeitlichen Philosophie auf

den Punkt: »Nichts ist so frei wie die menschliche Einbildungskraft«.[176] Ein Motiv des klassischen Empirismus in den Spielarten Lockes, Humes und Berkeleys ist die Einhegung der Einbildungskraft. Ihre teils zutreffende Grundidee lautet hierbei, dass
es Phantasieschranken gibt, die dadurch festgelegt sind, dass wir
lediglich rekombinieren können, was unserem Erkenntnisappa-
rat in der Form von einfachen Ideen, d. h. nicht weiter analysier-
baren mentalen Vorstellungen, gegeben wird, die ihrerseits auf
den inneren und äußeren Sinn als Quellen zurückgeführt werden.

Ein Grund dafür, der Einbildungskraft gleichwohl einen zentralen epistemologischen Status zu attestieren, ergibt sich aus
einer Cartesischen Überlegung zur Fallibilität. Wir sind deswegen fallibel, weil wir nicht am sensorisch Gegebenen kleben und
es lediglich als Anlass einer Datenverarbeitung im Rahmen von
Reiz-Reaktions-Mustern weiterverarbeiten. Unsere Freiheit besteht darin, dass wir nicht an die evolutionär vorgegebenen animalischen Parameter allein gebunden sind, sondern die Kette
der Animalität gleichsam gelockert tragen.

Freilich gilt dies nicht nur für den Menschen als dasjenige
freie geistige Lebewesen, das wir aus der Innenansicht kennen,
sondern auch für andere Lebewesen, deren Leben an Umge-
bungsbildern ausgerichtet ist. Es geht an dieser Stelle nicht darum, Descartes' Version einer anthropologischen Differenz zu
verteidigen, sondern um die folgende Argumentation: Wenn
unser kognitiver Apparat lediglich ein Durchlauferhitzer extern
und intern gegebener Informationen wäre, die uns bisweilen
(ab einer bestimmten Reizschwelle) zu Bewusstsein kommen,
könnten wir uns kein stabiles Bild rational angeleiteter Erkenntnissuche machen.[177]

---

176 David Hume, *Eine Untersuchung über den menschlichen Verstand*, Frank-
furt/M. 2007, S. 70. Zum Zusammenhang von Einbildungskraft und
Skeptizismus in der frühen Neuzeit vgl. Rometsch, *Freiheit zur Wahrheit*,
Kapitel 6.
177 Vgl. dazu die historisch und systematisch gekonnte Verteidigung einer
Cartesischen Position bei Rometsch, *Freiheit zur Wahrheit*, Kapitel 4.

Der epistemologische Standpunkt, der sich seiner eigenen Erkenntnisfähigkeiten versichert, erlaubt es uns, inkohärente Vorstellungen vom menschlichen Geist und seiner Ausstaffierung mit Vermögen zurückzuweisen, wozu Theorien gehören, die nahelegen oder gar annehmen, unsere Erkenntnisformate seien (bestenfalls) hochtourige Manifestationen evolutionär kodierter Verarbeitungsmechanismen.

Vor diesem Hintergrund etabliert Descartes zu Recht die Verbindung von Einbildungskraft und neuzeitlicher Wissenschaft als Kernbestand jeder aussichtsreichen Wissenschaftstheorie, da der Prozess der Erkenntnissuche stets den Rahmen des sensorisch und historisch Vorgegebenen überschreitet, um auf diese Weise bis heute in der Form von Gedankenexperimenten aus Datensammelei eine Wissenschaft vom Universum auf seinen verschiedenen Skalen zu machen. Ohne Bilder keine neuzeitliche Wissenschaft, wie Horst Bredekamp in seinen kunsthistorischen Studien zu bildgebenden Verfahren gezeigt hat.[178]

Der menschliche Geist hat sich dabei von seinem mythologischen Ursprung niemals vollständig emanzipiert. Das mythologische Bewusstsein erlebt das Wirkliche als etwas, das so weit über das sensorische Gegebene hinausreicht, dass es an den Rändern seiner Erkennbarkeit den uns zugänglichen Raum der Intelligibilität unterminiert.[179] Dieses Muster wird auch von der modernen Physik bedient, die uns in immer radikaleren Schüben lehrt, dass das Universum auf denjenigen Skalen, die uns nicht direkt sensorisch zugänglich sind, völlig anders ist, als

---

178 Horst Bredekamp, *Thomas Hobbes' visuelle Strategien. Der Leviathan: Urbild des modernen Staates. Werkillustrationen und Portraits*, Berlin 1999; ders., *Die Fenster der Monade. Gottfried Wilhelm Leibniz' Theater der Natur und Kunst*, Berlin 2004; ders., *Darwins Korallen. Die frühen Evolutionsdiagramme und die Tradition der Naturgeschichte*, Berlin 2005.

179 Vgl. dazu Gabriel, *Der Mensch im Mythos*, was die Grundlage meiner darauffolgenden Studien zum Verhältnis von Skeptizismus und Metaphysik bildet. Vgl. ders., *Skeptizismus und Idealismus in der Antike*, sowie ders. (Hg.), *Skeptizismus und Metaphysik*.

wir meinen würden, wenn wir dem Augenschein unkritisch vertrauten.[180]

Deswegen kann man sich auch nicht auf den vermeintlich sicheren Punkt einer naiven Einzeldingontologie zurückziehen, da diese sich bereits aus naturwissenschaftlichen Gründen als eine unserer empirischen Lage nicht angemessene Fiktion erweist. Angesichts dessen, was wir über das Universum wissen, ist die Idee unhaltbar, dass die Welt ein Behälter ist, in dem sich Gegenstände befinden, die insgesamt bewusstseinsunabhängig individuiert sind. Die Welt hat kein Mobiliar, dem wir gegenüberstehen, um es zu inventarisieren. Der klassische, mechanistische Naturbegriff, der in der gegenwärtigen Metaphysik von vielen als dogmatischer Ausgangspunkt aller legitimen Untersuchungen vorausgesetzt wird, befindet sich nicht einmal ansatzweise auf der Höhe der philosophischen Konsequenzen der Physik des letzten Jahrhunderts.

Es besteht kein empirisch gedeckter Anlass, die SFO auf einer bewusstseinsunabhängigen Grundschicht von Einzeldingen, einer atomistischen Basiswirklichkeit, zu errichten. Die heutige Physik bietet der Metaphysik eines veralteten Realismus längst schon keine Schützenhilfe mehr.[181] Die Idee, Werte, Farben, bewusste Empfindungen oder gar der Geist als solcher seien menschlich-allzumenschliche Projektionen, die eine Scheinwirklichkeit der sekundären Qualitäten über die echte Wirklichkeit der Primärdinge legen, ist selbst eine ziemlich einfallslose Projektion des menschlichen Geistes. Sie entspricht dem modernen Pathos der Sinnlosigkeit, das der Entdeckung entspringt, dass wir nicht auf allen Skalen des Universums zu Hause sind. Metaphysisch ist der Mensch heimatlos geworden, als ihm auffiel, dass er physikalisch nicht im Zentrum eines kosmi-

---

180 Rovelli, *Die Wirklichkeit, die nicht so ist, wie sie scheint.*

181 Vgl. in diese Richtung argumentierend James Ladyman u. a., *Every Thing Must Go. Metaphysics Naturalized*, Oxford, New York 2007. Vgl. auch Harold Kincaid, James Ladyman, Don Ross (Hg.), *Scientific Metaphysics*, Oxford 2015.

schen Geschehens steht. Doch dies ist selbst keine existentiell bedeutsame Entdeckung, die sich aus der modernen Physik ableiten lässt, sondern eine Erfahrung, die Scheinbilder generiert. Denn aus unserer raumzeitlichen Stellung auf einer bestimmten Skala der astrophysikalischen Erfassung des Universums folgt nicht, dass das Universum als solches sinnlos vorhanden ist. Die Vorstellung von einem sinnlosen An-sich der Dinge, dem unser Für-sich gegenübertritt, um dem Leben einen Sinn zu geben, ist *ex hypothesi* in keiner Tatsachenerkenntnis verankert. Denn sie basiert auf der irrigen Meinung, Tatsachenerkenntnis sei immer ein Erfassen des An-sich, sodass die Relation, die zwischen dem An-sich und dem Für-sich bestehen soll, ihrer eigenen Prämisse zufolge keine Tatsachenerkenntnis sein kann. Kurzum: Die Meinung, das Universum sei an sich sinnlos, verweist auf eine Quelle einer Sinnlosigkeitserfahrung, die nicht aus einer Erkenntnis des Universums folgt.

Dieser Exkurs in die ontologische Atmosphäre des Existentialismus soll den folgenden Gedanken illustrieren: Unsere ultimativen, metaphysischen Umgebungsbilder sagen mehr über uns selbst als über die metaphysische Umgebung aus, in der wir uns befinden. Denn wir sind der SFO zufolge nicht Teil einer metaphysischen Totallandschaft, aus der sich über den Sinn oder Unsinn des Universums und unserer Position in ihm entscheiden ließe. Dies ist keine historische Fußnote, von der allein Kierkegaard, Nietzsche, Heidegger oder Sartre betroffen sind, die allesamt voraussetzen, dass das Universum sinnlos ist und daher den Impuls zur Selbstbestimmung der menschlichen Existenz bemessen. Denn gerade formiert sich eine »dritte Generation des Existenzialismus (*third-wave existentialism*)«, die sich der vermeintlich dringlichen Frage stellt, wie wir mit der Sinnentleerung unseres bewussten Lebens umgehen sollten, die sich angeblich aus der Neurowissenschaft ergibt, die unser geistiges Leben unserer rationalen Kontrolle entziehe.[182] Gregg D. Caruso und Owen Flanagan teilen dazu mit:

---

182 Caruso, Flanagan (Hg.), *Neuroexistentialism*. Vgl. dazu meine Rezension

Der Neuroexistentialismus ist dasjenige, was man erhält, wenn
Geisteswissenschaften das Stadium erreicht [sic!], an dem sie endgültig und selbstbewusst den *Geist* exorziert und empfiehlt, dass niemand den Cartesischen Mythos des Geists in der Maschine ernst
nehmen möge.[183]

Wie schamlos inkohärent der Neuroexistentialismus (im Unterschied zu Sartres Ontologie des Für-sich) ist, sieht man schon
daran, dass er sich gleich nach der Dementierung des Geistes
ausdrücklich als »*Zeitgeist*« definiert, »der eine zentrale Beschäf-
tigung mit menschlichen Zielen und Bedeutung involviert, die
von der Angst begleitet wird, dass es diese nicht gibt«.[184]

Obwohl sie dies eine Seite später als »regulative Idee« bezeichnen, behaupten Caruso und Flanagan völlig ungedeckt: »Das
Universum ist kausal geschlossen und das Mentale ist das Gehirn.«[185] Hier wird unter der Hand auf wenigen Seiten Physik

in *Notre Dame Philosophical Reviews* vom 25.11.2018, ⟨https://ndpr.nd.
edu/news/neuroexistentialism-meaning-morals-and-purpose-in-the-
age-of-neuroscience/⟩, letzter Zugriff 23.5.2019.

183 Meine Übersetzung von Owen Flanagan, Gregg D. Caruso, »Neuroexistentialism. Third-Wave Existentialism«, in: dies. (Hg.), *Neuroexistentialism*, S. 1–22, hier: S. 2: »Neuroexistentialism is what you get when *Geisteswissenschaften* reaches [sic!] the stage where it finally and self-cons-
ciously exorcizes the *geist* and recommends that no one should take
seriously the Cartesian myth of the ghost in the machine«. Die Autoren
verstehen offensichtlich kein Deutsch, da sie den Plural »Geisteswissenschaften« nicht als solchen erkennen und meinen, die Bedeutung von
»Geist« im Englischen sei »ghost«, wenn es um die Geisteswissenschaften
geht. Schlimmer ist es, wenn Friedrich Adolf Kittler denselben Fehler begeht in seinem (leider) sehr einflussreichen Sammelband Friedrich Adolf
Kittler (Hg.), *Die Austreibung des Geistes aus den Geisteswissenschaften.
Programme des Poststrukturalismus*, Paderborn 1980.

184 Meine Übersetzung von Flanagan/Caruso, »Neuroexistentialism«, S. 2:
»Neuroexistentialism is the third wave of existentialism, defined here
as a zeitgeist that involves a central preoccupation with human purpose
and meaning accompanied by the anxiety that there is none.«

185 Flanagan, Caruso, »Neuroexistentialism«, S. 8: »The universe is causally

und Neurowissenschaft in Metaphysik umgedreht, um aus dieser dann auf die potentielle Sinnlosigkeit des menschlichen mentalen Lebens zu schließen. Dies ist selbst kein wissenschaftlicher Vorschlag, keine Hypothese, für oder gegen die man Daten sammeln könnte, sondern eine metaphysische Fiktion. Der Mensch macht sich hier ein Bild seiner selbst und seiner Einbettung in das nicht-menschliche Universum, mittels derer er versucht, Kontrolle über seine Wertungsmechanik zu erlangen. Die Prinzipien dieses Vorgangs entgleiten den ›Theoretikern‹ des Neuroexistenzialismus, sodass sie in den haltlosen, methodologisch abgründigen Taumel einer Projektion ihrer nihilistischen Selbsterfahrung auf die modernen Naturwissenschaften geraten.

Die Einbildungskraft tritt in die sinnfeldontologische Theoriebildung an zentraler Stelle ein, weil sie derjenige Faktor ist, der erlaubt, die Irrtumsquelle dieser Art von Metaphysik zu identifizieren. Die Metaphysik als Theorie der absoluten Totalität macht sich ein Welt- und Menschenbild und beruht daher auf Ausübungen der Einbildungskraft. Sie geht über alles hinaus, was sich empirisch entdecken lässt, und möchte sich trotz ihrer heutigen (angeblichen) Wissenschaftsgläubigkeit einen Restbestand der »Spiritualität« nicht nehmen lassen. Der metaphysische Naturalismus strebt sehr viel mehr als eine Anerkennung der Wahrheitsfähigkeit naturwissenschaftlicher Wissensansprüche an. Er möchte diese auf den metaphysischen Thron eines Einblicks in die Architektur des Seienden im Ganzen setzen und verspricht sich daraus Orientierung im Endlichen.

Doch sein Weltbild ist an zwei Enden illusionär: Erstens hypostasiert er die absolute Totalität zum Universum. Das physi-

closed, and the mind is the brain.« Beides ist aus naturwissenschaftlicher Sicht falsch bzw. ausgesprochen unbegründet. Vgl. Ellis, Gabriel, »Physical, Logical, and Mental Top-Down Effects«, und ausführlich Noble, *Dance to the Tune of Life*.

kalisch erforschbare Universum wird als Totalität des Existierenden gesetzt – was schon angesichts der heutigen kosmologischen
Unsicherheiten (angesichts einer nicht vereinheitlichten Physik), also physikalisch dogmatisch ist. Zweitens entsteht die Fiktion eines »manifesten« Weltbildes oder einer Lebenswelt, die
vom fortschreitenden Imperialismus des »wissenschaftlichen«
Welt- und Menschenbildes bedroht ist, dem letztlich kein Zu-
fluchtsort mehr bleiben wird.

Die Fiktion unserer alltäglichen »Lebenswelt« wird dadurch
aufrechterhalten, dass wir dasjenige weitgehend ignorieren, was
die Neuzeit tatsächlich zur Gewissheit gemacht hat: Dass der
von uns als gewöhnlich erlebte Ablauf der Dinge sowie das Mobiliar unserer Lebenswelt eine Form der Illusion ist, die wir nur
durch eine erneute Anstrengung unserer Einbildungskraft überwinden können. Die mesoskopische Skala, auf der uns Einzeldinge erscheinen, die wir in bewussten Formen zur Kenntnis
nehmen, ist kein ontologisch isolierter Bereich, hinter, unter
oder neben dem außerdem noch eine naturwissenschaftlich erforschbare Wirklichkeit liegt. Die Entgegensetzung von Lebenswelt und Wissenschaft ist hinfällig, sodass sich auch das Pathos
der Demaskierung der Lebenswelt mit angeblich philosophisch
sensationellen Entdeckungen (vom Typ: es gibt keinen freien
Willen; keine Zeit; es kommt eine bevorstehende Superintelligenz usw.) erübrigt.

Es gibt bis heute kein vollständig aufgeklärtes Bewusstsein,
da die Aufklärung ihrerseits an ein Menschen- und Weltbild
gebunden ist, das sich nur im Rahmen unserer Fähigkeit, ein
Leben im Licht eines Selbstporträts zu führen, ausweisen lässt.
Deswegen ist es für eine Theorie der Fiktionen unerlässlich,
eine Ontologie der Einbildungskraft anzubieten, die diese nicht
als einzudämmendes Beiwerk unserer kognitiven Aktivitäten
wegerklärt, sondern ihre zentrale, ja konstitutive Funktion im
menschlichen Geist anerkennt.

Doch genau dies bereitet der SFO zugegebenermaßen gewisse meontologische Schwierigkeiten. Denn das antimetaphysische
Verdikt der Keine-Welt-Anschauung stößt anscheinend an durch

sich selbst generierte Ausdrucksgrenzen. Es lässt sich nämlich leicht der folgende Einwand formulieren:[186]

(1.) Der SFO zufolge existiert etwas genau dann, wenn es in (irgendeinem) Sinnfeld erscheint.
(2.) Jed Martin existiert, weil er (mindestens) im Sinnfeld von *Karte und Gebiet* erscheint.
(3.) Die Welt als Totalität aller Gegenstände erscheint wie Jed Martin in (irgendeinem) fiktionalen Sinnfeld, indem sich jemand (z. B. ein Metaphysiker) einbildet, sie existiere.
∴ Die Welt existiert (und sei es als fiktionaler Gegenstand).

Mehlich und Koch tragen diesen Einwand nicht zuletzt vor dem Hintergrund vor, dass Kant eine solche Position zu vertreten scheint, die man als *metaphysischen Fiktionalismus* bezeichnen kann, da sie Metaphysik als Fiktion versteht, in der die absolute Totalität als »heuristische Fiction«[187] auftritt.[188] Da dies nach der SFO für Existenz hinreichend ist, ergäbe sich eine sinnfeldontologische Metaphysik, was der SFO teilweise den metaphysikkritischen Stachel zieht.

Freilich ist der metaphysische Fiktionalismus insgesamt keine besonders attraktive Position, weil er vielfältige theoretische Folgekosten mit sich bringt. Doch dies tut dem Problem keinen Abbruch, dass nun (scheinbar) Raum für die Existenz der Welt geschaffen wird. Die Welt hätte damit zwar den ontologischen Status eines fiktionalen Gegenstands, was ihr Exizenzrecht allerdings nicht schmälerte. Können wir uns die Welt also so wie Jed Martin einbilden?

Hierbei ist zunächst in Rechnung zu stellen, dass zwar der

---

186 So auch neuerdings etwa Maurizio Ferraris, *Intorno agli unicorni. Supercazzole, ornitorinchi e ircocervi*, Bologna 2018.
187 KrV, A771/B799.
188 Vgl. die Schwierigkeiten eines metametaphysischen Fiktionalismus, die ich in Gabriel, *Sinn und Existenz*, S. 367f. herausgearbeitet habe.

Ausdruck »die Welt« existieren mag, dessen Sinn als »absolute Totalität« angegeben wird, woraus aber natürlich noch nicht folgt, dass der auf diese Weise scheinbar bezeichnete Gegenstand auch existiert. Die SFO ist keine Spielart der neo-meinongianischen Gegenstandstheorie. Denn damit ein Gegenstand erscheint, muss er wirklich sein, was bedeutet, dass wir uns hinsichtlich seiner auch im Irrtum befinden können. Wir müssen einen von der beliebigen Einführung eines Gegenstands unabhängigen Grund haben, ihm Existenz zuzusprechen, wenn wir uns hinsichtlich seiner täuschen können wollen.

Für Jed Martin wird dies durch die Distinktion zwischen Interpretation und Deutung (s. o., § 1) gewährleistet. Man kann sich nicht alles einbilden und dabei in Kontakt mit Jed Martin bleiben, weil uns die Partitur von *Karte und Gebiet* Phantasieschranken auferlegt, die wir nicht überschreiten können, ohne Jed Martin aus dem Blick zu verlieren. Die Phantasieschranken rühren daher, dass die Partitur Widerstand gegen abwegige Interpretationen leistet, die durch keine Deutung gestützt werden können. Wenn ich mir Faust als eine Wand vorstelle, begehe ich einen Fehler, da der Text eindeutig eine menschliche Person vorführt, ohne dass er freilich die Aussage enthält, dass Faust ein Mensch ist. Keine akzeptable Lesart des Texts erlaubt es, sich Faust als eine Wand vorzustellen. Hier liegt schlicht eine Phantasieschranke vor, die man nicht dadurch beseitigen kann, dass man darauf besteht, fiktionale Gegenstände hätten keinerlei Essenz und schon gar keine Existenz, sodass man sich letztlich jeden beliebigen Reim auf sie machen könne.

Folglich benötigte man einen hinreichend artikulierten fiktionalen Text, der es uns erlaubt, uns den Weltgegenstand kohärent und fallibel einzubilden. Führen wir also eine krude Variante von Borges »Das Aleph« mit dem Titel *Olam* ein, in der ein Erzähler namens Cocinero in einem Winkel eines Kellers von Buenos Aires einen Gegenstand namens »Olam« findet. Dieser Gegenstand ist anders als das Aleph in Borges' Erzählung nicht ironisch von der Metaphysik abgeschirmt. Wenn wir uns jetzt das Szenario ausmalen, das uns der Erzähltext präsentiert, haben wir uns dann in die metaphysische Haltung versetzt? Gibt es die Welt nun in dem fiktionalen fiktionalen Text, den ich gerade erfunden habe?

Das erste Problem für die Formulierung dieses metaphysischen Fiktionalismus ergibt sich aus dem Wesen fiktionaler Gegenstände. Diese sind nämlich von uns isoliert. Der Ausdruck »Paris« in *Karte und Gebiet* bezieht sich nicht auf Paris, sondern auf Paris*, wobei Letzteres einige Eigenschaften hat, die Paris nicht hat (z. B. Jed Martin als Einwohner zu haben). Die minimale Pointe aller Fiktion lautet, dass sie nicht insgesamt eine Berichterstattung darüber sein kann, was nicht-fiktional der Fall ist. Genaueres Hinsehen zeigt, dass die Ontologie fiktiver Gegenstände unvereinbar damit ist, dass fiktionale Darstellungen erfolgreich Aussagen über Nicht-Fiktionales treffen. Sollte es eine fiktionale Darstellung geben, die aus lauter wahren Aussagen zu bestehen scheint, gilt dies nur für eine Interpretation ihrer Sätze, die diese auf die nicht-fiktionale Wirklichkeit beziehen. Eine solche Interpretation wäre nicht imstande, die Fiktion als solche noch zu erkennen, und würde damit den Fiktionalitätsvertrag gar nicht erst eingehen, der uns mindestens dazu auffordert, eine Darstellung nicht in jeder Hinsicht als Berichterstattung aufzufassen.

Der vermeintliche Weltgegenstand, der in *Olam* erscheint, kann deswegen *prima facie* nicht identisch mit der Welt sein, weil er einige Eigenschaften hat, die diese nicht aufweist, namentlich: in einem Keller in Buenos Aires herumzuliegen. Kein Keller in Buenos Aires enthält ein Olam. Jedenfalls haben wir allein aufgrund des Vorhandenseins der Erzählung *Olam* (die freilich nicht existiert, sondern ein fiktionaler fiktionaler Gegenstand ist, der hier im Rahmen eines Gedankenexperiments eingeführt wird) keinen Grund zu glauben, es gebe in Buenos Aires ein Olam.

Das zweite Problem ergibt sich daraus, dass wir uns ein Olam nicht einfach so einbilden können. Wenn wir uns einen Gegenstand einbilden, unterscheidet sich dieser Gegenstand von anderen Gegenständen. Ansonsten bildeten wir uns zwar ein Wort ein, aber keinen Gegenstand, der hinreichend bestimmt wäre, um als absolute Totalität durchzugehen. Hinzu kommt, dass die Welt das maximale Individuum wäre, weil ihr keine Bestimmung fehlt. Sie wäre, wenn es sie gäbe, die *omnitudo realitatis*. Was also bilden wir uns ein, wenn wir versuchen, uns die Welt einzubilden? Wie genau stellen wir sie uns vor?

An dieser Stelle liegt die Beweislast beim metaphysischen Fiktionalismus, der mitteilen muss, was wir uns einbilden sollen, um die SFO zur Anerkennung der Existenz der Welt zu motivieren. Man hat sich nicht schon dadurch so etwas wie die Welt (Gott, die Seele usw.) vorgestellt, wenn man das Wort »Welt« in den Raum stellt und versichert, man habe sich dabei dasjenige vorgestellt, was für den metaphysischen Fiktionalismus spricht.

Das dritte Problem für den metaphysischen Fiktionalismus, das ich anführen möchte, besteht darin, dass er zu pluralistisch ist. Wenn die Welt ein fiktiver Gegenstand wäre, d. h., wenn sie wesentlich in Akten der Einbildungskraft zur Erscheinung gelangte und damit ontologisch in den Seinsbereich von Jed Martin gehörte, könnte man sie sich auf indefinit viele Weisen ausschmücken. Es gäbe keine stabile metaphysische Theoriebildung, die es erlaubte, irgendeine metaphysische Position gegen irgendeine andere auszuzeichnen. Selbst wenn man die metaphysische Literatur der Vergangenheit und Gegenwart als Fiktionen einstufte, die von der Welt als fiktivem Gegenstand handeln, folgte genau daraus, dass jede dieser Metaphysiken mit gleichem Fug und Recht für eine richtige Beschreibung der Welt zu halten wäre. Man könnte sich die Welt machen, »widdewidde, wie sie mir gefällt«. Wenn das der einzige ontologische Rettungsversuch der Metaphysik gegen die SFO wäre, hätte diese ohne Mühe gewonnen.

Freilich liegt es nahe, zu meinen, dass Cocinero in *Olam* eben absolut alles in den Blick nimmt, sodass der Blick von nirgendwo nicht inkohärent ist. Damit erfasst er sich auch selbst, wie er im Keller in Buenos Aires steht, usw. Aber wie genau vollbringt irgendein Gegenstand, der in jemandes Gesichtsfeld auftaucht, das Wunder, einem endlichen Lebewesen eine totale Vision zu ermöglichen?

In der metaphysischen Tradition wird in den großen Systemen Platons, Aristoteles', des Neuplatonismus usw. bis in die Moderne angenommen, dass sich die absolute Totalität im Modus eines »alles auf einmal (ὁμοῦ πάντα)«[189] nur dann anvisieren lässt, wenn man die übliche propositionale Struktur unserer Auffassung distinkter Gegenstände überwindet. Das Absolute zeigt sich nur in einer Bezugnahme, die sich gerade nicht mehr konsistent artikulieren lässt, was im Zentrum der apophatischen Tradition steht, die zu Recht eingesehen hat, dass sich Metaphysik jedenfalls nicht als Gegenstandstheorie betreiben lässt.

Das Absolute ist kein wohlbestimmter Gegenstand irgendeiner Anschauung. Man kann es sich nicht einbilden. Man kann sich allenfalls einbilden, sich es einzubilden, was Borges' Erzählung »Das Aleph« meisterhaft vorführt, indem sie indirekt an die Mystik anknüpft, die im Überstieg über die verfehlte Vorstellung besteht, wir könnten die absolute Totalität als Gegenstand erfassen.

Die Scheinkohärenz des metaphysischen Fiktionalismus ergibt sich daraus, dass er nicht ernsthaft versucht, sich die Welt im Modus des Imaginären auszuschmücken, sondern lediglich die Wortmarke »Welt« oder »Olam« verwendet, um ein Scheinproblem für die SFO zu formulieren. Wir müssen uns die Welt nicht vorstellen oder einbilden, um ihr die Existenz abzusprechen. Die Welt erscheint nicht dadurch in einem distinkten Sinnfeld, dass wir ihr in der Keine-Welt-Anschauung die Existenz absprechen.

Doch genau daraus scheinen wiederum neue Ausdrucksschwierigkeiten für die SFO zu folgen. James T. Hill formuliert einen entsprechenden von ihm sogenannten »Einwand aus der Unausdrückbarkeit« gegen die Keine-Welt-Anschauung.[190] Die-

---

189 So die insbesondere bei Plotin aufgegriffene berühmte Formulierung bei Anaxagoras, DK 59 B 1.

190 Hill, »Markus Gabriel Against the World«, S. 471.

sen hält er für eine Spielart eines performativen Selbstwider-
spruchs. Insbesondere meint er, die SFO könne kein negatives
Existenzialurteil bezüglich der Welt fällen. In diesem Zusammenhang führt er zu Recht an, dass die Keine-Welt-Anschauung keine uneingeschränkte Quantifikation über absolut alle
Sinnfelder zulässt.

> Dies erzeugt das Rätsel, wie Gabriel es schafft, die Möglichkeit aus-
> zuschließen, dass die Welt in irgendeinem Sinnfeld existiert, das
> sich außerhalb der Reichweite dessen befindet, worüber er zu quan-
> tifizieren oder nachzudenken vermag.[191]

Insbesondere bestreitet er, dass mir das Manöver zur Verfügung
steht, das ich für die Bezugnahme auf »runde Quadrate« in Anspruch nehme. Dieses Manöver besteht darin, dass ein Sinnfeld,
etwa das der Euklidischen Geometrie, feststeht, das den Ausdrücken »rund« und »Quadrat« dergestalt Bedeutungen zuweist, dass wir wissen können, dass kein Gegenstand im Sinnfeld der Euklidischen Geometrie sowohl rund als auch ein
Quadrat sein kann. Runde Quadrate sind in der Euklidischen
Geometrie unmöglich, könnten aber zugelassen werden, wenn
man einen unendlichen Kreis in einem anderen Rahmen formal
rein als eine Figur definiert, deren Mittelpunkt unendlich weit
von seiner Umgebung entfernt ist, was ein unendlich großes
Quadrat auch erfüllen könnte.[192] Ein unendlich großer Kreis
und ein unendlich großes Quadrat wären bei einer solchen Be-
deutungszuweisung dieselbe Figur. Ob und unter welchen Bedingungen ein solches Sinnfeld einen Dienst leisten kann, steht
auf einem anderen Blatt. Zu sagen, dass es kein rundes Quadrat
gibt, bezieht sich jedenfalls auf Verhältnisse, in denen es das

---

191 Meine Übersetzung von ebd.: »This renders mysterious how Gabriel
manages to rule out the possibility of the world existing in some field
of sense outside the range of what he is able to quantify over or think
about.«
192 Zur Diskussion vgl. Jocelyn Benoist, »*Plus ultra*. Méditation sur le carré
rond«, in: *Archivio Di Filosofia*, 78/1 (2010), S. 209-216.

Runde und das Quadratische gibt, sodass durch die Behauptung der Nicht-Existenz im vorliegenden Sinnfeld lediglich die Negation der Kombinierbarkeit dieser beiden Gegenstandstypen ausgedrückt wird. Dieses Manöver, so Hill, unterstelle, dass überhaupt keiner der existierenden Gegenstände mit einem runden Quadrat identisch ist, eine Analyse, die für die Welt nicht zur Verfügung stehe.

> Gegen Gabriel gilt, dass die beiden Aussagen auf eine wichtige Weise verschieden sind, da im Fall des runden Quadrats die Aussage ›für alle X gilt, X ≠ das runde Quadrat‹ keiner Bezugnahme auf das runde Quadrat bedarf, während in der Proposition ›für alle X gilt, X ≠ die Welt‹ der Ausdruck ›alle‹ uneingeschränkt quantifiziert und sich damit auf die Welt bezieht.[193]

Allerdings vereinfacht Hill meine Argumentation damit auf eine unzulässige (und seiner eigenen Sache weniger dienliche) Weise, indem er mit einer uneingeschränkten Allquantifikation für das runde Quadrat rechnet und diese nur für die Welt bestreitet. Es gibt der SFO zufolge aber keine Allquantifikation über ein Universum aller Gegenstände. Der Ausdruck »x« in einer Formel wie »∀x (x=x)« referiert nicht auf alle Gegenstände, sondern erlaubt Einsetzungen von Eigennamen, die auf etwas in einem gegebenen Sinnfeld Bezug nehmen.

Der ontologische Realismus restringiert den Referenzbereich. Wir können einer logischen Symbolkette wie »∀x (x=x)« nicht ablesen, wie weit unser Denken reicht.[194] Aus einem kompeten-

---

193 Meine Übersetzung von Hill, »Markus Gabriel Against the World«, S. 474: »*Contra* Gabriel, the two are importantly different because in the case of the round square, ›for any X, X ≠ the round square‹ does not require reference to the round square, whereas in the proposition ›for any X, X ≠ the world‹, the term ›any‹ quantifies unrestrictedly and thus refers to the world.« Der Ausdruck »any« referiert wohlgemerkt auf keinen Fall, weil Quantoren nicht referieren.

194 Deswegen ist die Argumentation Williamsons methodologisch und meta-logisch verfehlt in Timothy Williamson, »Everything«, in: *Philosophical Perspectives* 17/1 (2003), S. 415-465.

ten Gebrauch von »∀x (x=x)« im Rahmen eines etablierten formalen Systems (einer Kalkülsprache) folgt nicht, dass wir gegen
das Verdikt der SFO verstoßen, wenn wir für ein gegebenes formales System ein Identitätsaxiom einführen. Denn die Variable
»x« hat restringierte Anwendungsbedingungen (Einsetzungsre-
geln), was bereits aus den bekannten metamathematischen Unvollständigkeitssätzen folgt, die lehren, dass es kein formales
System gibt, aus dem sich alle Theoreme aller formalen Systeme
ableiten lassen. In keinem Axiomensystem lassen sich alle wahren Aussagen ableiten. Es lässt sich prinzipiell kein deduktives,
formales System konstruieren, dessen Allquantifikation einen
metaphysischen Gesamtbereich abdecken, da immer noch ein
Rest bleibt, der in keinem gegebenen, wohlkonstruierten System insgesamt untergebracht werden kann.[195]

Selbst innerhalb der Mathematik sind wir nicht ohne weiteres berechtigt, ein Universum aller mathematischen Gegenstände zu postulieren, jedenfalls nicht in der Weise, dass wir
ein formales System aufbauen, da jedem formalen System irgendeine mathematische Wahrheit und damit irgendwelche
Gegenstände entgehen.[196] Das ist nicht paradox, sondern eine
Einsicht in die Unvollständigkeit formaler Systeme, aus der
die SFO darauf schließt, dass wir auf formaler, logischer Ebene
keine metaphysischen Sätze über alles überhaupt gewinnen können.

Die Ontologie lässt sich nicht einer vermeintlichen universalen, gegebenen Logik entnehmen, was übrigens auch Hills Ge-

---

195 Vgl. Markus Gabriel, »Die Metaphysik als Denken des Ungegenständlichen«, in: Tobias Dangel, Markus Gabriel (Hg.), *Metaphysik und Religion. Festschrift für Jens Halfwassen zum 60. Geburtstag*, Tübingen 2020 (i.
Ersch.).

196 Es ist irritierend, dass es dennoch philosophische Versuche gibt, die mathematische Metalogik des zwanzigsten Jahrhunderts *a priori* unter Rekurs auf den Mythos metaphysischer Allquantifikation zu übertrump-
fen. Vgl. dazu die Diskussion in Augustín Rayo, Gabriel Uzquiano
(Hg.), *Absolute Generality*, Oxford 2006.

währsmann Priest anführt, um den Quantoren ihre metaphysische Aura zu nehmen.[197]

Zu bestreiten, dass es runde Quadrate gibt, bedeutet der SFO zufolge gerade nicht, runde Quadrate mit allen Gegenständen zu vergleichen und keines von diesen mit einem runden Quadrat zu identifizieren, da die Reichweite unseres gehaltvollen Denkens durch Sinnfelder beschränkt ist, die es nicht als Totalität *en bloc* gibt.

Ich schließe nicht *a priori* aus, dass es die Welt in einem Sinnfeld geben könnte, das meiner ontologischen Theorie zuwiderläuft, sehe aber umgekehrt weder einen Grund *a priori*, ein solches ungewöhnliches Ding wie die Welt anzuerkennen, noch eine Basis in der prä-ontologischen Erfahrung, die uns niemals in eine Totale versetzt, in der wir gehaltvoll über alle Gegenstände oder alle Sinnfelder sprechen. Die Welt gibt es also weder *a priori* noch gar *a posteriori*. Wer gegen die SFO meint, es gebe die Welt und eine dieser zugeordnete Theoriebildung (etwa die Metaphysik oder gar die Physik), trägt die Beweislast, da die Existenz der Welt angesichts der Argumente der SFO nicht offensichtlich ist.

Daher überrascht es nicht, dass es Raum für Einwände gegen die SFO gibt, die allerdings nicht dann schon erfolgreich sind, wenn man versichert, es sei der SFO zufolge doch epistemisch möglich, dass es die Welt gibt, weil ihre Existenz in irgendeinem bisher nicht erwogenen Sinnfeld anzuerkennen wäre. Die schwache epistemische Möglichkeit, dass eine vorgeschlagene Ontologie etwas übersehen hat, ist immer gegeben und belastet einen philosophischen Wissensanspruch ebenso wenig, wie der Umstand, dass empirische Annahmen revidierbar sind, die Objektivität der Wissenschaft gefährdet. Revidierbarkeit ist vielmehr ein Merkmal von Objektivität, weil wir uns in den Angelegenheiten täuschen können, über die wir gehaltvolle, also wahrheitsfähige Urteile zu fällen vermögen. Die Keine-Welt-Anschauung ist keine infallible Einsicht, sondern ein System

---

197 Priest, *Towards Non-Being*, S. 13 f.

von Überlegungen und Argumenten, die ihren Ausgangspunkt
bei der prä-ontologischen Erfahrung einer keinem singulären
Prinzip unterstehenden Pluralität der Erscheinungen nimmt,
um dann zu zeigen, dass es keinen guten Grund gibt, diese Pluralität auf ein singuläres Sinngefüge zu reduzieren. Wir befinden uns in Sinnfeldern, aber nicht in einem Allumfassenden.
Wer anderer Meinung ist, benötigt dazu sehr gute Gründe, die,
wie gesagt, weder aus modernen Kalkülsprachen noch empirisch gewonnen werden können.[198]

Hill geht freilich noch einen Schritt weiter, indem er die formale Struktur des Existenzbegriffs der SFO in Betracht zieht. Er
nimmt an, der Existenzbegriff der SFO sei im folgenden Sinne
äquivok: »Existenz ist Erscheinen in einem Sinnfeld oder Quer-
scheinung in einem Sinnfeld oder Zerscheinung in einem Sinnfeld usw.«[199] Damit müsse ich anerkennen, dass die Welt zwar
nicht existiere, aber doch womöglich quexistiere oder zexistiere
usw.

Allerdings übersieht Hill, dass ich die Alternative Univozität/
Plurivozität nicht in der üblichen Weise akzeptiere. »Existenz«
ist als formaler Begriff einer philosophischen Theorie (der SFO)
formal univok. Zu existieren heißt immer, in einem Sinnfeld
zu erscheinen. Doch worin dies faktisch besteht, wird nicht
durch die theoretische Analyse des Existenzbegriffs im Rahmen
der Ontologie geklärt, da faktische Existenz paradigmatisch un-

---

198 Ich stimme Nick Stang (vielfältige mündliche Mitteilungen) deswegen
    durchaus zu, wenn er meint, Metaphysik sei nur möglich, wenn sie Aus-
    sagen über die Welt trifft, die synthetisch und *a priori* sind. Genau das
    ist ihr Anspruch. Ich stimme ihm allerdings nicht zu, wenn er vermu-
    tet, dass dies Kant gelungen sein könnte. Vgl. Nicholas F. Stang, »Trans-
    cendental Idealism Without Tears«, in: Tyron Goldschmidt, Kenneth
    L. Pears (Hg.), *Idealism. New Essays in Metaphysics*, Oxford 2017,
    S. 82-103.
199 Meine Übersetzung von Hill, »Markus Gabriel Against the World«,
    S. 475: »existence is appearing in a field of sense or *qua*ppearing in a field
    of sense or *za*appearing in a field of sense, and so on«. Vgl. zu diesem Pro-
    blem ausdrücklich Gabriel, *Sinn und Existenz*, § 2a.

ter Bedingungen prä-ontologischer Erfahrung konstatiert wird. Das ist eine entscheidende Hinsicht, in der er sich bei der SFO um einen ontologischen Realismus handelt: Die Theoriekonstruktion lässt es offen, wie Existenz in jeweiligen Sinnfeldern spezifisch beschaffen ist, sodass sich aus der Ontologie auf keine metaphysische Architektur schließen lässt, ohne dass deswegen die formalen Begriffe der Ontologie sinnlos wären.

Damit ist nicht ausgeschlossen, dass der Existenzbegriff der SFO existiert. Der Existenzbegriff wird im Rahmen eines Modells entwickelt, das sich gegenüber alternativen Modellen dadurch auszeichnet, dass es ohne Ontotheologie, d. h. ohne Kurzschluss von Ontologie und Metaphysik auskommt. Diese Alternative hat den Vorzug, die Einsicht in die Unvollständigkeit unserer Theoriebildung, die wir aus anderen Bereichen der mathematischen (einschließlich natürlich der theoretischen Informatik) und physikalischen Wissenschaften des letzten Jahrhunderts kennen, auf die Ontologie auszudehnen. Unsere Endlichkeit ist keine eingeschränkte Perspektive, die man mit einer absoluten, aperspektivisch vorhandenen Totalität vergleichen könnte, an die wir (leider) nicht heranreichen.[200]

Die Unvollständigkeit liegt nicht im Auge des Betrachters, der händeringend nach einem Blick von nirgendwo strebt, den er niemals erreicht. Ein metaphysischer Blick von nirgendwo ist schon deswegen ausgeschlossen, weil kein Lebewesen im Universum alles über das Universum wissen kann. Unser Wissen über das Universum wird durch dessen kausale Textur ermöglicht, zu der gehört, dass wir nicht alles zugleich messen und wissen können. Das Universum weist kontingente Erkenntnisschranken auf, sodass wir der Physik Gründe für ihre eigene metaphysische Unvollständigkeit entnehmen können.[201]

---

200 In diesem neo-romantischen Rahmen einer unglücklichen unendlichen Annäherung verharrt Kreis, *Negative Dialektik des Unendlichen*.

201 Ich danke Ulf-G. Meißner, Hans-Peter Nilles, Yasunori Nomura und Hitoshi Murayama dafür, mir die theoretischen Grundlagen dieser physikalischen Unvollständigkeit am Bonner Bethe Center for Theoretical

Wie auch immer man die theoretischen Vorzüge der SFO begründet, ihr Modell schließt dasjenige aus, was Hill ihr unterstellt. Existenz ist formal univok. Was jeweils existiert, instanziiert die Form der Existenz auf jeweils dergestalt spezifische Weise, dass aus dem Existenzbegriff kein Überblick über alle Sinnfelder gewonnen werden kann, die es wirklich gibt.

Dieser Umstand unserer Fallibilität wird dadurch erklärt, dass das Modell ohnehin ausschließt, dass ein solcher metaphysischer Überblick möglich ist. Die Metaphysiker schulden der SFO Rechenschaft, da sie seit eh und je einräumen, dass wir die absolute Totalität unter endlichen Bedingungen nicht erkennen können. Seit ihrer Einführung gilt sie dem endlichen Erkennen als Problem, weshalb Platon im *Symposion* die Philosophie als Grenzgängerin zwischen einer für uns unverfügbaren göttlichen und einer an begrifflichen Fragen nicht interessierten animalischen Existenz bestimmt hat. Diese Expressivitätsprobleme versucht die gegenwärtige, sogenannte »analytische« Metaphysik einfach zu umgehen, indem sie meint, sich auf einen logischen Baukasten verlassen zu können, der uns absolute Totalität als logischen »free lunch« verspricht. Doch die symbolische Logik alleine führt uns nicht weiter, wenn es um die Frage geht, ob eine absolute Totalität existiert. Ohne irgendeine kompetente Verwendung des Existenzbegriffs, die nicht im Rahmen einer etablierten Logik allein geklärt werden kann, weichen wir dem eigentlichen Thema – ob es eine absolute Totalität alles Existierenden gibt – einfach aus.

Hill hat beinahe Recht, wenn er schreibt: »die Bestreitung absoluter Allgemeinheit ist im eigenen Lichte betrachtet restringiert und nicht absolut allgemein«.[202] Ich schränke meine Zu-

---

Physics und während meiner Forschungsaufenthalte am Institute for the Physics and Mathematics of the Universe der Universität Tokio erklärt zu haben, worauf ich mich hier stütze.

202 Meine Übersetzung von Hill, »Markus Gabriel Against the World«, S. 476: »the denial of absolute generality is by its own lights restricted rather than absolutely general.«

stimmung zu dieser Interpretation insofern ein, als zu klären wäre, was der Zusammenhang von Allgemeinheit und Allquantifikation ist, den Hill und einige andere herstellen.[203] Hill schuldet mir eine konkrete Ausführung seiner impliziten Annahme, dass es sich bei Existenz um den allgemeinsten Begriff handelt, unter den alles fällt, was es gibt, dergestalt, dass die Existenz einer Totalität durch einen solchen Begriff gesichert ist, der freilich auch unter sich selbst zu fallen hätte. Damit sind wir allererst auf dem Boden angekommen, auf dem die SFO Stellung bezieht. Hill müsste an dieser Stelle eine Erläuterung der Struktur eines ultimativen *genus* anbieten, unter das alles Spezielle fällt. Da der reine Fingerzeig auf die »Logik« dies nicht leistet, bleibt sein Rekurs auf Allquantifikation eine trockene Versicherung.

Hill hält der SFO einen Begriff einer kontingenten, endlichen und offenen Totalität entgegen. Leider führt er nicht aus, in welchem Sinn eine solche Totalität weder additiv noch in der Weise vereinheitlicht ist, dass sich die sinnfeldontologischen Argumente wiederholen. Außerdem bietet er keinen Kommentar an, der erlauben würde, die Form der Allquantifikation, die eine solche Totalität ermöglicht, einzusehen.

In einer Reihe von Gesprächen, die in Bonn, Paris und Covilhã stattgefunden haben, hat Charles Travis die folgende Diagnose vorgeschlagen, der ich mich *cum grano salis* anschließe. *Prima vista* kann man den Begriff des Gegenstands als den Begriff von etwas auffassen, was derart zu einem wahrheitsfähigen Gedanken beiträgt, dass dieser keine offenen Stellen mehr aufweist. Der Ausdruck »_ ist in Wien« führt zu keiner Einsicht in Wiener Tatsachen. Er unterscheidet sich dadurch von dem Aus-

---

203 Aristoteles hat bereits zu Recht darauf hingewiesen, dass es sich beim Sein nicht um ein oberstes Genus handeln kann, sodass er die Ontologie gerade nicht als metaphysische Theorie der Totalität auffassen kann, wie dies heute bei den Verfechtern absoluter Allquantifikation intendiert ist. Vgl. die erhellende Rekonstruktion bei Anton Friedrich Koch, »Warum ist das Seiende keine Gattung«, in: *prima philosophia* 6 (1993), S. 133-142.

druck »Die Albertina ist in Wien«, den man verwenden kann,
um einen wahren Gedanken zu artikulieren. Die Albertina ist
demnach ein Gegenstand. Anders verhält es sich mit dem Ausdruck »Der Gegenstand«. Sagt man »Der Gegenstand ist in
Wien«, ohne dass etwa ein Kontext feststeht, der dem Ausdruck
»der Gegenstand« eine anaphorische Bezugnahme verleiht, hat
man keinen wahrheitsfähigen Gedanken artikuliert.

Im Allgemeinen verstehe ich unter einem Gegenstand etwas,
worüber etwas wahr ist (vgl. oben, S. 141f.). Damit von Wahrheit die Rede sein kann, muss ein Gegenstandsbereich festgelegt sein, über den seinerseits etwas wahr sein kann. Auf dieser Grundlage meinen unter anderem Grim, Badiou und Kreis,
dass wir einen Gegenstandsbereich auszeichnen können, der
alle Gegenstände enthält – wofür üblicherweise Vorbehalte gegen eine pluralistische Aufspaltung des Gegenstandsbereichs
der reinen Quantifikation angeführt werden –, wobei sie gleichzeitig dafürhalten, dass uns diese Annahme in eine unlösbare
und daher negative Dialektik verstrickt. Träfe dies zu, wären
wir freilich berechtigt, jede x-beliebige Reparatur vorzunehmen, die es uns erlaubt, über Gegenstände zu sprechen, ohne
über einen paradoxie-generierenden Gesamtbereich zu quantifizieren. Kreis' negative Dialektik erweist sich als Ausdruck eines
Theoriefehlers, der sich dadurch einstellt, dass man die Abwesenheit von Restriktionen auf der Ebene reiner Quantifikation
(in der handelsüblichen Prädikatenlogik) feststellt und dies als
Indiz eines metaphysischen Gesamtbereichs auffasst. Doch damit Quantoren greifen, sind bereits Sinnkriterien im Spiel, die
es erlauben, Satzzeichen für wahre Aussagen einzuführen, was
durch eine negative Dialektik von vornherein unmöglich gemacht wird.

Die metaphysikkritische Sachlage ist weder mengen- noch
prädikationstheoretisch allein angemessen darstellbar. Denn wir
denken nicht nur Gedanken, die sich auf Gegenstände beziehen, die in Bereiche einsortiert werden können, denen wir *a
priori* Identitätskriterien zuweisen können (wozu Mengen qua
mathematische Gegenstände gehören). Vielmehr beziehen wir

uns mittels wahrheitsfähiger Gedanken ständig auf Gegenstände, deren Einsortierung empirisch gehaltvolle Prädikate und damit empirisch gebundene Erkenntnis voraussetzt. Das Feld der empirischen Erkenntnis ist seinem Wesen nach offen. Es hat keinen Sinn, ihm eine absolute Totalität aller Gegenstände als Gegenstand zuzuordnen. Wenn ich den wahren Gedanken denke, dass ich diesen Satz gerade in Paris aufschreibe, denke ich damit nicht, dass alles, was es überhaupt gibt, bzw. alle Gegenstände irgendwelche Eigenschaften haben (etwa die Eigenschaft, überabzählbar viele zu sein).

Travis hat mich in diesem Zusammenhang zu Recht darauf hingewiesen, dass wir mindestens zwischen zwei Interpretationen vermeintlich uneingeschränkter Allquantifikation des Typs $\forall x \, (x=x)$ unterscheiden können. Einerseits können wir uns damit denken wollen, dass *jeder* Gegenstand, über den wir einen wahren Gedanken denken können, immerhin er selbst sein muss. Andererseits können wir uns damit denken wollen, dass *alle* Gegenstände, die es überhaupt gibt, immerhin sie selbst sein müssen. Jeder einzelne Gegenstand, den man urteilsförmig erfasst, ist, was er ist. Was er ist, wird urteilsförmig partiell erfasst, indem wir etwa ausdrücken, dass die Banane krumm ist. Das Krumm-Sein der Banane führt es mit sich, dass die Banane eine Banane ist – was nicht weiter überrascht. Die Banane verändert sich nicht dadurch, dass wir etwas über sie urteilen. Ansonsten könnten wir nicht denken, dass sie krumm ist. Der Gedanke verfehlte seinen Gegenstand, wenn die Einsortierung in einen Kontext stets dazu führte, dass man der vermeintlich unsagbaren Individualität der Dinge prädikativ nicht auf die Schliche kommt. Das Krumm-Sein der Banane besteht darin, dass manches andere auch krumm sein mag. Deswegen ist es auch kontingent. Bananen sind nicht metaphysisch notwendig krumm, wir können gerade Bananen züchten.

Zu denken, dass jeder einzelne Gegenstand, der uns als Denkern gegeben werden kann, stets immerhin er selbst ist, bedeutet nur anzunehmen, dass die Dinge, mit denen wir uns in der Form wahrheitsfähiger Gedanken beschäftigen, Eigenschaften

aufweisen, die wir paradigmatisch durch sortale Prädikate ausdrücken. Die Dinge verändern sich niemals schnell genug, um
keinerlei Eigenschaften aufzuweisen, da sie sich ja immerhin
schnell genug verändern müssten, um etwa der temporal gebundenen Auffassungsgabe von Menschentieren zu entweichen.

Jede Allaussage, die sich überhaupt auf etwas bezieht, ist sortal gebunden und damit lokal restringiert. Wir können sinnvoll über alle Löwen, Katzen, Fermionen, Drucker, Löffel usw.
quantifizieren, aber nicht über alle Gegenstände, da der Gegenstandsbegriff in der Ontologie als formaler Begriff fungiert, der
logisch gar nicht geeignet ist, um uns eine absolute Totalität aller Gegenstände vorzuführen.[204] »Gegenstand« ist kein Sortal.

Ein bedeutender Vorläufer dieser Einsicht ist William James,
der in seinen 1908 gehaltenen Hibbert Lectures den Begriff des
Pluralismus in die Ontologie eingeführt hat.[205] James unterscheidet dort zwischen *Absolutismus* und *Pluralismus* und ordnet jenen der »All-Form (*all-form*)« und diesen der »Jedes-Form
(each-*form*)« zu.[206] Seine pluralistische Position bezeichnet er
auch als »radikalen Empirismus«, der vermutet,

> dass es zuletzt niemals eine All-Form geben mag, dass die Substanz
> der Wirklichkeit niemals total eingesammelt werden kann, dass ei-
> niges von ihr stets außerhalb der größten jemals vorgenommenen
> Kombination bleiben wird und dass eine distributive Form der
> Wirklichkeit, die *Jedes*-Form, logisch ebenso akzeptabel und empi-
> risch so wahrscheinlich ist wie die All-Form, die im Allgemeinen als
> das offensichtlich selbstverständliche Ding hingenommen wird.[207]

---

204 Vgl. auch Wittgensteins Kommentar in Wittgenstein, *Philosophische Un-
    tersuchungen*, § 216/S. 110f.: »»Ein Ding ist mit sich selbst identisch.« –
    Es gibt kein schöneres Beispiel eines nutzlosen Satzes, der aber doch
    mit einem Spiel der Vorstellung verbunden ist. Es ist, als legten wir
    das Ding, in der Vorstellung, in seine eigene Form hinein, und sähen,
    daß es paßt.«
205 William James, *A Pluralistic Universe. Hibbert Lectures at Manchester
    College on the Present Situation in Philosophy*, New York, London 1920.
206 Ebd., S. 34.
207 Meine Übersetzung von ebd.: »that there may ultimately never be an all-

Wie James zu Recht bemerkt, ist es nicht die Aufgabe der Logik, »uns theoretisch mit der essentiellen Natur der Wirklichkeit bekannt zu machen«[208]. Das Wesen der Wirklichkeit sieht er deswegen darin, dass »Wirklichkeit, Leben, Erfahrung, Konkretheit, Unmittelbarkeit, man verwende das Wort, das man möge, unsere Logik überschreitet, überflutet und umgibt.«[209]

James geht sogar so weit, auf dieser Basis einen ontologischen Kontextualismus zu formulieren, der die realistische Stoßrichtung der SFO ausdrückt, wenn er konstatiert: »*nichts* Wirkliches entrinnt dem Umstand, eine Umgebung zu haben«.[210] Denn ein zentraler Sinn von »Realismus« besteht in der Anerkennung einer potenziellen Divergenz von Wahrheit und Fürwahrhalten, die in der Ontologie in der Form einer Unvollständigkeit zu Buche schlägt: Keine Theorie ist imstande, die metaphysische Totalität (die Welt) insgesamt zu beschreiben. Jeder theoretisch zugängliche Gegenstandsbereich ist einer unter anderen. Damit hat jeder theoretisch zugängliche Gegenstandsbereich (jedes Sinnfeld) eine Umgebung, die er mit seinen eigenen begrifflichen Ressourcen nicht ausschöpfen kann.

Der Realismus gründet damit in der Textur der Wirklichkeit. Keine Theorie ist eine buchstäbliche Theorie von allem überhaupt. Auf diese Weise ist sichergestellt, dass wir in eine *Fallibilitätsumgebung* hineingestellt sind. Jede Formulierung eines Wissensanspruchs ist darauf angewiesen, dass eine in diesem Anspruch opake Umgebung stabil genug ist, damit wir unseren

---

form at all, that the substance of reality may never get totally collected, that some of it may remain outside of the largest combination of it ever made, and that a distributive form of reality, the *each*-form, is logically as acceptable and empirically as probable as the all-form commonly acquiesced in as so obviously the self-evident thing.«

208 Ebd., S. 212: »not to make us theoretically acquainted with the essential nature of reality«.

209 Ebd.: »Reality, life, experience, concreteness, immediacy, use what word you will, exceeds our logic, overflows and surrounds it.«

210 Ebd., S. 319: »*nothing* real escapes from having an environment«.

eigenen Ansprüchen genügen können. Kein Gedanke – auch
kein rein philosophischer – ist in seiner theoretischen Artikulation davor gefeit, schiefzugehen.

Dieses Realismus-Kriterium weicht in einer entscheidenden
Hinsicht von der Idee ab, Realismus als die Annahme zu verstehen, dass selbst unsere am besten gerechtfertigten Gesamt-
theorien schiefliegen können. Denn eine Gesamttheorie im
relevanten Sinn kann es ohnehin nicht geben, wie Hilary Putnams vielfältige Argumente gegen den von ihm sogenannten
»metaphysischen Realismus« gezeigt haben.²¹¹ Die Fallibilitäts-
auflage gilt vielmehr überall dort, wo Gedanken theorieförmig
dargestellt werden, d. h. in einem hinreichend artikulierten
Kontext, der erlaubt, einen eingegrenzten Gegenstandsbereich,
ein Sinnfeld, zu bestimmen, über das Aussagen getroffen werden.

Hierbei ist es nicht ganz einsichtig, warum James noch darauf besteht, sein »›Multiversum‹ macht immer noch ein ›Universum‹ aus«.²¹² Er kommentiert dies damit, dass jeder Teil in
einer möglichen oder vermittelten Bedingung mit jedem anderen Teil steht. Er nennt dies anstatt von »*alleinheit*« ausdrück-

---

211 Der »metaphysische Realismus« ist Putnam zufolge eine Perspektive,
    »wonach die Welt aus einer feststehenden Gesamtheit geistesunabhän-
    giger Gegenstände besteht. Danach gibt es genau eine wahre und voll-
    ständige Beschreibung dessen, ›wie die Welt aussieht‹, und zur Wahrheit
    gehöre eine Art Korrespondenzbeziehung zwischen Wörtern bzw. Ge-
    dankenzeichen und äußeren Dingen und Mengen von Dingen.« (Hilary
    Putnam, *Vernunft, Wahrheit und Geschichte*, Frankfurt/M. 1990, S. 75)
    Vgl. auch ders., *Realism with a Human Face*; ders., *Für eine Erneuerung
    der Philosophie*; ders., *The Threefold Cord*, sowie ders., »Warum es keine
    Fertigwelt gibt (1982)«, in: ders., *Von einem realistischen Standpunkt.
    Schriften zu Sprache und Wirklichkeit*, Reinbek 1993, S. 218-258. Die
    jüngste Rekonstruktion und Verteidigung der modell-theoretischen Ar-
    gumente gegen den so verstandenen metaphysischen Realismus findet
    sich bei Button, *The Limits of Realism*.
212 James, *A Pluralistic Universe*, S. 325: »Our ›multiverse‹ still makes a ›uni-
    verse‹«.

lich ein »*durcheinander*«, was er insgesamt als »synechistischen Typus« anspricht.[213]

Das pluralistische Universum James' unterscheidet sich deswegen in einer entscheidenden Hinsicht von der SFO: Der Gegenstandsbereich der SFO ist ein Multiversum *sui generis*. Das Wirkliche hängt nicht einmal auf die Weise insgesamt zusammen, dass man jeden Teil prinzipiell mit jedem anderen Teil vernetzen kann, da es Einschränkungen bezüglich einer Vernetzung gibt. Die Keine-Welt-Anschauung bestimmt eine Obergrenze der Vernetzbarkeit.

Eine subtile Alternative zur SFO auf geteiltem Boden bietet Anton Friedrich Kochs »hermeneutischer Realismus« an.[214] Im Unterschied zur SFO operiert dieser mit einem Grundfeld raumzeitlicher Einzeldinge, über dem dann eine genuin irreduzible Pluralität von Sinnfeldern superveniert. Nun hat Koch, wie bereits mehrfach ausgeführt, gegen die SFO eingewandt, dass sich die Welt immerhin imaginieren lasse, sodass sie irgendwo im Einzugsbereich der fiktionalen Gegenstände zu verorten sei. Wie er sich dies vorstellt, entwickelt er in seiner Skizze einer Theorie der Einbildungskraft.[215] Diese bildet neuerdings die Grundlage seiner Auffassung möglicher Welten, in deren Rahmen er den hermeneutischen Realismus formuliert.

Die Unerlässlichkeit einer Theorie der Einbildungskraft motiviert Koch auf die folgende Weise. Wenn wir nicht nur ein Bewusstsein eines irgendwie gearteten Raums, sondern eine Be-

---

213 Ebd., S. 325: »for every part, tho it may not be in actual or immediate connexion, is nevertheless in some possible or mediated connexion, with every other part however remote, through the fact that each part hangs together with its very next neighbors in inextricable interfusion. The type of union, it is true, is different here from the monistic type of *allein-heit*. It is not a universal co-implication, or integration of all things *durch-einander*. It is what I call the strung-along type, the type of continuity, contiguity, or concatenation. If you prefer greek words, you may call it the synechistic type.«
214 Vgl. Koch, *Hermeneutischer Realismus*.
215 Ebd., S. 88-96.

zugnahme auf Elemente einer »Stellenmannigfaltigkeit« in Anspruch nehmen wollen, müssen wir uns Objekte vergegenwärtigen.[216] Wir sehen Koch zufolge ein Haus stets nur so, dass wir einen Teil »*von* ihm« sehen, »seine uns zugewandte Fassade«.[217] Zwar wirft diese Formulierung in der Wahrnehmungstheorie gewisse Schwierigkeiten auf, die wir allerdings ausblenden können. Denn richtig ist auf jeden Fall, dass wir uns dasjenige, was das Haus zu dem Haus macht, das es ist, nicht nur hinzudenken, sondern uns ein Bild davon machen, wie es sich mit dem Haus verhält. Zu diesem Bild gehört eine Vorstellung davon, dass das Haus stehenbleibt, wenn wir nicht hinschauen, dass es einen Keller und eine bestimmte Masse, ein Inneres und womöglich eine Zukunft nach unserem jeweiligen Ableben hat usw. Kurzum: Unser Kontakt mit dem Haus ist nicht auf einen Reizaustausch zwischen Hausabstrahlung und Nervenenden beschränkt, da wir das Haus vielmehr objektivieren müssen, um über diejenige Kontaktaufnahme zu verfügen, die eine vollgültige propositionale Wahrnehmung der Haus-Sachlage ermöglicht.[218] Unser perzeptives Wissen bezüglich des Hauses beruht, wie Koch betont, nicht nur auf »diskursive[n] Repräsentationen, sondern auch und vor allem imaginative[n] Vorstellungen«.[219]

Einbildungskraft ist hierbei Kochs Name für das Vorstellungsvermögen insgesamt, da dieses wesentlich in Akten imaginativer Natur ausgeübt wird – wie auch immer genau diese dann einzelwissenschaftlich in lokale Module des Geistes aufgelöst werden mögen.[220] Die Einführung eines essentiell imagi-

216 Ebd., S. 88.

217 Ebd.

218 Die Objektivierung findet dabei bereits unterhalb der begrifflichen Schwelle der bewussten Wahrnehmung statt. Vgl. Burge, *Origins of Objectivity*.

219 Koch, *Hermeneutischer Realismus*, S. 88.

220 Ebd., S. 89: »Vermutlich ist das, was wir Einbildungskraft nennen, ein nicht sehr scharf umrissenes Bündel von vielerlei kognitiven Fähigkeiten, über die wir von der Sinnesphysiologie, Neurologie und Kognitionswissenschaft Aufschluss zu gewärtigen haben.«

nativen Vorstellungsvermögens motiviert er über Ausübungen »imaginativer Abstraktion«,[221] mittels derer wir den Raum leerräumen und

> uns die transzendental notwendige, metaphysisch unmögliche Grundstellung des Raumes anschaulich vor[stellen], deren Theorie die euklidische Geometrie ist, über die die Mathematik natürlich in diskursiver Verallgemeinerung hinausgehen kann und hinausgegangen ist, die aber die unverrückbare Basis unserer Raumvorstellung bleibt.[222]

Auf dieser Basis versucht Koch Zugang zur Idee möglicher Welten als Modelle eines »kontrapossible[n] Grenzfall[s]« bzw. einer »impossiblen Grundstellung des Seins und Denkens«[223] zu erhalten, was er als »transzendentale Imagination«[224] ansieht. Allerdings sehe ich nicht, warum der leergeräumte Raum euklidisch sein sollte.[225]

Koch richtet sich in diesem Rahmen gegen den »Transparentismus, worunter die Vorstellung verstanden werden soll, dass das Reale im Prinzip vollständig beschreibbar und vollständig erkennbar ist.«[226] Wir sind uns erstens darin einig, dass der Transparentismus falsch (bzw. unsinnig) ist, und dass er zweitens eine wesentliche Grundlage aller Weltanschauungen ist. Die Theorie möglicher Welten nimmt ihn insofern in An-

---

221 Ebd.

222 Ebd.

223 Ebd., S. 151.

224 Ebd., S. 151.

225 Die euklidische Geometrie hat als diskursive Formation Eigenschaften eines deduktiven Systems, dessen Theoreme wahrheitsfähige und damit fallible Aussagen über die räumlichen Formen ausdrücken, Aussagen, die demnach nicht notwendig wahr sind. Vgl. dazu Michael N. Forster, »Kants transzendentaler Idealismus. Das Argument hinsichtlich des Raumes und der Geometrie«, in: David Espinet u. a. (Hg.), *Raum erfahren. Epistemologische, ethische und ästhetische Zugänge*. Tübingen 2017, S. 63-82.

226 Koch, *Hermeneutischer Realismus*, S. 44.

spruch, als »schon die affirmativ geführte Rede von möglichen
Welten als wohlbestimmten Großindividuen«[227] metaphysisch
darauf aufbaut, dass mögliche Welten eine Architektur aufweisen, die sie erkennbar und in philosophischen Kontexten begrifflich verwendbar macht.

> Solche Großindividuen gibt es nicht und kann es nicht geben – ein
> Grund mehr im übrigen, *warum es die Welt nicht gibt*, die wirkliche
> Welt als großes Individuum nämlich, die es in Wahrheit nur gibt als
> offenen Horizont für Wechselverhältnisse.[228]

Allerdings verwendet Koch das Modell möglicher Welten zur
Begründung seiner Hauptthese, der Subjektivitätsthese, der
zufolge Subjektivität in jeder möglichen Welt irgendwann als
selbst raumzeitlich verortet auftreten muss.[229] Damit droht dieser These ein methodologischer Selbstwiderspruch, da sie bestenfalls Element einer *reductio ad absurdum* sein kann, die sich
begrifflicher Mittel bedient, die zurückzuweisen sind. Wenn
mögliche Welten ontologisch oder gar metaphysisch unmöglich
sind, gibt es keine mögliche Welt, in der es wahr ist, dass es mögliche Welten gibt.

Koch zieht sich unter Hinweis auf die idealisierende Modellbildung der modernen Physik aus der Schlinge. Mögliche Welten seien zwar metaphysisch unmöglich – es gebe sie nicht und
könne sie nicht geben –, wir könnten aber dennoch in Gedankenexperimenten mit ihnen hantieren.[230] Auf diese Weise erhält

---

227 Ebd., S. 66.
228 Ebd. Die Formulierung ist freilich problematisch, weil Koch hier etwas
    als Grund dafür anführt, dass es die Welt nicht gibt, um daraus zu schlie-
    ßen, dass es sie gibt. Meine These lautet aber, dass es sie gar nicht gibt,
    auch nicht als offenen Horizont, woraus nicht folgt, dass es keinen offe-
    nen Horizont gibt, was auf einem anderen Blatt steht.
229 Paradigmatisch dargestellt in Koch, *Versuch über Wahrheit und Zeit*. Zur
    Diskussion dieser These vgl. die Rekonstruktion bei Thomas Hofweber,
    »The Place of Subjects in the Metaphysics of Material Objects«, in: *Dia-
    lectica* 69/4 (2015), S. 473-490.
230 Koch, *Hermeneutischer Realismus*, S. 67.

man allerdings eine geschwächte Position, da allenfalls nachge-
wiesen wird, dass es Subjektivität geben müsste, wenn es denn
mögliche Welten gäbe. Da es keine möglichen Welten gibt, erübrigt sich der Nachweis der metaphysisch notwendigen Existenz von Subjektivität überhaupt.

Wir können uns schlicht keine »euklidische Grundstellung«
vorstellen, die »für alle möglichen materiellen Raum-Zeit-Syste-
me dieselbe ist«,[231] weil eine solche Vorstellung an »der Anwendung auf die Realität«[232] scheitert. Was wir uns imaginativ vorstellen, ist dadurch etwas Wirkliches. Es krümmt sozusagen
schon den logischen Raum, den Koch leerräumen möchte. Es
gibt allerdings ebenso wenig einen leeren logischen Raum wie
einen leeren physikalischen Raum.

An dieser Stelle meldet sich der ontologische Realismus der
SFO zurück, dem auf methodologischer Ebene nicht zufällig
ein »nicht-transzendentaler Empirismus«[233] entspricht. Gedanken über Wirkliches sind fallibel, sofern sie korrigierbar sind.
Nicht-korrigierbare Gedanken über Wirkliches gibt es nicht
wirklich. Es ist ein Scheingebilde, aus einer vermeintlichen Tau-
tologie wie »Die Welt ist die Welt« oder »Das Wirkliche ist das
Wirkliche« oder »Alles ist mit sich selbst identisch« darauf zu
schließen, dass wir das Vermögen haben, synthetisch-apriori-
sche Wahrheiten einzusehen. Die Welt ist kein Gegenstand gehaltvollen Denkens und damit nichts, was man sich imaginieren kann.

Echte Tautologien sind logische Wahrheiten, die innerhalb
eines gegebenen formalen Systems gelten. Ob etwas eine logische Wahrheit ist oder nicht, hängt davon ab, welches formale
System man untersucht. Doch ganz gleich, welches formale System man untersucht, wird man die Welt nicht dadurch einführen können, dass man sie in der Form des Ausdrucks »die Welt«
erwähnt. Damit aus »Die Welt ist die Welt« irgendein Existen-

---

231 Ebd.
232 Ebd., S. 68.
233 Vgl. Gabriel, *Sinn und Existenz*, S. 353-355.

zialsatz folgt, muss dem Ausdruck »die Welt« ein Sinn gegeben werden, der erlaubt, einen Gegenstandsbereich zu spezifizieren, in dem ein Weltgegenstand erscheinen kann. Doch genau dies ist der SFO zufolge unmöglich. Denn die Welt kommt ohnehin nicht in einem formalen System vor, dessen Transformationsregeln uninterpretiert sind. Allenfalls kann man auf diese Weise das Zeichen »die Welt« einführen, was jedenfalls nicht ansatzweise hinreicht, um einen metaphysischen Weltgegenstand erfolgreich zu benennen. Denn dazu bedarf es einer Referenz- oder Repräsentationsrelation und damit einer Interpretation des formalen Zeichensystems, womit wir wieder auf dem Boden der SFO angelangt sind.

§ 11. Fiktive, imaginäre und intentionale Gegenstände

Nicht alle Gegenstände, die man durch Ausübung der Einbildungskraft in den Diskurs einführen kann, sind fiktiv. Fiktive Gegenstände gehören wesentlich zum Sinnfeld des Fiktionalen, das dadurch gekennzeichnet ist, dass wir die Gegenstände, die in ihm erscheinen, aufführen und interpretieren müssen, um Zugang zu ihnen zu erhalten. Unser Zugang zu fiktiven Gegenständen ist durch imaginäre Gegenstände vermittelt. Wir wüssten nichts über fiktive Gegenstände, wenn sie uns nicht in der Form imaginärer Gegenstände erschienen.

Die Gehalte unserer Wahrnehmungsillusionen sind *imaginäre Gegenstände*. Diese Gehalte stehen nicht wie Hindernisse zwischen uns und den Gegenständen der Wahrnehmung, sondern sie sind vielmehr die Form, in der uns wahrnehmbare Gegenstände erscheinen. Sie sind Illusionen, weil es allzu leicht fällt, die Gegenstände der Wahrnehmung mit dem Medium zu verwechseln, in dem sie auftauchen, weil dieses Medium ohne Schwierigkeiten seinerseits zum Gegenstand einer freilich anders gelagerten Wahrnehmung werden kann. Wir tragen allgemein speziesspezifisch, kontextspezifisch und individuell zu jeder faktisch vorliegenden Wahrnehmungsepisode bei. Wir nehmen als Menschen zu einem bestimmten Zeitpunkt unter Voraussetzung eingeübten und autobiographisch geprägten Vorwissens eine Szene wahr, in der Gegenstände mit dem Index der Bekanntheit hervortreten. Als was uns die Gegenstände bekannt sind, können wir im Standardfall eines selbstbewussten Lebens prädikativ artikulieren. Es klafft keine Lücke der Unsagbarkeit zwischen den wahrnehmbaren Gegenständen und unserer Begriffsverwendung, da diese als solche darauf zugeschnitten ist, in faktischen Wahrnehmungsepisoden zur Anwendung zu kommen.

Wie Benoist und Travis zu Recht hervorgehoben haben, bedeutet dies nicht, dass unsere Sinne propositionale Filter sind, dank derer wir erfolgreich prädizieren können.[234] Die sinnliche Wirklichkeit ist vielmehr etwas Wirkliches *sui generis* und schließt gerade dadurch nicht aus, dass wir sie sprachlich erfolgreich erfassen. Damit sie überhaupt vorliegt, bedarf es keiner mentalen Benennungsakte oder vorsprachlicher Indexikalia.

Intentionale Gegenstände sind Gegenstände einer Bezugnahme, die eine mediale Form der Anschauung voraussetzt und damit perspektivisch ist. Sie bezeichnen also solche Gegenstände, die wir unter bestimmten, sei es sensorisch oder begrifflich kodierten Bedingungen erfassen. Einige intentionale Gegenstände sind imaginär, aber nicht alle. So sind die Gegenstände im subjektiven Gesichtsfeld, die mir direkt zugänglich sind, auf meine Wahrnehmungsposition ausgerichtet, ohne dass deswegen die Gegenstände der gelungenen Wahrnehmung selbst als indexikalisch ausgerichtet gelten sollten. Ansonsten wären wir nicht imstande, dem Umstand Rechnung zu tragen, dass mehrere Subjekte dasselbe wahrnehmen können, wenn sie es auch anders wahrnehmen. Der Begriff der *Anschauung* wird hier im Allgemeinen so eingeführt, dass er eine Auswahlfunktion charakterisiert dergestalt, dass es stets noch weitere Gegenstän-

---

234 Travis, »The Silence of the Senses«, und Benoist, *Le Bruit du sensible.*

de gibt, die man erfassen könnte, die aber noch niemand erfasst hat.[235]

Da nicht alle Gegenstände im landläufigen Sinne sensorisch sind, scheint es demnach auch nicht-sinnliche Anschauung zu geben. Doch diese Annahme gilt nur unter der Auflage, dass wir zwei Arten von wirklichen Gegenständen unterscheiden: Diejenigen, die wir sensorisch erfassen (erkennen) können einerseits, und diejenigen, die wir uns zwar denken können, die wir aber prinzipiell nicht sensorisch erfassen können, andererseits. Ich spreche hier in beiden Fällen von »wirklichen« Gegenständen, weil unter *Wirklichkeit* die epistemische Modalkategorie verstanden wird, dank derer wir uns hinsichtlich eines Gegenstandes im Irrtum befinden können. Da wir uns etwa hinsichtlich mathematischer Gegenstände sowie hinsichtlich des Begriffs des Gegenstands (der selbst ein Gegenstand ist) täuschen können, sind sowohl die sogenannten »abstrakten« als auch die formalen Gegenstände der Philosophie wirklich. Genaugenommen ist es eine Pointe der realistischen SFO, dass es keine nicht-wirklichen Gegenstände gibt.

Alle Gegenstände, über die wir Wahrheiten kennen, sind intentional.[236] Daraus folgt nicht, dass alle Gegenstände intentional sind. Das Wirkliche wird nicht wie in einer transzendentalen Phänomenologie in ein globales Bewusstsein aufgesogen, ihm korreliert nicht insgesamt ein Denker. Die Gegenstände, die wir kennen, haben wir unter prinzipiell unüberschaubaren Bedingungen jeweils als etwas ausgewählt, das unsere Aufmerksamkeit verdient.

---

235 Zu diesem Begriff der Anschauung vgl. Gabriel, »Intuition, Representation, and Thinking. Hegel's Psychology and the Placement Problem«.

236 Um eine Wahrheit über einen Gegenstand zu kennen, reicht es nicht hin, den *de-dicto*-Gedanken zu denken, dass es Gegenstände gibt, über die wir nichts wissen können, außer, dass wir nichts über sie wissen. Denn mittels solcher Gedanken richtet man sich nicht auf Gegenstände, was der Witz der Einsicht ist, dass es unerkennbare Gegenstände gibt. Unerkennbare Gegenstände sind nicht durch die Hintertür ihrer Ungegenständlichkeit erkennbar.

Diese prinzipiell unüberschaubaren Bedingungen machen unsere Perspektive aus. Wir können unsere Perspektive nicht derart erfassen, dass wir die intentionalen Gegenstände irgendwie zusammen mit unseren Auswahlfunktionen in den Blick nehmen. Unsere Perspektive ist vielmehr konstitutiv transparent, weshalb man Kant folgend die Anschauung als unmittelbare Vorstellung einstufen kann.[237] Wir erfassen niemals alle Bedingungen dafür, dass wir einen bestimmten Gegenstand untersuchen, auch nicht dadurch, dass wir eine Theoriestufe nach oben steigen und etwa beginnen, die Sinnesphysiologie einer gegebenen Wahrnehmungsepisode mitsamt ihren physikalischen Umgebungsbedingungen zu artikulieren.[238] Selbst wenn wir das bereits aus physikalischen Gründen der Komplementarität in der Quantentheorie nicht zu stemmende Pensum einer vollständigen Erfassung aller physischen Einbettungsbedingungen *per impossibile* bewältigt hätten, hätten wir unzählige geistige Theoriebedingungen noch gar nicht angefangen zu beschreiben.[239] Denn zu unserer theoriefähigen Perspektive gehören sozio-öko-

---

237 Vgl. wiederum KrV, A 19/B 33: »Auf welche Art und durch welche Mittel sich auch immer eine Erkenntnis auf Gegenstände beziehen mag, es ist doch diejenige, wodurch sie sich auf dieselbe unmittelbar bezieht, und worauf alles Denken als Mittel abzweckt, die *Anschauung*.« Vgl. auch KrV, A 68/B 93: »Da keine Vorstellung unmittelbar auf den Gegenstand geht, als bloß die Anschauung, so wird ein Begriff niemals auf einen Gegenstand unmittelbar, sondern auf irgendeine andere Vorstellung von demselben (sie sei Anschauung oder selbst schon Begriff) bezogen. Das Urteil ist also die mittelbare Erkenntnis eines Gegenstandes, mithin die Vorstellung einer Vorstellung desselben.« In der A-Deduktion lesen wir überdies: »Erscheinungen sind die einzigen Gegenstände, die uns unmittelbar gegeben werden können, und das, was sich darin unmittelbar auf den Gegenstand bezieht, heißt Anschauung.« (KrV, A 108 f.) Auf dieser Ebene verficht Kant also einen direkten (empirischen) Realismus. Zur Deutung vgl. Lucy Allais, *Manifest Reality. Kant's Idealism and His Realism*, Oxford 2015.

238 Vgl. dazu ausführlich Gabriel, *An den Grenzen der Erkenntnistheorie*.

239 Zur Quantentheorie der Erkenntnis vgl. die Ausführungen bei Römer, »Substanz, Veränderung und Komplementarität«.

nomische, begriffliche, historische und logische Voraussetzungen, die für uns unbestimmbar weit über alles hinausgehen,
was wir jemals faktisch vollständig erfassen können.

Was wir faktisch vollständig erfassen können, ist modellge-
bunden. Ein Modell ist ein Begriffssystem, das die Form der
Anschauungen fixiert und öffentlich zugänglich macht. *Modelle*
sind explizite Darstellungen von Auswahlfunktionen, sodass wir
anhand von Modellen unsere eigenen Informationsfilter partiell erfassen können. Deswegen können wir in der Logik und
anderen verwandten Disziplinen Denkmodelle entwickeln, die
uns Aufschluss darüber geben, wie wir denken bzw. wie wir denken sollten. Kein Modell ist mit demjenigen identisch, was es
darstellt, ansonsten kollabierte es in die sinnlose Karte im Maßstab 1:1. Für Modelle können wir Vollständigkeits- und Unvoll-
ständigkeitssätze formulieren, nicht aber für Anschauungen und
ihre Bedingungen, da die Anschauungen unsere Basiswirklichkeit ausmachen. Für die Basiswirklichkeit gelten realistische
Theoriebedingungen, wozu insbesondere die zentrale Auflage
der SFO gehört, dass wir niemals *alle* Gegenstände erfasst haben
können, weil es eine relevante Totalität der Gegenstände gar
nicht gibt.

Wir können Anschauungen von Modellen haben, sofern diese beispielsweise Gegenstände wie Computersimulationen oder
Landkarten sind. Doch das heißt weder, dass die Modelle selbst
Anschauungen, noch gar, dass unsere Anschauungen Modelle
sind. Unsere Anschauungen befinden sich in einem direkten
Kontakt mit Wirklichem, weil sie selbst etwas Wirkliches sind,
das einen Beitrag zu unserer faktischen Wahrnehmungssituation leistet.

Die Anschauung ist die Basiswirklichkeit unseres Geistes. Diese Basiswirklichkeit besteht deswegen nicht aus atomaren Be-
standteilen, Einzeldingen in Raum und Zeit oder ähnlich Sub-
stantiellem. Vielmehr ist die Anschauung selbst ein Teil eines
Systems von Vermögen, das wir in theoretischen Selbstmodel-
lierungen wie der vorliegenden aussondern. Die Anschauung,
von der ich handele, taucht gerade in einer Selbstmodellierung

auf, die vorgenommen wird, damit ich mir ein Bild davon machen kann, auf welche Weise ich stets in Kontakt mit etwas stehe, was nicht von der Art des Geistes ist.

Insofern kann man Fichte beipflichten, der den Rahmen des »System[s] des menschlichen Geistes«[240] bekanntlich durch den folgenden Grundsatz bestimmt: »*Ich setze im Ich dem theilbaren Ich ein theilbares Nicht-Ich entgegen.*«[241] Was Fichte hier als »teilbares Nicht-Ich« bezeichnet, ist die Kategorie des intentionalen Gegenstands. Dem teilbaren Ich ordne ich die imaginären Gegenstände zu. Das Ich, in dem diese unterschieden werden, ist der Geist, der sich über solche Distinktionen selbst modelliert. Der Geist objektiviert sich in Fiktionen, zu denen die Distinktion von imaginären und intentionalen Gegenständen gehört, was nicht bedeutet, dass es imaginäre und intentionale Gegenstände nicht gibt oder dass sie fiktiv sind. Selbstmodellierung ist allerdings unvermeidlich, wenn wir versuchen, das Portfolio unserer Grundbegrifflichkeiten unter die Lupe zu nehmen.

Diese Selbstmodellierung untersteht Theorieauflagen. Dazu gehört neben der bereits untersuchten Unhintergehbarkeit der folgende *realistische Unvollständigkeitssatz*: *Keine Modellierung unserer selbst als geistiger Lebewesen kann alle notwendigen und zusammengenommen hinreichenden Bedingungen des Vorliegens einer mentalen Episode erfassen.* Diesen Umstand kann man auch als *konstitutive Opazität* charakterisieren. Sobald wir eine Theoriestufe ansatzweise in ihren Grundstrukturen beschrieben haben, um sie in der Form von Erklärungen zur Anwendung zu bringen, taucht eine weitere Theoriestufe auf, die zur weiteren Einbettung eines thematisierten Sinnfelds in eine bisher noch nicht untersuchte Umgebung (ein weiteres Sinnfeld) führt.

Aufgrund der Unhintergehbarkeit bedeutet dies aber nicht,

---

240 Johann Gottlieb Fichte, *Grundlage der gesammten Wissenschaftslehre. Als Handschrift für seine Zuhörer*, Gesamtausgabe der Bayerischen Akademie der Wissenschaften, Band 2, Stuttgart 1965, S. 272.

241 Ebd.

dass wir den Geist in etwas einbetten, was diesem prinzipiell
entzogen ist, was zurück in die Dialektik des Illusionismus führte. Vielmehr verhält es sich so, dass jede Theoriestufe, die wir in
der Selbstmodellierung einführen, um die Anschauung etwa im
Bewusstsein und dieses im Selbstbewusstsein zu fundieren, sozusagen eine Vertiefung des Geistes mit sich führt. Wir entrinnen dem Geist in unserer Selbsterfassung nicht, sondern verschieben lediglich seine Blickrichtung.

   Geist ist also eine indefinit erweiterbare Dimension unserer
Selbsterfassung als wahrheitsfähiger Lebewesen. Er variiert deswegen synchron und diachron in einer nicht überschaubaren
Weise, weshalb die Geschichtlichkeit unserer Selbstverhältnisse
nicht zugunsten einer feststellbaren Struktur übersprungen werden kann, die sich bei neurotypischen Nackt- und Raubaffen
unserer Art nachweisen lässt.[242] Die einzige Invariante, die man
zu dieser Charakterisierung unserer Charakterisierungsfähigkeit
postulieren muss, ist die hier beschriebene Dimension der Mo-
difizierbarkeit unserer selbst.

   Das geistige Lebewesen, das wir selbst sind, erfasst sich wesentlich über imaginäre Gegenstände. Diese tauchen auf der
fundamentalen Ebene unserer sensorischen Interaktion mit dem
Wirklichen auf. Unsere Tagträumerei hebt nicht erst dort an,
wo wir die Gedanken schweifen lassen, sondern findet auf der
Ebene unserer Verknüpfung von Anschauungen zu einer Episode unseres Lebens statt. Das entspricht der spätestens seit
Aristoteles erkannten Rolle der Einbildungskraft im Aufbau
unserer Gedanken. Die φαντασία ist kein wirklichkeitsferner
Vorgang, sondern die Art und Weise, wie wir intentionale Ge-

---

242 Vgl. etwa die eindrücklich klare, naturalistische Selbstbeschreibung bei
    Theodor Lessing, *Haarmann. Die Geschichte eines Werwolfs. Und andere
    Gerichtsreportagen*, München 1995, S. 118: »Ein schwanzloser Raubaffe,
    welcher auf Hinterfüßen geht, in Rudeln lebt, alles frißt, ein ruheloses
    Herz hat, aber durch seinen Geist verlogen ist. Diebisch, geil und händel-
    süchtig, dabei fähig zu vielen Fertigkeiten. Der Feind aller übrigen Erd-
    geschöpfe und doch der schlimmste Feind seiner selbst.«

genstände erfassen.[243] Sie stellt uns diese aus einer Perspektive
dar, die wir nicht vollständig einholen können, sodass sie stets
erweiterbar bleibt. Diese indefinite Erweiterbarkeit, die keiner
erkennbaren Gesamtregel unterliegt, sorgt dafür, dass wir als Lebewesen in einer offenen Heuristik existieren.[244]

Der Begriff des Gegenstands ist in der SFO ein formaler
Grundbegriff, der freilich dadurch erläutert wird, dass Gegenstände in Tatsachen eingebettet sind. Auf diese Weise ist der Bereich der Gegenstände gegen uneingeschränkte Komprehensionsprinzipien geschützt. Wir sind berechtigt auszuschließen,
dass alles, was in eine x-beliebig formulierte Funktion einge-
spannt werden kann, *ipso facto* ein Gegenstand ist. Das Begrün-
dungsmanöver dieser Berechtigung nimmt Rekurs auf den Realismus der Keine-Welt-Anschauung: Da wir wissen, dass es
nichts gibt, was über alle existierenden Gegenstände kollektiv
wahr ist, bleiben stets einige Gegenstände außerhalb jeder denk-
baren formalen Bestimmung eines Gegenstandsbereichs. Es gibt
kein Diskursuniversum, dessen Grenzen *a priori* einsehbar wären und das gleichzeitig alle Gegenstände überhaupt enthält.

Daraus folgt, dass wir keine vollständige Disjunktion von
Gegenständen in Kategorien vornehmen können. Es ist also
nicht der Fall, dass übliche Dualitäten wie abstrakt/konkret,
materiell/immateriell, natürlich/geistig den Gesamtbereich der
Gegenstände spalten. Die Lage wird nicht dadurch verbessert,
dass man die Kategorienzahl erhöht. Ein Begriff von Kategorien, der alle Gegenstände in eines oder mehrere Raster einsortiert, deren Vollständigkeit sich *a priori* einsehen lässt, scheidet

243 Vgl. so auch Jocelyn Benoist, *Logique du phénomène*, Paris 2016, S. 74:
    »Ce n'est qu'en passant par l'imaginaire que ce que, dans nos transac-
    tions ordinaires avec ce à quoi nous référons, nous qualifions toujours
    déjà de ›réel‹ peut devenir ›apparaissant‹.«

244 Vgl. dazu das Projekt einer Fundamentalheuristik alias Mantik bei Wolf-
    ram Hogrebe, *Prädikation und Genesis. Metaphysik als Fundamentalheu-
    ristik im Ausgang von Schellings ›Die Weltalter‹*, Frankfurt/M. 1989; ders.,
    Metaphysik und Mantik.

also aus, vor welchem Hintergrund ich die SFO in *Sinn und Existenz* als »nicht-transzendentalen Empirismus« bezeichnet habe.[245]

Der schiere Umstand, dass einige Gegenstände nur dadurch individuiert sind, dass sie in einem Sinnfeld erscheinen, dessen Existenz nicht *a priori* erkannt werden kann, hebelt bereits das Projekt aus, Komprehensionsprinzipien für Gegenstände zu suchen, die diese über Kategorienraster verteilen.[246] Deswegen ist die hier vorgeschlagene Einteilung von Gegenständen in *fiktive, imaginäre* und *intentionale* nicht als eine metaphysische Hypothese zu verstehen, die man dadurch zu einer Gesamtschau vervollständigen könnte, dass man nun noch die nicht-intentionalen Gegenstände hinzufügt. Denn die angestrebte Vollständigkeit hätte die Form einer Ontologie, der zufolge es vier Sinnfelder gibt (das fiktive, imaginäre, intentionale und nicht-intentionale), was die Frage aufwirft, ob diese Sinnfelder zusammen in einem weiteren Sinnfeld existieren. Verneint man dies, müssen die vier Sinnfelder in einem der genannten Sinnfelder vorkommen. Gehen wir diese vier Varianten durch, da sie metaphysische Anfangsgründe der modernen theoretischen Philosophie charakterisieren, die meistens nicht als solche durchschaut werden, was die nachkantischen Idealisten kurzum als »Dogmatismus« bezeichnet haben.

---

245 Gabriel, *Sinn und Existenz*, S. 353-355. Zur Zurückweisung der Möglichkeit metaphysischer Kategorien vgl. ders., *Propos réalistes*, S. 7-51, sowie ders., »Hegels Kategorienkritik«, in: Rainer Schäfer u. a. (Hg.), *Kategoriendeduktion im Deutschen Idealismus*, Berlin 2020 (i. Ersch.).

246 Zu einem ähnlichen Ergebnis kommen auch Westerhoff, *Ontological Categories* sowie Otávio Bueno u. a., »The No-Category-Ontology«, in: *The Monist* 98/3 (2015), S. 233-245.

1. Metaphysischer Fiktionalismus

Der *metaphysische Fiktionalismus* ist die Annahme, dass alle Gegenstände im Sinnfeld des Fiktionalen existieren und fiktiv sind, wobei wir es hier im besten Fall mit einer subtilen Architektur zu tun haben, welche die Einbettung der drei anderen Gegenstandstypen in ihre Sinnfelder in Rechnung stellt. Aufgrund der Vermeidung von Transitivität können imaginäre Gegenstände im Sinnfeld des Imaginären im Sinnfeld des Fiktiven existieren, ohne deswegen *ipso facto* fiktiv zu sein. Fiktiv ist lediglich ihr Sinnfeld, bei dem es sich nun *ex hypothesi* um einen fiktiven Gegenstand handelt. Damit behauptet der metaphysische Fiktionalismus, dass die anderen Sinnfelder interpretationsabhängig existieren, worin ja der Sinn des Fiktiven besteht. Die philosophische Theoriebildung wäre damit auf eine Partitur angewiesen, die man durch Interpretation in einem Spielraum ergänzen könnte. Es gäbe demnach verschiedene Ontologien, die davon abhängen, wie genau man die Partitur des Wirklichen aufführt, das aus den vier Gegenstandsarten besteht. Solche interpretationsabhängigen Ontologien sind in ihrer Grundform von Nietzsche und Vaihinger über Carnap bis hin zu Putnam und gegenwärtigen Spielarten des Fiktionalismus bekannt.[247] Was allerdings in der Regel unterschlagen wird, ist die schwer bestreitbare Selbstbezüglichkeit, der zufolge das Sinnfeld des Fiktiven in sich selbst erscheint. Damit wird ein zumindest problematischer Regress ausgelöst, da es nun fiktiv ist, dass alle Sinnfelder fiktiv sind. Dies bringt Nietzsche an einer vielzitierten Passage auf den Punkt:

> Gegen den Positivismus, welcher bei dem Phänomen stehen bleibt ›es giebt nur Thatsachen‹, würde ich sagen: nein, gerade Thatsachen giebt es nicht, nur Interpretationen. Wir können kein Factum ›an sich‹ feststellen: vielleicht ist es ein Unsinn, so etwas zu wollen.

---

247 Vgl. auch die Argumentation in Anjan Chakravartty, *Scientific Ontology. Integrating Naturalized Metaphysics and Voluntarist Epistemology*, Oxford 2017.

›Es ist alles subjektiv‹ sagt ihr: aber schon das ist *Auslegung*, das
›Subjekt‹ ist nichts Gegebenes, sondern etwas Hinzu-Erdichtetes,
Dahinter-Gestecktes. – Ist es zuletzt nöthig, den Interpreten noch
hinter die Interpretation zu setzen? Schon das ist Dichtung, Hypothese.

Soweit überhaupt das Wort ›Erkenntniß‹ Sinn hat, ist die Welt
erkennbar: aber sie ist anders *deutbar*, sie hat keinen Sinn hinter
sich, sondern unzählige Sinne ›Perspektivismus‹.

Unsre Bedürfnisse sind es, *die die Welt auslegen*: unsre Triebe
und deren Für und Wider. Jeder Trieb ist eine Art Herrschsucht,
jeder hat seine Perspektive, welche er als Norm allen übrigen Trie-
ben aufzwingen möchte.[248]

Jüngst hat Benoist zu Recht daran erinnert, dass diese Passage
sich unter anderem *avant la lettre* gegen Vaihinger wendet, weil
der eigentliche Gegner der Positivismus und nicht der Realismus ist, den Nietzsche aus ganz anderen Motiven für abwegig
hält.[249] Nietzsche kommt auf diese Weise bei einer »generalisierten Hermeneutik (*herméneutique généralisée*)«[250] an, was eine
aus der Nietzsche-Diskussion des zwanzigsten Jahrhunderts vertraute Sachlage ist.[251] Es geht an dieser Stelle nicht darum, eine

---

248 Friedrich Nietzsche, *Nachgelassene Fragmente 1885-1887*, KSA 12, 7 [60],
S. 315.

249 Benoist, *Logique du phénomène*, S. 114-122.

250 Ebd., S. 117.

251 Beiläufig gesagt, bleiben die jüngsten naturalistischen Interpretationen
hinter Vaihingers Positivismus zurück, weil sie ein deflationäres Vokabular verwenden, um Nietzsche, gegen seine ausdrückliche Ablehnung,
kausale Erklärungsmodelle und einen Atomismus anzudichten, den er
bekanntlich an vielen Stellen seiner publizierten Schriften sowie des
Nachlasses ablehnt. Nietzsche ist auf der Ebene der Philosophie selbst
methodologischer Fiktionalist und kein Naturalist, der sich auf gegebene Naturerkenntnis oder gar Naturwissenschaft allein stützt. Paradigmatisch ist hier Brian Leiter, *Nietzsche on Morality*, London, New York
²2015. Leiter hat auf meine Rückfrage in dieser Hinsicht in seiner Key-
note zur achten International Summer School in German Philosophy
im Juli 2018 den Einwand präsentiert, dass Nietzsche zwar eine be-

kohärente Nietzsche-Deutung zu entwickeln (was vermutlich
ein hoffnungsloses Unterfangen ist, wofür Nietzsche selbst gesorgt hat). Wichtiger ist die Einsicht, dass der metaphysische
Fiktionalismus in sein eigenes Feld fällt, was Nietzsche unzwei-
deutig anerkannt hat, ohne darin einen Anlass zur Theorierevi-
sion zu sehen. In dieser Hinsicht war er bemerkenswert kohä-
rent-inkohärent.

Der metaphysische Fiktionalismus überdehnt den Begriff des
Fiktiven und kulminiert deswegen durchaus in Derridas ebenso
vielzitiertem Diktum, es gebe nichts außerhalb des Textes.[252]
Auch hier ist Vorsicht geboten, da sich Derrida an den Beleg-
stellen mit der Methodologie der Rousseau-Lektüre und dabei
nur indirekt mit den Themen der allgemeinen Metaphysik aus-
einandersetzt. Es geht bei Derrida an dieser Stelle um die Frage,
wie sich »Rousseau« als Name einer Autorfunktion zu Jean-
Jacques, derjenigen Person verhält, deren Subjektivität in den
literarischen Formen, derer sich Rousseau bediente, auf dem
Spiel steht. Dies führt in Bereiche der Literaturtheorie, die wir
hier ausklammern können. Gleichwohl wird es schwierig zu bestreiten, dass Derridas Rekurs auf eine Metaphorologie und seine Zurückweisung von Referenz, die sich durch die *Gramma-*

---

stimmte Kausalvorstellung, aber nicht kausale Erklärungen in einem
weiteren Sinn ablehnt und deswegen in einem gegenwärtigen Sinn als
»spekulativer Naturalist« gelten kann. Ich konzediere, dass dies für
Nietzsches Ausflüge in die Naturphilosophie sowie für seinen Rekurs
auf Triebe gilt, die er den Perspektiven zuordnet, glaube aber, dass die
Perspektive, die Nietzsche insgesamt bezieht, eher auf der Seite des Äs-
thetizismus als auf derjenigen einer Antizipation naturwissenschaftlicher
Gesamterklärungen des menschlichen Verhaltens steht. Für die Argumentation im Haupttext ist dies freilich nicht zentral, da es fraglos der
Fall ist, dass sich viele metaphysische Fiktionalisten, allen voran Vaihinger, finden lassen, die eine eindeutige Stellung beziehen und als Repräsentanten der Theorielage gelten können, um die es hier geht. Zu einem
ähnlichen Problem bei Foucault vgl. Elder-Vass, *The Reality of Social
Construction*, S. 143-158, insbesondere S. 151.

252 Jacques Derrida, *Grammatologie*, Frankfurt/M. 1974, S. 274, sowie 280f.

tologie zieht, auf eine Position hinausläuft, die den Ausdruck
»›wirklich‹ (›*réel*)« in distanzierende Anführungszeichen setzt.[253]
Das alles ist *ad nauseam* durchgearbeitet worden und beruht auf
einer unzulässigen Reduktion aller Gegenstände auf Intentionalität, worauf wir noch kommen werden, weshalb Derrida auch
eher als Opfer eines Intentionalismus denn eines Fiktionalismus
gelten kann.

Ich führe Derrida deswegen an, weil er die Konsequenz ahnt,
die man auf sich nimmt, wenn man metaphysischer Fiktionalist
ist. Man räumt dann zwar eine Welt ein, die allerdings zu einer
an sich unerkennbaren »Urschrift (Archi-écriture)«[254] wird, die
niemals »*Gegenstand* einer *Wissenschaft* (*objet* d'une *science*)«[255]
sein kann. Das liegt daran, dass der Begriff des Fiktiven überdehnt wird, wenn man jede theoretische Einstellung als Lektüre
versteht und diese nach dem Modell der literarischen Deutung
modelliert. Denn dann ergibt sich in der Tat der von Derrida
beobachtete Effekt namens »supplément«, der darin besteht,
dass ein imaginärer Gegenstand zwischen uns und die Urschrift
tritt, deren Vorhandensein letztlich fragwürdig ist (man will ja
nicht in die Falle der Präsenzmetaphysik tappen...). Wie bei
Nietzsche führt dies bei Derrida zu einer nie enden wollenden
Akrobatik, die in US-amerikanischen ›theory‹-Zirkeln unter dem
Banner der ›Dekonstruktion‹ perfektioniert wurde. Dies ändert
allerdings nichts an der Paradoxie, die man generiert, wenn man
alle Gegenstände ins Sinnfeld des Fiktiven bzw. umsichtiger jeweils in eines von vier Sinnfeldern einordnet, die ihrerseits im
Sinnfeld des Fiktiven existiert.[256]

253 Etwa ebd., S. 274: »›wirklichen‹«.

254 Ebd., S. 99.

255 Ebd.

256 Freilich kann man Derrida auch als Realisten lesen, da er in der Tat einen
    radikalen Empirismus vertritt, der keinen erkennbaren, transzendenta-
    len Rahmen einräumt – ein Manöver, das mit seinem Fiktionalismus ver-
    einbar ist. Für eine überzeugende Rekonstruktion einer solchen Position
    vgl. Freytag, *Die Rahmung des Hintergrunds*. Für eine neuere transzen-

2. Metaphysischer Imaginatismus

Der *metaphysische Imaginatismus* zieht alle Gegenstände ins Sinnfeld des Imaginären bzw. in eines von vier Sinnfeldern ein, die im Sinnfeld des Imaginären erscheinen, das damit freilich in sich selbst erscheint. *Imaginär* sind diejenigen Gegenstände, die sich an der Schnittstelle des Wirklichen und seiner epistemischen Erfassung ergeben. Auf der Ebene der Wahrnehmung sind sie die perspektivischen Gehalte, die uns etwas als etwas vorführen. Die imaginären Gegenstände sind der Grund unserer Fallibilität. Denn sie stellen uns Aspekte wahrnehmbarer Gegenstände vor. Dabei versperren sie die Gegenstände nicht. Die wahrnehmbaren Gegenstände sind und bleiben dasjenige, was wir wahrnehmen. Wir nehmen sie aber im Medium von Gehalten (in Form, Farbe, Ton, Proposition usw.) wahr. Wir können uns deswegen über die wahrnehmbaren Gegenstände täuschen, weil wir einige ihrer Aspekte nicht richtig erfassen. Der Grund der Täuschung ist eine gelungene Kontaktaufnahme mit demjenigen Gegenstand, über den wir zusätzliche Annahmen treffen, die durch unseren direkten Kontakt nicht gedeckt sind. Die Gehalte sind faktisch existierende, wirkliche Gegenstände, die uns im Medium der Wahrnehmung erscheinen. Das Medium der Wahrnehmung ist eine wirkliche Relation. Die qualitativen Eigenschaften der wahrnehmbaren Gegenstände befinden sich weder »in unserem Bewusstsein« noch gar »in unserem Kopf«, sondern zwischen uns und den wahrnehmbaren Gegenständen.

Daraus folgt bereits, dass nicht alle Gegenstände imaginär sein können. Imaginäre Gegenstände sind im Wahrnehmungsfall Relationen zwischen einem Wahrnehmungssystem (etwa einem geistigen Lebewesen vom Typ Homo sapiens) und wahrgenommenen Gegenständen. Da die wahrgenommenen Gegenstände üblicherweise zum Universum gehören, hat die relevante

dentale Lesart hingegen vgl. Martin Hägglund, *Radical Atheism. Derrida and the Time of Life*, Stanford 2008.

Kausalität hier die Form einer Wechselwirkung bzw. Verschränkung, dessen logische Form man der Quantentheorie entnehmen kann, die sich prinzipiell als allgemeine Rahmentheorie formulieren lässt, die über ihren bekannten Anwendungsbereich im Mikrophysikalischen hinaus Begriffe zur Verfügung stellt, die für »*den phänomenalen Charakter der Welt*«[257] zuständig sind. In den Worten Hartmann Römers ist Verschränkung

> ein eigenartiger und höchst charakteristischer Zug quantenartiger Systeme. Verschränkung kann und wird auftreten, wenn folgende Bedingungen erfüllt sind:
>
> • Es lassen sich in einem System Teilsysteme identifizieren und *globale Observable*, die sich auf das System als Ganzes beziehen, von *lokalen Observablen* unterscheiden, die zu den Teilsystemen gehören.
> • Es gibt eine globale Observable, die zu lokalen Observablen komplementär ist.
> • Das System befindet sich in einem sogenannten *verschränktem Zustand,* beispielsweise in einem Eigenzustand der globalen Observablen, in dem der Ausgang von Messungen der lokalen Observablen ungewiss ist.[258]

Dieses Vokabular lässt sich in die SFO übertragen.[259] Eine *globale Observable* entspricht dem Sinn eines Sinnfelds, in dem

---

257 Römer, »Emergenz und Evolution«, S. 74.

258 Ebd., S. 84.

259 Ich danke Hartmann Römer und George Ellis für intensive Gespräche über das Verhältnis von Physik und SFO in Paris vom 14. bis 16.11.2018 und vom 3. bis 4.12.2018. Freilich ist Ellis' Position in der Erkenntnistheorie klassisch, während Römer meint, der Erkenntnisprozess in einem Lebewesen habe eine nicht-klassische Form, was die Anwendung der quantentheoretischen Begrifflichkeit rechtfertigt. Ich danke auch Hitoshi Murayama und Yasunori Nomura für eine entsprechende Diskussion am Institute for the Physics and Mathematics of the Universe an der Universität Tokyo im Juni 2018, die ebenfalls plausibel dafür argumentiert haben, dass die Quantentheorie jedenfalls in dem Sinn fundamental ist, dass sie in unserer Fallibilität zu Buche schlägt, die ja auch im-

wir uns als erkennende Lebewesen befinden. Nehmen wir an, wir befinden uns in einer Wahrnehmungssituation, was stets eines der Sinnfelder ist, in dem wir existieren, solange wir bewusst sind.[260] Der Sinn (die Anordnungsregeln) der Wahrnehmung ordnet die Gegenstände, die im Sinnfeld der Wahrnehmung erscheinen, zwei Teilsystemen zu: einem wahrnehmenden und einem wahrgenommenen System. Diese Teilsysteme sind wiederum Sinnfelder, was bedeutet, dass sie *lokale Observablen*, d. h. hier eingebettete Sinne aufweisen, deren Ausrichtung vom Wahrnehmungssinnfeld abhängt. Wir können das Sinnfeld der Wahrnehmungssituation nicht dadurch erfassen, dass wir einer gegebenen Wahrnehmung der Objektstufe eine weitere Wahrnehmung der Wahrnehmung hinzufügen, weil wir damit unsere mentale Episode signifikant modifizieren. Bekannt ist dies aus Kleist'schen Überlegungen über den Eingriff der Reflexion in unseren mentalen Zustand, der die Objektorientierung unterbricht.[261] Unser Wahrnehmungsbewusstsein wird dadurch verändert, dass wir uns die Frage stellen, unter welchen Bedingungen es zustande kommt. Die Untersuchung unserer Sinnesphysiologie verändert den Wahrnehmungsgegenstand in dem Sinne, dass wir etwa zunächst auf der Objektstufe einen blauen Würfel und dann einen blauen Würfel zusammen mit einem Wahrnehmungssystem betrachten. Damit treten wir nicht aus der Wahrnehmungssituation insgesamt heraus, verän-

---

pliziert, dass es wahrscheinlich, aber niemals deterministisch vorhersagbar ist, dass eine relevante Untermenge unserer wahrheitsfähigen mentalen Episoden faktisch wahr ist.

260 Dies bedeutet weder, dass die Wahrnehmung fundamental, noch dass sie das übergeordnete Sinnfeld eines geistigen Lebens ist. Dass wir immer auch wahrnehmen, legt nur auf einen offensichtlich richtigen minimalen Empirismus fest, demzufolge wir dem Umstand Rechnung tragen müssen, dass wir Wahrnehmungswissen erlangen können.

261 Heinrich von Kleist, *Über das Marionettentheater. Sämtliche Werke und Briefe*, Bd. 2, München ⁴1965, S. 338-345; Heinrich von Kleist, *Über die allmähliche Verfertigung der Gedanken beim Reden. Sämtliche Werke und Briefe*, Bd. 2, München ⁴1965, S. 319-323.

dern sie aber signifikant, weil wir nun andere Gegenstände
wahrnehmen. Sobald wir uns der globalen Observablen zuwenden, verändern wir die lokalen Observablen und *vice versa*.

Der Ausgang der Messungen, d. h. der Gegenstandsbestim-
mungen auf der Ebene der objektstufigen Wahrnehmung, ist
vom Standpunkt des Umstandes, dass wir wahrnehmen, unge-
wiss. Es ist also prinzipiell nicht deterministisch vorhersagbar,
was ein Lebewesen in einer gegebenen Wahrnehmungssituation
als Nächstes wahrnimmt. Dies sollte im Übrigen keine Überraschung sein, da es vielmehr unserer Heuristik Rechnung trägt,
die ein fallibles und offenes System ist, das zu Kursänderun-
gen imstande ist, die es als Lernerfolge im Trial-and-Error-Prozess unserer Adaption an unsere ökologische Nische verbuchen
kann. Wenn bestimmt ist, dass wir wahrnehmen, wenn wir also
das Wahrnehmungssystem als Ganzes untersuchen, ist damit
nicht schon bestimmt, was wir auf der Objektstufe wahrnehmen – was hervortritt, wenn wir in Rechnung stellen, dass auch
ein Wahrnehmungstheoretiker oder Sinnesphysiologe nicht aufhört wahrzunehmen, wenn er ein Messsystem verwendet, um
im Rahmen seiner Theoriebildung Aufschluss über die epistemischen Zustände eines Lebewesens zu erlangen.

Dieses Modell kommt allerdings rasch an seine Grenzen,
wenn wir es zu einer Metaphysik aufblasen. Die Achillesferse
stellen wohl die nicht-intentionalen Gegenstände dar, deren
Sinnfeld im Sinnfeld des Imaginären auftaucht. Der metaphysische Imaginatismus muss annehmen, dass das Sinnfeld der
nicht-intentionalen Gegenstände mit dem Sinnfeld der imaginären verschränkt ist. Diejenigen Gegenstände, die wir prinzipiell nicht wahrgenommen haben können (den Urknall, die
»Zustände« in einem schwarzen Loch oder was auch immer),
werden wirklich dadurch verändert, dass wir wahrnehmen, dass
es Gegenstände gibt, die wir nicht wahrnehmen, da die globale
Observable unserer Wahrnehmung die lokale Observable der
nicht-intentionalen Gegenstände modifiziert. Der metaphysische Imaginatismus neigt deswegen zu Deutungen der Quantentheorie, die dem Erkenntnisprozess eine Einwirkung auf Be-

reiche zuschreibt, deren Strukturbildung weitgehend außerhalb unserer Reichweite liegt, was den metaphysischen Imaginatismus in die Nähe von Eugene Wigners Deutung der Quantentheorie rückt.[262]
Wie dem auch sei, die ontologischen Probleme des metaphysischen Imaginatismus kann man nicht vollständig durch Artikulation seiner Interpretation der Quantentheorie beheben, wenn dies auch wohlgemerkt kein Scheingefecht ist, sondern zum Eingemachten dieser Theorielage gehört. Entscheidend ist, dass er zu einem metaphysischen Idealismus neigt, der das Wirkliche insgesamt letztlich vom Erkenntnisprozess abhängen lässt und damit wiederum den Begriff einer Totalität in Anspruch nimmt, in die wir als Denkende konstitutiv einbezogen sind. Dies führt zu den inzwischen bekannten Totalitätsproblemen zurück, sodass der metaphysische Imaginatismus sich wiederum auf die Kohärenz des Aleph stützt, die sich als fragwürdig erwiesen hat (vgl. oben, § 4).[263]

262 Vgl. Eugene Paul Wigner, *Philosophical Reflections and Syntheses*, Berlin, Heidelberg 1995. Freilich meint Römer keineswegs, dass das *Bewusstsein* den Kollaps der Wellenfunktion auslöst, weil seine verallgemeinerte Quantentheorie keine kausale Rolle des Bewusstseins im Messvorgang postuliert, sondern allgemeine ontologische Rahmenbedingungen auf der Theoriestufe der SFO diskutiert. Das wirft aber die Frage auf, ob der Erkenntnisprozess nicht doch kausal eingebettet ist, worauf Römer mit einer Theorie der Zeit antwortet, die das Quantenuniversum als a-temporal auffasst, was eine lange Diskussion erforderte, die hier fehlplatziert wäre. Eine mittlere Position stammt von Michel Bitbol, *Mécanique quantique. Une introduction philosophique*, Paris 2008. Vgl. auf dieser Grundlage neuerdings seine Stellungnahme gegen Meillassoux in Michel Bitbol, *Maintenant la finitude. Peut-on penser l'absolu?*, Paris 2019.

263 Dies ist nicht mein letztes Wort in der Frage, wie wir den Erkenntnisprozess als etwas verstehen können, was wirklich ist, ohne dabei eine Wirklichkeit als Totalgegenstand aufzufassen. Dieser Aspekt der SFO kann nur im Rahmen einer Naturphilosophie geklärt werden, an deren Grundzügen ich gerade im Rahmen des Bonner Center for Science and Thought und am Institute for the Physics and Mathematics of the Uni-

3. Metaphysischer Intentionalismus

In der Position des metaphysischen Intentionalismus kann man
die eigentliche Zielscheibe von Meillassoux' vieldiskutierter Korrelationismuskritik sehen.[264] Denn der *metaphysische Intentionalismus* behauptet, dass alle Gegenstände entweder intentional
sind oder in Sinnfeldern erscheinen, die im Sinnfeld der intentionalen Gegenstände erscheinen. Damit gibt es jedenfalls kein
einziges Sinnfeld, das nicht Gegenstand einer Bezugnahme wäre. Diese Position kollabiert nicht umgehend in einen ontischen
(wie man so sagt: subjektiven) Idealismus, weil zwar die Sinnfelder aller Gegenstände intentionale Gegenstände sind, woraus aber nicht ohne weiteres folgt, dass die nicht-intentionalen
Gegenstände, die im Sinnfeld des Nicht-Intentionalen erscheinen, *ipso facto* intentional sind. Dieser Konsequenz kann der
metaphysische Intentionalist *prima facie* ausweichen, weil er
ja offiziell ein Sinnfeld der nicht-intentionalen Gegenstände anerkennt, das freilich auf der ontologischen Theoriestufe intentional ist.

Diese Option hat Fichte besonders umsichtig ausbuchstabiert, dem man in der Sache völlig zu Unrecht einen ontischen
Idealismus attestiert hat. Die Fichte'sche Theoriestruktur der als
nicht-gesetzt gesetzten Gegenstände wird in dem hiesigen Rahmen dadurch abgebildet, dass wir das Sinnfeld der nicht-intentionalen (nicht-gesetzten) Gegenstände setzen. Dies entspricht
Quines meistens falsch verstandener Formel des Eingehens on-

verse der Universität Tokio arbeite. Ich danke vor allem Alexander
Kanev, der mich während seines Bonner Aufenthalts im Alumnus-Pro-
gramm der Alexander von Humboldt Stiftung (2014) frühzeitig darauf
gestoßen hat, dass die SFO naturphilosophische Konsequenzen hat,
mittels derer man die Fallibilitätsbedingung unseres Wissenserwerbs begrifflich schärfer stellen kann. Ich danke auch Jan Voosholz, der mich
spätestens beim Humboldt-Kolleg über Neuen Realismus in Sofia
(25.-27.10.2017) davon überzeugt hat, dass der Neue Realismus zentral
in Rechnung zu stellende wissenschaftstheoretische Konsequenzen hat.
264 Meillassoux, *Nach der Endlichkeit.*

tologischer Verpflichtungen, die er in § 6 von *Wort und Gegenstand* (über »Posits and Truth«) folgendermaßen auf den Punkt bringt:

> Eine Setzung eine Setzung nennen heißt nicht, sie von oben herab zu behandeln. Eine Setzung kann unvermeidlich sein, es sei denn, man nimmt andere, nicht minder künstliche Hilfsmittel in Kauf. Vom Standpunkt einer Beschreibung des Vorgangs der Theoriebildung ist alles, dem wir Existenz zubilligen, eine Setzung und, vom Standpunkt der gebildeten Theorie, gleichzeitig real. Wir wollen auch nicht auf den Standpunkt der Theorie als auf eine Täuschung herabsehen, denn mehr als den Standpunkt der einen oder anderen Theorie – der besten, die wir jeweils aufbieten können – einzunehmen, können wir niemals erreichen.[265]

Sofern man diese Formel von der Erkenntnistheorie in die Metaphysik überträgt, ergibt sich das Problem, dass man zu erklären hat, wie die nicht-intentionalen Gegenstände unbeschadet in den Horizont der Intentionalität eintreten können.[266] Was genau bedeutet es, dass nicht-intentionale Gegenstände wesentlich in einem Sinnfeld erscheinen, das *ex hypothesi* im Sinnfeld der Intentionalität erscheint? Hier droht eine Festlegung auf ein paradoxieanfälliges transzendentales Argument (TA) des Typs:

(TA1) Hätte es keine Intentionalität gegeben, hätte es kein Sinnfeld des Nicht-Intentionalen gegeben.

(TA2) Wären sie nicht im Sinnfeld des Nicht-Intentionalen erschienen, hätte es keine nicht-intentionalen Gegenstände gegeben.

---

265 Quine, *Wort und Gegenstand*, S. 53 f. Vgl. zum Zusammenhang Quines mit dem nachkantischen Idealismus Paul W. Franks, »From Quine to Hegel. Naturalism, Anti-Realism, and Maimon's Question *Quid Facti*«, in: Espen Hammer (Hg.), *German Idealism. Contemporary Perspectives*, London, New York 2007, S. 50-69.

266 Pittoresk ist dies in der Variante vertraut, dass das Universum irgendwann gleichsam die Augen aufschlägt und sich retroaktiv als lesbar erweist usw. An dieser Stelle geht es freilich um die ontologische Tiefenstruktur solcher Rahmentheorien.

∴   Hätte es keine Intentionalität gegeben, hätte es keine
nicht-intentionalen Gegenstände gegeben.

(TA) läuft nicht in jeder Interpretation auf eine Paradoxie hinaus, da die Konklusion keine direkte objektstufige Behauptung
über bestimmte nicht-intentionale Gegenstände (z. B. Bosonen,
den Erdmond, die Alpen, den Urknall usw.) trifft. *Der metaphysische Intentionalist behauptet nicht über einen gegebenen, bestimmten nicht-intentionalen Gegenstand, dass er nicht existiert
hätte, hätte sich niemals jemand auf ihn bezogen, sondern lediglich, dass die Gegenstände, die im Sinnfeld des Nicht-Intentionalen
erscheinen, dort nicht erschienen, hätten wir uns nicht auf es bezogen.* Die höherstufige, ontologische Eigenschaft der Nicht-
Intentionalität hängt demnach von der Intentionalität ab, was
nicht umstandslos auf die nicht-intentionalen Gegenstände durchfärbt, die man freilich nur *de dicto* benennen, nicht aber indivi-
duierend *de re* ausweisen kann. Die nicht-intentionalen Gegenstände bilden in der Optik des metaphysischen Intentionalismus
einen intern gestaltlosen Klumpen des Nicht-Intentionalen, ein
»Urgestein des Seins«, wie Adorno dies genannt hat.[267]
Man kann kein einziges gehaltvolles Beispiel nicht-intentionaler Gegenstände anführen, da man dieses damit in einen intentionalen Gegenstand transformiert hätte, weshalb die nicht-
intentionalen Gegenstände intentional abgeschirmt werden
müssen.[268] Die nicht-intentionalen Gegenstände sind somit

---

267 Adorno, *Negative Dialektik*, S. 359.
268 Dieser ontologischen Architektur entsprechen vielfältige Ausgestaltun-
gen, von der antiken globalen Distinktion von Sein und Schein bis hin
zu den neuzeitlichen Variationen des Vorstellungsschleiers, den man
nicht lüften kann, usw. Das Nicht-Intentionale wird in einigen Spielarten zu einem Fetisch, den man nur apophatisch einkreisen kann, wogegen
gen sich Levinas gewandt hat, der deswegen eine Intentionalitätsauffas-
sung entwickelt hat, die Intentionalität nicht als geschlossenes Sinnfeld,
sondern als jeweils spezifischen Kontakt mit etwas versteht, was nicht
notwendig intentional ist. Vgl. paradigmatisch Emmanuel Lévinas, *Totalität und Unendlichkeit. Versuch über die Exteriorität*, Freiburg/Br. ⁵2014.

eine Kategorie im ontologischen Portfolio des metaphysischen Intentionalisten. Sie sind genaugenommen die zentrale Kategorie, weil sie das Projekt vom ontischen Idealismus abgrenzen, der alle Sinnfelder auf ein einziges (das mentale) reduziert. Der *ontische Idealismus* behauptet, dass es nur mentale Zustände bzw. deren Träger gibt, sodass er alles, was scheinbar nicht in dieses Sinnfeld einbezogen ist, umdeutet. Er verficht also eine revolutionäre Metaphysik mit fragwürdiger Kohärenz, wobei die Position nicht analytisch ausgehebelt werden kann.[269] Der ontische Idealismus ist nicht *a priori* falsch, weil er eine Behauptung darüber darstellt, wie das Wirkliche beschaffen ist, und weil solche Behauptungen sich ihre eigene Wahrheit nicht selbst verschaffen können. Der ontische Idealismus entspricht nicht den Tatsachen, was ihn nicht weiter stört, weil er eine solche Entsprechung konsistent bestreitet.

Wie dem auch sei, der metaphysische Intentionalist vermeidet eine extravagante Reduktion des Wirklichen auf den formalen Rahmen des Erscheinens für einen Träger mentaler Zustände durch seine Anerkennung des Sinnfelds des Nicht-Intentionalen. Da er dieses allerdings nicht gehaltvoll füllen kann, kippt die Position in einen »schwachen Korrelationismus« im Sinne Meillassoux' um.[270] Das Nicht-Intentionale erhält zwar einen

---

Auf diese Weise bricht Levinas den »korrelationistischen Zirkel« Meillassoux' von innen auf und umschifft die Metaphysik, was ihm von Seiten Derridas den Vorwurf eingetragen hat, die Intentionalität in einem Gewaltstreich überspringen zu wollen. Vgl. bekanntlich Jacques Derrida, »Gewalt und Metaphysik. Essay über das Denken Emmanuel Levinas'«, in: ders., *Die Schrift und die Differenz*, Frankfurt/M. 1976, S. 121-235. An dieser Stelle sieht man, dass die Begriffsprägung des frühen Derrida in Husserls Rahmen verbleibt, den er ursprünglich lediglich in einigen Details zu korrigieren suchte, ehe sich dieses Projekt in eine Proliferationsmaschine für Paradoxien verwandelte.

269 Vgl. Goldschmidt, Pearce (Hg.), *Idealism. New Essays in Metaphysics*.

270 Zum allgemeinen Begriff des »Korrelationismus« vgl. Quentin Meillassoux, »Iteration, Reiteration, Repetition. A Speculative Analysis of the Sign Devoid of Meaning«, in: Armen Avanessian, Suhail Malik (Hg.),

Raum in einer ontologischen Architektur, der allerdings nicht gefüllt werden kann, was Kant – der diese Dialektik paradigmatisch ausbuchstabiert hat – bisweilen in die Arme des starken Korrelationismus treibt, da er nicht garantieren kann, dass es außerhalb des Felds möglicher Erfahrung nicht-intentionale Gegenstände gibt.[271]

Was den metaphysischen Intentionalismus spezifisch vor dem ontischen Idealismus schützt, schwächt ihn indes global. Denn die nicht-intentionalen Gegenstände sind der Standardfall dessen, worauf wir uns in wahrheitsfähiger Absicht beziehen. Wir denken nicht in der Absicht über das Wirkliche nach, es auf unseren Horizont zuzuschneiden, sondern sind uns seiner als etwas bewusst, was den Ausschnittscharakter unserer jeweiligen

Genealogies of Speculation. Materialism and Subjectivity since Structuralism, London, New York 2016, S. 117-198, hier S. 118: »By correlationism I mean, in a first approximation, any philosophy that maintains the impossibility of acceding, through thought, to a being *independent* of thought. According to this type of philosophy, we never have access to any intended thing (understood in the most general sense, not necessarily in the phenomenological sense) that is not always-already correlated to an ›act of thinking‹ (understood, again, in the most general sense).« Zur Distinktion zwischen *schwachem* und *starkem Korrelationismus* vgl. ders., *Nach der Endlichkeit*, Kap. 2. Zur Inkohärenz dieses Begriffs vgl. dagegen Gabriel, *Sinn und Existenz*, S. 396-399.

271 Vgl. etwa KrV, A 601/B 629: »Unser Begriff von einem Gegenstande mag also enthalten, was und wie viel er wolle, so müssen wir doch aus ihm herausgehen, um diesem die Existenz zu erteilen. Bei Gegenständen der Sinne geschieht dieses durch den Zusammenhang mit irgendeiner meiner Wahrnehmungen nach empirischen Gesetzen; aber für Objekte des reinen Denkens *ist* ganz und gar kein Mittel, ihr Dasein zu erkennen, weil es gänzlich a priori erkannt werden müßte, unser Bewußtsein aller Existenz aber (es sei durch Wahrnehmung unmittelbar, oder durch Schlüsse, die etwas mit der Wahrnehmung verknüpfen) gehört ganz und gar zur Einheit der Erfahrung, und eine Existenz außer diesem Felde kann zwar nicht schlechterdings für unmöglich erklärt werden, sie ist aber eine Voraussetzung, die wir durch nichts rechtfertigen können.« Vgl. dazu Gabriel, *Sinn und Existenz*, § 2a.

Aufmerksamkeit überschreitet. Das Wirkliche ist dasjenige, was unsere Erwartung sprengen kann, woraus man freilich nicht schließen darf, dass das Wirkliche nur in der Form einer Katastrophe oder eines ganz Anderen bemerkbar ist. Das Wirkliche erscheint uns keineswegs unter dem Vorzeichen, dass es nur indirekt ›von uns unabhängig‹ ist. Vielmehr gibt es kein Indiz dafür, dass das Wirkliche auf uns zugeschnitten ist, das sich dem Wirklichen in seiner Erscheinung ablesen ließe – was schlichtweg daran liegt, dass das Wirkliche nicht auf uns zugeschnitten ist. Die potenzielle Divergenz von Wahrheit und Fürwahrhalten, d. h. die Objektivität unserer Bezugnahme, ist selbst etwas Faktisches, was Fichte trefflich durch die Wortschöpfung der »Fakticität« auf den Punkt gebracht hat.[272]

Doch selbst wenn man den metaphysischen Intentionalismus auf der Ebene seiner Erkenntnistheorie verteidigen kann, da er tatsächlich nicht hoffnungslos inkohärent ist, gerät er auf der Ebene seiner Metaphysik ins Wanken. Denn er wiederholt das von ihm formulierte Szenario in einer ins Unendliche laufenden Iteration, die Fichte in seinen spätesten Vorlesungen zur *Wissenschaftslehre* als »Reflexibilität« bezeichnet.[273] Diese stellt sich ein, wenn man bedenkt, dass das Sinnfeld der Intentionalität neben den drei Sinnfeldern der fiktiven, imaginären und nicht-intentionalen Gegenstände auch sich selbst enthält, was der Witz des *metaphysischen* Intentionalismus ist.

272 Vgl. die Einführung dieses Ausdrucks in die philosophische Sprache bei Johann Gottlieb Fichte, *Die Wissenschaftslehre. Zweiter Vortrag im Jahre 1804 vom 16. April bis 8. Juni*, Hamburg ²1986, S. 29 und passim. Die Faktizität besteht in der »Einsicht des absoluten Fürsichbestehens des Wissens, ohne alle Bestimmung durch irgend Etwas außer ihm, irgendeine Wandelbarkeit« (S. 29).

273 Bei der Einführung des Gedankens der »Grundbegriffe« (ohne die man keine anderen Begriffe haben könnte), führt Fichte den Begriff der »Besinnung« als »Reflexibilität« ein, die er folgendermaßen kommentiert: »ansehen des Faktum in Beziehung auf *Begründbarkeit*« (Johann Gottlieb Fichte, *Die späten wissenschaftlichen Vorlesungen I. 1809-1811*, Stuttgart-Bad Canstatt 2000, S. 95).

Die Situation, in der sich der metaphysische Intentionalist
wähnt, betrifft sich selbst: sie ist unendlich oft in sich einge-
schachtelt. Das wirft allerdings die Frage auf, auf welcher
Theoriestufe wir es eigentlich überhaupt mit der Kategorie der
nicht-intentionalen Gegenstände zu tun haben? Sind die nicht-
intentionalen Gegenstände identisch mit den nicht-intentionalen Gegenständen im Sinnfeld der intentionalen nicht-intentionalen Gegenstände? Unterscheiden sie sich von den intentionalen
intentionalen nicht-intentionalen Gegenständen? Wenn »Inten-
tional-« bzw. »Nicht-intentional-Sein« als Eigenschaften aufgefasst werden, die Gegenstände klassifizieren und voneinander
abschirmen, warum sollte dies nicht für die Eigenschaftsanhäu-
fungen gelten, die sich ergeben, wenn man einräumt, dass es
auch »Intentional-intentional-Sein« und folglich »Intentional-
nicht-intentional-Sein« usw. gibt? Dieses Problem versucht
Fichte seit seinen Anfängen *praktisch* aufzulösen, da der Gordische Knoten schließlich *faktisch* durchschlagen wird, indem wir
die Reflexibilität auf irgendeiner Stufe anhalten und auf die
Dinge zugreifen. Die Tathandlung lässt die Dinge also überraschenderweise sein, sie entspricht nicht dem vermeintlich on-
tisch-idealistischen Charakter der Wissenschaftslehre, sondern
besteht darin, auf irgendeiner Theoriestufe anzuhalten und eine
nicht-ichliche Basiswirklichkeit zu konzedieren. Fichte nennt
diesen Umstand »Sein«.[274]

Damit dieses Manöver intern stabil bleibt, ist Fichte bzw. der
paradigmatische Vertreter des metaphysischen Intentionalismus
allerdings auf einen Vollständigkeitsbeweis angewiesen. Diejes-
nigen Sinnfelder, die neben dem Sinnfeld der intentionalen Gegenstände eingeräumt werden, müssen vollständig anführbar
sein, damit die Iterationen kontrollierbar vorgenommen werden und der Gordische Knoten mit theoretischem Recht zer-
hauen werden darf. Die Sinnfelder dürfen nur in einer geordneten Hierarchie nach unten und oben (also vertikal) proliferieren
und nicht unkontrolliert (horizontal) in die Breite gehen. Fichte

---

274 Vgl. etwa Fichte, *Die Wissenschaftslehre 1804*, S. 160.

selbst entwickelt deswegen sein Theorem der endlichen Anzahl von Weltansichten.[275]

Hegels Projekt einer *Phänomenologie des Geistes* hat ein ähnliches Ansinnen, indem es auf die »Notwendigkeit und Vollständigkeit« möglicher Intentionalitätstheorien zielt.[276] Auf diese Weise soll sichergestellt werden, dass es eine maximal kohärente Theorieanlage gibt, die es erlaubt, die Unabhängigkeit des Wirklichen über die intrinsische Architektur der Intentionalität des Denkens zu garantieren. Das Wirkliche soll sich gleichsam aus der Innenansicht des Denkens als etwas erweisen, das ein ontologisches Eigenrecht hat, ohne deswegen so weit auf Abstand zu rücken, dass eine »schlechthin scheidende Grenze«[277] zwischen dem Wirklichen und unserem Zugriff errichtet wird. Hegel folgt hierbei weitgehend Schellings Entwurf, den er in seinem *System des transzendentalen Idealismus* vorgelegt hat. Die Grundidee der frühen Systeme aus der Glanzzeit des Deutschen Idealismus führt in der Folge dazu, dass »Natur« der Name für den Bereich des Nicht-Intentionalen wird, um die Frage der Objektivität des Denkens letztlich an die Naturphilosophie zu delegieren, was den Boden für den Positivismus der zweiten Jahrhunderthälfte bereitet.[278] Dieser befreit sich durch einen erkenntnistheoretisch und ontologisch unbegründeten Radikalschlag von den Aporien der Intentionalität und versichert sich der Wirklichkeit des Denkens durch empirische Untersuchungen der ökonomischen, sinnesphysiologischen, biologischen, kurz-

---

275 Vgl. dazu Christoph Asmuth, »Wie viele Welten braucht die Welt? Goodman, Cassirer, Fichte«, in: *Fichte-Studien* 35 (2010), S. 63-83.

276 Vgl. zu diesem Anspruch in der *Phänomenologie des Geistes* Markus Gabriel, »A Very Heterodox Reading of the Lord-Servant-Allegory in Hegel's *Phenomenology of Spirit*«, in: ders., Anders Moe Rasmussen (Hg.), *German Idealism Today*, Berlin 2017, S. 95-120, sowie Gabriel, »What Kind of an Idealist (if any) is Hegel?«.

277 Georg Wilhelm Friedrich Hegel, *Phänomenologie des Geistes*, TWA 3, S. 68.

278 Manfred Frank, *Der unendliche Mangel an Sein. Schellings Hegelkritik und die Anfänge der Marxschen Dialektik*, München ²1992.

um: materialen Voraussetzungen der Genese intentionaler Verhältnisse.

Die im neunzehnten Jahrhundert aufkommende ›Methode‹ der Genealogie ist eine Vulgärform der Naturphilosophie. Diese ist ursprünglich ein essentieller Baustein des metaphysischen Intentionalismus, in dem gezeigt werden soll, dass die Intentionalität nicht über Umwege auf die nicht-intentionalen Gegenstände durchdiffundiert, womit diesen angesichts unserer Erkenntnisleistungen (angesichts des Begriffs) dasjenige Maß an Eigenständigkeit attestiert wird, ohne welches wir uns unseres Denkens nicht als objektiv versichern könnten. Der Positivismus, der im Naturalismus unserer Tage unreflektiert nachhallt, bescheidet sich damit, den Bereich des Nicht-Intentionalen, die Natur, zu generalisieren, womit er in einem Gewaltstreich die Intentionalität beiseitelegt. An die Stelle der Intentionalität tritt die empirische Wissenschaft.

Dieses erkenntnistheoretisch und metaphysisch matte Manöver wird durch den Hinweis auf den explanatorischen Erfolg der Naturwissenschaften kaschiert, wobei der Naturalismus freilich zwischen dem Hinweis auf faktisches naturwissenschaftliches Wissen und seiner Korrektur schwankt, die immer dann nötig wird, wenn wieder einmal deutlich wird, dass die Naturwissenschaften keinen metaphysischen Freischein ausstellen.

Die Naturwissenschaften implizieren als solche keine Metaphysik der Intentionalität. Beim Naturalismus handelt es sich um eine jeder empirischen Erkenntnis vorgelagerte Entscheidung, die den Raum legitimer begrifflicher Untersuchungen *ad hoc* auf dasjenige Format zuschneidet, das der Naturalist gerade benötigt, um seine eigene Intentionalität zu bestreiten. Was wir über die Objektivität des Denkens wissen, können wir keiner empirischen Untersuchung der Natur als des Bereichs der nicht-intentionalen Gegenstände entnommen haben, weil diese Untersuchung nur partiell in der Natur vorkommt. In der Natur existieren wir als Denker nur in der Form eines Scheinbilds, solange wir die Natur verkürzt als dasjenige auffassen, was unreduzierte Intentionalität konstitutiv abstößt. Plump: Dass wir fallibel sind, entdecken wir nicht durch Studien am Menschentier und seinen evolutionären ›Vorstufen‹. Wenn dies unser Zugriff auf die Objektivität des Denkens wäre, stellte sich sofort die eigentlich interessante Frage, ob unsere Studien am Menschentier ebenso fallibel wie dessen Umweltadaption sind. Wie gelingt es dem Naturalisten, der von ihm ansonsten bereitwillig anerkannten Bestialität seines Registrierens des Wirklichen im Theorieraum seiner Selbstbegründung zu entrinnen, um dort eine Form der Objektivität zu erreichen, die er im Übrigen für ausgeschlossen hält?

Dass hier ein wirklich schwieriges Problem der Metaphysik der Intentionalität lauert, wusste übrigens noch Schopenhauer, dessen Denken aus der Dynamik des Deutschen Idealismus herkommend versucht, den Vorstoß in den Neuroidealismus zu vollziehen.[279] Schopenhauer identifiziert das epistemisch in eine Welt als Vorstellungen eingeschlossene Ich vielleicht als Erster mit dem Gehirn als einem Produkt natürlicher, anonymer Prozesse und bemerkt dabei, dass ihm dieser Akt vermeintlicher Selbsterkenntnis nur unter Extrembedingungen glücken will, die an Genie und Heiligkeit grenzen. Schopenhauer und (ihm folgend) Nietzsche stilisieren sich in einen unsinnigen Selbstkult hinein, um ihre inkohärente Errungenschaft eines naturalistischen Outlooks als heroische Selbstüberwindung des Willens zum Leben bzw. als Zuspitzung des Willens zur Macht zu zelebrieren. Dieser heroische Zug einer vermeintlichen Antizipation von der Intentionalität bestimmt das geistige Klima des Naturalismus bis heute, weshalb dieser sich zu Bünden wie den Brights oder *horribile dictu* der Giordano Bruno Stiftung zusammenschließt, die der Religion und dem Aberglauben endlich den Garaus machen wollen. Der organisierte Aufstand ge-

---

279 Vgl. Arthur Schopenhauer, *Werke in fünf Bänden*, Band II, Zürich 1988, wo Schopenhauer seine Spielart des Idealismus auf »ein *Gehirnphänomen*« (S. 11) zurückführt, sowie insbesondere die Ausführungen ebd., S. 303, wo das Gehirn ausdrücklich als »das Subjekt aller Erkenntniß« behandelt wird.

gen eine theoretisch unbewältigte Religion verdeckt die theoretische Blöße des Naturalismus höchst ungeschickt und um den Preis der Geschichtsklitterung. Dadurch, dass die Metaphysik der Intentionalität in die Nähe einer unverstandenen Religion gerückt wird, beweist der Naturalismus durch die Tat, dass es ihm nicht um Wissenschaft geht, da ansonsten Bereiche des Wissens wie die Geschichtswissenschaft, die Religionswissenschaft, die Theologie oder auch die Philosophie konsultiert werden müssten, ehe man mit dem leeren Heilsversprechen eines »evolutionären Humanismus« hausieren geht.

Der Naturalismus ist der lange Schatten der Aporien der Intentionalität, weshalb er an dieser Stelle überhaupt zur Sprache kommt. Er scheitert genau dort, wo der Deutsche Idealismus besonders stark ist, auf der Ebene der Selbstbegründung seines eigenen Wissensanspruchs. Das ist übrigens kein Kavaliersdelikt, wie Naturalisten an diesem Punkt der Dialektik gerne annehmen, sondern ein Kardinalfehler. Eine Theorieanlage, deren Beipackzettel zum Thema »Objektivität« mitteilt, dass unser gesamtes Denken als solches nichts anderes ist als das Rauschen evolutionärer Prozesse auf irgendeiner unserem bewussten Zugriff entzogenen Skala, gibt zu Protokoll, dass sie arbiträr und damit konstitutiv rational inakzeptabel ist.[280]

Der Naturalismus ist die Kehrseite des metaphysischen Intentionalismus, weshalb dieser sich seit seiner Ausarbeitung durch Fichte immer wieder mit jenem herumschlägt. Beide scheitern letztlich daran, eine Heimat für die Intentionalität zu finden. Sie scheint entweder grund- oder heimatlos zu sein.[281]

Der metaphysische Intentionalismus kann die Intentionalität nur in sich selbst finden, womit er die nicht-intentionalen Gegenstände auf seiner Modellebene in eine unerreichbare Ferne rückt, die durch keine noch so ausgedehnte »unendliche Annä-

---

280 Vgl. als Beispiel Peter Carruthers, *The Centered Mind. What the Science of Working Memory Shows Us About the Nature of Human Thought*, Oxford 2015.

281 Vgl. dazu Hogrebe, *Duplex. Strukturen der Intelligibilität*.

herung« eingeholt werden kann.[282] Die nicht-intentionalen Gegenstände sind von den intentionalen Gegenständen konstitutiv abgeschirmt, weil sie in einem Sinnfeld innerhalb des Sinnfelds der Intentionalität erscheinen. Der Sinn, in dem sie in ihrem Sinnfeld der Nicht-Intentionalität erscheinen, unterscheidet sich wesentlich von dem Sinn, in dem dieses Sinnfeld eingebettet ist: Die nicht-intentionalen Gegenständen sind als nicht-intentional gesetzt. Ihre Einbettung in Intentionalität färbt auf sie ab, weil es dem metaphysischen Intentionalismus zufolge keine nicht-intentionalen Gegenstände gegeben hätte, hätte es keine intentionalen Gegenstände gegeben. Die nicht-intentionalen Gegenstände gründen also in Intentionalität, die ihrerseits prinzipiell nicht im Nicht-Intentionalen (der ›Natur‹) gründen kann. Dadurch wird sie grundlos und sieht sich zu undurchführbaren Manövern der Selbstbegründung genötigt. Subjektivität, die sich an diesem Modell ausrichtet, bleibt wesentlich körperlos.[283]

Der Naturalismus (er-)findet sich zwar eine »kalte Heimat«,[284] verliert dabei aber seine eigene Intentionalität aus dem Blick, weshalb er ein unglückliches Verhältnis mit Religion und Aberglauben eingeht, die er als letzte Bastion eines Widerstands gegen die vermeintliche Einsicht sieht, dass die Objektivität unseres Denken der epistemisch verlängerte Arm nicht-bewusster kausaler Prozesse ist, die im Einzelnen die logische Form einer Amöbe haben, die durch Kooperation vieler Amöben allerdings die durchaus nützliche Benutzerillusion bewussten Denkens generieren. Selbst wenn man – wie Dennett – ausdrücklich anerkennt, dass es sich bei diesen Metaphern um Ausübungen der

282 Vgl. den *locus classicus* Manfred Frank, ›*Unendliche Annäherung*‹. *Die Anfänge der philosophischen Frühromantik*, Frankfurt/M. 1997.

283 Vgl. dazu ironisch mit einschlägigen Fichte-Stellen, an denen sich sein Scheitern an der Verkörperung artikuliert Markus Gabriel, »Anstoß, Widerstand, Gegenstand – Erwin Wurm zwischen Fichte und Neuem Realismus«, in: Ralf Beil (Hg.), *Erwin Wurm. Fichte*, Kunstmuseum Wolfsburg, Baden-Baden 2015, S. 98-109.

284 Wolfram Hogrebe, *Riskante Lebensnähe. Die Szenische Existenz des Menschen*, Berlin 2009, S. 40.

Einbildungskraft (»intuition pumps«) handelt, stellt sich die eigentliche Frage erst auf einer Theoriestufe über der von Dennett bemerkten: Wie gelingt es Dennett, die vermeintliche Benutzerillusion des Gehirns zu durchschauen? Wie schafft es das Gehirn, sich von sich selbst freizumachen und dem Naturalisten einen Blick hinter den Schleier zu verschaffen, den es ohne jegliche Einsicht in irgendwas völlig blind webt?

Die scheinbare Plausibilität des Naturalismus verdankt sich seiner Deklaration, mit dem Bewusstseinsproblem fertig zu werden, indem er es aus der Hand gibt und an einen bisher nicht-existierenden Expertenrat aus Naturwissenschaftlern delegiert, die den Geist schon erledigen werden. Es liegt im metaphysischen (Un-)Wesen des Naturalismus, ein Versprechen zu formulieren, das er nicht einlösen kann, was die strukturelle Nähe zu seiner Religionsvorstellung erklärt. Wie gesagt, ist all dies in der hier eingenommen Optik lediglich die Schattenseite des metaphysischen Intentionalismus, der auf Regressblocker angewiesen ist, um den nicht-intentionalen Gegenständen eine Stelle im Gefüge der Gegenstände einzuräumen.

4. Metaphysischer Realismus

Der *metaphysische Realismus* identifiziert Gegenstände überhaupt mit nicht-intentionalen Gegenständen. Als wirklicher Gegenstand gilt ihm nur dasjenige, dessen Existenz und Beschaffenheit wesentlich von unserem Zugriff unabhängig ist. Auf der Modellebene, die wir gerade untersuchen, lautet die Behauptung des metaphysischen Realismus, dass die Sinnfelder der fiktiven, imaginären und intentionalen Gegenstände im Sinnfeld der nicht-intentionalen Gegenstände existieren. Für diese Annahme spricht, dass sie der epistemischen Robustheit der fiktiven, imaginären und intentionalen Gegenstände Rechnung zu tragen scheint. Was einen Gegenstand zu einem fiktiven macht, steht nicht zu unserer Verfügung. Ein fiktiver Gegenstand ist wesentlich fiktiv, seine Fiktivität wird nicht durch Interpretationspraktiken hervorgebracht. Dass es solche Praktiken gibt, entspricht vielmehr dem Umstand, dass einige Gegenstände im Sinnfeld der fiktiven Gegenstände erscheinen, dass dieses also nicht leer ist.

Doch damit ist auch schon ein Hauptproblem des metaphysischen Realismus markiert. Wenn es das Sinnfeld der fiktiven Gegenstände wirklich gibt, wenn dieses also nach dem angelegten Maßstab nicht-intentional ist, folgt daraus, dass es fiktive Gegenstände gibt. Doch fiktiv sind diejenigen Gegenstände, die nicht uninterpretiert existieren. Zwar mag ihr Sinnfeld *ex hypothesi* uninterpretiert existieren, doch dies bedeutet gerade, dass die in ihm erscheinenden Gegenstände wesentlich nur als soundso interpretierte existieren können. Damit schuldet uns der metaphysische Realismus eine Erklärung der Existenz der Intentionalität, die nicht schon dadurch gegeben werden kann, dass Intentionalität wirklich im Sinnfeld des Nicht-Intentionalen existiert. Denn die wirkliche Existenz von Intentionalität kann nicht darin bestehen, dass sie ein nicht-intentionaler Gegenstand ist. Der metaphysische Realismus verwendet als Realismuskriterium den Begriff der Bewusstseins- oder allgemeiner der Repräsentationsunabhängigkeit. Ein wirklich existierender Gegenstand wird über maximale modale Robustheit relativ zur Repräsentation bestimmt. Was diesem Modell zufolge wirklich existiert, verdankt sich keinen Projektionen oder Repräsentationen, sondern liegt als etwas vor, was wir erfolgreich erfassen oder verfehlen, ohne dass unser Zugriff in irgendeinem relevanten Sinn zur Individuation seines Gegenstandes beiträgt.

Wie schlecht es um den metaphysischen Realismus bestellt ist, hat Shamik Dasgupta jüngst scharfsinnig anhand des von ihm sogenannten »Problems des fehlenden Werts (*problem of missing value*)« illustriert. Seine Zielscheibe ist der metaphysische Realismus Theodore Siders, der in der Tat eine Reinform dieses Versuchsaufbaus darstellt.[285] Der metaphysische Realismus arbeitet mit der Vorstellung, dass das Wirkliche immer

---

285 Vgl. Dasgupta, »Realism and the Absence of Value« gegen Theodore Sider, *Writing the Book of the World*, Oxford 2013.

schon eingerichtet ist. Die Einrichtung des Wirklichen befindet
letztlich darüber, welche unserer Überzeugungen wahr und welche falsch sind. Eine naheliegende Auffassung, wie es zu der
Art von Divergenz kommt, die wir als inadäquate Meinung ab-
lehnen, ergibt sich aus der Idee einer Arbitraritätsvermeidung.
Dasgupta und Sider arbeiten sich hierbei an den »Diagonalprä-
dikaten«[286] Nelson Goodmans, d. h. an Begriffen ab, die nur
deswegen wahre Meinungen produzieren, weil wir die Wirklichkeit unangemessen eingeteilt haben. Demnach gibt es eine
Klasse zwar wahrer, aber dennoch unangemessener Meinungen,
deren Unangemessenheit darin besteht, dass sie Dinge nach
mehr oder weniger grundlosem Gutdünken einteilt.

Denken wir hierbei an Sternbilder. Ein Sternbild ist ein willkürlich gebildeter Gegenstand, dem ›in Wirklichkeit‹ nichts
entspricht. Davon kann man die Sterne unterscheiden, aus denen wir ein Sternbild zusammensetzen. Die Sterne sind in einem metaphysisch relevanten Sinn robuster als die Sternbilder.
Dennoch können wir natürlich wahre Aussagen über Sternbilder treffen und etwa die Sternbilder verschiedener Kulturen miteinander vergleichen bzw. ihre historische Entwicklung im
Rahmen einer mehr oder weniger genau umgrenzten Kultur
untersuchen (wobei der Begriff einer Kultur wohlgemerkt von
vornherein unter Verdacht steht, metaphysisch nicht besser als
der Begriff eines Sternbildes aufgestellt zu sein).

Der metaphysische Realismus unterscheidet auf dieser Basis
zwei Arten von Eigenschaften: die natürlichen und die nicht-
natürlichen.[287] Eine wahre Aussage, die nicht-natürliche Eigenschaften zuschreibt, ist dem metaphysischen Realismus im
Vergleich zu einer wahren Aussage, die sich um natürliche Ei-

---

286 Vgl. dazu Gabriel, *Warum es die Welt nicht gibt*, S. 156-163.
287 Der jüngere *locus classicus* ist David Lewis, »New Work for a Theory of
     Universals«, in: *Australasian Journal of Philosophy* 61/4 (1983), S. 343-377.
     Der Gedanke ist freilich mindestens so alt wie Platons Ideenlehre, auf die
     die verbreitete Metapher der Fugen der Natur (»carving nature at its
     joints«) Bezug nimmt. Vgl. Platon, *Phaidros* 265e1-3.

genschaften dreht, defizient. Dasguptas Rückfrage lautet nun, wie der metaphysische Realismus diese Defizienz erklärt. Wenn die Distinktion zwischen natürlichen und nicht-natürlichen Eigenschaften selbst keine natürliche Eigenschaft ist, gerät der metaphysische Realismus ins Wanken. An genau dieser Stelle setzt Dasguptas Argument an, das nachweist, dass der metaphysische Realismus die von ihm in Anspruch genommene Defizienz aus seinen eigenen Ressourcen nicht erklären kann. Denn warum sollten wir uns an natürlichen Eigenschaften orientieren?

Es reicht nicht hin, darauf hinzuweisen, dass die natürlichen Eigenschaften bessere Einteilungen des Wirklichen darstellen, weil man dieses epistemische Werturteil gerade begründen möchte. Eine Eigenschaft als »natürlich – und *ipso facto* privilegiert« zu bezeichnen, verleiht ihr die erwünschten Privilegien ebenso wenig, wie jemand dadurch starke Arme hat, dass er mit Nachnamen Armstrong heißt, um Dasguptas Analogie zu zitieren.[288] Demnach muss es irgendeine Eigenschaft der Eigenschaft der Natürlichkeit geben, die dafür sorgt, dass die natürlichen Eigenschaften diejenigen sind, die epistemische Privilegien rechtfertigen. Alles, was man zugunsten der natürlichen Eigenschaften als Realist anführen kann, führt hierbei bestenfalls zur Vermehrung der ontologischen Verpflichtungen, also zu einer Anhäufung natürlicher Eigenschaften. Wenn es natürliche Eigenschaften gibt, scheint es jedenfalls keine natürliche Eigenschaft zu sein, dass sie epistemisch und ontologisch ausgezeichnet sind.

Dasgupta illustriert dies mittels der folgenden Analogie. Man stelle sich vor, dass man zwei Venn-Diagramme zeichnet. Das eine umfasst die Menge der natürlichen Eigenschaften, das andere diejenige der nicht-natürlichen. Das Venn-Diagramm der natürlichen Eigenschaften könne man in Tinte und das der nicht-natürlichen Eigenschaften in Kreide zeichnen. Doch daraus folgt nicht, dass man die Wirklichkeit besser erfasst, wenn man diejenigen Eigenschaften, die mit Tinte eingekreist werden, anführt! Dass man die natürlichen Eigenschaften mit Tinte mar-

---

288 Dasgupta, »Realism and the Absence of Value«, S. 289.

kiert, hebt sie allenfalls im Auge eines Betrachters hervor, der
etwa aus ästhetischen Gründen Tinte Kreide vorzieht, und
rechtfertigt demnach kein epistemisches Werturteil, für das
wir im Rahmen des metaphysischen Realismus auf dieser Ebene
Dasgupta zufolge aber keine andersartige Begründung anführen können.

Die natürlichen Eigenschaften des metaphysischen Realismus können also nicht die Aufgabe erfüllen, epistemische Privilegien zu rechtfertigen, sodass es rätselhaft ist, warum der metaphysische Realismus alle Gegenstände an diesem Maßstab
ausrichten will, der sich bei genauerem Hinsehen als theorieab-
hängig erweist. Die Distinktion zwischen den nicht-intentionalen (= natürlichen) und den bloß intentionalen (= unnatürlichen) Gegenständen ist selbst versteckt intentional, was durch
die Formulierung des Problems des fehlenden Werts zutage tritt.
Was auch immer man zugunsten der natürlichen Eigenschaften
anführt, kann man *mutatis mutandis* den unnatürlichen Eigenschaften ebenfalls attestieren, weil man aufgrund von deren Begriff dazu berechtigt ist, alles anzuführen, was dem Ziel dient,
die unnatürlichen Gegenstände überhaupt zu thematisieren.
Wenn es also überhaupt wahre Aussagen über fiktive, imaginäre
oder intentionale (= unnatürliche) Gegenstände gibt, gelingt es
nicht mehr anzugeben, warum diese Gegenstände weniger wirklich als diejenigen Gegenstände sein sollen, die der metaphysische Realist privilegiert.

Besonders drastisch tritt dieses Problem in einigen Spielarten
des sogenannten »spekulativen Realismus«, vor allem in der ob-
jektorientierten Ontologie auf. Graham Harman zufolge ist es
gar das Wesen von Gegenständen (»objects«), dass sie nicht erkennbar sind.[289] Damit zieht er sich konsequent aus der Schlin-

---

289 Vgl. paradigmatisch Graham Harman, *Object-Oriented Ontology. A New
Theory of Everything*, London 2018; sowie ders., *Immaterialism. Objects
and Social Theory*, Cambridge, Malden/MA. 2016. Vgl. dazu Mulhall,
»How Complex is a Lemon?«. Vgl. so ähnlich Gabriel, »Tatsachen statt
Fossilien – Neuer vs. Spekulativer Realismus«.

ge des Wertproblems; allerdings um den Preis einer nunmehr offen zutage liegenden Inkohärenz. Denn die Gegenstände lassen sich Harman zufolge prinzipiell nicht erkennen, weil jeder Zugriff sie bereits auf Abstand rückt. Damit tritt ein anderer Extremfall ein, in dem die Gegenstände epistemisch völlig unterprivilegiert sind, weil ihr Wesen darin gesehen wird, dass sie nicht erkennbar sind! Dies ist mindestens insofern eine hoffnungslose Position, als Harman keine Angaben darüber machen kann, woher er dies weiß, ohne dadurch seinem Verdikt zu widersprechen, dass sich die Dinge an sich unserem epistemischen Zugriff entziehen.

Die Achillesferse des metaphysischen Realismus ist eine arbiträre Grenzziehung zwischen den natürlichen und den unnatürlichen Gegenständen, die daraus folgt, dass die unnatürlichen Gegenstände als willkürliche Projektionen aufgefasst werden, für die es im Panorama des metaphysischen Realismus keinen passenden Ort gibt.

Und so scheitert jeder halbwegs strukturierte Versuch, einen sinnvollen Begriff von Gegenständen überhaupt zu spezifizieren daran, dass er entweder die fiktiven, imaginären, intentionalen oder nicht-intentionalen Gegenstände privilegiert. Die anderen Gegenstandstypen lassen sich damit aber nicht kohärent einbetten; ihr ontologisches Eigenrecht wird aufgehoben und damit die Wirklichkeit verfälscht. Der ontologische Pluralismus und Realismus der SFO tragen dem dadurch Rechnung, dass die Idee verabschiedet wird, es gebe Gegenstände überhaupt, die sich überdies sinnvoll spezifizieren lassen. Gegenstände überhaupt sind weder die allgemeinsten Begriffe noch spezifischere Begriffe oder begrifflose Entitäten, die einen von uns unabhängigen Raum bevölkern. Wir sollten sie mitsamt der Welt (sowie allen Weltbildern und -anschauungen) im Orkus haltloser, objektstufiger Metaphysik verschwinden lassen.

DRITTER TEIL: SOZIALER REALISMUS

Was unterscheidet eine soziale Tatsache – wie den Umstand, dass man in New York City drei Arten von Einkommenssteuer entrichten muss – von eindeutig nicht-sozialen Tatsachen – wie dem Umstand, dass $E=mc^2$? Gibt es irgendein genau bestimmtes Merkmal oder eine systematisch organisierte Merkmalklasse, die alle sozialen Tatsachen als solche von allen nicht-sozialen Tatsachen unterscheidet? Gibt es eine spezifische Ontologie des Sozialen?

Die Sozialontologie als Teildisziplin der Philosophie ist die systematische Untersuchung der Frage, ob es allgemeine strukturelle Bedingungen dafür gibt, dass das So-Sein bestimmter Tatsachen sozial ist. Eine Tatsache ist dann *sozial*, wenn ihr So-Sein das aufeinander abgestimmte Verhalten mehrerer Individuen einer Spezies wesentlich involviert. Eine soziale Tatsache liegt nicht nur dann vor, wenn *mehrere* Individuen faktisch eine Handlung derselben Art vollziehen. Denn auch ein einziges Individuum kann durch sein Handeln soziale Tatsachen schaffen oder in sie eingebettet sein, ohne diesen Umstand jemals zur Kenntnis zu nehmen.

Im Folgenden werde ich dafür argumentieren, dass es für Sozialität entscheidend ist, dass Handlungen sozialer Lebewesen nicht vollzogen werden könnten, wäre es nicht zu irgendeinem Zeitpunkt zu einer expliziten oder impliziten Integration der Perspektive eines Individuums in den Handlungsablauf eines anderen Individuums gekommen. Das Soziale liegt demnach ziemlich buchstäblich im Auge des Betrachters: Es besteht darin, dass man anders wahrnimmt als andere, weil man eine Perspektive innehat. Das Innehaben einer Perspektive ist bei geistigen Lebewesen unserer Spezies, auf die ich mich ohne Anspruch auf biologische Vollständigkeit konzentrieren werde, konstitutiv sozial, weil wir sozial produzierte Lebewesen sind, d. h. Lebewesen, die nur deswegen überhaupt das Licht der ›Welt‹ erblicken, weil unsere jeweiligen Vorfahren durch ihr Reproduktionsverhalten dafür gesorgt haben, dass es uns jeweils gibt. Sozialität wird buchstäblich weitervererbt, indem Lebewesen unserer Art sozial produziert werden, womit bereits auf der Ebene von Zellreproduktion Sozialität zum Tragen kommt: Das Verhalten unserer Mütter (Ernährung, Bewegungsabläufe usw. und die damit korrelierten biochemischen Kreisläufe) bestimmt ontogenetisch vor jedem Bewusstwerden eines Individuums zusammen mit der genetischen Grundkodierung, die aus der Paarung von Zellen resultiert, die Art und Weise, wie wir unsere Umwelt wahrnehmen. Intentionalität ist damit durch und durch sozial (produziert), was gerne übersehen wird, wenn man vom erstpersonalen Standpunkt eines Akteurs ausgeht, der sich qua Sozialontologe als jemand auffasst, der paradigmatisch am Spiel des Gebens und Nehmens von Gründen beteiligt ist, indem er urteilt: »Ich denke, dass p«.

Ohne Integration in einen wirklichen (nicht bloß vorgestellten!) sozialen Kontext gibt es keine Handlungen. Etwas Bestimmtes zu tun, setzt bei sozialen Lebewesen wie Menschen (um die es im Folgenden ausschließlich gehen wird) voraus, dass mehrere Perspektiven vorliegen, die aufeinander abgestimmt sind. Diese Abstimmung bedarf keiner expliziten Anerkennung, Einfühlung oder sonstiger als solcher transparenter Haltung zu Fremdbewusstsein. Sie kann unbemerkt hinter dem Rücken der Akteure zustande kommen. Es gibt soziale Tatsachen, von denen niemand jemals explizite Kenntnis erlangen wird.

Das schließt offensichtlich nicht aus, dass soziale Tatsachen durch Explikation von Prinzipien der Handlungskoordination zustande kommen und aufrechterhalten werden *können*; nur dass dies weder der Regelfall noch das Paradigma des Sozialen sein sollte. Zum Beispiel ist die Institution von Verkehrsregeln in diesem Sinne sozial, weil es keine Verkehrsregeln gäbe, ohne dass explizit in Rechnung gestellt worden wäre, dass verschiedene Personen am Straßenverkehr teilnehmen, deren Perspektive auf das Verkehrsgeschehen divergiert.

Wer alleine auf der Autobahn fährt, vollzieht damit freilich eine soziale Handlung, auch wenn keine andere Person in der Nähe ist, weil die Strukturen der Autobahn sowie des Automobils wesentlich daran gebunden sind, dass eine Vielzahl von Personen am Zustandekommen von Autobahnen und Automobilen in der Vergangenheit dergestalt beteiligt war, dass die Akteure ihre Perspektiven implizit und im vorliegenden Fall auch explizit aufeinander abgestimmt haben.

Soziale Tatsachen bestehen nicht immer. Ihre Existenz ist kontingent. Sie sind, wie ich sagen werde: produziert. Wie genau sie sind, d.h. ihr So-Sein, hängt von historisch kontingenten Prozessen der Handlungskoordination ab, die faktisch durch keinen *a priori* anzufertigenden Bauplan geleitet sind. Das Gefüge von Gesellschaften ist deswegen labil und abhängig von einer *productio continua*.

Doch dies bedeutet keineswegs, dass soziale Tatsachen etwa von natürlichen Tatsachen isoliert sind, sofern man unter einer »natürlichen« Tatsache hierbei eine Tatsache versteht, deren So-Sein nicht durch soziale Produktion spezifiziert wird. Wie diejenigen Lebewesen beschaffen sind, die an der Produktion sozialer Tatsachen beteiligt sind, ist schließlich nicht insgesamt Ergebnis sozialer Produktion. Die prä- und a-soziale Natur bleibt mit unseren sozialen Praktiken verwoben – die soziale Produktion von Tatsachen durch Handlungskoordination führt sterbliche Lebewesen wie uns nicht über die Natur hinaus. Die Sphäre der Gesellschaft ist kein transzendentes ›Reich der Zwecke‹, das freischwebend durch Gedankenarbeit konstruiert wird.

In diesem abschließenden Teil wird es darum gehen, Grundlagen einer nicht-konstruktivistischen, realistischen Sozialontologie zu entwickeln, die Raum für objektiven Geist lässt. *Objektiver Geist* ist der Umstand, dass sozial produzierte Tatsachen im Rahmen der menschlichen Lebensform dadurch zustande kommen und fortbestehen, dass Menschen nur dann etwas für wahr halten können, wenn sie durch das Fürwahrhalten anderer

Menschen korrigiert werden bzw. das Fürwahrhalten anderer
korrigieren. Die Konfrontation mit dem Umstand, dass andere
etwas für falsch halten, was man selbst für wahr hält, beruht
auf Dissens. Unter »Dissens« verstehe ich nicht ausschließlich
die kommunikative Dimension divergierender, inkompatibler
Meinungsäußerungen bezüglich derselben Tatsache, sondern
den Umstand, dass derselbe Gegenstand bzw. dieselbe Tatsache
mehreren Individuen (bzw. einem Individuum über verschiedene Zeitpunkte hinweg) verschieden gegeben ist.

Dissens ist Sinndifferenz, die nicht erst vorliegt, wenn zwei Individuen ihnen bekannte inkompatible propositionale Einstellungen haben oder diese überdies sprachlich artikulieren. Etwas
anders sehen als ein anderer ist demnach eine Form von Dissens,
die man leicht ausgleichen kann, indem man einsieht, dass keinerlei Inkompatibilität darin begründet ist, dass derselbe Gegenstand von hier so und von dort anders aussieht.[1]

Dissens, so möchte ich im Folgenden zeigen, ist die sozialontologische Grundlage menschlicher Vergesellschaftung. Eine
menschliche Gemeinschaft, in der Institutionen bestehen, die
Handlungen an Maßstäben bemessen, die wir als Normen anerkennen, ergibt sich aus der jeweiligen Dissens-Konstellation der
Beteiligten. Kurzum: Eine Gesellschaft ist eine Gemeinschaft
Dissentierender, die dadurch zustande gekommen ist, dass es
irgendwann und irgendwo zu spezifischem Dissens kam, der
durch Maßnahmen der Handlungskoordination geregelt wurde. Dissens ist bei sozialen Lebewesen bereits auf perzeptueller
Ebene unvermeidlich.

Unser Fürwahrhalten, das Denken, ist sozial produziert. Was
wir jeweils glauben, verdankt sich Prozessen der Handlungsko-

---

1 Diesem Begriff des Dissenses entspricht derjenige der »ästhetischen Diffe-
   renz«, den Josef Simon verwendet, um die unaufhebbare Individualität
   unserer jeweiligen faktischen mentalen Lage zu beschreiben. Vgl. Josef
   Simon, *Kant. Die fremde Vernunft und die Sprache der Philosophie*, Berlin,
   New York 2003, S. 20-30 und passim. Vgl. auch Gabriel, »Dissens und
   Gegenstand«.

ordination in Kontexten des Dissenses. Dissens kann dabei so
unauffällig sein wie die buchstäbliche Perspektivendivergenz
zweier Beobachter derselben Szene oder so auffällig wie ein stra-
tegisch koordinierter, gewaltsam ausgetragener Konflikt mehrerer Parteien. Entscheidend ist, dass Dissens sich unvermeidlich
auf der Urteilsebene ausdrückt, sodass es letztlich kein menschliches Denken gibt, dessen Urteilen vollständig prä- oder a-sozial ist.[2]

Menschen sind demnach wesentlich soziale Denker, wobei
ich im Folgenden nicht der Frage nachgehen werde, inwiefern
diese Art von Sozialität für andere soziale Lebewesen (oder
gar für alle Lebewesen, deren Organisation auf Zellen beruht)
in derselben oder zumindest in ähnlichen Hinsichten gilt. Es
wird also für die Argumentation keine spezifische Auffassung
über die anthropologische Differenz in Anspruch genommen.[3]

Die Position (beziehungsweise theoretische Gemengelage),
gegen die ich mich wende, ist der Sozialkonstruktivismus. Dabei spielt es eine untergeordnete Rolle, ob eine sozialkonstruk-
tivistische Position *radikal* ist – und damit behauptet, dass in
Wirklichkeit auch viele oder gar alle als natürlich angesehenen
Tatsachen sozial konstruiert sind – oder ob sie den Begriff der
Konstruktion auf das So-Sein sozialer Tatsachen beschränkt.

---

2 Das heißt natürlich nicht, dass alle Gehalte des Denkens explizit sozial
   sind; und schon gar nicht, dass alle Gegenstände des Denkens sozial sind
   (was absurd wäre). Was wir denken, bezieht sich nicht stets direkt oder indirekt auf Handlungskoordination. Der Umstand, dass Denken sozial
   produziert ist und in seiner Ausrichtung in Dissensverhältnisse eingebettet
   ist, bedeutet auch nicht, dass Objektivität durch Intersubjektivität ersetzt
   wird oder erklärbar ist. Wer denkt, dass p, vermag dies nur in Kontexten,
   die teilweise sozial bedingt sind, was keine prinzipielle Hürde für die Objektivität von Gedanken darstellt.
3 Da jedenfalls einige andere, nicht-menschliche Lebewesen auch soziale
   Denker sind, ist Sozialität ohnehin keine *differentia specifica* des Menschen alleine und taugt deswegen nicht ohne weiteres zur Demarkation
   der anthropologischen Differenz.

Der Irrtum, so meine Behauptung, liegt im Gedanken, dass soziale Tatsachen *konstruiert* sind, und ist damit weitgehend unabhängig von der Frage, wie weit diese Konstruktion sich über die Sphäre des Sozialen hinaus erstreckt. Der Gedanke, dass soziale Tatsachen *konstruiert* sind, erfreut sich nach verschiedenen Diskussionsrunden weiterhin großer Beliebtheit. Wie ich in diesem dritten Teil zeigen möchte, ist und bleibt er allerdings Ausdruck eines inkohärenten Gedankensystems.

Zur Motivation des Grundgedankens des Sozialkonstruktivismus wird in der Regel eine Variante der folgenden idealtypischen Überlegung angeführt.

Etwas, so könnte man meinen, ist im Allgemeinen dann sozial, wenn es wesentlich an das Verhalten einer Gruppe gebunden ist. Das Soziale wird auf dieser Ebene erstens vom Individuellen und zweitens von demjenigen unterschieden, was überhaupt nicht imstande ist, sich zu verhalten bzw. zu handeln. Ehe es Gruppen von Lebewesen gab, gab es folglich nichts Soziales. Das Universum war bis zu irgendeinem prinzipiell mehr oder weniger genau bestimmbaren Zeitpunkt a-sozial. Nennen wir das a-soziale Universum die *anonyme Natur*.

Die anonyme Natur weist zwar Strukturen und Gesetzmäßigkeiten auf, die wir im Medium unserer sozialen Organisation der Naturwissenschaften entdecken können. Sie ist aber dadurch charakterisiert, dass sie sich keinerlei Sozialität verdankt. Das Drehen einer Galaxie um ein schwarzes Loch, die Entstehung von Planeten usw. sind Ereignisse der anonymen Natur, zu deren präziser Erklärung keine Bezugnahme auf eine soziale Organisation nötig ist.[4] Dies wirft die Frage auf, was genau eine

---

4   Dies gilt freilich schon nicht mehr ohne weiteres für den Ort und Impuls von Elementarteilchen, und die Möglichkeit, dass die Emergenz sozialer Produktion im Universum seine Architektur kausal modifiziert, ist nicht von der Hand zu weisen. Vgl. dazu Ellis, Gabriel, »Physical, Logical, and Mental Top-Down Effects«. Sobald es soziale Lebewesen gibt, die Wissenschaft betreiben, verändert sich die ontologische Architektur des Universums wesentlich.

genuin soziale Tatsache von einer natürlichen Tatsache unterscheidet, die zur anonymen Natur gehört?[5]

Die Begriffe der *sozialen Konstruktion* bzw. der *Konstruktion des Sozialen* ergeben sich im Zusammenhang einer spezifischen Antwort auf dieses ontologische Problem. Diese Antwort hat dabei menschliche Sozialität im Blick und orientiert ihre Begriffsbildung am Phänomen der expliziten Handlungskoordination im Kontext bereits bestehender Institutionen. Die Grundidee der sozialen Konstruktion folgt einem antirealistischen Bauplan. Ihr zufolge besteht eine soziale Tatsache genau dann (und genau so lange), wie die Mitglieder einer Gruppe ihr Bestehen annehmen. Eine soziale Tatsache beruht demnach auf der impliziten oder expliziten Akzeptanz von Individuen, die ihr Bestehen mental repräsentieren.

Damit tritt für Theoretiker im Bannkreis des Sozialkonstruktivismus Normativität ins Zentrum einer letztlich ontologischen Fragestellung: Handlungen, die auf eine bestimmte Weise normiert sind, gelten als sozial; ihre Ergebnisse sind soziale Tatsachen, die sich von natürlichen Tatsachen durch ihre intrinsische Normativität unterscheiden lassen, die ihrerseits – je nach Theorielage – entweder als in Anerkennungsverhältnissen begründet oder als diese konstituierend angesehen wird.

In diesem Rahmen ermöglicht es der Rekurs auf die intrinsische Normativität sozialer Tatsachen, die ›Naturalisierung‹ sozialer Tatsachen zu vermeiden, sofern sich diese prinzipiell historisch kontingenten Prozesse der wechselseitigen Normierung

---

5 Wohlgemerkt überschreitet man den Rahmen dieses Problems nicht durch die heute weitverbreitete Meinung, es gebe keinen wirklichen Unterschied zwischen Natur und Kultur, wofür etwa Philippe Descola, *Jenseits von Natur und Kultur*, Berlin 2011, argumentiert. Diese Überlegung überwindet bestenfalls die Entgegensetzung von Natur und Kultur in einer Analyse der menschlichen Lebensform(en), zeigt aber nicht, dass es keine anonyme Natur gibt bzw. gab. Es wäre absonderlich, wenn die Kulturwissenschaften einen Beweis dafür führen könnten, dass alle naturwissenschaftlichen Aussagen über die prä-sozialen Verhältnisse des Universums falsch sind, was freilich nicht Descolas Anliegen ist.

menschlichen Verhaltens in Gruppenzusammenhängen verdanken. Auf diese Weise wird der Begriff der sozialen Tatsachen *a limine* an die Möglichkeit der Veränderung derjenigen Institutionen gebunden, die Ausdruck des Sozialen, Objektivierung seiner intrinsischen Normativität sind.

Diese idealtypische Konstellation hat geradezu den Status einer *communis opinio* erlangt, was daher rührt, dass es vielen offensichtlich zu sein scheint, dass menschliche Handlungen sich fundamental vom anonymen Naturgeschehen unterscheiden und damit kategorial anderen Organisationsprinzipien unterstehen. Die Norm-Natur- bzw. Sollen-Sein-Distinktion ist eine Variante, um dieser Vermutung Rechnung zu tragen. Der Sozialkonstruktivismus ist eine Gemengelage, deren gemeinsamer Boden die skizzierte Vorstellung ist, dass der menschliche Bereich völlig anderen, in diesem Bereich selbst begründeten Prinzipien untersteht, dank derer dasjenige, was wir tun, kein anonymes Naturgeschehen ist.

Der grundlegende Irrtum nimmt seinen Ausgang von der bereits fehlgeleiteten Vorstellung der anonymen, ersten Natur, die man für den Gegenstand der Naturwissenschaften hält. Um die Geistes- und Sozialwissenschaften vor einem naturalistischen Überfall zu schützen, wird die Sondersphäre der Normativität erfunden, deren Zustandekommen bestenfalls als emergentes Phänomen erklärbar ist, wobei meistens von Sozialkonstruktivisten keine Erklärung ihres Zustandekommens mehr in Anspruch genommen wird.[6]

6 Ein besonders unzweideutiges Beispiel für die Verbindung von Emergentismus und Sozialkonstruktivismus hat Maurizio Ferraris vorgelegt, im Ausgang von Maurizio Ferraris, *Documentality. Why It Is Necessary to Leave Traces*, New York 2013, ausgeführt in ders., *Emergenza*, Torino 2016, wo es ausdrücklich unter Bezugnahme auf das berühmte Derrida-Diktum, es gebe kein Außerhalb des Textes, heißt: »die Schrift (*la scrittura*) ist Möglichkeitsbedingung sozialer Gegenstände, wozu die Wissenschaft als soziales Ereignis gehört, die mit der Aufteilung, Fixierung und Weitergabe von Dokumenten beginnt. In der Wissenschaft existiert nichts außerhalb des Textes so wie im Allgemeinen nichts Soziales außerhalb des Textes existiert

Das Soziale wird im Versuchsaufbau des Sozialkonstruktivismus gleich zu Beginn vom Natürlichen unterschieden. Damit tritt das Problem auf, wie das Soziale in die Natur passt; eine Konstellation, die zur ungebrochenen Attraktivität der Idee einer »zweiten Natur« beiträgt.[7] Dieser Idee zufolge ist das Soziale insofern doch natürlich, als es die erste, anonyme Natur nicht beseitigt, sodass unser soziologisches Vokabular mit unserem naturwissenschaftlichen kompatibel ist. Gleichwohl fällt damit die zweite Natur, die durch ihre intrinsische Normativität charakterisiert ist, aus der ersten Natur heraus. Sie entspringt einer bisher nicht geklärten Transzendenz, dank derer menschliche Sozialität sich in den Augen der meisten Theoretiker der zweiten Natur fundamental (metaphysisch) von derjenigen unter-

(*Nella scienza, nulla esiste fuori dal testo, così come in generale nulla di sociale esiste fuori del testo*).« (S. 60, meine Übersetzung, M. G.) Ferraris geht dort sogar so weit, einem allgemeinen alethischen Antirealismus das Wort zu reden: »die Wahrheit *als epistemologische Funktion* hängt von der Registrierung ab, da es ohne Registrierung keine wahren Propositionen gäbe (*la verità come funzione epistemologica è dipendente dalla registrazione, giacché senza registrazione non ci sarebbero proposizioni vere*).« (Ebd.) Damit rutscht die gesamte Anlage in den Konstruktivismus ab, den Ferraris unter Rekurs auf einen »*ontologischen Korrespondentismus* (*corrispondentismo ontologico*)« (S. 61) abzuwehren meint. Doch wie soll dies gelingen, wenn Wahrheit konstitutiv an Registrierungen gebunden ist, wenn also keine Wahrheit bestanden hätte, hätte niemand sie registriert? Wenn p nicht ohne Registrierung wahr gewesen wäre, hätte p auch nicht ohne Registrierung bestanden, sodass aus Ferraris' Erläuterung ein metaphysischer Konstruktivismus à la Latour folgt.

7 Vgl. paradigmatisch McDowell, *Geist und Welt*, und darauf aufbauend Michael Thompson, *Leben und Handeln. Grundstrukturen der Praxis und des praktischen Denkens*, Berlin 2011. Zur kritischen Diskussion des Begriffs der zweiten Natur im Umfeld des gegenwärtigen sogenannten Neoaristotelismus vgl. Christoph Menke, *Autonomie und Befreiung. Studien zu Hegel*, Berlin 2018, S. 119-148; Thomas Khurana, *Das Leben der Freiheit. Form und Wirklichkeit der Autonomie*, Berlin 2017, S. 389-409. Vgl. für eine kritische Übersicht auch Jens Rometsch, »Neues aus Pittsburgh«, in: *Philosophische Rundschau* 56/4 (2009), S. 335-342.

scheidet, die man bei anderen Lebewesen beobachten könnte. Menschliche Sozialität kommt dadurch zustande, dass Menschen durch eine ihnen eigentümliche Normierung des Verhaltens ihres Nachwuchses – durch Erziehung und Bildung – ein »Reich der Zwecke«[8] hervorbringen bzw. die Vermögen ausbilden, an den Aktivitäten der Mitglieder eines solchen Reichs selbstbewusst teilzunehmen.[9]

Halten wir fest, dass man demnach zwei Spielarten des Sozialkonstruktivismus unterscheiden kann, eine radikale und eine moderate. Die radikale Spielart überführt den Anschein einer ersten Natur in einen Nebeneffekt der normativen Selbstverständigung der Gesellschaft. Was wir für anonyme Natur halten, hängt demnach deswegen vom sozialen System der Wissenschaft ab, weil es keine anonyme Natur gibt. Die moderate Variante beschränkt sich darauf, einen kategorialen Unterschied zwischen Natur und Norm bzw. erster und zweiter Natur zu ziehen, ist allerdings aufgrund ihrer naturphilosophischen Abstinenz nicht imstande zu erklären, wie es überhaupt zu einer zweiten Natur angesichts des Fortbestandes der ersten Natur kommen kann.

Der Begriff der sozialen Konstruktion beruht in der moderaten Variante auf einer *deontologischen Differenz*: Natürliche und soziale Tatsachen sind durch einen seinerseits nicht (gänzlich) natürlichen Abstand voneinander getrennt.[10] Die zweite

---

8 Kant, *Grundlegung zur Metaphysik der Sitten*, S. 66.

9 Vgl. die Beiträge in Andrea Kern, Christian Kietzmann (Hg.), *Selbstbewusstes Leben. Texte zu einer transformativen Theorie der menschlichen Subjektivität*, Berlin 2017.

10 Vgl. Gabriel, *An den Grenzen der Erkenntnistheorie*, § 15. Von dieser Diskussionslandschaft völlig abzugrenzen ist die ursprüngliche Idee von Peter L. Berger, Thomas Luckmann, *Die gesellschaftliche Konstruktion der Wirklichkeit. Eine Theorie der Wissenssoziologie*, Frankfurt/M. [26]2016. Diese bestreiten nämlich weder die »objektive Faktizität« noch den »subjektiv gemeinten Sinn« des Sozialen, sondern betrachten es als Wirklichkeit *sui generis* (ebd., S. 20). Was für sie konstruiert (d. h. hier: historisch variables Resultat der dualen Struktur der Gesellschaft als objektiver Faktizität und

Natur – wenn sie denn eine Natur ist, worin sich die Geister scheiden – ist allenfalls eine Widernatur, indem sie die Möglichkeit eröffnet, soziale Tatsachen hervorzubringen, die es erlauben, in die Strukturen unserer ersten Natur retroaktiv einzugreifen. Deswegen divergieren die Meinungen bezüglich der Frage, welchen Status die intrinsische Normativität der menschlichen Lebensform aufweist. Ist sie eine zweite Natur, die man eben neben der ersten Natur als weiteres *factum brutum* vorfindet oder ist sie letztlich gar nicht natürlich, weil der Naturbegriff für den Gegenstandsbereich der Naturwissenschaften reserviert ist, in dem man lediglich Prozesse der anonymen Natur vermutet? Das schwerwiegende, bisher nicht gelöste Problem des moderaten Sozialkonstruktivismus liegt also in der Naturphilosophie.[11]

Weil aufgrund der deontologischen Differenz nicht a-historisch feststeht, welche sozialen Tatsachen bestehen, folgt aus dem Gedanken der intrinsischen Normativität *prima facie* keine Handlungsanweisung, an der sich Akteure orientieren könnten. Die faktischen Handlungsanweisungen, welche der Sozialtheoretiker vorfindet, sind demnach wesentlich historisch kontingent, weil sie aufgrund des Theorieaufbaus ausschließlich als historisch variable Tatsachen vorgefunden und konstatiert werden können.

In dem Maße, in dem Verfechter einer gegebenen Variante der sozialen Konstruktion versuchen, die deontologische Differenz nicht-metaphysisch zu handhaben, besteht Raum dafür, eine Genealogie der intrinsischen Normativität zu postulieren,

subjektiver Rezeption ihres Vorliegens) ist, ist die natürliche, vortheoretische Einstellung, in deren Rahmen uns Handlungsabläufe als selbstverständlich erscheinen. Diese Annahme ist sozialontologisch harmlos und sogar ideologietheoretisch empfehlenswert, da sie den Begriff einer singulären Lebenswelt von vornherein als Artefakt einer Hypostasierung der natürlichen Einstellung demaskiert.

11 Vgl. dazu Adrian Johnston, *Prolegomena to Any Future Materialism. Volume Two: A Weak Nature Alone*, Evanston 2019, der genau dieses Problem angeht.

die die Auflage erfüllen sollte, diese nicht durch Naturalisierung zu gefährden.[12] In diesem Rahmen kann man davon ausgehen, dass Mitglieder von Gruppen das beobachtbare Verhalten anderer Mitglieder durch Sanktionen regulieren, woraus Normativität entspringt. Normativität entsteht diesem Modell zufolge dadurch, dass einige Subjekte andere Subjekte regelmäßig hinsichtlich ihres Verhaltens korrigieren. Auf diese Weise er-

12 In diese Richtung argumentiert bekanntlich Jürgen Habermas, *Nachmetaphysisches Denken. Philosophische Aufsätze*, Frankfurt/M. 1992, sowie ders., *Nachmetaphysisches Denken II. Aufsätze und Repliken*, Berlin 2012, sowie ders., *Zwischen Naturalismus und Religion*, Frankfurt/M. 2005. Habermas verwendet dabei die Distinktion von Natur und sozialer Konstruktion, wenn er etwa konstatiert: »Das ›Ich‹ ist eine soziale Konstruktion (weshalb auch die neurobiologische Suche nach einer Zentralinstanz inmitten der dezentral vernetzten Hirnströme ergebnislos bleiben muss).« (*Nachmetaphysisches Denken II*, S. 62, Anm. 8) In *Zwischen Naturalismus und Religion* heißt es: »Wohl lässt sich das ›Ich‹ als eine soziale Konstruktion verstehen, aber deshalb ist es noch keine Illusion.« (S. 185) Allerdings wird die in Anspruch genommene Distinktion zwischen *Konstruktion* und *Illusion* nicht weiter kommentiert. Habermas weist selbst hin auf die von ihm mitverfasste Einführung in Rainer Döbert u. a. (Hg.), *Entwicklung des Ichs*, Königstein/Ts. ²1980, S. 9-30. Dort geht es spezifisch um den soziologischen Identitätsbegriff. Die Autoren behaupten: »Ihre Identität behauptet eine Person gleichzeitig für sich und gegenüber anderen; die Selbstidentifikation, das Sich-Unterscheiden-von-Anderen, muß von diesen anderen auch anerkannt werden. Die reflexive Beziehung des sich mit sich identifizierenden Einzelnen hängt von den intersubjektiven Beziehungen ab, die er mit anderen Personen, von denen er identifiziert wird, eingeht.« (S. 10) Doch was bedeutet hier »muß«? In welchem Sinne »muß« meine Selbstidentifizierung von anderen anerkannt werden? Es wäre jedenfalls inkohärent zu behaupten, dass man erst dadurch überhaupt eine Identität erlangt, dass andere sie einem zuschreiben. Bestenfalls kann es zutreffen, dass der Umstand, dass andere auf meine Selbstunterscheidung von ihnen reagieren, meine Selbstbeschreibungen unhintergehbar beeinflusst, was sich im Prozess der Sozialisierung niederschlägt. Doch diese These ist weit entfernt von einer ontologischen Einsicht in das Verhältnis von Identität und Identitätszuschreibung, aus der sich die Idee einer sozialen Konstruktion des Ichs ableiten ließe.

zeugen sie eine Ordnung, der sich alle Subjekte entweder dadurch unterwerfen, dass sie ihren Verdikten folgen, oder dadurch, dass sie gegen sie verstoßen, um die Ordnung insgesamt womöglich umzustoßen.

Als entscheidendes Merkmal dieses Modells sehe ich in diesem Kontext den Umstand an, dass dieser gesamte Vorgang an keiner relevanten Stelle auf die anonyme Natur Bezug nimmt, sondern sich in einer freischwebenden neuen Sphäre bewegt. *Soziale Konstruktion* ist demnach der Akt der Hervorbringung beobachtbaren Verhaltens durch wechselseitige Normierung der Mitglieder einer gegebenen Gruppe, sofern diese sich an Normen orientieren, die sie diskursiv repräsentieren.[13] Sozialontologisch präzise artikuliert wird dieses Modell im Rahmen der Diskussion der kollektiven Intentionalität, die paradigmatisch für die (hier zurückgewiesene) Engführung von Sozialität und Intentionalität ist.[14]

Wenn nun diesem Modell zufolge irgendetwas sozial konstruiert ist – Rasse, Klasse, Geschlecht, Institutionen, Sprachen, Kulturen, Rechtssysteme, ästhetischer Geschmack, Etikette, Staaten, Banken, Geld, Ämter, moralische Werte usw. –, dann verdankt sich dieser Vorgang an jeder Stelle ausschließlich der in keiner Einsicht in die anonyme Natur gründenden Orientie-

---

13 Dieser Begriff der sozialen Konstruktion wird besonders klar beschrieben bei Heinrich Popitz, *Soziale Normen*, Frankfurt/M. 2006, etwa S. 76-80.

14 Vgl. den Überblick über die Standardpositionen in Hans Bernhard Schmid, David P. Schweikard, *Kollektive Intentionalität. Eine Debatte über die Grundlagen des Sozialen*, Frankfurt/M. 2009. Die irreparablen Schwächen dieses Modells hat Stephan Zimmermann in seiner Bonner Habilitationsschrift unter anderem anhand der soziologischen Gründerdebatten aufgewiesen. Vgl. *Vorgängige Gemeinsamkeit. Studie zur Ontologie des Sozialen*. In seinem eigenen Vorschlag, kollektive Intentionalität im Begriff der Lebenserfahrung zu gründen und diesen als Quelle des Sozialen geltend zu machen, folge ich ihm freilich nicht. Siehe auch seine Vorarbeit »Is Society Built on Collective Intentions? A Response to Searle«, in: *Rivista di Estetica* 57 (2014), *Special Issue: Social Objects. From Intentionality to Documentality*, S. 121-141.

rung eines Subsystems einer Gruppe am Verdikt eines anderen
Subsystems. Denn im Sozialkonstruktivismus kann die einzige
Quelle sozialer Normativität nur die Anerkennung eines vorgängigen Vorschlags sein, soundso bestimmtes Verhalten soundso zu sanktionieren. Denn der Sozialkonstruktivismus bestreitet, dass es eine Natur gibt, der man soziale Tatsachen ablesen
kann (und übersieht damit, dass die Natur nicht das einzige
Sinnfeld ist, in dem nicht-konstruierte Tatsachen bestehen können).

Die erste Akzeptanz irgendeiner normativen Ordnung kann
für Sozialkonstruktivisten prinzipiell nicht aus einer Einsicht in
ihre unabhängig von einer spezifischen Gruppenzugehörigkeit
gut begründete Geltung abgeleitet werden, da eine solche Einsicht eine Einstellung eines Individuums gegenüber einer beste-
henden Tatsache wäre. Normativität entspringt deswegen Praktiken der Anerkennung, in deren Folge dann registrier- und
dokumentierbare Tatsachen bestehen, die freilich jederzeit durch
Änderung der sozialen Bedingungen revidierbar sein müssen.

Die Beurteilung einer sozialen (im Sinne von: sozial konstruierten) Tatsache ist demnach allein dadurch erklärbar, dass
man einer bestimmten Gruppe angehört, sei dies diejenige der
Herrschenden oder diejenige der Beherrschten.[15] Die Herrschenden sind diejenigen, die Normen konstruieren und andere
dazu bringen, diese zu internalisieren, die Beherrschten sind diejenigen, die sich den Normen fügen. Dass sich irgendjemand
irgendwelchen gegebenen Normen fügt, kann, wie gesagt, dem
Sozialkonstruktivismus zufolge niemals allein Ergebnis einer
Einsicht in von dieser Fügung unabhängige, durch sie nicht-
konstruierte soziale Tatsachen sein, da es ansonsten nicht-konstruierte soziale Tatsachen gäbe, womit die konstruktivistische
Sozialontologie zusammenbräche. Es reicht an dieser Stelle
nicht hin, dieses Modell dadurch zu korrigieren, dass man einen

---

15 Diese Argumentation findet man etwa jüngst ausdrücklich als Beitrag zur
politischen »post-truth«-Debatte bei Steve Fuller, *Post-Truth. Knowledge
as a Power Game.* London, New York 2018.

Regress sozialer Konstruktion postuliert und annimmt, dass die Akzeptanz einer Norm eine Einsicht in das Vorliegen vergangener sozialer Konstruktionen ist, da dies die Frage aufwirft, wie es zu Normativität überhaupt kommen konnte. Die erste Norm, die etabliert wurde, kann sich keiner bereits sozial konstruierten Einsicht in vorgängige soziale Konstruktion verdanken.

In normativen Fragen gibt es für den konsequenten Sozialkonstruktivismus folglich keinen neutralen Boden, schon gar keinen naturgegebenen, auf den man sich stützen könnte, um eine Entscheidung zu treffen, die auf rationale Weise einen Gruppenkonflikt löst. Jede Einigung einer Gruppe in einer normativen Frage beruht also (entgegen der Intention vieler Anerkennungstheoretiker) ausschließlich auf expliziten oder impliziten Machtkämpfen – eine Theorielage, die in der vielbeachteten Rede vom »Kampf um Anerkennung« *nolens volens* zum Ausdruck gelangt.[16]

Die Alternative zu der hier freilich nur überschlägig skizzierten Gemengelage ist ein neuer *sozialer Realismus*. Dieser behauptet (1.), dass es anerkennungstranszendente (teils opake und niemals zu Bewusstsein zu bringende) normative Tatsachen gibt, die festlegen, unter welchen Bedingungen das Verhalten von Mitgliedern gegebener Gruppen korrekt oder inkorrekt ist; (2.), dass diese normativen Tatsachen nicht-konstruiert sind und (3.), dass sie weder zur ersten noch zur zweiten Natur gehören.[17]

Das Gelingen eines individuellen menschlichen Lebens bzw. genauer eines gegebenen individuellen menschlichen Lebens-

16 Vgl. paradigmatisch Axel Honneth, *Kampf um Anerkennung. Zur moralischen Grammatik sozialer Konflikte*, Frankfurt/M. 2010. Honneth bietet freilich verschiedene Lösungsstrategien des im Haupttext benannten Problems an, was ich hier nicht im Einzelnen verfolge, da der Neue Realismus aus den im Folgenden dargestellten sozialontologischen Gründen außerhalb des Anerkennungsparadigmas operiert.

17 Die Begriffe der ersten und zweiten Natur erweisen sich im Rahmen einer neorealistischen Naturphilosophie als hinfällig. Vgl. dazu Gabriel, *Die Wirklichkeit des Universums*.

abschnitts hängt von objektiv feststehenden Bedingungen ab, von denen einige Konsequenzen der anonymen Natur sind. Die Gesetzmäßigkeiten der anonymen Natur wirken tief in die menschliche Lebensform hinein. Schon deswegen ist es nicht sinnvoll, eine zweite von einer ersten Natur isolieren zu wollen. Die offensichtlich existierende anonyme Natur schlägt in unseren Lebensvollzügen zu Buche, weil wir wesentlich Organismen, d. h. biologische Systeme sind, ohne mit diesen strikt identisch zu sein. Menschen sind unter anderem Tiere einer bestimmten Spezies, was nicht bedeutet, dass menschliche Handlungen in irgendeinem allgemeinen Sinne auf tierisches Verhalten reduziert werden könnten. Der Sinn, in dem wir Tiere einer bestimmten Spezies sind, wird durch die biologische Selbsterforschung des Menschen angegeben, die in der SFO nicht damit konfligiert, dass es Geist gibt, der nicht Gegenstand irgendeiner naturwissenschaftlichen Untersuchung ist.

Der im Folgenden entwickelte soziale Realismus bestimmt den Begriff des Sozialen nicht im Gegensatz zum Natürlichen. Die Frage, wie soziale Tatsachen in einen an sich (kausal bzw. ontologisch) geschlossenen Tatsachenraum der ersten, anonymen Natur passen, wird von vornherein als irregeleitete Metaphysik zurückgewiesen.

Dafür kann sich der hier vertretene soziale Realismus freilich auf die SFO stützen. Denn in dieser gibt es keine prinzipiell allumfassende Natur, deren Gesetzmäßigkeiten von den Naturwissenschaften erforscht werden dergestalt, dass Entitäten, die Eigenschaften aufweisen, die sich *prima facie* nicht naturwissenschaftlich erforschen lassen, letztlich besser oder vollständig beschreib- und erklärbar sind, wenn man von diesen Eigenschaften absieht. Kurzum: Der SFO zufolge haben wir den metaphysischen Naturalismus in der Sache längst hinter uns gelassen, was leider nicht bedeutet, dass er nicht weiterhin als Weltbild herumgeistert.

Es stellt vor diesem Hintergrund jedenfalls keine legitime Anforderung an eine sozialontologische Untersuchung dar, die falsch gestellte Frage zu beantworten, wie es angesichts der (scheinbar) universal geltenden Gesetzmäßigkeiten (sagen wir) der Quantenphysik möglich ist, dass Akteure ihre Handlungsmuster selbst bestimmen. Soziale Normativität muss nicht im Spielraum von Elementarteilchen untergebracht werden, wenn es sich bei diesem um ein Sinnfeld unter anderen handelt, das nicht unter allen Umständen, d. h. nicht metaphysisch privilegiert ist.

Der ontologische Pluralismus der SFO ist kein Wasser auf die Mühlen des Sozialkonstruktivismus. Es gibt keinen zwingenden Grund, die menschliche Lebensform deontologisch davon zu entkoppeln, dass wir Lebewesen sind, deren Organisation teilweise am besten unter Rekurs auf Prozesse der anonymen Natur erklärbar ist, deren Wirksamkeit in einem menschlichen Organismus nicht suspendiert, sondern in den Kontext einer Systemform integriert wird, die nicht vollständig durch diese Prozesse erklärbar ist.

Sofern die menschliche Lebensform Parameter des Überlebens definiert, die Individuen als gelungen (als »glückselig«) erscheinen, liefert ihre Analyse Maßstäbe für sozial relevante Normativität.[18] Weil Menschen als Lebewesen nur unter bestimmten (ökologischen) Bedingungen überhaupt imstande sind, ihr Überleben als glücklich zu empfinden, ergeben sich aus den Umständen unserer immer auch naturwissenschaftlich erforschbaren Lebensform bisher nicht gänzlich bekannte Normen eines prinzipiell gelingenden Lebens.

Im Folgenden bezeichne ich denjenigen Teil der menschlichen Lebensform, dessen Strukturen als Hineinwirken der ano-

---

18 Vgl. den Begriff der Gesellschaft als Organisation des Zusammenlebens bei Hannah Arendt, *Vita Activa oder Vom tätigen Leben*, München 2002, S. 59: »Die Gesellschaft ist die Form des Zusammenlebens, in der die Abhängigkeit des Menschen von seinesgleichen um des Lebens selbst willen und nichts sonst zu öffentlicher Bedeutung gelangt, und wo infolgedessen die Tätigkeiten, die lediglich der Erhaltung des Lebens dienen, in der Öffentlichkeit nicht nur erscheinen, sondern die Physiognomie des öffentlichen Raums bestimmen dürfen.«

nymen Natur erklärbar ist, als die *menschliche Überlebensform.*
Die Struktur der menschlichen Überlebensform ist unsere spezifische Animalität. Diese wird von denjenigen Humanwissenschaften erforscht, deren disziplinäre Heimat im heutigen
akademischen System die medizinischen und naturwissenschaftlichen Fakultäten sind, sofern sie sich mit dem Menschen beschäftigen.[19]

Die menschliche Lebensform umfasst dabei indefinit viel
mehr als dasjenige, was sich naturwissenschaftlich erforschen
lässt. Dieses Surplus kulminiert im Geist als derjenigen explanatorischen Dimension, die in Rechnung stellt, dass Menschen
ihr Leben (manchmal) im Licht einer Vorstellung davon führen,
wer sie sind und wer sie sein wollen.[20] Kurzum: Menschen lassen sich von Menschenbildern leiten, deren synchrone und diachrone (historische) Dimension die Geistes- und Sozialwissenschaften untersuchen.

Geist ist der Umstand, dass wir menschliches Verhalten
(manchmal) nur dadurch erklären können, dass wir ein komplexes mentalistisches Vokabular verwenden, dass es uns erlaubt zu
verstehen, warum eine Person etwas getan hat. Zu diesem Vokabular gehört der sogenannte freie Wille, der darin besteht, dass
wir nicht nur impulsiv und damit partiell vorhersag- und manipulierbar handeln, sondern unsere Handlungsmuster angesichts unserer normativen Globalorientierung (unserer ›Werte‹)
modifizieren können. Wer seine Impulse kennt, ist unter nicht-
pathologischen Bedingungen imstande, diese partiell zu kontrollieren.

Geist ist wirklich. Er liegt nicht (nur) im Auge des Betrachters, sodass es keinen Sinn hat, eine vollständige Naturalisie-

---

19 An der Schnittstelle zwischen den natur- und geisteswissenschaftlichen
   Selbstuntersuchungen des Menschen stehen einige der Sozialwissenschaften sowie die Psychologie in dem Maße, in dem in ihr naturwissenschaftliche Methoden angewandt werden, um genuin menschliches Verhalten
   vorherzusagen und manipulierbar zu machen.
20 Vgl. dazu Gabriel, *Wer wir sind und wer wir sein wollen.*

rung vom Typ der Dennett'schen physikalischen Einstellung anzustreben.[21] Dass wir die intentionale nicht zugunsten einer physikalischen Einstellung transzendieren können, ist kein epistemisches Manko, sondern eine ontologische Tatsache. Abstrahiert man in der Erklärung menschlicher Handlungen vollständig davon, dass wir diese auf eine bestimmte Weise auf der intentionalen Ebene beschreiben, verfehlt man das Erklärungsziel, d. h. menschliche Handlungen, völlig. Geist ist also keine Illusion und schon gar keine ›Fiktion‹ in dem vagen Sinn, mit dem oben (§§ 6 f.) bereits abgerechnet wurde.

Der soziale Realismus wendet gegen den Sozialkonstruktivismus ein, dass das Modell der konstruierten sozialen Tatsachen zutiefst inkohärent und insbesondere normativ unbefriedigend ist. Denn wäre der Sozialkonstruktivismus wahr, bestünde normativer (paradigmatisch moralischer) Fortschritt allenfalls in einer koordinierten Verhaltensänderung, die eine Gruppe einer anderen Gruppe geschickt auferlegt. Jede Form normativ angeleiteter Erziehung wäre damit allenfalls eine gut kaschierte Manipulation, um Bedingungen der Vorhersagbarkeit des Verhaltens einer Gruppe oder eines Individuums zu erzeugen. Normierung verfolgte Kontrollziele, da sie nicht in der Anpassung an soziale Tatsachen bestehen kann, die in unserer Überlebensform verankert und im Geist explizit einsehbar werden.

---

21 Dennett unterscheidet bekanntlich zwischen »intentionaler«, »funktionaler (design)«, »physikalischer Einstellung« (stance), wobei sich die Distinktion auf verschiedene Weise auslegen lässt, da Dennett die ontologischen Grundlagen dieser Unterscheidung nirgends hinreichend klärt. Vgl. Dennett, *The Intentional Stance*. Das Hauptproblem, dem sich seine These, Intentionalität ließe sich auf (idealisierende) Zuschreibungspraktiken reduzieren, stets ausgesetzt sieht, besteht darin, dass man niemandem intentionale Zustände zuschreiben kann, ohne sich dabei selbst in entsprechenden Zuständen zu befinden. Vgl. zu diesem häufig erhobenen Einwand jüngst wieder einmal Galen Strawson, »The Consciousness Deniers«, in: *The New York Review of Books*, 13. März 2018, online unter: ⟨https://www.nybooks.com/daily/2018/03/13/the-consciousness-deniers/⟩, letzter Zugriff 3. 10. 2019.

Der soziale Realismus stützt sich dagegen unter anderem auf
längst bekannte Tatsachen bezüglich unserer Überlebensform
wie diejenige, dass Menschen schon im Kleinkindalter normative Erwartungen hegen, dank derer wir überhaupt imstande
sind, ihnen explizite moralische Erwartungen beizubringen.
Menschen – ebenso wie andere Lebewesen – sind fundamental
normativ verfasst, weil wir ansonsten überhaupt keinen Sinn dafür hätten, dass Sanktionen drohen. Man kann Normativität
nicht nach dem Modell von »Überwachen und Strafen« allein
erklären. Normativität ist nicht nur eine Frage des Verhältnisses
gegebener »Kraft-Quanta«,[22] deren Aufeinanderprallen auf eine
hinter dem Rücken der Akteure stattfindende Weise zur Emergenz normativer Ordnungen führt.

Der im Folgenden vorgeschlagene soziale Realismus stützt
sich keineswegs exklusiv auf naturalistisch einholbare Manöver,
wie sie aus der gegenwärtigen Spieltheorie, Verhaltens- oder Pri-
matenforschung bekannt sind. Menschliche Sozialität lässt sich
nicht sinnvoll auf eine Akkumulation primitiver Verhaltensmuster reduzieren. Komplexe soziale Organisation vom Typ
»Gesellschaft« oder elementarere Subsysteme wie das Rechtssystem oder ein Kindergarten sind keine Akkumulationen subli-
minaler ›Entscheidungs‹-Prozesse, die sich in binäre Codes auflösen und psychologisch experimentell studieren lassen. Soziale
Systeme unterliegen deswegen nur so lange statistischen Ana-
lysebedingungen, wie die Akteure über diese nicht informiert
sind. Menschliches Verhalten ist nur dadurch vorhersagbar, dass
diejenigen, die es beobachten, denjenigen, die sie beobachten,
nicht mitteilen, wie genau sie sie beobachten. Das ist eine triviale wissenschaftstheoretische Wahrheit, die jedem vertraut ist,
der ein psychologisches Experiment entwirft. *Predictive policing*
funktioniert nur so lange, wie man den künftigen Tätern die

---

22 Vgl. etwa Friedrich Nietzsche, *Der Wille zur Macht. Versuch einer Umwer-
tung aller Werte*, ausgewählt und geordnet von P. Gast unter Mitwirkung
von E. Förster-Nietzsche, Stuttgart [13]1996, S. 467.

Vorhersagekriterien vorenthält, mittels derer man ihre Verfolgung plant.

Um den Rahmen des Sozialkonstruktivismus zu sprengen und damit Raum für einen genuinen, d. h. nicht-reduktionistischen sozialen Realismus zu schaffen, wird in § 12 dafür argumentiert, dass das Wesen irreduzibler Tatsachen der menschlichen Sozialität darin besteht, dass mehrere Subjekte aufeinandertreffen und feststellen, dass ein Anderer etwas für wahr hält, was sie selbst für falsch halten. Institutionen sind Systeme, die einen Ort des Ausgleichs faktisch existierenden Dissenses schaffen, weshalb es kein Zufall ist, dass der juristische Begriff des Urteils von Platons *Apologie* bis Kants *Kritik der reinen Vernunft* und darüber hinaus als der geeignete Ort einer Selbstuntersuchung des Denkens angegeben wird.[23] Jede menschliche Gemeinschaft, deren Organisation über die Paarung zu Kleingruppen hinausgeht, ist demnach eine Gemeinschaft Dissentierender.[24]

Freilich ist nicht jedem Dissens eine Institution zugeordnet, die Ausgleichsmechanismen vorsieht. Ansonsten gäbe es keine Privatsphäre mehr. Privatsphäre ist der Spielraum individueller Handlungen, in dem Sozialität auftauchen kann, die man allerdings so lange ohne institutionellen Ausgleich handhaben darf, wie keine institutionellen Rahmenbedingungen betroffen sind. Es ist prinzipiell nicht möglich, menschliche Sozialität insgesamt an institutionelle Rahmenbedingungen zu knüpfen, weil sie letztlich niemals vollständig transparent sein kann. Welche Handlungsmuster Menschen in Kontexten ihrer Kooperation sowie unter Rekurs auf Aktivitäten ihrer Privatsphäre ausbilden, ist nicht vollständig antizipier- und kontrollierbar, weshalb jede Institution neben ihren normativen Kriterien des Korrekten und des Inkorrekten auch noch den Begriff des Neutralen, des Adiaphoron, benötigt. Keine Institution kann total sein. Diese Zusammenhänge werden in den §§ 13, 16 und 17 dargestellt.

---

23 Vgl. dazu die beeindruckende Studie von Florian Klinger, *Urteilen*, Zürich 2011, auf die mich Sepp Gumbrecht hingewiesen hat.

24 Gabriel, »Dissens und Gegenstand«.

An dieser Stelle sei vorab als Element einer Diagnose der Krisenwahrnehmung unserer Zeit gewagt, dass die Öffentlichkeit im Gefolge der digitalen Revolution massiv dadurch irritiert wird, dass Neutralitätsverlust droht. Dies hängt auch mit dem Sozialkonstruktivismus und seinem tiefgreifenden Einfluss auf die Medientheorie und damit auf die Medien als privilegierte Sphären der Öffentlichkeit zusammen: Wenn es nichts Soziales gibt, das gänzlich von politischen Kämpfen unabhängig ist, werden die sozialen Medien zum Austragungsort sozialer Konstruktion. Ein Akteur tritt gegen einen anderen an, nicht, um ihn zu überzeugen, sondern um ihn durch dazu geeignete Verfahren der Manipulation zu unterwerfen. An die Stelle der modernen, aufklärerischen Vorstellung von der Öffentlichkeit als Wahrheitsmaschine tritt die postmoderne fixe Idee, im Normativen gebe es keinerlei objektive Standards, sondern lediglich eine Bilder- und Symbolflut, die verwendet werden kann, um Gruppenzugehörigkeiten zu generieren oder zu unterminieren.[25]

Entgegen diesem sozialontologischen Irrtum gilt es, die Einsicht geltend zu machen, dass ein Urteil über Soziales nicht selbst in der Hinsicht sozial ist, dass es zu einem Eingriff in diejenige normative Ordnung führt, die zur Beurteilung steht. Soziales lässt sich demnach in jeder wünschenswerten Weise objektiv beurteilen, es liegt nicht im Auge des Betrachters. Entsprechend bedarf es einer begrifflich angeleiteten Aufklärung darüber, dass zwar alles Soziale normativ ist, dass Normativität aber ontologisch betrachtet nicht aus Machtkämpfen emergiert, sondern darin gründet, dass Menschen (sowie andere Lebewesen) über einen Sinn für Normen verfügen, ohne den man uns keine Sanktionen auferlegen könnte. Unsere Erfassung des Normativen ergibt sich daraus, dass wir denken, d. h. wahre und falsche Überzeugun-

---

25 Der derzeitige Postmoderne-Theoretiker *par excellence* ist in dieser Optik Francis Fukuyama, der von der Diagnose des Endes der Geschichte zum Denken in sozialen Identitäten gelangt ist. Vgl. neuerdings Francis Fukuyama, *Identität. Wie der Verlust der Würde unsere Demokratie gefährdet*, Hamburg 2019.

gen haben, worauf wir dadurch einen expliziten Zugriff gewinnen können, dass Andere anders urteilen als wir. Das Urteil der Anderen ist ein unabdingbarer Zugang zu unserem eigenen. Am Anderen führt kein Weg vorbei.

Wir verfügen über einen Sinn des Denkens, was in diesem Kontext bedeutet, dass uns ein Normativitätsdetektor, das Denken, zur Verfügung steht.[26] Das Vermögen zu denken (das sich freilich in indefinit vielen Vermögen artikuliert) wird durch Dissens verwirklicht. Man denkt nicht, wenn man nicht darauf gestoßen ist, dass Andere anderes denken.

In § 13 argumentiere ich sodann dafür, dass eine faktische, existierende Gesellschaft (im Sinne eines umfassenden sozialen Systems) notwendigerweise Zonen der Intransparenz aufweist. Ohne soziale Intransparenz wäre es nicht möglich, dass wir uns wechselseitig korrigieren. Weil wir in einer arbeitsteiligen, komplexen Gesellschaft nicht vollständig darüber Bescheid wissen, was wir tun und was genau wir tun sollen, lässt sich der Aufbau der Gesellschaft nicht reduktionistisch von unten nach oben oder von oben nach unten rekonstruieren. Die Stoßrichtungen des sozialontologischen Atomismus (der die Gesellschaft aus Individuen aufbaut) und des sozialontologischen Holismus (der Individuen aus einem übergeordneten sozialen Ganzen ableitet) sind also gleichermaßen verfehlt.

Niemand weiß, was wir alles wissen bzw. nicht wissen. Es gibt also keine Totalität des Fürwahrhaltens, kein alle umspannendes Glaubenssystem. Selbst dort, wo alle oder eine überwältigende Mehrheit der Mitglieder einer Gesellschaft offiziell dasselbe Glaubenssystem teilen, kommt es zu internem Dissens, für den Ausgleichsmaßnahmen entwickelt werden, weil sich die Gesellschaft ansonsten auflöste. Das Ziel von Institutionen kann demnach nicht der faktische Konsens sein, sondern muss sich in einem erträglichen Maß von Dissens-Management manifestieren.

---

26 Vgl. wiederum ausführlicher Gabriel, *Der Sinn des Denkens*.

Unsere »ungesellige Gesellligkeit«[27] besteht darin, dass wir
nur dann Gruppen bilden können, wenn vorgesehen ist, dass
Andere anders urteilen (und damit anders sind) als wir. Jedes soziale System unterteilt sich deswegen entweder in Subsysteme
des Andersdenkens oder projiziert das Andersdenken nach außen, wodurch sich potenziell ein Freund-Feind-Schema einstellt. Kein gesellschaftliches Wir ist allumfassend, die Gesellschaft zerfällt notwendig in eine Pluralität des Fürwahrhaltens;
ein Umstand, der durch keine Maßnahme erfolgreich bereinigt
werden kann.

Dies sind in den Diskursen der Soziologie und Politologie
wohlbekannte Tatsachen. In diesem dritten Teil werden diese
Diskursformationen in den Rahmen einer Sozialontologie eingebettet, für die das Soziale nicht im Auge des Betrachters oder
des Beobachters liegt, weil es vielmehr fundamental an Intransparenz gebunden ist, die wir niemals vollständig explizit machen können. Der soziale Realismus dient also als ontologische
Korrektur sozialkonstruktivistischer Auswüchse, die sich in den
Sozialwissenschaften auch (oder gerade dann) einstellen, wenn
man meint, sich bloß auf die Empirie zu stützen.[28]

Das schließt nicht aus, dass das sprichwörtliche »Auge des Be-

---

27 Immanuel Kant, *Idee zu einer allgemeinen Geschichte in weltbürgerlicher
Absicht*, Werkausgabe Band XI, Frankfurt/M. 1977, S. 37.

28 Dagegen gilt es, an eine Einsicht Karl Mannheims zu erinnern in *Ideologie
und Utopie*, S. 79: »Je konsequenter man aber im Interesse einer wahren
Empirie das Denken auf seine Voraussetzungen hin durchforscht, desto
klarer wird es, daß gerade Empirie (in den historischen Wissenschaften zumindest) nur im Element metaempirischer, ontologisch-metaphysischer
Entscheidungen und der daraus sich ergebenden Erwartungen und Setzungen möglich ist.« Lawson ist zuzustimmen, wenn er überdies konstatiert, dass von Idealen geleiteter sozialer Wandel nicht vollzogen werden
kann, wenn man ontologisch blind operiert: »ontological reasoning is always effectively required at some level if we are to intervene anywhere
in anything at all competently. [...] Simply put, capable successful intervention into the social realm likely necessitates, and always stands to bene-
fit from, explicit social ontological reasoning.« (*The Nature of Social Rea-*

trachters« im folgenden Sinne sozial produziert ist: Die Teilnehmerperspektive, ohne die es keine sozialen Systeme gäbe, existiert nur deswegen, weil es soziale Lebewesen – paradigmatisch Menschen – gibt. Menschen werden von Menschen hervorgebracht, deren Kooperation zur Fortpflanzung führt. Ein menschlicher Embryo wird im Mutterleib ernährt, wobei das Ernährungsverhalten der Mutter seinerseits wesentlich in Kontexte sozialer Reproduktion integriert ist. Menschen wachsen nicht von selbst, sondern nur dadurch, dass andere Menschen, die am Zustandekommen von Menschen beteiligt sind, Mitglieder von Gruppen sind, die ihr Verhalten koordinieren. Eine solche Handlungskoordination ist dabei wesentlich sozial, weil sie voraussetzt, dass eine Mehrzahl von Akteuren etwas tut, weil die Einzelnen der (nicht notwendig bewussten oder symbolisch expliziten) Meinung sind, dass andere Einzelne irgendeiner Meinung sind. Durch den imaginären Vergleich der Vorstellungssituation, in der sich andere befinden, kommt es dazu, dass Individuen, die einer Gruppe angehören, Handlungsspielräume eröffnet werden. Handlungsmöglichkeiten werden durch die Überlieferung möglicher Handlungsmuster eröffnet, die suggerieren, es habe eine Urstiftung gegeben, die als Vorbild einer künftigen Nachahmung gelten kann.[29]

Was Menschen möglich ist, wird dadurch bestimmt, dass jemand etwas tut, was andere als ihre Möglichkeit ergreifen. Der Handlungsspielraum des Menschen ist dadurch historisch offen und variabel. Es gibt prinzipiell keine Möglichkeit, einen erschöpfenden Handlungskatalog zu erstellen und etwa in der Form eines idealen Gesetzeskodexes in Stein zu meißeln. Wir wissen nicht und können nicht einmal ahnen, welche Handlungstypen in Zukunft möglich sind. Schon aufgrund dieser Historizität sind wir fundamental frei in dem Sinne, dass keine

---

lity, S. 4) Im Detail der sozialontologischen Analyse folge ich Lawson freilich nicht, was auf einem anderen Blatt steht.

29 Vgl. dazu die vorbildliche Rekonstruktion der Rolle der Wiederholung des Vorbildlichen bei Axel Hutter, *Narrative Ontologie*, Tübingen 2017.

Einsicht in den Bauplan von Natur und Gesellschaft zu irgendeinem Zeitpunkt eine erschöpfende Vorhersage künftiger Handlungsoptionen erlaubte. Der Mensch lässt sich nur so lange vorhersagen, wie wir seine Handlungsspielräume auf idealisierte
Testsituationen (etwa vom Typ: Spieltheorie) einschränken. Der
Erfolgsfall einer etwa auf wirtschaftswissenschaftliche Modelle
gestützten Vorhersage ist freilich statistisch und damit auch pro-
babilistisch verfasst, was einen berechenbaren Fehlerspielraum
generiert. Doch selbst dieser Umstand gilt nur für hochgradig
idealisierte Szenarien und so lange, wie die Akteure das Beobach-
tungsmaß nicht explizit in ihre Handlungsplanung einbeziehen
können. Diejenigen, die erfolgreich beobachtet werden, um ihr
Verhalten vorherzusagen, dürfen nicht vollständig über diesen
Umstand informiert sein. Diese bekannte Tatsache ist eine Manifestation der nicht behebbaren Intransparenz des Sozialen.

In § 14 wird eine realistische Variante zur Auflösung des (vermeintlichen) Problems des Regelfolgens entwickelt. Dieser Variante zufolge besteht die Anwendung einer Regel nicht darin,
dass jemand sich eine Vorstellung davon macht, welche bisher
nicht eingetretenen Fälle zur wiederholten Anwendung derselben Regel berechtigen würden. Ebenso wenig erschöpfen sich
Regeln und ihre Anwendungen darin, dass irgendein mentaler
Zustand im Alleingang festlegt, welcher Regel in der Vergangenheit gefolgt wurde, sodass sich daraus ein normativer Anspruch
für die noch ausstehende Zukunft ergäbe.

Eine Regel und ihre Anwendung bestehen vielmehr darin,
dass ein Kontext existiert, zu dem Institutionen gehören, die bestimmen, welcher Regel gefolgt werden soll. Die Regel selbst
unterscheidet Fälle ihrer Anwendung in korrekte und inkorrekte. Die Regel selbst ist also der Träger der Normativität. Normativität besteht nicht in irgendeiner Intention eines Akteurs, die
darauf zurückzuführen wäre, dass ein Akteur beabsichtigt, sein
Verhalten an einer Vorstellung der Regel auszurichten. Denn an
einer Vorstellung kann man sich nicht ausrichten, sofern nicht
geklärt ist, wie sie mit etwas in Verbindung stehen kann, was
der Vorstellung Korrektheitsbedingungen auferlegt. Eine Vor-

stellung reguliert sich nicht selbst, sondern wird vielmehr dadurch als Fall einer Regel bestimmt, dass die Regel Eigenschaften hat, die andere anders auffassen können. Indem andere eine Regel anders auffassen, taucht die Frage des richtigen Regelgebrauchs auf, die nur dann adäquat beantwortet werden kann, wenn die Regel eine Wirklichkeit aufweist, die über einzelne Meinungen und deren Addition zu einem Gruppenaggregat hinausgeht.

Kurzum: Weder das Fürwahrhalten eines Einzelnen noch das vielfältige Fürwahrhalten vieler Einzelner erklärt die Objektivität des Regelfolgens. Dazu bedarf es eines Wirklichen – einer Regel –, dank dessen sich alle Akteure im Irrtum befinden können. Keine konstruktive Aktivität auf Seiten der Subjekte und damit auch keine Intersubjektivität reicht auch nur ansatzweise hin, um die Wahrheit des Fürwahrhaltens sicherzustellen. Sofern Korrektheitsbedingungen für irgendein als Handlung erkennbares Verhalten festliegen, können diese niemals darauf reduziert werden, dass die Gruppe, die dadurch gebildet wird, dass ihre Mitglieder von den vorliegenden Korrektheitsbedingungen betroffen sind, sie anerkennt. Wo Abweichung und Irrtum möglich sind, gibt es stets etwas Wirkliches, an dem gemessen etwas als Abweichung und Irrtum registrierbar ist. Dieses Wirkliche ist von allen einzelnen Meinungen insofern ›unabhängig‹, als alle einzelnen Meinungen falsch sein können. *Das Wirkliche lässt sich nicht falsifizieren, denn es falsifiziert.*

Normen gehören zum Wirklichen. Sie charakterisieren menschliches Verhalten als Handlungen einer bestimmten Art. Normen normalisieren, wodurch sie auf Seiten der Akteure die Täuschung generieren können, die Akteure würden sich im Regelfolgen stets selbst regulieren. In § 15 wird diese Täuschung unter die Lupe genommen, ohne dass der Realismus in einen reduktionistischen Naturalismus kollabiert, der daraus, dass Gesellschaft stets auf dem Impliziten und Faktischen beruht, auf die falsche These schlösse, dass es keine Autonomie gibt.[30] Autonomie er-

---

30 Für eine Sichtung von Argumenten gegen überzogene, auf Selbstkonstitution angelegte Auffassungen der Autonomie vgl. Charles Larmore, *The Au-*

gibt sich vielmehr daraus, dass wir unsere soziale Normativität –
der Umstand, dass unser Verhalten faktisch sozial produziert
und hinsichtlich verschiedener Register des Korrekten und Inkorrekten klassifiziert ist – zu einer expliziten Norm erheben.

Dies entspricht Hegels Formulierung der »Idee des Willens«
als »*der freie Wille, der den freien Willen will*«.[31] Doch diese spezifisch autonome Normativität gründet diachron und synchron
in einer Normativität, die sich keiner expliziten Aneignung
durch Akteure verdankt, die sich ihrer Sozialität bewusst sind.
Widerstand gegen eine bestimmte Norm lässt sich deswegen
als wirklicher Vorgang begreifen, sodass unter anderen Vorzeichen Bourdieus berechtigtem Zweifel Rechnung getragen wird,
der Sozialkonstruktivismus scheitere an seiner nicht eingelösten
Absicht, Widerstand gegen illegitime normative Ansprüche durch
Kritik zu ermöglichen.[32]

Vor diesem Hintergrund werde ich zwischen Mythologie,
Ideologie und Fiktion unterscheiden. *Mythologie* ist die Wirksamkeit impliziter Vorbilder, was auf der Vorstellungsebene historisch in der Form eines theogonischen Bewusstseins aufscheint
und in unseren Tagen nicht zuletzt in Superheldenmythen und
sonstigen Mythen des Alltags perpetuiert wird (ganz zu schweigen davon, dass die Weltreligionen fortbestehen). Das theogoni-
sche Bewusstsein ist keineswegs zu Ende gebracht, um Blumenbergs Formulierung in Erinnerung zu rufen; die Arbeit am
Mythos ist niemals abzuschließen.[33]

---

tonomy of Morality, Cambridge 2008, sowie den Literaturbericht bei Rainer Schäfer, »Gegenwärtige Freiheit«, in: *Philosophische Rundschau* 65/4
(2018), S. 311-325.

31 Hegel, *Grundlinien der Philosophie des Rechts*, TWA 7, S. 79.

32 Bourdieu, *Meditationen*, S. 138: »Jedenfalls darf man an der Realität eines
Widerstands zweifeln, der vom Widerstand der ›Realität‹ abstrahiert.«

33 Vgl. dazu meine früheren Arbeiten Gabriel, *Der Mensch im Mythos*; ders.,
Slavoj Žižek, *Mythology, Madness and Laughter. Subjectivity in German
Idealism*, London, New York 2009; Markus Gabriel, »Aarhus Lectures.
Schelling and Contemporary Philosophy. Fourth Lecture: The Very Idea
of a Philosophy of Mythology in Contemporary Philosophy«, in: *SATS:*

Im vorliegenden Zusammenhang tritt Mythologie in der Form auf, dass die Wirklichkeit der Normen in eine archaische Vergangenheit verlegt wird. Dieser Vorgang macht uns potenziell zum Opfer einer Mythologie, indem er ein Vorbild des Menschseins generiert, das in der Gegenwart handlungswirksam wird, indem es die Produktion neuer Handlungsoptionen – innovativer Möglichkeiten – unterbindet. Mythologisch ist demnach keineswegs nur das Homerische Pantheon, die hinduistische Götterwelt oder der katholische Heiligenkult, sondern auch die paläanthropologische Erzählung, Menschen seien aufgrund ihrer Jahrtausende dauernden Prägungsphase in Urwäldern und Savannen dazu prädestiniert, zum Gegenstand neurowissenschaftlich abgesicherter, spieltheoretischer Prädiktionen zu werden. Wer die Handlungsform des Menschen in irgendeiner – und sei es noch so ›wissenschaftlich‹ abgesicherten – Vergangenheit gründet, denkt archaisch. Das archaische Denken ist nicht mit den Göttern Griechenlands untergegangen. Es sucht uns in der Form der neuen Mythologie des Menschen als Kulturaffen heim, welche die nützliche Funktion hat, den Ausbruch des Menschen aus dem imaginären »Menschenpark« zu unterbinden.[34]

Northern European Journal of Philosophy 17/2 (2016), S. 115-144; sowie Blumenberg, _Arbeit am Mythos_, und ders., »Wirklichkeitsbegriff und Wirkungspotential des Mythos«, in: Manfred Fuhrmann (Hg.), _Terror und Spiel: Probleme der Mythenrezeption. Poetik und Hermeneutik IV_, München 1971, S. 11-66.

34 Mein Vorbehalt gegen Sloterdijks vieldiskutierte Analyse der Anthropotechnik lautet, dass er das Aufkommen solcher Techniken nicht ontologisch tief genug ansetzt. Menschen sind als geistige Lebewesen soziale Tiere, deren Produktionsbedingungen, seit es sie gibt, sie schon im Menschenpark verorten. Der Irrtum liegt darin, Anthropotechniken als spezifisch modernes Phänomen oder als Konsequenz der Alphabetisierung ontisch zu verkürzen, was zwar gegen Heidegger funktionieren mag (auch dies würde ich bestreiten), aber begrifflich hinter der sozialontologischen Einsicht zurückbleibt, dass Menschen wesentlich sozial produziert sind. Vgl. natürlich Peter Sloterdijk, _Regeln für den Menschenpark. Ein Antwortschreiben zu Heideggers Brief über den Humanismus_, Berlin [13]2017.

Im Unterschied zur Mythologie ist eine *Ideologie* ein Ideengebilde, dessen Funktion darin besteht, eine gegebene asymmetrische Verteilung von sozio-ökonomisch wertvollen Ressourcen zu rechtfertigen, indem die Aufmerksamkeit derjenigen Akteure, die an ihrer Produktion und Reproduktion beteiligt sind, von eben diesem Umstand abgelenkt wird.[35] Das ideologische Denken bedient sich dabei gerne eines mythologischen Unterbaus, da archaisches Denken aufgrund seiner Heteronomie besonders geeignet ist, die im Übrigen offensichtlichen Probleme der Gegenwart auszublenden.

Ideologie macht nicht vor den Portalen der Philosophie halt. Ein philosophisch bedeutsames Beispiel einer Ideologie sind die Konstellationen des mentalen Fiktionalismus, die im zweiten Teil kritisiert wurden. Denn sie zeichnen ein Selbstporträt unserer begrifflichen Vermögen als Kognitionen, wobei dieser *terminus technicus* dazu dient, ein verzerrtes – meist auf ›das Gehirn‹, auf ein genauer umgrenztes Subsystem des zentralen Nervensystems oder auf ein anderes Subsystem des ganzen Menschen reduziertes – Selbstbild des Menschen als die ganze Wahrheit über das, was wir wirklich sind, zu verkaufen. Die mereologischen Fehlschlüsse der handelsüblichen Neurophilosophie verfälschen die Wahrheitsbedingungen unseres Handlungsvokabulars, indem sie die Komplexität der Sprache, mittels derer wir Normativität steuern, auf wenige Schlagwörter vom Typ »das Bewusstsein« oder eben »Kognition« reduzieren.[36] An die Stelle solcher

---

35 Paradigmatische Ideologie ist zum Stand der Abfassung dieser Zeilen der Twitter-Account des derzeitigen US-Präsidenten.

36 Zur Identifikation einiger der vielfältigen mereologischen Fehlschlüsse, die im neurophilosophischen Diskurs der kognitiven Neurowissenschaften beliebig verbreitet sind, vgl. Maxwell R. Hacker, Peter M. Bennett, *Die philosophischen Grundlagen der Neurowissenschaften*, Darmstadt 2010. Wie Karl Mannheim bereits in *Ideologie und Utopie* erkannt hat, ist in »Wirklichkeit [...] die Annahme höchst ungenau, wonach ein Individuum mit mehr oder minder festgelegten absoluten Fähigkeiten der Welt gegenübersteht und in seinem Streben nach Wahrheit aus seinen Erlebnisdaten ein Weltbild konstruiert.« (Mannheim, *Ideologie und Utopie*,

objektstufigen Erzählungen über den Menschen, die sich als ideologische Erklärungen dekuvrieren lassen, tritt der Begriff der *Fiktionen*, was erlaubt, unser Hinaussein über jede sensorische Einzelepisode, d. h. unseren Sinn des Denkens, zu charakterisieren. Der Mensch wird an seiner Selbstbildfähigkeit und nicht an einer gegebenen *imago* gemessen, wie sehr sie sich auch ›wissenschaftlich‹ auszuweisen meint.

In § 16 wird der Begriff eines sozialen Netzwerks eingeführt, um die These zu entfalten, dass diejenigen digitalen Systeme unserer Infosphäre, die wir als »soziale Netzwerke« bezeichnen, die Funktion haben, den Handlungsspielraum der vernetzten Akteure systematisch einzuschränken. Die Selbstobjektivierung von Individuen durch Preisgabe ihrer Selbstbilder an Plattformen öffentlicher Zurschaustellung unserer Selbstmodelle führt zur Vorhersagbarkeit ihres künftigen Verhaltens. Der Grund dafür ist allerdings nicht, dass Menschen gläsern sind, sondern vielmehr, dass die Plattformen aufgrund ihrer Architektur, d. h. ihrer Benutzeroberfläche, bestimmte Selbstbilder bevorzugen. Die Feed-Struktur der sozialen Netzwerke, die Unterteilung der Nachrichten- und Werbedimension, die (euphemistisch sogenannten) Sicherheitseinstellungen, die schier unendliche Proliferation von Bildern und kurzen Videos usw. generiert einen Rahmen, innerhalb dessen nur bestimmte Vorstellungen möglich sind. Dadurch werden wir vorhersagbar und bleiben es so lange, wie eine digitale Revolution unterbleibt, die erlauben würde, die Infosphäre zu historisieren. Die Infosphäre zu historisieren, bedeutet konkret, den Wandel der materialen Unternehmensgrundlagen zu befürworten; eine ökonomische Dynamik, die durch die derzeitigen Prozesse der mythologisch und ideologisch kaschierten Monopolbildung ausgesteuert wird.

Monopolbildung dient stets dazu, einen sozio-ökonomischen Status quo festzuschreiben. Im Fall sozialer Netzwerke greift die Monopolbildung so tief in die Selbstbildfähigkeit des Men-

S. 27) Genau diese Annahme macht in der Form der Neurophilosophie allerdings weiterhin Karriere.

schen ein, dass selbst der wissenschaftliche Diskurs unserer Tage dem Modell dieser Selbstdarstellung folgt. Prämiert wird neben wissenschaftlichen Ergebnissen insbesondere die Qualität von »Postern« und »Power-Point-Präsentationen«, die Komplexität durch gut programmierte und ausgewählte Bilder vortäuschen. An die Stelle von Begriffen treten so Bilder von Begriffen. Es wird in bildlichen Vorstellungen gedacht, deren Auswahlmechanismen sich wiederum durch Selbstanwendung bildgebender Verfahren studieren lassen. Dies unterstützt zwar Strategien des ›wissenschaftlichen‹ Erfolgs, dient aber allenfalls zufällig der Wahrheitsfindung. Die Ontologie sozialer Netzwerke ist aufgrund dieser Formate längst auch im wissenschaftlichen Diskurs omnipräsent und nicht auf die virtuelle Dimension des Internets beschränkt.

Im § 17 wird abschließend die Utopie einer Öffentlichkeit des Geistes gegen die Ontologie sozialer Netzwerke aufgeboten. An die Stelle der illusorischen Digitalisierung des Bewusstseins tritt ein Szenario, das unsere Selbstbildfähigkeit als solche als Wertquelle anführt. Unsere Fähigkeit der Selbstbestimmung ist die Grundlage einer auf formale Gleichheit zielenden Öffentlichkeit, die dem Umstand Rechnung trägt, dass wir geistige Lebewesen sind. Geistige Lebewesen sind solche, deren falsche Vorstellungen davon, wer sie sind, dazu führen, dass sie ein falsches Leben führen können. Wir bestimmen uns auch dann selbst, wenn wir massiv verblendet sind. Freiheit lässt sich nicht erfolgreich entfernen, allerdings so weit beschädigen, dass die Betroffenen langfristig keinen expliziten Zugang zu den impliziten Voreinstellungen ihrer intendierten oder unintendierten Unterwerfung unter das Falsche haben.

Damit bestimmt sich die philosophische Methodologie, die in diesem Buch zur Anwendung gekommen ist, zuletzt als analytisch tiefergelegte Ideologiekritik, nachdem die Architektur der Öffentlichkeit auf ihre Ontologie hin befragt wurde. In diesem Kontext lautet die zentrale Diagnose, dass die Selbstbestreitung des menschlichen Geistes als Ausgangsphänomen aller Untersuchungen dasjenige Krisenphänomen ist, das es stets zu bewältigen gilt. Eine zentrale Quelle solcher Selbstbestreitung verdankt sich einer ontologisch unzulässigen Verwischung der Grenze von Fiktion und Wirklichkeit.

Es ist nur scheinbar paradox, dass sich diese Grenze nur dann scharf ziehen lässt, wenn man einräumt, dass fiktive Gegenstände (indirekt) kausal in unsere indexikalisch verankerte Wirklichkeit hineinragen. Weil Menschen fundamental über jede Situation hinausgreifen, in der sie sich vorfinden, um sich über den Umweg der Transzendenz selbst zu finden, bewegt sich unser geistiges Leben beständig im Medium der Fiktionen.

§ 12. Die Natur sozialer Tatsachen

Die Sozialontologie untersucht die Frage, worin die Existenz sozialer Tatsachen besteht. Was unterscheidet soziale Tatsachen von Tatsachen anderer Art? Dabei ist die (von Searle ausgehende) Hauptströmung der Sozialontologie naturalistisch massiv vorbelastet. In der Regel wird sie nämlich unter der Auflage eines *Verortungsproblems* motiviert: Wie passen soziale Tatsachen in eine letztlich oder fundamental nicht-soziale Wirklichkeit, die Natur, hinein? Die Natur wird in diesem Rahmen als dasjenige in Anschlag gebracht, was ohne unser Zutun vorfindlich ist; das Soziale wird hingegen nach dem aristotelischen Modell der τέχνη als Menschenwerk (Artefakt) aufgefasst. Die gegenwärtige Sozialontologie verdankt sich einer Variante der Frage, ob es metaphysisch irreduzible Elemente des (objektiven) Geistes gibt.

Dies ist der Ausgangspunkt der inzwischen kanonischen, aber irreführenden Annahme, das Soziale sei als solches konstruiert. Darin sind sich so verschiedene Theoretiker wie Searle, Butler und Haslanger einig, um nur einige jüngere Protagonisten aufzuzählen.[37] Diese Sachlage wird durch Searles einflussreiches

---

37 Berger, Luckmann, *Die gesellschaftliche Konstruktion der Wirklichkeit*; John R. Searle, *Die Konstruktion der gesellschaftlichen Wirklichkeit. Zur Ontologie sozialer Tatsachen*, Reinbek 1997; ders., *Wie wir die soziale Welt ma-*

Projekt verschärft, dessen Aufgabe er in der Beantwortung der
»Grundfrage der zeitgenössischen Philosophie« sieht, die er folgendermaßen bestimmt:

> Wie gelingt es (sofern es überhaupt möglich ist), eine gewisse Auf-
> fassung von der physikalisch, chemisch und im Sinne der übrigen
> Basiswissenschaften beschriebenen Welt mit den Dingen in Ein-
> klang zu bringen, die wir über uns selbst als Menschen wissen oder
> zu wissen glauben? Wie ist die Existenz von so etwas wie Bewußt-
> sein, Intentionalität, Willensfreiheit, Sprache, Gesellschaft, Ethik,
> Ästhetik und politischen Pflichten möglich, wenn das Universum
> aus nichts weiter besteht als physischen Teilchen in Kraftfeldern?[38]

Searles Antwort lautet bekanntlich, es gebe genuin soziale Tatsachen, die darin bestehen, dass etwas als etwas gelten kann,
was es eigentlich nicht ist. Ein natürlicher Gegenstand bzw. eine
natürliche Tatsache = x gilt in einem bestimmten Kontext als
etwas kategorial anderes = y.[39] Ein bedrucktes Stück Papier gilt
im Rahmen einer bestimmten Ökonomie als Geld; ein Mensch
als Träger eines Namens; ein Text (wie eine Verfassung) als normativer Bauplan einer Gesellschaft usw.

chen. *Die Struktur der menschlichen Zivilisation*, Berlin 2017; Judith Butler,
Das Unbehagen der Geschlechter, Frankfurt/M. 2003; Haslanger, *Resisting
Reality*.

38 Searle, *Wie wir die soziale Welt machen*, S. 11. Lawson arbeitet gegen Searle
teilweise zu Recht heraus, dass seine Vorstellung von Emergenz, Verursachung und vor allem der Metaphysik der Teilchenphysik in diesem Zusammenhang unzulässig verkürzt ist und schlägt entsprechende sozialontologische Revisionen vor in *The Nature of Social Reality*, S. 33-46. Dies
geht allerdings nicht weit genug, weil Lawson die Option übersieht, dass
starke Emergenz von Modellen der *top-down*-Verursachung gestützt werden kann, sodass die ohnehin fragwürdige Annahme der sogenannten
»kausalen Geschlossenheit des Universums« als Grundlage eines metaphysischen Naturalismus auch aus physikalischen Gründen zusammenbricht.
Vgl. dazu wiederum die Beiträge in Gabriel, Voosholz (Hg.), *Top-Down
Causation and Emergence*.

39 So übrigens schon John R. Searle, *Sprechakte. Ein sprachphilosophischer Essay*, Berlin [12]2013, S. 78-83. Seine sozialontologische Formel lautet seither:
»»x gilt als Y im Kontext C‹« (S. 81).

Das erste gravierende Problem dieses Ansatzes ist, dass der Kontext, in dem ein x für ein y gilt, seinerseits bereits sozial sein muss. Es muss eine Institution geben (etwa eine Notenbank), dank derer die konstitutive Regel Bestand hat, ein x habe als y zu gelten. Dies wirft die Frage auf, wie eigentlich die Institution, die Soziales generieren soll, ihrerseits generiert wird, was in einen Regress führt, den Searle dadurch ausbremst, dass er die Sprache als Urinstitution behandelt, d. h. als etwas Soziales, das alles andere Soziale bedingt, ohne seinerseits durch eine Institution bedingt zu sein.[40]

Auf diese Weise sieht sich Searle gezwungen, die Sprache zu naturalisieren, was er dadurch um eine weitere Begründungsebene verschiebt, dass er sie in der Intentionalität verankert, die er für eindeutig naturalisierbar, weil mit der Tätigkeit einer Hirnregion identisch, hält.[41] Indem Searle die Fiktion einer naturalisierten Intentionalität als natürliche Bedingung der Sprache ansetzt, nimmt er eine metaphysische Gründungspyramide in Anspruch, deren relevante Basis im Natürlichen diejenigen neuronalen Prozesse sind, die Bewusstsein generieren sollen.

Allerdings übersieht er dabei, dass bereits die Ausbildung neuronaler Gewebe in menschlichen Lebewesen ein partiell soziales (also ontologisch hybrides) Produkt ist, weil sie im Mutterleib stattfindet und kausal mit dem Verhalten der Mutter (Nahrungsaufnahme, Bewegungsmuster usw.) vernetzt ist;[42] ganz zu schweigen von dem Umstand, dass Neugeborene überhaupt nur Hirnstrukturen in sozialen Kontexten ausbilden, die kausal (durch Verhaltenssteuerung) mit einer langen sozialen Vorgeschichte

---

40 Vgl. etwa Searle, *Wie wir die soziale Welt machen*, S. 27.

41 Vgl. natürlich ausführlich John R. Searle, *Intentionalität. Eine Abhandlung zur Philosophie des Geistes*, Frankfurt/M. 1991, bes. S. 325-337. Zur kritischen Sichtung der Hintergründe des Naturalisierungsprogramms bei Searle vgl. Freytag, *Die Rahmung des Hintergrunds*, S. 157-169.

42 Vgl. dazu aus philosophischer Sicht mit Hinweisen auf die zugrundeliegende epigenetische Forschung zur Plastizität des Gehirns Catherine, Malabou, *Was tun mit unserem Gehirn?*, Berlin, Zürich 2006, sowie dies., *Morphing Intelligence*, S. 59-68.

der Habitualisierung verbunden sind. Deswegen trifft es nicht zu, dass neuronale Strukturen in bewussten, geistigen und sozialen Lebewesen unserer Spezies »brute facts«, d. h. rein natürliche Tatsachen sind, aus deren Anordnung dann zunächst mentale und schließlich soziale Tatsachen emergieren. Neuronales Gewebe in menschlichen Lebewesen wächst nicht gleichsam wie Unkraut im Garten, sondern unter Bedingungen sozialer Reproduktion der menschlichen Überlebensform. Die vermeintlich nicht-soziale und in diesem Sinne natürliche Basis der Emergenz sozialer Tatsachen ist folglich schon weitgehend sozial produziert und kann deswegen die ontologischen Ansprüche an einen Regressblocker nicht einlösen.

Der menschliche Organismus ist sozial produziert. Menschen wachsen nicht gleichsam auf Bäumen, sondern unter höchst spezifischen Bedingungen, zu denen andere Menschen gehören. Sofern überhaupt jemand ein Mensch ist, sind andere Menschen und deren soziale Beziehungen an seinem Zustandekommen beteiligt.[43] Um die hier einschlägige, bündige aristotelische Formel zu zitieren: »Ein Mensch zeugt einen Menschen (ἄνθρωπος ἄνθρωπον γεννᾷ).«[44] Da der menschliche Leib ein soziales Produkt ist, scheitert die Reduktion sozialer Tatsachen auf ein emergentes Phänomen, dem »brute facts« zugrunde liegen, schon daran, dass es die vermeintlichen »brute facts« gar nicht gibt, die das Soziale auf nicht-soziale Weise ontologisch abstützen sollen.

Damit soll nicht einmal ansatzweise suggeriert werden, es ge-

---

43 Evolutionär sind Menschentiere freilich durch schrittweise Prozesse der Mutation, Selektion usw. aus anderen Lebewesen entstanden. Diese Prozesse waren dabei längst sozial, weil diejenigen Lebewesen, die existierten, ehe es zur Ausbildung der Menschenart kam, bereits sozial waren. Der Mensch emergiert demnach weder diachron noch synchron aus der Anordnung nicht-lebendiger Materie, sondern entsteht unter Bedingungen, die ihrerseits schon sozial sind. Kooperation im Rahmen bewusst geteilter Ziele mit der Absicht, dem Nachwuchs gelingendes Überleben zu ermöglichen, gab es, soweit wir wissen, im Tierreich, lange bevor es Menschen gab.

44 Vgl. Aristoteles, *Metaphysik*, 1032a25, 1033b32, 1070a8.

be keine natürlichen, nicht-sozialen Tatsachen im Sinne von Tatsachen, die natürliche Arten (wie Bosonen; Supernovae usw.) betreffen, sondern lediglich darauf hingewiesen werden, dass Searles sozialontologische Architektur nicht leistet, was sie in Aussicht stellt. Weder lässt sich das Bewusstsein auf etwas reduzieren, was noch gar nicht sozial ist, noch kann man die Sprache (in ihrer deklarativen Funktion) als Ausgangspunkt des Sozialen namhaft machen, da es vielmehr soziale Tatsachen gibt, ohne die es keine Sprache gäbe, sodass diese schon in vorsprachlicher Sozialität verankert ist.

Der hier vertretene soziale Realismus verabschiedet sich deswegen von der Formel, dass soziale Tatsachen darin bestehen, dass in einem Kontext K ein x für ein y gilt, weil der Kontext K bereits sozial ist, sodass dieser Analyseversuch entweder an einem vitiösen Zirkel oder an einem nicht sinnvoll, theoretisch kontrolliert anzuhaltenden Regress scheitert. Die Aufgabe der Sozialontologie ist damit nicht vom Tisch, nur die logische Form von Searles Antwort.

Wer sprechen lernt, ist bereits Mitglied einer Gemeinschaft, die grammatisiertes Verhalten, d. h. öffentlich erkennbare Verhaltensmuster aufweist, an denen sich verschiedene Individuen orientieren können. Menschliches Verhalten, das jemand beobachtet, der sprechen lernt, ist auf eine Weise habitualisiert, die erlaubt, sich an ihm auszurichten. Wer einer Regel folgt, folgt zunächst einem Vorbild. Spracherwerb gründet also in partiell vorsprachlicher Sozialität, weil diejenigen, die in eine Sprache eingeführt werden, schon zu einer sozialen Struktur gehören. *Die Sprache ist weder das phylogenetische noch gar das ontologische Fundament der Gesellschaft.*

Was die bereits existierende Sprachgemeinschaft ihren neugeborenen Mitgliedern durch ihr Verhalten vorführt, ist sichtbare Normativität. Dazu gehört die Blickführung von Säuglingen, die Rhythmisierung ihres Alltags (wozu das allen Eltern gut vertraute Beibringen von Schlafgewohnheiten gehört) und damit auf einer basalen Ebene des Überlebens das Steuern der Reizzufuhr, das wiederum zur Ausbildung und Strukturierung des neu geborenen Organismus beiträgt. Der schiere Umstand, dass Säuglinge nicht als Erwachsene geboren werden, bedeutet, dass ihre Einnistung in eine ökologische Nische prinzipiell nicht ohne soziale Bedingungen zustande kommt.

Der Mensch ist als Menschentier ein soziales Produkt und kein prä-soziales Gewächs, das zufällig in Anwesenheit einer Menschengruppe entsteht. Anders akzentuiert bedeutet dies, dass auch das zentrale Nervensystem und damit das (bisher freilich nicht identifizierte) minimale neuronale Korrelat des Bewusstseins (wenn es dieses denn überhaupt gibt) faktisch ein soziales Produkt ist, weil noch niemals jemand bewusst war, der nicht unter sozialen Bedingungen in die Existenz gelangt ist. Neuronales Gewebe entsteht nicht spontan und schon gar nicht unabhängig von einem Organismus, der niemals nur aus neuronalem Gewebe besteht.[45]

Das Anerkennungsparadigma in der Sozialontologie geht davon aus, dass soziale Tatsachen durch diskursive Praktiken generiert werden, die das Bestehen einer Tatsache konstruieren, indem dieses Bestehen repräsentiert wird. Es kann demnach keine sozialen Tatsachen geben, an deren Bestehen niemand glaubt. Zwar kann man wahre und falsche Meinungen über eine gegebene soziale Tatsache haben (soziale Tatsachen sind also »episte-

---

45 Selbst sogenannte »zerebrale Organoide«, d. h. neuronales Gewebe, das man in Laboren künstlich außerhalb von Organismen züchtet, sind freilich sozial produziert, eben durch Menschen, die sie in Laboren erzeugen, pflegen und hegen. Damit ist die Frage, ob zerebrale Organoide bewusst sein können, freilich nicht beantwortet, weil dies davon abhängt, ob Bewusstsein außerhalb der sozialen Produktion geeigneter neuronaler Architekturen noch einen Organismus benötigt. Für diese Option plädiert etwa mit guten Gründen Thomas Fuchs, *Das Gehirn – Ein Beziehungsorgan. Eine phänomenologisch-ökologische Konzeption*, Stuttgart ⁵2017. Diese Frage, die derzeit empirisch nicht beantwortbar ist, klammere ich hier aus, da das Argument im Haupttext nicht davon tangiert wird und zerebrale Organoide offensichtlich sozial produziert sind. Ich danke Christof Koch für eine Erläuterung des derzeitigen Forschungsstands während meiner Stippvisite am Allen Brain Institute im März 2019.

misch objektiv«, wie Searle sagt); doch das Bestehen der sozialen Tatsache sei letztlich »ontologisch subjektiv«, weil sie ohne
irgendeine entsprechende, von mehreren geteilte Überzeugung
nicht vorliegen würde.[46] Für soziale Tatsachen gilt im antirealistischen Paradigma mithin, dass sie ohne Anerkennung nicht erkannt werden können, weil sie ohne Anerkennung nicht einmal
existierten.

Umgekehrt überschreiten natürliche Tatsachen unsere Aner-
kennungsbedingungen. Denn es gehört zum Begriff einer natürlichen Tatsache, dass wir nicht *a priori* ausschließen können, dass
es natürliche Tatsachen gibt, die wir aufgrund unserer durch die
Architektur des Universums gesetzten empirischen Limitatio-
nen prinzipiell nicht erkennen und *a fortiori* nicht anerkennen
können. Die Naturwissenschaften sind aufgrund der Ontologie
ihres Gegenstandsbereichs (des Universums) konstitutiv fallibel, was nicht aus ihren Methoden, sondern aus der Sache selbst
folgt.[47]

Der Sozialkonstruktivismus ist in Searles Spielart insofern
antirealistisch, als er für jede soziale Tatsache annimmt, dass
sie nicht bestanden hätte, hätte niemand sich jemals in der logischen Form der Deklaration auf sie bezogen. Das Bestehen und
das Deklariert-worden-Sein einer sozialen Tatsache koinzidieren ontologisch.[48]

---

46 Vgl. etwa John R. Searle, *Geist, Sprache und Gesellschaft. Philosophie in der
wirklichen Welt*, Frankfurt/M. 2001, S. 58f.

47 Das Universum ist u. a. deswegen schwierig zu erkennen, weil jede epistemische Interaktion mit dem Gegenstandsbereich der Naturwissenschaften auf einer Intervention beruht, wodurch nur einiges erkannt werden
kann, weil anderes im Rahmen der Modellbildung ausgeblendet wird.
Dies wird ausführlich begründet in Gabriel, *Die Wirklichkeit des Universums.*

48 Dies wirft viele Probleme auf, u. a. dasjenige, dass die logische Form deklarativer Sprechakte bestenfalls das Bestehen von institutionellen Rahmenbedingungen für das Vorliegen sozialer Tatsachen, aber kaum das Vorliegen einer individuellen sozialen Tatsache wie etwa derjenigen erklären
kann, dass *dieser* 5-Euro-Schein diesen oder jenen Tauschwert hat, da es

Searles Vorgehen, den Sozialkonstruktivismus anhand der
Geltungsstruktur von Geld zu klären, basiert wohl auf einem
unzulässig vereinfachten ›marxistischen‹ Modell der Distinktion von Gebrauchs- und Tauschwert. Das Soziale beginnt ihm
zufolge dort, wo dem Gebrauchswert natürlicher Gegenstände
ein Tauschwert zugeschrieben wird, der durch den Gebrauchswert nicht abgedeckt ist. Es wundert nicht, dass Searles Lieblingsbeispiel der Tauschwert eines Geldscheins ist. Dieser steht
in einer unüberschaubar komplexen Repräsentationsbeziehung
zu denjenigen Gebrauchsgegenständen, für die man ihn eintauschen kann. Die Repräsentationsbeziehung besteht nicht in einer Abbildung oder gar einer Wahrheitsfunktion, die den Geldschein als eine Art Aussage behandelt, sondern sie ist in Searles
Modell eine Form der Geltung. Der Geldschein hat eine gelie-
hene kollektive Intentionalität, er bezieht sich ausschließlich
vermittels der Anerkennung seiner Geltung auf natürliche Gegenstände und Artefakte, die man gegen ihn eintauschen kann.
Geld ist für Searle objektivierte Geltung.

Die Geltung des Sozialen bricht in Searles Konstruktion ontologisch mit der Anonymität der Naturprozesse, was die Frage
aufwirft, unter welchen Bedingungen das Soziale überhaupt
emergieren konnte. Searle und die ihm nachfolgenden Projekte
einer philosophischen Sozialontologie verstehen sich als Metaphysik des Sozialen: Sie sollen die transempirischen Grundlagen
der empirischen Sozialwissenschaften artikulieren. Indem erörtert wird, wodurch sich soziale von nicht-sozialen Tatsachen
unterscheiden, wird den empirischen Sozialwissenschaften die
Aufgabe zugewiesen, sich im dadurch abgesteckten Rahmen zu
bewegen.

Auf diese Weise soll der überzogene Sozialkonstruktivismus
abgewiesen werden, der als »radikaler Konstruktivismus« fir-

---

keinerlei hinreichend spezifische Repräsentation (sei sie individuell oder
kollektiv rekonstruierbar) gibt, dank derer diese individuelle Tatsache in
die Existenz tritt und dort verharrt.

miert.[49] Das Schreckgespenst des radikalen Konstruktivismus besteht in der Bestreitung des Vorliegens nicht-sozialer Tatsachen. Indem der Gegenstandsbereich der Sozialwissenschaften begrifflich, d. h. *a priori*, begrenzt wird, wird eine scharfe Trennlinie zwischen Natur- und Sozialwissenschaften gezogen, die es erlaubt, die Natur vor unerlaubten theoretischen Überfällen zu schützen.

Doch dieses Manöver der Eindämmung des Konstruktivismus reicht nicht hin. Der Sozialkonstruktivismus wird hierbei nämlich nicht als solcher als Problem erkannt, sondern vielmehr auf einen ihm eigens zugewiesenen Bereich beschränkt. Auf diese Weise kommt es zur Ablagerung massiver konstruktivistischer Restbestände, die etwa neuerdings bei Maurizio Ferraris, der Searle weitgehend folgt, zur Formulierung eines Emergentismus führen.[50]

49 Zu einer philosophieaffinen Diskussion vgl. Niklas Luhmann, »Erkenntnis als Konstruktion«, in: ders., *Aufsätze und Reden*, Stuttgart 2001, S. 218-242. Luhmann hält das Folgende für eine »empirische[...] Feststellung«: »Erkenntnis ist nur möglich, *weil* sie keinen Zugang zur Realität außer ihr hat« (S. 219), was für ihn der Ausgangspunkt des radikalen Konstruktivismus ist. Es wird allerdings nicht klar, warum diese ›Position‹ spezifisch soziologisch, ja, in welchem Sinne es sich überhaupt um eine kohärent artikulierbare Position handelt. Luhmann unternimmt keinen Versuch, den Begriff der Konstruktion zu klären, sondern teilt lediglich mit: »Die Erkenntnis bleibt einzigartig als unterscheidungsbasierte Konstruktion. Als solche kennt sie nichts, was außerhalb ihrer ihr selbst entsprechen würde.« (S. 233) Die Sachlage beruht vermutlich auf einer Vermengung der folgenden logisch voneinander unabhängigen Annahmen: (1.) Wir können nichts erkennen, ohne dabei Unterscheidungen in Anschlag zu bringen, die es ohne ein epistemisches System nicht gäbe. (2.) Die Realität außerhalb der Erkenntnis kann prinzipiell nicht diejenigen Unterscheidungen intrinsisch aufweisen, die wir verwenden, um sie zu erkennen. (2.) folgt weder direkt noch indirekt durch Hinzufügung weniger Annahmen aus (1.), sondern ist ein metaphysisches Zusatzpaket. Luhmann führt keine Gründe für (2.) an, die hinreichend wären, um sich auf der gegebenen Datenbasis für einen radikalen Konstruktivismus einnehmen zu lassen.

50 Ferraris, *Emergenza*.

Der Emergentismus nimmt an, dass das Universum von opa-
ken, anonymen Zuständen irgendwann lokal zu Formen infor-
mationsgetriebener Selbstorganisation übergeht und sich zu
einem späteren Zeitpunkt in Form des Geistigen und Sozialen
artikuliert. Die Grundlage des Sozialen ist für Ferraris die Do-
kumentation von Transaktionen, d. h. die Etablierung von »Auf-
schreibesystemen«, um die hier einschlägige Theoriekonstruktion Friedrich Kittlers aufzurufen.[51]

Doch dies wirft das Problem auf, welche Metaphysik bzw.
Naturphilosophie es eigentlich erlauben würde, eine Reihe von
Emergenzen im Universum zu verorten. Wie genau hängen die
vermeintlichen Ebenen des Universums, die diachron emergieren, synchron zusammen? Und wie garantiert man, dass die einschlägigen kategorialen Einschnitte im Universum adäquat vorgenommen wurden? Es ist wohl kaum *a priori* einsehbar, dass
das Universum eine Reihe von Emergenzsprüngen durchmacht.
Wenn es diese überhaupt gibt, lassen sie sich nur mit geeigneten
Methoden konstatieren. Doch welche Methoden wären dies?

Ohne Naturphilosophie und Metaphysik der Naturwissenschaften lässt sich die vage Vermutung, Leben, Geist und Sozialität müssten aus etwas emergieren, was selbst kategorial von ihnen verschieden ist, weder philosophisch noch auf andere Weise
wissenschaftlich einlösen. Der Emergentismus ist eine moderne
Mythologie, die vor dem Hintergrund einer Metaphysik einleuchtet, die das Universum als primär geistfeindlichen Ort anonymer Prozesse versteht, in dem man nachträglich einen Platz
finden muss für dasjenige, was ontologisch widerspenstig ist.

Neben dieser Schwierigkeit, dass der Emergentismus eine Naturphilosophie voraussetzt, die er nicht liefert, wiegt der Einwand noch schwerer, dass der Sozialkonstruktivismus als solcher
inkohärent ist, sodass der Emergentismus ein sowohl unbegrün-
detes als auch unnötiges Verfahren in Aussicht stellt, um eine
Fiktion des Sozialen zu Unrecht für das Wesen des Sozialen zu
halten. Reicht man dem Sozialkonstruktivismus den kleinen Fin-

51 Friedrich A. Kittler, *Aufschreibesysteme 1800-1900*, Paderborn 1995.

ger, will er gleich die ganze Hand. Sobald man konzediert, dass das Soziale und damit jede Form sprachlicher Normativität sozial konstruiert ist, bindet man die Bedeutung des Ausdrucks »Natur« (sowie die Bedeutung aller anderen Ausdrücke, die sich auf Natürliches beziehen sollen, wozu *ex hypothesi* »Fermion«, »Boson«, »Molekül«, »Urknall«, »Supernova«, »Neocortex« usw. zählen) an Anerkennung. Der Ausdruck »Natur« bedeutet nur so lange dasjenige, was er Searle oder Ferraris zufolge bedeuten soll, wie eine Sprachgemeinschaft die Wortmarke »Natur« einsetzt, um damit ein *x* zu bezeichnen, das ihr als natürlich gilt. Der erkennbare Status des Natürlichen wird also über diskursive Praktiken verliehen, womit das gesamte Schichtengebäude unter dem Druck des sozialkonstruktivistischen Überbaus zu kollabieren droht.

In diesem Rahmen behält Rorty Recht, dessen argumentativer Ausgangspunkt die Sozialität sprachlicher Referenz ist, von wo aus er auf Wahrheit und in der Folge auf die Tatsachenstruktur jedes vermeintlich rein natürlichen Universums übergreift.[52] Ist das Soziale (und damit die Sprache) konstruiert, gilt dies für sprachliche Referenz und damit für die ontologischen Verpflichtungen naturwissenschaftlicher Theoriebildung. Ist die Bedeutung von »Elektron« sozial konstruiert, gelingt es nicht mehr ohne weiteres, die Annahme aufrechtzuerhalten, dass Elektronen nicht konstruiert sind. Denn auf Elektronen (bzw. deutlich spekulativere theoretisch postulierte Entitäten) legt man sich fest, indem man Verpflichtungen eingeht, die sich sprachlich artikulieren, sodass es nicht offensichtlich ist, wie man das Kraftfeld unserer Annahmen in solche unterscheidet, die uns letztlich doch direkt mit von der Sprache unabhängigen Entitäten in Verbindung setzen, und solche, für die dies nicht gilt.[53] Im Rahmen der SFO handelt es sich beim Versuchsaufbau der handelsüblichen Sozialontologie freilich *a limine* um einen

---

52 Rorty, *Der Spiegel der Natur.*
53 Vgl. dazu die inzwischen kanonische Diskussion der Schwächen des Kohärentismus in McDowell, *Geist und Welt*, besonders S. 157-189.

ontologischen Irrtum, den man nachträglich nicht mehr zufriedenstellend korrigieren kann. Dieser ontologische Irrtum besteht darin, das Universum als Gegenstandsbereich der Naturwissenschaften *metaphysisch* zu privilegieren und alle anderen Sinnfelder bestenfalls als emergente Systeme zu beschreiben. Bläht man das naturwissenschaftlich erforschbare Universum zum Ganzen des Seienden auf, bleibt letztlich naturgemäß kein Raum mehr für Entitäten, deren Verhalten sich nicht mittels naturwissenschaftlicher Modelle prognostizieren lässt. Doch dieser Vorgang ist ein paradigmatischer metaphysischer Fehler der massiven Übergeneralisierung eines gegebenen Sinnfelds. Aus der modernen Physik folgt schlichtweg nicht, dass alles, was es überhaupt gibt, im Sinnfeld der Physik vorkommt. Wer meint, dass etwa eine Bundestagswahl aus Elementarteilchen besteht, sodass das Ergebnis zum ›Zeitpunkt‹ des Urknalles ›im Prinzip‹ schon feststand, hat sich in so viel Unsinn verzettelt, dass keine Aussicht auf baldige Rettung mehr besteht.

Searle umgeht freilich einige Auswüchse dieses Modells, indem er das Soziale normativ auffasst. Das Soziale ist Geltung, die in das kausal geschlossene, letztlich rein physikalisch beschreibbare Universum nicht eingreift. Spulen wir also zurück und fangen wir an anderer Stelle erneut an, um die Natur des Sozialen aus einem anderen Blickwinkel zu rekonstruieren.

Eine *Tatsache* ist etwas, was über etwas wahr ist. *Wahrheit* besteht darin, dass etwas auf etwas zutrifft. Zutreffen und wahr sein ist dasselbe. Diesem Vorschlag zufolge ist Wahrheit nicht sinnvoll auf Aussagenwahrheit zu reduzieren, ein Projekt, in dem ich das πρῶτον ψεῦδος des Mainstreams der gegenwärtigen Wahrheitstheorie sehe. Aussagenwahrheit ist *ein* Fall von Wahrheit. Eine Aussage kann zutreffen. Trifft eine Aussage zu, so deswegen, weil eine entsprechende Tatsache (eine ontische Wahrheit) besteht. Diesem Modell zufolge können wir drei ontologische Ebenen unterscheiden, in die sich eine wahre Aussage aufteilen lässt.

Auf der ersten Ebene befinden sich Gegenstände. Diese Gegenstände erscheinen zweitens wesentlich in Sinnfeldern, wo-

mit eine Tatsachenstruktur (d. h. ontische Wahrheit) gebildet
wird. In einem Sinnfeld trifft etwas auf seine Gegenstände zu,
da eine Einrichtungsfunktion vorliegt, die Gegenstände einem
Sinnfeld zuweist. Eine Aussage dahingehend, dass dies und das
der Fall ist, betrifft Gegenstände in einem Sinnfeld. Ist die Sachlage so, wie die Aussage sie darstellt, ist die Aussage wahr. Sie
trifft zu, d. h., es gibt Aussagenwahrheit.

Ob eine Aussage zutrifft oder nicht, kann prinzipiell nicht
ausschließlich daran liegen, dass sie getroffen wird. Nennen wir
den für die Wahrheitsfrage charakteristischen Fall des Treffens
einer Aussage *das Fürwahrhalten*. Das Maß seines Zutreffens ist
die betreffende Tatsache. Die Tatsache ist deswegen die Norm
der Aussagenwahrheit, weil sie eine gegebene Aussage entweder
im Bereich des korrekten oder des inkorrekten Urteils verortet.
Das Wirkliche als dasjenige, was unsere Urteile in erfolgreiche
und gescheiterte unterscheidet, normiert. Es bedarf keiner zu-
sätzlichen Normativität, die etwa darin bestünde, dass diejenigen, die urteilen, sich einer Norm fügen, die dem Urteil immanent ist. Normativität lässt sich durch keine noch so technisch
versierte Nabelschau des Urteilsakts oder der logischen Analyse
der Aussagenform rekonstruieren, wenn man nicht in Rechnung stellt, dass es extralinguistische Tatsachen gibt, dank derer
wir überhaupt urteilen.

Eine Aussage behauptet, dass p, und wer sie tätigt, nimmt an,
dass dies stimmt. Man kann dabei nichts für wahr halten, ohne
damit eine Tatsache zu schaffen, nämlich die Tatsache des Fürwahrhaltens. Eine Aussage ist aus der Perspektive einer sie betreffenden Aussage eine Tatsache. Es ist schließlich eine Tatsache, dass jemand behauptet, dass p, ganz gleich, ob es der Fall
ist, dass p. Hält man Wahres für falsch oder Falsches für wahr,
ist man damit nicht den Tatsachen entronnen, sondern hat allenfalls neue Tatsachen, d. h. doxastische Tatsachen geschaffen.

Damit stoßen wir auf eine Quelle des Rätsels der sozialen
Tatsachen. Denn soziale Tatsachen scheinen genau diejenigen
Tatsachen zu sein, die wir durch unser Fürwahrhalten *schaffen*.
Das Fürwahrhalten selbst ist dieser Überlegung zufolge deswe-

gen die paradigmatische soziale Tatsache, weil es darin besteht, durch das Behaupten neuartige Tatsachen zu schaffen.

Diese neuartigen Tatsachen des Fürwahrhaltens sind dadurch sozial, dass sie durch Dissens normiert sein müssen. Die nicht-sozialen Tatsachen schreiben diesem Modell zufolge nicht vor, wie genau wir sie denken sollen, weil sie als solche präskriptiv kraftlos sind. Dass man auf eine bestimmte Weise urteilen, also für wahr halten soll, kann jedenfalls nicht auffallen, wenn es keinen Raum für Korrekturen gibt. Raum für Korrekturen des Fürwahrhaltens gibt es nur, wenn einiges, was man für wahr halten kann, schlechter ist als anderes. Es liegt im Begriff des Fürwahrhaltens, dass er durch ontische Wahrheit normiert wird. Eine wahre Aussage ist (hinsichtlich der in der Tatsache beste-henden Norm) besser als eine falsche.[54]

Behauptende Aussagen unterstehen der Norm der Wahrheit. Sofern Aussagen auf diese Weise normiert sind, müssen das Wah-re und das Falsche unterscheidbar sein. Sie sind nicht allein da-durch unterscheidbar, dass man etwas für wahr hält, weil man etwas nicht zugleich und in derselben Hinsicht sowohl für wahr als auch für falsch halten kann: Irgendetwas *ist* wahr. Ein falsches Urteil kann nicht ausschließlich durch die nicht-so-ziale Wirklichkeit korrigiert werden, weil man zur Korrektur eines weiteren, wahren Urteils bedarf, in dessen Licht das fal-

---

54 Dafür bedarf es keines tieferliegenden Grundes, der etwa in der Anpas-sung eines urteilsfähigen Lebewesens an seine natürliche Umwelt oder einer diskursiven Norm zu suchen wäre, die uns verpflichtet, anderen ge-genüber möglichst die Wahrheit zu sagen, um verständlich zu sein. Die Grundlage der Urteilspraxis ist das bereits wahre bzw. falsche Fürwahrhal-ten. Dieses ist freilich in Praktiken eingebettet, die sozial produziert sind, weil Menschen überhaupt nichts für wahr halten können, ohne zu einer Gemeinschaft zu gehören, die sie hervorgebracht hat. Doch dies bedeutet noch lange nicht, dass der Inhalt des Urteils sozial produziert ist. Der Be-griff der sozialen Konstruktion verdankt sich der Idee, dass es Urteilsin-halte gibt, die sozial produziert sind, weil die Urteilsakte, die sich auf sie beziehen, die sozialen Tatsachen allererst schaffen, von denen sie dann handeln.

sche Urteil revidiert wird. Der Korrekturanlass kann nicht aus einem Subjekt allein stammen, da menschliche Subjekte, die urteilen, bereits sozialisiert sind. Wer es bis zur Praxis des Urteilens bringt, wer also lebt und überlebt, ist schon als Lebewesen in soziale Kontexte eingebettet, ohne die er nicht einmal ein Organismus wäre.

Der Versuch, sich an der Wahrheit zu orientieren, ist dem Fürwahrhalten immanent. Etwas für wahr zu halten, bedeutet, davon überzeugt zu sein, dass man sich am Wahren orientiert. Worin die Wahrheit besteht, wird nämlich einzig und allein durch ein bestimmtes Fürwahrhalten angegeben. Man hält es für wahr, dass p, und schließt damit anderes aus. Einiges, was mit p unvereinbar ist, insbesondere nicht-p, wird ohne Umschweife ferngehalten. Wir können uns dabei nicht einfach an der Wahrheit orientieren, um auf der Erfolgsspur des Urteilens zu bleiben. Sobald die inferentiellen Verhältnisse schwieriger werden, bedarf es eines weiteren Fürwahrhaltens bezüglich bestehender Folgerungsverhältnisse, wobei jedoch jeweils – wenig überraschend – gilt, dass man das Nadelöhr des Fürwahrhaltens nicht passieren kann, ohne zu beabsichtigen, das Wahre zu treffen.[55]

Man kann sich nicht logisch privat korrigieren, was die minimale Einsicht ist, die man der Diskussion von Wittgensteins Privatsprachenargument zu entnehmen hat.[56] Ein einzelnes Fürwahrhalten ist als solches unverbesserlich. Man kann zwar das Fürwahrhalten, dass p, durch das Fürwahrhalten, dass nicht-p (paradigmatisch: weil q und aus q nicht-p erkennbar folgt) ersetzen, aber die Aufforderung, diese Ersetzung vorzunehmen, ergibt sich naturgemäß nicht daraus, dass man p für wahr hält. Es für wahr zu halten, dass p, schließt nämlich ein, dass man der Meinung ist, sich am Wahren zu orientieren. Die Norm

---

55 Rödl, *Selbstbewußtsein und Objektivität*.

56 Vgl. die beeindruckend präzisen Ausführungen bei Charles Travis, *Objectivity and the Parochial*, Oxford, New York 2011. Vgl. auch meine Auslegung der Konsequenzen des Privatsprachenthemas für die Objektivität des Denkens in Gabriel, *An den Grenzen der Erkenntnistheorie*.

der Wahrheit ist dem Fürwahrhalten inhärent, was bedeutet, dass die Orientierung an der Norm der Wahrheit und die erfolgreiche Orientierung am Wahren nicht koextensiv sein können. Wären sie es, wären wir dadurch, dass wir denken, dass sich irgendetwas irgendwie verhält, konstitutiv besserungsunfähig. Wir sind deswegen besserungsfähig, weil wir nicht nur seriell urteilen, sondern weil unsere Urteile zusammenhängen. Der Zusammenhang von Urteilen ergibt sich daraus, dass wir etwas lernen, was voraussetzt, dass wir an irgendeiner Stelle korrigiert, abgerichtet, d. h. in eine bestimmte Richtung gewiesen wurden.[57]

Daher rührt die Idee der »Sozialität der Vernunft«.[58] Wir sind als Wesen, die Wissensansprüche erheben, die also an der Praxis des Fürwahrhaltens teilnehmen, konstitutiv korrigierbar. Diese Korrigierbarkeit ergibt sich zwar aus der Idee des Fürwahrhaltens, sie kann aber nicht hinreichend erörtert werden, ohne in Betracht zu ziehen, dass Andere faktisch einen Richtungswechsel begünstigen. Denn Andere halten anderes für wahr, sodass es überhaupt zum Wider-Spruch kommt. Widerspruchsvermeidung ist folglich keine rein logische, d. h. ungetrübt apriorische Norm. Aus der prä-sozialen Idee des Fürwahrhaltens allein folgt nicht einmal die *Möglichkeit* des Irrtums. Vielmehr stößt die prä-soziale Idee des Fürwahrhaltens die Möglichkeit des Irrtums ab. Der Irrtum und damit der Widerspruch tauchen erst auf, wenn Andere anders urteilen.

Damit ist die prä-soziale Idee des Fürwahrhaltens faktisch nicht instanziiert, sofern ein Mensch urteilt. Wenn Menschen urteilen, sind sie längst dadurch konditioniert, dass sie als Lebewesen sozial produziert sind. Selbst unsere Sensorik verdankt

---

57 Vgl. die Wittgenstein-Deutung in Gabriel, *An den Grenzen der Erkenntnistheorie*, S. 316-320.

58 Vgl. den *locus classicus* einer Verschmelzung von Hegel und Wittgenstein bei Michael N. Forster, *Hegel's Idea of a Phenomenology of Spirit*, Chicago 1998, und Terry Pinkard, *Hegel's Phenomenology. The Sociality of Reason*, Cambridge 1994.

sich Prozessen der sozialen Koordination, sodass wir nicht etwa mit einem prä-sozialen zentralen Nervensystem geboren werden, auf das dann eine gegebene Gesellschaftsordnung installiert werden muss. Der Gedanke eines von der faktischen Korrektur durch andere Lebewesen isolierten ›reinen‹ Fürwahrhaltens führt deswegen in die Irre der Vorstellung einer logischen, maximalen Privatsphäre, die denjenigen, die solches imaginieren, freilich als die Glückseligkeit ungetrübter Allgemeinheit erscheinen mag.

Der Widerspruch ist deswegen ein Problem, weil jemand, der uns widerspricht, darauf hinweist, dass das Wirkliche nicht so sein könnte, wie wir meinen. Wir meinen aber, dass das Wirkliche so ist, wie wir meinen, weil wir es für wahr halten, dass es so ist. Wer uns widerspricht, wirft uns vor, diejenige Norm verletzt zu haben, die wir uns selbst *nolens volens* auferlegen, indem wir urteilen. Wer urteilt, d. h. etwas für wahr hält, was andere für falsch halten können, befindet sich damit schon im Raum der Normativität. Die Wirklichkeit ist deswegen eine Norm, der man sich nicht entziehen kann, weil man sie sich bereits auferlegt hat, ehe man sich die Frage stellt, welcher normativen Ordnung man sich künftig fügen möchte.

Wer uns widerspricht, trifft den (paradoxie-anfälligen) Kern unserer Autonomie, das Urteilen.[59] Das Urteilen ist insofern pa-

---

59 Vgl. Klingers innovative Diskussion des Urteilens in: Klinger, *Urteilen*, v. a. S. 66-68. Sein Vorschlag zur Überwindung der Spannung zwischen der allgemeinen Aussagbarkeit des Urteils (die etwa der seit Russells Aneignung von Frege geläufige Begriff der Proposition einzufangen sucht) läuft auf ein »Denken des *Jeweiligen*« (S. 38) hinaus, das die Unterscheidung zwischen kontextfreiem Urteilsinhalt und kontextgebundenem Urteilsakt *ad hoc* zu umgehen versucht. »Dass das Urteil wesentlich eine Setzung vollzieht, eine Position begründet, eine Verbindlichkeit oder Gewissheit herstellt, darf nicht länger darüber hinwegtäuschen, dass es dies […] letztlich ohne Berufung auf Kriterien tut, dass diese Verbindlichkeit vorübergehend ist, jeweils nur dieses Mal, jeweils nur in diesem Fall.« (S. 20 f.) Klinger übersieht allerdings die v. a. von Jocelyn Benoist herausgearbeitete Option, dass das Urteil *aufgrund* seiner Einbettung in einen faktisch existie-

radoxie-anfällig, als wir etwas für wahr halten können, was falsch ist, ohne dass uns diese Tatsache im selben Urteil verfügbar ist. Wir können falsch denken und dies nur dadurch bemerken, dass wir korrigiert werden. Unser Urteil kann nicht durch sich selbst korrigiert werden. Irgendwann trat ein Anderer hinzu und hat uns mit der Möglichkeit konfrontiert, dass wir uns täuschen. Gleichzeitig kann diese Möglichkeit nur dadurch registriert werden, dass wir das Urteil des Anderen erkennen, was bedeutet, dass wir das Urteil eines Anderen als etwas beurteilen müssen, was uns korrigiert, sodass sich unser eigenes Urteilen gegen sich selbst richten können muss. Letztlich müssen wir uns demnach aus Anlass eines fremden Urteils selbst korrigieren. Die Kurskorrektur kann uns niemand abnehmen, wir bleiben im Urteilen frei und sind deswegen beeinflussbar.

Das bedeutet nicht, dass man sich selbst nicht korrigieren kann, sondern nur, dass ein gegebenes Urteil, dass man fällt, in der Hinsicht, dass man es *so* fällt, nicht besserungsfähig ist, da es ja darin besteht, dass man etwas für wahr hält, dessen Fürfalschhalten damit faktisch ausgeschlossen ist. Wenn die Möglichkeit, dass ein Fürwahrhalten falsch sein kann, jemandem jemals auffallen soll, muss sie von einem Anderen kommen, da das eigene doxastische Leben in einer Reihe von Urteilen besteht, deren potenzielle oder faktische Inkompatibilität uns erst dann auffällt, wenn ein Anderer uns in eine andere Richtung weist. Das ist eine Tatsache des menschlichen Lebens und keine ›transzendentale Angelegenheit der logischen Form‹. Ein Urteil korrigiert ein anderes Urteil. Man lernt, dies *in foro interno* zur Selbstkorrektur einzusetzen, zunächst durch Andere.

renden Kontext kriteriell, normativ gesättigt ist: Wir entscheiden im Urteil nicht ins Blaue hinein, sondern angesichts derjenigen Tatsachen, die uns motivieren (aber nicht nötigen), ein Urteil zu fällen. Die nicht urteilsförmigen Tatsachen haben sozusagen ein Wörtchen mitzureden, wenn es darum geht, wie man urteilen soll, weil sie eine wesentliche Rolle in der Beantwortung der Frage spielen, was der Fall ist. Doch diese entbindet uns natürlich nicht von der Kontextsensitivität allen Urteilens.

Fassen wir diese Überlegung thesenförmig zusammen, soll nur gesagt worden sein:

1. Urteile, d. h. das Fürwahrhalten von etwas, sind normativ, weil sie wahr bzw. falsch sind und damit in Fälle des Erfolgs und des Scheiterns eingeteilt werden können.

2. Ein Urteil kann zwar wahr bzw. falsch sein, aber nicht fallibel. Ein Urteil täuscht sich nicht. Jemand täuscht sich. Falschheit und Irrtum sind nicht dasselbe.

3. Fallibilität besteht darin, dass jemand besserungsfähig ist. Besserungsfähigkeit wird sozial erworben, indem andere anders urteilen und uns korrigieren.

4. Die Fähigkeit zur Selbstkorrektur wird sozial erworben und ausgebildet. Der Weg der Ausbildung der Fähigkeit zur Selbstkorrektur variiert diachron und synchron über indefinit viele soziale Subsysteme hinweg.

Eine transzendentale Geschichte des Zu-sich-Kommens des Urteils findet nicht statt. Unsere Selbstbestimmung und damit unsere Freiheit als geistige Lebewesen gerät dadurch in Bewegung, dass andere anderes für wahr halten und uns damit Inkompatibilitäten erschließen, die *a priori* nicht abschätzbar sind. Der zur Kurskorrektur auffordernde Wirklichkeitsschock entstammt nicht unserem privaten Fürwahrhalten, sondern dem stets möglichen und irgendwann wirklichen wechselseitigen Fürfalschhalten, das die formale Grundlage der menschlichen Vergesellschaftung ist.[60]

60 Ich danke Clemens Albrecht für den wertvollen Hinweis, dass man das Soziale von der Gesellschaft unterscheiden kann. Die »Gesellschaft« ist ein Name für eine neuzeitliche Situation der Irritation des Sozialen, die dadurch zustande kommt, dass es nicht mehr als Natur, sondern als etwas ganz Anderes erscheint, das chaotisch und wandlungsfähig ist. Darauf reagiert die menschliche Gemeinschaft durch die Einführung der Gesellschaft als einer expliziten Form der Sozialität, die erlauben soll, ein Band herzustellen, das verloren gegangen zu sein scheint. Die Gesellschaft ist demnach eine Spielart der Sozialisierung, die spezifisch dadurch zustande kommt, dass die in Wirklichkeit bereits sozialisierten Individuen sich diesen Umstand durch explizite Verfassungsgebung verständlich zu machen

Soziale Tatsachen gründen darin, dass wir etwas für wahr halten, was andere für falsch halten können, was dazu führt, dass wir mit explizierbaren Normen konfrontiert werden, die sich in als solchen sichtbaren Institutionen verkörpern. Die erste Öffentlichkeit des Normativen ist das Bestehen natürlicher Tatsachen unserer Überlebensform, ohne die es keine sozialen Tatsachen gäbe. Natürliche Tatsachen sind notwendige, aber prinzipiell nicht hinreichende Bedingungen sozialer Tatsachen. Dabei ist überdies nur eine relevante Untermenge der natürlichen Tatsachen eine notwendige Bedingung sozialer Tatsachen, wobei wir nicht genau angeben können, welche Untermenge dies faktisch ist, da wir unvorstellbar weit davon entfernt sind, das Universum insgesamt auch nur ansatzweise zu überschauen. Dass es Fermionen gibt, ist wohl eine natürliche, notwendige Bedingung sozialer Tatsachen, aber weniger relevant als das Bestehen der natürlichen, notwendigen Bedingungen der sexuellen Reproduktion menschlichen Lebens. Welche natürlichen, notwendigen Bedingungen zum Wesen einer gegebenen sozialen Tatsache gehören, lässt sich nicht *a priori* und damit auch nicht auf dem Boden der Sozialontologie entscheiden.

Soziale Tatsachen bestehen, weil wir urteilen. Wenn wir urteilen, ist es prinzipiell möglich, dass Andere anders urteilen. Tritt dieser Fall ein, stoßen wir auf eine Form der Abweichung, die in einer Weise sozial ist, die sich nicht mehr auf natürliche Tatsachen reduzieren lässt. Das Urteil der Anderen ist nicht mit irgendeinem Vorgang in meinem Organismus identisch und schon gar nicht damit, dass es Elementarteilchen gibt, die auf der mesoskopischen Skala als beseelter Fremdkörper erscheinen. Es be-

suchen. Deswegen entsteht die Soziologie im Gefolge der französischen Revolution im Zuge des Versuchs, die Bruchstellen zu kitten, die unversehens aufgebrochen waren. Dieser Prozess ist bis heute nicht abgeschlossen und es ist nicht abzusehen, was es bedeuten würde, ihn zu Ende zu bringen. Vgl. dazu die Überlegungen Peter Sloterdijks in Peter Sloterdijk, *Die schrecklichen Kinder der Neuzeit. Über das anti-genealogische Experiment der Moderne*, Berlin 2014.

steht also ein Publizitätskriterium des Urteilens, das darin gründet, dass wir als Individuen Dinge aus einer bestimmten Perspektive wahrnehmen, die Anlass dazu ist, zu urteilen, dass p.[61] *Unser Urteilen ist also die soziale Urtatsache: Als ζῷον λόγον ἔχον sind wir sozial.*

Die explizite Vergemeinschaftung setzt eine »Übereinstimmung in den Urteilen«[62] voraus, die – wie Wittgenstein zu Recht konstatiert – auch »durch eine gewisse Konstanz der Messungsergebnisse bestimmt«[63] ist. »Dies scheint die Logik aufzuheben; hebt sie aber nicht auf.«[64] Denn die Logik als diejenige Theoriebildung, die sich mit den Strukturen der Normativität des Denkens und Urteils befasst, kann keinerlei spezifische Form und folglich auch keinerlei Inhalt haben, wenn man übersieht, dass sie an irgendeiner Stelle auf die Urteilspraxis endlicher, geistiger Lebewesen bezogen sein muss. Eine Logik ist nicht dadurch ›rein‹, dass es keine Möglichkeit gibt, sie anzuwenden. Eine in diesem Sinne ›reine‹ Logik wäre ein unverständliches Mysterium.

Wir urteilen anders als andere, weil jeder von uns eine andere sensorische Ausgangslage hat, was wir prinzipiell nicht überspringen können und müssen. Denn ein Urteil ist nicht dadurch objektiv, dass ich von *meinen* Bedingungen, es zu fällen, abstrahiere, sondern weil ich als Urteilender im Kontext einer Gemeinschaft besserungsfähig bin. Das Maß meiner doxastischen Verbesserung wird durch Tatsachen vorgegeben; die Maßnahme meiner Korrektur ergibt sich aus dem Fürfalschhalten durch andere. Man wird ursprünglich nur aufgrund eines bestehenden Dissenses korrigiert, was letztlich darauf zurückzuführen ist, dass es Tatsachen gibt, die diesseits menschlicher Soziali-

---

61 Zum Begriff des Publizitätskriteriums vgl. Gabriel, *An den Grenzen der Erkenntnistheorie*, §§ 2-3.
62 PU, § 242/S. 356.
63 Ebd.
64 Ebd.

tät vorliegen.[65] Selbstkorrektur angesichts des nicht-menschlichen Wirklichen ist demnach nicht nur phylo- und ontogenetisch, sondern begrifflich gegenüber der Fremdkorrektur sekundär. Wir lernen, uns selbst zu korrigieren, indem andere uns schon umgelenkt haben, was freilich bei uns nur anlangt, weil wir als geistige Lebewesen geboren werden, die bereits urteilen. Das Fürwahrhalten muss also zu unserer Überlebensform gehören, weil diese sonst nicht zu einer historisch variablen Lebensform sublimiert werden könnte.

Indem jemand p für wahr hält, was ein anderer für falsch hält, stellt sich allererst die Frage, ob p oder nicht-p. Der Gedanke, dass etwas, was man für wahr hält, falsch sein könnte, ergibt sich also aus der Wirklichkeit des Dissenses.[66] Der Wahrheitsbegriff spielt dabei die Rolle der Auflösung des Widerstreits, auf welcher Grundlage Kant im dritten Abschnitt des Kanons der reinen Vernunft »Vom Meinen, Wissen und Glauben« bereits einen anspruchsvollen Begriff der Triangulation entwickelt. Die »Privatgültigkeit« eines Urteils sieht Kant darin, dass »der Grund des Urteils, welcher lediglich im Subjekte liegt, für objektiv gehalten wird.«[67] Ein solches »Fürwahrhalten läßt sich nicht mitteilen«,[68] weil es lediglich darin besteht, dass jemand p für wahr hält. Die Sachlage verbessert sich im ersten Schritt dadurch, dass »fremde Vernunft«[69] hinzutritt, die anderes urteilt. Doch im zweiten Schritt kommt als »Probierstein« die »Wahrheit des Urteils« hinzu, weil wahre Urteile Kant zufolge »auf dem gemeinschaft-

---

65 Damit ist die paradigmatisch von Max Weber diskutierte Frage, unter welchen Bedingungen eine gegebene Handlung als sozial und damit als Gegenstand der Soziologie klassifizierbar ist, an dieser Stelle noch gar nicht berührt. Vgl. dazu die berühmten Eingangsüberlegungen in Max Weber, *Wirtschaft und Gesellschaft. Grundriss der verstehenden Soziologie*, Tübingen ⁵1980, S. 1-30.

66 Vgl. in diesem Sinne Gabriel, »Dissens und Gegenstand«.

67 KrV, A 820/B 848.

68 Ebd.

69 KrV, A 821/B 849.

lichen Grunde, nämlich dem Objekte, beruhen, mit welchem
sie daher alle zusammenstimmen«.[70]

> Wahrheit aber beruht auf der Übereinstimmung mit dem Objekte,
> in Ansehung dessen folglich die Urteile eines jeden Verstandes ein-
> stimmig sein müssen (consentientia uni tertio, consentiunt inter se).[71]

Objektivität, die sich selbst thematisiert (im Medium des »Denkens des Denkens«), ist demnach konstitutiv sozial, indem wir
nur dadurch Zugriff auf den Gedanken haben, dass wir uns
auch täuschen können, weil wir über den Widerstreit der Meinungen darauf gestoßen werden, dass der Fall eintritt, dass entweder p oder nicht-p wahr ist, dass also prinzipiell eine Entscheidung möglich sein muss.

Die Natur menschlicher Sozialität gründet im Dissens, d. h.
in der Abweichung. Die Abweichung besteht darin, dass wir
aus einer Perspektive urteilen, die sich aus unserer faktischen
Stellung in einer Situation ergibt, zu der wir als sensorisch aus-
gerüstete Lebewesen gehören. Der Dissens kann und muss
nicht auf einen mentalen, sprachlichen oder politischen Sozial-
vertrag zurückgeführt werden, durch den Konsens hergestellt
wird. Konsens kann gar nicht allein über einen Meinungsab-
gleich erreicht werden, wie Kant zu Recht ausführt, da der dafür
erforderliche gemeinsame Fokus der Übereinstimmung der Gegenstand ist, über den etwas wahr ist. Objektivität ist die erkenntnistheoretische und ontologische Grundlage der Gesellschaft und damit unüberwindbar im Wirklichen verankert.

Dabei sind freilich die Teilnehmer der Gesellschaft immer
schon soziale Tiere, weil Menschen bereits auf einer sehr frühen
Stufe der Ontogenese, ja im landläufigen Zeugungsakt in soziale Kontexte eingebettet sind, ohne die sie weder leben noch
überleben könnten. Selbst das (phänomenale) Bewusstsein bildet sich nur dann in einem menschlichen Individuum aus,
wenn es sich in einer Symbiose mit einem anderen Individuum

70 Ebd.
71 KrV, A 820/B 848.

(der Mutter) entwickelt, deren Nahrungsaufnahme, Verhalten usw. massiven Einfluss auf die künftigen Eigenschaften der Person *in statu nascendi* hat. Menschen sind (wie andere Tiere auch) also konstitutiv sozial, weil wir ohne Sozialität keinerlei Innenleben hätten. Unser Innenleben ist in kausale soziale Zusammenhänge eingebettet, ohne die es nicht einmal zur Entwicklung des minimalen neuronalen Korrelats von Bewusstsein käme (was auch immer dieses sein mag).

Der Gedanke eines Meinungsabgleichs setzt voraus, dass es einen Maßstab gibt, der unabhängig von der Einholung weiterer Meinungen besteht. Hinsichtlich dieses Maßstabs hat es überhaupt nur Sinn, eine vorliegende Divergenz als Dissens aufzufassen. Wenn zwei Meinungen, also zwei Fälle des Fürwahrhaltens vorliegen, deren einer sich auf p, deren anderer sich auf nicht-p beruft, kommt es nur dann zu einer stabilen Gemeinschaft, wenn konzediert wird, dass Wirkliches darüber entscheidet, wer richtig liegt. Wird dieser Fall ausgeschlossen, entsteht ein unversöhnlicher Widerspruch, der zum Zusammenbruch der Urteilsgemeinschaft führt.

Gesellschaft ist in etwas begründet, was selbst nicht von der Art der Gesellschaft ist. Dies schließt die Überlebensbedingungen sozialer Tiere ein. Es gibt also nicht-normative (zoologische) Voraussetzungen der Normativität.[72] Die notwendigen, natürlichen Bedingungen des Vorliegens sozialer Tatsachen befinden sich nicht auf der anderen Seite einer metaphysischen Grenzziehung, sondern spielen in die Urteilspraxis hinein. Menschliche Sozialität ist keine freischwebende geistige Sphäre, sondern eine

---

72 An dieser Stelle danke ich dem Bonner Käte Hamburger Kolleg »Recht als Kultur« für ein Fellowship in den Jahren 2011/2012, während dessen ich zu den nicht-normativen Grundlagen der Normativität geforscht habe. Daraus ist letztlich ein entscheidender Impuls meines Beitrags zum Neuen Realismus hervorgegangen, was durch die internationale Tagung »Prospects for a New Realism« dokumentiert ist, die u. a. gemeinsam mit dem Käte Hamburger Kolleg an der Universität Bonn durchgeführt wurde. Vgl. dazu Gabriel (Hg.), *Der Neue Realismus*.

Eigenschaft von Lebewesen, die auf jeder Ebene ihrer Tätigkeit auf das Erfülltsein relevanter natürlicher Bedingungen angewiesen sind.

Wir werden durch Wirkliches sozialisiert. Dies trifft nicht nur onto-, sondern auch phylogenetisch zu. Wir weisen uns gegenseitig in Schranken des Fürwahrhaltens ein, indem wir uns das Wirkliche zeigen. Die Demonstration des Wirklichen ist diejenige Grundfunktion, auf der die Gesellschaft beruht. Als Denker von Gedanken demonstrieren wir. Die Gemeinschaft denkender, geistiger Lebewesen ist wesentlich eine Gemeinschaft Dissentierender.[73] Doch der Dissens ist nicht Zweck an sich, da es einen Maßstab seines Erfolgs gibt: Das Wirkliche entscheidet darüber, wer richtig liegt. Zwar implodiert die Gemeinschaft nicht dadurch, dass falsche Meinungen kursieren und damit etwas, was nicht der Fall ist, für wahr gehalten wird. Löst sich aber die Idee der Wahrheit und damit die Repräsentation unserer Wahrheitsfähigkeit in Wohlgefallen auf, zerfällt die Gemeinschaft der Dissentierenden. Aus legitim *Dissentierenden*,

---

[73] Von einer anderen Richtung aus argumentierend, kommt Charles Travis zu einem ähnlichen Ergebnis: »Thought's social nature means: *I* think things to be some given way only where some extendible range of thinkers would agree (and agree with me) sufficiently as to what would count as things *being* that way; only where, so to speak, there is a (potential) community of agreement (or of ones who agree).« (Travis, *Objectivity and the Parochial*, S. 304) Die auf Wittgenstein (PU § 242/S. 356) zurückgehende Betonung der Übereinstimmung ist hier in dem Gedanken begründet, dass nur dann ein Widerspruch vorliegen kann, wenn die Parteien, deren eine p und deren andere nicht-p für wahr hält, sich in den Anwendungsbedingungen der bei der Artikulation ihres Gedankens verwendeten Ausdrücke einig sind. Im Unterschied zu dieser Gedankenführung betont die hier vorgeschlagene Dissenstheorie der Wahrheit die Idee einer Korrekturbedürftigkeit unseres Denkens, ohne die wir keinen explizierbaren Kontakt mit Wirklichem unterhalten könnten. Insofern geht die Wirklichkeit des Dissenses der Etablierung konsens-sensitiver Bedeutungsnormen vorher. Die Vereinheitlichung der Sprache folgt immer der babylonischen Sprachverwirrung. Vgl. in diesem Sinne Jacques Derrida, »Des tours de Babel«, in: ders., *Psyché. Inventions de l'autre*, Paris 1987, S. 203-235.

die Wahrheitsansprüche anmelden, werden *Dissidenten,* die einem unbegründeten, konstitutiv launischen Meinen unterworfen werden sollen.[74] Dissidenten gibt es nur dort, wo die Idee der freien, am Maßstab der Wahrheit ausgerichteten Meinungsfindung strukturell untergraben wird, sodass die Dissidentenrolle unter idealen Diskursbedingungen obsolet ist. Nicht jede Opposition besteht aus Dissidenten, weil Opposition konstitutiv für Meinungsfindung ist, da Fürwahrhalten auf erfolgreiche Rechtfertigung gegenüber einem gegebenen Fürfalschhalten zielt.

Politische Autonomie besteht aus sozialontologischer Perspektive betrachtet im idealen Grenzfall darin, dass die Gesellschaft als adäquate Idee ihrer selbst in sich eintritt. Indem eine ideale politische Gemeinschaft sich grundlegend an der faktischen Struktur menschlicher Sozialität, d. h. der Idee einer Gemeinschaft stabil Dissentierender orientiert, werden ihre Institutionen daran bemessen, auf welche Weise sie Dissense ausgleichen und neutrale Spielräume für die Adiaphora der Privatsphäre offenhalten.

Deswegen gehen Prozesse der Emanzipation nicht zufällig mit der Reflexion auf die philosophischen Grundlagen der Gemeinschaft einher. Der Maßstab gelingender politischer Autonomie ist hierbei die Wahrheit über die Struktur der Selbstbestimmung. Der Widerstreit der politischen Ideen findet nur so lange im Namen neuzeitlicher Projekte der Emanzipation statt, als auch ein öffentlich ausgetragener Widerstreit bezüglich der Idee der Vergemeinschaftung besteht. Dass die Moderne wesentlich mit Theorien des Politischen zusammenhängt, die in das Selbstverständnis des vergesellschafteten Lebens eintreten, ist kein Zufall, sondern Konsequenz derjenigen Form der

---

74 Hier wäre der Begriff des »whistleblowers« näher zu untersuchen. Whistleblower sind im Erfolgsfall demokratische Dissidenten, die darauf hinweisen, dass der demokratische Rechtsstaat legale Schwachstellen aufweist, die mit dem Ideal der Demokratie als emanzipatorischem Sozialgefüge unvereinbar sind und die deswegen nur mittels eines Martyriums sichtbar gemacht werden können.

Selbstbestimmung, die sich an der ihr eigenen Form der Selbstbestimmung ausrichtet. Dies ist die Idee sozialer Autonomie.

Die soziale Autonomie freier geistiger Lebewesen nimmt eine
reflexive Form an. Wir können uns nicht nur an gegebenen, positiven Normen orientieren, sondern überdies daran, dass wir
uns an Normen orientieren können. Unsere eigene Normativität kann somit zum Anlass einer Orientierung werden. Diese
(von Kant prominent ausbuchstabierte) Form der rekursiven
Selbstbestimmung kollabiert nur deswegen nicht unter dem
Druck des Formalismus-Einwands, weil wir uns im Angesicht
des Wirklichen selbstbestimmen. Das Wirkliche richtet darüber,
ob unsere Selbstbestimmung gelingt, sodass diese niemals im
luftleeren Raum stattfindet. Jede Selbstbestimmung, jedes Urteil über das Urteilen, findet inmitten des Wirklichen statt.

Das Wirkliche ist dabei nicht mit dem Natürlichen identisch.
Die nicht-normativen Voraussetzungen der Normativität sind
nicht ausschließlich in der Natur als demjenigen Bereich zu finden, der paradigmatisch von den Naturwissenschaften untersucht wird. Bezeichnen wir den Irrtum, dass die Natur des Sozialen mit der Natur der Naturwissenschaften identisch ist, mit
einem an dieser Stelle naheliegenden Ausdruck als *den naturalistischen Fehlschluss.*[75]

Der Sozialkonstruktivismus versucht sich erfolglos vom naturalistischen Fehlschluss freizumachen. Deswegen begibt er sich
in die für ihn charakteristische Opposition zum Essentialismus,
weil er den Gedanken, es gebe im Sozialen irgendetwas Wesentliches, zu Unrecht dafür verantwortlich macht, dass erstrebens-
werte Projekte der Emanzipation gebremst werden. Doch die

---

75 Damit ist nicht gemeint, dass dieser Fehlschluss eine Instanz des seit
George E. Moore sogenannten Fehlschlusses ist. Vgl. den *locus classicus
Principia Ethica,* Mineola/NY 2004, S. 9-15. Vielmehr ist damit die Idee
gemeint, soziale Tatsachen ließen sich im Rahmen eines naturwissenschaftlichen Weltbildes unterbringen, sofern dieses in der Annahme besteht, dass alle Entitäten »brute facts« sind, ein Irrtum, auf den schon
Searle, *Sprechakte,* S. 78-80, hingewiesen hat.

Einsicht in die biologischen, ethologischen und zoologischen Bedingungen der menschlichen Selbstbestimmung steht der Emanzipation nicht entgegen, sondern ermöglicht sie, weil sie die Funktion des Wirklichkeitsankers eines ansonsten leeren Diskurses übernehmen. Wir können uns nicht im luftleeren Raum selbstbestimmen, sodass diese absurde Idee auch nicht als Grundlage faktisch gelingender Vergesellschaftung herhalten kann.

Das Scheitern des Sozialkonstruktivismus liegt dabei in der vielfältig inkohärenten Idee der sozialen Konstruktion. Diese Dialektik kann man paradigmatisch an Haslangers Versuch beobachten, die Idee der sozialen Konstruktion analytisch geschärft zu artikulieren.[76] Es ist hierbei zunächst auffällig, dass es Haslanger *expressis verbis* vermeidet, den Ausdruck »sozial« zu definieren. Dafür führt sie als fragwürdigen Grund an, dass sie meine (»I believe«),

> dass es nicht möglich ist, ›sozial‹ in nicht-zirkulärer Weise zu definieren, sodass eine Analyse, im strikten Sinn, nicht möglich ist. Dies schließt nicht aus, dass man eine Auffassung (*account*) des Sozialen entwickeln kann, doch die Konturen dieses Projekts, wie dies für jede solche Auffassung (*account*) gilt, werden von dem besonderen Projekt abhängen, zu dessen Zweck man einen Begriff des Sozialen benötigt, usw. [sic] Meine Herangehensweise in diesem und in anderen Fällen besteht darin, eine fokale Analyse vorzunehmen. Für meine Zwecke ist koordinierte Aktivität der fokale Begriff.[77]

---

76 Haslanger, *Resisting Reality*.

77 Meine Übersetzung von ebd., S. 21, Anm. 9: »I believe that it is not possible to define ›social‹ in non-circular terms, so an analysis, strictly speaking, is not possible. This does not rule out giving an account of the social, but the contours of this, like those of any account, will depend on the particular project, the purposes for which one needs a notion of the social, and so on [sic] My approach to this, as in other cases, is to employ a focal analysis. For my purposes, coordinated activity is the focal notion.« In der Tat scheut Haslanger die Zirkularität nicht, wie etwa das folgende Zitat belegt (ebd., S. 41, Anm. 11): »At this point, in saying that the relations

Demnach sei eine *Analyse, im strikten Sinn*, des »Sozialen« zwar unmöglich, eine *fokale Analyse* hingegen möglich, wobei Haslanger an dieser Stelle die Auskunft schuldig bleibt, worin genau diese Distinktion besteht. Hierbei überrascht es, dass sie den Begriff der fokalen Analyse ausgerechnet auf Aristoteles' πρὸς-ἕν-Relation zurückführt, die er anhand des Begriffs der Gesundheit vornimmt.[78] Freilich schränkt sie diese Analogie sofort ein, weil sie sich dessen bewusst ist, dass ein Aristotelischer Fokus alles andere als ein Beispiel für Anti-Essentialismus ist. Für Aristoteles ist die οὐσία der Fokus alles Urteilens, sodass, wenn irgendetwas, dann eine Aristotelische Fokalanalyse eine Definition im strikten Sinn wäre.[79]

Deswegen beeilt Haslanger sich, sogleich hinzuzufügen, »dass die Kern- bzw. die Fokalbedeutung abhängig von jemandes theoretischen Absichten differieren kann«.[80] Nun ist es *prima facie* unproblematisch, die Bedeutung des Ausdrucks »sozial« von theoretischen Absichten abhängen zu lassen. Der Teufel liegt an dieser Stelle allerdings im Detail. Denn im Allgemeinen fühlt sich Haslanger dem semantischen Externalismus verpflichtet, was nicht ohne weiteres mit der Annahme verträglich ist, die Bedeutung des Ausdrucks »sozial« hänge von theoretischen Absichten ab.[81] Sie vertritt sogar explizit die Position, dass die

---

are ›social‹ I mean simply to indicate that they concern certain relations that hold between individuals by virtue of their place in a social system.«

78 Ebd., S. 7, Anm. 3.

79 Wobei Haslanger unter einer »Analyse, im strikten Sinn« vermutlich an die Angabe notwendiger und zusammengenommen hinreichender Bedingungen für das Vorliegen eines Sachverhalts denkt, der durch einen Ausdruck wie »sozial« bezeichnet wird. Sie führt dies freilich nicht aus und liefert an der zitierten Stelle kein Argument für ihre Meinung, das »Soziale« sei in diesem Sinn undefinierbar.

80 Ebd., S. 7, Anm 3: »I differ from many using the concept by emphasizing that the core or focal meaning may differ depending on one's theoretical purposes.«

81 Ebd., S. 13-15.

Sozialwissenschaften in derjenigen Hinsicht epistemisch gewichtig seien, dass sie »soziale Arten (*social kinds*)«[82] erforschen.[83]

Doch dem Externalismus zufolge hängt die Bedeutung von »Wasser« keineswegs von jemandes Interesse ab. Das Soziale kann demnach Haslangers Prämissen zufolge selbst keine soziale Art sein, die durch den Fachausdruck »das Soziale« bezeichnet wird. Auf diese Weise immunisiert sie ihren Vorschlag, »das Soziale« als »koordinierte Aktivität« aufzufassen, sowohl von der philosophischen Kritik als auch von der sozialwissenschaftlichen Expertise. Die philosophische Kritik wird durch einen expliziten Akt der Stipulation und die sozialwissenschaftliche Expertise dadurch ferngehalten, dass das Soziale selbst nicht als soziale Art aufgefasst wird. Aber woher weiß Haslanger, dass das Soziale selbst kein Wesen hat? Warum glaubt sie, es gebe Essenzen, sogar soziale Essenzen, bestreitet aber gleichzeitig, dass das Soziale eine Essenz hat? Dafür mag es gute Gründe geben, die allerdings nicht mitgeteilt werden.

Theoretisch nicht besser ist es um ihren Begriff der sozialen Konstruktion bestellt. Da sie nicht mitteilt, was genau eigentlich das Soziale ist, unterminiert sie die Verständlichkeit ihrer eigenen Begriffsbestimmungen. Sie unterscheidet nämlich nur scheinbar hilfreich zwischen

1. Generischer sozialer Konstruktion.
2. Kausaler Konstruktion.
3. Konstitutiver Konstruktion.
4. Diskursiver Konstruktion.
5. Pragmatischer Konstruktion.[84]

---

82 Ebd., S. 15.
83 Ebd.: »an externalist bias towards the natural sciences is not warranted, for social kinds are no less real for being social.«
84 Ebd., S. 86-90.

Schauen wir uns insbesondere ihre Begriffsbestimmung (um nicht zu sagen »Definition«) generischer sozialer Konstruktion etwas näher an. Sie lautet (in meiner Übersetzung):

> *Generische soziale Konstruktion*: Etwas ist eine soziale Konstruktion im generischen Sinne nur dann, wenn es ein absichtliches oder unabsichtliches Produkt einer sozialen Praxis ist.[85]

Diese Begriffsbestimmung lässt vieles zu wünschen übrig. Wie zu erwarten, ist sie erstens hoffnungslos zirkulär, da sie das Soziale über soziale Praktiken bestimmt. Zweitens, und dies wiegt an dieser Stelle schwerer, erfahren wir nicht genügend über die Bedeutung des Ausdrucks »Konstruktion«, was über den Hinweis hinausginge, es sei »zumindest anfänglich hilfreich (*at least initially* [...] *useful*)«, Konstruktion »nach dem Modell von Artefakten« zu konzipieren.[86] Allerdings erfahren wir nicht, wie diese Modellkonstruktion vonstatten geht und was Haslangers Auffassung von Artefakten ist. Stattdessen wird lediglich darauf hingewiesen, es gebe »einen klaren Sinn«, in dem Institutionen Artefakte seien, und dies sei eben zugleich der Sinn, in dem sie soziale Konstruktionen seien.[87] Doch genau dies steht in der Frage, ob und in welchem Sinn Institutionen sozial konstruiert sind, ja auf dem Spiel! Gäbe es den erwünschten »klaren Sinn«, wäre es niemandem eingefallen, kein Sozialkonstruktivist zu sein.[88]

---

85 Ebd., S. 86: »*Generic social construction*: Something is a social construction in the generic sense just in case it is an intended or unintended product of a social practice.«

86 Ebd., S. 85: »At least initially it is useful to think of social constructions on the model of artifacts.«

87 Ebd., S. 85f.: »In addition to straightforward artifacts like washing machines and power drills, there is a clear sense in which, for example, the Supreme Court of the United States and chess games are artifacts, as are languages, literature, and scientific inquiry.«

88 Haslanger zieht sich regelmäßig auf einen wenig aussichtsreichen Pragmatismus zurück, wenn sie etwa lapidar behauptet: »it isn't useful to try to determine what social construction ›really is‹ because it is many different things, and the discourse of social construction functions differently in dif-

Wohlwollend interpretiert, erörtert Haslanger den Ausdruck
»Konstruktion«, indem sie diesen als »Produkt« auffasst. Da sie
das Soziale auf koordinierte Aktivität fokussiert (worin man ihr
zustimmen kann), lautet ihr Vorschlag also, etwas sei dann sozial konstruiert, wenn es das Produkt koordinierter Aktivität
ist. Allerdings schwächt sie diesen Vorschlag durch den Begriffs-
bestandteil »unabsichtlich« erheblich. So ist nämlich z. B. die
Umstrukturierung von Elementarteilchen ein unabsichtliches
Produkt vieler koordinierter Aktivitäten. Wenn ein Chor die
Ode an die Freude singt, ist dies sicherlich ein Fall koordinierter
Aktivität. Unabsichtlich interferieren die Stimmen damit mit
dem gesamten Universum, weil sie durch ihren Gesang und ihre
Bewegungen Feldstrukturen modifizieren, ohne die es zu keiner
physisch kodierten Informationsübertragung kommen könnte.
Damit ist das Universum (wenn auch quantitativ geringfügig!)
so beschaffen, dass es sozial konstruierte Teile aufweist. Das
Universum ist *ipso facto* (partiell) sozial konstruiert, wenn irgendetwas sozial konstruiert ist.

Haslanger wird diese Konsequenzen vielleicht nicht scheuen,
wird auf diese Weise doch immerhin der ohnehin in der Sozialontologie hinderliche Unterschied von Natur und Kultur aus
dem Weg geräumt, was in ihrem Sinne sein könnte.[89] Dennoch
gerät in diesem Modell die gesamte ökologische Nische des
Menschen zu einem sozialen Artefakt, weil Menschen überhaupt
nur dann überlebensfähig sind, wenn sie sozialisiert werden, was
ex hypothesi auf den gesamten Lebensraum des Menschen ab-
färbt. Ja, Haslanger schließt folgerichtig aus ihrer Begriffsbestimmung, dass ausgewachsene Menschen »eine besondere Art
von Artefakt« sind.[90] Doch dies ist, gelinge gesagt, eine Über-

---

ferent contexts.« (Ebd., S. 113) Zum Scheitern einer solchen Diskursana-
lyse als Ansatzpunkt wirksamer Destruktion vgl. die hier zutreffende Analyse bei Bourdieu, *Meditationen*, S. 136-138.
89 Vgl. Haslanger, *Resisting Reality*, S. 4 f., 112 und passim.
90 Ebd., S. 88: »I'd say that there is no doubt that in this sense you and I are
socially constructed. We are the individuals we are today at least partly as a

treibung. Zwar ist es immerhin *prima facie* plausibel, einige Teile desjenigen Ganzen, das wir selbst sind, als ›sozial konstruiert‹ anzusehen, es ist allerdings Unsinn, einen Menschen insgesamt als ein Artefakt oder gar als sozial konstruiert aufzufassen. Denn dies würde unterstellen, dass die natürlichen Arten, die am Überleben eines Menschen beteiligt sind – unsere Organe, Zellen sowie die Moleküle, ohne die es keine Zellen geben könnte –, sozial konstruiert sind, womit die Absurdität dieser Position bzw. ihr Umschlagen in einen radikalen Sozialkonstruktivismus unverkennbar zutage tritt.

Völlig richtig, aber metaphysisch harmlos ist die Beobachtung, dass vieles, was im menschlichen Leben eine Rolle spielt, Produkt sozialer, d. h. koordinierter Tätigkeit ist. Die Sozialität eines Produkts kann dabei aufgrund der arbeitsteiligen Produktionsverhältnisse, durch die es zustande kommt, einzelnen Akteuren verborgen bleiben. Das ist eine marxistische Binsenweisheit, die mit der viel schwieriger zu beantwortenden Frage einhergeht, welche spezifischen Produktionsverhältnisse einem gegebenen Produkt zugrunde liegen, das seine Sozialität kaschiert.[91] Doch eine solche Analyse ist mit dem inkohärenten Begriffswerkzeug der ›sozialen Konstruktion‹ nur unzureichend durchführbar.

Deswegen sollten wir den Jargon des Sozialkonstruktivismus ein für alle Mal aus der Sozialontologie entfernen. Dies hat seinerzeit Jean Baudrillard in *Oublier Foucault* zu Recht eingefordert, indem er darauf hingewiesen hat, dass der Gedanke der sozialen Konstruktion an einer nicht hinreichend durchdachten

result of what has been attributed (and self-attributed) to us. In other words, there is a sense in which adult human beings are a special kind of artifact.«

91 In *Der Sinn des Denkens* habe ich versucht, die diskursive Formation im Umfeld der sogenannten »Digitalisierung« dergestalt zu analysieren, dass eine marxistische Analyse Zugriff auf diesen Phänomenbereich gewinnt. Denn die Produkte der Digitalisierung (soziale Netzwerke, Smartphones, KI-Systeme usw.) sind Musterbeispiele für die Diagnose des Warenfetischismus.

Machtkonzeption scheitert.[92] Bei Foucault (sowie in seiner Folge bei Butler und Searle) stellt sich sowohl die Frage der Konstitution als auch der Aufrechterhaltung des Sozialen angesichts seiner (vermeintlichen) Konstruiertheit. Wenn man irgendetwas Soziales – Sexualität, Geschlecht, Gefängnisse, das Strafsystem, das Klassifikationssystem von Pflanzen und Tieren usw. – als sozial konstruiert erweist, bedeutet dies, dass es nicht auf natürliche Weise zustande gekommen ist. Die Historizität und damit Kontingenz diskursiver Praktiken, die Foucault prominent untersucht hat, setzt voraus, dass soziale Systeme durch Akteure hervorgebracht werden. Wie aber wird der Glaube an diese Systeme, ohne den sie nicht fortbestehen könnten, aufrechterhalten? Wie gelingt es, etwas, das wesentlich historisch modifizierbar ist, überhaupt aufrechtzuerhalten?

Foucaults Machtkonzeption versucht die theoretische Aufgabe zu erfüllen, die Aufrechterhaltung kontingent existierender Praktiken zu erklären, wofür er im Laufe seiner Karriere verschiedene Modelle vorgeschlagen hat. Butler und Searle bemühen dabei anders als Foucault Austins Sprechakttheorie, die sie auf verschiedene Weise ausbauen, um die Aufrechterhaltung sozialer Systeme an die Anerkennung von Akteuren zu binden, die zumindest keinen hinreichenden Widerstand leisten, um ein soziales System zu verändern oder ganz abzuschaffen.

Baudrillard weist dagegen nach, dass der Grundgedanke des Sozialkonstruktivismus – demzufolge ein x genau dann sozial

---

92 Jean Baudrillard, *Oublier Foucault*, München 1978. Dass der Begriff des Sozialen schlecht konstruiert ist, wenn man ihn analytisch über den inkohärenten Begriff der sozialen Konstruktion bestimmt, ahnt Latour, »Why Critique Has Run Out of Steam«, S. 230. Leider zieht er daraus die absurde Konsequenz, dass wir den Begriff des Sozialen hinter uns lassen sollten in Bruno Latour, »Gabriel Tarde und das Ende des Sozialen«, ⟨http://www.bruno-latour.fr/sites/default/files/downloads/82-TARDE-DE.pdf⟩, letzter Zugriff 5.8.2019. Daraus, dass eine gegebene Theorieanlage der Sozialontologie inkohärent ist, folgt selbstverständlich nicht, dass es nichts Soziales gibt. Dass Latour so schließt, ist ein untrügliches Zeichen seiner nicht überwundenen Verstrickung in den Konstruktivismus.

konstruiert ist, wenn x (eine materielle Basis) nur so lange und nur dadurch als y (als sozialer Überbau) existiert, wie Akteure gemeinsam dafür Sorge tragen, dass die Geltung von x als y fortbesteht – einem seinerseits historisch kontingenten, spezifisch modernen Modell der Repräsentation folgt. Dieses Modell unterstellt, dass die Produktion von Tatsachen dasjenige ist, dem in einer Sozialtheorie Rechnung getragen werden muss: Es stellt auf Explikation und Erkennbarkeit der Systeme statt auf dasjenige ab, was Baudrillard im Gegenzug als »die Welt des Geheimnisses und der Verführung«[93] bezeichnet.

Nennen wir dies *das Implizite*. Die sprachlich kodierte Explikation kann prinzipiell nur auf eine bereits implizite Sozialität folgen, sodass das Modell der deklarativen bzw. performativen Situation das Soziale wider Willen bereits in Anspruch nimmt, ohne es erklären oder adäquat ontologisch verorten zu können. Es gehört zu den Existenzbedingungen des Sozialen, dass es stets im Hintergrund wirksam ist, sodass wir es vordergründig niemals in seiner Wirksamkeit, sondern nur im Modus der Repräsentation erfassen können. Die Verbindlichkeit des Sozialen und dessen Repräsentation sind aber nicht dasselbe, da die Repräsentation des Sozialen parasitär auf der Gruppenstabilität beruht, die vorausgesetzt wird, damit die Repräsentation symbolische Kraft entfalten kann.

Bei Searle werden die Probleme einer Vorrangstellung des Expliziten aufgrund seiner Tugend, theoretisch artikuliert zu argumentieren, besonders deutlich. Denn Searle weist sozialen Tatsachen eine Passungsrichtung zu, die vom Wort zur Welt führt (*world-to-word direction of fit*): Indem jemand, der dazu autorisiert ist, einen anderen auf den Namen »John« tauft, heißt John von nun an John. Die Sozialität des Denkens und Sprechens wird damit in der logischen Form deklarativer Sprechakte verortet.[94] Unser Denken und Sprechen sind sozial, indem wir et-

---

93 Baudrillard, *Oublier Foucault*, S. 27. Zum Begriff der Produktion ebd., S. 26-28.
94 Vgl. Searle, *Wie wir die soziale Welt machen*, S. 24-28. Vgl. die Formulie-

was dadurch gemeinsam hervorbringen, dass wir es als etwas repräsentieren. Wir konstituieren den Wert von Papiergeld, indem
wir einem Stück Papier eine Geltung zuweisen, die es unabhängig von den autorisierenden Sprechakten nicht hätte. Sozialität
wird auf diese Weise an Repräsentation gebunden, die Searle bekanntlich wiederum in der Intentionalität des Bewusstseins verortet, die ihrerseits – man weiß nur nicht wie – auf der Basis von
Hirnrealen (die niemand genau anzugeben weiß), emergiert.

Insofern ist Searle durchaus gut beraten, die Intentionalität
zu naturalisieren, um die Repräsentation mit einem Wirklichkeitsanker zu versehen, was sie von jeglichem Verdacht der sozialen Konstruktion befreien soll.[95] Doch dieses Manöver scheitert zuletzt daran, dass nicht klar wird, wie die naturalisierte
Intentionalität die Grundlage für eine nicht-naturalisierbare –
weil sozial konstruierte – Zusatzdimension sozialer Tatsachen
zur Verfügung stellen soll. Searles deklarative Sprechakte verfügen über eine Konstitutionsrichtung, die weder in sein natura-

rung der Hauptthese des Buchs: »*Die These, die ich im vorliegenden Buch
darlegen und begründen werde, besagt, daß die gesamte institutionelle Realität
des Menschen durch (Repräsentationen mit der gleichen logischen Form wie)
SF-Deklarationen geschaffen und aufrecht erhalten wird, was auch jene Fälle
einschließt, bei denen es sich nicht um Sprechakte in explizit deklarativer
Form handelt.*« (Ebd., S. 28). Gleichzeitig meint er: »*Den Deklarationen
entspricht kein vorsprachliches Analogon. Vorsprachliche intentionale Zustände können in der Welt keine Tatsachen schaffen, indem sie diese Tatsachen
als bereits existierende repräsentieren. Für diese bemerkenswerte Leistung ist
eine Sprache erforderlich.*« (Ebd., S. 119 f.) Die Inkohärenz dieses Prämissenrahmens tritt explizit in einer unmittelbar folgenden Fußnote zutage,
wo Searle umgehend zurücknimmt, was er zuvor explizit in uneingeschränkter Allgemeinheit behauptet hat: »Es gibt allerdings einige sonderbare Ausnahmen. Descartes kann durch sein Denken, daß er denkt, die
Tatsache seines Denkens schaffen.« (Ebd., S. 120, Anm. 5).

95 Vgl. ausführlich Searle, *Intentionalität*; sowie das plakative Statement in
ders., *Wie wir die soziale Welt machen*, S. 76: »Die Intentionalität ist bereits
naturalisiert, denn das Denken zum Beispiel ist etwas ebenso Natürliches
wie das Verdauen.«

listisches Weltbild noch in seinen Versuch passt, dieses hinreichend weit auszudehnen.[96]

Foucault – wie vor ihm Nietzsche – weicht diesen Problemen teilweise dadurch aus, dass er eine Quasi-Naturalisierung vornimmt und das Selbst durch diskursive Praktiken entspringen lässt, die eine quasi-natürliche Grundlage haben. Deswegen bindet er Subjektivität an Praktiken der sexuellen Enthaltsamkeit, der wechselseitigen Überwachung usw., um auf diese Weise nahezulegen, dass Subjektivität aus eingeübten Verhaltensmustern hervorgegangen ist. Soziale Systeme greifen als leibliche Übungen in die Selbstkonstitution von Subjekten ein.

Doch diese Theoriekonstellation ist konstitutiv blind für ihre Eigenoperationen, weshalb Foucault niemals eine echte Geschichte der Gegenwart geschrieben hat, die auch nur ansatzweise frei von unter anderem eurozentrischen Voreinstellungen (etwa der Abschirmung des römischen Raums von asiatischen Einflüssen, von denen bei Foucault keine Rede ist) wäre. Der historische Korridor, den Foucault beschreibt, um seinen eigenen Standpunkt indirekt einzuholen, besteht vor allem aus ›abendländischen‹ Ressourcen, womit zumindest suggeriert wird, die moderne Geschichte der Humanwissenschaften sei der verlängerte Arm Athens, Roms und des frühen Christentums. Die Auswahl von als relevant befundenen Quellen zeigt deutlich die Signatur des Autors, der gerne hinter seinen scheinbar neutralen Machtanalysen verschwinden möchte.[97] Weit davon entfernt, den Autor getötet und das Subjekt entthront zu haben, erweist sich der

---

96 Vgl. dazu die detaillierte Analyse dieses Problems bei Freytag, *Die Rahmung des Hintergrunds*, S. 129-204.

97 Dieses Problem kann man nicht erfolgreich dadurch beheben, dass man reflexive Zusatzschleifen einbaut oder diese Form der Kritik *ad hominem* zurückweist und den Standpunkt einer solchen Metakritik als »christlich«, »platonisch«, »metaphysisch«, »unhistorisch« oder wie auch immer zu provinzialisieren versucht. Das ist übrigens eine der Pointen von Derridas Foucault-Kritik, auf die dieser später polemisch geantwortet hat. Vgl. zu dieser Konstellation Benoît Peeters, *Derrida. A Biography*, Cambridge, 2013, S. 131-133, sowie S. 240.

Autor solcher Genealogien als Herr im Haus seiner eigenen Konstruktion, hinter der er als beinahe anonyme Stimme zurücktritt.

Angesichts dieser Theorielage schlage ich vor, Marx und
Baudrillard (unter freilich völlig anderen Vorzeichen) zu folgen und an die Stelle der zwischen Unklarheit und Inkohärenz
schwankenden Rede von der ›sozialen Konstruktion‹ den Begriff der *Produktion* zu setzen.[98] Wir bringen neue Tatsachen dadurch hervor, dass wir sozial sind. Dazu gehören doxastische und
epistemische Tatsachen, sodass wir durch eine Analyse des Urteils auf die Sozialität der Vernunft stoßen.

Die soziale Natur des Urteilens besteht dabei darin, dass wir
als Denker von Gedanken konstitutiv fallibel sind. Die Denker
von Gedanken sind keine ›reinen‹ Fürwahrhalter, sondern sozial
produzierte Lebewesen, deren mentale Zustände keine isolierten Ereignisse des Fürwahrhaltens sind, in denen sie epistemisch
gefangen blieben. Die Inhalte unseres Fürwahrhaltens sind einerseits durch nicht-soziales Wirkliches und andererseits dadurch
geprägt, dass andere sie uns vorführen. Hierbei ist in Rechnung
zu stellen, dass die menschliche Sensorik keine nicht-soziale anonyme Tatsache, sondern qua evolutionäres Produkt sozial durch
die Reproduktionsbedingungen unserer Überlebensform zustande gekommen ist. Wie gesagt, sind die menschlichen neuronalen Netzwerke kein prä-soziales Gewächs, sondern Sedimente
komplexer Selektionsmechanismen, die seit unvordenklichen Zeiten durch teils unbewusste, teils bewusste Sozialität gesteuert
werden.

Wir sind der Korrektur bedürftig. Ohne faktische Korrektur
überleben Menschen nicht einmal. Geist – unsere Selbstbildfähigkeit – ist deswegen als solcher sozial.[99] Indem wir korrigiert

---

98 Ich verdanke Cem Kömürcü den Hinweis darauf, dass man Marx und
   Baudrillard als Kritiker der Konstellation der Sozialkonstruktion deuten
   kann.
99 Geist manifestiert sich in der Form dessen, was Popitz treffend als »Sich-
   selbst-Feststellen des Menschen« bezeichnet hat, woraus er »einige universal gültige Merkmale der sozialen Normgebundenheit«, insbesondere die

werden, erwerben wir den Begriff der Wirklichkeit als epistemischer Modalkategorie. Die nicht logisch privat zu leistende Konfrontation mit dem Wirklichen ist sowohl die *ratio cognoscendi* als auch die *ratio essendi* der Objektivität.

Die Natur des Sozialen ist dabei selbst nicht sozial produziert. Dass das Soziale darin besteht, dass Lebewesen wie wir nur durch Kurskorrektur überlebensfähig sind, durch die wir in das Spiel des Gebens und Verlangens von Gründen initiiert werden, ist selbst nichts, was seinerseits wiederum sozial produziert worden wäre. Wir sind schlichtweg derartige Lebewesen, deren Natur es ist, nur unter sozialen Bedingungen fortbestehen zu können. Als geistige Lebewesen gäbe es uns nicht, wenn wir unsere Überlebensbedingungen nicht dauernd reproduzierten, was bei einem sozialen Lebewesen wie dem Menschen nur durch Kooperation möglich ist. Als Menschen lernen wir, wie man sich ernährt, bewegt, sieht, hört und deutet; ohne diese elementaren Übungen schafft es in der Tat niemand ins Erwachsenenalter. Doch an dieser Architektur ist selbst nichts produziert. Wir machen uns nicht auf soziale Weisen zu sozialen Lebewesen, sondern wir sind faktisch sozial. Es ist unser Wesen, als natürliche Lebewesen sozial zu sein. Aus dieser Struktur können wir nicht ausbrechen, welche Phantasien der menschlichen Selbstüberwindung auch immer zu einer gegebenen Zeit grassieren mögen.

Diese Faktizität kann man nicht naturalistisch einholen, weil sie die Existenz und Wirklichkeit des Geistes voraussetzt, der nicht vollständig naturalisiert werden kann. Als geistige Lebewesen sind wir Denker von Gedanken, die in derjenigen Hinsicht sozial sind, dass wir fallibel sind und bleiben. Diese Fallibilität ist spätestens dann auf eine artikulierte Weise geistig, wenn wir uns über die explizite Darstellung dieser Struktur selbst steuern. Diese Selbststeuerung, d. h. anspruchsvolles mensch-

»›Tatsache Gesellschaft‹« ableitet. Denn als soziale Lebewesen ist unsere Selbstkonstitution ein »*Sich-gegenseitig-Feststellen*«. Vgl. Popitz, *Soziale Normen*, S. 64.

liches Handeln, bricht schon auf elementarer Ebene aus den
Reiz-Reaktions-Schranken aus, in denen sich unsere primäre,
sensorische Datenverarbeitung bewegt, deren Parameter sich partiell evolutionär erklären lassen. Natürlich wird jeder von uns
irgendwo auf einem beschränkten Spektrum des für Menschentiere möglichen genetischen, neurobiologischen usw. Equipments geboren. Mit diesem Equipment interagieren wir, was
sich unter anderem noch epigenetisch erforschen lässt, indem
man Verhaltens- und soziale Umweltfaktoren für die Genexpres-
sion mit in Rechnung stellt.[100] Doch keine solche zoologische
Autopsie des Menschen reicht jemals ansatzweise hin, unsere
geistige Lebensform und ihre Artikulation in der Gestalt von
historisch gewachsenen und besserungsfähigen Institutionen des
Urteils zu verstehen.

Menschen steuern sich über ihre Selbstbildfähigkeit. Auf der
Grundlage ausgebildeter Sozialität produzieren wir neue soziale
Tatsachen, indem wir uns ein Bild davon machen, wie wir in die
Natur passen – ein Bild, das im Zeitalter ökologischer Krisen in
der einen oder anderen Weise handlungswirksam ist. Wie wir
unsere Animalität und damit unsere Stellung in der Natur einschätzen, bestimmt mit, welche sozialen Tatsachen wir hervorbringen. Unsere artikulierte Selbstbildfähigkeit, die Wirklichkeit des Geistes, ist deswegen bereits durch und durch sozial,
was nicht bedeutet, dass spezifische Fälle intentionaler, wahrheitsfähiger Einstellungen nicht objektiv sind, sondern ›inter-
subjektiv‹ reguliert werden. Die Sozialität des artikulierten Geis-

---

100 Es gibt also offensichtlich mentale Verursachung, die nur nicht darin besteht, dass ein unkörperlicher Geist mit der Epiphyse oder irgendeinem
anderen Organ unseres Körpers interagiert. Die eigentliche ›mentale‹
und damit auch soziale Verursachung liegt vielmehr in den mereologischen Strukturen des Geistes, der nach dem Modell der Top-Down-Ver-
ursachung Produktionsverhältnisse neuer Tatsachen anbietet. Vgl. zur
Begriffsbestimmung retroaktiver Kausalität im Ausgang von Kant
Catherine Malabou, *Before Tomorrow. Epigenesis and Rationality*, Cambridge, Malden/MA. 2016, sowie die systematischen, interdisziplinären
Beiträge in Gabriel, Voosholz (Hg.), *Top-Down Causation and Emergence*.

tes ist kein Wasser auf die Mühlen der anspruchsvollen These, Intentionalität sei in jeder Hinsicht sozial. Unsere Gedanken sind zwar in kausale Kontexte eingebunden, die ohne soziale Produktion von Lebewesen nicht existierten, was allerdings nicht ohne viele Zusatzprämissen die Konklusion stützt, dass Wahrheit durch irgendeine soziale Norm (vom Typ berechtigte Behauptbarkeit oder Konsens unter idealisierten Bedingungen) ersetzt werden kann. Nicht alles ist sozial, auch nicht alle spezifisch notwendigen Bedingungen des Bestehens sozialer Tatsachen.

§ 13. Unsere Überlebensform – Die intransparente Gesellschaft

Die soziale Natur des Geistes gründet in unserer Fallibilität. Wer fallibel ist, ist korrigierbar und damit Subjekt einer Normierung. Eine Normierung ist genau dann sozial, wenn andere Subjekte sie dadurch vornehmen können, dass sie einem Subjekt einen Kurs vorschlagen. Soziale Gruppen sind keine bloßen Aggregate nebeneinander handelnder Subjekte, die jeweils einzeln fallibel sind, sondern Ergebnis einer Handlungskoordination angesichts der Herausforderungen des Wirklichen. Denn das Wirkliche normiert unser Denken und Handeln bereits implizit dadurch, dass wir auf der Ebene der Wahrnehmung über Intentionalität verfügen und damit doxastisch an eine Umgebung angepasst sind, die Gegenstände enthält, die selbst keine Gedanken, also nicht meinungsförmig sind. Unsere Wahrnehmung findet als etwas Wirkliches mitten im Wirklichen statt; sie ist offensichtlich kein Blick von Nirgendwo, sondern situiert. Die Wahrnehmungssituation tritt partiell ins Bewusstsein, sofern wir nur dann etwas wahrnehmen, wenn wir uns auch in anderen Zuständen befinden, sodass ein mentaler Gesamtzustand vorliegt, der einige bewusste Aspekte aufweist.

Da Wahrnehmung bei sozialen Lebewesen bereits partiell ein soziales Produkt ist (weil unsere notwendigen natürlichen Vor-

aussetzungen des Wahrnehmens im Rahmen sozialer Reproduktion entstehen), ist Intentionalität faktisch sozial.[101] Das
liegt allerdings nicht primär daran, wie man meinen könnte, dass
wir Fremdintentionalität internalisieren müssen. Unser Selbst
entsteht nicht im Spiegel derart, dass wir unsere ersten Vorbilder im Säuglingsalter als aufdringliches Nicht-Ich erfahren, ohne uns selbst zur Kenntnis zu nehmen. Wir könnten kein Selbstbild internalisieren, ohne dass wir schon intentional, d. h. auf
Tatsachen eingestellt wären, die nicht mit unseren Eigenzuständen identisch sind. Ein echtes absolutes Ich, das nicht ursprünglich in Ich und Nicht-Ich gespalten wäre, könnte man nicht
auffordern, eine von ihm unabhängige, nicht in seiner Verfügungsgewalt stehende Wirklichkeit anzuerkennen.

Die soziale doxastische Arbeitsteilung – d. h. die Verteilung
des wechselseitig inkompatiblen Fürwahrhaltens auf eine Vielzahl kooperierender Akteure – gehört somit zum Ursprung der
Objektivität. Die soziale Natur des Geistes bedroht das subjektive, vereinzelte Fürwahrhalten nicht, sondern lädt es mit epistemischer Objektivität auf: Weil andere anderes denken, stoßen
wir an die Grenzen dessen, was uns einleuchtet, und sehen uns
regelmäßig genötigt, unseren Kurs zu korrigieren oder anhand

---

101 Allerdings wäre es eine haltlose Übertreibung, wenn man, was bisweilen
    Soziologen konstruktivistischer Provenienz unterläuft, die diesen richti-
    gen Punkt nicht immer vorsichtig genug einführen, deswegen meinen
    würde, dass »das Material« unseres Denkens »gewissermaßen die Inhalte
    und sinnhaften Verweisungsstrukturen sozialer und kultureller Natur
    sind.« (Nassehi, *Muster. Theorie der digitalen Gesellschaft*, S. 259) Anders
    als Nassehi hier meint, gibt es natürliche Komponenten der mensch-
    lichen Intelligenz, ohne die wir nicht in kausalem Kontakt mit einer Um-
    welt stehen, also gar nicht überlebensfähig wären. Zu diesen teils subli-
    minalen Objektivitätsbedingungen vgl. wiederum Burge, *Origins of Ob-
    jectivity*. Wie gesagt, sind weder alle Gehalte noch gar alle Gegenstände
    unseres Denkens, Wahrnehmens usw. sozial, was nicht bedeutet, dass
    Denken, Wahrnehmen usw. nicht sozial produziert sind. Auch sind eini-
    ge Gegenstände, die man nicht für sozial produziert halten könnte (etwa
    neuronales Gewebe), durchaus partiell sozial.

von guten Gründen nach besserer Orientierung auf unserem eingeschlagenen Weg Ausschau zu halten. Wer angesichts einer legitimen Herausforderung seines Wissensanspruchs, dass p, an p festhalten möchte, kommt nicht umhin, seinen Anspruch zu befestigen. Bleibt man dauerhaft bei p, weil man keine Bereitschaft zeigt, nicht-p in Betracht zu ziehen, verfällt man demjenigen, was Hegel in diesem Zusammenhang treffend als »*Eigensinn*« bezeichnet hat:

> [E]ine Freiheit, welche noch innerhalb der Knechtschaft stehenbleibt. So wenig ihm die reine Form zum Wesen werden kann, so wenig ist sie, als Ausbreitung über das Einzelne betrachtet, allgemeines Bilden, absoluter Begriff, sondern eine Geschicklichkeit, welche nur über einiges, nicht über die allgemeine Macht und das ganze gegenständliche Wesen mächtig ist.[102]

Der hier ausgedrückte Gedanke lässt sich auch folgendermaßen rekonstruieren. Wenn wir p für wahr halten, gibt es dafür entweder einen *Anlass* oder einen *Grund*. Ein Anlass sei hier dasjenige, was uns in einen mentalen Zustand versetzt, der unmittelbar als Informationsstandsänderung registriert wird.[103] Unser mentales Leben vollzieht sich grundlegend so, dass wir in jedem benennbaren Augenblick einem anderen Informationsstand ausgesetzt sind. Den »Fluß der Gedanken und des Lebens«[104] erfahren wir als Zustandsfolge. Die mentalen Gesamtzustände, in denen wir uns als geistige Lebewesen jeweils befinden, sind dabei als Ereignisse im Universum feinkörnig individuiert: Sie sind genau dasjenige, was sie sind, nichts anderes.[105]

---

102 Hegel, *Phänomenologie des Geistes*, TWA 3, 155.
103 Vgl. dazu Markus Gabriel, *An den Grenzen der Erkenntnistheorie*, § 8.
104 Ludwig Wittgenstein, *Zettel. Werkausgabe*, Bd. 8, Frankfurt/M. 1984, § 173/S. 307.
105 Vgl. Tononi, Koch, »Consciousness: Here, There and Everywhere?«, S. 6: »Consciousness is *definite*, in content and spatio-temporal grain: each experience has the set of phenomenal distinctions it has, neither less (a subset) nor more (a superset), and it flows at the speed it flows, neither faster nor slower.«

Mentale Gesamtzustände sind radikal singulär und damit unwiederholbar. Sie sind jeweilig, sonst könnte ich sie mir nicht zuschreiben.[106] Der Übergang von einem mentalen Zustand zu einem anderen generiert einen neuen, zuvor niemals dagewesenen Informationsstand; der Geist vollzieht sich auf diese Weise als ein Ereignis, das sich als solches zur Kenntnis nehmen kann. Als selbstbewusste, sprachfähige Lebewesen verfügen wir über ein Vokabular, um Elemente des Informationsstandes über verschiedene Zustände hinweg zu re-identifizieren, was die Benennung von Anlässen ermöglicht. Was wir auf diese Weise erfolgreich benennen (ein Gegenstand), ist ein Anlass, etwas für wahr zu halten. Denn Gegenstände sind stets Teil einer Umgebung (eines Sinnfelds), ohne die sie nicht existieren könnten.

Ein *Anlass* ist wohlgemerkt nicht mit einem *Reiz* zu verwechseln. »Reiz« ist bereits ein Begriff mit einer ausdifferenzierten theoretischen Rolle und insbesondere nichts, was sich ›direkt‹ beobachten lässt. Reize sind postuliert, Anlässe offensichtlich. Ob sich Anlässe auf Reize reduzieren lassen, steht in der Debatte zwischen Illusionismus und Realismus auf dem Spiel. Wie gesehen, ist es dabei ein unsinniges Unterfangen, alle Anlässe mit Reizbündeln zu identifizieren, die unterhalb der Schwelle unserer Aufmerksamkeit wirksam wären, weil wir damit keinen Zugriff mehr auf die Schwelle der Aufmerksamkeit selbst hätten, die wohl kaum ihrerseits nur unterhalb ihrer selbst wirksam ist. Der konsequent auf seinen eigenen Versuchsaufbau angewandte Illusionismus entpuppt sich als schlechte Magie.

Im Unterschied zu einem Anlass ist ein *Grund* ein Zug im Spiel des Gebens und Verlangens von Gründen.[107] Ein Grund ist etwas, was wir anführen können, um p gegen einen legitimen Einwand abzusichern. Ein legitimer Einwand gegen p erhöht

---

106 Vgl. dazu Klinger, *Urteilen*, S. 38 f.

107 Ein Anlass kann freilich zum Grund werden, indem man auf ihn hinweist. Wer bestreitet, dass mein Auto vor der Tür steht, wird durch meinen Fingerzeig eines Besseren belehrt. Die Position meines Autos lässt sich unter Hinweis auf einen Anlass bestätigen.

die Glaubwürdigkeit von nicht-p in einem Kontext, in dem etwas auf dem Spiel steht. Die Zusammenhänge, in denen wir urteilen, verleihen unseren Urteilen ihr ontologisches Gewicht. Es hat keinen Sinn, sich selbst zu beweisen, dass es irgendein p (etwa »Ich bin bei Bewusstsein«, »Ich urteile, dass p«, »Ich lebe« oder »Ich = Ich«) gibt, dass man für wahr halten *muss*, wenn man es sich vor Augen führt. Denn dieses Projekt übersieht, dass es einen Kontext – beispielsweise eine philosophische Auseinandersetzung über propositionale Gehalte – gibt, in dem es Sinn hat, auf etwas Offensichtliches hinzuweisen. Plakativ formuliert: Jedes Cogito und jedes Bewusstsein finden sich in einer Situation vor, die sie nicht selbst hergestellt haben, z. B. in einem »Kaff bei Ulm«.[108] Die mit dem Selbstbewusstsein einhergehende Fähigkeit, sich seiner selbst zu vergewissern, ergibt sich nur in einem Zusammenhang doxastischer Arbeitsteilung, mittels derer wir als geistige Lebewesen unser Überleben bewerkstelligen. Ein kausal isoliertes Cogito erfriert – auch Descartes braucht einen Ofen.

Gründe generieren epistemische Asymmetrien und erzeugen auf diese Weise die Idee einer Opposition.[109] Der logische Raum, in dem wir urteilen, ist also immer schon gekrümmt. Das Maß seiner Krümmung ist die Spur der Anderen. Weil es keinen flachen logischen Raum geben kann, spricht immer etwas für p, was *faktisch* gegen nicht-p spricht. Es bestehen also materiale In-

---

108 Vgl. Durs Grünbein, *Vom Schnee oder Descartes in Deutschland*, Frankfurt/M. 2003, S. 19-21.

109 So wie ich den Begriff des Grundes hier bestimme, vermeidet er die von Christoph Möllers zu Recht herausgearbeitete Schwäche des Begriffs eines guten Grundes in der idealisierten analytischen Handlungstheorie. Ich stimme ihm völlig zu, wenn er den Gedanken der Opposition an die Legitimität des Andersmeinens bindet, was in die Normativitätstheorie aufgenommen werden sollte. »Entscheidende Merkmale demokratischer Ordnungen, namentlich die Institutionalisierung einer Opposition, deren Rolle es ist, inhaltsunabhängig anderer Meinung zu sein als die Mehrheit, sind mit einer auf gute Gründe fixierten Demokratiekonzeption nicht zu vereinbaren.« (Möllers, *Die Möglichkeit der Normen*, S. 37)

kompatibilitäten, die nicht über einen allumfassenden logischen Raum definiert sind. Die Negation ist deshalb kein logischer Freischein, der »p« sozusagen einkreist und von allem anderen abschottet. Wer p bestreitet, tut dies erfolgreich nur im Namen von q. Die Negation bezeichnet die Unvereinbarkeit des Fürwahrhaltens von p mit demjenigen von q. *Wer sinnvoll negiert (d. h. eine gehaltvolle Alternative anführt), rät ab; wer ins Blaue hinein universal negiert (ohne Angabe von Alternativen »Nein« sagt), wehrt allenfalls ab.*

Diese soziale Struktur des Fürwahrhaltens kann man auf die Gesellschaftstheorie abbilden. Denn die Gesellschaft weist blinde Flecken auf, was ein konstitutiver Motor ihrer Ausdifferenzierung in Subsysteme ist, die keiner zentral erkennbaren Regel unterstehen. Die Gesellschaft hat keine Zentrale, weil sie ansonsten nicht funktionsfähig wäre. Das ist eine sozialontologisch in Rechnung zu stellende Grundeinsicht der Systemtheorie.

Präzisieren wir diesen Gedanken. Wir sind fallibel. Darin meldet sich der Andere, der uns auf Korrekturkurs setzt. Andere urteilen anderes. Wir überblicken aber nicht, wie andere ›insgesamt‹ urteilen, weil ein solcher Überblick darauf hinausliefe, über ein nicht mehr bestreitbares Gedankengut zu verfügen. Der Überblick über *die* Gesellschaft hätte nichts im Blick. Was andere genau denken, bleibt letztlich unverfügbar. Die Anderen überraschen uns stets.

Kein noch so perfekter Überwachungsapparat kontrolliert die Gesellschaft. Die Macht eines Überwachungsapparats besteht deswegen nicht darin, das Meinen der Menge zu überwachen und gegebenenfalls einzuschreiten, wenn nicht so geurteilt wird, wie die Zentrale dies vorsieht. Ein Überwachungsapparat steuert vielmehr eine große Mehrheit bestenfalls dadurch, dass sich diejenigen, die ihm unterworfen sind, an der Fiktion seiner Allmacht ausrichten. Gelingende Zensur setzt auf Selbstzensur, indem sie die Vorstellung, alles sei überwacht, in wirksame Handlungsmodelle der Akteure überführt, die sich diese zuletzt selbst auferlegen.

Weil wir nicht wissen, wie die Anderen insgesamt urteilen,

bleiben wir auf Korrekturkurs. Dies ermöglicht es einer Gemeinschaft geistiger Lebewesen, durch Kooperation zu überleben und auf die systematische Verbesserung ihrer Lebensumstände hinzuwirken. Die Gründe, die wir anführen können, um ein bestimmtes Ziel in möglichst wenigen, dafür geeigneten Schritten zu erreichen, sind immer anfechtbar. Woher genau die Anfechtung rührt, ist stets *a posteriori* – und zwar für alle.

Darin gründet eine Paradoxie des perfekten Diktators. Diese besteht darin, dass der perfekte Diktator im Erfolgsfall paranoid wird, weil er keine Quelle fremden Fürwahrhaltens mehr einräumen kann, deren Kurs er nicht durch die Herstellung eines Überwachungsapparats antizipieren kann. Sinnloses Morden zur völligen Verunsicherung der Untertanen, d. h. totalitärer Staatsterror, löst das Problem nicht, sondern verfestigt es vielmehr in einen Zustand dauernd zu befürchtender Aufruhr. Die heute von vielen wahrgenommene Gefährdung der Idee des demokratischen Rechtsstaats als theoretisch legitimierbarer Herrschaftsform ergibt sich daraus, dass die Opponenten keine totalitären Diktatoren nach dem Modell des zwanzigsten Jahrhunderts sind. Die begriffliche Herausforderung der Idee des demokratischen Rechtsstaats speist sich heute daraus, dass weiche Formen der totalen Vergesellschaftung möglich geworden sind.

Ich führe diesen Spielraum, der von der Idee systematisch verteilter Macht bis zur Idee einer allumfassenden Zentrale reicht, nur als Beispiel dafür an, dass sich soziale Systeme über die Fiktion einer Zentrale selbst steuern, die wir etwa unter dem Titel des Staates kennen. Ein totalitärer Staat ist ein solcher, der den Staat mit *der* Gesellschaft identifiziert und diese auf die Grundlage eines identifizierbaren gesamtgesellschaftlichen Wir zurückführt. Ein totalitärer Staat tritt konstitutiv in Opposition zu den Anderen, die sich außerhalb seiner Grenzen befinden, er ist also im Sinne Carl Schmitts politisch.[110] Was man heute

---

110 Vgl. den prägnanten Übergang vom Begriff des Feindes zum Begriff des Fremden bei Carl Schmitt, *Der Begriff des Politischen*, Text von 1932 mit einem Vorwort und drei Corollarien, Berlin ⁷2002, S. 26f. Dort heißt es:

als Wiedererstarken des Nationalismus erlebt, ist die Rückkehr des nach Schmitt konzipierten Politischen auf einer globalen Bühne – eine Bewegung, die mythologische Züge annimmt, wie wir noch sehen werden (vgl. unten, § 15).

Gesellschaft ist deswegen möglich und wirklich, weil soziale Tatsachen grundsätzlich nicht aus Deklarationen bestehen. Es gibt keinen primordialen Akt der Anerkennung, der das Soziale aus der Taufe hebt. Wie gesehen, scheitert dieses Modell schon daran, dass der vermeintliche Akt selbst schon sozial sein muss, um die nötige Anerkennung zu erwirken, sodass sich der Theoretiker entweder in einen vitiösen Zirkel oder Regress begibt. Auf diese Weise generiert eine am Konsens ausgerichtete Sozialontologie eine Mythologie des fernen Ursprungs, d.h. eine Archäologie des Wissens. Wir kooperieren nicht deswegen, weil wir irgendwann eingesehen hätten, dass dies eine gute Idee ist, da eine solche Einsicht bereits eine Kooperation wäre. Wir kooperieren folglich grundlos. Zwar gibt es hinreichenden Anlass zur Kooperation, weswegen die Soziobiologie auf der richtigen Fährte ist, wenn sie die Tatsache des Sozialen daran bindet, dass wir Lebewesen sind. Die menschliche Lebensform partizipiert an Geist, sie ist dabei aber biologisch imprägniert.

Unsere Überlebensform ist durch und durch kooperativ. Wir hängen nicht nur über unsere Sapienz, d.h. durch explizierbare Selbstmodelle, sondern schon als Hominiden zusammen. Vor jeder vorgestellten oder faktisch vollzogenen kulturellen Einbettung sind wir als Hominiden Teil der Menschengruppe, die man nicht erst zusammenstellen muss. Menschliche Sozialität

»Der politische Feind braucht nicht moralisch böse, er braucht nicht ästhetisch häßlich zu sein; er muß nicht als wirtschaftlicher Konkurrent auftreten, und es kann vielleicht sogar vorteilhaft scheinen, mit ihm Geschäfte zu machen. Er ist eben der andere, der Fremde, und es genügt zu seinem Wesen, daß er in einem besonders intensiven Sinne existenziell etwas anderes und Fremdes ist, so daß im extremen Fall Konflikte mit ihm möglich sind, die weder durch eine im Voraus getroffene generelle Normierung, noch durch den Spruch eines ›unbeteiligten‹ und daher ›unparteiischen‹ Dritten entschieden werden können.« (S. 27)

ist also auf einer grundlegenden Ebene ohnehin nicht sozial konstruiert, sofern dies mit »natürlich« kontrastiert.

Wir sind von Natur aus sozial, was Ausdruck unserer Überlebensform ist, die ein statistisch gemitteltes Universales generiert.[111] Die Handlungsspielräume von Menschen sind auf einer grundlgenden biologischen Ebene in eine ökologische Nische eingebettet, aus der sich unsere Lebensvollzüge speisen. Überleben, Sterben, sexuelle Reproduktion, unser elementares emotionales Repertoire usw. prägen universale Muster aus, in denen sich der Mensch seit über hunderttausend Jahren wiedererkennen kann. Die kulturelle, lokale Imprägnierung modifiziert diesen Kernbestand nicht, sondern bettet ihn in historisch kontingente Praktiken ein, ohne ihn deswegen aufzuheben.

111 Menschen werden demnach gleich geboren, sind aber aufgrund kausaler, biologischer Umstände individuell verschieden, weshalb manche Menschen Vermögen haben, die andere nicht haben. Dass Menschen biologisch verschieden sind, verkürzt freilich ihre Menschlichkeit nicht, da diese keine Grade kennt. Etwas bzw. jemand ist entweder hominid oder nicht. Das einfache Merkmal eines Hominiden ist die minimale Überlebensfähigkeit als Ergebnis sozialer, sexueller Reproduktion, die bei fortschreitendem medizinischem Kenntnisstand freilich *in vitro* möglich ist. Ein Mensch zeugt einen Menschen. Soziale Reproduktion der menschlichen Überlebensform setzt also nicht unbedingt Geschlechtsverkehr voraus. Es ist allerdings nach bisherigem Wissensstand kein Zufall, dass menschliche Embryonen nur im Mutterleib zu überlebensfähigen Menschentieren heranwachsen, da dies zur Ausprägung spezifischer Vermögen führt. Wie dem auch sei, die Entstehungsbedingungen menschlicher Lebewesen sind nicht weniger sozial, wenn einige Elemente des Zeugungsvorgangs *in vitro* vorgenommen werden. Das statistisch gemittelte Universale hat ethisches Potenzial, weil die überwältigende Mehrheit der Menschen mit dem Vermögen geboren wird, soziale Situationen als moralisch aufgeladen zu erfahren. Der Mensch ist als soziales Lebewesen normativ und damit moralisch, sodass sich prinzipiell eine Reihe anthropologischer Konstanten durch Selbsterforschung unserer Überlebensform angeben lässt, die eine faktische Quelle universaler Selbstbestimmung (Menschenrechte) ist. Vgl. dazu ausführlich Gabriel, *Wer wir sind und wer wir sein wollen.*

Deswegen ist unsere *Überlebensform* von unserer *geistigen Lebensform* nicht durch einen begrifflichen oder gar metaphysischen Abgrund getrennt. Dennoch sind sie nicht identisch, weshalb das Soziale fundamental intransparent bleibt. Denn unsere Natur ist uns im Medium des Geistes nicht gänzlich bekannt, sodass wir als Menschentiere stets Umstände generieren werden, deren Zusammenhang jeglichen empirischen Kenntnisstand indefinit weit überschreitet. Der Mensch wird sich niemals vollständig entziffern, da wir wesentlich in eine Umwelt eingebettet sind, die wir aufgrund ihrer systemischen Komplexität niemals gänzlich unter Kontrolle bringen werden. Armin Nassehi bringt es auf den Punkt: »Wir sind uns selbst intransparent.«[112] Ich folge Nassehi überdies völlig, wenn er konstatiert:

> Es gibt wenige allgemeine Regeln im Bereich des Sozialen. Alles ist historisch relativ und von einer Unzahl von empirischen Randbedingungen abhängig. Aber ich würde tatsächlich so weit gehen und sagen: Wenn sich etwas wirklich ausschließt, dann ist es offene und freie Kommunikation und die Möglichkeit der Vergemeinschaftung. Vergemeinschaftung ist eher ein Effekt, auf Kommunikation verzichten zu können. […] Gemeinschaften werden vor allem dadurch gestiftet, dass bestimmte kommunikativen [sic!] Inhalte, Ansprüche, Formen und Abweichungen gerade *nicht* vorkommen.[113]

Unsere Fallibilität als Denker von Gedanken leitet sich nicht restlos aus unserer Überlebensform ab, was eine Pointe der diesbezüglichen Urszene der thrakischen Magd ist, die sich über den überlebensfremden Thales lustig macht, dessen Blick in die Ferne ihm das Offensichtliche verstellt.[114] Das menschliche Den-

---

112 Nassehi, *Muster. Theorie der digitalen Gesellschaft*, S. 261. Nassehi argumentiert (S. 259-262 und passim) überzeugend dafür, dass natürliche Intelligenz konstitutiv intransparent ist und bleibt, sodass sie sich in dieser Hinsicht gerade nicht von einer Black Box unterscheidet, woraus er die richtigen Konsequenzen für eine Philosophie der KI zieht.

113 Ebd., S. 277.

114 Zu diesem Topos vgl. Hans Blumenberg, *Das Lachen der Thrakerin. Eine Urgeschichte der Theorie*, Frankfurt/M. 1987.

ken reicht weit über den Umstand hinaus, dass wir überleben müssen. Deswegen lassen sich unsere begrifflichen Vermögen nicht einmal ansatzweise auf ein evolutionär privilegiertes Grundmuster reduzieren. Die Fiktionen verschwinden nicht, sie lassen sich nicht durch ein insgesamt explizites Regelwerk ersetzen, das gegen ideologische Übergriffe immun ist.

Unser Denken ist mithin nicht nur der verlängerte Arm der Evolution. Denken ist kein evolutionärer Fühler, mit dem sich der dunkle Lebensdrang ein Bild seiner Umgebung verschafft. Zwar kann man jedem Verhalten einen beliebigen Adaptionsvorteil andichten, was die häufig unsinnigen Traktate im Genre der evolutionären Psychologie *ad nauseam* illustrieren.[115] Doch zeigt genau diese Beliebigkeit, dass evolutionäre Erklärungen des Geistes »von Bakterien zu Bach« unwissenschaftlich (oder weniger polemisch kodiert: transempirisch) sind. Da sich beliebige Geschichten erfinden lassen, die irgendein gegebenes menschliches (oder nicht-menschliches) Verhalten als adaptiv auffassen, erklärt der Rekurs auf die Metaphern der Evolutionstheorie gar nichts. Den explanatorischen Aberwitz überdehnter letztlich pseudo-biologischer Modelle erkennt man daran, dass sie aus dem schlichten Vorhandensein eines Verhaltens – Sich-Verlieben, aufrechter Gang, naturwissenschaftliche Theoriebildung, Spieltrieb, Ernährungspräferenzen usw. – darauf schließen, dass es dem Überleben dient und deswegen adaptiv ist. Allerdings folgt daraus, dass ein bestimmtes Verhalten uns nicht umbringt, nicht, dass es adaptiv ist. Ansonsten wäre alles Verhalten (außer dem Suizid) adaptiv, da es dafür sorgt, dass der Organismus etwas treibt (die Ausführung dieses Verhaltens).[116]

---

115 Vgl. dagegen George Ellis, Mark Solms, *Beyond Evolutionary Psychology. How and Why Neuropsychological Modules Arise*, Cambridge u. a. 2018, und Tallis, *Aping Mankind*.

116 Diesen Unsinn hat übrigens schon Nietzsches Kritik der darwinistischen Erklärungsmuster entlarvt, der darauf hingewiesen hat, dass charakteristische Aktivitäten des Menschen (und anderer Tiere) nicht nach dem Modell des Willens zum Leben, sondern als Wille zur Macht, d. h. der

Das Soziale beruht phylogenetisch auf Intransparenz, weil
wir als geistige *Lebewesen* in unserer Überlebensform auf Kooperation angewiesen sind. Weil man niemals genau wissen kann,
was alle anderen wissen, bleibt jede explizite Handlungskoordination darauf angewiesen, dass Fiktionen im Spiel sind, dank
derer die Teilnehmerperspektive aufrechterhalten wird. Gesellschaft geht also nicht aus einem Wissensanspruch oder irgendeinem anderen wirksamen Anspruch auf Gestaltung hervor,
sondern liegt schon vor, wenn Ansprüche dieser Form angemel-
det werden können. Die Zone der Intransparenz ist dabei nicht

Steigerung aufzufassen sind, ohne den sich diejenigen asketischen Werte
nicht erklären lassen, die er als die Grundlage der wissenschaftlichen Auffassung der Objektivität sieht. Vgl. etwa Friedrich Nietzsche, *Jenseits von
Gut und Böse*, § 253 (KSA, 5, S. 196-198), wo Darwin, John Stuart Mill
und Herbert Spencer als »achtbare[], aber mittelmässige[] Engländer«
bezeichnet werden, worin er zugleich eine passende Subjektivität, »eine
gewisse Enge, Dürre und fleissige Sorglichkeit« sieht, die »zu wissenschaftlichen Entdeckungen nach der Art Darwin's […] nicht übel dispo-
niren mag«. Vgl. zum Zusammenhang von Selbstdisziplinierung und
Objektivität die wissenschaftshistorische Studie von Daston, Galison,
Objektivität. Zur Inkohärenz des im Hintergrund stehenden Perspektivismus vgl. insbesondere die subtile Rekonstruktion bei James F. Conant,
»The Dialectic of Perspectivism I«, in: *SATS: Nordic Journal of Philosophy*
6/2 (2005), S. 5-50; sowie ders., »The Dialectic of Perspectivism II«, in:
SATS: Nordic Journal of Philosophy 7/1 (2006), S. 6-57. Vgl. auch ders.,
»Zur Möglichkeit eines sowohl subjektiven als auch objektiven Gedankens«, in: Thomas Hilgers u. a. (Hg.), *Perspektive und Fiktion*, Paderborn
2017, S. 17-35. Biologistische Lesarten Nietzsches übersehen seine Wissenschaftskritik. Paradigmatisch dafür etwa Markus Wild, »Nietzsches
Perspektivismus«, in: Hartmut von Sass (Hg.), *Perspektivismus. Neue Beiträge aus der Erkenntnistheorie, Hermeneutik und Ethik*, Hamburg 2019,
S. 37-59, der Conants Beiträge sowie die subtilen Manöver, einen nicht-
banalen alethischen Perspektivismus zu entwickeln, geflissentlich ignoriert. Vgl. zur Zurückweisung der handelsüblichen Relativismus-Wider-
legungen (die Wild unkritisch in Anspruch nimmt) die beeindruckende
Studie von Dorothee Schmitt, *Das Selbstaufhebungsargument. Der Rela-
tivismus in der gegenwärtigen philosophischen Debatte*, Berlin, New York
2018.

genau umgrenzt. Da die Teilnehmer nicht wissen, was alle anderen wissen, wissen sie auch nicht, was alle anderen nicht wissen. Das genaue Maß des Wissens bleibt der Explizierbarkeit entzogen, ein Umstand, den Max Weber unter dem Stichwort der Rationalisierung untersucht hat. Diese besteht nicht darin, dass moderne Gesellschaften rationaler als vermeintlich vor- oder nichtmoderne sind, sondern darin, dass die Fiktion eines allwissenden Beobachters (eines Expertengremiums) kursiert, welche die Einzelnen davon entlastet, die Funktionsweise der Institutionen immer wieder aufs Neue auf den Prüfstand zu stellen.[117]

Die Sozialität *geistiger* Lebewesen besteht darin, sich aus dem Sumpf ihres Überlebens zu erheben. Der Mensch ist erhaben.[118] Anders gewendet: Wir existieren im emphatischen Sinn des Existenzialismus. Dieser besteht darin, dass wir uns auf Abstand von den notwendigen natürlichen Bedingungen befinden, dank derer wir überleben. Wir sind offensichtlich imstande, unser geistiges Leben im Licht eines Selbstporträts (eines Menschenbilds) zu führen.

Menschenbilder schließen einander aus. Konkret gestaltet sich dies so, dass wir uns ein Bild davon machen, worin unser Überleben besteht, das dessen natürlichen Bedingungen nicht hinreichend Rechnung trägt. Dies ist wiederum in dem Maße offensichtlich, dass wir weit davon entfernt sind, ein vollständiges Wissen der Selbstorganisation unserer Überlebensform (des menschlichen Körpers) zu haben. Wir sind und bleiben Gesundheit und Krankheit, Leben und Tod, als Prozessen ausgeliefert, die wir nicht vollständig im Griff haben. In irgendeinem Sinne emergiert das Leben, es ist an die Koordination von Subsystemen gebunden, die ohne vertikale Verursachung vom Ganzen auf seine Teile nicht verständlich ist. Schon unser Überleben ist darüber hinaus an soziale Bedingungen gebunden,

---

117 Vgl. dazu Gabriel, *Warum es die Welt nicht gibt*, S. 180-185.
118 Eine lange Tradition hat dies am erhobenen Haupt des aufrechten Gangs festmachen wollen. Vgl. den Überblick bei Kurt Bayertz, *Der aufrechte Gang. Eine Geschichte des anthropologischen Denkens*, München 2012.

sodass neben der ökologischen Nische unseres individuellen Organismus eine soziale Umwelt kausal dazu beiträgt, wie genau und dass wir uns überhaupt entwickeln.

Da wir weit davon entfernt sind, die biologische Komplexität unserer Umweltanpassung mechanistisch unter Rekurs auf die isolierte Kausalität einzelner, gar molekularer Bestandteile zu erklären, befinden wir uns auch theoretisch auf Abstand zu unserer eigenen Animalität. Wir sind auf ein Menschenbild angewiesen, um unser schieres Überleben thematisieren zu können. Diese Menschenbilder steuern unser Verhalten: *Wir handeln im Licht einer Auffassung unserer eigenen Animalität.*

Wer sich wie handelsübliche Naturalisten unserer Tage über ein Selbstmodell als mehr oder weniger altruistischer Killeraffe oder nach irgendeinem sonstigen zoologischen Modell steuert, hat eine fundamental andere Einstellung zu seinem Überleben als eine Person, die sich eine unsterbliche Seele zutraut. Naturalismus und Religion sind auch zwei Pole der Antwort auf die Frage, warum wir überleben. Die Frage, was das Leben ist, ist entgegen naturalistischer Versicherungen übrigens nicht reduktionistisch oder mechanistisch geklärt. Der Vitalismus gilt zu Unrecht als eindeutig überholt, was meist daher rührt, dass man sich die Einsicht in die Argumentationslage erspart, in der sich seinerzeit Driesch und Bergson zu Wort gemeldet haben, um nur zwei der Protagonisten aufzurufen.[119] Ich führe dies nicht

---

119 Besonders analytisch scharf dargestellt wird der Vitalismus bei Hans Driesch, *Die Maschine und der Organismus*, Leipzig 1935, wo sich Driesch ausdrücklich gegen Schlick (S. 69-75) und Carnap (S. 75 f.) verteidigt. Zur Diskussionslage um Bergson, aus der die Legende hervorgegangen ist, Bergson sei naturwissenschaftlich überholt worden, vgl. die historisch informierte Rekonstruktion der Tatsachenlage bei Jimena Canales, *The Physicist and the Philosopher. Einstein, Bergson, and the Debate that Changed our Unstanding of Time*, Princeton 2015. Entgegen der landläufigen Legendenbildung vertreten Driesch und Bergson keineswegs die These, es gebe einen *élan vital*, der als kausaler Faktor eine Art Lebenskraft darstellt, die sich mechanisch oder im heutigen Sinne molekularbiologisch nicht erfassen lässt. Vielmehr vertreten beide eine

an, um eine Lanze für die – übrigens von Vitalisten abgelehnte – (unsterbliche) Seele zu brechen, sondern lediglich, um den Gedanken zu artikulieren, dass unsere geistige Lebensform bereits auf der Ebene unserer Selbstverhältnisses zu unserer Animalität zutage tritt. Der Mensch ist als Lebewesen irritiert. Wir sind in unserer Animalität nicht in derselben Weise zu Hause wie andere Tiere, deren Selbststeuerung nicht über den Umweg ihrer Selbstbeschreibung verläuft. »Der Mensch ist das Tier, das keines sein will.«[120]

Irgendein Menschenbild trifft das Wesen unserer Animalität, die mit der kausalen Architektur des nicht-menschlichen Universums vielfältig verwoben ist (unser Verhalten vollzieht sich im Spielraum von Kräften und Naturgesetzen). Wir wissen nur nicht, welche objektstufige Anthropologie, also welches Menschenbild unsere Animalität adäquat erfasst. Der Mensch ist sozusagen nach unten hin zoologisch weiterhin offen. Die Antwort auf dieses Problem ist der Widerstreit der Menschenbilder.

In dieser Hinsicht hat Yuval Noah Harari in *Eine kurze Geschichte der Menschheit* den richtigen Punkt getroffen.[121] Menschen bilden Gruppen, die man als »Gesellschaften« bezeichnen kann, auf der Basis von Geschichten, die sie erzählen, um das Rätsel ihres Überlebens zu domestizieren. Die Medizin erlangt damit eine philosophisch zu wenig beachtete Zentralstellung im Aufbau von Gesellschaft, was für ›moderne‹ Gesellschaften nicht weniger konstitutiv ist als für solche, die man als ›prämodern‹ einzustufen gewöhnt sein mag.[122] Medizinischer Fortschritt hängt

Auffassung, die im gegenwärtigen Kontext als eine Mereologie verstanden werden muss, der zufolge Leben Formate der *top-down*-Verursachung in Anspruch nimmt und deswegen nicht allein *bottum up* rekonstruiert werden kann. Vgl. in diesem Sinne zeitgemäß etwa Denis Noble, »Biological Relativity. Developments and Concepts a Decade on«, in: Gabriel, Voosholz (Hg.), *Top-Down Causation and Emergence.*

120 Gabriel, *Der Sinn des Denkens*, S. 23 und passim.

121 Yuval Noah Harari, *Eine kurze Geschichte der Menschheit*, München 2013.

122 Gegen diese Distinktion vgl. die triftigen Einwände aus dem Umfeld der symmetrischen Anthropologie, v. a. Latour, *Wir sind nie modern gewe-*

eng mit der Geschichte unserer Selbstbilder zusammen, da naturwissenschaftlich nicht abschließend geklärt ist, wie genau die derzeit unüberschaubar komplexen Regelkreise in einem menschlichen Organismus zusammenhängen und wie genau man Gesundheit als Normalzustand der Koordination der jeweils komplexen Systeme einstufen kann, die in einem Organismus zusammenlaufen.

Menschliche Vergesellschaftung ist fundamental fiktional. Derjenige Zusammenhang menschlicher Gruppen, den wir als »Gesellschaft« oder »Kultur« anzusprechen gewohnt sind, verdankt sich historisch der Mythenbildung. Der Mensch ist ohne das mythologische Bewusstsein seiner Stellung im nicht-menschlichen Kosmos nicht zu verstehen.[123] Harari verspielt diese seine Einsicht freilich sogleich, indem er eine einseitig naturalistische *Geschichte* der Menschheit erzählt, die alle handelsüblichen teleologischen Muster wiederholt, die von primitivem Überleben hin in die moderne, europäische Zivilisation führen und die in seiner Story nicht zufällig in Kalifornien kulminieren.[124] Wie sein wahres Vorbild, Nietzsche, bedient er sich der unvermeidlichen Narrativität unseres Selbstseins, um damit den Übermenschen vorzubereiten. Harari arbeitet durch Geschichten geschickt versteckt an der Selbstzerstörung der Menschheit, wozu bestens passt, dass er die philosophisch unsinnige These propa-

---

sen, sowie Castro, *Die Unbeständigkeit der wilden Seele.* Ich verdanke Eduardo Viveiros de Castro wertvolle Einsichten in die auffälligen Parallelen zwischen der Sinnfeldontologie und demjenigen, was er als »amazonischen Perspektivismus« bezeichnet, d. h. einer Ontologie, die er bei sogenannten ›Indios‹ nachweisen konnte. Dies konnten wir auf einer Tagung über die ontologische Wende in Porto Alegre im Oktober 2012 sowie während meiner Gastprofessuren an der PUC-Rio de Janeiro diskutieren. Zum Überblick in der Ethnologie vgl. Holbraad, Pedersen (Hg.), *The Ontological Turn.*

123 In dieser Hinsicht folge ich weiterhin Schelling so, wie ich ihn gedeutet habe in Gabriel, *Der Mensch im Mythos.*

124 Ein geeigneter Titel für sein Folgewerk *Homo deus* wäre gewesen »Go West«.

giert, die neuen Überwachungsapparate der Digitalisierung sei-
en die endgültige Widerlegung des freien Willens und damit der
Anfang vom Ende der *liberalen* Demokratie.[125]

Statt dieses arbiträren Manövers, das eine objektstufige Anthropologie – diejenige des Transhumanismus – gegen andere
(insbesondere theistische Menschenbilder) ins Rennen schickt,
empfiehlt der hier verfochtene Neo-Existenzialismus die Idee
einer *höherstufigen Anthropologie*. Diese stützt sich auf die anthropologische Invariante der Unhintergehbarkeit von Menschenbildern, die Quelle universaler Geltungen ist. Wo wir Menschen
treffen, steuern diese ihre Vergesellschaftung über objektstufige
Auffassungen von Leben und Tod usw. Geheilt und bestattet
wird überall.

Dies ist der Ursprung philosophischer Verortungsprobleme:
Die Frage, wie Werte, Geist, Bewusstsein, Leben, Schönheit, Zahlen, Farbeindrücke usw. ins Universum passen, wirft ontologische und erkenntnistheoretische Schwierigkeiten ersten Rangs
auf. Denn unser Menschenbild verdankt sich jederzeit dem Umstand, dass wir aus der nicht-menschlichen Umgebung heraus-
fallen, woran auch die moderne Astrophysik nichts geändert hat,
die zum Paradigma unserer »exzentrischen Positionalität«[126] geworden ist. Wir entfernen uns selbst ständig aus jedem vermeintlichen Zentrum, in das wir uns einst hineingedichtet haben.
Diese Selbstbestreitung nimmt in der sogenannten ›Moderne‹
die Form eines Sinnlosigkeitsverdachts an, der sich in dem Gedanken zuspitzt, dass unser Leben keinen Sinn haben kann, der
das Überleben wesentlich transzendiert, weil wir in uns nichts
anderes als Sternenstaub sehen, der aus kosmischer Perspektive –

125 Guardian-Artikel von Yuval Noah Harari, »The Myth of Freedom«, in:
The Guardian, 14. September 2018, online unter: ⟨https://www.theguar
dian.com/books/2018/sep/14/yuval-noah-harari-the-new-threat-to-li
beral-democracy⟩, letzter Zugriff 3.10.2019.

126 Helmuth Plessner, *Die Stufen des Organischen und der Mensch. Einleitung
in die philosophische Anthropologie*, Frankfurt/M. 2003, S. xviii, sowie
S. 318 und passim.

in den vielzitierten Worten Schopenhauers – zu »Schimmelüberzug« wird, der »lebende und erkennende Wesen erzeugt hat«[127].

Schopenhauer ahnt bei alledem freilich, dass diese exzentrische Perspektive von uns eingenommen wird und damit ihrerseits eine Funktion in unserer Selbstbeschreibung übernimmt, die sich *malgré lui* nicht darauf beläuft, die »empirische Wahrheit, das Reale, die Welt«[128] zu sein. Die Beschreibung des Lebens aus einer kosmischen Perspektive bedroht nur dadurch den Sinn des Lebens, dass sie von uns eingenommen wird. Damit entpuppt sie sich selbst als Beitrag zur Selbstbestimmung des Menschen. Sie ist keineswegs die »empirische Wahrheit, das Reale, die Welt«, sondern ein Stimmungsbild, das aus einer bestimmten Metaphysik resultiert bzw. sich als Metaphysik ausspricht.[129]

Solche metaphysischen Stimmungslagen angesichts eines irritierten Menschenbilds sind der hier vorgeschlagenen Diagnose zufolge Ausdruck gesellschaftlicher Verhältnisse. Denn Gesellschaft ist Teil der Antwort auf die Frage, was oder wer wir sein wollen. Soziale Systeme werden aus der Teilnehmerperspektive darüber gesteuert, dass ihre Mitglieder sich ein Bild ihrer Situation machen. Soziale Systeme sind interaktiv im Sinne Ian Hackings: Unsere Auffassung davon, was sie sind und wie sie funktionieren, bestimmt wesentlich mit, was sie sind und wie sie funktionieren.[130]

---

127 Arthur Schopenhauer, *Die Welt als Wille und Vorstellung*, Band II, Teilband 1, Zürcher Ausgabe. Werke in zehn Bänden, Band III, Zürich 1977, S. 9.

128 Schopenhauer, *Die Welt als Wille und Vorstellung* II/1, S. 9.

129 An dieser Stelle liegt Carnap mit seinem von Schopenhauer und Nietzsche inspirierten metametaphysischen Expressivismus goldrichtig. Schopenhauers Metaphysik ist keine Theorie, sondern eine normativ aufgeladene Selbstauskunft, was er freilich bei genauerem Hinsehen ähnlich wie Nietzsche einräumt. Es geht nicht um Tatsachenbeschreibung, sondern um die Selbstbestimmung des Menschen, in der Schopenhauer einen anti-christlichen Heilsweg sucht.

130 Vgl. Ian Hacking, *The Social Construction of What?*, Cambridge/MA., London 1999, S. 32, 59, 103-107 und passim.

Dieser Phänomenbestand verführt leicht zum Sozialkonstruktivismus, weil das Soziale nicht davon unabhängig ist, wie Akteure sich zu ihm verhalten. Das Soziale wird durch Dissensmanagement produziert, wobei diese Produktion veränderbar, d. h. kontingent ist. In diesem minimalen Sinne könnte man sagen, dass einiges (insbesondere Soziales) konstruiert ist, ohne dass daraus folgt, dass alles konstruiert ist, wobei der Begriff der Konstruktion dann einer weiteren Klärung bedürfte.[131] Diese Klärung wird in diesem dritten Teil dadurch vorgenommen, dass »Konstruktion« durch das realistische Pendant der Produktion ersetzt wird.

Dass soziale Systeme produziert und reproduziert werden, schließt nicht aus, dass sich womöglich alle Teilnehmer im Irrtum über sie befinden. Soziale Systeme werden nämlich nicht durch einen bewussten bzw. transparenten Akt der Konstruktion fabriziert, sondern immer unter intransparenten Bedingungen produziert, die weit über dasjenige hinausreichen, was den Gründern eines sozialen Systems direkt zugänglich ist.[132] Aus diesem Grund werden in komplexen Gesellschaften, die über eine unüberschaubare Vielzahl von Subsystemen verfügen, soziale Systeme höherer Stufe etabliert, die Risikoabschätzungen und sonstige Bewertungsparameter anlegen, um die Rahmenbedingungen gegebener, niedrig-stufigerer sozialer Systeme explizit zu machen. Dies gelingt nur partiell, weil sich sofort ein potenziell vitiöser Regress einstellt, der aus den Gründungsdokumenten der Staats- und Rechtsphilosophie vertraut ist: Sobald ein höherstufiges Überwachungssystem eines gegebenen sozialen Systems (etwa ein für einen Stadtteil zuständiges Polizeirevier) in den Verdacht gerät, auf unzulässige (etwa diskriminie-

---

131 Vgl. zur Diskussion Gabriel, »Der Neue Realismus zwischen Konstruktion und Wirklichkeit«.

132 Damit soll freilich nicht gesagt werden, dass jedes soziales System Gründer hat, sondern nur, dass es möglich ist, soziale Systeme explizit zu gründen, was allerdings die Intransparenz nicht beseitigt, sondern in die auf die Gründung folgende Ausgestaltung des sozialen Systems verlegt.

rende) Weise in das überwachte soziale System einzugreifen, wird
gefordert, ein weiteres soziales System (die Staatsanwaltschaft,
das Innenministerium) einzuschalten, das die Funktionsweise
des höherstufigen Überwachungssystems auf einer weiteren Stufe beobachtet usw. *ad indefinitum.* Vollständige Transparenz
kann unter diesen Bedingungen der Arbeitsteilung prinzipiell
nicht hergestellt werden, weil jedes Beobachtungssystem seinen
»blinden Fleck« hat, um eine der zutreffenden Haupteinsichten
der Systemtheorie aufzurufen.[133]

All dies ist sozialwissenschaftliches Gemeingut, das man im
Rahmen eines sozialontologischen Realismus nicht aus dem
Blick verlieren sollte. Man darf nicht übersehen, dass unsere Vergesellschaftung nicht unter optimalen, idealisierten epistemischen Bedingungen verläuft, was Rückkoppelungseffekte auf
die philosophische Theoriebildung hat. Denn diese findet nicht
im sozialen Vakuum, sondern im Medium des Buchdrucks, der
Universität, der öffentlichen Debatte, auf Tagungen, in Fachge-
sellschaften usw. statt.

Die sozialen Bedingungen der philosophischen Theoriebildung bezüglich des Sozialen sollten nicht dauerhaft ignoriert
werden, weil es ansonsten zu einer groben Verwechselung von
Modell und Wirklichkeit im folgenden Sinne kommen kann.
Jeder spezifische sozialontologische Ansatz wählt einen Grundbegriff aus, um den sich die Theoriebildung dreht – Normativität, Anerkennung, Macht, Souveränität, Kommunikation, System usw. Die daran anknüpfende Theoriekonstruktion etabliert
inferentielle Netzwerke, die es erlauben, ein Modell zu formu-

---

133 Vgl. die prägnante Formulierung der ubiquitären systemtheoretischen
Lehre vom blinden Fleck in Luhmann, »Erkenntnis als Konstruktion«,
S. 224: »die Unterscheidung, mit der ein erkennendes System jeweils beobachtet, [ist] ihr ›blinder Fleck‹ oder ihre latente Struktur. Denn diese
Unterscheidung kann nicht ihrerseits unterschieden werden; sonst würde
eine andere, eben diese, als Leitunterscheidung verwendet werden und
dies seinerseits blind.« Vgl. zu einer philosophischen Rekonstruktion
der Erträge der Lehre vom blinden Fleck für die Metaepistemologie Gabriel, *An den Grenzen der Erkenntnistheorie.*

lieren, das Verhalten in theoretischen Aussagen darstellt. Modelle sind niemals mit demjenigen identisch, was sie anpeilen. Einigen Elementen von Modellen muss Bezugnahme auf etwas Wirkliches zugeschrieben werden, ohne die das Modell leerläuft. Diese Zuschreibung bezeichnet Quine bekanntlich als »ontologische Festlegung.« Die ontologischen Festlegungen eines Modells setzen voraus, dass es etwas Wirkliches gibt, das sich modellieren lässt. Worin sie bestehen, lässt sich nicht ohne Analyse eines gegebenen, bereits etablierten Modells angeben.

Die ontologischen Festlegungen einer Sozialtheorie sind dabei im Akt ihrer Konstruktion partiell intransparent, worin sich der Umstand anzeigt, dass es soziale Bedingungen der Theoriekonstruktion des Sozialen gibt, derer man durch die Aktivität der wechselseitigen Kritik von Theorieangeboten habhaft zu werden sucht. Eine Sozialtheorie, die sich von Kritik und damit von der Legitimität von Alternativen freizumachen sucht, geht an ihrer erfolgreichen Autopoiese zugrunde, weil sie ihre Fallibilität unsichtbar macht. An die Stelle der epistemischen Modalkategorie der Wirklichkeit – und damit der Fallibilität – tritt das falsche Bewusstsein eines ultimativ gelungenen Paradigmas der Sozialforschung, was Lewis Gordon unter dem Stichwort der »disziplinären Dekadenz« erforscht hat.[134]

Sprechen wir vom *disziplinären Fehlschluss.* Dieser schließt aus der Geschlossenheit einer Gruppe, die sich im Austausch über die Details der Eigenschaften eines geteilten Modells befindet, auf die ontologische Wahrheit ihrer Festlegungen.[135] Kanonisiert wird ein solcher Fehlschluss durch die pragmatistische Wahrheitstheorie, die Wahrheit mit Konsens bzw. irgendeiner

---

134 Lewis R. Gordon, *Disciplinary Decadence. Living Thought in Trying Times*, London, New York 2006; sowie Lewis R. Gordon, »Der Realität zuliebe: teleologische Suspensionen disziplinärer Dekadenz«, in: Gabriel (Hg.), *Der Neue Realismus*, S. 244-267.

135 Zur Distinktion von »ontologischer Wahrheit« und »ontologischer Festlegung« vgl. Willard v. O. Quine, »Ontology and Ideology«, in: *Philosophical Studies* 2/1 (1951), S. 11-15.

anderen Norm rationaler Akzeptabilität identifiziert und damit
den Begriff der Wirklichkeit von der Modellkonstruktion fernhält.

Wissenschaftliche Paradigmen stehen begrifflich dem Mythologischen näher, als man glauben könnte, worauf wiederum
Quine mit seiner drastischen Bemerkung hingewiesen hat, dass
die ontologischen Festlegungen der modernen Physik kategorial Homers Pantheon nicht überlegen seien, was keineswegs
ein Grund sei, jene zugunsten von diesen aufzugeben.[136] »Eine
Setzung eine Setzung nennen heißt nicht, sie von oben herab zu
behandeln.«[137]

Das allgemeine Problem dieses Modell-Modells ist, dass es
das Wirkliche begrifflich auf unüberwindbaren Abstand rückt.[138]
Deswegen tritt – wie bei allen pragmatistischen und neo-prag-
matistischen Theoriekonstruktionen – ein nicht-alethisches
Erfolgskriterium an die Stelle der Wahrheit, etwa die Entscheidung, sich einem Weltbild anzuschließen, das wiederum in seiner technologischen oder sozialen Durchschlagskraft begründet
ist. Spezifisch manifestiert sich diese Schwäche im sozialontologischen Kontext dadurch, dass die eigene Positionierung nicht
als sozial erfassbar ist, weil ansonsten die vermeintlich kategoria-
le Distinktion zwischen beobachtbarem Zielsystem und expla-
natorischem Modell umschifft werden könnte. Wenn Modellkonstruktion bereits sozial ist, ist diejenige Eigenschaft – hier:
die Sozialität –, die man mittels eines Modells anpeilt, *ipso facto*
schon eine Modelleigenschaft.

Bei Quine zeigt sich dies indirekt, indem er konzediert, dass
die radikale Übersetzung »zu Hause« beginnt, also dort, wo der
Theoretiker versucht, sein eigenes Vokabular zu explizieren und

---

136 Willard v. O. Quine, »Zwei Dogmen des Empirismus«, in: ders., *Von
    einem logischen Standpunkt. Neun philosophisch-logische Essays*, Frank-
    furt/M. u. a. 1979, S. 27-50, hier insbesondere S. 48 f.
137 Quine, *Wort und Gegenstand*, S. 53.
138 Vgl. ausführlich Gabriel, *Der Sinn des Denkens*, S. 221-227.

sich reflexiv der Semantik seiner Sprache zu versichern.[139] Sprachliche Ausdrücke referieren ihm zufolge bekanntlich nicht ›einfach so‹, sondern nur in der Hinsicht, dass ein modell-förmiger Kontext feststeht, der Bedeutungen zuschreibt. Bedeutungen sind deswegen für ihn nicht-natürlich, was sie vom naturalistischen Standpunkt für ontologische Festlegungen disqualifiziert. Damit gerät der soziale Stabilisator von Bedeutung aus dem Blick, den ich im folgenden Paragraphen unter neorealistischen Prämissen untersuchen werde, d. h. der Umstand, dass sprachliche Bedeutung nur in Kontexten geteilten Regelfolgens möglich ist. In dem Maße, in dem das Denken eine soziale Natur hat, also dadurch, dass wir erkennbar fallibel sind, ist jeder Diskurs schon der »Diskurs des Anderen«.[140] Die Ausrichtung unserer Fallibilität ergibt sich aus natürlichen und sozialen Bedingungen, die *in ipso actu operandi* stets partiell intransparent sind. Niemand täuscht sich alleine.

Dies kann man unter Rekurs auf die Rechtfertigungsbedingung für Wissensansprüche illustrieren, an der sich der Streit über die Fallibilität entzündet. Wenn S weiß, dass p, gibt es irgendeinen Grund dafür, dass S p für wahr hält. Dieser Grund reicht im Erfolgsfall des Wissens dafür hin, dass dasjenige, was S für wahr hält, für wahr gehalten werden soll (weil es wahr ist). Im Erfolgsfall des Wissens koinzidiert der Grund des Fürwahrhaltens mit dem Fürwahrgehaltenen, was Williamson und andere epistemologische Externalisten dazu verführt hat, die Rechtfertigungsbedingung nicht für genuin zu halten und Wissen als unanalysierbaren mentalen Zustand *sui generis* zu behandeln.[141] Schließlich ist der beste Grund eines Wissensanspruchs dahingehend, dass ich zwei Hände habe, irgendeine Tatsache – etwa,

---

139 Willard v. O. Quine, »Ontologische Relativität«, in: ders., *Ontologische Relativität und andere Schriften*, Frankfurt/M. 2003, S. 43-84.
140 Vgl. dazu ausführlich Castoriadis, *Gesellschaft als imaginäre Institution*.
141 Zur Diskussion dieser Variante der *knowledge-first*-Epistemologie Patrick Greenough, Duncan Pritchard (Hg.), *Williamson on Knowledge*, Oxford, New York 2009, sowie Gabriel, *Die Erkenntnis der Welt*, S. 85-94.

dass ich zwei Hände habe –, zu der ich eine epistemische Einstellung, insbesondere diejenige des Fürwahrhaltens habe. Wie
schon Platon deutlich erkannt hat, ist die klassische Wissensdefinition deswegen auf harmlose Weise zirkulär, weil die Rechtfertigungsbedingung im Wissensanspruch impliziert ist, indem
man im Erfolgsfall dasjenige für wahr hält, was wahr ist, und
zwar letztlich deswegen, weil es wahr ist. Im Erfolgsfall sind Wahrheit und Fürwahrhalten aneinander gebunden. Platons Name
für diese Bindung ist λόγος.[142]

Ob die Tatsache, dass ich zwei Hände habe, oder die Tatsache, dass ich wahrnehme, dass ich zwei Hände habe, der Grund
des Wissens ist, spielt an dieser Stelle eine untergeordnete Rolle,
weil die Analyse des Wissens jedenfalls darauf hinausläuft, dass
irgendeine Tatsache – etwas, was wahr ist – der Grund meines
Wissens ist, weshalb es wiederum möglich (aber nicht notwendig ist) zu wissen, dass man weiß, dass p. Wissensansprüche sind
prinzipiell *iterierbar*, aber nicht *iterativ*.

Doch wie kann man unter solchen Bedingungen Fallibilität
angemessen denken? Wenn Wissen unser Name für den Erfolgsfall ist, ist Wissen selbstverständlich nicht fallibel. Da man die
Idee des Erfolgsfalls aus der Analyse unserer epistemischen Position nicht erfolgreich streichen kann, muss irgendetwas anderes fallibel sein.

Der Träger der Fallibilität kann leider nicht einfach im Wissens*anspruch* verortet werden. Dieser Vorschlag hat nämlich mit
der Schwierigkeit zu kämpfen, dass er keinen erfolgreichen Wissensanspruch kennen kann, weil der Erfolgsfall eines Wissensanspruchs Wissen ist und dieses *ex hypothesi* weder fallibel noch
infallibel, sondern ein nicht-zufällig gerechtfertigtes Fürwahrhalten ist.[143] Wenn Wissensansprüche konstitutiv fallibel wä

142 Zu Platons Einwand gegen eine Standardanalyse des Wissens vgl. ebd.,
     S. 38-64.
143 Andrea Kern liegt völlig richtig, dass die Bedingung der Nicht-Zufälligkeit hinreicht, um Gettier-Fälle auszuschließen, weshalb das Anführen
     von Gettier-Fällen kein Einwand gegen die klassische Wissenskonzep-

ren, könnten sie nicht gelingen. An dieser Stelle kann man sich nicht auf einen vermeintlich ›gesunden‹ Fallibilismus zurückziehen, weil die These, alle Wissensansprüche seien fallibel (weil Wissensansprüche konstitutiv fallibel sind), auf die Bestreitung von Wissen hinausläuft.

Man verbessert seine epistemologische Situation hier nicht dadurch, dass man sich auf einen Rechtfertigungsholismus oder irgendeine andere Spielart des Kohärentismus zurückzieht, um Wissensansprüche so kompliziert zu gestalten, dass man den Eindruck, sie könnten niemals vorbehaltlos gelingen, gleichsam wissenschaftstheoretisch oder wissenschaftshistorisch unterfüttert. Schon gar nicht führt es weiter, sich in die Untiefen einer Genealogie der Objektivität oder die Archäologie des Wissens zu stürzen.[144] Der Versuch einer Historisierung der Epistemologie beschreibt bestenfalls die Modifikation von Versuchsanordnungen und sozialen Anerkennungsmechanismen, ohne irgendeinen begrifflichen Fortschritt zu erzielen, der über die unsinnige Behauptung hinausginge, dass wir niemals wirklich etwas wissen können.[145] Die Historisierung von ›Wissen‹ ist stets nur bestenfalls aufgeschobener Skeptizismus.

Wenn Wissensansprüche erfolgreich sein können, können faktisch erhobene Wissensansprüche erster Stufe nicht fallibel, sondern im Einzelfall nur erfolgreich bzw. nicht erfolgreich sein. Ein jeweiliger Wissensanspruch gelingt; oder er gelingt nicht. Der Wissensanspruch schwankt demnach nicht zwischen seinem Erfolg und seinem Scheitern. Was schwankt, sind wir, d. h. geistige Lebewesen, deren Zustandsfolge und mentale Organisa-

tion, sondern nur ein argwöhnisches Missverständnis ist. Das Ergebnis der Gettier-Diskussion ist schlicht und einfach: *Nicht alles, was ein Subjekt mittels der Anwendung einer logischen Wahrheit auf gegebene Prämissen leistet, kann in epistemischen Kontexten als Rechtfertigung durchgehen.* Vgl. Kern, *Quellen des Wissens.*

144 Vgl. dazu im Anschluss an Foucault und damit sichtlich unter dem Einfluss Nietzsches Daston, Gallison, *Objektivität.*

145 Vgl. Hans-Jörg Rheinberger, *Historische Epistemologie zur Einführung,* Hamburg 2007.

tion dazu führen, dass sie sich täuschen können. Was sich täuscht, sind keine sprachlich artikulierten Wissensansprüche, sondern diejenigen Lebewesen, die sie erheben.

Ein gegebener Wissensanspruch dahingehend, dass p, gelingt; ein anderer dahingehend, dass nicht-p, scheitert – ein echtes *tertium non datur*. Hier liegt kein dritter oder neutraler Fall vor, der zwischen Gelingen und Scheitern oszilliert und durch irgendein justifikatorisches Manöver festgenagelt werden müsste.[146] Woran liegt es aber dann, dass wir fallibel sind, wenn nicht daran, dass wir *Wissensansprüche* erheben?

Die Antwort lautet, dass *wir*, aber nicht etwa unsere faktischen Wissensansprüche fallibel sind.[147] Wenn jemand einen Wissensanspruch erhebt, kann er damit scheitern, weil er als geistiges Lebewesen eine empirisch und letztlich auch prinzipiell unüberschaubare Zustandskomplexität und Zustandsfolge durchläuft, dank derer er p gegenüber einer gegebenen Reihe von Alternativen vorzieht. Das Vorziehen von p führt zum Fürwahrhalten, das im Einzelnen von unüberschaubar vielen Zuständen des Fürwahrhaltens gestützt wird. Der Irrtumsgrund liegt nicht im Wissensanspruch, d. h. in einem bestimmten Urteil, sondern darin, dass andere Faktoren der Beurteilung das Urteil trüben. Wenn im Urteil transparent wäre, dass es wahr bzw. dass es falsch ist, käme es nicht zum Konflikt mit anderen Zuständen des irrtumsanfälligen Subjekts. Zu diesen Zuständen gehören nicht nur andere Urteile, weil wir als Lebewesen nicht nur urteilen, sondern Einstellungen verschiedener Art haben, die unsere Urteilsfindung beeinflussen und ermöglichen. Ohne diejenige Sensorik, mit der ich gerade ausgestattet bin, könnte ich diese meine Urteile über meine Urteile nicht zu Papier bringen. Meine Sensorik generiert im niemals vollständig überschaubaren Zusammenspiel mit all den anderen wirklichen

---

146 Dies hat die Disjunktivismus-Diskussion gezeigt, vgl. paradigmatisch John McDowell, *Perception as a Capacity for Knowledge. Aquinas Lecture*, Milwaukee 2011; Rödl, *Selbstbewußtsein und Objektivität*.
147 Vgl. Gabriel, *Propos réalistes*, Kapitel 6.

Faktoren meiner Urteilsbildung einen Plausibilitätsbereich (die mir gerade verfügbare Evidenz), der mich veranlasst (aber nicht nötigt), ein Urteil zu fällen.[148] Dieser gesamte, prinzipiell stets intransparente Vorgang ist der Grund meiner Fallibilität, nicht mein allgemein mitteilbarer Wissensanspruch.

Wenn wir urteilen, dass p, und damit einen Wissensanspruch erheben, sind Bedingungen B_1, B_2, ..., B_n erfüllt, die dafür sorgen, dass das Ereignis des Urteilens stattfindet. Man urteilt zu einem Zeitpunkt, dass p, und das Urteil findet in einem Kontext statt. Urteile manifestieren sich als Gegenstände der Untersuchung in Sinnfeldern. Urteile existieren. Wenn wir als geistige Lebewesen etwas tun, z. B. urteilen, sind natürliche und soziale Bedingungen dafür erfüllt, dass unsere Aktivität erkennbar ist. Der von uns erhobene Wissensanspruch ist nicht völlig unsichtbar. Andernfalls wäre seine Beurteilung nicht theoriefähig.

Allerdings sind nicht alle Bedingungen des erhobenen Wissensanspruchs völlig sichtbar, weil wir ansonsten nicht als seine Träger in Frage kommen könnten. Es gibt also keine Objektivität ohne Subjektivität, was nicht bedeutet, den Gedanken zu verabschieden, dass Wissen der Erfolgsfall von Wissensansprüchen ist, dass diese also in zwei Arten: die gelungenen und die gescheiterten zerfallen. Klassisch formuliert: Das Ur-Teilen spaltet unser epistemisches Leben in zwei Arten von Fällen. Zu urteilen heißt, sich auf einer Seite zu wähnen, zu der es eine Alternative gibt. Damit beziehen wir uns letztlich freilich auf uns selbst als geistige Lebewesen, die faktische Wissensansprüche erheben. Diese Faktizität ist zu komplex, um vollständig überschaubar zu sein. Ein Teil unseres Lebens entgleitet uns stets, ohne dass eine feste Grenze feststünde, die erlaubte, unser Leben einzuteilen in dasjenige, was uns transparent ist, und dasjenige, was opak bleibt. Faktisch verschiebt sich diese Grenze nach nicht-apriorischen Kriterien.

Diesen Umstand habe ich an anderer Stelle als »Ge-schicht-

---

148 So auch Rometsch, *Freiheit zur Wahrheit*, Kap. 4.

lichkeit« bezeichnet.[149] Die zusammengenommen hinreichenden Bedingungen eines epistemischen Ereignisses lassen sich
nachträglich partiell analytisch erheben und verschiedenen Sinnfeldern zuordnen, die man archäologisch als Schichten isolieren
kann. Fallibel sind wir, weil das Zusammenspiel dieser Elemente nicht unter einer höherstufigen Kontrollaufsicht stehen kann.
*Jede reflexive Kontrolle der Module, die wir einsetzen, um etwas zu
erkennen, modifiziert den Gesamtzustand, in dem wir uns befinden, potenziell dergestalt, dass wir aus den Gründen, die uns dazu
geführt haben, die Kontrollaufsicht anzurufen, stets eine weitere
Beurteilung einholen müssten.*

Damit droht hier der Paradefall eines vitiösen infiniten Regresses Einzug zu halten. Ein infiniter Regress ist im Allgemeinen die unabschließbare Wiederanwendung einer Regel, deren
Aktivierung im Rahmen eines Registrierungsvorgangs erzwun-
gen wird, sodass es für jeden infiniten Regress einen Algorithmus gibt, etwa denjenigen, dass jeder faktische Gedanke von
einem »Ich denke« begleitet sein können muss.[150] Im justifikato-
rischen Kontext der Erkenntnistheorie – die Wissensansprüche
über Wissen(sansprüche) erhebt – ist ein infiniter Regress dann
vitiös, wenn die Berechtigung, die wir erwerben, um p im Unterschied zu einem erkennbaren Fall von nicht-p (eine Position im
Unterschied zu einer anderen) zu vertreten, nur eingeholt wer-

---

149 Gabriel, *Propos réalistes*, S. 205 f. Dabei folge ich einem mündlichen Hinweis Michael Forsters auf Hegels Wortspiel der »begriffene[n] Geschichte« (Hegel, *Phänomenologie des Geistes*, TWA 3, S. 591). Die einzelnen Bewusstseinsgestalten der *Phänomenologie des Geistes* werden im Verlauf ihrer Artikulation zu Modulen des Geistes, sodass sie retroaktiv,
vom Standpunkt ihrer Erhebung, als notwendig und vollständig erscheinen, was nicht bedeutet, dass irgendwie *a priori* abzusehen wäre, wie sich
der Geist entwickelt. Vgl. Forsters Versuch, Geschichtlichkeit und Notwendigkeit zusammenzubringen, in Forster, *Hegel's Idea of a Phenomenology of Spirit*.
150 Vgl. Markus Gabriel: »The Meaning of Existence and the Contingency
of Sense«, in: *Frontiers of Philosophy in China* 9/1 (2014), S. 109-129, hier:
S. 123-126.

den kann, wenn q angeführt werden muss, um nicht-p auszuschließen – ein Vorgang, der sich für q wiederholt.[151] Wenn ich
p nur urteilen kann, indem ich nicht-p dadurch ausschließe, dass
ich q urteile, ist *a priori* nicht abzusehen, warum ich q urteilen
kann, ohne nicht-q auszuschließen, was r auf den Plan ruft, usw.

Wenn es aber nicht-apriorische und insofern empirische Regressblocker gibt, die als Rechtfertigung dienen, entrinnen wir
diesem Problem. Deswegen sind wir quasi-apriori, d. h. durch
Theorievergleich, berechtigt, empirische Regressblocker anzunehmen. Ich sage »quasi-apriori«, weil die Pointe der Einführung
von Faktizität in das vermeintlich reine Denken der Erkenntnistheorie ja lautet, dass philosophische Wissensansprüche ihrerseits
in faktischen und damit realitätsgesättigten Kontexten erhoben
werden, die sich nicht von der geschichtlichen Endlichkeit freimachen können, dank derer wir überhaupt erfolgreich urteilen
können. Denn ohne diese Kontexte gäbe es *unsereiner* nicht, sodass *unser* Urteilen auch nicht in Frage stünde.[152]

Gesellschaft gehört hierbei zu den partiell intransparenten
Realisierungsbedingungen von Faktizität. Dass sich Tatsachen
erkennbar vom Fürwahrhalten unterscheiden, liegt nicht ausschließlich daran, dass es natürliche Arten gibt. Die Natur – als
Sinnfeld der natürlichen Arten verstanden – täuscht sich in unseren falschen Meinungen über sie nicht über sich selbst. Im
Menschen schlägt die Natur weder die Augen auf noch blendet
sie sich im falschen Meinen selbst, indem sie Menschen hervorbringt, die sie partiell im Dunkeln lässt. Denn es gibt nicht nur

---

151 Dies entspricht dem zweiten der fünf Tropen in Sextus' Darstellung von
Agrippas Trilemma, vgl. dazu mit Belegen Markus Gabriel, »Die metaphysische Wahrheit des Skeptizismus bei Schelling und Hegel«, in: *Internationales Jahrbuch des Deutschen Idealismus* 5 (2007), S. 126-156.

152 Die skizzierte Position ist deswegen resolut hermeneutisch, worauf Anton Friedrich Koch in seiner Besprechung von *An den Grenzen der Erkenntnistheorie* hingewiesen hat. Vgl. Anton F. Koch, »Buchnotiz zu Markus Gabriel: An den Grenzen der Erkenntnistheorie«, in: *Philosophische
Rundschau* 59/2 (2012), S. 185-189. Vgl. auch Kochs Charakterisierung
hermeneutischer Endlichkeit in Koch, *Hermeneutischer Realismus.*

natürliche Bedingungen des Fürwahrhaltens, sondern auch soziale. Diese sind insofern partiell nicht-natürlich, als sie wesentlich darin bestehen, dass wir ein Leben im Licht von Selbstporträts führen.

Dass sich soziale von natürlichen Arten unterscheiden lassen, kann man unter Rekurs auf drei Arten von Irrtum illustrieren.[153]

A) *Irrtum über natürliche Arten*: Wenn ich mich über eine natürliche Art täusche, ändert dies nichts an ihren intrinsischen Eigenschaften. Dies ist einer der Gründe, warum es sinnvoll erscheint, natürlichen Arten intrinsische Eigenschaften zuzuschreiben, weil unser Wissen oder unsere falschen Meinungen über sie nicht automatisch zu einer Modifikation ihrer Eigenschaften führen. Die Anzahl der Arten von Elementarteilchen in einer entfernten Region des Universums (in der keine Teilchenbeschleuniger durch Kollisionen neue Elementarteilchen generieren usw.) ist bestimmt. Sagen wir, es gebe dort genau sechs Arten von Quarks. Jemand mag durch Hörensagen etwas von Quarks erfahren haben, verwechselt diese aber mit Bosonen und meint deswegen, es gebe in der besagten Region fünf Arten von Quarks.[154] Jemandes wahre oder falsche Meinungen über Quarks und Bosonen verändern deren Eigenschaften nicht.

---

153 Vgl. die Argumentation in Gabriel, *Neo-Existentalism*.

154 Wem dieses Beispiel aufgrund seiner Ontologie unbeobachtbarer Entitäten verdächtig ist, ersetze es durch irgendein anderes Beispiel, an dem ein Irrtum über natürliche Arten beteiligt ist. Irgendetwas ist jedenfalls in jedem Szenario eine natürliche Art, indem es nicht dadurch variiert, dass sich unsere Meinungen über es ändern. So sind selbst einfache Ideen in Berkeleys Idealismus dieser Auffassung zufolge natürliche Arten, weshalb Berkeley sich zu Recht in der Lage sah, auf der Basis seiner erkenntnistheoretischen Ausführungen eine Naturphilosophie zu entwickeln, was in gegenwärtigen Idealismus-Diskussionen meistens unterschlagen wird. Vgl. die ausführliche Darstellung seiner Naturphilosophie in George Berkeley, *Siris. Eine Kette von Philosophischen Betrachtungen und Untersuchungen über die Tugenden des Teerwassers und über einige an-*

B) *Selbsttäuschung*: Jemand, der sich über sich selbst täuscht, modifiziert seinen Status. Wenn ich mich über mich selbst täusche – etwa glaube, dass ich keine unsterbliche Seele habe, obwohl ich eine habe; glaube, eine besonders gelungene Körperhaltung beim Tangotanzen einzunehmen, während meine Tanzschritte in den Augen aller anderen nicht einmal erkennbar zum Tango gehören; glaube, etwas zu wissen, während ich mich im Irrtum befinde usw. – verändere ich mich dadurch. Diese Statusmodifikation wird unter der Rubrik der Normalität in den Maßeinheiten sozialer Klassifikationssysteme gemessen, was ermöglicht, dass wir bestimmte Verhaltensweisen in gegebenen sozialen Systemen als »normal«, d. h. unauffällig, und andere als »unnormal«, d. h. als Verstoß, einstufen, worin der Ursprung der Normativität besteht.[155]

C) *Naturalisierung des Sozialen*: Eine dritte Art des Irrtums besteht darin, die Naturalisierung des Sozialen zu überziehen, d. h. die Grenzlinie zwischen dem Natürlichen und dem Geistigen an einer falschen Stelle, im Kernbereich des Geistes zu ziehen. Dies entspricht dem pathogenen Potenzial der zweiten Natur, die dazu einlädt, unsere Verwurzelung in der anonymen Natur nicht nur als kausale Grundlage, sondern als Anlass einer Revision der Begründungsordnung zu verstehen. Dass Gewohnheit und Einübung in eine diskursive Praxis begrifflich noch nicht angeleitete, semantisch gleichsam blinde Wiederholungen voraussetzt, bedeutet nicht, dass Intentionalität sich basalen, naturalisierbaren Formen der Repräsentation angleichen lässt. Wer in sozialen Systemen nichts weiter als einen aufgrund ihrer Komplexität versteckten Ausdruck präsozialer, anonymer

---

dere Fragen, die damit zusammenhängen und von denen eine aus der anderen entspringt, Leipzig 1913.

155 Normativität wird ausschließlich in Praktiken der Normalisierung realisiert, in dieser Hinsicht liegt Foucault richtig, wobei er freilich von Canguilhem beeinflusst ist, der darauf hingewiesen hat, dass Normalität in unserer Überlebensform angelegte Implementierungsbedingungen hat. Vgl. Georges Canguilhem, *Le normal et le pathologique*, Paris [12]2013.

Naturprozesse erkennt, verkennt die Struktur von Institutionen
und erhöht damit die Wahrscheinlichkeit einer faktischen Reduktion von objektivem Geist auf Prä-Soziales. Eine solche faktische Reduktion wirkt sich in sozialen Systemen als Institutio-
nenabbau aus.

Soziale Arten unterscheiden sich aufgrund ihrer konstitutiven
Einbettung in spezifisch menschliche Selbsttäuschungsformate.
Die Geistes- und Sozialwissenschaften untersuchen Tatsachen,
Ereignisse, Texte, Kunstwerke usw. unter dem Gesichtspunkt
der menschlichen Fähigkeit der Selbstbestimmung, die in der
Form der Selbsttäuschung und Naturalisierung des Sozialen
scheitern kann. Eine Gesellschaft ist ein Spielraum der Suifika-
tion: Welche Formen der Selbstbestimmung als erfolgreich, verfehlt oder neutral gelten, bestimmt mit, unter welchen Auflagen ein Leben gelingt.
    Ohne diese Dimension könnten Akteure Sanktionen des
Normbruchs nicht als Strafe erfahren. Das Gelingen unseres Lebens bestimmt sich unter anderem aus der sozialen Wahrnehmung des Hintergrunds weitgehend implizit geteilter Normen,
die unsere Selbstbestimmung an externen Maßstäben messen.
Ob ein Tanzstil wirklich gelungen; ein Handlungsmuster eine
Form sexueller Belästigung; eine mentale Zustandsfolge Indiz
einer Anpassungsstörung; ein Bartstil hip ist; eine sozioökonomische Transaktion ein Fall von Korruption ist; ein lautes Lachen Ausgelassenheit oder eine Bedrohung bedeutet usw., liegt
nicht allein in der Hand eines Akteurs, dessen Handlungen bewertet werden. Fortlaufend scheiternde Selbstbestimmung führt
zu sozialen Sanktionen, die von milden Formen der Ausgren-
zung bis hin zum Freiheitsentzug oder, je nach Rechtssystem,
sogar zum Tod führen können.
    Natürliche Arten sind an gelingender und scheiternder Selbst-
bestimmung beteiligt. Soziale Arten schweben nicht in uner-
reichbarer Ferne über anderweitigen Tatsachen. Wie man tanzt,
hängt davon ab, inwiefern die eigene neuronale Vorgeschichte
sowie im Allgemeinen unsere körperlichen Voraussetzungen und

Übungen uns Bewegungsabläufe ermöglichen; Anpassungsstö-
rungen, die wir nicht nur sozial als »krank« einstufen, können
Auswirkungen gestörter biochemischer Prozesse sein. Das Leben des Geistes steht unter Naturbedingungen, die allerdings
zum Vorliegen von Selbstbestimmung prinzipiell nicht hinreichend sind.

Die Mereologie des Geistes stellt die vermeintlich *a priori* stabile, weil metaphysische Ordnung auf den Kopf, die der Naturalist entweder für selbstverständlich oder für ein induktives
Ergebnis des explanatorischen Erfolgs der Naturwissenschaften
hält: Nicht etwa ist der Geist Teil der Natur, sondern vielmehr
ist die Natur Teil des Geistes.

Diese ontologisch signifikante Transformation wird in sozialen Maßeinheiten, d. h. in explizierbaren Normen kodifiziert,
die uns als Wegweiser dienen, um eine von Wittgensteins berühmten Analogien aufzurufen.[156] Normen sind ursprünglich
implizit, sie entspringen aus ungeschriebenen Gesetzen. Dass
Normen ursprünglich implizit sind, erkennt man daran, dass
Verhaltensweisen durch faktische Korrektur modifiziert werden – und sei es in der Hinsicht, dass wir sie durch die Konfrontation mit Alternativen überhaupt erst als solche bemerken, die
wir für vorbildlich erachten. Das Implizite ist deswegen der
Ausgangpunkt jeder sozialontologischen Analyse, weil sein Begriff dem Umstand unserer intransparenten Verstrickungen entspricht. Wie Bourdieu zutreffend konstatiert: »Wir sind in die
Welt verwickelt, und deswegen ist, was wir von ihr denken und
sagen, nie frei von Implizitem.«[157]

Hier kann man das vieldiskutierte Beispiel von Manieren anführen, die man erst als soziale Normen bemerkt, wenn man auf
Alternativen trifft, die einem schwer verständlich erscheinen
und für die man händeringend nach Artikulation und Rechtfertigung sucht; eine Erfahrung, die jeder Reisende in einem
ihm äußerst fremden Land leicht machen kann. In China oder

156 Vgl. PU § 85/S. 288.
157 Bourdieu, *Meditationen*, S. 18.

Japan verbreitete Tischmanieren unterscheiden sich signifikant von solchen, die auf dem Münchener Oktoberfest oder in einem Pariser Sternerestaurant gelten. Dasselbe gilt für Grußrituale, wie das vermutlich von den Quäkern als Zeichen der Gleichheit aller Menschen eingeführte Händeschütteln. Solche Manieren erscheinen uns im Gebrauch als selbstverständlich und fallen nur dadurch *als* Normen auf, dass wir auf Alternativen stoßen.

Dies steht im Widerspruch zu einer Überlegung Christoph Möllers, der aus seinem Normbegriff darauf schließt, dass die

> Rede von impliziten Normen [...] sinnlos [ist], weil Normen erst auf Grund einer Erfahrung entstehen, die eine negative Bewertung mit einer *auf die Zukunft* gerichteten Generalisierung verbindet.[158]

Möllers empfiehlt dabei einen »reduzierte[n] Begriff von Normativität [...], der aus nur zwei Elementen besteht.«[159]

> Normen, so die These, bestehen aus der Darstellung einer *Möglichkeit* und einer positiven Bewertung von deren Verwirklichung, die ich als *Realisierungsmarker* bezeichnen werde.[160]

Das hierbei in Anschlag gebrachte Argument gegen implizite Normen überzeugt nicht in der in Anspruch genommenen Generalität, weil Möllers es zu Unrecht für »unklar« hält,

> worin der Unterschied zwischen einer Beschreibung der Situation als einer, in der eine auf die abgelaufene Situation bezogene Norm erst entstanden ist, und einer solchen, in der das Ereignis ganz ohne Rekurs auf eine solche Norm beschrieben wird, bestehen könnte. Von einer impliziten Norm zu sprechen wirkt dann so, als könne man von einer Sanktion sprechen, ohne benennen zu können, worauf sich diese Sanktion bezieht. Wenn ich keinen anderen Anhaltspunkt für das Vorliegen einer Norm habe als eine Reaktion auf sie, sollte ich das Ereignis nicht als ›Reaktion‹ bezeichnen.[161]

---

158 Möllers, *Die Möglichkeit der Normen*, S. 207.

159 Ebd., S. 127.

160 Ebd., S. 127f.

161 Ebd., S. 207. Eine ähnliche Überlegung stellt Canguilhem an, wenn er dafür argumentiert, dass Regulierung mit Normverletzung beginnt, so-

Der letzte Satz ist unglücklich formuliert, weil eine Reaktion auf eine Norm offensichtlich ein Anhaltspunkt für ihr Vorliegen ist. Außerdem: Warum sollte man eine Reaktion nicht als eine »›Reaktion‹ bezeichnen«? Auch das Argument, das diese Ausdrucksform rechtfertigen soll, trägt nicht weiter, sondern führt vielmehr *pace* Möllers in die Untiefen von Kripkensteins Regelproblem, um das es im folgenden Paragraphen gehen wird.[162] Die Idee einer impliziten Norm besagt, dass eine Situation normativ geladen sein kann, auch wenn die Norm gemeinschaftskonstitutiv ist und daher durch diejenigen, die einer Gemeinschaft angehören, bisher nicht bemerkt wurde. Wenn etwa eine bestimmte Gruppe seit unvordenklichen Zeiten stets mit Stäbchen gegessen hat und irgendwann auf eine Gruppe trifft, die sich Messer und Gabel wünscht, wird der Gebrauch von Stäbchen als Norm sichtbar, weil andere von dieser Norm abweichen. Die Norm war implizit und wird für die Beteiligten nun explizit. Ihre eigene Bindung erschien ihnen zuvor entweder gar nicht als solche oder wurde womöglich auf mythische Weise gehandhabt, also dadurch, dass sie z. B. als Schicksal, Natur oder göttliche Weisung im Umlauf war.

Wenn etwas Soziales als etwas Natürliches gilt, wird seine Normativität damit kaschiert. Mythologie und Ideologie (vgl. unten, § 15) docken in meiner Klassifikation an Fälle impliziter Normen an, weil die Normregistrierung in diesen Fällen gera-

dass »la condition de possibilité des règles ne fait qu'un avec la condition de possibilité de l'expérience des règles.« (Canguilhem, *Le normal et le pathologique*, S. 230)

162 Möllers hält dieses Problem für unergiebig (Möllers, *Die Möglichkeit der Normen*, S. 198-203), bewegt sich allerdings durchweg mit seinen auf diese Ablehnung folgenden Bemerkungen in seinem Bannkreis, wie etwa die folgende Passage belegt, in der er sich exakt Kripkes Frage stellt, »warum etwas Vergangenes aktuelle Bindungen rechtfertigen kann. Methodisch ergibt sich das Problem, ob nicht jede Anwendung unweigerlich eine Aktualisierung darstellt, die etwas ganz anderes hervorbringt als die vermeintlich ›ursprüngliche‹ Norm.« (ebd., S. 335) Das ist eine bündige Formulierung von Kripkes Problem.

de so verläuft, dass die Normativität übersehen wird. Jedes
normativ beschreibbare Ereignis lässt sich auch ohne Normen
beschreiben. Die Frage lautet, wer Recht hat. Ob ein Sozialtheoretiker eine Situation als normativ oder nicht-normativ charakterisiert, ist in der Regel nicht entscheidend für die Frage, welcher Art die Situation wirklich ist. Die Sozialtheorie produziert
nicht etwa alle ihre Gegenstände, nur diejenigen, die dadurch
entstehen, dass der Sozialtheoretiker in sozialen Systemen inter-
veniert, ohne die sein Vorstoß in Sachen wissenschaftlicher Ansprüche nicht zur Geltung kommen könnte.

Möllers schließt aus den sozialwissenschaftlichen Erkennbarkeitsbedingungen faktisch vorliegender Normen auf deren Ontologie.[163] In Anlehnung an eine Formulierung Blumenbergs
unterstellt er normativ gebundenen Akteuren ein »*Möglichkeits-
bewußtsein*«.[164] Dieses mag vorhanden sein, doch folgt daraus
nicht, dass implizite Normen mit dem allgemeinen Möglich-
keitsbewusstsein kollidieren, dank dessen wir uns als Akteure
hinsichtlich der *differentia specifica* von anderen Lebewesen unterscheiden, dass wir soziale Einstellungen zu *possibilia* pflegen.

Unser Freiheitsbewusstsein ist eine Voraussetzung von Normativität. Weil andere sich im Dissens mit uns befinden, verfügen wir über den Begriff der epistemischen Möglichkeit, dass
wir uns täuschen können. Wo kein Dissens besteht, kommt es

---

163 Vgl. seine Rekonstruktion der Dialektik von Befehls- und Anerken-
     nungstheorien des Normativen ebd., S. 102-109. Diese kulminiert in
     der Formulierung des folgenden Dilemmas: »Je erfolgreicher eine Norm
     dadurch ist, dass sie dem Gang der Ereignisse entspricht, desto offener
     bleibt, was diese Norm von diesem Gang der Dinge *erkennbar* unter-
     scheidet.« (ebd., S. 108) Möllers weist wohlgemerkt die Idee der »herr-
     schende[n] Ontologie des Sozialen« (S. 254) zurück, die »Normen als
     Produkte koordinierender oder kooperierender individueller Subjekte
     versteht.« (Ebd.) Deren Schwäche sieht er zu Recht in der Beschreibung
     des Sozialen, »so als wäre normative Praxis eine perpetuierte Gründungs-
     situation.« (S. 254) Vgl. auch ebd., S. 376f.
164 Möllers, *Die Möglichkeit der Normen*, S. 209, Zitat aus Blumenberg,
     Theorie der Unbegrifflichkeit, S. 76.

zu keiner Gesellschaft, und eine Gesellschaft, die vollständig konsensuell ausgestaltet wäre, bräche in sich zusammen. Wären wir uns alle immer in allen Fragen einig – gäbe es eine universale Übereinstimmung in allen Fällen – bestünde keine Gesellschaft.

Doch dazu kommt es schon deswegen nicht, weil die Teilnehmer sozialer Praktiken (als Subjekte) über einen egozentrischen Index definiert sind, dank dessen sie etwas stets buchstäblich anders wahrnehmen als andere. Bereits unsere Wahrnehmungsurteile versetzen uns in Dissensverhältnisse, weil wir dasselbe Wirkliche konstitutiv anders vorstellen.[165] Der Fortbestand faktischen Dissenses ist garantiert, solange Menschen urteilen, wodurch Komplexität reproduziert wird, die bereits auf einer hinsichtlich ihres Gehalts und Gegenstands präsozialen Registrierungsebene vorliegt.[166]

Dieser sozialontologisch fundamentale Befund konfligiert nicht mit dem Vorliegen impliziter Normen. Diese werden zwar nur durch Dissens auffällig, doch kann dieser Dissens in der Interaktion des Sozialwissenschaftlers (bzw. jedes externen Beobachters, der in ein ihm partiell transparentes soziales System hineingerät) mit dem beobachteten System zutage treten. Es gehört zur Objektivität der Sozialwissenschaften, dass implizite Normen zur Konstitution einer Gesellschaft beitragen, d. h. Nor-

---

165 Das ist einer von Freges Hauptgründen dafür, Objektivität von Vorstellungen fernzuhalten, weil er diese zwingend für logisch privat hält, was leider zum Auseinanderfallen von Denken und Gedanken führt. Vgl. dazu Gabriel, *Sinn und Existenz*, §§ 2b und 12.

166 Ich knüpfe hier an Nassehis Begriff der Komplexität an, worunter er den Gedanken subsumiert, »dass sich nichts mehr ohne den Gedanken verstehen lässt, dass es aus unterschiedlichen Perspektiven auch unterschiedlich aussieht.« (*Muster. Theorie der digitalen Gesellschaft*, S. 284) Die SFO ist eine ihrerseits komplexe Komplexitätstheorie, was eine sozialontologische Familienähnlichkeit mit der Systemtheorie begründet. Die *differentia specifica* zu dieser besteht freilich im neutralen Realismus und der Konstruktivismuskritik: Der Begriff Konstruktion ist keine Komplexitätsbedingung, sondern eine ontologisch und epistemologisch fragwürdige Form der Komplexitätsreduktion.

men, die durch sozialwissenschaftliche Beobachtung zum ersten Mal in Erscheinung treten können.[167]

Genau dies gilt etwa für grammatische Normen, die man mittels einer wissenschaftlichen Grammatik einzufangen suchen kann. Sprache ist deswegen (*pace* Möllers) durchaus normativ, weil Sprachverhalten wechselseitigen Korrekturverfahren unterliegt, deren Maßeinheit eine wissenschaftliche Grammatik mit einem eigens dafür entwickelten Vokabular expliziert.[168] Möllers meint hingegen, sprachliche Regeln seien keine Normen. Dafür führt er einerseits das nicht überzeugende Argument an, dass Brandoms Variante einer Normativität des Sprachlichen zu einem problematischen »Pannormativismus« führe. Selbst wenn dies zuträfe, wäre damit natürlich nicht gezeigt, dass sprachliche Regeln keine Normen sind, sondern nur, dass Brandoms Theorie dieser Normativität übergeneralisiert ist. Andererseits formuliert er ein eigenständiges Argument, das ausdrücklich als ein Grund für die Zurückweisung der Idee impliziter Normen angeführt wird. Dieses lautet von ihm auf den Punkt gebracht folgendermaßen:

> Es ist unmöglich, dass wir den Konventionen, die unsere Sprache bestimmen sollen, im Vorhinein zugestimmt haben. Wir stimmen im Vollzug der Sprache zu, nicht vorher.[169]

Dieses Argument setzt freilich voraus, was bewiesen werden soll, dass Sprache nämlich nicht normativ sein kann, weil alle Normen explizit sind. Wir müssen Normen nicht im Vorhinein, ja wir müssen ihnen gar nicht zustimmen, damit sie gelten und wirken können. Niemand hat der Norm der Wahrheit zugestimmt, ehe wir auf der Ebene der Wahrnehmung mit Tatsachen auf Tuchfühlung gegangen sind, was schon eine Form von Normativität ist.

---

167 In diesem Sinne beantwortet auch Searle die Frage nach der Objektivität der Sozialwissenschaften in *Wie wir die soziale Welt machen*, S. 196-202.
168 Vgl. Möllers, *Die Möglichkeit der Normen*, S. 58-62.
169 Ebd., S. 58, Anm. 82.

Möllers verstrickt sich in den von ihm unterschätzten Regel-
skeptizismus, wenn er sich auf Quine beruft, um die These zu
verteidigen, dass es keine sprachlichen Normen gibt, die ein Verhalten vorschreiben, sodass die Linguistik oder philologisch geschulte wissenschaftliche Grammatik in seinen Augen »zur Konstruktion von Ad-hoc-Konventionen gerät, die sich jeder Praxis
anpassen müssen, also im Ergebnis nichts vorschreiben, sondern
nur etwas nachvollziehen.«[170] Dies übersieht, dass die wissenschaftliche Grammatik unter anderem zu Rechtschreibreformen
und Wörterbüchern führt und verwendet wird, um gramma-
tisch gut erforschte Sprachen zu lehren und zu lernen. Gerade
weil es vielfältige, aus der diachronen und synchronen sozialen
Ausdifferenzierung des Sprachgebrauchs resultierende Unregel-
mäßigkeiten (z. B. unregelmäßige Verben in flektierenden Sprachen) gibt, bestehen Sanktionen im Spracherwerb, ohne die
aus keinem *infans* ein sprachlich reifes geistiges Lebewesen
wird.[171]

Im Unterschied zu Möllers, Searle und anderen halte ich das
Implizite und Intransparente für den sozialontologisch aus-
schlaggebenden Faktor, also für eine relevante notwendige Bedingung des Vorliegens von Normativität. Die von Möllers in
den Normbegriff eingeschriebene »Ungewissheit« ist nicht nur
epistemisch, sondern *sozial*. Dass Normen auf Ungewissheit reagieren, verdankt sich dem Umstand, dass unsere Überlebensform sozial ist und keiner von uns einen Überblick darüber
hat, wie uns das Überleben gelingt.

Das Ausmaß der Arbeitsteilung ist schon bei Kleingruppen

---

170 Ebd., S. 58.
171 Kleinkinder stimmen übrigens offensichtlich dem Sprachvollzug als etwas zu, das für sie normativ ist, ehe sie dies im Vollzug der Sprache kund-
tun können, was erst später eintritt, wenn sie ein Bewusstsein dafür erlangen, dass es andere Sprachen gibt, die sie nicht verstehen. Dann können sie sich für ihre Muttersprache(n) als etwas entscheiden, was in einer
Situation bindend ist, und z. B. die Erwachsenen auffordern, eine bestimmte Sprache zu verwenden.

komplex und rührt daher, dass die beteiligten Individuen aufgrund ihres egozentrischen Indexes jeweils andere Erfahrungen
gemacht haben, die kommunikativ aufeinanderprallen. Unsere
wechselseitige Beobachtung sollte man nicht nach dem Modell
sozialwissenschaftlicher Theoriekonstruktion, sondern vielmehr
als überwiegend nicht-bewusst ablaufenden Prozess auffassen,
durch den Normen im Modus von Ritualen zirkulieren.

Zu einer Gruppe, einer Gesellschaft, zu gehören, setzt nicht
in erster Linie voraus, dass man weiß oder zu wissen beansprucht, welche Normen diese Gruppe konstituieren und von
anderen »Normzirkeln« unterscheidet.[172] Das Befolgen einer
Regel ist eben nicht als solches eine Deutung der Regel. Die unvermeidliche Blindheit des Regelfolgens ist die Signatur des
Sozialen auf der grundlegenden Ebene der Vergesellschaftung.
Normativität ist nicht im Allgemeinen Ergebnis irgendeines Ex-
plikationsprozesses, sondern sie beginnt dort, wo der Zusam-
menhalt einer Gruppe verlangt wird.

In diesem Zusammenhang verstehe ich Wittgensteins berühmten Rekurs auf »eine Übereinstimmung in den Urteilen«
in § 242 der *Philosophischen Untersuchungen* als ein Argument
gegen die von Möllers angeführte Erkennbarkeits-Vorausset-
zung.

> 242. Zur Verständigung durch die Sprache gehört nicht nur eine
> Übereinstimmung in den Definitionen, sondern (so seltsam dies
> klingen mag) eine Übereinstimmung in den Urteilen. Dies scheint
> die Logik aufzuheben; hebt sie aber nicht auf. – Eines ist, die Meß-
> methode zu beschreiben, ein Anderes, Messungsergebnisse zu fin-
> den und auszusprechen. Aber was wir ›messen‹ nennen, ist auch
> durch eine gewisse Konstanz der Messungsergebnisse bestimmt.[173]

Eine Norm muss einem Sozialwissenschaftler nicht auffallen
können, um wirksam zu sein. Es gehört zur Beschreibung der
Messmethode, dass eine Norm als solche auffallen muss, damit

---

172 Vgl. wiederum Elder-Vass, *The Reality of Social Construction.*
173 PU § 242/S. 356.

man ihr eine Studie widmen kann. Es ist richtig, dass man Normen nicht schon dadurch findet, dass man die Regelmäßigkeiten des Verhaltens einer Gruppe beschreibt. Dass jemand irgendetwas regelmäßig tut, bedeutet nicht, dass dieses Verhalten normativ ist. Nicht jede Handlung wird von einer Zielbestimmung geleitet, ansonsten könnte man die Handlung, beschwingt durch einen Park zu spazieren, oder diejenige, entspannt aus dem Fenster zu schauen, nur mit Schwierigkeiten unter den demnach überdehnten Begriff einer intentionalen Handlung subsumieren.[174]

Das Messen selbst untersteht dabei Regeln – einer Messmethode –, die nicht ihrerseits auf derselben Theoriestufe gemessen werden können. Die Sozialwissenschaftler müssen vorgängig in den Urteilen übereinstimmen, dank derer sie ein fremdes Regelfolgen auf Normativität hin untersuchen. Wie man sich auch dreht und wendet, es führt zu nichts zu meinen, man könnte den Regelapparat einer solchen Messmethode vollständig explizieren. Dennoch beansprucht er normative Kraft, was dann auffällt, wenn jemand auf bizarre Weise – etwa im Modus einer Verschwörungstheorie oder, empirisch noch weniger anfällig, in der Form skeptischer Hypothesen – den Annahmenapparat aus den Angeln hebt, ohne den eine gegebene Messmethode zu keinen erkennbaren Ergebnissen führt.[175] Daher Wittgensteins beständiger Rekurs auf ethnologische Spekulationen, der das Ziel verfolgt, die eigenen Urteile zu verfremden und uns darauf zu stoßen, dass es immer irgendeine normativ aufgeladene Ebene geben könnte, die wir bisher als solche übersehen haben.

Die Sozialwissenschaften können sich selbst untersuchen und stoßen dabei, wie jede rekursive Untersuchung, an irgendeinem Punkt auf die Endlichkeit möglicher Informationsstand-

---

174 So etwa ein mündlich vorgetragener Einwand Paul Boghossians gegen Joseph Raz' intentionalistischen Handlungsbegriff anlässlich eines Vortrags an der NYU im Herbst 2015.
175 Quassim Cassam, *Conspiracy Theories*, Cambridge, Medford/MA. 2019.

erhebung. Skeptische Hypothesen, die Konfrontation mit weit-
reichender kultureller Differenz, Verschwörungstheorien und extreme politische Konflikte sind Stolpersteine der Theoriebildung,
die uns darauf hinweisen, dass wir mit einigen (im Unterschied
zu Anderen) normativ geladene Hintergrundüberzeugungen teilen, dank derer eine vordergründige Normverhandlung möglich ist. Ein explizites Rechtssystem, das im Modus demokratischer Rechtsstaaten auf die Explikation und Veröffentlichung
seiner eigenen Normen drängt, darf uns nicht vergessen machen, dass es seinerseits auf einer Übereinstimmung in Urteilen beruht, die es nicht vollständig veröffentlichen kann. Der
Validitätsrahmen, in dem wir uns jeweils wie ein Fisch im Wasser bewegen, funktioniert letztlich nur so lange mehr oder weniger, als es implizite Normen gibt, die handlungswirksam
sind.

Vor diesem Hintergrund wird Möllers' Schwanken zwischen
Affirmation und Negation verständlich. »Normen verstehen wir
als die Affirmation der Verwirklichung einer Möglichkeit.«[176]
Hierbei meint er, diese Affirmation müsse explizit sein, weil er,
wie gesehen, die Möglichkeit impliziter Normen (durch Einführung eines revisionären oder, wie er konzediert, »reduzier-
ten« Normbegriffs) bestreitet. Eine Norm bewertet eine Möglichkeit als etwas, was verwirklicht werden soll, und schafft so
in der Tat Raum für Abweichung.

Normen, die nicht verletzt werden können, sind keine. So
weit, so gut. Doch damit ist noch nicht gezeigt, dass Normen
einen faktischen Bruch voraussetzen, dass also Handlungsberei-
che nur dann normiert sind, wenn ein expliziter Bruch auffällt
oder wenn ein bisher nicht normiertes Handlungsgeschehen im
Licht einer öffentlich zugänglichen Norm neu bewertet wird.
Möllers identifiziert in diesem Zusammenhang Negation und
Negierbarkeit, was sich der folgenden Passage entnehmen lässt,
in der er Affirmation in Negation umschlagen lässt.

176 Möllers, *Die Möglichkeit der Normen*, S. 171.

Die Möglichkeit, sich der Wirklichkeit zu verweigern, bildet damit den Ausgangspunkt jeder normativen Praxis. Affirmation als Form des Normativen baut stets auf Negation auf. Die Anerkennung des Verwirklichten ist überhaupt nur denkbar unter der Bedingung der Möglichkeit seiner Negation. Affirmation ist Reflexion auf eine unterbliebene Negation, nicht umgekehrt. Die Grundoperation des Normativen ist negativ. Sie weist die Welt so, wie sie ist, zurück. Ohne sie sind Normen nicht denkbar.[177]

Es trifft zu, dass Normen als solche nur denkbar sind, weil eine Abweichung vorliegt, die als solche registriert wurde. Eine unterbliebene Negation ist allerdings *ex hypothesi* möglich und faktisch stets wirklich, weil es irgendeine Norm gibt, derer sich der Normentheoretiker bedient, um seine Aussagen über Normativität abzusichern. Man kann »die Welt so, wie sie ist« allerdings nicht erfolgreich zurückweisen, weil dies allenfalls einen andersartigen Weltzustand – den der Zurückweisung einer bestimmten Tatsache – hervorbringt, der sich dann beispielsweise sozialwissenschaftlich untersuchen lässt. Weil es sozialwissenschaftliches Wissen gibt, müssen Normen *nolens volens* zum Wirklichen gehören. Auch dies konzediert Möllers, wenn auch wiederum in Form einer Oszillation, die sich in einer paradoxen Formulierung niederschlägt, wenn er mitteilt:

> Jenseits der Frage, wie sich beide zueinander verhalten und ob Schlüsse vom Sein auf das Sollen zulässig sind oder nicht, ist auch die Normativität Teil der Gesamtheit der Tatsachen. Sie ist eine Gegenwelt als Teil der Welt.[178]

---

177 Ebd., S. 208. Vgl. ebd., S. 153: »Weil Wirkliches möglich ist, können sich Normen auf Wirkliches beziehen. Dass sich Normen auf Wirkliches beziehen, ist dann der Fall, wenn sie eingehalten werden. Die Affirmation eines bestehenden Zustands oder einer eingespielten Praxis ist ein üblicher Gebrauch von Normen. Eine solche Affirmation kann in zweierlei Hinsicht sozial relevant werden. Erstens darin, dass der affirmierte Zustand durch die Norm eine andere Bedeutung bekommt. Er ist mit der Norm konform, er wird durch die Norm explizit gemacht und explizit affirmiert.«

178 Möllers, *Die Möglichkeit der Normen*, S. 132.

An dieser Stelle rächt sich die ontologische Reflexion, der sich Möllers zwar durchaus widmet, die er allerdings nicht festzunageln versucht, obwohl er ein theoretisch reichhaltiges Modalpaket anbietet, um die Möglichkeit der Normen fassbar zu machen. Doch wie soll eine Gegenwelt Teil der Welt sein, wenn diese, wie Möllers annimmt, die Gesamtheit der Tatsachen ist? Eine Untermenge der Tatsachen kann keine Gegenwelt sein. Möllers Rekurs auf das theologische Sprachspiel – in unserem Fall auf die Metaphorik vom Gottesreich, das nicht von dieser Welt ist – verbessert die Kohärenz des Gedankens »Gegenwelt als Teil der Welt« nur unwesentlich.[179]

Der theoretische Standpunkt, den Möllers bezieht, entpuppt sich bei genauerem Hinsehen rasch selbst als normativ. Seine Normativitätstheorie ist wie viele andere gegenwärtige Vorschläge dem Modell reflexiver Autonomie verpflichtet, das ich mit einer Wortschöpfung Kants (*mutatis mutandis!*) als *Heautonomie* bezeichne.[180] Hierbei denke ich an Pippins und Brandoms

---

179 Der theologische Anklang kehrt an einigen Stellen wieder, etwa in der Untersuchung des »Zusammenhang[s] zwischen Transzendenz und Normativität« (ebd., S. 406 f.). Freilich vertritt Möllers selbst keine theologische Begründung von Normen, sondern weist in seiner Skizze einer Genealogie moderner normativer Ordnungen auf ein theologisches Durchgangsstadium hin, von dem sich allerdings der Begriff einer »Gegenwelt« (S. 406) sowie der Transzendenz herschreibt, die Möllers nicht gänzlich über Bord wirft.

180 Bei Kant wird die Heautonomie ebenfalls im Rahmen eines Erkennbarkeits-Problems eingeführt, allerdings angesichts der Position der Urteilskraft vis-à-vis der Natur als Gegenstandsbereich empirischer Urteile. Vgl. Immanuel Kant, *Kritik der Urteilskraft*, Werkausgabe Band X, Frankfurt/M. 1974, S. 95: »Die Urteilskraft hat also auch ein Prinzip a priori für die Möglichkeit der Natur, aber nur in subjektiver Rücksicht, in sich, wodurch sie, nicht der Natur (als Autonomie), sondern ihr selbst (als Heautonomie) für die Reflexion über jene, ein Gesetz vorschreibt, welches man das *Gesetz der Spezifikation der Natur* in Ansehung ihrer empirischen Gesetze nennen könnte, das sie a priori an ihr nicht erkennt, sondern zum Behuf einer für unseren Verstand erkennbaren Ordnung derselben in der Einteilung, die sie von ihren allgemeinen Gesetzen macht,

Beiträge zur Theorie der Moderne, die an die Hegel'sche Diagnose anknüpfen, dass Normorientierung in der Moderne selbst zur Norm wird, an der wir uns orientieren können.[181] Doch nicht alle Normen weisen die logische Form des Rechts auf (verstanden als explizierbare Aussteuerung von Interessenskonflikten). Und selbst das Recht beruht in einer strikt Hegelianischen Perspektive auf Sittlichkeit, die ohne implizite Formen der Vergesellschaftung nicht existenzfähig ist.

Gesellschaft ist deswegen fundamental intransparent, was der Öffentlichkeit Grenzen setzt, die sie immer wieder zur Neujustierung ihrer Beobachtungsapparate nötigt, wozu neben den vertrauten Medien der Moderne – zu der auch die durch die Presse modifizierten Publikationsbedingungen des Wissenschaftsbetriebs gehören – neuerdings die trefflich als solche bezeichneten *sozialen Medien* gehören (vgl. unten, § 16). Die von der Systemtheorie sozialwissenschaftlich auf die Spitze getriebene Beobachtungsindustrie gelangt prinzipiell an kein Ende, weil es stets einen noch nicht explizierten und dennoch normativen Restbestand gibt, aus dem sich das Spiel des Gebens und Verlangens von Gründen ebenso wie normative Praktiken speisen, die darauf setzen, durch symbolische Bezeichnung von Normen Macht auszuüben. Die soziale Dynamik von Transparenz und

---

annimmt, wenn sie diesen eine Mannigfaltigkeit der besondern unterordnen will.«

181 Vgl. charakteristisch Robert B. Pippin, *Idealism as Modernism. Hegelian Variations*, Cambridge u. a. 1997; Robert B. Pippin, *Hegel's Practical Philosophy. Rational Agency as Ethical Life*, Cambridge, New York 2008; Robert B. Brandom, *Tales of the Mighty Dead. Historical Essays in the Metaphysics of Intentionality*, Cambridge/MA. 2002, sowie neuerdings sein Meisterwerk *A Spirit of Trust. A Reading of Hegel's* Phenomenology, Cambridge/MA., London 2019. Vgl. zu Pippin kritisch Markus Gabriel, »Robert Pippin a) Hegel's Practical Philosophy and b) Hegel on Self-Consciousness«, in: *Internationales Jahrbuch des Deutschen Idealismus 8* (2010), S. 362-370, sowie Markus Gabriel, »Transcendental Ontology and Apperceptive Idealism«, in: *Australasian Philosophical Review*, 2/2 (i. Ersch.).

Intransparenz kann keinen finalen Ausgleich finden, weil es im Wesen des Normativen – in der Natur des Sozialen – liegt, dass die Verhandlung von Dissens voraussetzt, dass Normen am Werk sind, die den Diskursteilnehmern nicht explizit vorschweben.

Unsere Überlebensform ist als solche intransparent. Wir explizieren sie im Rahmen humanbiologischer Selbstuntersuchungen, mittels derer wir uns zugleich in ein Naturbild einzeichnen. Unser naturwissenschaftliches Wissen ist nicht abgeschlossen – und genau besehen auch nicht abschließbar –, sodass wir die Intransparenz unserer Überlebensform in keinem sinnvollen Akt der Transparenz zugunsten einer transparenten Lebensform im Raum der Gründe transzendieren können. Wie sehr der Geist auch immer in der Form seines Selbstbewusstseins zu sich gelangt, seine Normativität bewältigt er auf diese Weise nicht, weil es immer irgendeine Norm gibt, die auf einer impliziten Ebene wirksam ist und Verhaltensanpassungen erfordert, die uns als solche bisher nicht aufgefallen sind.

§ 14. Regelfolgen, realistisch gedacht

Seit Kripkes einflussreicher Wittgensteindeutung gehört das Problemfeld des Regelfolgens zum zu bewältigenden Pensum der Sozialphilosophie.[182] Denn Kripke meint, auf der Basis von Wittgensteins *Philosophischen Untersuchungen* ließe sich ein neuartiges, verschärftes skeptisches Paradoxon entwickeln, dessen Konklusion lautet, dass niemand wirklich jemals irgendeiner Regel gefolgt ist.[183] Diese Konklusion ergibt sich – wie bei Para-

---

182 Saul A. Kripke, *Wittgenstein über Regeln und Privatsprache. Eine elementare Darstellung*, Frankfurt/M. 1987.

183 Vgl. die Klassifikation von Kripkes Problem als Spielart eines Kantischen Skeptizismus bei James F. Conant, »Spielarten des Skeptizismus«, in: Markus Gabriel (Hg.), *Skeptizismus und Metaphysik. Deutsche Zeitschrift für Philosophie*, Sonderband 28, Berlin 2012, S. 21-72.

doxa üblich – aus im Einzelnen fragwürdigen Überlegungen, deren Anschein von Plausibilität erklärungsbedürftig ist.

Das Besondere des Paradoxons des Regelfolgens besteht darin, dass sich sowohl seine Motivation als auch seine Konklusion als eine Ausdrucksform sozialer Entfremdung verstehen lassen. Denn das Paradoxon entspricht dem Eindruck, dass wir häufig deswegen meinen, die Normen, die eine Gruppe oder spezifische soziale Situation konstituieren, nicht erkennen zu können, weil es keine solchen Normen gibt. Man denke an die Vermutung, die in unseren Tagen vieldiskutierte (soziale) Identität, die sich in stereotypischen Handlungserklärungen artikuliert, sei illusorisch, weil es soziale Identitäten nicht (wirklich) gibt.[184] *Wenn es keine sozialen Tatsachen gibt, die bestimmen, was jemand in einer gegebenen Situation tun soll, ist dasjenige, was wir tun, jedenfalls nicht sinnvoll als Anwendung von Regeln zu rekonstruieren, die unabhängig von einer völlig grundlosen Handlungsweise Bestand haben.*

Im Folgenden möchte ich unter Rekurs auf das Problemfeld des Regelfolgens dafür argumentieren, dass es irreduzibel soziale Tatsachen gibt, die als Handlungsnormen fungieren. Die Konklusion von ›Kripkensteins‹ Paradoxon ist somit falsch. Das πρῶτον ψεῦδος des Prämissenrahmens ist die Annahme, dass die mentale Erfassung einer allgemeinen Regel auf Seiten der wechselseitig ihre soziale Performanz bewertenden Akteure eine notwendige Voraussetzung dafür ist, dass eine gegebene Handlungsweise als korrekt oder inkorrekt eingestuft wird. Da der sozialontologisch fundamentale Fall des Regelfolgens konstitutiv implizit und epistemisch opak ist, kann die Spezifikation einer Norm nicht darin gründen, dass jemand aus einem Fundus möglicher Regeln diejenige auswählt, in deren Licht er anschließend beurteilt werden kann.

---

184 So argumentiert etwa Kwame Anthony Appiah, *The Ethics of Identity*, Princeton 2005; ders., *As If*; ders., *The Lies that Bind* im Unterschied zu Fukuyama, *Identität*. Vgl. auch das vieldiskutierte Standardwerk Benedict Anderson, *Die Erfindung der Nation. Zur Karriere eines folgenreichen Konzepts*, Frankfurt/M. 1996.

Die normativen, sozialen Tatsachen sind irreduzibel wirksam.
Dass Akteure ihre Performanz wechselseitig bewerten, wodurch
ein System von Sanktionen entsteht, die irgendwann explizierbar und damit (symbolisch, sprachlich, schriftlich, institutionell) kodierbar werden, gründet in nicht-bewussten sozialen
Tatsachen der Handlungskoordination. Wir wissen deswegen
tatsächlich niemals insgesamt, welchen Regeln irgendeine Gruppe folgt, weshalb die Beteiligten stets nach weiteren Explikatio-
nen ihrer implizit geteilten Zusammengehörigkeit fragen können.
Doch daraus, dass wir die jeweils Geltung stiftenden Regeln
nicht vollständig erkennen können, folgt natürlich nicht, dass
es keine sozialen Tatsachen gibt, die bestimmen, welcher Regel
jemand folgen soll.[185]

Eine Regel teilt gegebenes Verhalten in korrekte (regelkon-
forme) und inkorrekte (deviante) Handlungen ein. Gegebenes
Verhalten erscheint vor ihrem Hintergrund als Anwendung.
Nicht jede Anwendung ist mit der Regel vereinbar. Eine Regel, gemessen an welcher jedes Verhalten konform ist, reguliert
nichts.

Jedes gegebene Verhalten geht aus einer empirischen Beobachterperspektive mit potenziell unendlich vielen Regeln konform. Deswegen bedarf es irgendeiner Erklärung dafür, dass

---

185 Hier folge ich einem Hinweis Marius Bartmanns, der in seiner Bonner
     Dissertation *Beyond Realism and Idealism. On a Leitmotif in Early and
     Late Wittgenstein*, Bonn 2018, die Option untersucht hat, dass die Abwei-
     chung von einer gegebenen Regel stets darin besteht, dass einer anderen
     Regel gefolgt wird, sodass Anwendungsfehler nicht regellos sind. Abwei-
     chungen, d. h. Anwendungsfehler, bestehen demnach häufig (Bartmann
     meint sogar: konstitutiv) darin, dass ein Akteur einer anderen Regel folgt
     als derjenigen, die in einer gegebenen sozialen Situation von denjenigen
     in Anschlag gebracht wird, die über historisch-kontingente Sanktionsho-
     heit verfügen. Allerdings scheint dies zu implizieren, dass niemand je-
     mals wirklich eine Regel bricht, weil er lediglich einer anderen Regel
     als derjenigen folgt, an der gemessen wird. Eine Regel zu brechen, be-
     steht demnach Bartmann zufolge darin, dass man einer Regel folgt,
     der man nicht folgen soll.

ein gegebenes Verhalten V an der Regel R_1 und nicht an der Regel R_2, R_3, ... bzw. R_n gemessen werden soll. Eine erfolgreiche Erklärung rekurriert auf eine soziale Tatsache insofern, als Regeln nur dadurch existieren können, dass die egozentrischen Indizes einer Mehrzahl von Akteuren in Dissens verwickelt sind. Regeln sind so grundlegend wie die Sozialität unserer geistigen Lebensform. Geist entsteht nicht aus präsozialen mentalen Zuständen, sondern durch die soziale Reproduktion unserer Überlebensform. Welcher Regel jemand folgen soll, lässt sich deswegen unter Rekurs auf eine Vielzahl von Faktoren angeben.

Doch wie ist es um die scheinbar schwierigere Frage bestellt, welcher Regel jemand in einem gegebenen Fall folgt? Nun, auch hier ist die Idee, jemand wähle *in foro interno* durch einen Akt des Meinens aus, welcher Regel er zu folgen beabsichtigt, um daran gemessen zu werden, von vornherein abwegig. Welcher Regel jemand folgt, gründet nicht darin, dass er vorab schon eine indefinit große Menge von Anwendungsfällen antizipiert, indem er sich vornimmt, R_1 und nicht R_2 zu folgen. Unser mentales Innenleben ist seinerseits schon sozialisiert, wenn wir über das Vermögen der expliziten Selbststeuerung verfügen.

Es gibt also durchaus, wenn man so will, Tatsachen des Meinens und vielleicht auch phänomenologische Bedeutungserlebnisse, doch sind diese qua soziale Produkte wirksam – und zwar nicht aufgrund einer in der Verfügungsgewalt des Subjekts allein gründenden Festlegung auf R_1 im Unterschied zu R_2 usw. Welcher Regel zu folgen sich jemand vornimmt, ist mit denselben geistes-, sozial- und naturwissenschaftlichen Methoden sowie dem historisch angereicherten Alltagswissen von Akteuren explizierbar, die man verwendet, um festzustellen, welcher Regel er untersteht.

Das sozialontologische Motiv der sowohl sozialen als auch konstitutiv impliziten Normativität wird an den Scharnieren sichtbar, die Wittgensteins *Philosophische Untersuchungen* mit *Über Gewissheit* verbinden.[186] Wittgenstein schließt meinem In-

---

186 Vgl. dazu ausführlich Gabriel, *Propos réalistes*, S. 135-164.

terpretationsvorschlag zufolge aus der unbehebbaren Unschärfe jedes sinnvollen Regelgebrauchs (paradigmatisch anhand der Sprache vorgeführt) auf die konstitutive Intransparenz unserer multiplen Gruppenzugehörigkeiten. Das Thema »konstitutive Regeln« erweist sich damit aus erkenntnistheoretisch berechtigten Gründen als Schlüssel zum Verständnis des Sozialen.

Um diesen Übergang nun für eine neorealistische Sozialontologie fruchtbar zu machen, möchte ich zeigen, dass man bei der Behandlung des Problems des Regelfolgens samt seiner sozialen Auflösung keineswegs in antirealistisches Fahrwasser geraten muss. Antirealistische bzw. neo-pragmatistische Lösungsmodelle drängen sich freilich aufgrund von Kripkes einflussreichem Versuchsaufbau auf, der die Intuition bedient, Normen und Fakten stünden in einer begrifflichen Spannung, aus der heraus Normativität verständlich zu machen ist.[187] Es ist kein Zufall, dass Kripke in seiner Wittgensteindeutung ausdrücklich an Hume anknüpft und Wittgenstein ein skeptisches Paradox mitsamt einer skeptischen Lösung attestiert, die analog zu Humes Antirealismus bezüglich kausaler Verhältnisse gestrickt ist.[188]

In diesem Paragraphen wird es darum gehen, das (vermeintliche) Problem des Regelfolgens realistisch aufzulösen. Diese Auflösung liefert einen Beitrag zur neorealistischen Sozialontologie, der das skeptische Gespenst des Regelfolgens nicht mehr in die Quere kommt, weil die dieses begünstigende Variante einer Norm-Natur- bzw. Norm-Tatsachen-Distinktion überwunden ist.

Um diese Option begrifflich näher zu bestimmen, ist es uner-

---

187 Wittgenstein lehnt die Beschreibung seines Denkens als Pragmatismus freilich mehrfach ab. Vgl. etwa *Bemerkungen über die Philosophie der Psychologie*. Frankfurt am Main 1984, S. 60: »Aber bist du kein Pragmatiker? Nein. Denn ich sage nicht, der Satz sei wahr, der nützlich ist.« Vgl. auch ders., *Über Gewißheit. Werkausgabe*, Bd. 8, Frankfurt/M. 1984, § 422/ S. 203: »Ich will also etwas sagen, was wie Pragmatismus klingt. Mir kommt hier eine Art Weltanschauung in die Quere.«

188 Kripke, *Wittgenstein über Regeln und Privatsprache*, S. 118-123.

lässlich, sich die Eröffnungszüge von Kripkes Problemaufbau zu vergegenwärtigen. Beginnen wir zur Rekonstruktion bei einem besonders markanten Zwischenergebnis. Dieses Zwischenergebnis besteht laut Kripke in einem skeptischen Paradox, dessen Konklusion lautet, dass »keine Tatsache in bezug auf mich konstitutiv [ist] für mein plus-Meinen«.[189]

> Dies ist also das skeptische Paradox. Wenn ich als Lösung der Aufgabe ›68 + 57‹ nicht diese, sondern jene Zahl nenne, ist eine Rechtfertigung der Entscheidung für diese Lösung statt für jene ausgeschlossen. Da dem Skeptiker, der annimmt, daß ich quus gemeint habe, nicht widersprochen werden kann, gibt es in bezug auf mich keine Tatsache, aus der ein Unterschied hervorgeht zwischen meinem Plus-Meinen und meinem Quus-Meinen. Es gibt in der Tat keine Tatsache in bezug auf mich, die einen Unterschied macht zwischen der Situation, in der ich mit ›plus‹ eine bestimmte Funktion meine (die meine Antworten in neuen Fällen determiniert), und der Situation, in der ich gar nichts meine.[190]

Der Dreh- und Angelpunkt im Aufbau des Paradoxons ist meines Erachtens die Annahme, dass das Ergebnis einer Rechnung, die ich vollziehen muss, um ein als solches bestimmtes Ergebnis zu erhalten, prinzipiell nicht durch einen mentalen Zustand festgelegt sein kann. Denn die Bedeutung eines Ausdrucks, der zur Festlegung auf *eine* von prinzipiell unendlich vielen Regeln verwendet wird, mit denen ein gegebenes Verhalten aus einer Beobachterperspektive konform geht, besteht nicht in einer Beziehung auf unendlich viele Anwendungen. Um die Bedeutung eines Regelausdrucks zu verstehen, muss man nicht alle Anwendungen schon durchlaufen haben, was in vielen Fällen unmöglich ist.

Diese Gedankenführung liegt der Kantischen These zugrunde, dass mathematische Urteile synthetisch sind: Wie lange man auch immer »68«, »+« und »57« anschaut, die Schlussfolgerung, die von dem Auftrag, 68 und 57 zu summieren, ausgeht, kann

189 Ebd., S. 35.
190 Ebd., S. 33f.

nicht sinnvoll erreicht werden, indem man 125 schon vor Augen hat. Es muss an irgendeiner Stelle offen sein, zu welchem Ergebnis man faktisch kommt, wenn die mit »+« bezeichnete Funktion unter korrigierbaren Anwendungsbedingungen steht. Niemand kann eine solche Regel faktisch anwenden und gleichzeitig einen Überblick über alle möglichen Anwendungen haben.

Dies schafft Raum für eine »skeptische Hypothese über eine Veränderung in meinem Sprachgebrauch«.[191] Die Anwendung der Plus-Regel kann prinzipiell nicht so vonstatten gehen, dass alle möglichen alternativen Regeln, die einsetzen, sobald eine bestimmte Schwelle von Anwendungsfällen überschritten ist, ausgeschlossen werden. Wenn jemand nicht irgendeiner der (und sei es unendlich vielen) Regeln folgt, die ein gegebenes Verhalten als richtig klassifizieren, folgt er damit offensichtlich keiner Regel. Wer einer Regel folgt, folgt einer (mehr oder weniger) bestimmten Regel. Daran kann man bereits erkennen, dass keine Theoriekonstruktion und damit auch kein Prämissenrahmen stabil ist, der dieses einfache Prinzip verletzt. Irgendeiner Regel muss gefolgt werden.

Man kann sich nicht selbst explizit vorschreiben, der Plus-Regel im Unterschied zu allen anderen möglichen Regeln zu folgen, weil man einen solchen Überblick nicht erreichen kann. Von den unendlich vielen Regeln, denen man folgen könnte, überschaut man nur eine verschwindend geringe Untermenge. In meiner mentalen Vorgeschichte findet sich also jedenfalls kein Überblick über mein künftiges Anwendungsverhalten, der als Vorschrift fungieren kann, die sicherstellt, dass mein gegenwärtiges Verhalten mit dieser Richtungsanweisung noch übereinstimmt.

Der irreführende Eindruck eines drohenden Paradoxons hängt (hier wie sonst) davon ab, dass Vorannahmen am Werk sind, die den mit Inkohärenz infizierten Prämissenrahmen generieren. Diese Vorannahmen wirken stets natürlich (sind es

191 Ebd., S. 24.

aber nicht), weil es ansonsten nicht zu einem Paradoxon kommen könnte.

In Kripkes Aufbau ist das Einfallstor des Paradoxen das gleich zu Beginn verwendete mentalistische Vokabular, zu dem insbesondere die Bezugnahme des Possessivpronomens »mein« in »mein mentaler Zustand« gehört. In welchem Sinne soll es keine Tatsache über *mich* darstellen, dass ich in der Vergangenheit als Kleinkind addieren sollte, als ich instruiert wurde, 1+2 anhand des Abzählens von Fingern als Summe auszurechnen? Wenn ich damals summieren sollte, gab es auch eine Tatsache, die bestimmte, welcher Regel ich gefolgt bin, wenn es damals möglich war, mich zu korrigieren. Wer gar keiner Regel folgt, kann nicht korrigiert werden. Sofern ich also überhaupt jemals korrigiert werden kann, muss es eine mich betreffende Tatsache geben, die festlegt, welcher Regel ich folge – wobei an dieser Stelle nicht ausgemacht ist, welche Art von Tatsache das ist.

In der Einübung in die Praxis des Summierens war es freilich geradezu unmöglich, die Regel zu lernen und gleichzeitig einen Einblick in dieses Lernverhalten zu erzielen. Überdies wäre es prinzipiell unmöglich, die Additionsregel auf der Grundlage eines Einblicks in das Lernverhalten zu lernen, wenn es eine zusätzliche Anforderung wäre, die Regeln des Einblicks in das Lernverhalten zu lernen.

Argumente dafür, dass der Erwerb eines Regelverständnisses nicht unter Rekurs auf die Allgemeinheit einer Regel vonstatten gehen muss (und nicht im Allgemeinen gehen kann), gibt es viele, die seit Platons Theorie des Wissenserwerbs diskutiert werden.[192] Als Konklusion sollte man festhalten, *dass die Ausübung*

---

192 Vgl. dazu paradigmatisch Wolfgang Wieland, *Platon und die Formen des Wissens*, 2., durchgesehene und um einen Anhang und ein Nachwort erweiterte Auflage, Göttingen 1999, bes. § 13. Wieland zeigt, dass propositionales Wissen nichtpropositionales Gebrauchswissen voraussetzt, das »nicht irrtumsfähig« (S. 233) und damit auch nicht infallibel ist. »In jedem Fall hat man es mit Gestalten eines Wissens zu tun, das in strengem Sinne weder objektivierbar noch mitteilbar ist, das unmittelbar keinen

*eines Vermögens – wozu das Erlernen der Additionsregeln gehört –
nicht darin gründen kann, dass man die Ausübung jedes Vermögens unter Rekurs auf die Ausübung eines weiteren Vermögens
einübt.* Wer etwas lernt, muss über das Regelwerk des Lernens
und Lehrens nicht vorgängig informiert sein. Man lernt zunächst nicht unter Rekurs auf explizite Selbststeuerungssysteme.
Selbststeuerung ergibt sich aus vorgängiger Fremdsteuerung.

Zwar können Vermögen verschachtelt sein. Die Komplexität
miteinander kooperierender epistemischer Vermögen nimmt im
Verlauf eines menschlichen Lebens durch ausdifferenzierten Wissenserwerb (Bildung) zu.[193] Aber dies manövriert niemanden in
die fatale Situation hinein, die Kripke sich ausmalt. Denn die
Tatsachen über mich, dank derer ich seit früher Kindheit ad-
diere (und nicht quaddiere) bzw. summiere, bestehen selbstverständlich nicht darin, dass ich einem Regelregress ausgesetzt bin,
gegen den ich nicht mental – logisch privat – gewappnet sein
kann. Sonst summierte niemand und das möchte Kripke eigentlich nicht am Anfang des Arguments angenommen haben, weil
er im Aufbau seines skeptischen Paradoxons Additionstatsachen
in Anspruch nimmt, für die sich in der Durchführung lediglich
keine mentalen Anhaltspunkte in der Vergangenheit identifizieren lassen, woraus sich dann unterminierende, skeptische Konsequenzen ergeben.[194]

Gegenstand intendiert und daher nicht irrtumsfähig ist, das als Disposi-
tionseigenschaft stets mit der Instanz eines Inhabers verbunden ist und
das gerade deshalb seinem Inhaber auf unvertretbare Weise Wirklichkeit
erschließt. Kein begründeter Zweifel kann daran bestehen, daß der weit-
aus größte Teil des Wissens, über das der Mensch verfügt, dem nichtpro-
positionalen Typus angehört. Die Vertrautheit mit der Welt wird dem
Menschen nur zu einem geringen Teil durch die Kenntnis von wahren
Sätzen über sie vermittelt.« (ebd.)

193 Zum Verhältnis von Bildung und Skepsis vgl. die umfassende Studie von
    Andreas Gelhard, *Skeptische Bildung. Prüfungsprozesse als philosophisches
    Problem*, Zürich 2018.
194 Vgl. Kripke, *Wittgenstein über Regeln und Privatsprache*, S. 22: »So setze
    ich voraus, daß der Skeptiker einstweilen meine *gegenwärtige* Verwen-

Es ist kein Zufall, dass man Kleinkinder nicht leicht durch die Anführung skeptischer Hypothesen in ihrem Fürwahrhalten irritieren kann, weil ihre Überzeugungen naturgemäß primär objektlastig sind und sie nicht durch höherstufiges Misstrauen in ihre begrifflichen Fähigkeiten aus der Ruhe gebracht werden. Kleinkinder sind keine geborenen Skeptiker, sondern üben das Regelfolgen ein, indem ein Kontext festlegt, welchen Regeln sie faktisch folgen. Wenn Kinder nicht addieren, sondern quaddieren, berichtigt man sie. Ihr deviantes Verhalten mag zwar mehr oder weniger gut hinter geschickter oder zufälliger Anpassung verborgen bleiben, was aber nicht bedeutet, dass es nicht vorliegt. Will sagen, normative Tatsachen des Regelfolgens sind konstitutiv sozial dadurch, dass Dissens in der Form beobachtbaren Abweichens vorliegen kann, der dazu führt, dass jemand korrigiert wird, weil er einer anderen Regel als derjenigen folgt, die im gegebenen Kontext angebracht ist. Hinter diesen normativen, sozialen Tatsachen stehen nicht noch einmal Tatsachen (etwa mentale oder biologische), welche die *ontologische* oder gar *metaphysische* Grundlage sozialer Tatsachen wären. Soziale Tatsachen sind *sui generis* und werden durch eigens dafür entwickelte Methoden wissenschaftlich erkennbar.

Kripke bestreitet nicht, dass »+« + bedeutet, dass es also irgendeine Bedeutungsregel für »+« gibt. Sein Problem ist ebenso ausdrücklich *nicht* epistemologisch, es geht also nicht darum, »dass wir nicht wissen können, ob eine Regel befolgt wurde«.[195]

---

dung des Wortes »plus« nicht bezweifelt. Er stimmt zu, daß gemäß meinem *gegenwärtigen* Sprachgebrauch 125 durch »68 + 57« bezeichnet wird. Nicht nur stimmt er darin mit mir überein, sondern er führt die ganze Auseinandersetzung mit mir in einer Sprache, wie ich sie *gegenwärtig* verwende. Er bezweifelt lediglich, daß mein jetziger Sprachgebrauch mit meinem bisherigen Sprachgebrauch übereinstimmt, daß ich mich *gegenwärtig* meinen *früheren* sprachlichen Intentionen entsprechend verhalte.«

195 Möllers, *Die Möglichkeit der Normen*, S. 200. Vgl. dagegen Kripke, *Wittgenstein über Regeln und Privatsprache*, S. 33: »So formuliert, erscheint das Problem womöglich wie eines der Erkenntnistheorie: Wie kann man

Freilich präsentiert er es als Konklusion des skeptischen Paradoxons, dass es keine Tatsache über mich gibt, die zwischen meiner Meinung, »+1!« statt, sagen wir, »#1!« gefolgt zu sein, unterscheidet. Folglich muss der Auslöser seines Paradoxons an anderer Stelle, weder in einem unabhängigen Verdacht gegenüber der Existenz von Bedeutungsregeln noch in epistemologischen, direkt skeptizismusanfälligen Überlegungen verortet werden.

Allerdings wird bei genauerem Hinsehen nicht deutlich, was Kripkes Problem eigentlich ist. Die Problemstellung ist nebulös. Um ein Problem oder ein Paradoxon zu motivieren, kann man bestenfalls seine Überlegung anführen, dass vergangene Anwendungen der +-Regel keine Anleitung darstellen, um nun auf die Frage, was x in 68 + 57 = x ist, 125 zu antworten.[196] Anstelle von »Anleitung« ist bei Kripke von »Rechtfertigung« die Rede. Ihm zufolge rechtfertigt keine vergangene Anwendung

überhaupt wissen, welches von diesen beiden ich gemeint habe? Sofern sich jedoch alles in meiner geistigen Biographie sowohl mit der Konklusion, daß ich plus meinte, als auch mit der Konklusion, daß ich quus meinte, vereinbaren läßt, ist klar, daß die skeptische Herausforderung nicht wirklich eine erkenntnistheoretische ist.«

196 In einer von Kripke nicht erwähnten Hinsicht, ist die Antwort übrigens ohnehin offen, da für »x« nicht nur »125«, sondern wirklich unendlich viele Einsetzungen zulässig sind, die mit der »a + b = x«-Funktion in einem gegebenen formalen System vereinbar sind, also unter Umständen auch »66 + 59«, »57 + 68«, »69 + 56« usw. Kripke begeht einen Darstellungsfehler, wenn er die Additionsregel so präsentiert, als schreibe »+« in »68 + 57« vor, das Ergebnis »125« vorzulegen. Doch lassen wir dieses in Wahrheit nicht unerhebliche σμικρόν τι zugunsten Kripkes beiseite. Der hier nur angedeutete Gedanke läuft darauf hinaus, dass die Wahl eines formalen Systems zur Bestimmung dessen, was man tun soll, in einem sozialen Zusammenhang gründet, der die Rahmenbedingungen unserer normativ relevanten Entscheidungen mit festlegt. Die Ausübung mathematischer Fähigkeiten findet in sozialen Kontexten statt und beläuft sich nicht auf eine gleichsam angeborene Genialität der Erfassung der richtigen Antworten auf die mehr oder weniger schwierigen Aufträge der Lehrer.

der Additionsregel eine gegenwärtige Fortsetzung der damals verwendeten Regel. Allerdings trifft genau dies nicht zu. Weil ich einst die Addition lernte, begehe ich heute einen Fehler, wenn ich auf die Frage, welche ganze natürliche Zahl die einzig zulässige Einsetzung für »x« in »2 + 2 = x« ist, irgendetwas anderes als »4« anführe, was *mutatis mutandis* für jede beliebig große Zahl gilt. Dies bedeutet offensichtlich nicht, dass ich *alle* Anwendungen irgendeines Regelausdrucks irgendwann in der Vergangenheit, Gegenwart oder Zukunft überblicken muss, um die soundso bestimmte Regel überhaupt anzuwenden. Diejenigen Tatsachen, aufgrund derer ich in der Vergangenheit einer Additionsregel gefolgt bin, was in der Gegenwart bindend ist, sind sozial und demnach in der Tat nicht »in meiner geistigen Biographie« nachweisbar, sofern man darunter einen privaten Innenraum versteht, der vollständig von sozialen Tatsachen isoliert ist. Doch gibt es diesen privaten Innenraum nicht, sodass es so etwas wie »meine geistige Biographie« im von Kripke in Anspruch genommenen Sinne ebenfalls nicht gibt. Das ›Argument‹ kollabiert, weil es eine absurde Metaphysik der Intentionalität in Anspruch nimmt, aus der tatsächlich folgt, dass niemals jemand einer Regel folgte, wenn es stimmte, dass wir eine private »geistige Biographie« hätten. Doch lässt sich der Gedanke einer solchen geistigen Biographie nicht sinnvoll motivieren, es handelt sich bei diesem Gedanken um eine inkohärente Fiktion, weil sie unser faktisches Innenleben auf verzerrte Weise repräsentiert, kurzum: um eine Selbsttäuschung.

Kripke hat bestenfalls an die Banalität erinnert, dass Normativität nicht darin bestehen kann, dass man alle Fälle einer im Übrigen völlig scharfgestellten Norm — wie derjenigen der summativen Addition oder der Spielregeln eines deterministischen Spiels (für das ein deterministischer Algorithmus als optimaler Spielablauf feststeht, wie bei *Vier gewinnt*) — *a priori* überschaut. Deswegen sind bei endlichen Denkern Rechenfehler zu erwarten, wenn sie mit Regelfällen konfrontiert werden, die mit anderweitigen Erwartungen oder mentalen Operationen (Reichweite des Kurzzeitgedächtnisses; Störung der Aufmerksamkeit usw.) in Konflikt geraten. Wo *wir* rechnen können, können wir uns *verrechnen*.

Dass wir uns verrechnen können, bedeutet, dass wir Normen unterstehen, die wir nicht selbst in der Weise gesetzt haben, dass wir zu Ad-hoc-Modifikationen berechtigt sind. Die Bilanz unserer Regelanwendungen wird deswegen durch Aufzeichnungssysteme dokumentiert, die uns erlauben, einen vergangenen Regelausdruck erfolgreich in die Gegenwart zu transportieren. Wir sind deswegen weder gegenwärtig noch in der Vergangenheit darauf angewiesen, uns die Regeln, denen wir zu folgen beabsichtigen, explizit in einem einzigen gegebenen Code (z. B. in der Form psychischer Zustände) zu vergegenwärtigen. Welcher Regel man folgt und welcher Regel man aufgrund sozialer Umstände folgen soll, ist nicht darauf reduzierbar, dass jemand eine explizite Einstellung zu den Regeln hat, was freilich nicht ausschließt, dass man bisweilen explizite Einstellungen hat, dank derer man einen Regelausdruck zur Rechtfertigung des eigenen Tuns anführen kann.

Nun wird man vielleicht einwenden wollen, dass wir den vergangenen Regelausdruck mitsamt seines institutionellen Kommentars – wie im Fall des Rechts und seiner Kommentierungspraxis oder im Fall der Wirkungsgeschichte eines kanonisierten literarischen Textes – stets einer gegenwärtigen *Interpretation* unterziehen müssen, sodass kein Rekurs auf die Vergangenheit allein eine gegenwärtige Fortsetzung der Praxis rechtfertigt. Doch dies übersieht, dass sich die hermeneutische Situation des Rechts oder der Interpretation und Deutung kanonisierter literarischer Texte grundlegend von der Fortsetzung einer deterministischen Regel unterscheidet, die man in der Form eines Algorithmus festhalten kann. Auch überschaut ein Taschenrechner nicht alle Fälle der Additionsregel, wenn wir mittels seiner Hilfe mehrere große Zahlen dank der Addition zu einer einzigen ganzen Zahl zusammenfassen. Ein Taschenrechner ist dabei weder fallibel noch hat er irgendeine mentale Geschichte, die skeptische Zweifel säen könnte. Wer in der Vergangenheit addieren wollte, kann durch einen Taschenrechner daran erinnert

werden, wenn er in der Gegenwart statt »125« »5« als Ergebnis der Aufgabe »Finde die natürliche Zahl, die die einzige zulässige Einsetzung für ›x‹ in ›68 + 57 = x‹ ist!« angibt, denn
der Taschenrechner antwortet auf die Frage »68 + 57 =?« im erwünschten Sinne mit der richtigen Summe »125«.

Die Anwendung einer Regel in einem gegebenen Fall ist
nicht immer eine Form der Interpretation, weil manche Regeln
deterministisch sind. Diejenigen Regelsysteme (z. B. Kunstwerke), die ohne Interpretation nicht existieren können, sind konstitutiv offen, sodass Interpretationen möglich sind, deren Möglichkeit in der Vergangenheit nicht enthalten sein konnte.

Es fällt nicht schwer, unabhängige Kriterien der Normativität anzuführen, die keine bloßen Aggregate mentaler Zustände
von Akteuren sind. Diese Kriterien möchte ich in Anlehnung
an Elder-Vass als *Norm-Zirkel* bezeichnen.[197] Ein Norm-Zirkel
kann hierbei nicht als eine bloße Menge oder formale mereologische Summe im Übrigen logisch privater Subjekte aufgefasst
werden. Aus vielen intentional ausgestatteten Gehirnen ergibt
sich keine Normativität. Hier irrt Searle, der wie andere Sozial-

---

197 Vgl. Dave Elder-Vass, *The Reality of Social Construction*, Cambridge 2012,
S. 15-34. Der Begriff wird folgendermaßen eingeführt: »A norm circle is
the group of people who are committed to endorsing and enforcing a particular norm. Such groups are social entities with people as their parts,
and because of the ways in which the members of such groups interact
(a *mechanism*) they have the causal power to produce a tendency in individuals to follow standardized practices.« (S. 23) Elder-Vass vertritt einen
sozialen Realismus, der sozialen Strukturen kausale Kräfte zuschreibt,
die er allerdings letztlich auf die materiale Dimension menschlicher Lebewesen reduziert, um somit einen »materialist account of social structure and indeed of culture, language, discourse, and knowledge« (S. 21)
zu entwickeln. Dies verwechselt allerdings Realismus (und auch Kausalität) mit Naturalismus (und damit einer an bestimmte Entitäten gebundenen Auffassung von Kausalität). Vgl. dagegen Gabriel, »Für einen
nicht-naturalistischen Realismus«. Zur Kausalitätstheorie bei Elder-Vass
vgl. ders., *The Causal Power of Social Structures. Emergence, Structure and
Agency*, Cambridge 2010.

ontologen mentale Zustände letztlich für unüberwindbar privat hält und deswegen nicht erkennen kann, dass kollektive Intentionalität nicht die logische Form eines Haufens von Individuen haben kann, die sich zusammenrotten.[198]

Normativität ergibt sich im Kontext menschlicher Handlungskoordination dadurch, dass wir im Modus der Überlieferung eine in der Vergangenheit gesetzte Regel zur Normierung unseres mentalen Lebens verwenden. Mein mentales Leben hat deswegen niemals die von Kripke vermutete Form, dass ich mir gleichsam eine Regel *in foro interno* vor Augen führe, ohne dabei jemals alle Anwendungen vorab überblicken zu können, weil ich endlich bin. Unser Geist steht vielmehr ohne Schwierigkeiten mit Unendlichem in Kontakt, indem wir in endlichen Schritten mittels der dazu erforderlichen Verfahren der Einübung und Überlieferung diese Verbindung hergestellt haben.[199]

Wir stellen dabei wohlgemerkt die Verbindung zum Unendlichen in endlichen Schritten her, ohne deswegen das Unendliche herzustellen. Deswegen ist die Polarisierung der Spielzüge der Philosophie der Arithmetik verfehlt, die einen extremen, robusten Realismus und einen extremen Anti-Realismus als Grenz-

---

198 Beiläufig gesagt, ist dies ein zentrales Thema der antiken Freundschaftslehre, deren Kanon Aristoteles' *Nikomachische Ethik* darstellt. Eine Gemeinschaft, die über irgendeine Form kollektiver Intentionalität verfügt, ist demnach logisch defizient, wenn sie lediglich darin aufgeht, dass mehrere Menschentiere »am selben Ort weiden (ἐν τῷ αὐτῷ νέμεσθαι)« (*Nikomachische Ethik* 9.1170b14). Die Norm (der νόμος) unterscheidet sich *kategorial* und nicht *summativ* von der raumzeitlichen Kontiguität vieler, die dasselbe tun (weiden, νέμεσθαι).

199 Vgl. dazu gegen jegliche Spielart eines mentalen Finitismus David Deutsch, *The Beginning of Infinity. Explanations that Transform the World*, London u. a. 2012. Gegen Kripkes Versuchsaufbau gerichtet argumentiert auch Margaret Gilbert dafür, dass wir Begriffe und damit unendliche Anwendungsketten erfassen können, ohne dass diese Annahme durch den von Kripke eingeführten Skeptiker erfolgreich unterminiert werden kann. Vgl. Margaret Gilbert, *On Social Facts*, Princeton 1989, S. 112-124.

punkte markiert. Dass unter Umständen (abhängig vom ge-
wählten formalen System) unendlich viele Einsetzungen für
»x« in »68 + 57 = x« zulässig sind, die alle mit der Additionsregel
vereinbar sind, oder dass eine Additionsregel für jede natürliche
Zahl einen Nachfolger definiert, sodass die Reihe der natürlichen Zahlen den Begriff abzählbarer Unendlichkeit instanziiert, bedeutet nicht, dass es endlichen Wesen verwehrt ist, dies
einzusehen. Die mathematischen Gegenstände können nicht
weitgehend aufgrund der bei ihnen beobachtbaren Unendlich-
keit(en) jenseits unserer kognitiven Reichweite liegen, wie ein
extremer, robuster Realismus annähme. Dieser ist allerdings nur
die Kehrseite eines ebenso extremen Antirealismus, der die
Arithmetik als nichts weiter als eine Beschreibung einer menschlichen Beweispraxis ansieht.

Doch schon kein Geringerer als Platon und – näher an unserer
Zeit – Wittgenstein weisen im Unterschied zu Kripkenstein darauf hin, dass unsere normative Situation nicht als ein hoffnungs-
loser Schuss ins Blaue aufgefasst werden sollte. Dass man der
Regel blind folgt, bedeutet nicht, dass wir an unsere Endlichkeit
gefesselt sind, wie Kripke suggeriert.[200] Werfen wir vor diesem
Hintergrund einen Blick auf die spielentscheidenden §§ 217-219
der *Philosophischen Untersuchungen*, die sich im Licht des Neu-
en Realismus deuten lassen. Der hierfür relevante Ausschnitt
aus § 217 lautet:

›Wie kann ich einer Regel folgen?‹ – wenn das nicht eine Frage
nach den Ursachen ist, so ist es eine nach der Rechtfertigung dafür,
daß ich *so* nach ihr handle.
Habe ich die Begründungen erschöpft, so bin ich nun auf dem
harten Felsen angelangt, und mein Spaten biegt sich zurück. Ich
bin dann geneigt zu sagen: ›So handle ich eben.‹[201]

Wer einer Regel folgt, folgt ihr nicht auf jede erdenkliche Weise.
Man folgt einer Regel auf irgendeine Weise, die mit der Regel

200 Kripke, *Wittgenstein über Regeln und Privatsprache*, S. 72f.
201 PU § 217/S. 350.

vereinbar ist. Genauer: Wenn man handelt, tut man irgendetwas, dem eine Regelhaftigkeit zukommt, an die sich ein Maßstab anlegen lässt. Man spaziert, kocht, denkt nach, untersucht
den Herzschlag eines Neugeborenen, bestellt ein Taxi, addiert
usw. Um irgendeine dieser Handlungen auszuführen, muss
man verschiedenen Regeln folgen, was erlaubt, den Erfolg der
Handlung einzuschätzen. Beim Spazieren kann man stolpern;
beim Nachdenken in gefährliches Grübeln geraten; sich beim
Addieren verrechnen usw. Man kann auf verschiedene Weisen
spazieren, den Herzschlag eines Neugeborenen untersuchen,
addieren (im Kopf, mit dem Taschenrechner, auf Papier) usw.
Das Thema, das Wittgenstein hier vorschwebt, ist von vornherein keine Variante einer cartesisch oder kantisch inspirierten
Frage danach, wie Regelfolgen oder Handeln überhaupt möglich sind. Die ›Methode(n)‹ der *Philosophischen Untersuchungen*
ergeben sich insgesamt daraus, dass Wittgenstein unsere Situation mit realistischem Sinn zu kennzeichnen versucht. Die Idee,
wir müssten eine Rechtfertigung dafür finden, dass wir *überhaupt* addieren oder gar *überhaupt* irgendeiner Regel folgen können, verdankt sich einem Manöver, das eine offensichtlich funk-
tionierende Praxis derart unzulässig problematisiert, dass sich
die diagnostische Frage stellt, in welche begrifflichen Fangarme
der Theoretiker geraten ist.

Vor diesem Hintergrund ist Wittgenstein im Zentrum seiner
Philosophischen Untersuchungen (wo wir uns mit den für unsere
Thematik zentralen Abschnitten längst bewegen) dazu berechtigt, einen Lösungsweg zu identifizieren, der in der Wirklichkeit unseres Handelns begründet ist. Die Wirklichkeit unseres
Handelns, dass wir dies und das tun, ist der »harte Felsen«, auf
den wir stoßen, wenn wir den Handlungsbegriff ausloten. Eine
Handlung kann uns dann als legitimes Beispiel dafür gelten,
wie wir einer Regel folgen: *So.* Dass man z. B. gerade addiert
(im Kopf, mit dem Taschenrechner, auf Papier) ist das beste
denkbare Beispiel dafür, wie man einer Regel folgt. Da man
nicht nur im Kopf, sondern auf Papier oder mittels eines Ta-
schenrechners (im Sinne alltäglicher Summenberechnung) ad-

dieren kann, ist die Frage, welche Tatsachen in meiner mentalen Vorgeschichte zur Begründung dafür angeführt werden können, dass man der Additionsregel folgt, verfehlt, weil es verschiedene Tatsachen geben kann, die die Aussage rechtfertigen, dass man addiert. Eine allgemeine Antwort, die insgesamt oder überhaupt erklärt, wie man einer Regel folgen kann, ist prinzipiell nicht zu erwarten, was eine Pointe der Regressargumente ist, die seit Platons Diskussion der Sachlage bekannt sind und auf die sich Wittgenstein teilweise stützt.[202]

Richtig ist, dass wir keiner Regel folgen könnten, wenn die Rechtfertigung dafür, dass wir einer bestimmten Regel weiterhin folgen, der wir in der Vergangenheit gefolgt sind, allein darin liegen könnte, dass wir uns in der Vergangenheit alle Regelfälle aufgesagt haben. Ebenso richtig ist, dass ein vergangenes Bedeutungserlebnis allein keine Rechtfertigung dafür sein kann, dass ich weiterhin derjenigen Regel folge, der ich damals folgen wollte. Diese Vorstellungen unterminiert Wittgenstein in § 218:

> Woher die Idee, es wäre die angefangene Reihe ein sichtbares Stück unsichtbar bis ins Unendliche gelegter Geleise? Nun, statt der Regel könnten wir uns Geleise denken. Und der nicht begrenzten Anwendung der Regel entsprechen unendlich lange Geleise.[203]

Wittgenstein bestreitet hier wohlgemerkt nicht, dass es ins Unendliche gelegte Geleise gibt, sondern weist darauf hin, dass es Regeln gibt, deren Anwendungsbereich nicht begrenzt ist, was sich nicht auf die mathematischen Fälle beschränkt. Spazieren zu gehen, ist nicht auf eine bestimmte Länge beschränkt. Man kann so lange spazieren gehen, wie man will und wie man gehen kann. Die Anwendung der Regel ist offen, was nicht bedeutet, dass die Regel selbst unbestimmt ist, sodass man ihr nicht hinreichend eindeutig folgen könnte. Man kann eindeutig spazie-

---

202 Vgl. wiederum Wieland, *Platon und die Formen des Wissens*, § 13.
203 PU § 218/S. 351.

ren gehen. Wie die Regel faktisch angewendet wird, wird nicht durch die Regel bestimmt. Deswegen können wir sie ja verletzen, indem wir etwas für einen Anwendungsfall halten, was allerdings kein Anwendungsfall ist.

Der folgende § 219 scheint freilich Wasser auf Kripkensteins Mühlen zu sein.

> ›Die Übergänge sind eigentlich alle schon gemacht‹ heißt: ich habe keine Wahl mehr. Die Regel, einmal mit einer bestimmten Bedeutung gestempelt, zieht die Linien ihrer Befolgung durch den ganzen Raum. – Aber wenn so etwas wirklich der Fall wäre, was hülfe es mir?
>
> Nein; meine Beschreibung hatte nur Sinn, wenn sie symbolisch zu verstehen war. – *So kommt es mir vor* – sollte ich sagen.
>
> Wenn ich der Regel folge, wähle ich nicht.
>
> Ich folge der Regel *blind*.[204]

Einer Regel auf eine bestimmte Weise zu folgen, d. h. einer bestimmten Regel zu folgen, besteht nicht darin, dass man in jedem Anwendungsfall eine Wahl zwischen verschiedenen Regeln trifft. Genau diese falsche Annahme verstrickt den Theoretiker in einen vitiösen Regress, da die Wahl, dieser und nicht jener Regel zu folgen, ihrerseits entweder einer Regel folgt oder völlig wahllos ist. Die wahllose Wahl, mal dieser, mal jener Regel zu folgen, kann *trivialiter* nicht die Grundlage der Befolgung einer bestimmten Regel sein. Folgt man einer Regel – wendet man sie also wiederholt an –, folgt man damit nicht *ipso facto* der anders gelagerten höherstufigen Regel, dass man *dieser* Regel folgt. Regelfolgen ist nicht Interpretieren (was nicht ausschließt, dass man Regelwerke oder Praktiken interpretieren kann).[205]

Wer wissend der Additionsregel folgt, folgt damit nicht auch wissend der Regel, der Additionsregel und nicht der Quaddonstonsregel zu folgen. Da es unbegrenzt vieles gibt, was man auch

---

204 Ebd., § 219/S. 110.
205 Das ist ein Ergebnis der Überlegung in PU § 201/S. 345, die darauf hinweist, »daß es eine Auffassung einer Regel gibt, die *nicht* eine *Deutung* ist« (ebd.).

tun könnte, wenn man eine bestimmte Handlung ausführt, gibt es immer irgendetwas, was demjenigen, was man tut, dergestalt ähnelt, dass man durch die Konfrontation mit einer Alternative mehr oder weniger leicht aus dem Ruder gebracht werden kann. Dies ist im Fall sozialer Normen wie der Mode oder der Tischetikette auf Reisen besonders augenfällig. Doch das Spazieren und Addieren gehören in gewisser Weise auch dazu, da es sich dabei ebenfalls um Handlungsmuster handelt, die verschieden ausgeübt werden können.

Doch all dies bedeutet nicht, wie Kripke selbst einräumt, dass niemand jemals etwas Bestimmtes tut, sondern nur, dass dasjenige, was wir tun, sich nicht darin erschöpfen kann, wie wir es uns als Individuen vorstellen. Sich modisch gekleidet zu fühlen, ist nicht dasselbe, wie modisch gekleidet zu sein; den Eindruck zu haben, sich bei Tisch angemessen zu verhalten, ist nicht dasselbe, wie sich angemessen zu verhalten usw.

Ein Normzirkel bestimmt auf im Einzelnen hochgradig ausdifferenzierte Weise, welche Handlungstypen als dies und das gelten. Wie man einer Regel folgt, wird nicht durch Einzelne festgelegt, die vielmehr allererst dadurch diejenigen Individuen sind, die ihre mentalen Zustände inspizieren können, dass sie längst zu Normzirkeln gehören. Seine mentale Vorgeschichte aufzurufen, um in dieser keine Regelspuren zu finden, die gegenwärtiges Verhalten rechtfertigen, ist selbst eine Regel, auf die man abgerichtet werden muss – etwa im Nachvollzug von Kripkes »elementary exposition« des (vermeintlichen) Problems des Regelfolgens. Die Gemeinschaft präsentiert sich nicht erst als stabilisierendes Ergebnis einer regelkritischen Meditation, sondern sie strukturiert bereits die Züge, die das ›Paradoxon‹ motivieren. Deswegen ist der Rekurs auf die Gemeinschaft auch kein Element einer skeptischen Lösung, sondern der Hinweis auf die relevante Tatsachenarchitektur, dank derer wir als geistige Lebewesen bestimmten Regeln folgen können.

Doch dies bedeutet nicht, dass wir nun sozusagen erfolgreich dem Unendlichen ausgewichen wären. Man muss sich davor hüten, an dieser Stelle zum Opfer dessen zu werden, was man als

Soziologismus bezeichnen kann.[206] Der Soziologismus meint,
dass wir Handlungen ausschließlich aus strukturellen Bedingungen heraus erklären können, die von denjenigen Gründen
abweichen, die ein individueller Akteur auf die Frage anführt,
was er gerade tut. Eine Einzelhandlung wird als ein Fall einer
Struktur vorgeführt, deren Bestehen historisch erforschbar und
soziologisch erklärbar ist. Begrifflich entspricht er einer Reihe
von Konsequenzen, die sich manchen aufdrängen, wenn man
Kripkes Problem und seine skeptische Lösung für eine adäquate
Beschreibung des Regelfolgens hält. Was der Einzelne in Kripkes Modell nicht leisten kann, gelingt dem Soziologismus zufolge der Gemeinschaft (einem sozialen System; der Kommunikation; den Klassen; der wechselseitigen Anerkennung oder wie
auch immer genau man dies dann sozialtheoretisch ausstaffiert).
Begibt man sich einmal auf das Glatteis von Kripkes ›Paradoxon‹, kommt jeder soziale Rettungsversuch zu spät. Wenn ein
Einzelner keiner unbegrenzten Regel indefinit oft folgen kann,
dann hilft es nicht, dass ihm Andere dieses unmögliche Vermögen von außen attestieren. Die fiktive Gemeinschaft der sogenannten »community view« ist eine unzulässige Vermehrung
von Schein, ja, man darf wohl sagen ein *Verblendungszusammenhang*.

Es bestehen Tatsachen verschiedener Art, die bestimmen, welcher Regel jemand folgt. Zu diesen Tatsachen gehören auch andere Normen, d. h. Muster, die Handlungen in solche einteilen,
die ihnen entsprechen und die deswegen erlaubt bzw. empfoh-
len sind, und solche, die ihnen zuwiderlaufen und die deswegen
bestenfalls toleriert und schlimmstenfalls bestraft werden. Die

---

206 Paradigmatisch repräsentiert durch das sogenannte »starke Programm«
in der Wissenschaftssoziologie, das sich ausdrücklich auf Wittgenstein
beruft und diesen durch die Kripke-Brille interpretiert. Vgl. David
Bloor, *Wittgenstein, Rules and Institutions*, New York 1997 sowie den philosophischen Rechtfertigungsversuch dieses Aufbaus bei Martin Kusch,
A Sceptical Guide to Meaning and Rules. Defending Kripke's Wittgenstein,
Montreal 2006.

Normierung von Handlungen ist bereits eine soziale Praxis, sie ergibt sich daraus, dass wir unsere eigenen Handlungen einschätzen, indem wir uns ein Bild davon machen, wie andere wahrnehmen, denken usw. Sozialität als Dissens-Management wird in normativen Kodizes expliziert, ohne damit automatisch in ihrem sozialontologischen Wesen richtig erfasst zu werden. Das sichtbare Vorliegen von Institutionen und damit von sozialen Tatsachen garantiert nicht, dass man diesen Umstand sozialontologisch angemessen erfasst. Wir können uns trotz erfolgreicher Normexplikation im Irrtum über die Grundlagen der menschlichen Sozialität befinden, die stets im Hintergrund impliziten Regelfolgens dergestalt wirksam sind, dass die explizite Charakterisierung einer Regel als Norm von der Regel abweichen kann, der faktisch gefolgt wird. Regelfolgen und seine Beschreibung sind nicht dasselbe, wobei die Beschreibung des Regelfolgens natürlich ihrerseits Regeln folgt.

Auf dem Boden eines grundlegenden Dissenses kristallisieren sich Normen, die dazu führen, dass Normzirkel entstehen. Sind diese einmal entstanden, ist es prinzipiell möglich, dasjenige, was sie eint, explizit zu formulieren und einer Norm eine artikulierte symbolische Gestalt zu geben. Die Sozialwissenschaften liefern das theoretische Vokabular, das der Ausdifferenzierung von Normzirkeln in Institutionen, Organisationen, Staaten, Milieus usw. entspricht, wobei ihr Vokabular synchron und diachron variabel ist, weil Normzirkel entstehen und vergehen, ohne dass es irgendeinen Kanon *a priori* gibt, der gleichsam den menschlichen Handlungsspielraum als solchen einhegt. Welche Art von Handlungen Menschen ausführen, welche Normzirkel sich bilden und welche Sanktions- und Empfehlungspraktiken ihre Fortdauer über Generationen hinweg garantieren, lässt sich nicht unter Rekurs auf ein allgemeines Problem des Regelfolgens ermitteln.

Deswegen kommt den Sozialwissenschaften eine Objektivität *sui generis* zu, die ihrerseits synchron und diachron variabel ist, weil die Sozialwissenschaften sich selbst in ihre Untersuchung einbeziehen müssen. Universitäten mit ihren lokal ausdifferenzierten Subsystemen (Fakultäten, Studierende, Lehrstühle, Seminare, Hörsäle usw.) sind selbst Gegenstand sozialwissenschaftlicher Untersuchungen, woraus folgt, dass sie Erhaltungsbedingungen unterstehen, die nicht darauf reduziert werden können, dass Individuen in ihrer mentalen Vorgeschichte den Plan fassen, dies oder das zu tun.

Die Naturwissenschaften können im Rahmen ihrer Methoden keine sinnvollen Aussagen darüber treffen, wie eine Universität organisiert ist oder sein soll. Zwar können Naturwissenschaftler Rollen spielen, die es ihnen erlauben, Institutionen zu gestalten, aber das bedeutet nicht, dass sie dabei erfolgreich naturwissenschaftliche Methoden *in sensu stricto* anwenden. Wo sie der Meinung sind, dass dies der Fall ist, werden sie durch soziale Systeme in die Irre geführt, die ihr Verwaltungshandeln auf der Basis einer naturalistischen Ideologie rechtfertigt. Wo eine naturalistische Auffassung historisch gewachsener Institutionen begünstigt wird, bestehen spezifisch sozio-ökonomische Gründe dafür, dass die Akteure sich ihr Handeln auf eine bestimmte Weise – verzerrt – vorstellen. Die alte, aus der politischen Philosophie bekannte organizistische Verwechslung einer Organisation mit einem Organismus kann zwar einen heuristischen Wert haben, sie sollte aber nicht wörtlich genommen werden – es sei denn, die neueste Soziobiologie hätte die wahrlich spektakuläre Entdeckung vorzuweisen, dass Menschengruppen genuine Makroorganismen bilden.

Die Objektivität sozialwissenschaftlicher Erkenntnis erlegt ihr Erkennbarkeitsbedingungen ihrer Gegenstände auf, die gleichzeitig dafür sorgen, dass man die Gegenstände auch verfehlen kann. Das Wirkliche leistet hier wie sonst potenziellen Widerstand gegen sein Erfasstwerden, was im Fall von Normzirkeln dadurch erschwert wird, dass diese aktiven Widerstand gegen ihr Erkanntwerden leisten. Das Soziale ist auf eine spezifische Weise intransparent, weil es ohne ein selbst unscharfes Maß der Intransparenz nicht zu der Art der komplexen Ausdifferenzierung käme, die Asymmetrien und Befehlsketten ermöglichen. Soziale Kooperation geistiger Lebewesen funktioniert nur dadurch, dass an irgendeiner Stelle eine Entscheidung getroffen wird, die bestenfalls *post factum* gerechtfertigt werden kann. Norm-Zirkel entstehen nicht konstitutiv im Modus ihrer Rechtfertigung.

Nennen wir den Umstand, dass eine Regel besteht, die normative Kraft über Akteure hat, ihre *Bindungskraft*. Die Bindungskraft des Normativen (die Normativität) entwickelt sich unter Bedingungen, die ein unscharfes Maß der Unbestimmtheit mit sich führen, dank dessen eine Entscheidung gefällt werden kann, die nur nachträglich zur deliberativen Disposition steht. Deswegen generiert die Bindungskraft stets einen Vorhof der Intransparenz. Wo Normen bestehen, schaffen sie Raum für eine Hermeneutik des Verdachts, der sich nichts und niemand (auch nicht der theoretisch postulierte Souverän) entziehen kann. Das Soziale und der Widerstand gegen sein Erkanntwerden fallen auf dieser grundlegenden, sozialontologischen Ebene zusammen.

Die ontologische Grundform des Sozialen ist der Abgleich des Fürwahrhaltens. Man hält etwas für wahr, das einem anderen als falsch erscheint, sodass das Wirkliche als drittes Element einer konstitutiven Triangulation ins Spiel kommt. Dies illustriert Möllers anhand des Falles »der Entstehung einer Norm aus Irrtum«.[207] Sein Beispiel ist eine Situation, in der jemand beschließt, zu einer Veranstaltung eine Krawatte zu tragen, weil er aus Unsicherheit der Meinung ist, bei dieser Art von Veranstaltung werde die Krawatte beim Mann erwartet. Er täuscht sich dabei über die Gepflogenheiten und Erwartungen der Gastgeber, teilt seine falsche Einschätzung aber anderen mit. Eine andere Gruppe erscheint ebenfalls mit Krawatte, weil sie durch diejenigen gebildet wird, die abends gerne eine Krawatte anlegen. Dies kann so weit gehen, dass sich jemand, der ohne Krawatte erscheint, einer Kritik ausgesetzt sieht, die allerdings nicht einer »durch die Gastgeber gesetzte[n]«, sondern aus einer

---

207 Möllers, *Die Möglichkeit der Normen*, S. 367, das Krawattenbeispiel ebendort S. 365-367.

»durch die Besucher aus Gewohnheit kreierte[n]« Norm entspringt.[208] Normen können also aus Irrtum über bestehende
Normen entstehen, was bedeutet, dass soziale Systeme selbst etwas Wirkliches sind, hinsichtlich dessen Objektivität (also Irr-
tumsanfälligkeit der Akteure) besteht. Daraus schließt Möllers
auf eine »Gemeinsamkeit« von Normen »mit Fiktionen«:

> Wie im Fall von Fiktionen funktionieren Normen nicht unabhän-
> gig von der faktischen Welt, ja, eingebildete Normen sind von Fak-
> ten und bestehenden normativen Zusammenhängen tendenziell
> sogar stärker abhängig als andere Normen, weil der Irrtum ja auf
> einer Fehlinterpretation von gegebenen Zuständen beruht, nicht
> wie andere Normen in bewusster Ignoranz oder in bewusstem Ge-
> gensatz zum Zustand der Welt gesetzt werden kann.[209]

Damit wendet er sich gegen das verfehlte Heautonomie-Modell
der Normativität, demzufolge es eine spezifische, nicht-kogniti-
ve, sondern normative Einstellung zu Normen geben muss, damit diese Bindungskraft in Akteuren entfalten.[210] Möllers Vorschlag ist deswegen als realistisch zu klassifizieren; sie ist es schon
aus dem Grund, weil er kognitive Einstellungen zu Normen anerkennt, die Akteure und Theoretiker in eine objektive Haltung
der Beurteilung von Tatsachen versetzen, die normative Konsequenzen haben kann, weil die angepeilten Tatsachen soziale
Normen sind.

Soziale Systeme erlauben eine indefinite Verschachtelung, d. h.
rekursive Komplexität, weil ein soziales System selbst etwas
Wirkliches sein kann, das die Position des Wirklichen in der
Triade Subjekt^1-Wirkliches-Subjekt^2 einnimmt.[211] Subjekte können sich im Widerstreit darüber befinden, welches soziale Sys-

---

208 Ebd., S. 366f.
209 Ebd., S. 368.
210 Explizit gegen Kant bzw. gegen Patricia Kitchers Kant-Deutung Möllers,
    Die Möglichkeit der Normen, S. 362f.
211 Gabriel, »A Very Heterodox Reading of the Lord-Servant-Allegory in
    Hegel's *Phenomenology of Spirit*«.

tem sie verbindet, eine Komplexität, die sich nach den vielfach studierten Regeln von Gefangenendilemmata und anderen spieltheoretischen Grundbegriffen modellieren lässt.

Konkrete soziale Systeme wie eine gegebene Institution erfüllen die Funktion der Paradoxie-Beseitigung, indem sie etwa ein buchstäbliches (juridisches) Urteil fällen und damit bestimmen, was das Wirkliche ist, das für das soziale System einer richterlichen Entscheidung in Anschlag zu bringen ist. Die Erhebung von Beweisen, von Zeugenaussagen, Dokumenten usw. im Kontext eines Verfahrens dient dazu, einen Rahmen des Wirklichen zu etablieren, dem die Subjekte angepasst werden, die sich im Widerstreit befinden. Die ausgleichende Gerechtigkeit besteht im Urteil darin, die soziale Situation zu verändern, in der sich die Akteure befinden. Das juridische Urteil ist keine wahrheitsfähige Aussage dahingehend, dass p (»Die Tat des Angeklagten ist ein Fall von Totschlag«), sondern die Etablierung eines neuen sozialen Systems, z. B. der Verurteilung. Wer verurteilt oder freigesprochen wird, wird einer sozialen Transformation und keiner wissenschaftlichen Studie unterzogen.

Das methodologische Problem der Sozialwissenschaften besteht auf einer sozialontologischen Ebene darin, dass sie dazu neigen, ihrerseits normierend zu wirken, weil sie schließlich auf eine selbstbewusste (reflexiv zugängliche) Weise dazu beitragen, dass eine soziale Situation geändert wird: Ein Text über ein soziales System wird zur Publikation durch eine Fachzeitschrift angenommen, heißt unter anderem, dass eine Gruppe von Subjekten dem Urteil unterstellt wird, das Wirkliche auf relevante und norm-zirkel-gerechte Weise diskursiv eingeblendet zu haben. Die Sozialwissenschaften sind konstitutiv reflexiv abgebrüht, weil sie ihr Zustandekommen gemäß den ihnen zur Verfügung stehenden Erkenntniskriterien mit untersuchen (können) müssen. Daran führt scheinbar kein sachlich begründeter Weg, sondern nur die Flucht in die Naturalisierung der Methode vorbei.

Auf diese Weise entsteht der Eindruck, soziale Tatsachen müssten durch eine besondere Kausalität, die soziale Konstruktion, zustande kommen und aufrechterhalten werden, weil man die unzulässige Naturalisierung aus guten methodologischen Gründen vermeiden muss. Doch dieser Zug übersieht, dass den Sozialwissenschaften als sozialen Systemen die Intransparenz ihres Gegenstandsbereichs zugutekommt. Denn der Sozialtheoretiker ist berechtigt, seine Einsicht in die »*unreflektierte Natur des Regelfolgens*«[212] auf sich selbst anzuwenden, ohne darin ein Werk der Natur zu sehen.[213]

Jede Untersuchung eines sozialen Systems führt zu einer sozialen Modifikation, da man nur dann etwas kausal erklären kann, wenn man mit seinem Zielsystem interagieren, d. h. in es intervenieren kann. Dies gilt im Allgemeinen, weshalb die interventionistische Kausaltheorie weiterhin besonders hoch im Kurs steht.[214] Interagiert man mit einem sozialen System, muss man Wege finden, den durch den »Messvorgang« produzierten eigenen Beitrag zur Kursänderung des beobachteten Systems methodologisch aus der Gleichung zu streichen, was zur Entwicklung sozialwissenschaftlicher Methoden geführt hat.

§ 15. Mythologie, Ideologie, Fiktion

Die Gegenstände sozialwissenschaftlicher Untersuchungen bzw. unseres nicht durch entsprechende Methoden abgesicherten Verständnisses sozialer Systeme sind keine Fiktionen im landläufigen, im ersten Teil ausführlich kritisierten Sinne. Überdies sind soziale Tatsachen auf der sozialontologisch konstitutiven Ebene gerade nicht interpretationsabhängig und sollten deswe-

---

212 Meine Übersetzung von Scott Hershovitz, »Wittgenstein on Rules: The Phantom Menace«, in: *Oxford Journal of Legal Studies* 22 (2002), S. 619-640, hier S. 628.

213 Wittgenstein hingegen verfällt einer Naturalisierung der Intransparenz. Vgl. Gabriel, *An den Grenzen der Erkenntnistheorie*, § 9.

214 Vgl. den guten Überblick in Helen Beebee u. a. (Hg.), *Making a Difference. Essays on the Philosophy of Causation*, Oxford 2017.

gen nicht nach dem hermeneutischen Modell der ästhetischen Erfahrung konstruiert werden. Soziale Produktion und Reproduktion findet auf der Ebene impliziten Regelfolgens statt, mit der wir durch Interpretationen zwar interferieren können, die dann aber ihrerseits impliziten Bedingungen unterstehen, sodass jeder Versuch scheitern muss, das Soziale insgesamt aufzuklären.

Bisher ging es in diesem Teil darum, gegen das Klima des Sozialkonstruktivismus darauf hinzuweisen, dass es wirkliche Formen sozialer Entfremdung gibt, die in keiner relevanten metaphysischen oder logisch-semantischen Weise im Auge des Betrachters liegen. Vielmehr ist sozusagen das Auge des Betrachters sozial produziert, was Bourdieu für den Fall des faktisch stattfindenden Geschmacksurteils gezeigt hat.[215] Normative soziale Tatsachen erhalten ihre Wirksamkeit nicht als Konsequenz performativer Sprechakte oder logisch äquivalenter Repräsentationsbeziehungen, sondern im Rahmen weitgehend nicht-bewusst ablaufender Prozesse der Anpassung an und Abweichung von bereits existierenden, überlieferten, symbolisch dokumentierten Normen. Sobald wir über das reflexive Vermögen der Selbststeuerung unter Rekurs auf den Gedanken derselben verfügen, finden wir uns auch schon in Verhältnissen vor, die Sedimente intransparenter sozialer Transaktionen sind. Kein Weg führt aus dieser Situation heraus.

Doch dies bedeutet nicht, dass die Dimension der Fiktionen und Illusionen, wie sie im ersten und zweiten Teil in der *pars construens* untersucht wurden, sozial inert ist. Die Sozialontologie als Disziplin, die nach konstitutiver Sozialität Ausschau hält, ist anfällig für interaktive Formen des Irrtums: Indem man sich das Soziale auf eine bestimmte Weise vorstellt, modifiziert man es. Man denke an den Fall der medialen Verbreitung von Sozialstatistiken, in deren Zustandekommen sozialontologische Prämissen eingeschmolzen sind, was dazu führt, dass Menschen sich aufgrund ihrer Vorstellung von der Objektivität der Wissenschaft

---

215 Bourdieu, *Die feinen Unterschiede*; ders., *Die Regeln der Kunst*.

auf eine bestimmte Weise verhalten. Wahlprognosen sind Teil der sozialen Produktionsbedingungen von Wahlerfolgen ebenso wie die mediale Berichterstattung, die spiegelt, wie ihre Autoren sich das Innenleben der ihnen im Einzelnen unbekannten Wählerschaft vorstellen. Stereotypische Vorstellungen über Briten, Sachsen, Bajuwaren, Inder, den US-amerikanischen Mittelstand usw. werden dadurch kausal und damit sozialwissenschaftlich messbar wirksam, dass sie in den Hintergrund implizit geteilten Regelfolgens durchsickern, der wiederum zu sozialen Produktions- und Reproduktionsbedingungen wird. Dieser Kreislauf unterminiert jedes sozialontologische Schichtenmodell vom Typ Basis-Überbau: Wie wir uns das Soziale überhaupt oder ein spezifisches soziales System vorstellen, hat Auswirkungen auf der sozio-ökonomischen Ebene und *vice versa*.

Diese allseits bekannte Tatsache ist im sozialontologischen Zusammenhang insofern von besonderer Bedeutung, als sie als eine theoretische Grundlage des stets anhängigen Ideologieverdachts identifiziert werden kann, den die Sozialwissenschaften gegen sich selbst richten (sollten). Wie man sich ein soziales System vorstellt, hängt davon ab, welche Vorannahmen in den Prämissenrahmen eingehen, mittels dessen man sich dem System zu nähern versucht. Dieser Prämissenrahmen umfasst dabei notwendigerweise soziale Systeme, was die Sozialwissenschaften prinzipiell nicht aus ihrem Untersuchungsbereich »rausrechnen« können, ohne Gefahr zu laufen, zum Opfer spezifischer, als solcher nicht durchschauter Fiktionen zu werden.

Im Folgenden möchte ich zwei Formen sozialontologisch relevanter Fiktionen unterscheiden.

Die erste Form bezeichne ich als *Mythologie*. Diese besteht, wie bereits gesagt (S. 457 f.) in der Wirksamkeit impliziter Vorbilder auf die Handlungsweise von Akteuren, die zu einem sozialen System gehören, was auf der Vorstellungsebene historisch in der Form eines theogonischen Bewusstseins aufscheint, in unseren Tagen nicht zuletzt in Superheldenmythen und sonstigen Mythen des Alltags perpetuiert wird, ganz zu schweigen vom Fortbestehen der Weltreligionen.

Im Unterschied zur Mythologie ist eine *Ideologie* ein Ideengebilde, dessen Funktion darin besteht, eine gegebene asymmetrische Verteilung von sozio-ökonomisch wertvollen Ressourcen zu legitimieren, indem die Aufmerksamkeit derjenigen Akteure, die an seiner Produktion und Reproduktion beteiligt sind, von eben diesem Umstand abgelenkt wird. Ideologien müssen dabei nicht explizit durchgesetzt werden, sie sind meistens implizit wirksam und werden nicht von einer Zentralstelle aus gleichsam nach unten weitergereicht (was Ideologie von Propaganda unterscheidet).[216] Außerdem bestehen Ideologien nicht notwendig aus falschen oder illusorischen Überzeugungen oder Repräsentationen. Man kann auch mit wahren Aussagen dominieren, was davon abhängt, wie sie eingesetzt werden.[217]

Die soziale Funktion der Fiktionen der Mythologie und ihrer nach Wissenschaft klingenden ideologischen Zusatzmodule beläuft sich darauf, etwas, was unter idealisierten Rechtfertigungsbedingungen keinerlei Bestand hätte, dadurch zu legitimieren, dass es in eine Aura des Scheins gehüllt wird.[218] An der Herstellung dieser Aura sind Kunst und Design ebenso wie die Berichterstattung über vermeintliche wissenschaftliche, futuristische Durchbrüche (vom Typ Superintelligenz, Marsbesiedelung, fi-

216 Dieser Unterschied entgeht Jason Stanley, *How Propaganda Works*, Princeton 2015.

217 Vgl. den ausgearbeiteten kritischen Ideologie-Begriff bei John B. Thompson, *Ideology and Modern Culture. Critical Theory in the Era of Mass Communication*, Cambridge 1990, bes. S. 52-73.

218 Wissenschaft kann auch die Funktion der Mythologie erfüllen, indem etwa gegenwärtiges menschliches Verhalten unter Rekurs auf eine faktisch epistemisch nicht zugängliche tiefe, paläanthropologische Vergangenheit ›erklärt‹ wird. Es sind viele Formen möglich (und wirklich), wie Wissenschaft in den ideologischen Dienst einer Mythologie eintreten kann, ohne dass dies den Akteuren bewusst wäre. Wenn man einen bestimmten Mythos verlassen hat, heißt das noch lange nicht, dass man in keinen neuen eingetreten ist. Vgl. dazu Wolfram Hogrebe, »›Wer im Mythos lebt…‹«, in: ders., *Echo des Nichtwissens*, Berlin 2006, S. 330-341.

naler Krebstherapie usw.) wesentlich beteiligt.[219] Deswegen dient
die ontologische Justierung des Verhältnisses von Wirklichkeit
und Fiktion, d. h. die philosophische Arbeit am Begriff, unter
anderem der sozialen Sache einer besser über sich selbst informierten Gesellschaft. Dass eine bestimmte soziale Praxis in den
Augen ihrer Teilnehmer berechtigt ist, heißt keineswegs, dass
sie gerechtfertigt werden kann. Berechtigung ist ein normativ
wenig anspruchsvoller, aber sozial äußerst wirksamer Status,
den man nicht aus den Augen verlieren darf. Die Übertragung
idealisierter Vorstellungen des Spiels des Gebens und Nehmens
von Gründen auf Bereiche, deren Legimitationsgrundlage anderer Natur ist, ist ein sozialontologischer Fehler, der in seiner Um-
setzung pathogen wirkt.

Das ideologische Denken bedient sich dabei gerne eines mythologischen Unterbaus, da archaisches Denken aufgrund seiner
Heteronomie besonders geeignet ist, die im Übrigen offensichtlichen Probleme der Gegenwart auszublenden. Auf der Vorstellungsebene manifestiert sich Mythologie paradigmatisch in der
Form eines theogonischen, genealogischen Bewusstseins.[220] Mythologien stellen den Rahmen zur Verfügung, in dem eine Antwort auf die Frage sinnvoll erscheint, warum ein gegebenes
Handlungsmuster, auf das Akteure aufmerksam geworden sind,
als berechtigt gilt, obwohl es nicht im Modus des Spiels des Gebens und Verlangens von Gründen explizit gerechtfertigt werden kann. Mythologie *berechtigt* auf diese Weise zur Fortsetzung
von Praktiken, die nicht *gerechtfertigt* werden können. An die
Stelle einer expliziten Rechtfertigung tritt der Rekurs auf eine
vorgestellte tiefe Vergangenheit, der erklären soll, warum die
Praxis besteht und fortbesteht.

---

219 Vgl. Gabriel, *Le pouvoir de l'art*. Kunst ist wesentlich ambivalent und
    schwankt aufgrund ihres ontologischen Status zwischen Selbsterhellung
    unserer Lebensform und Kitsch, ein Problem, das seit Adornos einschlä-
    gigen Schriften bestens bekannt ist.
220 Vgl. Gabriel, *Der Mensch im Mythos*; ders., Žižek, *Mythology, Madness
    and Laughter*.

Dieser begriffliche Vorschlag zur Bestimmung der Rolle des Mythologischen ermöglicht es, in modernen Formen der Selbstvergewisserung des Menschen auch bzw. gerade dort Mythologie zu erkennen, wo ihr im Namen von Wissenschaft und Logos offiziell abgeschworen wird.[221] Ein zentrales Beispiel für diese Struktur ist die Vorstellung, der Mensch sei ein komplexes kognitives System, das durch mehr oder weniger geschickte, meist implizite Hochrechnungen an einem Weltbild bastelt, ohne jemals modellfrei in Kontakt mit der Wirklichkeit zu stehen. Nennen wir dieses Selbstbild *Modellismus*.[222]

Der Modellismus basiert auf einem Modell des Systems »Mensch«, das im Wesentlichen an einer positivistischen Wissenschaftstheorie ausgerichtet ist. Die Konstruktion von Modellen wird dabei heutzutage gerne im Gehirn bzw. einem Subsystem des Gehirns verortet, das als eine Rechenmaschine verstanden wird, deren Funktion darin besteht, Voraussagen auf Zeitskalen zu treffen, die uns bewusst nicht verfügbar sind (»predictive coding«). Die Mythologie des Modellismus besteht darin, dass man den Menschen auf einen paläoanthropologischen Korridor hin zuschneidet und gegenwärtiges, beobachtbares Verhalten unter Rückgriff auf (vermeintliche) evolutionäre Anpassungsstrategien in einer letztlich nicht mehr empirisch beobachtbaren Vergangenheit zu erklären versucht.[223]

Insbesondere beruht der Versuchsaufbau des Illusionismus und verwandter Projekte auf einer Mythologie, die ein als solches weitgehend implizites Menschenbild in die tiefe Vergangenheit unserer Gattung projiziert, um auf diese Weise gegenwärtiges Forschungsverhalten zu rechtfertigen. Wenn Menschen letztlich mit ihrem Bewusstsein und dieses mit einer Funktions-

---

221 Was bekanntlich eine der Grundeinsichten ist von Max Horkheimer, Theodor W. Adorno, *Dialektik der Aufklärung. Philosophische Fragmente*, Frankfurt/M. [15]2004.

222 Vgl. dagegen auch Gabriel, *Der Sinn des Denkens*, S. 221-227, sowie Dreyfus, Taylor, *Die Wiedergewinnung des Realismus*.

223 Zur Kritik dieses Mythologie-Typs vgl. Tallis, *Aping Mankind*.

weise des Gehirns identisch wären, die sich unter Hinweis auf
ihre evolutionäre Nützlichkeit erklären ließe, müsste man die
wissenschaftliche Selbsterforschung des Menschen diesem Paradigma anpassen. An die Stelle einer philosophisch gründlichen
Theorie des Geistes tritt die positivistisch verkürzte Auffassung
des Bewusstseins, die jegliche historische Selbstverständigung
ausschließt.

Beispielhaft kann man einen Artikel von Stanislas Dehaene,
Hakwan Lau und Sid Kouider anführen, der sich der Frage widmet, was Bewusstsein ist und ob Maschinen es haben können.[224] Die Autoren verwenden sage und schreibe weniger als
eine Seite zur Beantwortung der Frage, was Bewusstsein ist.
Dabei unterscheiden sie ohne Angabe irgendeiner belastbaren
Methode drei Bedeutungen von »Bewusstsein«, deren erste,
»subjektive Erfahrung (*subjective experience*)«, sie einerseits angeblich ausklammern, während sie andererseits ein geradezu ab-
surdes Bild dieser Bedeutung zeichnen.

> Das Wort ›Bewusstsein‹ wird, wie viele vorwissenschaftliche Ter-
> mini, in weitgehend verschiedenen Bedeutungen verwendet. In
> einem medizinischen Kontext wird es häufig in einem intransitiven
> Sinn gebraucht (z. B. in, ›Der Patient war nicht mehr bewusst‹), im
> Kontext der Abschätzung von Vigilanz und Wachheit. [...] Aus
> Platzgründen beschäftigen wir uns hier allerdings nicht mit diesem
> Aspekt, weil seine komputationale Auswirkung minimal zu sein
> scheint: Offensichtlich muss eine Maschine ordentlich angeschal-
> tet (*properly turned on*) sein, damit ihre Berechnungen sich normal
> entfalten.[225]

---

224 Stanislas Dehaene u. a., »What is consciousness, and could machines
    have it?«, in: *Science* 358 (2017), S. 486-492.

225 Meine Übersetzung von ebd., S. 486: »The word ›consciousness‹, like
    many prescientific terms, is used in widely different senses. In a medical
    context, it is often used in an intransitive sense (as in, ›the patient was no
    longer conscious‹), in the context of assessing vigilance and wakefulness.
    [...] For lack of space, we do not deal with this aspect here, however, be-
    cause its computational impact seems minimal: Obviously, a machine
    must be properly turned on for its computations to unfold normally.«

Man weiß gar nicht, wo man anfangen soll, um die vielfältigen Irrtümer aufzulisten, die in dieser Passage enthalten sind. Woher wissen die Autoren, dass »Bewusstsein« ein »vorwissenschaftlicher Terminus« ist? Wann ist ein Terminus »wissenschaftlich«? Wenn »Bewusstsein« ein vorwissenschaftlicher Terminus ist, der im medizinischen Kontext verwendet wird, wie soll die Medizin dann in dieser Hinsicht eine Wissenschaft sein? Wenn Bewusstsein im Sinne von Wachheit darin bestünde, dass unsere Maschine angeschaltet ist, in welchem Sinne sind wir denn bitte abgeschaltet, wenn wir uns im Koma oder bewusstlosen Tiefschlaf befinden? Nicht bei Bewusstsein zu sein, heißt doch nicht, tot zu sein! Und woher wissen die Autoren, dass »Bewusstsein« in verschiedenen Bedeutungen verwendet wird? Welche sind dies und wie stellt man diese fest? Welche natürliche Sprache untersuchen sie, da »Bewusstsein« nicht in jeder Hinsicht dasselbe bedeutet wie das englische »consciousness« oder das französische »conscience«? Haben sie dafür die Linguistik, die Philosophie, die Ideengeschichte oder irgendeine Disziplin konsultiert, die es als wissenschaftliche Einsicht ausweisen würde, dass es sich beim Bewusstsein um einen vorwissenschaftlichen Terminus handelt?[226]

Das Selbstmodell der Autoren unterstellt, was es nicht ansatzweise belegt, dass wir nämlich im selben Sinne Maschinen

---

226 Meine explizite Nachfrage an Stanislas Dehaene auf einer im Vatikan von der Päpstlichen Akademie der Wissenschaften ausgerichteten Tagung (16.-17. 5. 2019) wurde von ihm mit keinerlei naturwissenschaftlicher Evidenz oder Argument, sondern mit rhetorischer Abwehr und systematischer Gesprächsvermeidung sowie jüngst mit einem Twitter-Shitstorm beantwortet (⟨www.youtube.com/watch?v=hPsrQAZFd6Q&t=1537s⟩, letzter Zugriff 17. 10. 2019). Ich werte dieses unwissenschaftliche Verhalten als soziologisches Indiz dafür, dass meine Kritik völlig zutrifft und sein Forschungsprogramm letztlich aufgrund einer arbiträren Bedeutungswahl für »Bewusstsein« rettungslos zum Scheitern verurteilt ist. Wenn man nicht angeben kann, was man eigentlich sucht, wenn man das neuronale Korrelat des »Bewusstseins« (in welchem Sinne des Wortes?) sucht, sucht man eben nach gar nichts.

sind wie von uns hergestellte Artefakte, die man an- und abstellen kann. Doch einen Organismus kann man nicht abstellen, ohne ihn dann nicht mehr anstellen zu können, tot ist tot. Und dies nur einer von unzähligen höchst relevanten ontologischen Unterschieden zwischen von Menschen hergestellten maschinellen Artefakten und uns als bewussten, geistigen Lebewesen.

Die beiden anderen Aspekte der Bedeutung von »Bewusstsein« sind den Autoren zufolge die »globale Verfügbarkeit (*global availability*)« von Informationen in einem Organismus und die »Selbst-Überwachung (*self-monitoring*)«. Die globale Verfügbarkeit soll in der »transitiven Bedeutung von Bewusstsein«[227] bestehen, d. h. in »der Beziehung eines kognitiven Systems und eines spezifischen Gegenstands des Denkens«.[228] Hier müssten die Autoren eine Theorie der Intentionalität vorlegen, tun sie aber nicht. Wohlgemerkt erfahren wir nichts über die Bedeutungen der verwendeten Ausdrücke »thought«, »mental representation« usw., die eingesetzt werden, um den Bewusstseinsbegriff zu erläutern. Noch weniger wird deutlich, warum der Sinn von »Bewusstsein« als »globaler Verfügbarkeit« gar »synonym« sein soll mit »die Information im Geist zu haben«.[229]

Die globale Verfügbarkeit soll nichts zu tun haben mit dem zweiten, von den Autoren erneut ohne Angabe irgendwelcher Gründe postulierten Sinn von »Bewusstsein«, d. h. der Selbst-Überwachung. In diesem Zusammenhang erfahren wir:

227 Meine Übersetzung von ebd. Es ist auffällig, dass die Autoren statt von der »transitiven Bedeutung von ›Bewusstsein‹« plötzlich von der »transitiven Bedeutung von Bewusstsein« reden, was ich als Symptom der Abwesenheit einer linguistisch bzw. ideengeschichtlich belastbaren Methode der Bedeutungsbestimmung werte.

228 Meine Übersetzung von ebd.: »It refers to the relationship between a cognitive system and a specific object of thought«.

229 Meine Übersetzung von ebd.: »This sense is synonymous with ›having the information in mind‹«.

Menschen wissen viel über sich selbst, was solche diversen Informationen einschließt wie die Form und Position ihres Körpers, ob sie etwas wissen oder wahrnehmen oder ob sie gerade einen Fehler gemacht haben.[230]

Diese Art von Selbstbewusstsein (bzw. in Neurosprech »Metakognition«) sei vom Bewusstsein im ersten Sinne entkoppelt, da sie angeblich auch vorkommt, ohne dass sich ein Mensch dessen bewusst ist. Die Autoren verzichten offensiv auf jede Auseinandersetzung mit der philosophischen Tradition, aus der sich allerdings die Bedeutungen von »Bewusstsein« ergeben haben, die sie unkritisch und in unzulässiger Vereinfachung in den Raum stellen.

»Bewusstsein« ist, wie viele andere zentrale Ausdrücke unseres mentalistischen Vokabulars, alles andere als ein vorwissenschaftlicher Terminus, wie die Autoren unterstellen. In der vermeintlichen Alltagssprache, auf welche die Autoren sich ohne Angabe von Quellen stützen, ist dieser Ausdruck aufgrund einer philosophischen und wissenschaftlichen Vorgeschichte verankert. An die Stelle einer historisch informierten Bestandsaufnahme der Selbsterkundung des Menschen tritt ein modellistisches Selbstmodell, das den Menschen als kognitives System der Selbstüberwachung beschreibt.

Doch dieses Selbstmodell hat seinerseits eine Geschichte, die nicht vollständig rekonstruiert ist, weil sie neben der griechisch-römischen Traditionslinie der Subjektivitätstheorie freilich andere Selbstmodelle in Rechnung stellen müsste, die sich außerhalb dieser mehr oder weniger innereuropäischen Selbstbestimmungsgeschichte bewegen. Die Autoren untersuchen deswegen bestenfalls neuronale Signaturen eines sehr eingeschränkten Bereichs eines gegebenen Menschenbildes, über dessen Herkunft und Bedeutungen sie sich keinerlei Gedanken machen. Statt-

---

230 Ebd., S. 487: »Human beings know a lot about themselves, including such diverse information as the layout and position of their body, whether they know or perceive something, or whether they just made an error.«

dessen werden evolutionäre Parameter in Anschlag gebracht, die den menschlichen Organismus als Konsequenz unbewusster Berechnungen vorführen, dank derer wir im Überlebenskampf dort angelangt sein sollen, wo wir uns vorfinden: im bewussten Leben.

Diese besonders grobe Variante eines komputationalen Modells des Geistes ist ein paradigmatischer Fall einer ideologischen Verwendung von Mythologie. Denn sie übernimmt die Funktion einer expliziten Rechtfertigung nicht zu rechtfertigender Ressourcenverteilung (etwa zwischen akademischen Disziplinen im Kontext des Wettbewerbs um Fördermittel). Die zugrunde liegende Mythologie ist das Bild des Menschen als komplexe Rechenmaschine mit überraschend vielen Schichten, deren gleichzeitig ablaufende Prozesse das Bewusstsein generieren. Diese Mythologie ergibt sich daraus, dass man den Menschen quasi-geologisch in Schichten zerlegt, deren älteste nach evolutionären Maßstäben als möglichst elementar angesetzt werden, um aus dem Zusammenwirken vieler elementarer Prozesse dann – man weiß nicht wie – mit dem Zauberstab der Emergenz ein ›Bewusstsein‹ hervorgehen zu lassen. Die explizite Rechtfertigung stellt eine technologische Herstellung von »artifiziellem Bewusstsein (*artificial consciousness*)« in Aussicht, was insofern völlig hoffnungslos ist, als keine hinreichend präzise, wirklich theoretisch ausgearbeitete Auffassung der Bedeutung von »Bewusstsein« vorgelegt wird.[231] *Was* die Autoren herzustellen beabsichtigen, weiß keiner, sie auch nicht. *Wie* man es herstellen könnte, weiß auch keiner, sie ebenfalls nicht.

---

231 Vgl. das empirisch leere, rein metaphysische Versprechen ebd.: »The computations implemented by current deep-learning networks correspond mostly to nonconscious operations in the human brain. However, much like artificial neural networks took their inspiration from neurobiology, artificial consciousness may progress by investigating the architectures that allow the human brain to generate consciousness, then transferring those insights into computer algorithms. Our aim is to foster such progress by reviewing aspects of the cognitive neuroscience of consciousness that may be pertinent for machines.«

Weil der Mensch als geistiges Lebewesen seine begrifflichen Vermögen unter sozialen Bedingungen ausbildet und damit auch modifizieren kann, sind wir zu allen Zeiten ideologieanfällig. Denn wir verfügen über keinen externen, die menschliche Lebensform überschreitenden Maßstab, anhand dessen wir festlegen könnten, wer oder was der Mensch ist.[232] Dieser Umstand ist dem Neo-Existenzialismus zufolge freilich die relevante anthropologische Konstante und damit der Ausgangspunkt einer systematischen Philosophie des Geistes, die dessen Historizität und synchron wie diachron plurale Manifestation in Rechung stellt.

Eine derzeit grassierende Ideologie dockt an Fortschritte der Neurowissenschaften und Informatik an und ist mit dem Geraune um die »Künstliche Intelligenz« verbunden – ein Ausdruck, der meistens wie »Digitalisierung« nicht ansatzweise präzisiert wird, sodass sich umgehend futuristische Erzählungen (Stichwort: Transhumanismus) entspinnen, die den Menschen möglichst endgültig von sich selbst erlösen wollen.[233] Die ideologische Dimension dieses Diskurses besteht darin, dass der

---

232 Eine sicherlich ins Gewicht fallende Schwierigkeit, die ich an dieser Stelle nicht behandeln kann, ergibt sich daraus, dass Menschen, seit wir historisch über ihre Selbstvorstellungen informiert sind, Auskunft über ihr Bild nicht-menschlichen geistigen Lebens geben. Dazu gehören insbesondere das Göttliche, die Götter bzw. Gott im eminenten Singular. Es bedürfte an dieser Stelle also einer umfassenden Religionsphilosophie des Neuen Realismus, um die sich ein Anti-Naturalismus nicht mit dem wohlfeilen, aber nachweisbar irregeleiteten Hinweis der angeblich gesicherten Nicht-Existenz Gottes drücken kann. Vgl. dazu Markus Gabriel, »Der Sinn der Religion« in: Michael Meyer-Blanck (Hg.), *Geschichte und Gott. XV. Europäischer Kongress für Theologie (14.-18. September 2014 in Berlin)*, Leipzig 2016, S. 58-75; sowie ders., »»Niemand hat Gott je gesehen‹ – Eine philosophische Tischrede«, in: Wolfram Kinzig, Julia Winnebeck (Hg.), *Glaube und Theologie. Reformatorische Grundeinsichten in der ökumenischen Diskussion*, Leipzig 2019, S. 329-341.

233 Vgl. dazu kritisch Stephen Cave, *Immortality. The Quest to Live Forever and How It Drives Civilization*, New York 2012.

Mensch sich nicht über sich selbst aufklärt, sondern stattdessen
ein Produkt seiner sozialen Tätigkeit (die Technosphäre) verwendet, um die historischen Herstellungsbedingungen dieser
Produkte auf ein automatisiertes Schicksal umzustellen. Auf
diese Weise wird die fortschreitende Automatisierung bestimmter Arbeitsvorgänge in verschiedenen Sektoren der arbeitsteiligen Gesellschaft als ein quasi-theologischer Prozess der Manifestation des Geistes in nicht-organischer Materie vorgeführt.
Damit wiederholt sich das mythologische Format des Ursprungs
des Geistes aus dem Nicht-Geistigen, d. h. einer Art Urzün-
dung geistigen Lebens, von der wir faktisch kein hinreichendes
naturwissenschaftliches Wissen haben.[234]

Der Ursprung des historisch variablen Geistes kann prinzipiell nicht naturwissenschaftlich entdeckt werden, weil es zum
Wesen einer naturwissenschaftlichen Erklärung gehört, dass ihre Gegenstände keine Geschichte im Sinne der Geschichtswissenschaft haben. Evolution *in sensu stricto* und Geschichte als
sozialer Vorgang menschlicher Selbstbestimmung lassen sich
nicht aufeinander reduzieren. Weder ist Geschichte eine Fortsetzung von Evolution mit anderen (geistigen) Mitteln noch
ist Evolution Naturgeschichte, d. h. ein gleichsam anonymer,
blinder *historischer* Prozess.[235] Der Versuch, Evolutionstheorie

234 Vgl. dazu hingegen das dämmernde Bewusstsein in früheren Stadien der
Kybernetik bei Norbert Wiener, *God & Golem, Inc. A Comment on Certain Points Where Cybernetics Impinges on Religion*, Cambridge/MA.
1964.

235 Das hat übrigens besonders deutlich Schelling in seinen naturphilosophischen Schriften herausgearbeitet, der sich als Erster der Frage gewidmet hat, wie eine Metaphysik aussehen muss, die es erlaubt, den Geist als
etwas Gewordenes zu verstehen. Dabei hat er die maßgebliche Einsicht
formuliert, dass eine Philosophie, die das Gewordenseins des Geistes thematisieren möchte, mit zwei Reihen arbeiten muss: Eine führt begrifflich von der Natur zum Geist, während die andere begrifflich vom Geist
zur Natur führt und einsieht, dass der Geist sich niemals vollständig mit
Begriffen erfassen lässt, die ausschließlich mit nicht-bewussten Kräften
und anonymen Prozessen rechnen.

und Geschichtswissenschaft in einem metaphysischen Hauruckverfahren ineinander zu überführen, übersieht völlig, dass Geschichte nur dort stattfindet, wo Akteure als geistige Lebewesen auftreten, die ein Leben im Licht von Selbstbildern führen, die niemals mit organischen Vorgängen identisch sein können. Der Wunsch, in einer gerechten, solidarischen Gemeinschaft zu leben, und die damit einhergehende Bereitschaft, gewisse Institutionen und ihre Entscheidungen anzuerkennen, lässt sich nicht ansatzweise vollständig dadurch erklären, dass Menschenaffen wie andere Tiere auch einen evolutionär nützlichen »Fairness«-Detektor mit sich bringen. Keine spezifische sozio-ökonomische, politisch reflektierte Ordnung lässt sich auf diese Weise in ihrer Genese und Geltung einsehen.

Im Übrigen bin ich fest überzeugt, dass wir niemals herausfinden werden, was der Startschuss des Geistes, der Ursprung unserer geschichtlichen Existenz faktisch war. Es stehen keine Daten zur Verfügung, denen wir ernsthaft belastbare und nicht letztlich mythologische Selbstmodelle entnehmen werden. Buddeln im Wüstensand, Spekulationen auf der Basis zufälliger archäologischer Fundstätten, genetische Datenerhebungen oder was auch immer man heute beschwört, um dem Ursprung des Geistes näherzukommen, all dies ist in der hier eingenommenen Perspektive hoffnungslos mythologisch. *Ignoramus et ignorabimus.* Dieses Nicht-wissen-Können gehört zu einem wirklich aufgeklärten Humanismus, der nicht *sotto voce* auf szientistische Mythologie, d. h. Ideologie setzt. Wer Wissen dort beansprucht, wo es für uns nichts zu wissen gibt, und auf dieser Basis einer ideologisch verbrämten Ignoranz soziale Konsequenzen fordert, beschädigt die Architektur unserer geistigen Lebensform durch den Einsatz seiner schlechten Archäologie des Wissens.

Der Mensch ist ein historisches Lebewesen. Diese Historizität wird man durch kein Verfahren der Naturalisierung zum Stillstand bringen, das uns weismachen möchte, dass in einer menschlichen Gesellschaft alles mit rein natürlichen Dingen zugeht. Denn dort, wo der Mensch handelt, überschreitet er die notwendigen, natürlichen Bedingungen seines Vorkommens um die Dimension des Fiktionalen. Wir sind über jede gegebene Reizszene längst so weit hinaus, dass die Vorstellung, wir seien letztlich komplexe »Fress- und Fluchtmaschinen« sich als Mythologie und Ideologie dekuvrieren lässt.

Der Mensch lässt sich freilich weitgehend in eine Maschine transformieren. Neben der Unterwerfung des Menschen unter eine Maschinenvorstellung durch Gewaltandrohung und -ausübung kann dies insbesondere dadurch gelingen, dass die Ideologie verbreitet wird, wir wüssten aus der naturwissenschaftlichen Forschung motiviert über den Menschen endgültig Bescheid, sodass wir sicher sein könnten, dass wir komplexe Maschinen, etwa Zellautomaten sind, die bestimmte Funktionen realisieren, die man auch in nicht-biologischer ›Hardware‹ implementieren könne. Die vollmundigen Zukunftsvisionen, die im gegenwärtigen KI-Diskurs (meist kalifornischer Provenienz) zirkulieren, dienen in der hier eingenommenen Perspektive dazu, den Menschen von seiner Selbstbestimmung zu entlasten.[236] Diese Entlastung führt im Erfolgsfall zur Illusion einer geschichtsfreien Existenz, deren politische Verwaltung lediglich darin besteht, die Rahmenbedingungen angewandter naturwissenschaftlicher Forschung zu schaffen, aus der technologische Prothesen des Menschseins hervorgehen sollen.

Bei diesem Selbstmodell handelt es sich um einen groben Fall (buchstäblich) falschen Bewusstseins, indem ein falsches Bild von Bewusstsein in Anschlag gebracht wird, um den Menschen von jeder höheren Spiritualität fernzuhalten. Die Grundlage jeder höheren Spiritualität ist ein Begriff des Geistes, der den Fehler vermeidet, unsere unhintergehbare Ausgangslage mit einer Untermenge ihrer notwendigen, natürlichen Bedingun-

---

236 Die transhumanistische Literatur ist (leider) umfangreich. Paradigmatisch sei angeführt Raymond Kurzweil, *K. I. Das Zeitalter der künstlichen Intelligenz*, München 1993; ders., *Menschheit 2.0. Die Singularität naht*, Berlin ²2014; ders., *Das Geheimnis des menschlichen Denkens. Einblicke in das Reverse Engineering des Gehirns*, Berlin 2014; sowie Tegmark, *Leben 3.0.*

gen zu verwechseln. Vergessen wir nicht, dass wir den Naturalismus überwinden müssen, hinter dem sich unzählige metaphysische Manöver verstecken, die durch Hinweis auf (vermeintliche) empirische Kenntnisse ein Menschenbild entwerfen, das normativ wirksam wird.

Auf dem Standpunkt des Neo-Existenzialismus koinzidieren Sein und Sollen des Menschen. Aufgrund unserer unvermeidlichen Fähigkeit zur Selbstbestimmung begehen wir einen existenziellen Fehler, wenn wir versuchen, von der Norm des Menschseins abzuweichen. Menschen sind freilich nicht imstande, keine Menschen zu sein; wohl aber, ihr Menschsein an einer falschen Vorstellung dessen, worin es besteht, auszurichten. Auf diese Weise entsteht ein Raum der Pathologien, der Anlass einer bisher philosophisch nicht vorgelegten Taxonomie des Irrens ist. Denn neben landläufigen falschen Überzeugungen, deren Form lediglich darin besteht, dass jemand etwas für wahr hält, was falsch ist (und *vice versa*), gibt es eine unbestimmte Vielheit von Irrtümern, zu denen insbesondere die Modi der Selbsttäuschung gehören.

Eine *Selbsttäuschung* ist im Allgemeinen ein Irrtum darüber, wer oder was ein menschliches Selbst ist, der handlungswirksam wird. Weil wir zur Selbsttäuschung in diesem Sinne fähig sind, differenziert sich unser geistiges Leben in unbestimmt viele Verlaufsformen aus, die wir mittels historisch variabler medizinischer Kategorien des Normalen und des Pathologischen messen.

Dabei kann man eine Skala anlegen, die von maximaler Objektivität bis zu maximaler Subjektivität von Überzeugungen reicht. Eine Überzeugung ist *maximal objektiv*, wenn sie eine Tatsache betrifft, die in jeder Hinsicht auch dann bestanden hätte, wenn es niemanden gegeben hätte, der hinsichtlich ihrer eine Überzeugung hat.[237] Umgekehrt ist eine Überzeugung *maximal*

---

237 Zieht man das Universum insgesamt in Betracht, ist es fragwürdig, ob es im Universum solche Tatsachen gibt, da wir als geistige Lebewesen kausal mit dem Universum interagieren, sodass dieses in seiner Ganzheit davon betroffen ist, dass wir in ihm existieren. Allerdings ist es eine an die-

subjektiv, wenn sie von einem flüchtigen Zustand eines Subjekts handelt, das ihr Vorliegen zur Kenntnis nimmt, ohne jemals einen Vergleichsgegenstand angeben zu können, mittels dessen das Subjekt den Zustand als Fall irgendeiner Art identifizieren könnte. Sollte es Qualia geben, deren Existenz und ihr Erscheinen so »verschweißt« sind, dass das Subjekt keinen Raum hat, ihr Vorliegen zu klassifizieren, wären diese maximal subjektiv.

Es kann offenbleiben, ob es maximal objektive und maximal subjektive Tatsachen in Reinform gibt, da der Normalfall unserer Überzeugungen hybride Fälle betrifft. Wir sind in aller Regel davon überzeugt, dass etwas der Fall ist, weil wir vom Standpunkt unserer Informationsstanderhebung aus urteilen. Wir urteilen auch dann nicht »von Nirgendwo«, wenn wir davon abstrahieren, dass wir urteilen und einen Sachverhalt kommunikativ zur Verfügung stellen, an dessen Konstatierung andere sich anschließen können.

Wenn ich urteile, dass p, dann besteht Raum dafür, dass ein anderer dasselbe, d. h., dass p, urteilt. Mein Urteil handelt deswegen nicht stets oder wesentlich davon, wie es davon handelt, dass p, weil es ansonsten nicht anschlussfähig wäre. Dies führt es mit sich, dass im Fall des Urteils die Situation vorliegt, dass eine Tatsache besteht, namentlich diejenige, dass ich urteile, dass p. Diese Tatsache ist ihrerseits anschlussfähig konstatierbar – sei es durch mich oder andere. Urteile sind demnach zwar ›subjektiv‹ insofern, als sie von einem Standpunkt aus gefällt werden, der als der jeweils meinige Defekte aufweisen kann, die mir im Urteil unbekannt sind. Ansonsten könnte ich nicht falsch urteilen, wäre also nicht fallibel. Sie sind aber zugleich

---

ser Stelle nicht zu beantwortende Frage der Naturphilosophie, inwiefern das Universum ein Ganzes ist, das in Richtung der Zukunft ontologisch offen ist oder nicht. Wenn das Universum als Ganzes existiert und wir in ihm vorkommen, enthält das Universum keine maximal objektiven Tatsachen, da jede Tatsache kausal mit dem Umstand verflochten ist, dass wir durch Informationsaustausch etwas über irgendwelche nichtmenschlichen Bereiche des Universums wissen.

›objektiv‹ dadurch, dass sie selbst auf dem Boden der Tatsachen stattfinden. Man urteilt nicht aus dem »kosmischen Exil«[238], sondern dort, wo man steht. Dass Urteile objektiv sind, bedeutet demnach nicht, dass sie nicht subjektiv sind, dass ihr Gehalt also in jeder Hinsicht davon freizusprechen ist, dass jemand urteilt, der ein Individuum ist und deswegen unteilbare mentale Zustände aufweist, die in das Urteil mit eingehen. Dass Urteile objektiv sind, bedeutet, dass sie selbst zu Gehalten anderer Urteile werden können, d. h. konstatierbar und insofern öffentlich zugänglich vorliegen.

Dass ich urteile, dringt nur in den Fällen fraglos auf die Inhaltsebene durch, in denen ich über mich selbst urteile. Selbstbezügliche Urteile kommen vor, sie sind ein paradigmatischer Gegenstand der Philosophie. Selbstbezügliche Urteile sind wiederum nicht als solche transparent. Wegen ihrer Opazität kann der Irrtum aus unseren Selbstverhältnissen nicht prinzipiell ausgeschlossen werden. Tritt er ein, entstehen spezifische Formen des Irrtums, die – soweit wir wissen – auf die menschliche Lebensform beschränkt sind. Menschen können sich für anderes halten, als sie sind (z. B. Rechenprogramme, die auf einer Wetware laufen; kulturell hochgerüstete Killeraffen; Gehirne usw.), und dadurch Handlungsmuster ausbilden, die sich als pathologisch einstufen lassen.

Mythologie und Ideologie sind Modi der Selbsttäuschung. Gänzlich beheben lassen sie sich nicht, weil wir die Norm des Menschseins nur vom historisch situierten Standpunkt eines Menschen aus erkennen können. Um uns historisch unserer selbst zu vergewissern, werden wir stets Formen des autobiographischen Erzählens verwenden, die wir im Medium unserer individuellen Lebensführung zur Anwendung bringen, um uns als jemand zu verstehen, der sich auf einem Lebensweg befindet, der für den Betroffenen die denkbar tiefste Bedeutung hat. ἦθος ἀνθρώπῳ δαίμων.[239]

---

238 Quine, *Wort und Gegenstand*, S. 474.
239 Heraklit, DK 22 B 119.

Die Erzählungen, die uns zur Verfügung stehen, entstammen verschiedenen Überlieferungen, deren Zusammenhänge und Inkohärenzen wohl nur im Rahmen einer narrativen Ontologie geklärt werden können, wie Axel Hutter dies genannt hat.[240] Was es heißt, jemand zu sein, welche soziale Identität man hat, hängt wesentlich davon ab, welche Fortsetzung der Autobiographie, an der man arbeitet, man sich jeweils wünscht.

Zu dieser narrativen Stellungnahme gibt es keine Alternative, solange wir ein geistiges Leben führen. Deswegen ist alles endliche, geistige Leben von Mythologie, Ideologie und Fiktionen gekennzeichnet, was erst dann zu einem Problem wird, wenn ein ideologischer Apparat entsteht, der in das chaotische Geflecht der Mythologien gestalterisch eingreift, um die narrativen Sinnfelder der Subjekte bewusst oder unbewusst zu lenken.

Die derzeitige ideologische Konstellation einer Kooperation von Neurowissenschaft und Informatik bedroht den Menschen dadurch, dass die geistes- und sozialwissenschaftliche Dimension der Selbsterforschung der narrativen Struktur des Menschseins durch teils aggressive sozio-ökonomische Maßnahmen abgebrochen wird. Menschen werden darauf zugerüstet, Datenlieferanten und -produzenten zu sein, ohne dass auch nur ansatzweise darüber aufgeklärt wird, was »Daten« eigentlich sind und dass sie nur dadurch zustande kommen, dass wir menschliches Verhalten in Bahnen steuern, die *a limine* so konstruiert sind, dass sie Handlungsspielräume durch Eingriff in unsere Einbildungskraft beschneiden. Die irrige Vorstellung, unser geistiges Leben sei Neuronengewitter, aus dem irgendwelche Rechenleistungen emergieren, dient faktisch dem Abbau unserer Vorstellungsfähigkeiten, der dann wiederum zu medientechnischen Zwecken – etwa der Vermarktung narrativ vereinfachter Muster kultureller Massenproduktionen, die Streaming-Dienste am Laufband produzieren können.

Viele Vorgänge, die sich hinter dem Schlagwort der »Digitalisierung« verbergen, laufen darauf hinaus, dass in die Einbil-

---

240 Vgl. erneut Hutter, *Narrative Ontologie.*

dungskraft von Akteuren eingegriffen wird, deren Aufmerksam-
keitsökonomie mit ein wenig psychologischer Expertise manipuliert werden kann, indem psychometrische Methoden auf
Datensätze angewendet werden, die die Akteure bereitwillig
zur Verfügung stellen, weil sie nicht wissen, was mit ihnen geschieht. Dieser Prozess läuft nur so lange ungestört oder gar
beschleunigt weiter, wie uns der Zugriff auf unser Menschsein
entgleitet. Deswegen hängt die Verbreitung der Ideologie der
künftigen Unsterblichkeit; des finalen medizinischen Fortschritts;
des bedingungslosen Grundeinkommens, das Roboter für uns
erwirtschaften usw., eng mit einem Eingriff in die Architektur
der Geistes- und Sozialwissenschaften zusammen.[241] Diese werden von ihrem begründeten humanistischen Selbstverständnis
abgebracht, indem neurozentrischer Unsinn an die Stelle infor-
mierter Selbstvermittlung des Geistes tritt. Denn bringt man
den Menschen davon ab, sich darüber zu verständigen, wer er
ist, ist es leicht, ihm vorzugaukeln, dass er etwas sein will, woran
er genau besehen kein Interesse hat.

Deswegen ist es richtig, dass wir eine neue Aufklärung be-

---

241 Ein Beispiel ist etwa das vieldiskutierte Gedankenexperiment, dem zufolge wir schrittweise ein Neuron nach dem anderen in unserem Gehirn
durch eine Siliziumkopie ersetzen könnten, womit das Bewusstsein doch
nicht insgesamt verschwände, sondern allmählich durch ein künstliches
ersetzt würde, eine Überlegung, die sich auf den *locus classicus* stützt bei
David Chalmers, *The Conscious Mind. In Search of a Fundamental Theory*,
Oxford 1997, Kap. III.7. Um zu sehen, dass dieses Gedankenexperiment
den medizinischen Tatsachen des Menschseins zuwiderläuft, d. h. eine
Unmöglichkeit inszeniert, genüge der Hinweis, dass es uns nicht einmal
gelingt, ohne äußerst fragile Immunsuppressiva Organtransplatationen
vorzunehmen. Fremdorgane werden abgestoßen und führen früher oder
später zum Tod. Die Idee, man könnte faktisch auch nur annähernd daran arbeiten, ein Gehirn durch Silizium (und sei es in sehr kleinen Schritten) zu ersetzen, widerspricht den neurobiologischen Tatsachen. Das Gedankenexperiment läuft empirisch leer und sollte keineswegs verwendet
werden, um die irregeleitete ›Intuition‹ zu stützen, dass Bewusstsein auch
nicht-biologisch realisiert werden könnte.

nötigen; genaugenommen brauchen wir freilich lediglich ein Festhalten an der bereits vorgelegten Idee der Aufklärung, sofern diese darin besteht, dass der Mensch den Mut hat, Wissen statt bloßer Wahrscheinlichkeit einzufordern.[242] Wir sollten den Menschen nicht in eine probabilistische Funktion auflösen, der wir ein Maß der Vorhersagbarkeit dadurch zuweisen können, dass wir menschliches Verhalten durch ideologisch verbrämte Propaganda steuern.

§ 16. Zur Ontologie sozialer Netzwerke

Damit sind wir im Auge des Wirbelsturms der »Digitalisierung« angelangt. Grundlegend sei unter den Prozessen der *Digitalisierung* das Projekt verstanden, etwas Analoges möglichst restlos in ein anderes Auflösungsformat, das Digitale, zu überführen. Digitalisierung ist ein Vorgang der Modellbildung, der allerdings prinzipiell stets hinter demjenigen zurückbleibt, was er einzufangen sucht. Was man digitalisieren kann, ist die Basiswirklichkeit, die fundamental analog ist. Das Universum ist kein Computer, sondern eine auf Begrifflichkeit letztlich irreduzible Dimension des Wirklichen – eine Einsicht, die die Quintessenz der Naturphilosophie ist.[243]

In meinen abschließenden Überlegungen geht es allerdings nicht darum, weitere Argumente vorzulegen, die darlegen, dass das Wirkliche prinzipiell nicht restlos begrifflich transparent

---

242 Vgl. zur Diskussion den Essay von Michael Hampe, *Die Dritte Aufklärung*, Berlin 2018.

243 Vgl. die ausgreifende, beeindruckende Grundlegung bei Thomas S. Hoffmann, *Philosophische Physiologie. Eine Systematik des Begriffs der Natur im Spiegel der Geschichte der Philosophie*, Stuttgart-Bad Cannstatt 2003. Hoffmann zufolge ist der »Grundbegriff der Natur [...] der der unmittelbar gebrochenen Mitte, der *Ungleichheit*, und zwar einer Ungleichheit nicht ›von‹ und ›für etwas‹, sondern einer Ungleichheit gegen das Gleiche schlechthin, gegen die *Totalität* der Identität, woraus zugleich ihre Inhomogenität gegen die Form der Welt folgt.« (ebd., S. 109)

gemacht und damit niemals vollständig digitalisiert werden kann.[244] Vielmehr geht es spezifisch um eine Diagnose der Pathologien dessen, was zutreffend als »soziale Netzwerke« bezeichnet wird.

Unter einem *sozialen Netzwerk* sei im Folgenden eine global, d. h. ortsunabhängig zugängliche mediale Plattform verstanden, die Kommunikation unter spezifischen Rahmenbedingungen der Datenverarbeitung ermöglicht. Insbesondere ist die Kommunikation in sozialen Netzwerken daran gebunden, dass Zusatzmodule eingeführt werden, die über eine Simulation analoger Kommunikation (in der Form von Videotelefonie und Textnachrichten) hinausgehen. Die Zusatzmodule (wie Newsfeeds, Werbung, Time-Lines, Verhaltensempfehlungen und natürlich vor allem die »posts« der Anderen usw.) generieren die Attraktivität sozialer Netzwerke, deren Mitglied man wegen des Angebots solcher Zusatzmodule wird. Um zu telefonieren, braucht man keine sozialen Netzwerke.

Die Attraktivität medialer Formate ist und bleibt den Benutzern intransparent, sonst würde sie nicht greifen. Diese Intransparenz wird durch soziale Medien, wie ihr Name schon sagt, *sozial* verwendet, genauer: zur Herstellung von Handlungsabläufen durch Zirkulation von Normvorstellungen.[245] Wer beispielsweise in einem einschlägigen Medium Bilder seines Freizeitverhaltens »postet«, stellt damit ein Bild eines gelingenden Lebens zur Verfügung. Man »postet« ein idealisiertes Selbstbild und macht sich damit im Kern seines Selbstseins angreifbar. In der Regel »postet« niemand gerne seine schwächsten Seiten.

Ein Datum ist hierbei die messbare Differenz zwischen der Basiswirklichkeit und dem kleinen Bereich, den wir selegieren

---

244 Eine Vielzahl von Argumenten gegen den Transparentismus liefert etwa Koch, *Versuch über Wahrheit und Zeit*, ders., *Hermeneutischer Realismus*, sowie ders., *Die Evolution des logischen Raums. Aufsätze zu Hegels Nichtstandard-Metaphysik*, Tübingen 2014.

245 Vgl. Shoshana Zuboff, *The Age of Surveillance Capitalism. The Fight for a Human Future at the New Frontier of Power*, London 2019.

und digitalisieren. Das Grillfest mit seiner unendlich komplexen Einbettung in transfinit viele Sinnfelder wird auf Schnappschüsse hin verkürzt, die einen Standpunkt zum Ausdruck bringen. Je mehr solcher Daten und Datenpunkte digital vorliegen, desto mehr kann man über das Grillfest erfahren. Da Grillfeste wesentlich damit verbunden sind, was wir von ihnen erwarten, wie wir uns und andere vorstellen, sofern sie an Grillfesten teilnehmen, legen unsere Daten etwas darüber offen, wie wir denken. Ein Datum ist ein Steinchen im Mosaik eines Selbstbilds. Da wir uns über Selbstbilder steuern, kann man uns fremdsteuern, indem man in unsere Selbstbildproduktion eingreift (was jedem von uns in der Form frühkindlicher Erziehung usw. widerfahren ist). Big Data, Metadaten usw. sind deswegen das neue Öl, weil Daten nicht neutral sind, sondern Ausdruck von Werturteilen. Es gibt keine neutralen Daten, weil Daten durch die Voreinstellung von Suchmaschinen selegiert werden; im Fall von Lebewesen sind diese Voreinstellungen evolutionäre Parameter und im Fall geistiger Lebewesen überdies imaginäre, fiktionale und andere historisch-kulturelle Gegenstandsformate, deren ontologische Textur uns im Zuge ihrer Verwendung intransparent ist.

Es gibt also keine vorurteilslosen (*unbiased*) Algorithmen oder neutrale Onlineplattformen, weil die Daten, aus denen sie für ihre Funktion zehren, als Daten Ausdruck von Vorurteilen sind, die nicht vorab auf ihre Moralität hin abgefragt, sondern allesamt unkritisch hochgeladen wurden. Das ist die irreparable Fehlstellung der digitalen Infrastruktur, die dasjenige explizit macht, was implizit bereits wirksam ist, sodass wir in digitalen Formaten in den Spiegel unserer eigenen Vorurteile schauen.[246]

---

246 Wie Nassehi in *Muster. Theorie der digitalen Gesellschaft* gezeigt hat, ist die Moderne von vornherein das Projekt einer digitalen Gesellschaft, die nunmehr das geeignete Medienformat gefunden hat, um sich selbst zu objektivieren. Vgl. ähnlich Baecker, *4.0 oder Die Lücke die der Rechner lässt*, der herausarbeitet, dass Information die »*Reflexionsform der nächsten Gesellschaft*« (S. 192) ist.

Soziale Netzwerke sind Personalisierungsmaschinen.[247] Sie überführen noch nicht soziale mentale Zustände eines Individuums in Formate einer Maske der Selbstdarstellung, einer *persona*. Es ist also kein Zufall, dass besonders erfolgreiche Internetplattformen ihr Geschäftsmodell genau darauf aufbauen, ihren Nutzern die Gelegenheit zu geben, ihr ›Privatleben‹ möglichst vollständig zu sozialisieren und damit zu teilen. An die Stelle eines auf den Augenblick beschränkten, genuin endlichen, flüchtigen Erlebens tritt die Möglichkeit, dieses Erleben zu digitalisieren und damit zu entäußern. Diese Entäußerung macht den Anschein der Erinnerung, wobei übersehen wird, dass die mit dem Smartphone gefilmte Szene sich von der erlebten Szene schon dadurch unterscheidet, dass man als in den allermeisten Fällen inkompetenter Regisseur seines eigenen Erlebens auftritt. Wer sich selbst dabei filmt, wie er etwas erlebt, was er anderen mitteilen möchte, erlebt dabei nicht dasjenige, was er mitteilen möchte – es sei denn, man möchte mitteilen, dass man nicht erlebt, sondern filmt (was auch eine Form des Erlebens ist, nur nicht diejenige, die man auf diese Weise festzuhalten sucht).

Soziale Netzwerke verdienen ihren Titel. Sie knüpfen an die Sozialontologie insofern an, als sie paradigmatisch darauf setzen, dass Dissens verbreitet wird. Das von vielen beklagte irreguläre Meinen, die wildgewordene Meinungsfreiheit, die sich aufgrund der überstaatlichen Organisation der großen Konzerne faktisch nicht an national geltendes Recht zu halten braucht, ist kein beiläufiger Ausrutscher, sondern Ausdruck der sozialontologischen Intensität der sozialen Medien.[248] Sie sind gerade

---

247 Gabriel, *Der Sinn des Denkens*, S. 143-193.
248 Vgl. zutreffend Nassehi, *Muster. Theorie der digitalen Gesellschaft*, S. 279: *»Um es plakativ zu sagen: Frei flottierende Kommunikation im Netz kennt wenig Selektionsdruck, weil die Verheißung, dass jeder prinzipiell alles kann, eben auch dazu führt, dass gemeinschaftsstabilisierende Formen der Selektion außer Kraft gesetzt werden. Wer sagen kann, was er will, wird das auch tun – und wenn das geschieht, nehmen Kommunikationsverläufe eher polemogene als gemeinschaftsstiftende Wege. Wer das für eine Krisendiagnose hält, hatte zuvor unrealistische, nachgerade naive Erwartungen.«*

dadurch sozial, dass sie ohne jede echte inhaltliche Überprü-
fung der Äußerungen ihrer Nutzer erlauben, Dissens unmittelbar und öffentlichkeitswirksam zu Protokoll zu geben. Da es in
sozialen Medien zu keiner Verzögerung zwischen Äußerungs-
absicht und Publikation kommen muss, setzen die eingeübten
Verfahren der Impulskontrolle aus, mittels derer wir in den üblichen analogen medialen Verhältnissen dafür Sorge tragen, dass
das Vorliegen von Dissens an die Möglichkeit seiner institutionellen Verwaltung gebunden bleibt. *Soziale Netzwerke sind
Durchlauferhitzer ungefilterten Dissenses, ihr Wesen ist der Shit-
storm. Auf diese Weise verführen sie uns dazu, Daten zu produzieren, weil wir uns zur Wehr setzen und immer wieder zurückkommen, um neue Daten zu produzieren. So werden wir allmählich
zum digitalen Proletariat, das ohne Mindestlohn gigantischen
Mehrwert erzeugt und diesen Vorgang als solchen nicht mehr zur
Kenntnis nimmt.*

Die sozialen Netzwerke verfügen über kein juridisch und damit jeweils auch nationalstaatlich hinreichend abgesichertes, wirksames Steuerungssystem der Meinungsbildung. Niemand vermittelt zwischen den streitenden Parteien, sondern sie werden
in ungefilterter Sozialität wie virtuelle Gladiatoren aufeinander
losgelassen. Wer keine unabhängige Übung in Dissenskultur
hat, wird in sozialen Netzwerken nicht daran gehindert, seinem
Meinen freien Lauf zu lassen und zwar unabhängig davon, dass
es faktisch einer Norm der Wahrheit untersteht, ohne die Dissens nicht messbar wäre. Dissentierende müssen nämlich hinsichtlich eines Sachverhalts im Widerstreit sein, weil ansonsten
kein Dissens, sondern allenfalls verschiedene emotionale Tem-
peraturen vorliegen, was der Extremfall des Zerfalls eines sozialen Systems ist.

Wenn die Teilnehmer eines sozialen Systems auf ihre subjektive Individualität reduziert werden und keine Institution mehr
eingreift, um die aufbrechenden Interessenskonflikte bearbeit-
bar zu machen, zerfällt das soziale System. Indem die Norm
der Wahrheit im reinen Meinen der sozialen Netzwerke als unerwünscht markiert wird, zerfällt das soziale System in Bestand-

teile. Allerdings ist dieser Verfall nur virtuell, weil in Wirklichkeit sehr wohl eine Institution vorhanden ist, welche die Pluralität der Meinungen verwaltet, indem sie diese zu Werbungs- und Propagandazwecken einsetzt. Diese Institution ist der jeweilige Betreiber eines als soziales Netzwerk angebotenen Systems. Um noch einmal Nassehi zu zitieren, der den hier anvisierten Zusammenhang soziologisch präzise erkannt hat:

> Wenn ein verwegenes Beispiel erlaubt ist: Wenn Daten das neue Öl sind, dann die geradezu unverdächtigen Alltagsaktivitäten der Nutzer wie jene Pflanzen, Wälder, Tiere und Erden, die in früheren Zeiten durch den Dauerzerfall ihrer Existenz die Grundlage für den dickflüssigen Brenn- und Schmierstoff bildeten. Heute sorgt der Dauerzerfall von Kommunikationsereignissen im Netz und an den Sensoren, die überall Ereignisse aufzeichnen, für das Reifen des Rohstoffs.[249]

Die sozialen Netzwerke sind Verfallsmedien in dem Maße, in dem sie auf Abbau der Norm der Wahrheit als diskursiver Leitlinie abgestellt sind. Wahrheit ist dabei insofern eine Norm, als ontische Wahrheiten, d. h. Tatsachen, der entscheidende Maßstab dafür sind, ob ein Fürwahrhalten gelingt oder nicht. Was der Fall ist, bestimmt darüber, welche Art von Überzeugung jemand hat. Keine Formatierung unserer Überzeugungen allein ist imstande, den Maßstab der Wahrheit zu überschreiben.

Für das Geschäftsmodell sozialer Netzwerke ist es entscheidend, dass ihre Algorithmen – und damit in Wahrheit das diese herstellende Personal – die beiden Faktoren Wahrheit und Freiheit aus den Produktionsbedingungen von Selbstmodellen herausrechnet, um auf diese Weise eine »Welt ohne Geist« zu simulieren.[250] Doch der Anschein der Geistlosigkeit trügt insofern, als die sozialen Netzwerke vielmehr die reine Intensität des Geistes

---

249 Ebd., S. 280.

250 Vgl. dazu die Bestandsaufnahme bei Franklin Foer, *Welt ohne Geist. Wie das Silicon Valley freies Denken und Selbstbestimmung bedroht*, München 2018. Für eine kritische Analyse des KI-Diskurses vgl. auch Luc Julia, *L'intelligence artificielle n'existe pas*, Paris 2019. Julia ist wohlgemerkt

ohne seine Extension, d. h. ohne Verkörperung inszenieren. Sozialität ist wesentlich verkörpert, weil unser Leib der Ausgangspunkt unserer indexikalischen Verortung im Wirklichen ist. Aufgrund unseres endlichen Hierseins sind wir von den Sinnfeldern des Fiktiven ontologisch isoliert.

Man könnte somit geradezu das *Deiktische* vom *Digitalen* unterscheiden. Das Digitale ist ontologische Mängelware, weil es eine Wirklichkeit zweiter Stufe ist, die versucht, sich von ihrer analogen Verortung freizumachen. Die Digitalisierung als Gesamtprojekt einer Überwindung des analogen Menschen ist zum Scheitern an der Wirklichkeit des Menschen verurteilt, der in einem Akt existentieller Verzweiflung versucht, sich seiner Verantwortung im faktischen Hier und Jetzt, d. h. seinem Hiersein zu entziehen. Das inzwischen gut durchschaute Suchtpotenzial der sozialen Netzwerke beruht darauf, dass sie soziale Intensität ohne Verantwortung verabreichen.[251] Wer einer flüchtigen Selbstdarstellung auf einem einschlägigen Kanal durch Klick applaudiert, gönnt dem Selbstdarsteller den Eindruck der Vernetzung.

Allerdings muss in Rechnung gestellt werden, dass die Sozialität sozialer Netzwerke nicht etwa fiktiv ist. Unser Avatar ist nicht ontologisch derart von uns isoliert wie eine fiktionale *dramatis persona*, die uns zwar ähneln, die aber nicht mit uns oder irgendeinem Teil von uns strikt identisch sein kann.

Vor diesem Hintergrund kann man das Fiktive vom Virtuellen trennen. Das *Virtuelle* ist zwar Objektivierung einer Fiktion, aber dadurch keineswegs fiktiv. Vom Virtuellen sind wir nicht abgeschirmt, sondern es dringt in unser Selbstmodell dadurch ein, dass Aspekte unserer Personalität durch das mediale Format von Plattformen verstärkt werden, die durch Applaus und Aufmerksamkeit steuern, was wir uns selbst in Zukunft bedeuten.

---

einer der Erfinder von *Siri*. Vgl. auch Jean-Gabriel Ganascia, *Le mythe de la singularité. Faut-il craindre l'intelligence artificielle?*, Paris 2017.

251 Vgl. Natasha Dow Schüll, *Addiction by Design. Machine Gambling in Las Vegas*, Princeton 2012.

In jeder analogen sozialen Situation, in der unser Ausdrucksgebaren sichtbar ist, passen sich die Akteure, die einem sozialen System angehören, einander merklich und unmerklich an. Analoge Kommunikation ist körperlich, was natürlich mehr als die visuelle Sinnesmodalität in Anspruch nimmt. Unser Hiersein ist multimodal sinnlich, auch und v. a. wenn andere am Aufbau einer Szene beteiligt sind. Streift man diese Dimension ab und destilliert die reine Intensität des Sozialen (d. h. den Dissens als Objektivitätsquelle), gelingt es, das Soziale durch Statistik abzulösen. Denn die wechselseitige Anpassung verläuft dann über Ausdrucksmedien, deren Artikulationsbedingungen ihren Herstellern vollständig transparent sind.[252]

Was den Herstellern nicht transparent ist, sind die Produktionsbedingungen des sozialen Systems, das ihnen erlaubt, soziale Netzwerke zu produzieren und durch geschickte Updates aufrechtzuerhalten. Soziale Netzwerke werden unter analogen sozio-ökonomischen Bedingungen produziert und erben damit notwendigerweise die konstitutive Intransparenz des Sozialen. Diese manifestiert sich im Digitalen durch die Bias der Hersteller, die früher oder später analog sichtbar werden, indem es zu massiver, digital verursachter, analoger sozio-ökonomischer Ungleichheit kommt.

Ein einfaches Beispiel für diesen inzwischen gut bekannten Vorgang ist der Umstand, dass Nutzer sozialer Netzwerke durch die Veröffentlichung ihrer Selbstmodelle (ihrer Daten) Arbeit verrichten. Wer Fotos, Videos, Textnachrichten, politische Kommentare und Weiterleitungen von Links produziert und diese

---

252 Gegen den Mythos von der prinzipiell nicht explizierbaren, aber dennoch intelligenten *Black box* des *Deep Learning* vgl. Julia, *L'intelligence artificielle n'existe pas*, S. 169-181. Für eine euphorische Werbung, welche die ontologische Diagnose im Haupttext mehr oder weniger teilt, allerdings andere soziale Konsequenzen aus ihr zieht, vgl. Alex Pentland, *Social Physics. How Social Networks can Make us Smarter*, New York 2015. Ob er seine Meinung nach Trumps Wahlerfolg geändert hat, ist mir nicht bekannt.

einer Plattform zur Verfügung stellt, arbeitet damit ohne Anspruch auf irgendeinen Lohn (vom Mindestlohn ganz zu schweigen) für eine Plattform, die sich diese Arbeit in der Form von
Mehrwert zunutze macht.

Die Milliarden von Nutzern sozialer Netzwerke sind damit
ein gigantisches digitales Proletariat, das sich seines Status bisher noch beinahe völlig unbewusst ist.[253] Das digitale Proletariat wird nicht dadurch ausgebeutet, dass seine virtuellen Transaktionen mit Werbung und Kaufempfehlungen gespickt sind,
sondern vielmehr dadurch, dass sie die Weiterentwicklung von
Software ermöglichen, was für die Programmierer einen Zugang zu riesigen Datenmengen voraussetzt, an denen man sein
Geschick erproben kann, mittels statistischer Verfahren Muster
herauszuheben, die es erlauben, Vorhersagen zu treffen. Stehen
genügend große Datensätze zur Verfügung, die dokumentieren,
was Menschen tun, indem sie die Selbstdarstellung ihres Denkens enthalten, ist es möglich, mit statistisch geeichter Genauig-
keit vorauszusehen, wie sie sich verhalten werden.

Dies gelingt aber nur so lange, als die Akteure sich dessen
nicht bewusst sind. Denn soziale Tatsachen sind interaktiv: Wer
die Spielregeln eines sozialen Systems kennt, hat einen Vorsprung
vor denjenigen, die ihnen blind unterworfen sind. Sobald die
Spielregeln weitgehend veröffentlicht sind, ist es möglich, sie
zu ändern. Wer weiß, wie er beobachtet wird, kann zumindest
den Versuch unternehmen, sein Verhalten zu verändern, um damit den Überwachungsschirm zu umgehen.

Eine derart totale Überwachung, die darin resultieren würde,
dass die Freiheit geistiger Lebewesen faktisch ausgelöscht wird,
ist nicht möglich. Denn ein solcher Überwachungsapparat muss
von geistigen Lebewesen aufrechterhalten werden, die ihm ihrerseits nicht unterstehen dürfen, weil die notwendigen Updates
andernfalls nicht zustande kommen. Dass die insbesondere aus
dem letzten Jahrhundert bekannten Großdiktaturen zusam-

253 Vgl. wiederum mein Interview mit *El País* vom 1.5.2019 (passgenau am
    Tag der Arbeit erschienen).

mengebrochen sind und in weichere Formate überführt wurden und werden, liegt auch daran, dass die Führungsriege eines diktatorischen Staatsapparats Bescheid weiß, sodass sich der soziale Wettbewerb um Deutungshoheit damit in die kleine Gruppe verlagert, welche die Handlungsspielräume der Untertanen systematisch zu determinieren plant. Wer das Soziale plant, plant immer nur das Soziale der Anderen. Denn das Soziale ist nicht insgesamt ein Planspiel.

Alle sozialen Systeme sind aufgrund ihrer nicht behebbaren Zonen der Intransparenz auf die eine oder andere Weise instabil. Dafür gibt es zwei entscheidende Gründe.

Einerseits ist Sozialität an Wahrheit gebunden, weil unsere Meinungen nur dann im Dissens auseinandergehen, wenn es Tatsachen gibt, die über sie richten. Was jeweils insgesamt oder im Einzelnen der Fall ist, wenn man urteilt, ist im Urteil nicht insgesamt transparent. Wie man sich auch wendet, die ganze Wahrheit kennt man nicht, was freilich nicht bedeutet, dass man nicht weiß, dass dieses oder jenes wahr ist. Die perfekte Großdiktatur setzte eine Form der Omniszienz voraus, die auch nicht mittels irgendeines Fortschritts der KI-Industrie erreicht werden kann. *Wer urteilt, ist beurteilbar, insofern es Tatsachen gibt, die bestimmen, welche Art von Urteil jemand gefällt hat.*

Andererseits ist Sozialität eine Manifestation von Freiheit. Denn diese besteht bei geistigen Lebewesen in der Ausübung ihrer Selbstbestimmung. Indem wir uns vorstellen, wie wir sind, machen wir uns zu etwas, was wir sein wollen. Menschenbilder sind handlungswirksam. Die Produktion und Transformation von Menschenbildern ist nicht berechenbar. Als wer oder was der Mensch in Erscheinung tritt, ist nicht vollständig kontrollierbar.

Die Innovation sozialer Netzwerke besteht darin, diesen Umstand möglichst unsichtbar zu machen und vorzutäuschen, durch rein statistische Verfahren lediglich zu konstatieren, wie wir sind, ohne durch die Rahmenbedingungen dieser Beobachtung in unsere Selbstbestimmung einzugreifen. Diese Illusion sollte eigentlich spätestens durch die vielfältigen Skandale zerstreut

worden sein, die sich um die sozialen Netzwerke und ihren kritischen Einfluss auf den Fortbestand des demokratischen Rechtsstaats drehen.[254]

Wegen ihrer Formatierung modifizieren soziale Netzwerke
die analogen Transaktionen ihrer Mitglieder. Die Auswirkungen
der digitalen in die analoge Wirklichkeit finden dabei auf verschiedenen Ebenen statt, wozu der keineswegs banale Umstand
gehört, dass die Nutzer sozialer Netzwerke ihre äußerst analoge
Zeit des endlichen Überlebens mit der Arbeit an ihrer Selbstdarstellung verbringen. Wer in die Rolle seines Avatars schlüpft, entrinnt seinem analogen Status als sterblichem Lebewesen nicht
eine einzige Sekunde.

Doch der Rückkoppelungseffekt der sozialen Netzwerke in
die analoge Kommunikation reicht sehr viel weiter, indem Menschenbilder generiert werden, die unter analogen Bedingungen
handlungswirksam werden. Dazu gehört insbesondere das weitverbreitete statistische Menschen- und Weltbild, dem zufolge
die Wirklichkeit insgesamt eine groß angelegte Berechnung ist,
die man sich nur durch statistische Näherungsverfahren aneig-
nen kann. Wissensansprüche – und damit die Kontaktaufnahme mit der Wahrheit – werden durch Vermutungen ersetzt, die
man großen Datensätzen zu entnehmen meint, ohne zu durchschauen, dass die Datensätze bereits implizite und explizite Wissensansprüche sowie vielfältige Irrtümer enthalten.

Dieses Problem kann man anhand der prinzipiell irregeleiteten ›Methode‹ der sogenannten »experimentellen Philosophie«
illustrieren, was besonders drastisch in der Erkenntnistheorie

---

254 Vgl. den Überblick bei Yvonne Hofstetter, *Das Ende der Demokratie. Wie
die künstliche Intelligenz die Politik übernimmt und uns entmündigt*,
München 2018; sowie Yvonne Hofstetter, »Soziale Medien. Wer Newsfeeds auf Werbeplattformen liest, kann Propaganda erwarten, aber nicht
die Wahrheit«, in: Jakob Augstein (Hg.), *Reclaim Autonomy. Selbstermächtigung in der digitalen Weltordnung*, Berlin 2017, S. 25-38. Ich
danke Yvonne Hofstetter für weiterführende Erörterungen ihrer Überlegungen während des Wirtschaftsgipfels in der *Süddeutschen Zeitung* am
17.11.2016 sowie bei der phil.cologne am 10.7.2017.

zu Buche schlägt. Man könnte der Meinung sein, dass man den Wissensbegriff dadurch klären kann, dass man Umfragen darüber startet, unter welchen Bedingungen eine wahre Meinung als gerechtfertigt gilt. Auf diese Weise könnte man dann eine gegebene Wissenstheorie gegenüber Alternativen auszeichnen, indem man die sprachlichen ›Intuitionen‹ von Sprechern, sagen wir, des Deutschen, als Datensätze verwendet, denen man den Wissensbegriff statistisch gemittelt entnehmen kann.

Dieses Projekt scheitert allerdings umgehend daran, dass die Wissensansprüche über Wissen, die es erhebt, selbst sicherlich (oder soll ich sagen: hoffentlich?) nicht durch Umfragen zustande kommen, weil die vermeintliche Gruppe der vortheoretischen, unphilosophischen ›Normalsprecher‹ mitsamt ihren ›Intuitionen‹ *ex hypothesi* nicht zum Expertengremium der Berufsphilosophen zählt, die daran arbeiten, eine Wissenstheorie vorzulegen. Die Erkenntnistheorie erhebt klassische Wissensansprüche darüber, was Wissen ist; eine Situation, von der man sich nicht freimachen kann, indem man erst einmal dokumentiert, was ›die Leute‹ so meinen, wenn sie den Ausdruck »Wissen« verwenden. Der Begriff des Wissens lässt sich ebenso wenig statistisch ermitteln wie irgendein anderer philosophischer Begriff.

Wissen – auch wissenschaftliches Wissen – kann nicht auf eine Vermutung reduziert werden, die sich auf statistische Verfahren der Mustererkennung in großen Datensätzen stützt, weil jede Versuchsanordnung, die statistische Verfahren generiert, selbst an irgendeiner Stelle Wissensansprüche voraussetzt, die nicht durch statistische Verfahren generiert wurden. Wenn ein Physiker sich in die Datensätze des CERN einloggt, nimmt er seine Sinnesmodalitäten und sein praktisches Wissen der Auswertung von Graphiken in Anspruch, um statistische Methoden zu verwenden. Wissensansprüche sind, anders gewendet, nicht Statistik *all the way down*. Der Boden, auf dem wir stehen, wenn wir urteilen, ist niemals vollständig digitalisiert. Wer urteilt, ist und bleibt ein Mensch, und Menschen sind keine statistisch ermittelten Datensätze.

Man kann den Menschen nicht erfolgreich digital auflösen. Um diese Tatsache auszublenden, verbreitet sich die Ideologie der totalen Transparenz und eines Überwachungsapparats, dem wir uns angeblich nicht widersetzen können. Die Digitalisierung wird damit zum neuen Namen eines Schicksals, das wie die angebliche Singularität mehr oder weniger kurz bevorsteht. Diese große, metaphysische Erzählung unserer Tage wird im Medium sozialer Netzwerke gestreut, das in die analogen Publikationsverhältnisse übergreift, deren Aufgabe im Zeitalter der Aufklärung weiterhin darin bestehen sollte, Wissensansprüche auf den kritischen Prüfstand zu stellen.

Die Rolle der Sozialontologie besteht in diesem Kontext darin, darauf aufmerksam zu machen, dass soziale Netzwerke tatsächlich grundlegend sozial sind, dass ihre Ontologie allerdings virtuell ist. Die Virtualität sozialer Netzwerke sehe ich darin, dass sie reine Sozialität ohne Verkörperung in Aussicht stellen. Der Körper, den man in sozialen Netzwerken zur Schau stellt, ist durch die Publikationsbedingungen der Plattformen (wozu die Zensur des Nackten gehört) bereits formatiert. Man stellt ein Selbstbild, ein Körperschema zur Verfügung, das nicht mit dem Leib koinzidiert, ohne den man niemand wäre. Daher die zunehmende Prominenz von Video-Plattformen, auf denen Nutzer ihre Phantasie ausagieren können, einmal ein Sternchen zu sein. Die unzähligen Datenmengen, die Server und Computer zum Glühen bringen, haben ungeahnte ökologische und damit ökonomische Folgen, was die Diskussion um Kryptowährungen deutlich gemacht hat. Das Internet trägt insgesamt zur ökologischen Krise bei, weil die Selbstmodellierung des Menschen in sozialen Netzwerken energetisch kostspielig ist. Von diesem Umstand wird leicht abgelenkt, weil das Internet den falschen Eindruck einer modernisierten Noosphäre, d. h. einer »Infosphäre« macht, wie Floridi dies treffend (wenn auch nicht in kritischer Absicht) genannt hat.[255]

---

255 Vgl. Luciano Floridi, *Die 4. Revoluion. Wie die Infosphäre unser Leben verändert*, Berlin 2015, sowie zu den Anklängen an das Mythologem der

Die Pointe dieser Überlegung lautet, dass es dringend an der Zeit für eine echte digitale Revolution ist, was eine Aufklärung über die ontologische Architektur des digitalen Zeitalters und damit der sozialen Netzwerke voraussetzt. Körperlose, virtuelle Sozialität ist nicht schicksalshaft, sondern der Umstand, dass Nutzer sozialer Medienkanäle von den Herstellern nicht nur ausgebeutet, sondern in ihren Denkmodellen gesteuert und unter anderem durch Verbreitung von Mythologie und Ideologie systematisch manipuliert werden.

Wie in durchgängig ideologisierten Verhältnissen zu erwarten, bedeutet dies nicht, dass die Produzenten der Ideologie automatisch über ihre eigene Tätigkeit informiert sind.[256] Weil sozial, ist der Verblendungszusammenhang prinzipiell nicht hinreichend transparent, um eine geordnete Hierarchie zu erzeugen, an deren Spitze eine selbstbewusst herrschende Klasse steht, die um die Bedingungen ihrer Herrschaft weiß.

§ 17. Die Öffentlichkeit des Geistes

Die Rede von der »Krise der Öffentlichkeit« war spätestens in aller Munde, als Habermas seine einflussreiche Behauptung eines Strukturwandels der Öffentlichkeit formuliert hat.[257] Dabei

Noosphäre Oliver Krüger, »Gaia, God, and the Internet – Revisited. The History of Evolution and the Utopia of Community in Media Society«, in: *Heidelberg Journal for Religions on the Internet* 8 (2015), S. 56-87, sowie neuerdings ders., *Virtualität und Unsterblichkeit. Gott, Evolution und die Singularität im Post- und Transhumanismus*, Freiburg 2019. Floridi hat metaphysische Ambitionen, was deutlich wird, wenn er »reality« als »the totality of information« definiert und dieser Idee die Grundlegung einer Informationsphilosophie widmet in Luciano Floridi, *The Philosophy of Information*, Oxford 2013.

256 Vgl. die inzwischen kanonische Ideologietheorie bei Slavoj Žižek, *Denn sie wissen nicht, was sie tun. Genießen als ein politischer Faktor*, Wien 2008.

257 Jürgen Habermas, *Strukturwandel der Öffentlichkeit. Untersuchungen zu*

diagnostiziert er 1990 im Vorwort zur Neuauflage eine nicht nur
soziologische, sondern auch philosophisch-begriffliche Schwierigkeit, die er »von den wachsenden Selektionszwängen der
elektronischen Massenkommunikation«[258] herleitet. Die Massenmedien haben ihm zufolge »*gegenläufige* Effekte«, wozu »Ent-
wurzelung« einerseits, »Egalisierung« andererseits gehört, ohne
dass er die »Pluralisierung von Lebensformen« und die »Indivi-
dualisierung von Lebensentwürfen« eindeutig einer der beiden
Tendenzen zuordnet.[259] Als Grund für diese Diagnose führt
er die folgende Beobachtung an:

> Jene Entdifferenzierung und Entstrukturierung, die in unserer Le-
> benswelt mit der elektronisch hergestellten globalen Omnipräsenz
> der Ereignisse und mit der Synchronisierung von Ungleichzeitig-
> keiten eintreten, haben für die soziale Selbstwahrnehmung gewiß
> erhebliche Folgen.[260]

Das »demokratische Potenzial einer Öffentlichkeit«,[261] die von
einer elektronischen Infrastruktur geprägt ist, ist Habermas zufolge »ambivalent«,[262] was so viel bedeutet wie: dass nicht ohne
weiteres feststellbar ist, ob die globale Massenkommunikation
die Verbreitung des demokratischen Rechtsstaats befördert oder
behindert.

Dies ist freilich ein Problem, das sich Habermas vor dem
Hintergrund seiner seinerseits ambivalenten These stellt, Kommunikation könne begrifflich (wenn schon nicht faktisch) von
strategischer Machtentfaltung getrennt werden, sodass sich eine
kommunikative Vernunft als Prinzip einer Öffentlichkeit postulieren ließe, die sich strukturell in eine nach Maßstäben der spä-

---

einer Kategorie der bürgerlichen Gesellschaft, mit einem Vorwort zur Neuauflage 1990, Frankfurt/M. [15]2018.
258 Habermas, *Strukturwandel der Öffentlichkeit*, S. 49.
259 Ebd.
260 Ebd.
261 Ebd.
262 Ebd.

ter entwickelten Diskursethik zu befördernde Richtung entwickelt.[263]

Als »Prinzip der Öffentlichkeit« formuliert er in diesem Zusammenhang die »allgemeine[] Zugänglichkeit jenes Bereichs, in dem rational über das im allgemeinen Interesse praktisch notwendige befunden werden soll«,[264] wobei sich eine ambivalente Haltung durch den gesamten *Strukturwandel der Öffentlichkeit* zieht, die damit zusammenhängt, dass Habermas einerseits seine später entfaltete Variante einer universalen kommunikativen Vernunft vorschwebt, während er andererseits daraus nicht ableiten will, dass der Mensch dasjenige Universale ist, das »allgemeine Zugänglichkeit«[265] begründet. Denn eine Argumentation, die Öffentlichkeit als Entfaltung des Menschen als solchen und damit der Menschenrechte konzipiert, hält er für eine historisch situierbare paradoxie-anfällige Konstellation, die er unter dem Titel der »bürgerlichen Öffentlichkeit« beschreibt.[266]

263 Im Vorwort zur Neuauflage führt Habermas den Begriff »der vermachteten Öffentlichkeit« (S. 28) ein, die aus den Massenmedien resultiert. Mit diesen »entstand eine neue Kategorie von Einfluß, nämlich eine Medienmacht, die, manipulativ eingesetzt, dem Prinzip der Publizität seine Unschuld raubte. Die durch Massenmedien zugleich vorstrukturierte und beherrschte Öffentlichkeit wuchs sich zu einer vermachteten Arena aus, in der mit Themen und Beiträgen nicht nur um Einfluß, sondern um eine in ihren strategischen Intentionen möglichst verborgene Steuerung verhaltenswirksamer Kommunikationsflüsse gerungen wird.« (ebd.)

264 Ebd., S. 220.

265 Ebd., S. 157.

266 Ebd., S. 156: »Die bürgerliche Öffentlichkeit steht und fällt mit dem Prinzip des allgemeinen Zugangs. Eine Öffentlichkeit, von der angebbare Gruppen eo ipso ausgeschlossen wären, ist nicht etwa nur unvollständig, sie ist vielmehr gar keine Öffentlichkeit. Jenes Publikum, das als Subjekt des bürgerlichen Rechtsstaates gelten darf, versteht denn auch seine Sphäre als eine öffentliche in diesem strengen Sinne; es antizipiert in seinen Erwägungen die Zugehörigkeit prinzipiell aller Menschen. Schlechthin Mensch, nämlich moralische Person, ist auch der einzelne Privatmann. Wir haben den geschichtlichen und gesellschaftlichen

Die Öffentlichkeit ist bei Habermas deswegen wesentlich ein Krisenphänomen, weil er sie als historisch kontingente, labile Formation beschreibt, die eine fragwürdige Genealogie aufweist. Wenn die Idee einer universalen Form der Menschheit (und damit der Begriff der kommunikativen Vernunft) Ausdruck einer bürgerlichen Infrastruktur ist, die entgegen ihrer öffentlich verlautbarten Verpflichtung auf allgemeine Zugänglichkeit Exklusionsmechanismen über Eigentumsverhältnisse generiert, handelt es sich bei der Berufung auf das emanzipatorische Potenzial der Öffentlichkeit *stets* um Ideologie.[267]

Habermas windet sich aus dieser Dialektik heraus, indem er Ideologien nicht nur als »das gesellschaftlich notwendige Bewußtsein in seiner Falschheit« bestimmt, sondern ihnen ein Moment attestiert, »das, indem es utopisch das Bestehende über sich selbst, sei es auch zur Rechtfertigung bloß, hinaushebt, Wahrheit ist«.[268] Die bürgerliche Öffentlichkeit wird auf diese Weise *malgré elle* zum Ursprung einer Utopie der Gleichheit, die sie weder einlösen möchte noch kann.

Diese einflussreiche Theorie der Öffentlichkeit übersieht allerdings, dass dem von ihr in Anspruch genommenen Strukturwandel ein einheitliches Muster zugrunde liegt: der Begriff der Öffentlichkeit. Die Pointe der ersten philosophischen Theorien der Öffentlichkeit, auf die Habermas selbst hinweist, lautet allerdings, dass die allgemeine Zugänglichkeit der »ewige Logos« ist, der denjenigen verborgen ist, die nicht wissen, was sie tun.[269] Heraklit – der von Habermas übersehene Vordenker der Öffentlichkeit – leitet ebenso wie die Eleaten aus seiner Einsicht in die Struktur des Seienden ab, dass es etwas gibt, was allen gemein-

---

Ort, an dem dieses Selbstverständnis sich entwickelt hat, bezeichnet: in der auf ein Publikum bezogenen Intimsphäre der patriarchalischen Kleinfamilie wächst das Bewußtsein dieser, wenn man so will, gestaltlosen Menschlichkeit heran.«

267 Vgl. zum Ideologiebegriff genau so ebd., S. 160.
268 Ebd.
269 Vgl. das einschlägige erste Fragment Heraklits, DK 22 B 1.

sam ist, was »die Vielen« aber aufgrund ihres Eigensinns, ihrer Privatheit, zu bestreiten versuchen.[270] Die Idee eines radikalen partikularen Fürwahrhaltens, das kommunikativ nicht in ein Universales übersetzt ist, wird durch die Gründungsakten der Philosophie zurückgewiesen, weshalb die platonische Entgegensetzung von Philosophie und Sophistik nicht etwa ein spätes Artefakt einer spezifischen Konstellation, sondern ein Element des Begriffs der Philosophie ist. Philosophie, deren Funktion darin besteht, das Universale aus der Form des Fürwahrhaltens zugunsten vermeintlich radikaler Alterität zu streichen, ist und bleibt Verrat an ihrem Begriff. Die Zurückweisung des Universalen zugunsten eines Partikularen entpuppt sich stets bestenfalls als Erhebung eines begrifflich irrelevanten Machtanspruchs, d. h. als diskursive Gewalt.[271]

Die Grundlage der Öffentlichkeit ist demnach zwar in der Tat die allgemeine Zugänglichkeit zur Sphäre des praktisch Not-

---

270 Heraklit setzt in DK 22 B 2 das Öffentliche/Allgemeine (ξυνόν) der Privatmeinung (ἰδία φρόνησις) entgegen.

271 So kann man den Einwand Derridas gegen Levinas verstehen in Derrida, »Gewalt und Metaphysik«. In dieser Optik wäre Derridas Projekt demnach vom Anfang bis hin zur *Politik der Freundschaft* eine Verteidigung eines Universalen – eine Lesart, die sehr viel besser als diejenige (vor allem von Jürgen Habermas und Manfred Frank in Umlauf gesetzte) ist, die ausgerechnet Derrida einer partikularistischen vernunftfeindlichen Sophistik bzw. »trotz aller Dementis, der jüdischen Mystik« (Jürgen Habermas, *Der philosophische Diskurs der Moderne. Zwölf Vorlesungen*, Frankfurt/M. 1988, S. 214) zuordnet. Vgl. ausführlich bekanntlich die schockierende Fehldeutung Derridas ebd., S. 191-247 sowie Manfred Frank, *Was ist Neo-Strukturalismus?*, Frankfurt/M. 1984. Die teils groben Missverständnisse und Verzerrungen dieser Lesarten sind vielfältig bemerkt worden. Sinnvolle Derrida-Anwendungen im Umfeld der kritischen Theorie findet man dagegen bei Christoph Menke, *Die Souveränität der Kunst. Ästhetische Erfahrung nach Adorno und Derrida*, Frankfurt/M. 1991; Andrea Kern, Christoph Menke (Hg.), *Philosophie der Dekonstruktion*, Berlin ²2016; Raoul Moati, *Derrida/Searle. Déconstruction et langage ordinaire*, Paris 2013; Ders., *Derrida et le langage ordinaire*, Paris 2014; Freytag, *Die Rahmung des Hintergrunds*.

wendigen. Da diese Sphäre allerdings seit eh und je die Menschen als solche betrifft, wird der Begriff einer genuin allgemeinen Zugänglichkeit verfehlt, wenn man ihn, wie Habermas, an eine historisch kontingente Formation bindet. Wäre Öffentlichkeit ein kontingentes Nebenprodukt moderner sozio-ökonomischer Prozesse, gäbe es keinen nicht allzu leicht revidierbaren Grund, sie als eine Norm anzuerkennen. Wenn der Grund dafür, dass der demokratische Rechtsstaat sich an alle Menschen als solche und nicht nur an eine Gruppe von Interessensvertretern richtet, bestenfalls das labile Ergebnis einer Dialektik der Aufklärung wäre, büßte er seine Begründung ein. Die These des *Strukturwandels der Öffentlichkeit* partikularisiert also das Universale und entzieht dem Anspruch der Öffentlichkeit, Boden der Universalität zu sein, sein Recht.

Auf dieser Basis lässt sich kein hinreichend zeitneutraler, überhistorischer Anspruch formulieren, mittels dessen die Herausforderungen der digitalisierten Öffentlichkeiten kritisch geprüft werden können. Wenn es viele Öffentlichkeiten gäbe, die sich aus lokalen sozio-ökonomischen Konstellationen ergeben (sagen wir viel zu grobmaschig: eine US-amerikanische, eine chinesische, eine europäische usw.), wäre ihr digitales Aufeinanderprallen im Medium des Internets prinzipiell nicht vernunftfähig. Das Aufeinanderprallen resultierte automatisch in einem vorläufig nicht einzudämmenden Cyberkrieg aller gegen alle. Jede Berufung auf ein Universale, das diese Kakophonie transzendiert, scheiterte, wenn die Idee der Humanität, des Menschen als solchem, in einer spezifischen Konstellation (des ›Westens‹, des ›Abendlands‹, ›Europas‹ oder welche fragwürdige Entität auch immer hier angeführt werden mag) befangen bliebe.

Aus diesem Grund halte ich es theoretisch und praktisch für geboten, die Theorie der Öffentlichkeit an den nicht historisch vermittelten Begriff der Menschheit zu binden. Zwar mag es zutreffen, dass Menschen erst zu irgendeinem Zeitpunkt ihrer geschichtlichen Selbstuntersuchung (etwa der Achsenzeit) bemerkten, dass sie eine allgemeine Selbstbildfähigkeit aufweisen, die sie mit allen anderen Menschen verbindet.[272] Doch folgt daraus ohne weitere Annahme nicht, dass der Status, ein Mensch zu sein, historisch kontingent ist. Hier wie sonst gilt, dass Genese und Geltung nicht ohne weitere Prämissen in Konflikt geraten, was die entscheidende Argumentationslücke aller vermeintlich unterminierenden genealogischen Projekte von Nietzsche bis Foucault ist.

Der in dieser Studie entwickelte Begriff des Geistes als unhintergehbare Selbstbildfähigkeit des Menschen ist Element einer Grundlegung einer Theorie genuiner Öffentlichkeit. *Genuine Öffentlichkeit* besteht darin, dass die soziale Wirklichkeit prinzipiell allgemein zugänglich ist. Die allgemeine Zugänglichkeit bedeutet dabei nicht, dass es möglich wäre, alle Zonen der Intransparenz abzubauen, was der Abschaffung des Sozialen gleichkäme. Vielmehr besteht sie darin, dass wir keinen Grund haben anzunehmen, dass es ein nicht auflösbares ewiges Geheimnis des Sozialen gibt, das mit keiner wissenschaftlichen Anstrengung erforschbar wäre. Die Zonen der Intransparenz wandeln sich, weil Gesellschaft keine Pyramide mit einer Grundlage (sei diese nun implizit oder explizit) ist. Deswegen ist es ein Prinzip genuiner Öffentlichkeit, unter ihrerseits geregelten Bedingungen die Herausgabe von Dokumenten verlangen zu dürfen, mittels derer Tatsachen ans Licht der Öffentlichkeit geraten können, die zu einer institutionellen Kurskorrektur beitragen. Das Leitbild dieses Vorgangs setzt voraus, dass der Vorgang einer solchen stets durch moralische und juridische Normen eingeschränkten Erforschung und Veröffentlichung von Tatsachen der Verbesserung der menschlichen Lebensform insgesamt dient.

Da die Öffentlichkeit sich von der Privatsphäre abgrenzt, folgt aus dem Begriff der genuinen Öffentlichkeit kein sozialontologischer Transparentismus: Die Öffentlichkeit setzt das Private voraus, in das kein Beobachtungssystem eindringen darf, das private Prozesse vollständig sozialisiert. Die sozialen Netz-

---

272 Vgl. zum Diskussionsstand bezüglich Jaspers' Konzept einer Achsenzeit Jan Assmann, *Achsenzeit. Eine Archäologie der Moderne*, München 2018.

werke tragen aufgrund ihrer digitalen Infrastruktur, die in alle Haushalte und Situationen hineinreicht, automatisch zur Unterminierung der Öffentlichkeit und damit des demokratischen Rechtsstaats bei, weil es inzwischen beinahe unmöglich ist, sie gänzlich abzustellen. Zur Verteidigung des demokratischen Rechtsstaats angesichts der Digitalisierung gehört also die Forderung von Paketen der Sicherung von Privatheit, was viel weiter gehen muss, als derzeit vorgesehen. Nicht jede Digitalisierung ist wünschenswert.

Veröffentlichung ist nicht Zweck an sich selbst, was durch den Begriff einer legitimen Privatsphäre abgesichert ist. Das Veröffentlichte und das Private müssen so koordiniert werden, dass ein Raum für Handlungen eröffnet wird, die weder moralisch noch juridisch oder gar politisch unter Verdacht stehen. Handlungen, die nicht unter Verdacht gestellt werden sollten, können wir als *neutral* bezeichnen. Sie gehören zur Kategorie der Adiaphora, d. h. desjenigen, was nicht durch universalisierbare Normen geregelt werden sollte. Spazieren zu gehen, Orangensaft zu trinken und (für viele Menschen weniger eindeutig), bestimmte Formen sexuellen Verkehrs auszuleben, die einige für anstößig halten, fallen neben indefinit vielen menschlichen Handlungen allesamt in den Bereich der von der Öffentlichkeit abzusichernden Adiaphora. *Die* Privatsphäre *ist der Bereich der individualisierenden Adiaphora, d. h. dessen, was einem zu tun beliebt und keinem anderen schadet. Der Wert des Privaten besteht darin, dass wir als Privatmenschen vor der Politisierung der Adiaphora geschützt werden, weshalb ein mit Totalitarismus liebäugelnder Staat genau an dieser Stelle ansetzt und Adiaphora zur Staatssache erklärt.*

Die genuine Öffentlichkeit setzt sich also nicht aus dem Veröffentlichten zusammen. Vielmehr dient sie der Regulierung von Veröffentlichungen, weil sie von der Vorstellung geleitet wird, dass die universale Lebensform des Menschen indefinit viel Raum für Adiaphora lässt. Da nicht *a priori* aus einer Inspektion des Begriffs des Menschen abgeleitet werden kann, welche faktischen Handlungsmuster zu den Adiaphora zählen, verschiebt der Raum der genuinen Öffentlichkeit ständig die Grenze zwischen dem Veröffentlichten und dem Privaten.

Darin liegt der niemals zum Stillstand zu bringende Strukturwandel der Öffentlichkeit, was nicht bedeutet, dass Öffentlichkeit oder das Soziale als solches historisierbar ist.[273] Dass der Mensch historisierbare Konstellationen des Sozialen produziert, ist selbst kein historisierbarer Umstand, sondern ein Wesensmerkmal des Menschen als solchem. Es besteht deswegen *prima facie* kein Anlass, den Begriff des Historisierbaren zu überdehnen und damit den Logos zu verabschieden, der uns verbindet.

Die Krise der Öffentlichkeit liegt in dieser Optik darin, dass die institutionelle Regulierung des Veröffentlichten durch die neuen Plattformen unmittelbarer Publizität derart geschwächt wird, dass sich die Privatsphäre rasant auflöst. Ein wesentlicher Vorgang, der zu demjenigen gehört, was landläufig mit der verworrenen Kategorie der »Digitalisierung« angesprochen wird, besteht genau darin, die Idee genuiner Öffentlichkeit gegen sich selbst zu wenden. Teilweise völlig zu Recht protestierende Nutzer sozialer Kanäle übersehen, dass die Artikulation ihrer kritischen Beiträge zur Kurskorrektur des demokratischen Rechtsstaats unter Bedingungen geschieht, die ihnen von den Plattformen auferlegt werden. Zu diesen Bedingungen gehört insbesondere die Unterminierung ihrer Privatsphäre, um deren Fortbestand sie demnach im falschen Medium streiten. Wer online für seine Privatsphäre streitet, hat sie schon eingebüßt.

Hier liegt Habermas bereits in den sechziger Jahren goldrichtig, wenn er mit anderen einen »›Schwund des Privaten‹ in der Sphäre gesellschaftlicher Arbeit«[274] diagnostiziert, was er mit dem Begriff des »Großbetriebs« (heute: Konzern) verbindet. Unter dem Titel eines »Industriefeudalismus« wird der insbesondere aus den USA vertraute Vorgang beschrieben, dass Konzerne ih-

---

273 Vgl. Habermas, *Strukturwandel der Öffentlichkeit*, S. 76, 179, 225.
274 Ebd., S. 240.

ren Mitarbeitern die Privatsphäre vollständig abnehmen, indem sie eine soziale Infrastruktur schaffen (Wohnungen, Kinderbetreuung, Schulen, kulturelle Veranstaltungen, Fitnessstudios usw.), die garantiert, dass ihre Mitarbeiter im Wesentlichen stets arbeiten, wenn sie wach sind. Die scheinbar besonders privilegierte Lebensform der Mitarbeiter herrschender Internetkonzerne beruht auf der Absorption ihrer Privatsphäre in den Überwachungsapparat des Konzerns, was plakativ in Dave Eggers *Der Circle* dargestellt wird.[275]

Damit ist das Problem bezeichnet, das den Fortbestand einer institutionell implementierten genuinen Öffentlichkeit gefährdet: Die Privatsphäre schwindet zugunsten der Tätigkeit der Veröffentlichung des Privaten in dem quantifizierbaren Maße, in dem Nutzer des Internets durch ihr Such- und Publikationsverhalten Daten produzieren, mittels derer sie ihren Geist, d. h. ihr Selbstbild, objektiviert zur Verfügung stellen. Wer Bilder dessen veröffentlicht, wer er sein will, macht sich angreifbar, weil er zulässt, dass seine Privatsphäre öffentlich normiert wird. Diese Angreifbarkeit ist kein Beitrag zur genuinen Öffentlichkeit, sondern eine unkontrollierte Grenzverschiebung, deren Beitrag zur Demokratie nicht nur ambivalent, sondern sogar eindeutig schädlich ist. Unsere Selbstdarstellung in sozialen Medien sowie unser Such(t)verhalten im Internet, das durch die einschlägige Monopolbildung der Such(t)maschinen gesteuert wird, bedeutet, dass unsere Privatsphäre in von uns selbst nicht durchschaute Arbeit für Großbetriebe umschlägt.

Dies ist folglich kein Vorgang der emanzipatorischen Inanspruchnahme des Prinzips der Öffentlichkeit, sondern dessen indirekte Unterminierung. Wie Habermas, wiederum zutreffend, unter Rekurs auf eine Analyse von Sendungen in »Funk, Film und Fernsehen«[276] konstatiert: »Die durch Massenmedien erzeugte Welt ist Öffentlichkeit nur noch dem Scheine nach; aber

---

275 Dave Eggers, *Der Circle. Roman*, Köln 2014.
276 Habermas, *Strukturwandel der Öffentlichkeit*, S. 260.

auch die Integrität der Privatsphäre, deren sie andererseits ihre Konsumenten verpflichtet, ist illusionär.«[277] Öffentlichkeit ist wie Geist ein normativer Begriff: Sie bezieht sich auf diejenige Dimension, in der wir uns selbst verfehlen können. Selbstverfehlung ist allerdings kein beliebiger Irrtum, sondern ein Eingriff in die konkrete, d. h. geschichtlich situierte Struktur der Subjektivität. Die derzeit beobachtbare Pathologie der Öffentlichkeit, die sich um das Schlagwort der »Digitalisierung« dreht, ist ein Vorgang der Automatisierung von Arbeit, der sich hinter einer Fortschrittsideologie verbirgt. Die spezifische Fortschrittsideologie der Digitalisierung besteht darin, dass die durch die Informationstechnik begünstigte Beschleunigung der Einrichtung von Beobachtungssystemen als alternativloses Schicksal inszeniert wird, das von einer letztlich unberechenbaren Superintelligenz betrieben wird.[278] Anstelle einer Analyse der sozio-ökonomischen Betriebsbedingungen des Informationszeitalters tritt die Farce einer großen Erzählung,

277 Ebd., S. 261. Habermas fährt mit der triftigen Beobachtung fort: »Öffentlichkeit wird zur Sphäre der Veröffentlichung privater Lebensgeschichten [...]. Sentimentalität gegenüber Personen und der entsprechende Zynismus gegenüber Institutionen, die sich mit sozialpsychologischer Zwangsläufigkeit daraus ergeben, schränken dann natürlich die Fähigkeit kritischen Räsonnements gegenüber der öffentlichen Gewalt, wo es objektiv noch möglich wäre, subjektiv ein.« (Ebd., S. 262) Die ›digitale Gesellschaft‹ ist im Wesentlichen eine Verschärfung dieser Sachlage und keineswegs Ausdruck einer digitalen Revolution.

278 Vgl. als einschlägigen verblendeten Ausdruck dieser Konstellation natürlich Nick Bostrom, *Superintelligenz. Szenarien einer kommenden Revolution*, Berlin 2014; sowie wirkmächtig Yuval Noah Harari, *Eine kurze Geschichte der Menschheit*, München 2013; ders., *Homo Deus. Eine Geschichte von Morgen*, München 2017; ders., *21 Lektionen für das 21. Jahrhundert*, München 2018. Bostrom und Harari bemerken nicht, dass die Superintelligenz längst existiert, nämlich in den medialen Formaten des Internets, die unser Verhalten steuern. Freilich ist die Superintelligenz *sensu stricto* keine Intelligenz, weil sie keine spezifischen Absichten außer denjenigen verfolgt, die ihre Schöpfer – die im Digitalen herrschende Klasse der Softwareingenieure – installiert haben.

die einen kontingenten Industrialisierungsschub als unabwend-
bares Schicksal vorführt. Auf diese Weise stellt sich der Geist
eine Falle, die erlaubt, geistige Freiheit zugunsten eines falschen
Selbstverständnisses abzubauen.[279]

Dies ist der Ort, um abschließend auf der entwickelten ontologischen Grundlage des Neuen Realismus Stellung zum Stichwort des angeblich postfaktischen Zeitalters zu beziehen. Ein
postfaktisches Zeitalter gibt es nicht, vielmehr ermöglicht die
Digitalisierung eine raschere Verbreitung von ideologischem
Material, das süchtig macht. Die Öffentlichkeit wird dadurch
unterminiert, dass sie in die vormalige Privatsphäre eindringt,
sodass Öffentlichkeit überall und damit nirgends mehr wirklich
stattfindet. Die von uns selbst aufgrund unseres Gebrauchs des
Internets generierten Datenmengen begleiten uns rund um die
Uhr, ganz gleich, wo wir uns befinden. Dies wird durch die sogenannte ›Künstliche Intelligenz‹ ermöglicht, die im Wesentlichen darin besteht, dass automatisierte Mustererkennung in
unseren digitalen Arbeitsalltag eindringt. Die Mustererkennung,
die mittels geeigneter Algorithmen auf der Basis großer Datenmengen vorgenommen wird, produziert Spielräume der Unterwerfung der Subjekte unter ihre eigenen Selbstbilder, die sich in
den Maschinen spiegeln.[280]

---

279 Vgl. dazu mit einigen sozio-ökonomischen und zeitgeschichtlichen Details Foer, *Welt ohne Geist*; sowie für die sozialen Medien Roger McNamee, *Zucked. Waking Up to the Facebook Catastrophe*, New York 2019.
280 Daniel Suarez, »Wie die Technik unser Denken verändert: Unser Geist
in den sozialen Medien«, in: Jakob Augstein (Hg.), *Reclaim Autonomy.
Selbstermächtigung in der digitalen Weltordnung*, Berlin 2017, S. 155-
165, erinnert hierbei daran, dass diese Spiegelstruktur mit Werbemaß-
nahmen verbunden ist, die insbesondere unabhängig von der Frage ge-
schaltet werden, ob ein virtueller Avatar die Wahrheit sagt oder nicht.
»Denken wir daran: Der Spiegelsaal der sozialen Medien wurde ausschließlich zu dem Zweck errichtet, uns zum Teilen und Favorisieren
von Beiträgen anzuspornen. Warum? Damit man besser Werbung schal-
ten kann oder damit, zur Freude von Investoren, die Nutzerzahlen der
Plattformen steigen. Doch wie sich herausstellt, gewichtet diese Archi-

Die omnipräsenten Bildschirme unseres Alltags sind Projektionsflächen unserer Selbstauffassung, die wir als solche nicht mehr durchschauen. Damit die Ideologie der Digitalisierung zur Selbstunterwerfung der Subjekte führt, kursiert ein ideologischer Überbau, der uns weismachen möchte, dass die heutige Informationstechnik intelligent (»smart«, »lernend« usw.) ist, was genau besehen ziemlicher Unsinn ist, der bereits durch die erste Welle einer kritischen Philosophie der KI widerlegt worden ist.[281]

Der Erfolg vieler großer Unternehmen der Digitalisierung besteht darin, Plattformen statt Inhalte anzubieten. Diese Plattformen dienen dazu, dass wir ausdrücken, wofür wir uns halten, indem sie eine Scheinöffentlichkeit generieren, in der wir uns zur Schau stellen. Aus dieser Schau lässt sich dann Profit schlagen, indem die Plattform den Gebrauchspfaden der Nutzer angepasst wird, bis die Konkurrenz ausgeschaltet ist, woraufhin eine ungebremste Manipulation einsetzt, die dafür sorgt, dass die Nutzer süchtig bleiben.[282]

Die vielfältigen Plattformen unserer Tage spielen sich dabei gegenseitig in die Hände: Die Serien, die man schaut; die Wohnungen, die man untermietet; die Videos und Bilder, die man postet; die Neuigkeiten, die man verbreitet; das Essen, das man bestellt; die Sexualpartner, die man wählt, usw. hängen insgesamt zusammen, sodass wir alle mehr oder weniger unbewusst einen Avatar unserer selbst produzieren, dessen digitale Zellen unsere Datenpunkte sind.

Dieser virtuelle Avatar ist allerdings wohlgemerkt kein fikti-

---

tektur Emotionen eindeutig höher als die Wirklichkeit – und das ist ein Problem.« (ebd., S. 162) Zum Spiegelthema in diesem Zusammenhang vgl. auch im selben Band den Beitrag von Yvonne Hofstetter, »Soziale Medien: Wer Newsfeeds auf Werbeplattformen liest, kann Propaganda erwarten, aber nicht die Wahrheit«, ebd., S. 25-37.

281 Paradigmatisch mit den Arbeiten Heideggers, Herbert Dreyfus' und John R. Searles verbunden. Zu einem zeitgemäßen Update dieser Argumente vgl. Gabriel, *Der Sinn des Denkens*.

282 Vgl. dazu wiederum McNamee, *Zucked*.

ver Gegenstand, sondern ein Aspekt unserer selbst, bei dem es sich um ein Hybrid von Tatsachen und Wunschvorstellungen handelt, mittels derer wir uns entwerfen. Anders als Faust ist mein virtueller Avatar weder ontologisch noch kausal von mir isoliert. Er ist ein echter Teil meiner selbst als geistiges Lebewesen. Die Ontologie der virtuellen Realität ist zwar mit der Kunstgeschichte verzahnt und enthält deswegen (z. B. in Computerspielen) genuine fiktionale Reminiszenzen. Sie unterscheidet sich aber dadurch von der Wirklichkeit des Fiktiven, dass sie fundamental sozial ist. In der virtuellen Realität stellen wir Facetten unserer selbst vor, sie ist eine Art (mehr oder weniger schlecht kontrolliertes) psychologisches Experiment, an dem wir willentlich (und überwiegend ohne sozio-ökonomische Kompensation) teilnehmen. Unser virtueller Avatar ist Ausdruck unserer selbstbezüglichen Gedanken, die auf den Ausdruck Anderer unter Abstraktion von Tatsachen stoßen, die mit unserer Verleiblichung in der Basiswirklichkeit einhergehen, in der wir indexikalisch verankert sind.

Unser virtueller Avatar wird nicht unter Bedingungen produziert, die wir in der Hand haben, da er sich der Eigenstruktur von Plattformen anschmiegt, deren Geschäftsmodell darin besteht, uns bei der Stange zu halten, damit wir neue Daten produzieren, die in statistische Analysen eingehen können, die ihrerseits das Gebrauchserlebnis der Nutzer verbessern. Auf diese Weise entsteht ein Kreislauf der Reproduktion, der im Erfolgsfall zur Monopolbildung führt, die nicht unterbunden werden kann, weil der juristische Apparat keine Maßnahmen für diese erst jüngst emergierten Sozialsysteme aufweist, worin die vieldiskutierte Ohnmacht der Nationalstaaten gegen die transnationale Ordnung der virtuellen Realität besteht. Entsprechend führt diese Spannung zu direkten Angriffen der virtuellen Realität auf die analoge Wirklichkeit, sodass das Thema Wahlmanipulation nur eine besonders sichtbare Form des Cyberangriffs digitaler Monopole auf die Hoheit der Rechtsstaatlichkeit ist, die ihnen in die Quere kommen könnte. Die Wahlmanipulation auf sozialen Plattformen ist demnach kein kontingentes

Nebenprodukt ihres ansonsten neutralen Informationsangebots, sondern ein spürbarer Eingriff der digitalen Klickfarmen in die analogen Sozialsysteme.

Dieser Eingriff führt zur Unterminierung der Wahrheitsansprüche der modernen Öffentlichkeit und der auf diese zugeschnittenen legalen Systeme, die Zeitungsenten (wie »fake news« bis vor kurzem auf Deutsch hießen) traditionell mit Untersuchungsausschüssen und Verleumdungsklagen konterten, um auf diese Weise das Ideal eines Rationalität befördernden Diskurses zu unterstützen.[283]

283 Vgl. McNamee, *Zucked*, S. 159.

ZU GUTER LETZT: ES GILT, DAS GESPENST DES POSTFAKTISCHEN ZEITALTERS ZU VERJAGEN

Das Bedürfnis, die Dimensionen des Scheins ontologisch zu durchforsten, ist unter anderem dadurch motiviert, dass es im digitalen Zeitalter zu einer verschärften, sozio-ökonomisch und politisch äußerst wirksamen Verwechslung von Fiktion und Wirklichkeit kommt. Dagegen wurde hier eine Theorie vorgelegt, die ontologisch erlaubt, Fiktion und Wirklichkeit zu unterscheiden, ohne damit die Wirklichkeit der Fiktion zu bestreiten.

An dieser Stelle ist es von Belang, kritisch an den Inbegriff aller postmodernen Diagnosen, Jean Baudrillards *Agonie des Realen* zu erinnern.[1] Baudrillard führt den Begriff der Hyperrealität ein, um soziale Produktionsverhältnisse zu beschreiben, die darauf aufbauen, dass das Wirkliche seiner Kartographierung nachempfunden wird und nicht umgekehrt. Er geht dabei so weit zu behaupten, dass insbesondere die US-amerikanische Gesellschaftsform insgesamt zur Hyperrealität, d. h. in seinem Beispiel zu einer Inszenierung nach dem Modell von Disneyland gerät. Baudrillard zufolge ist dasjenige, was er »Amerika« nennt, lediglich eine Art Ausstrahlung eines imaginären Los Angeles, die den Rest des Globus mit Selbstmodellen versorgt, die sich nicht mehr von einem Original unterscheiden lassen. Alles wird gewissermaßen zum »Fake«, der damit das Vorbild des zu produzierenden Wirklichen ist.[2]

Es fällt nicht schwer, diese Theoriekonstellation weiterzuspinnen und mit postmoderner Phantasie wird Donald Trump zu Donald Duck. Dass in einer Folge der *Simpsons* mit dem Titel

---

1 Vgl. Jean Baudrillard, *Agonie des Realen*, Berlin 1978, sowie natürlich die ausführlichen Ausführungen in ders., *Simulacres et simulation*, Paris 1981.
2 Vgl. auch seinen ›Reisebericht‹, Jean Baudrillard, *Amerika*, Berlin 2004.

»Bart to the Future« (Staffel 11, Folge 17) aus dem Jahr 2000
Donald Trump zum Präsidenten gewählt wird und einige Szenen sich geradezu wie Vorhersagen sehen lassen, hat – wie zu erwarten – zur Verbreitung von Verschwörungstheorien geführt,
wozu auch gehört, dass die *Simpsons* mit auffälliger Regelmäßig-
keit die Zukunft vorhersagen usw.

Überhaupt liest sich Baudrillard heute wie ein (indirekt auf
sich selbst) zutreffender Kommentar zu den ontologischen Verwirrungen des digitalen Zeitalters, das damit geradezu als Kul-
mination der Postmoderne angesehen werden könnte.[3] In der
Tat verbreitet sich dasjenige, was Baudrillard als Simulation bezeichnet, in der Form des sogenannten »postfaktischen Zeitalters«: Dieses besteht darin, dass Tatsachen erster Stufe (die Basiswirklichkeit) des menschlichen Lebens scheinbar keine Rolle
mehr für die Reproduktion sozioökonomischer Strukturen spielen, weil an deren Stelle die rein symbolische Ordnung tritt, in
der es keine Bezugnahme auf Wirkliches mehr gibt. Die Wirklichkeit scheint abhandengekommen zu sein, mindestens ist sie
in eine Krise geraten.

Allerdings ist diese Diagnose bei allem nicht zu bestreitenden
Anschein von Plausibilität letztlich zutiefst verfehlt. Baudrillard
scheint deswegen goldrichtig zu liegen, weil er die Ideologie des
postfaktischen Zeitalters zugespitzt auf den Punkt bringt, damit
allerdings gerade nicht durchschaut, sondern in Theorieform reproduziert. Das macht ihn zum postmodernen Theoretiker *par
excellence*.[4] Baudrillard schlüpft (überzeugend) in die Rolle der

3 In diesem Zusammenhang ist auf einen bemerkenswerten Aufsatz Baudrillards über Künstliche Intelligenz hinzuweisen, dessen Diagnosen ich
   in vielerlei Hinsicht vorbehaltlos zustimmen würde. Vgl. Jean Baudrillard,
   »Videowelt und fraktales Subjekt«, in: ARS ELECTRONICA (Hg.), *Philo-
   sophien der neuen Technologie*, Berlin 1989, S. 113-131. Er beschreibt dort
   zutreffend die Phantasiestruktur des digitalen Zeitalters, welches das Subjekt auf ein »*Schauspiel* des Gehirns« (S. 118) reduziert. Zur Phantasiestruktur der KI vgl. bes. S. 126 f.

4 Was wohlgemerkt für Derrida (und auch für Lyotard) nicht gilt, dem
   meist ein entsprechender Pauschalvorwurf gemacht wird. Zu Derrida

Simulation, weshalb sein Werk nicht zufällig in *The Matrix* in die Hände von Neo (gespielt von Keanu Reeves) gerät. Entgegen der Versuchung, unser digitales Zeitalter tatsächlich als postfaktisch anzusehen, gilt es, abschließend dreierlei einzuschärfen.

Erstens leben wir in fortgeschrittenen Industriestaaten in einer Wissens- und Informationsgesellschaft, deren Datenverkehr inzwischen all diejenigen erreicht, die überhaupt Zugang zum Internet haben. Zwar ist das Internet wesentlich eine Scheinmaschine, weil es in seinem eigenen Medium nicht erlaubt, echte von Fehlinformation zu unterscheiden. Dennoch führt es gleichzeitig zur Verbreitung von Wahrheiten sowie zur Produktion neuer Tatsachen. Die digitale Infrastruktur findet nämlich keineswegs in unseren Köpfen statt, sondern ist ein in materiell-energetischen Dimensionen wirksames soziales System.

Wir wissen heute in Echtzeit mehr als jemals zuvor, was zu neuen Herausforderungen für die darauf reagierenden analogen sozialen Systeme führt. Die Digitalisierung bringt Tatsachen ans Licht, die unter analogen Bedingungen verborgen blieben. Gleichzeitig schafft sie neue industrielle Tatsachen und trägt damit auch zur Klimakatastrophe bei.

Dabei generiert sie neue Zonen der Intransparenz. Sie ist kein vorbehaltloser Vorgang der Emanzipation, weil sie von einer Ideologie der Automatisierung des Abbaus von Freiheit begleitet wird, die realhistorisch in der Form neuer Ausbeutungsmöglichkeiten zu Buche schlägt, was wir wegen der vielfältigen postmodernen Nebelkerzen, die als Begleittext der Digitalisierung gezündet werden, nicht hinreichend zur Kenntnis nehmen.

vgl. wiederum Freytag, *Die Rahmung des Hintergrunds.* Zur analytischen Rekonstruktion Lyotards angesichts der Herausforderungen von »posttruth«-Vorwürfen vgl. die Entwürfe von Matthew Congdon, »Wronged beyond Words: On the Publicity and Repression of Moral Injury«, in: *Philosophy and Social Criticism* 42/8 (2016), S. 815-834, sowie Matthew McLennan, »Differend and ›Post-Truth‹«, in: *French Journal for Media Research* 9 (2018), S. 1-13.

Zweitens sind die basiswirklichen, industriellen Produktions- und Reproduktionsbedingungen der digital beschleunigten Konsum- und Wohlstandsgesellschaften in keinster Weise digitalisierbar. Die materialen Bedingungen des Fortbestands des Internets sowie der globalen Verfrachtung von Gütern sind höcht analog: Ohne das gute alte Öl hätte das neue Öl der Digitalisierung, die Daten, keine Existenzberechtigung. Wer sich beim Grillen für die sozialen Netzwerke filmt, verbrennt dabei fossile Brennstoffe – und zwar nicht nur auf dem Grill, sondern auch zur Verbreitung seines Kurzvideos im Internet. Es ist eine gefährliche Illusion, die geistförmige Benutzeroberfläche der digitalen Wirklichkeiten für bare Münze zu halten. Ihre Grundlage ist ein nicht unwesentlicher Beitrag zur Klimakrise, weil die faktischen Produktionsbedingungen einer globalen Gesellschaft nicht aufhören, in jedem relevanten Sinne wirklich zu sein.

Drittens verwendet Baudrillard wie manche andere Illusionstheoretiker, die in diesem Buch zu Wort gekommen sind, ein theoretisch nicht durchdachtes Vokabular, um die Rückseite der Wahrheit, das Unwahre und Scheinhafte, zu beschreiben. Auf diese Weise entsteht der irreführende Eindruck, Fiktion und Wirklichkeit seien nicht mehr unterscheidbar, weil sie im Wesentlichen gar nicht unterschieden sind. Diese postmoderne Ideologie hält wider Willen das Getriebe des angeblichen postfaktischen Zeitalters aufrecht, das dadurch charakterisiert sein soll, dass Gefühle statt Tatsachen zählen.

Die ontologischen, meontologischen und fiktionalitätstheoretischen Manöver, die in diesem Buch vollzogen wurden, richten sich gegen diese ausgefeilte und vielfältige Konstellation des postfaktischen Scheins. Die Funktion der vorgenommenen Theoriebildung besteht darin, begriffliche Werkzeuge zur Destruktion (nicht zur Dekonstruktion) dieses Scheins zur Verfügung zu stellen. Die Destruktion des Scheins gelingt nur, wenn wir anerkennen, dass der Schein ein ontologisches Eigenleben führt, dass er wirklich ist und über die Implementierung in menschlichen Selbstbildern zur Ausrottung unserer eigenen Lebensform führt. Diese Ausrottung nimmt viele Gestalten an und wird durch die schlechte Fiktion einer alles ergreifenden Automatisierung und Digitalisierung befeuert, die genau besehen ein fortschrittlich daherkommender Trieb der Selbstzerstörung ist. Dieser Trieb meldet sich philosophisch in der Form einer Bestreitung der Existenz eines Selbst, im postmodernen Schein vom Tod des Subjekts zu Wort, der heute ein Bündnis mit dem Naturalismus eingegangen ist. Baudrillards Simulationshypothese ist wider Erwarten in der Form einer ontologisch irregeleiteten Neuroinformatik auferstanden, die uns weismachen möchte, dass wir auf dem Weg zu einer Auslöschung der angeblichen Illusion des Geistes unterwegs sind.

Dies aber ist Ungeist: Der Geist wendet sich gegen den Geist. Diese Selbstzerreißung vermag zu gelingen, allerdings nur um den Preis einer Auslöschung der menschlichen Lebens- und damit der menschlichen Überlebensform. Nach dieser Auslöschung bleibt wohlgemerkt nichts übrig: Es wird niemals ein Geist durch die Kabel sausen, der sich an seiner Superintelligenz und Leiblosigkeit erfreuen kann. Kabelsalat und Mikrochips erfreuen sich an gar nichts, sie sind gleichsam nicht einmal tot.

Der Traum vom postfaktischen Zeitalter, in dem die Tatsachen endlich nicht mehr zählen, bedient den menschlich-allzumenschlichen Wunsch, sich von der Endlichkeit freizumachen. Der metaphysische Naturalismus, der eine Allianz mit diesem Wunsch eingeht, stellt heute eine massive Gefährdung dar. Wohlgemerkt ist der Irrtum natürlich nicht die naturwissenschaftliche Erkenntnis. Was wir mit den geeigneten Methoden der Naturwissenschaften über das Universum herausfinden, sind ja gerade: Tatsachen. Der Irrtum ist das naturwissenschaftliche Weltbild, das sich zutraut, an die Stelle der Philosophie zu treten und wildgewordene Metaphysik als gelungene Interpretation echter naturwissenschaftlicher Forschung zu verkaufen.

Deswegen habe ich mit diesem Buch einen Versuch unternommen, das Gesprächsformat von Philosophie und Geisteswissenschaft mit neuem Leben zu füllen. Dazu bedarf es einer

Überwindung der unglücklichen postmodernen Konstellation und einer Besinnnung auf das ontologische Gewicht des Fiktionalen als derjenigen Dimension der Wirklichkeit des Geistes, die den jeweils zeitgeistspezifischen Schein generiert, den es mittels der dafür entwickelten Methoden der Philosophie und der Geisteswissenschaft zu erforschen, zu durchschauen und unter Umständen zu destruieren gilt.

Der Zweck dieses Unternehmens ist eine Neujustierung des Sinns des Lebens: Wir müssen erkennen, dass das menschliche Leben in seiner Einbettung in eine komplexe ökologische Nische (wozu natürlich unzählige andere Lebensformen zählen, mit denen wir als Organismen in beständiger Symbiose leben) eine unhintergehbare, für unsere Existenz notwendige Quelle von existenziellem Sinn ist. Unsere geistige Lebensform besteht ohne unsere animalische Überlebensform nicht weiter. Unsere Animalität ist eine notwendige (wenn auch nicht hinreichende) und damit niemals abzustreifende Bedingung dafür, dass es Geist, Bewusstsein und das Erleben von Sinn gibt. Damit es endlich keine weitere Folge der *Terminator*-Serie gibt, müssen wir es schaffen, die Attraktivität der Idee zu mindern, es könnte intelligente, nicht-biologisch einer Nische angepasste Maschinen geben, die gegen uns ins Feld ziehen. So etwas gibt es nur in Fiktionen: Der Terminator ist ein fiktiver Gegenstand und damit allenfalls eine Ablenkung von der eigentlichen Gefahr der menschlichen Selbstausrottung durch Zerstörung unserer ökologischen Nische (die etwa Arnold Schwarzenegger in seiner Rolle als kalifornischer Gouverneur verschärfen konnte).

Kündigen wir Hölderlins lyrischem Ich das Vertrauen auf! Es stimmt schlicht nicht, dass, wo Gefahr ist, das Rettende auch wächst. Ob es Rettung vor der Selbstauslöschung des Menschen gibt, hängt auch davon ab, ob wir den Schein überwinden, dessen logische Tiefenstruktur das hiermit zum Abschluss kommende Buch zu explizieren versucht hat.

Das Gespenst des postfaktischen Zeitalters ist ein vorgezogener Totentanz, die Ahnung, dass unsere derzeitige sozioökonomische globale Ordnung nicht nachhaltig ist.[5] Das Spiel ist noch nicht verloren: Seit wir dank der Fortschritte der Wissensgesellschaft wissen, dass der Mensch als Gattungswesen ein selbstgesetztes Ende eingeleitet hat, kommt alles darauf an, Nachhaltigkeit auf die richtige Weise an die Spitze unserer Präferenzstruktur zu setzen. Diese Struktur kann nur dann erfolgreich implementiert werden, wenn wir den Tatsachen ins Gesicht sehen, wozu gehört, ihre Bandbreite zu berücksichtigen, was ohne geisteswissenschaftliche Forschung – und damit ohne Einsicht in die Wirklichkeit des Geistes – nicht möglich ist.

---

5 Meisterhaft in Szene gesetzt in dem mit acht Tony Awards ausgezeichneten Broadway Musical *Hadestown*, das die Destruktionskräfte der globalen Produktionsketten und ihrer sozioökonomischen konstitutiven Asymmetrien in die mythologischen Parameter der Orpheus-Mytheme einbettet und zum Abschluss die Unüberwindbarkeit der Selbstdestruktion und Selbsterneuerung von Gaia (repräsentiert durch das Hades-Persephone-Paar) an die Stelle einer politischen Revolte setzt, was zu denken gibt.

NAMENREGISTER